生命科学辅导丛书之名师点拨系列

# 遗 传 学

主　编　梁前进
副主编　李雅轩
　　　　谭　信
　　　　辛明秀

科 学 出 版 社
北 京

# 内 容 简 介

本书以简要的表达体系和层次分明的结构对遗传学基本知识和应用技能进行辅导。全书共13章，包括遗传学基本规律、遗传分析和基因定位、性别相关遗传问题、遗传变异的基础和分析等。各章分核心概念、知识要点、试题精选、参考答案等，书后还编制了部分模拟试题。在专业词汇、表达方式和习题设置中包括一部分英文内容，以适应双语教学。

本书还专辟单元解决遗传学的应用问题，贴近实际。

本书适合高校本、专科生学习和研究生备考人员复习使用，也便于相关专业人员进行遗传学知识复习回顾；亦可作为相关领域教师和科研人员的参考书。

**图书在版编目(CIP)数据**

遗传学/梁前进主编．—北京：科学出版社，2010.2

生命科学辅导丛书之名师点拨系列

ISBN 978-7-03-026531-9

Ⅰ.遗… Ⅱ.梁… Ⅲ.遗传学-高等学校-教学参考资料 Ⅳ.Q3

中国版本图书馆CIP数据核字（2010）第015158号

责任编辑：王玉时／责任校对：钟 洋

责任印制：赵 博／封面设计：耕者设计工作室

科学出版社 出版

北京东黄城根北街16号

邮政编码：100717

http://www.sciencep.com

固安县铭成印刷有限公司印刷

科学出版社发行 各地新华书店经销

*

2010年2月第 一 版 开本：720×1000 1/16

2025年2月第六次印刷 印张：25 1/4

字数：506 000

**定价：88.00元**

# 前　　言

遗传学是研究遗传与变异规律的一门生物学分支学科。遗传使生物体的特征得以延续，变异使亲子代之间、子代个体之间形成差别，遗传与变异构成了生物进化的基础。在广袤的自然界，普遍存在生命的踪迹，但所有生物体都有一个共同特性——繁殖和自身相似的同类。“同类”之延续、“相似”中的分歧，特别是其中包含的自然规律性及其应用就是遗传学要阐明的问题。

本书的指导思想是以遗传学教学大纲为基础，结合本校的办学特色，在稳定教学内容（兼顾各院校的教学内容）的基础上，让学生把握遗传学的重点与难点，并在应用题设计等方面便于学生抽出更多的精力从事创新性的学习科研活动。

编者参考了市场上的主流主干教材，使本书尽可能成为它们通用的导学资料，并在知识点表述、训练内容等方面做到特色鲜明、优势突出。

编者以创新的框架、创新的表达方式编写出新型的遗传学教学辅导书，注重结构合理、语言精练、简明扼要。为方便学生使用，减轻学生负担，本书注重难易程度、适用范围的搭配。

本书在结构体系上以市面上的通行教材为蓝本，分章节编写，每章有导读和要点归纳；各章分核心概念、知识要点、代表性例题解析、试题精选及参考答案等；全书最后还编制了一部分模拟试题。本书的内容包括遗传学基本概念体系、遗传学规律、遗传分析和基因定位、性别相关遗传问题、染色体遗传学、细菌和噬菌体遗传解析、遗传变异的基础和分析、遗传的分子基础和遗传标记、核外遗传、数量遗传、群体遗传和进化遗传、表观遗传学分析，以及遗传学在医学、育种实践、环境保护等方面的应用。

本书体现了以下写作特点：①立足于通行教材，靠近优秀教材，便于教师、学生使用；②为每章知识点画出概念图，帮助学生融会贯通；③专辟单元解决遗传学的应用问题，贴近实际。

另外，本书在编写中力求简明扼要，避免长篇大论，照顾双语教学，对专业词汇、表达方式等附英文解释。

本书的编者都是在高校教学一线的教师。主编梁前进负责全书的框架体系、编写原则、内容把握和统稿整理等任务，并编写了前言、内容提要、第一章、第五章、第七章、第十章、模拟试题、编后语和附属资料等，并对第六、八、九、十一～十三章进行补充，还在自己作主要讲授人的国家双语教学示范课程“遗传学”教学中进行重点内容实践；副主编李雅轩负责一部分编写体系的构筑，并编写了第二章、第三章及第四章；副主编谭信负责编写第十一章、第十二章和第十三章，并负责一部分应用知识点的重点圈定工作；副主编辛明秀负责编写第六章、第八章和第九章。梁前进、辛明秀是北京师范大学教师，李雅轩是首都师范大学教师，谭信是北京理工大学教师。在编写过程中，北京天安中医院的程晓蕾大夫在医学遗传学等方面给予大力支持，北京师范大学研究生蒋鹏和本科生梁艳等同学在习题分析和资料整理等方面给予热情帮助，在此一并致以诚挚的谢意！

北京师范大学的校训是“学为人师，行为世范”。我们几位教师编写此书，目的是在知不足、求至理的原则下，以自己先行掌握的知识帮助后来者尽可能有的放矢地提高相关领域的技能，读者的点滴收获都是我们的荣耀。尽管编者已经尽力而为，但遗传学知识的博大精深、科学技术的飞速发展，使我们追赶不及；更由于编者水平的局限性，书中难免有不足之处。真诚地期待广大读者不吝赐教，以利于改进此书和课程教学，进一步服务读者，服务社会。

梁前进
北京师范大学生命科学学院
2009 年 7 月

# 目　录

# 第一章 绪 论

**重点提示**：作为生物的一种属性，遗传是生命世界中使生物体的特征得以延续的一种自然现象。与此相对的概念是变异，也是生物有机体的基本属性，它表现为亲代与子代之间的差别。遗传与变异构成了生物进化的基础。遗传学就是研究生物的遗传与变异的科学。具体地讲，遗传学是研究生物体遗传信息的组成、传递和表达规律的一门生物学基础学科。

基因的结构决定了遗传信息，基因的功能使得遗传信息表达和转化为具体性状，基因的结构和功能之间是因果制约关系。研究基因的结构和功能以及两者之间的关系是遗传学的主题。因此，遗传学是研究基因的结构、传递和表达规律的一门基础生命科学，遗传学就是基因学。

本章的重点包括：遗传、变异、基因表达等遗传学基本概念，遗传学的研究对象和基本任务，遗传学的应用领域等。

**本章导读**：遗传学的研究范围包括三个方面：遗传物质的本质，遗传物质的传递，遗传信息的表达（及其调控）。其中遗传物质的本质包括：遗传物质的化学本质，遗传物质所包含的遗传信息，遗传物质的结构（及其组织和变化）等；遗传物质的传递包括：遗传物质的复制，与减数分裂相关的染色体行为，基本遗传规律，基因在群体中变迁等；遗传信息表达（及其调控）包括：基因的基本功能，基因间的相互作用，基因功能的活化和抑制，以及基因在生理活动和个体发育中的作用机理等。

学习遗传学与学习其他学科一样，首先要知道该学科的范畴、研究对象和基本任务。在遗传学的发展过程中，基因概念的发展是一条主线，从某种意义上讲，掌握了基因概念的变迁就基本掌握了遗传学的发展脉络。从整个生命科学乃至自然科学来看，遗传学的应用价值几乎站在了巅峰——遗传学是与人类的生存、生活、生产息息相关的最具实用价值的学科之一。

## 【核心概念】

(1) 遗传 遗传（heredity）指生物的亲代（parent）与子代（offspring）之间以及子代个体之间相似的现象。“遗传”一词常是指亲代的性状又在下代表现（传递给下一代）的现象。但其准确的遗传学含义是指，遗传物质从上代传给后代的现象。

(2) 变异 生物有机体的基本属性之一，其表现是亲代与子代之间的差别。变异（variation）分为可遗传变异和不遗传变异两类。其中不遗传的变异在生物进化中没有意义，只有可遗传变异才是进化相关的。可遗传变异的来源是遗传物质的改变，包括突变和重组。

（3）遗传学　研究生物的遗传与变异的基础生命科学。具体地讲，遗传学（genetics）研究的是基因的结构、功能以及变异、传递和表达规律的生物学分支学科。其中基因的结构、功能以及变异体现了遗传物质的本质，基因的表达是遗传信息功能的实现过程。从研究内容上看，遗传学实际上就是基因学。

（4）基因　基因（gene）就是孟德尔遗传因子（Mendelian genetic factor），是遗传的基本功能单位，或者说是遗传信息的基本单位。绝大部分生物遗传信息的化学载体是 DNA（脱氧核糖核酸），而在 RNA 病毒中是 RNA。所以，基因就是具有遗传效应的特定核苷酸序列组成的基本功能单位。生物体在一定条件下能够表达这种遗传信息，产生特定的生理功能。

（5）中心法则　1957 年 F. H. C. 克里克最初提出的遗传信息在细胞内生物大分子间转移的基本规律。遗传信息的转移包括核酸分子间的转移以及核酸和蛋白质间的转移。最初的表述关系是：DNA→RNA→蛋白质，说明遗传信息从 DNA 到 RNA（转录）、从 RNA 到蛋白质（翻译）都是单向的转移过程。反向转录发现后，克里克在 1970 年修正了中心法则（Central dogma），将特殊情况下遗传信息从 RNA 到 DNA（反转录）的过程也包括在内。目前中心法则的完整图式如图 1-1 所示。

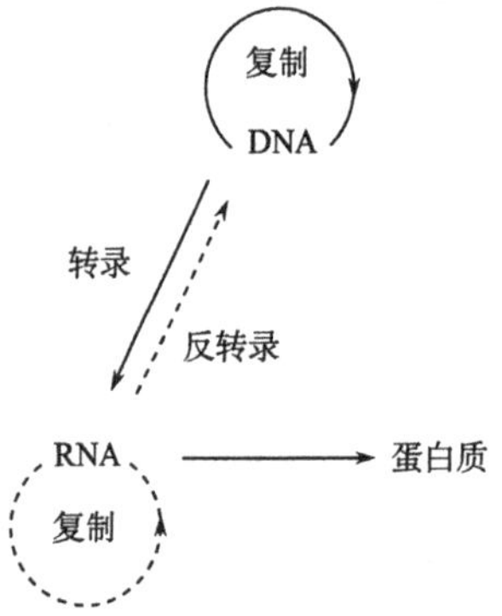

图 1-1　目前中心法则的完整图示

（6）基因组　一个物种中所有基因的整体组成。基因组（Genome）的一般定义是单倍体细胞中的整套染色体中的全部遗传信息，即单倍体细胞中的全部基因。更确切些，核基因组是单倍体细胞核内的全部 DNA 分子（包括编码与非编码序列）。线粒体、叶绿体等有一定自主遗传特性的细胞器中所包含的全部 DNA 分子也组成它们的基因组。以 RNA 分子为遗传物质的生物，其基因组由包含全套遗传信息的 RNA 组成。

（7）模式生物　生物学研究中常通过对选定的生物物种，揭示某种具有普遍规律的生命现象。这些被选定的生物物种就是模式生物（model organism）。例如，孟德尔在揭示遗传规律时选用了豌豆作为模式生物，摩尔根在解释基因本质时选用果蝇作为模式生物。目前在遗传学（包括人类遗传学在内）领域应用很广的模式生物还有噬菌体、大肠杆菌、酿酒酵母等微生物，秀丽新小杆线虫、海胆、斑马鱼、非洲爪蟾和小鼠等动物，以及拟南芥和水稻等植物。

（8）人类基因组计划　人类基因组计划（human genome project，HGP）由美国科学家于 1985 年率先提出，于 1990 年正式启动，旨在精确测定由 30 多亿个碱基对构成的人类基因组序列，发现人类的所有基因并确定其在染色体上的位置和破译人类全部遗传信息的国际合作计划。该计划分 4 个阶段：①构建人类基因组全部基因的 1cM 连锁图；②构建人类基因组全部 DNA 的物理图；③建立人类基因组的重叠克隆系；④完成人类全基因组核苷酸顺序测定。

(9) 遗传工程　广义的“遗传工程”(genetic engineering) 包括细胞工程 (cell engineering，细胞水平上的遗传操作) 和基因工程 (gene engineering，分子水平上的遗传操作)；狭义的“遗传工程”就是基因工程，即重组 DNA 技术 (recombinant DNA technology)，是指应用细胞和分子生物学方法改变细胞内的遗传物质，获得特种细胞产物乃至新型生物的技术。基因工程就是借助生物化学的手段，将取自一种生物细胞中的遗传物质，在体外进行切割和重新组合后引入另一种生物的细胞内，以改变后者的遗传性状，乃至创造新的生物类型的技术。

(10) 克隆技术　克隆技术 (cloning technique) 即无性繁殖 (asexual reproduction) 技术。克隆是 clone 的译音，意为无性繁殖。根据现在的“克隆”含义，凡来自一个祖先，经过无性繁殖出的一群个体都叫克隆 (无性繁殖系)。自然界许多植物 (如番薯、马铃薯、玫瑰等) 具有先天的克隆本能；动物的克隆技术经历了由胚胎细胞克隆到体细胞克隆的发展过程。首次成功的体细胞克隆例子就是多莉 (Dolly) 羊 (图 1-2)。

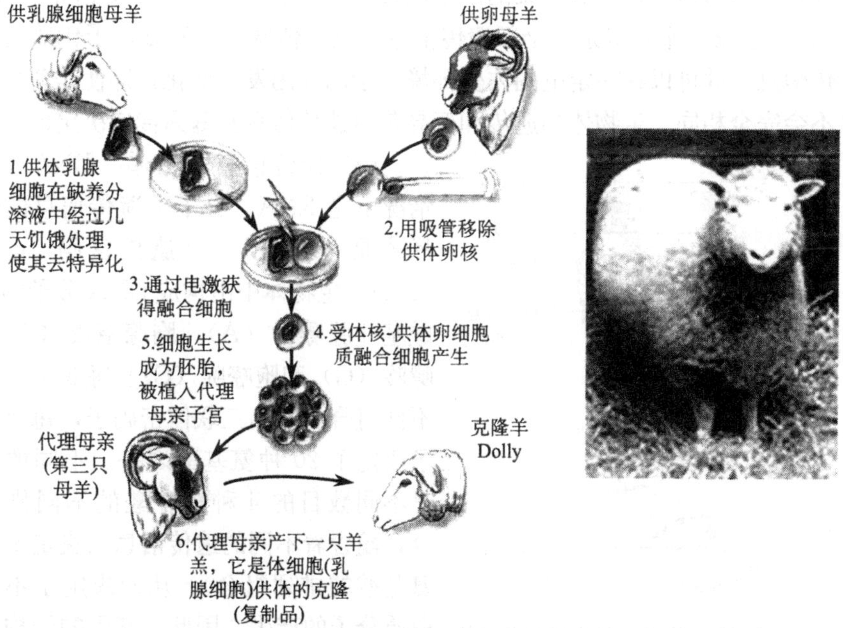


图 1-2　首次成功的体细胞克隆过程和克隆羊多莉

## 【知识要点】

# 一、基本知识串讲

1. 遗传学

(1) 定义　遗传学的定义见上文。

遗传学是生命科学的中心学科，是认识与阐明遗传与变异规律的自然学科。和其他学科一样，也有建立、发展的过程，也在不断完善之中。

(2) 生物的遗传和变异　据估计，地球上现存生物有 500 万～1000 万种，有过科学记载的约有 170 万种。地球上所有生物体的一个共同特性就是繁殖自己的同类。特别要强调，一种生物只可能繁衍其同种生物。但是，亲、子代之间，子代个体之间又不是完全相同的，即只可能相似，这就是变异。阐明这个基本问题正是遗传学的核心。

遗传是一种物质运动规律。生物在有性生殖时，亲、子代间的物质联系是靠配子［分别来自双亲的雌配子（卵）和雄配子（精子）］实现的。配子的细胞核内具有由蛋白质和脱氧核糖核酸（DNA）分子组成的染色体（chromosome）（图 1-3）。遗传信息就储存于 DNA 分子中，以基因为基本功能单位。基因负责将亲代特征传递给子代。雌、雄的配子结合形成合子（zygote）（受精卵，fertilized egg），包含了来自双亲的全部遗传信息，是个体发育的基础。子代兼得双亲的遗传信息，并可以在一定范围内受环境因子的作用发生变化，即使是孪生个体间也不会完全相同。生物体的遗传和变异是由遗传信息及基因传递决定的。

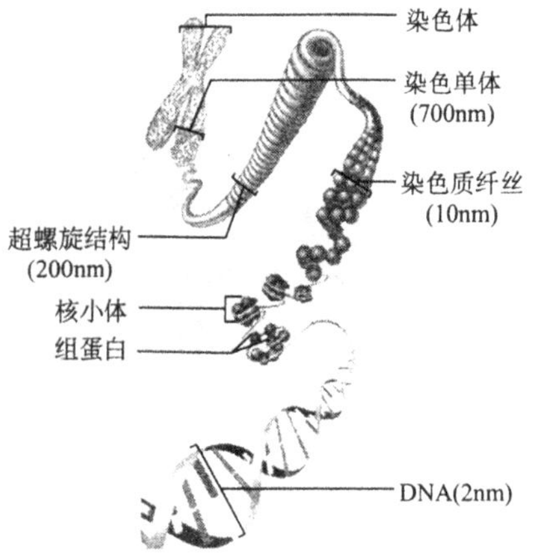

图 1-3　由 DNA 到染色体的多级包装结构

(3) 遗传信息的传递　DNA（少数情况下是 RNA）分子中遗传信息的储存形式是“密码”（遗传密码，genetic code）。生物体中由构成 DNA 分子的 4 种碱基［腺嘌呤（A）、胸腺嘧啶（T）、鸟嘌呤（G）和胞嘧啶（C）］每 3 个一组的不同组合编码出三联体密码子，每个密码子决定了 20 种氨基酸之一。不同的基因是不同数目的 4 种核苷酸的不同排列组合，蕴含着不同的遗传信息（决定不同的氨基酸的排列组合），从而决定了不同蛋白质分子的产生。因此，基因的结构决定了遗传信息，若基因结构发生改变（基因突变，gene mutation），其所携带的遗传信息也就随之发生变化，可能造成生物性状的变化。遗传信息在细胞内生物大分子间转移的基本规律符合中心法则。

（4）基因表达调控完成生命的过程　需要指出的是，性状和基因之间不只是一种简单的对应关系。体内一系列复杂的生化反应过程生成的最终产物是性状的体现者。体内的生化反应有许多种酶参与。特定的基因编码了酶蛋白。一个基因的突变引起其编码的蛋白质失去原有功能，将打乱整个反应过程。在生物体发育的某个阶段或某种生理状态下，某种细胞中的某些基因表达有活性，而在其他情况下这些基因则处于失活状态。基因的表达活性是受其他因子调节的，这些因子又一般是其他基因的产物。这样，基因与基因产物之间形成了精细的作用网络，再结合环境因子的作用，生物体才能表现为有序的生长、发育和繁殖。

（5）遗传与发育　在实际中，生物的性状是从合子（受精卵）开始逐步形成的，这就是个体发育（ontogeny 或 individual development）。完整地讲，个体发育指多细胞生物体从受精卵开始，经过细胞分裂、组织分化、器官形成，直到性成熟等过程。个体发育的基础是细胞分化的过程。分化的细胞通过由遗传控制的形态建成（morphogenesis）而构成了一个结构和功能完整的生物个体。

从本质上讲，基因的时空表达是细胞分化和个体发育的基本原因。在这个问题上，曾有“先成论”（preformation）和“后成论”（渐成论，epigenesis）的争论。在基因水平上，这两种理论得到了统一，即生物体既是“先成的”又是“后成的”。因为受精卵含有不同物种的遗传信息，决定了发育的蓝图，而真正个体结构的建成和生理特性的形成要在一定的环境条件下逐步完成。

2. 遗传学的研究对象、任务

（1）遗传学的内容　遗传学的基本内容是：①基因和基因组的结构分析及其与生物学功能间的关系（包括突变与性状变异的关系等）；②基因世代传递的方式与规律；③基因表达的规律（基因在各种内外环境条件下转化为性状的规律）；④利用遗传规律进行生物改造研究，以满足人类的生产、生活需要。

（2）遗传学的研究对象　遗传学以微生物、植物和动物（包括人类）为对象，研究它们的遗传和变异规律；深入探讨遗传和变异的本质，并利用所得成果更好地为人类服务。遗传物质的本质（遗传物质的化学本质、所包含的遗传信息、结构组织及其变化等）、遗传物质的传递（遗传物质的复制、染色体的行为、遗传规律和基因在群体中的数量变迁等）和遗传信息的实现（基因的原初功能及其相互作用，基因功能的调控，基因在个体发育中的作用机理等）是遗传学研究的三大范畴。

（3）遗传学的任务　研究遗传学旨在认识生物遗传和变异的客观规律，能动地利用遗传和变异规律进行生物改造。从诞生之日起，遗传学就有明确的研究任务：阐明各类生物的遗传和变异现象及其规律；深入探索遗传和变异的物质基础和发生机理，揭示其中的规律性问题；按照遗传规律指导动、植物和微生物的生长习性研究和育种实践；运用遗传规律提高基础医学研究水平并指导临床应用，增进人类健康。

### 3. 遗传学的发展和趋势

基因概念的发展——遗传学发展的主线

作为遗传学的研究基础，基因的概念在历史上经历了一步步的发展，而其每一步发展都标志了人们对遗传规律认识的新突破，甚至是整个生命科学新的革命成就。下面以在遗传物质本质的揭示中作出突出贡献的生物学家为线索，追溯一下基因概念的发展历程。

(1) 遗传学的奠基人孟德尔（Gregor Johann Mendel 1822～1884 年）——遗传规律的发现及基因术语的雏形。孟德尔是奥地利生物学家。他在奥古斯丁教派修道院的菜园里进行了 8 年的植物杂交试验，并于 1865 年 2 月在奥地利自然科学学会会议上报告了研究结果。第二年，他系统地整理完成了影响深远的论文《植物杂交试验》，发表在奥地利自然科学学会年刊上。孟德尔总结了遗传的基本规律（分离规律和自由组合规律），并创立了最基本的遗传学概念。

(2) 萨顿-鲍维里假想——遗传物质载体的前瞻性预测。1903 年，萨顿（W. S. Sutton 1877～1916 年）和鲍维里（T. Boveri 1862～1915 年）注意到，生物杂交试验中遗传因子的动态变化行为同生殖细胞形成中的减数分裂和雌雄结合时的受精作用中染色体的动态变化行为十分吻合，于是提出了“遗传因子位于染色体上”的假说，史称“萨顿-鲍维里假想”。

(3) 约翰逊（Johannsen）——“基因”一词的创造。1909 年，约翰逊（Johannsen）以“基因”一词替代了孟德尔所提出的“遗传因子”，并创立了基因型（geno-type）和表现型（phenotype）等概念。

(4) 摩尔根（T. H Morgan）——遗传的染色体学说。1910 年，T. H. 摩尔根发表了著名论文《果蝇的限性遗传》，第一次将一个具体的基因与一个特定的染色体联系起来，并确立了遗传的连锁和互换规律。1926 年，摩尔根发表了其代表作《基因论》，系统阐述了染色体学说。

(5) 从盖若德（A. E Garrod）到比得尔（G. W Beadle）、塔特姆（E. L Tatum）——“一个基因一种酶”学说。1909 年，盖若德出版了《先天代谢障碍》一书，分析了白化病等人类遗传疾病，认识到“一个基因一种酶”的相关性规律。1941 年，比得尔和塔特姆通过红色链孢霉营养缺陷型分析，得出结论：基因突变可以引起酶的改变，并且一个基因控制着一种特定的酶。后来，这一结论被概括成简洁的论点——“一个基因一种酶”。

(6) 扬诺夫斯基（Yanofsky）——一个基因一条多肽链的认识。20 世纪 50 年代，扬诺夫斯基分析由 2 种多肽构成的酶，将“一个基因一种酶”论断修正为“一个基因一条多肽链”。

(7) 从埃维里（Avery）到沃森（Watson）和克里克（Crick）——基因化学本质的揭示。1944 年，埃维里等经过肺炎双球菌转化实验的研究，第一次证实了 DNA 是遗传物质；1953 年，沃森和克里克发表了 DNA 双螺旋结构模型，标志了遗传学进入分子遗传学时期。

(8) 本泽尔 (Benzer) ——精细地剖解基因结构。1955 年，本泽尔通过 rⅡ突变型和野生型 T4 噬菌体的互补试验，提出了顺反子 (cistron) 的概念。从遗传功能水平上提出的顺反子，就是一个基本遗传单位——基因。

(9) 莫诺 (J. L. Monod，1910～1976 年) 与雅可布 (F. Jacob) ——结构基因与调控基因的划分。1961 年，法国科学家莫诺与雅可布发表了《蛋白质合成中的遗传调节机制》一文，系统地提出了操纵子学说，开创了基因调控研究的新局面。

(10) 罗伯特 (Richard Roberts) 和夏普 (Phillip Sharp) ——断裂基因 (splicing gene) 的发现。1977 年，罗伯特和夏普报道了各自独立地研究腺病毒和流感病毒时的发现：基因被 DNA 上的一些不相关片段隔开为不同区域，是不连续的，这就是"断裂基因"。人们将基因内部的间隔序列叫作内含子 (intron)，编码区段叫做外显子 (exon) (图 1-4)。

(11) 维纳 (Weiner) ——重叠基因 (overlapping gene) 的发现。1977 年，在研究 Q0 病毒的基因结构时，维纳发现了基因的重叠现象。基因的重叠能够节约碱基，经济、有效地利用了有限的 DNA 遗传信息量；基因的重叠可能有利于参与对基因表达的调控。

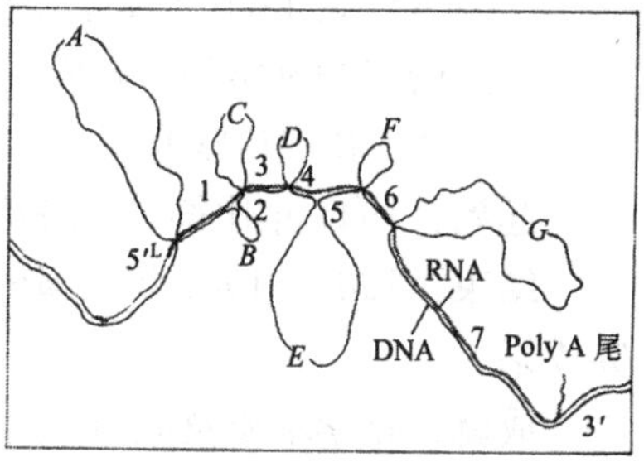

图 1-4 鸡的卵清白蛋白 cDNA 同卵清白蛋白基因杂交结果
突出成环的为无互补序列的内含子——A 到 G

(12) 麦克林托克 (B Mcclintock) ——跳跃基因的发现。20 世纪最具传奇经历的女科学家之一芭芭拉·麦克林托克，在玉米研究中发现了跳跃基因，成为基因调控理论的先驱者。1976 年，在美国冷泉港召开的专题研讨会上，她提出的"转座因子" (transposable element) 概念得到认定。

由此可见，在历史发展的不同时期，人们对基因概念的理解有着不同的内涵。我们相信，随着其相关科学技术的发展，基因概念将越来越明确。这是遗传学发展的主线。

**遗传学发展简史**①

早在新石器时代，人类就已经养殖动植物，并逐渐学会了改良品种的方法。

1866 年，孟德尔根据豌豆杂交试验发表了论文《植物杂交试验》，揭示了两大遗传规律 (分离规律和自由组合规律)，奠定了遗传学的基础。

1900 年，孟德尔的工作于被三位学者 (荷兰的德弗里斯、德国的科伦斯和

① 遗传学发展的主要里程碑事件可参照戴灼华，王亚馥，粟翼玟．遗传学．北京：高等教育出版社，2009。

奥地利的切尔马克）所分别发现，标志了现代遗传学的诞生。

1909 年，约翰森将孟德尔式的遗传因子称为基因，明确区别了基因型和表型的概念；同年，贝特森创造了等位基因、杂合体和纯合体等术语，并发表了代表性著作《孟德尔的遗传原理》。

1910 年以来，遗传学的发展大致经历了 3 个时期——细胞遗传学时期、微生物遗传学时期和分子遗传学时期。

（1）细胞遗传学时期（约 1910～1940 年）。

起始：美国遗传学家和发育生物学家摩尔根在 1910 年发表关于果蝇性连锁遗传论文；

结束：1941 年美国生物学家德尔和塔特姆发表关于链孢霉营养缺陷型研究结果。

成就：确立了遗传的染色体学说，基因的抽象概念与实体化的物质基础相联系。

代表著作是 1926 年摩尔根出版的《基因论》、1932 年英国细胞遗传学家达林顿出版的《细胞学的最新成就》。

（2）微生物遗传学时期（约 1940～1960 年）。

起始：1941 年比德尔和塔特姆发表关于脉孢霉属中的研究结果；

结束：1960～1961 年法国分子遗传学家雅各布和莫诺发表关于操纵子的研究成果。

成就：化学本质及原初作用、遗传单位的精细结构、基因突变的机制以及细菌的遗传重组机理、基因调控的途径等各个方面，均取得了丰硕成果。

（3）分子遗传学时期（约 1953 年～）。

起始：1953 年美国分子生物学家沃森和英国分子生物学家克里克提出 DNA 双螺旋模型。

最新标志：人类基因组全序列的测定结果的发表（2000～2006 年及遗传学逐渐进入后基因组时代。

成就：从分子水平上研究基因的结构与功能，以及遗传信息的传递、表达及其调节控制等。

模式生物与遗传学研究　选择一些已经获得广泛研究的生物体（模式生物）作为研究目标，为遗传学研究的深化奠定了基础。黑腹果蝇（*Drosophila melanogaster*）就是遗传学研究中最重要的一种模式生物。

模式生物的遗传学研究包括基因调控研究、发育的遗传基础研究和癌症相关基因研究等。传代时间短、易于基因操纵等优点，模式生物已经成为流行的遗传分析工具。除了黑腹果蝇外，大肠杆菌（*Escherichia coli*）、酿酒酵母（*Saccharomyces cerevisiae*）、拟南芥（*Arabidopsis thaliana*）、秀丽新小杆线虫（*Caenorhabditis elegans*）和小鼠（*Mus musculus*）等，都是目前遗传学乃至整个生命科学中广泛使用的模式生物。

4. 遗传学的应用

遗传学具有广泛的空间应用（详见第十三章）。遗传学的发展起源于杂交试验，是在育种实践基础上发展起来的学科。遗传学理论的研究开展之后，育种的手段不断改进（选择育种、杂交育种、人工诱变、分子育种等），育种的成效不断提高。

微生物遗传学等方面的发展促进了发酵工业等产业，在基因水平上发展起来的相关遗传学技术已在环境保护领域得到了广泛应用。

在体细胞遗传学和生化遗传学方法的协助下，人类遗传学的研究进展很快，人们对于遗传性疾病的种类和病因的了解越来越多。

用遗传工程技术对遗传性疾病进行基因治疗的手段正在深入探索之中，利用遗传工程生产的药物已经发挥良好的作用，医学遗传工程的进展为优生学铺设了新的发展道路。

遗传标记技术提升了法医鉴定水平，遗传连锁关系和遗传系谱分析等为人类健康保障提供依据。

## 二、代表性例题解析

1. 试论述遗传、发育、进化在基因水平上的统一

参考答案：个体发育、系统发育（进化）以遗传为基础，而遗传学归根结蒂是基因学。所以，遗传、发育、进化的共同基础是基因。任何一个生物体都必有其生、生长、衰老和死亡的过程。从遗传学角度看，这个个体发育就是细胞内的基因按照一定的时空程序精确地表达而实现的过程。

细胞分化是生物发育的核心问题。作为生命的基本单位，细胞在个体发育过程中，不仅细胞核内的基因控制了大量性状，而且母体效应或细胞质遗传也起很大作用；同时，生物体内外多种环境因素也影响个体发育。随着分子遗传学的发展，人们认识到生物个体内所有细胞都有一个相同的基因组，细胞分化是相同基因组中的基因在时和空上选择性表达的结果。组织和器官的形成是同源异形基因(homeotic gene）等一系列基因启动、协同作用级联反应（cascade）的结果。所以不难看出，个体发育就是基因型实现表现型的过程，是基因选择性表达的结果。正如遗传学家 Richard Goldschmidt 所言，发育是“有序地产生一定的图式(pattern)”的过程，基因归根结蒂控制了图式。

任何一个生物体都有自己的亲代，亲代又有自己的亲代……由此形成了一条生命起源和进化的长链。从遗传学角度看，这条生命长链是在自然选择压力下，由于不断出现的突变基因汇入而形成的日趋复杂的遗传信息流。遗传学和进化论的综合，产生了现代达尔文主义（综合进化论）。基因突变和遗传重组使得遗传

信息变得多样化和复杂化，在选择和隔离等机制的作用下，生物得以趋异进化形成多个物种——遗传与进化达到和谐统一。

总的来说，遗传、发育和进化都以基因为共同基础，进化论、细胞学说和基因论分别从群体、个体、细胞和分子水平上阐明了宏观和微观的生命规律。

2. 试简述原核生物和真核生物的遗传物质传递方式

参考答案：原核生物遗传物质传递的方式是DNA复制再由二分裂直接分到两个子细胞中。原核生物中的染色体不存在典型的周期性变化；而真核生物中涉及染色体的规律性变化和行为活动。不过，真核生物与原核生物一样，都是通过自我复制后分配到子代细胞中，即都是以DNA复制为基础进行遗传物质传递的。

原核生物与真核生物的DNA复制，在具体的复制方法上不同。例如，原核是通过连续开始新的DNA复制，表现为一个复制单元多个复制叉，而真核可以有多个复制起点。原核生物没有细胞核，只能在二分裂时把遗传物质均分到子代细胞；真核生物有细胞核的控制，可以进行有丝分裂和减数分裂等高级分裂方式。但无论是什么方式，本质都是遗传物质复制后进入子代细胞。

在生物进化中，真核生物的生殖和遗传物质传递方式都处于高一级的水平。在真核生物中，亲代遗传物质（DNA）复制后经减数分裂而减半地分配到配子中，雌雄配子两两结合成为合子（受精卵），使得亲代的遗传物质组成状态在子代中得以恢复，上下代的遗传物质完成传递。合子的分裂、细胞的分化是个体发育的基础，而个体中每个体细胞的遗传组成与合子都是一样的。

3. 请简述分子遗传学的发展史

参考答案：【诞生】1940年，G. W. Beadle和E. L. Tatum利用脉孢霉（*Neurospora crassa*）突变体证明了单个基因与单个酶之间的直接对应关系，提出了一个基因一种酶（one gene-one enzyme）的概念，阐明了基因是通过对酶的控制来决定生物的性状的。1944年，美国学者埃弗里等在肺炎双球菌中证实了转化因子是脱氧核糖核酸（DNA），阐明了遗传的物质基础。1953年，美国生物学家沃森和英国生物学家克里克提出了DNA分子的双螺旋结构模型，标志着分子遗传学的诞生。

【发展】1955年，美国生物学家本泽尔利用基因重组方法分析大肠杆菌的T4噬菌体基因的精细结构，发现基因重组的精细程度达到相隔仅三个核苷酸的水平。1957年，克里克提出，在DNA与蛋白质分子之间，RNA可能是中间体。1958年，他发表了《论蛋白质的合成》一文，讨论了核酸中碱基顺序同蛋白质中氨基酸序列之间的线性对应关系，阐述了中心法则。后来，坦明（H. M. Temin）和巴尔的摩（D. Baltimore）等发现并证实了反转录酶的存在，使得中心法则得到了修正。1960～1961年，法国遗传学家莫诺和雅各布根据在大肠杆菌和噬菌体中的研究结果提出乳糖操纵子模型，该模型是基因调控理论的初步认识。1964 年，美国分子遗传学家亚诺夫斯基和英国分子遗传学家布伦纳等分别证实了基因的核苷酸序列和其编码的蛋白质分子的氨基酸序列间的线性对应关系，充分证实了“一个基因一种酶（多肽）”学说。此后，分子遗传学的实质性研究逐渐开展起来。

【高潮】20 世纪六七十年代诞生的遗传工程是分子遗传学研究的重要里程。1974 年，Grozdicker 首创了第一代分子标记；至今，DNA 分子标记先后产生了三代、几十个种类。其中，第一代分子标记为 RFLP，第二代分子标记为 SSR、RAPD 和 AP-PC 和 EST 等，第三代分子标记为单核苷酸多态性标记（SNP）。另外，遗传重组（转座等）的研究、定向基因诱变等技术的发展，都促进了分子遗传学的成熟和在实际中的应用。1990 年正式启动的人类基因组计划，在 2000 年 6 月 26 日公布了人类基因组草图，在 2003 年公布了更为精细的人类基因组图谱，到 2006 年第三次宣告完成人类基因组图谱。人类基因组图谱的绘制完成，昭示着人类已从基因组时代逐步进入后基因组时代。

4. *如何评价魏斯曼的种质学说?*

参考答案：德国动物学家魏斯曼（August Weismann，1834～1914 年）从发育生理学角度研究遗传问题，认为细胞核中的特定物质（染色质）能赋予细胞以特殊性状。因为生物有机体由成千上万个细胞组成，而这些细胞具有极其不同的性状，所以很明显控制它们的细胞核物质在每个细胞中是不同的。1883 年，他提出了有名的“种质论”(germplasm theory)。

归纳起来，种质论主张生物体由本质上不同的两部分［种质（germplasm）和体质（somaplasm)］组成。认为生物体在一生中因外界环境的影响所造成的变化只表现于体质上，而与种质无关，后天获得性状不能遗传。种质只存在于细胞核内的染色质中，而染色质是由存在于细胞核中的许多遗子组成的遗子团。遗子中又含有许多粒状物质（定子），定子还可细分为最小的遗传单位——生源子。随着个体发育，定子逐渐分散到适当的细胞中，以至于最终一个细胞只含一个定子；生源子能从细胞核穿过核膜进入细胞质，使定子得以活化，指令该细胞分化。种质（存在于性细胞中）储存着该生物特有的全部定子，并通过繁殖遗传给后代。

魏斯曼的种质论对人们深入研究遗传物质发挥了重要的启发作用，推动了染色体、基因和 DNA 的发现和研究。

5. *遗传学教材的绪论中常提到泛生说*（hypothesis of pangenesis）。*请对其进行介绍*

参考答案：泛生说是曾盛行许多世纪，并被英国生物学家 C. 达尔文（1868 年）用来说明获得性状遗传原理的假说。达尔文在《饲养动植物的变异》一书（1868 年）中提到这种假说。泛生说认为，精液是在全身的各个部分中形成的，汇集后在血管当中流动，并通过睾丸进到阴茎中。在达尔文的进化论当中，并没有认识到生物进化的遗传学基础。为了解释进化机理，他采用了拉马克的获得性状遗传理论。达尔文的泛生说认为，在生物体的各部分细胞当中，都存在许多称为泛生子（pangen）的颗粒物质。这种颗粒物质是自我增殖性的粒子，也叫微芽（gemmule）。各种生物性状均由特定的泛生子决定。泛生子通过循环系统向生殖细胞中集中，然后由亲代传递给子代，在后代体内又分散到各器官中。这样，子代就获得了亲代的特征。由于环境的影响能够使得泛生子的性质发生改变，因此亲代的获得性状能够遗传给后代。泛生论是在缺乏遗传学知识情况下提出的不成熟理论，并未经过科学验证；达尔文把获得性遗传看作是因环境影响而进入到微芽并传给子孙的缘故，并试图用实验来验证，没有获得成功。

6. 怎样认识先成论和渐成论？

参考答案：先成论（preformation theory）（又称预成论）认为，个体发生所应形成的形态构造在发生之初始就已经预先存在，发育就是逐渐展开预先存在的个体雏形而形成明显的形态构造的过程。先成论的极端形式就是所谓“生殖预成论”（emboitement theory，theory of encasement），认为在动物的卵巢中不仅含有下一代个体的雏形，而且还包含着以后所有的后代，一个包含着一个地嵌套在一起。早在古希腊时代，先成论的思想就已经渗透在人们的思想中，显微镜的应用在生命微观结构的认识中占据了决定性地位，但对微小形态结构轮廓的分辨也成为先成论主张者持有的证据。现在看来，对于生物发生因素问题，只有遗传组成是预先固定的，而任何其他东西都是“后成”（“渐成”）的，但遗传决定与经典的“先成”含义相差很远。后成论（postformation theory，epigenesis theory）即渐成论（epigenesis），最早由德国胚胎学家沃尔夫（Kaspar Friedrich Wolff）所论证，是关于真核细胞起源的经典学说。这一学说认为，在生殖细胞（精子或卵子）中并不存在什么个体雏形，生物体的各种组织、器官，都是在个体发育过程中逐渐形成的。

个体发育的程序在受精卵形成时都已经成套地编码于基因组中，发育过程是通过遗传信息的有秩序表达而使“生命蓝图”逐步实现的过程。虽然经典的先成论是错误的，但是生物的细胞中确实存在着一种先成因素，由基因组决定；然而，个体发育严格按照这个蓝图来实现，逐渐完善，是“渐成”的过程。准确的认识是，生物体的生殖与发育是随着基因组的复制与表达而完成的，而所有这些都建立在该生物类型的基因组结构所决定的“生命蓝图”之上。

7. 试论述：生物的各种性状的出现是基因型和环境相互作用的产物

参考答案：基因是生物体遗传的功能单位，是生物性状得以表现的物质基础；表现型指生物体所表现出来的所有性状的总和。表现型并非基因（型）单方面就能决定的，它是基因型和内外环境因素相互作用的结果。在实际工作中，对生物体全部基因型和全部表型的分析不但不可能，而且一般没有太大必要，通常只针对单个或若干个性状进行分析，而基因型和表型性状之间的关系远远不是“一把钥匙开一把锁”的简单关系。对于任何生物来说，有机体的各种性状之所以能够得以表现，首先是因为有基因（型）作为其物质基础；其次，在生物的生长发育过程中，特定的环境条件使得基因所控制的性状特征得以表现。这符合内因和外因的相互依存关系。这里所说特定的环境条件，既包括外界条件，也包括内部条件——基因之间的相互作用关系。

在不同的条件下，有些基因的表达可能很一致，而另一些基因的表现型效应则各有千秋。这样的变化有时可以归因于明显的环境因子变动，有时可能是其他基因的影响。概括起来讲，个体间基因表达的变化程度称为表现度（expressivity）。人类的一种显性遗传病成骨不全综合征（osteogenisis imperfecta），杂合体患者可能同时有多发性骨折、蓝色巩膜和耳聋等症状，但也可能只有其中一部分症状。因此，“成骨不全”相关基因的表现度是有差异的。能改变另一基因的表型效应的基因称为修饰基因（如香豌豆中影响花冠颜色的某个隐性基因）。修饰基因的作用是造成一定的细胞内部环境变化，从而影响生物性状。实际上，环境条件之所以能影响基因效应，也是通过引起一定的细胞内部改变来实现的。

某一基因型的个体显示其预期表型的比例叫外显率（penetrance）。由于修饰基因或外界因素等的影响，有关基因的预期性状可能表达不出来，此时这个基因的外显率就降低；反之，某个显性基因的效应如果总是表达出来，其外显率就是100%。例如，黑腹果蝇隐性间断翅脉基因 *i* 的外显率大约有90%，而另外10%表现为野生型。有时候，环境改变所引起的表型改变会与由另一种基因引起的表型变化相似，我们把这种现象称为表型模写（phenocopy）。

基因型决定着生物个体对这种或那种环境条件的反应，其形成的表型范围称为反应规范（reaction norm）。或者说，反应规范指基因型对环境条件反应的幅度。对于不同生物的不同基因型，反应规范的宽窄大不相同。

需要指出的是，环境条件的作用效应和基因的作用结果是有重要区别的。它们虽然都可以在一定范围内发生变动，但是基因型变异是能够遗传下去的，而环境因素改变所引起的变异则是不能遗传（传递给后代）的。

总之，生物的表现型是基因型和环境综合作用的结果。因为生长发育必须在一定条件下才能实现，所以环境条件的影响可以使基因的表型效应发生改变；另外，基因和基因之间的相互关系也复杂多样，不可能形成单一的模式。也就是说，不同的基因型可能在不同的环境条件下表现为有差异的表现型，同一种基因型的表型也可能在不同的内外环境因素作用下相差甚远。

结论：生物的各种性状的出现是基因型和环境相互作用的产物。

8. 以史为鉴，往往推动科学发展。试分析：孟德尔的研究为什么被忽视？孟德尔定律是如何重新发现的，其意义何在？

参考答案略。［请参阅：①Griffiths A J F，Wessler S R，Lewontin R C et al. Introduction to Genetic Analysis（8th ed）. W. H. Freeman & Co Ltd.，2007. ②彭奕欣，梁前进，谭永平等 . 生命科学群英谱 . 湖北教育出版社，2000.］

## 三、知识要点概念图

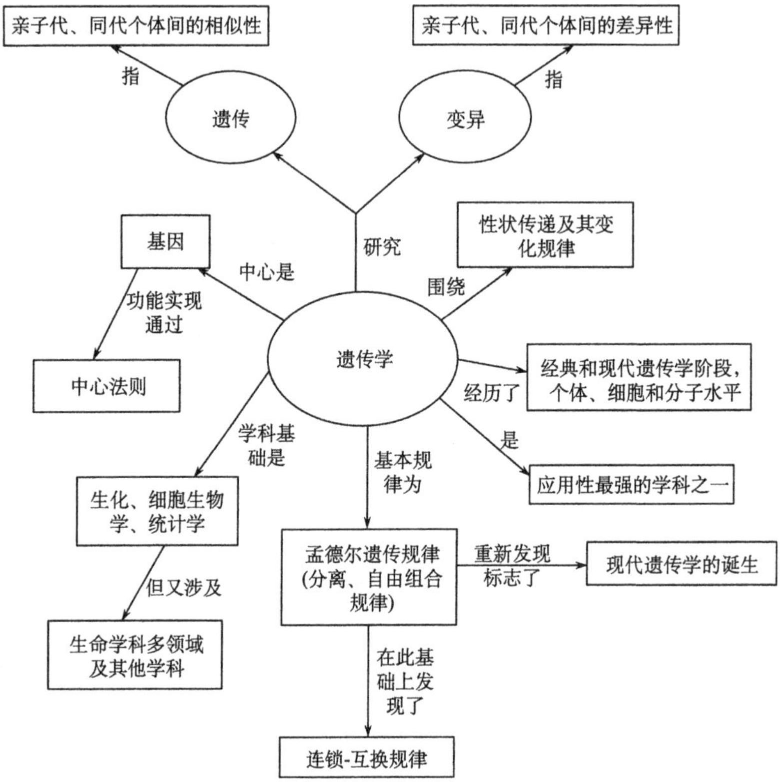


### 参 考 资 料


戴灼华，王亚馥，粟翼玟 . 2009. 遗传学 . 北京：高等教育出版社

贺林 . 2000. 解码生命——人类基因组计划和后基因组计划 . 北京：科学出版社

贺竹梅 . 2002. 现代遗传学教程 . 广州：中山大学出版社

赵寿元，乔守怡 . 2001. 现代遗传学 . 北京：高等教育出版社

Atherly A G，Girton J R，McDonald J F. 1999. The Science of Genetics. New York：Saunders College Publishing

Griffiths A J F, Wessler S R, Lewontin R C, et al. 2007. Introduction to Genetic Analysis. 8th ed. New York: W. H. Freeman & Co Ltd

Lewin B. 2000. Genes Ⅷ. Oxford: Oxford University Press and Cell Press

## 【试题精选】

### 一、名词解释

1. 遗传学（genetics）
2. 种质（germ-plasm）
3. 遗传（heredity）
4. 变异（variation）
5. 颗粒遗传（particulate inheritance）和融合遗传（blending inheritance）
6. 第二套密码系统（the second genetic code）
7. 人类基因组计划（human genome project ，HGP）
8. 后基因组时代（post-genome era）
9. 内蛋白子（intern）
10. 第二次绿色革命（the second green revolution）

### 二、填空题

1. 1943 年，著名的物理学家________在爱尔兰都柏林三一学院所作的题为________的演讲中，第一次引进了遗传性状以“密码”形式通过________而传递的推测。

2. 基因传递的遗传信息决定了蛋白质的________；不同的基因产生不同的蛋白质，进而转化为生物体不同的________。

3. 分化的细胞通过遗传控制的________而构成了结构、功能完善的个体。

4. 基因的________是细胞分化和个体发育的基本原因。

5. 生物学史上的“先成论”和“后成论”之间曾长期争论，目前看来，生物________是“先成”的，________是“后成”的。

6. 细胞按照一定的形式形成组织和器官，是由________等一组基因启动的级联反应的结果。

7. 1973 年，中国人实现了“三系”配套的育种成就，在世界上首次育成了________。这里的“三系”指________、________和________。

8. 在染色体育种理论的研究和应用方面，中国人也是成就非凡，直接关系到人民的温饱问题，其中鲍文奎育成的________品种就是具体体现。

9. 1983 年，B. McClintock 因为（于 1948 年）在玉米中发现________而获得诺贝尔生理学或医学奖。

10. 1913 年，C. B. Bridges 发现了减数分裂中的________现象，从而确证了染色体学说。

## 三、问答题

1. 请简单介绍遗传学中的常用模式生物。

2. 孟德尔在早期研究者失败的领域获得成就，原因何在?

3. 请在遗传学早期研究中举例说明：例外往往是通往一方科学新天地的蹊径。

4. 为什么人类基因组计划被列为 2001 年科技成果的头条?

5. 在遗传学家眼里，实验生物应具备什么样的特征?

6. 你认为 21 世纪的遗传学研究会有哪些突破?

# 【参考答案】

## 一、名词解释

1. 遗传学　研究生物的遗传和变异的生物学分支学科。具体地讲，遗传学研究的是基因的结构、功能以及变异、传递和表达规律的生物学分支学科。

2. 种质　亲代传给子代的遗传物质。①魏斯曼于 1883 年提出的种质论主张，生物体由质上根本相异的两部分（种质和体质）组成。认为染色质是由存在于细胞核中的许多遗子组成的遗子团。遗子中又含有许多定子，而种质（存在于性细胞中）则储积着该生物特有的全部定子，遗传给后代。②在育种领域，将携带各种种质的材料叫作种质资源。

3. 遗传　指通过繁殖相联系的生物的亲代（parent）与子代（offspring）之间以及子代个体之间相似的现象。其准确的遗传学含义是指，遗传物质从上代传给后代的现象。

4. 变异：生物有机体的基本属性之一，其表现是亲代与子代之间的差别以及子代各个个体之间的差异。

5. 颗粒遗传和融合遗传　孟德尔的杂交实验表明，亲代的隐性基因并未在杂交 $F_1$ 代中消失，因为由它决定的性状还能在 $F_2$ 代中出现；基因在世代间传递时保持相对的独立性，犹如一个个颗粒，互不沾染，这种遗传观点称为颗粒遗传。在孟德尔以前，人们认为双亲的遗传物质在子代中就如同血液混合那样，因而双亲的遗传物质逐代被稀释而不再分开。这种遗传观点称为融合遗传。

6. 第二套密码系统　Christiande Duve 于 1988 年提出的有关 tRNA 特异性的理论。该理论认为：tRNA 氨基酸接受柄有一辅密码区（paracodonregion），可以被氨基酰 tRNA 合成酶（aaRS）所识别，并决定 tRNA 的特异性。

7. 人类基因组计划　是由美国科学家于 1985 年率先提出，于 1990 年正式启动的一项国际合作项目。这一计划旨在为由 30 多亿个碱基对构成的人类基因组进行精确测序，发现所有人类基因并搞清其在染色体上的位置，最终破译人类的全部遗传信息。与曼哈顿原子弹计划和阿波罗计划并称为三大科学计划。

8. 后基因组时代　随着人类基因组计划工作的逐步完成，对人类遗传结构的研究由序列（结构）基因组学向功能基因组学的转移，即重点放在对基因组生物学功能的研究和应用。这一研究计划就是后基因组计划。换句话说，后基因组计划就是在基因组静态的碱基序列逐步搞清楚后，转而对基因组进行动态的生物学功能的研究。从 2000 年 6 月 26 日宣布人类基因组“工作框架图”完成起，人类历史就进入了后基因组时代。

9. 内蛋白子　内蛋白子又称为蛋白内含子，是 1994 年由 Perler 等提出的一种新的翻译后加工产物。内蛋白子对应的基因序列不是单独的可读框（ORF），它插入在外蛋白子对应的序列间，在产生前体蛋白以后再被切除掉，余下的外蛋白子连接在一起成为成熟的蛋白。

10. 第二次绿色革命　促使粮食优质增产的一场技术改革活动，主要目的在于运用国际力量，为发展中国家培育既高产又富含维生素和矿物质的作物新品种。（附：绿色革命：一些西方发达国家在 20 世纪 60 年代把高产谷物品种和农业技术向亚洲、非洲和南美洲部分地区推广，促进其粮食增产的一场技术改革活动。）

## 二、填空题

1. 欧文·薛定谔（Erwin Schrodinger），《生命是什么?》（*What is Life*），染色体
2. 氨基酸组成和排列（或“氨基酸序列”，或“一级结构”），性状
3. 形态建成（morphogenesis）
4. 时空特异性表达
5. 既，又
6. 同源异形基因（homeotic gene）
7. 籼型杂交水稻，不育系，保持系，恢复系
8. 异源八倍体小黑麦
9. 转座子（或“跳跃基因”，或“可转座因子”）
10. 染色体不分离

## 三、问答题

1. 遗传学中的常用模式生物：

（1）大肠杆菌（*Escherichia coli*，*E. coli*）　大肠杆菌属于革兰氏阴性短杆菌类细菌，大小为 0.5×（1～3）μm。周身分布鞭毛，能够运动，无芽孢。大肠杆菌经过发酵多种糖类而产酸、产气，是正常栖居在人和动物肠道中的细菌。莱德伯格（Lederberg）采用两株大肠杆菌营养缺陷型进行研究，为细菌接合方法学奠定了基础；在基因工程研究中，大肠杆菌是最重要的基因克隆和表达宿主。大肠杆菌作为基因工程菌的优点有：它是原核细菌中研究得最彻底的类型，繁殖迅速，易于培养，用于克隆和表达宿主技术成熟。但由于缺乏蛋白加工系统、外源蛋白容易遭到其内源蛋白酶降解，以及其细菌内毒素可导致人体热源反应等，其应用受到局限。

（2）酵母（Yeast）　酵母是一类单细胞真菌，在自然界分布广泛。酿酒酵母（*Saccharomyces cerevisiae*），又称面包酵母、出芽酵母，是与人类关系最密切的一种酵母，用于酿酒和制作面包等食品，在现代生物学中用作真核模式生物。1996 年 4 月，酿酒酵母（以下简称酵母）的完整基因组顺序公布，是人们第一次获得的真核生物基因组完整序列。酿酒酵母作为一种模式生物有许多优势。首先，作为单细胞生物，能够在基本培养基上生长，可通过改变物理或化学环境完全控制其生长。其次，在单倍体和二倍体状态下均能生长，并可以较为方便地控制单倍体和二倍体之间的相互转换，对其基因功能的研究十分有利。目前，已能够对

酵母的任何一个基因进行突变和剔除等。酵母基因组中有将近31%编码蛋白质的基因或ORF与哺乳动物编码蛋白质的基因有高度的同源性，更增加了其在遗传学等方面的实用性。

（3）秀丽新小杆线虫（nematode，*Caenorhabditis elegans*）　秀丽新小杆线虫是一种可以独立生存的线虫，长约1mm，在温度恒定的环境里生活。秀丽新小杆线虫通身透明，身体中所有细胞能被逐个盘点并各归其类。1965年起，Sydney Brenner利用秀丽新小杆线虫作为模式生物，在细胞凋亡等方面作出了卓越的成就（因此在2002年获得了诺贝尔奖）。此后，秀丽新小杆线虫成为分子生物学、遗传学和发育生物学研究领域中最有效的模式生物之一。作为模式生物，秀丽新小杆线虫有很多优点，例如，把线虫浸泡到含有核酸的溶液中即可实现外源基因的导入；生命周期很短——从出生到老死仅为3天半，便于不间断地观察、追踪每个细胞的演变过程等。

（4）海胆（sea urchin）　海胆是棘皮动物门海胆纲（Echinoidea）的通称。海胆是生物学史上最早被使用的模式生物，其卵和胚胎的研究对早期发育生物学的发展起到了举足轻重的作用。1891年，Hans Driesh在显微镜下把刚刚完成第一次卵裂的海胆胚胎一分为二，发现分开后的两个细胞各自形成了一个完整幼虫，证明胚胎具有调整发育的能力，在观念上为现代发育生物学奠定了第一块里程碑。海胆的重要研究价值主要在于受精和早期胚胎发育方面。同种海胆精卵表面分子的特异性识别、精子顶体反应、卵皮质反应等现象的发现，为受精生物学奠定了最初的基础。

（5）黑腹果蝇（fruitfly，*Drosophila melanogaster*）　果蝇是双翅目昆虫的一个属。黑腹果蝇是最常见的果蝇，它体积小，繁殖力强，世代周期短，容易饲养。黑腹果蝇染色体数目少（4对），在幼虫期间有巨大的唾腺染色体（多线染色体）；黑腹果蝇的躯干由14个体节构成，呈完全对称，一套普遍存在于从昆虫到人的基因组中的基因控制了这些体节从上到下的发生过程。这套基因决定了机体左右对称布局形成的最基本因素。黑腹果蝇遗传背景清楚，已经完成基因组序列测定，突变体多，易于进行基因定位，很适于遗传学和发育生物学研究。

（6）斑马鱼（zebra fish，*Brachydanio rerio*）　斑马鱼属于鲤形目-鲤科-短担尼鱼属，体长4～6cm，体呈纺锤形。斑马鱼产卵多，繁殖迅速，胚胎通体透明，是胚胎发育机理和基因组研究的优良材料。由于斑马鱼具有自我修复破损视网膜的独特能力，是科学家关注的一个焦点。斑马鱼基因与人类基因的相似度达到87%，因而在其身上进行药物的结果应在多数情况下也适用于人体。因为斑马鱼的胚胎透明，所以很容易观察到其体内器官对药物或各种基因操作等的影响。值得注意的是，雌斑马鱼可产200枚卵，24h内胚胎即可发育成形，这就可以在同一代鱼身上进行不同的实验研究，获得病理演化过程、基因作用效果等。因此，斑马鱼是良好的发育遗传学模式动物。

（7）非洲爪蟾（South African clawed toad，*Xenopus laevis*）　非洲爪蟾是比较原始的蛙类，属于负子蟾科爪蟾属。分布区由南非的热带草原起，北至肯尼亚、乌干达，西至喀麦隆。为完全水生种，广栖于淡水水域中，尤其喜好静止水域的环境。非洲爪蟾的卵母细胞体积大、数量多，便于在显微镜下进行操作。更可贵的是，还可以制成具有生物活性的无细胞体系，用于生物化学分析。非洲爪蟾在实验室条件下可养殖15年左右，有的甚至可达20年之久。在遗传学、发育生物学研究，尤其是卵母细胞减数分裂机理研究中，具有重要的应用价值。.

（8）小鼠（mouse，*Mus musculus*）　小鼠属于啮齿目（Rodentia）、鼠科（Muridae）的一个属（*Mus*），广泛分布于世界各地，经长期人工培育，已有1000多近交系和独立的远交群。小鼠体形小，易于饲养管理；成熟早，繁殖力强。小鼠现已成为使用量最大、研究最详尽的哺乳类模式动物。完整的小鼠基因组图谱于2005年完成。利用基因打靶（gene targeting）技术，对小鼠胚胎干细胞的某个特定基因（如生长因子基因）进行定点突变，使之发育成为稳定的品系，在遗传学和生物医学等领域发挥了重要作用。由于人-鼠间很多基因的功能相同，转基因小鼠或基因定点突变小鼠的异常为基因和功能的关联性提供了信息，帮助人们搞清楚了人类许多基因的功能。

（9）拟南芥（*Arabidopsis thaliana*） 拟南芥是十字花科植物。二年生草本，株高7～40cm，自花授粉，在我国很多省区均有发现。拟南芥的优点是植株小、世代短（从发芽到开花不超过6周）、结子多、生活力强。拟南芥的基因组是目前已知植物基因组中最小的，其完整的基因组序列已经被测定。每个单倍染色体组（$n=5$）的总长只有7000万个碱基对，这使它的有关基因相对来说比较容易克隆。拟南芥的基因高度纯合，理化诱变率很高，容易获得缺陷型。基于上述优点，拟南芥作为遗传学研究的好材料，被誉为“植物中的果蝇”。

当然，并没有明确规定什么样的生物可以作为模式生物，什么样的不可以，这要根据研究的目的、解决的问题和研究手段等决定。在不同的场合下，噬菌体（bacteriophage）、大鼠（rat，*Rattus norvegicus*）、家兔（rabbit，*Oryctolagus cuniculus*）、水稻（rice，*Oryza sativa*）、玉米（maize，*Zea mays*）等，也都可以被用作模式生物。

2. 孟德尔的工作成就及成功的原因：①工作成就：证明颗粒遗传，提出了遗传因子作为遗传单位的概念；发现了两个基本遗传规律——基因的分离定律和自由组合定律。②成功的原因：首先，选用豌豆为杂交实验材料。这种模式生物的优点有：自花传粉、闭花授粉植物，在自然状况下是纯种；花冠各部分结构较大，便于操作控制；品种间性状差异较大，很容易区分；种子保留在荚内，每粒种子都不会丢失；所选用的7对相对性状恰好都不连锁等。其次，从简单到复杂（由单因素到多因素）地揭示自然规律。先着手研究一对相对性状的遗传情况，然后再对两对及两对以上相对性状的联合遗传情况进行分析。③将统计学方法科学地运用到杂交实验结果分析中，在方法学中是个突破。④科学地设计试验程序。在对大量试验结果进行数据分析的基础上，抓住共同特点，合理地提出假说，并采用新的试验进行验证。另外，孟德尔成功的因素还有：酷爱生物学，并不遗余力地通过拜师增加知识；有严谨的科学态度，按照生物的本来面貌探究生物规律；接受了著名科学家（多普勒、埃廷豪森、道尔顿、昂格尔等）的研究方法和思维过程，并灵活运用到自己的杂交试验中；善于分析前人失败的原因，提出自己独到的研究方法等。孟德尔在早期研究者失败的领域获得成就，是遗传学的奠基人。

3. 大量的事务性工作应该尽可能实行规范化，高层人员应把一般事务授权给下级，自己只保留对例外（重要）事项的决策和监督权，这就是泰勒的例外管理原则。其实，我们每个人都应培养“例外”思想——现有的不一定最好，要善于打破常规，变角度、换思路去分析问题。从某种意义上讲，科学发现往往来自“例外”。下面以“通向诺贝尔奖的果蝇”来说明这个问题。

1904年，美国生物学家萨顿指出染色体和遗传因子之间存在着平行关系，但他无法解释的是，每一个生物的细胞中染色体数目远远少于其遗传特征的数量（例如，人的遗传特征成千上万，但染色体只有23对）。摩尔根企图来解开这个疑团，他采用只有4对染色体的果蝇作为模式生物。摩尔根首先用翅膀很小的果蝇跟长翅果蝇行杂交，证明了孟德尔的分离规律也适用于动物。接着，摩尔根用放射性诱变的方法，希望出现突变。果然，在一群红眼果蝇中出现了一只白眼雄蝇——第一个“例外”。用这只白眼雄蝇和红眼雌蝇交配，发现后代中的白眼果蝇全是雄的——果蝇眼色遗传因子与性染色体联系起来。沿着这一研究路线，摩尔根证明了伴性遗传、提出染色体是基因的载体的重要理论！

名师出高徒。1916 年，摩尔根的三大弟子之一布里吉斯（C. Bridges）将白眼（$X^wX^w$）雌果蝇和红眼（$X^wY$）雄果蝇杂交，发现大部分后代与摩尔根实验的结果完全相同，但也发现了 1/2000 的后代出现了例外的情况——红眼不育的雄蝇和白眼可育的雌蝇。沿着例外后代的杂交分析，他证明了雌蝇减数分裂存在的 $X^w$ 染色体不分离的现象。在一系列相关研究的基础上，布里吉斯的实验最终证明了 $W/W^+$ 基因定位在 X 染色体上，为遗传的染色体学说提供了直接的证据。

1934 年，摩尔根获得了诺贝尔奖。这一奖项的获得与那只“例外”的白眼果蝇和染色体不分离所体现的“例外”想象都分不开。

4. 1990 年正式启动的人类基因组计划，在 2000 年 6 月 26 日公布了人类基因组草图。人类基因组计划是人类科学史上与曼哈顿原子弹计划、阿波罗登月计划齐名的三大科学工程之一，其科学价值和对人类社会发展的影响都是空前的。该计划的主要目标是：识别人类 DNA 中所有基因，测定组成人类 DNA 的 30 亿碱基对的基因组序列，并利用这些信息建成成套的数据库。通过人类基因组研究，生命的奥秘变得清晰起来。诸如生命起源和进化，疾病的发生机理及其防治，遗传和优化等问题，都将最终被人类所掌握。人类基因组计划促进了生命科学与信息科学、材料科学和高新技术产业等有机结合，刺激了相关学科与技术领域的发展，并带动起新兴的高技术产业，其研究成果正在直接指导和转化为实际应用，具有巨大的社会效益和经济效益。人类基因组序列测定的完成，使得人类社会体现出区别于农业、工业和信息时代的生物时代特征，标志着遗传学和生命科学经历基因组时代、开始进入后基因组时代。

以上这些重要意义在人类基因组序列框架图完成之际就已经能够预见。于是，人类基因组计划被列为 2001 年科技成果的头条。

5. 作为一门实验科学，遗传学的研究中离不开实验生物。虽然没有一种典型的实验生物能满足遗传学的一切研究需要，但遗传学研究所用的生物体应具有以下一些基本特征：①小型，易于饲养。显然，果蝇、线虫、真菌和细菌等，较之猴、狗、兔等，要适于进行实验室研究。②生活周期短，繁殖力强，突变率高，后代繁育群体较大。在这些方面，植物、微生物较哺乳动物（包括人类自身）要优越。③基因组相对较小或者染色体特征明显，能利于其对复杂的发育过程进行遗传学分析等。在不断地经验积累中，果蝇、斑马鱼、玉米、拟南芥等动植物都因为满足这些方面或其中一部分条件而选作遗传学研究的模式生物。例如，果蝇具有巨大的多线染色体；斑马鱼雌鱼可产 200 枚卵，24h 内胚胎即可发育成形；玉米具有数目较少、形态特征明显的染色体；拟南芥的基因组是目前已知植物基因组中最小的，等等。

6. 部分提示（开放题目，自由发挥）：21 世纪的遗传学研究正在或可能会在以下几个方面有所突破：①功能基因组和蛋白质组、表型组研究；②表观遗传变异及其影响；③疾病基因的功能及其涉及的调控途径；④遗传学与人类社会全方面的关系及重点相关问题的解决；⑤预防医学遗传学和个体医学遗传学；⑥“订单”式、个性化产业的遗传学基础；⑦其他随社会经济和科学技术发展而涉及的遗传学问题。

# 第二章 遗传学基本规律

**重点提示：**任何生物性状的表达都是基因与环境相互作用的结果。遗传学以三大遗传基本规律为基础，阐述了遗传物质决定生物性状的机制及其在亲子代间传递的规律。遗传学三大规律包括分离规律（研究单基因的传递规律）、自由组合规律（非连锁的双基因或多基因的传递规律）和连锁互换规律（具有连锁关系的基因传递规律）。在决定性状表达与传递的过程中，基因与基因之间，基因与环境之间存在着复杂的相互作用关系，从而使生物界表现出更为复杂的多样性。

**本章导读：**对于实验性学科，选择适宜的实验材料、采取正确的研究方法往往起到事半功倍的作用。孟德尔以豌豆作为实验材料，非常恰当地利用了其授粉方式为自交授粉、性状差异明显且多有与果实和种子相关的性状表现，这就有利于在相对短的时间内获得所需的研究结果以探求遗传物质的传递规律。同时孟德尔所采用的分析方法条理非常清楚，由简入繁，将统计学原理与方法引入遗传学研究中，使生物学从简单的形态描述上升为精确的科学分析，其结果分析更具有合理性及科学性，由此诞生了孟德尔遗传定律——分离规律和自由组合规律。而摩尔根则以果蝇为实验材料，利用了其生活周期短、表型差异多、饲养方便等优势，提出了遗传的染色体学说，并发现了遗传的连锁互换规律。

遗传学的三个基本规律是遗传学研究的基础理论，也是我们在这一章学习中需要掌握的骨架内容。但是生物界是复杂的，在性状表现与传递过程中，等位基因之间、非等位基因之间以及基因与环境之间都有着复杂的关系。例如，等位基因之间在决定性状表现的时候有完全显性、不完全显性、共显性、镶嵌显性等不同作用方式，而基因在影响生物的生命力的作用中，可大可小，从而出现致死基因与半致死基因，使得后代性状的表现与相对性状的分离比更为复杂。非等位基因之间的相互作用就更为多样化，可以表现为互补作用、上位作用、抑制作用和叠加作用等不同作用方式，而连锁基因之间的连锁分析不仅可以帮助我们分析基因之间的位置关系，进行基因位置的确认，而且可以借此绘制基因连锁图。

## 【核心概念】

(1) 分离定律（law of segregation）　杂合体中决定某一性状的成对遗传因子，在减数分裂过程中，彼此分离，互不干扰，使得配子中只具有成对遗传因子中的一个，从而产生数目相等的两种类型的配子，且独立地遗传给后代，这就是孟德尔的分离规律。在一般情况下，配子的分离比是1∶1，$F_2$代的基因型比为1∶2∶1，$F_2$代的表现型分离比为3∶1。

（2）独立分配定律（law of independent assortment）　独立分配定律又称为自由组合定律。

两对或多对遗传因子在杂合状态时保持其独立性，互不污染。$F_1$ 代产生配子时，同一对遗传因子彼此分离，独立传递；不同对的遗传因子则自由组合，从而形成不同类型的配子。这就是自由组合规律。其实质为在形成配子时，等位基因随染色体彼此分离，位于非同源染色体上的非等位基因进行自由组合。对于双因子杂交试验而言，$F_1$ 代产生四种类型的配子，比例为 1∶1∶1∶1，$F_2$ 代基因型比为（1∶2∶1）$^2$，$F_2$ 代的表型分离比为（3∶1）$^2$。

（3）连锁定律（law of linkage）　生殖细胞形成过程中，位于同一染色体上的两个或多个基因遗传时，有连锁在一起作为一个单位进行传递的倾向。同时一对同源染色体上的不同对等位基因之间也可能发生交换，形成亲本型和重组型不同类型的配子。重组类型配子的产生是由于在配子形成过程中，同源染色体的非姊妹染色单体间发生局部交换的结果。连锁基因联合在一起向下传递的频率大于重新组合的频率，此规律被称为连锁规律。

（4）基因互作（interacting gene）　决定同一性状的多对基因之间由于其蛋白产物之间的相互作用，或是基因之间的调控作用使得由两对或多对基因决定的性状的后代分离比表现为被修饰的孟德尔分离比。其结果主要分为以下几种类型：互补效应、积加效应、重叠效应、显性上位作用、隐性上位作用、抑制作用。

（5）等位基因（allele）　在同源染色体上占据相同座位的两个不同形式的基因，是由突变所造成的许多可能的状态之一。

（6）显性基因（dominant gene）　在杂合状态中，能够表现其表现型效应的基因，一般以大写字母表示。

（7）隐性基因（recessive gene）　在杂合状态中，不能表现其表现型效应的基因，一般以小写字母表示。

（8）基因型（genotype）　个体或细胞的特定基因组成。

（9）表现型（phenotype）　生物体某特定的基因型所表现出的性状。包括各种形态特征、基因的化学产物以及各种行为特征等。

（10）纯合体（homozygote）　同一基因座上有两个相同的等位基因，就这个基因座而言，该个体或细胞称为纯合体。

（11）杂合体（heterozygote）　同一基因座上有两个互不相同的等位基因形式，则该个体或细胞被称为杂合体。

（12）回交（backcross）与测交（testcross）　杂交产生的子一代个体与其任一亲本类型的个体进行杂交的方式被称为回交。杂交产生的子一代个体与其隐性亲本类型的个体进行杂交的方式被称为测交，测交是回交方式之一。

（13）分离（segregation）　生物体在形成配子的过程中，成对的基因相互分离，基因由双变单，这种变化称为分离。

（14）表现度（expressivity） 即具有相同基因型的个体，在不同环境条件及遗传背景中，个体间的基因表达的变化程度。

（15）复等位基因（multiple allele） 在群体中，占据同源染色体上同一基因座位的两个以上的、决定某一单位性状的基因，称为复等位基因。

（16）外显率（penetrance） 具有一定基因型的个体在特定环境条件下形成预期表现型的比例，一般用百分率表示。

（17）反应规范（reaction norm） 由于环境的影响作用，使得具有相同基因型的个体表现出不同的性状特点。

（18）表型模写（phenocopy） 基因型与环境都可以引起性状的改变，环境改变所引起的表型变化有时与由某基因改变所引起的表型变化很相似，这种现象被称为表型模写。模写的表型性状是不能遗传的。

（19）霍尔丹定律（law of Haldane） 英国生理学和遗传学家 J. B. S. Haldane 提出：凡是较少发生交换的个体必定是异配性别个体。

（20）完全连锁（complete linkage） 在同一染色体上的基因 100％地联系在一起传递到下一代的遗传现象被称为完全连锁。

（21）不完全连锁（incomplete linkage） 由于同源染色体之间的交换，使位于同一对染色体上的连锁基因发生部分的重新组合，重组型小于亲本型，这种现象被称为不完全连锁。

（22）三点测验：（three-point testcross） 利用位于同一染色体上的三基因杂合体与纯隐性个体进行测交以确定三基因之间遗传距离与相对位置的实验方法。

（23）并发系数（coefficient of coincidence） 观测到的双交换率与预期理论的双交换率的比值称为并发系数。一般用并发系数表示干涉作用的大小。

（24）重组频率（recombination frequency，RF） 双杂合体产生的重组型配子占全部配子的比例被称为重组频率。

（25）交换率（crossing over percentage） 在细胞学水平上，一对同源染色体上的两对基因之间发生交换的频率。

## 【知识要点】

## 一、基本知识串讲

### （一）孟德尔遗传规律

孟德尔以豌豆为实验材料，分别总结了 7 对相对性状的遗传规律，提出了分离规律，其实验研究的性状以及实验数据如表 2-1 所示。

**表 2-1 孟德尔单因子杂交实验结果**

| 组织 | 相对性状 | $F_1$ 结果 | $F_2$ 结果 | $F_2$ 比例 |
|---|---|---|---|---|
| 种子 | 圆形与皱缩  | 全部圆形 | 5474 圆形<br>1850 皱缩 | 2.96∶1 |
| | 黄色与绿色  | 全部黄色 | 6022 黄色<br>2001 绿色 | 3.01∶1 |
| | 饱满与收缩  | 全部饱满 | 882 饱满<br>299 收缩 | 2.95∶1 |
| 豆荚 | 绿色与黄色  | 全部绿色 | 428 绿色<br>152 黄色 | 2.82∶1 |
| | 腋生与顶生  | 全部腋生 | 651 腋生<br>207 顶生 | 3.14∶1 |
| 花 | 紫色与白色 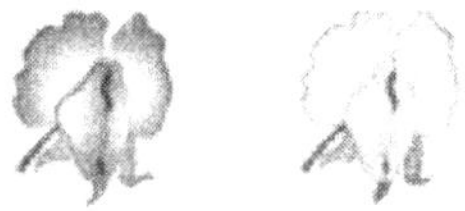 | 全部紫色 | 705 紫色<br>224 白色 | 3.15∶1 |
| 茎 | 高茎与矮茎  | 全部高茎 | 787 高茎<br>277 矮茎 | 2.84∶1 |

当针对两对或两对以上的性状进行分析时，发现了自由组合规律。孟德尔定律的细胞学基础就在于成对的遗传因子在形成配子时彼此分离，而位于非同源染色体上的遗传因子可以自由组合，从而导致遗传因子（基因）在亲代向子代传递的过程中表现出特殊的分离比（表 2-2）。

**表 2-2　多因子杂交后代基因型及表现型**

| 分离基因对数 | $F_1$ 代形成配子种类 | 自交产生 $F_2$ 代 | | | 测交后代 | | |
|---|---|---|---|---|---|---|---|
| | | 完全显性时表现型 | | 基因型种类数 | 完全显性时表现型 | | 基因型种类数 |
| | | 种类数 | 分离比 | | 表现型 | 分离比 | |
| 1 | 2 | 2 | (3∶1) | 3 | 2 | 1∶1 | 2 |
| 2 | $2^2$ | $2^2$ | $(3:1)^2$ | $3^2$ | $2^2$ | $(1:1)^2$ | $2^2$ |
| 3 | $2^3$ | $2^3$ | $(3:1)^3$ | $3^3$ | $2^3$ | $(1:1)^3$ | $2^3$ |
| 4 | $2^4$ | $2^4$ | $(3:1)^4$ | $3^4$ | $2^4$ | $(1:1)^4$ | $2^4$ |
| 5 | $2^5$ | $2^5$ | $(3:1)^5$ | $3^5$ | $2^5$ | $(1:1)^5$ | $2^5$ |
| 6 | $2^6$ | $2^6$ | $(3:1)^6$ | $3^6$ | $2^6$ | $(1:1)^6$ | $2^6$ |
| … | … | … | … | … | … | … | … |
| $n$ | $2^n$ | $2^n$ | $(3:1)^n$ | $3^n$ | $2^n$ | $(1:1)^n$ | $2^n$ |

在进行后代基因型或表现型分析时可以采用棋盘法（punnett square）或分支法进行，其中分支法可以合并同类表现型或基因型，节省分析的空间，故而更为实用。以分支法进行分析时可以首先将同类表现型或基因型进行合并，再分析后代的分离比。例如，分析 5 对基因（*AaBbccDdEE*）自交后代的表现型时，可先将纯合基因型提出，看有几对杂合基因发生分离，因为纯合基因在传递过程中不发生分离。所以先将单因子表现型进行比较合并，单因子自交 $F_2$ 代表现型的分离比为 3∶1，多对基因之间的遗传彼此独立，互不影响，所以自交后代的表型比如表 2-3 所示。

**表 2-3　三基因杂合体自交后代分离比**

| 纯合基因 | 分离基因 | | | 后代基因型 | 分离比 |
|---|---|---|---|---|---|
| *ccEE* | 3/4*A* _ | 3/4*B* _ | 3/4*D* _ | *A* _ *B* _ *ccD* _ *EE* | 27/64 |
| | | | 1/4*dd* | *A* _ *B* _ *ccddEE* | 9/64 |
| | | 1/4*bb* | 3/4*D* _ | *A* _ *bbccD* _ *EE* | 9/64 |
| | | | 1/4*dd* | *A* _ *bbccddEE* | 3/64 |
| | 1/4*aa* | 3/4*B* _ | 3/4*D* _ | *aaB* _ *ccD* _ *EE* | 9/64 |
| | | | 1/4*dd* | *aaB* _ *ccddEE* | 3/64 |
| | | 1/4*bb* | 3/4*D* _ | *aabbccD* _ *EE* | 3/64 |
| | | | 1/4*dd* | *aabbccddEE* | 1/64 |

在这里“ _ ”表示可以为显性基因，也可以为隐性基因。即个体基因型可以为纯合体，也可以为杂合体，因为在完全显性时，二者的表现型一致。当考察基因型时，以单基因的 1∶2∶1 为基础，按上述方法进行分析即可。

## （二）基因连锁及遗传学第三定律

### 1. 重组与交换

1909 年美国遗传家摩尔根及其学生在孟德尔定律基础上，利用果蝇进行杂交实验，揭示了位于同源染色体上不同座位的两对以上等位基因的遗传规律，即连锁与互换规律。

连锁现象可以分为完全连锁和不完全连锁。所谓完全连锁是指在配子形成过程中，所有位于同一染色体上的基因都联系在一起向下传递，没有重新组合类型的配子。除了雄果蝇与雌家蚕是完全连锁外，极大多数生物（包括雌果蝇、雄家蚕）位于同一染色体上的基因都是不完全连锁的。两个基因在染色体上的距离影响着重组值的大小。遗传距离越远，其重组值越大，当然重组值的大小也受到其他因素的影响，包括温度、性别、射线、某些化学物质以及基因与着丝点的距离等，但仍以遗传距离为首要影响因素。

### 2. 重组值的计算

重组值等于 $F_1$ 代杂种测交后的重组合类型除以亲组合和重组合类型之和。

重组值＝重组合 /（亲组合＋重组合）

1）二点测验与三点测验

二点测交是通过两对基因的杂合体与双隐性个体的测交结果计算两个基因间的重组值与图距。

例 1：玉米有色饱满（*C C Sh Sh*）　无色皱缩（*c c sh sh*）

P　　*CCShSh*　　×　　*ccshsh*

↓

$F_1$及测交　　*CcShsh*　×　*ccshsh*

↓

| 测交后代： | *CcShsh* | *ccShsh* | *Ccshsh* | *ccshsh* |
|---|---|---|---|---|
| | 4032 | 152 | 149 | 4035 |

*C* _ *Sh* 重组值＝重组型配子/（亲本型配子＋重组型配子 ）

＝（152＋149）/（4032＋152＋149＋4035）＝3.6％

所以，两基因间的遗传距离为 3.6cM。

但事实上位于同一染色体上的基因是很多的，如果要确定三基因的位置关系，需要进行三次杂交、三次测交，手续烦琐，由于每次实验的环境条件与亲本的遗传背景并非完全一样，因而会存在误差。另外，若两个基因的连锁距离在 5 个图距单位以上时，有可能发生双交换（在一个性母细胞内的一对染色体上同时发生两次单交换），但是两点测交不能发现双交换，所以该方法所求得的两个连锁基因之间的距离可能偏小。

Morgan 和他的学生 A. H. Sturtevant 创立了一种新的测交方法即三点测交。

所谓三点测交就是把 3 个基因包括在同一次交配中，通过一次杂交和一次测交确定三对基因之间的重组值，以确定基因之间的关系。

进行两点测验或三点测验时应该在以下几个方面加以注意：

(1) 要明确待测基因是位于常染色体上还是性染色体上。如果位于性染色体（X 或 Z）的非同源区段上，则由于 Y 染色体或 W 染色体的特殊性，一般情况下异配性别的一对性染色体间没有重组发生，基因表现为完全连锁。

(2) 雄果蝇与雌家蚕在形成配子时表现为完全连锁。

(3) 三点测验时，首先要确定三基因的真实连锁顺序。位于两端的基因，其交换值为相邻基因间的重组值之和再加上二倍的双交换值。

2) 平方根法

所谓平方根法是根据自交后代的比例进行重组值的确定。在双因子的自交后代中一般有 4 种表现类型，在 4 种表现类型中只有双因子隐性纯合体是完全由亲本类型配子或重组型配子结合而形成的。所以根据隐性纯合体（*aabb*）在 $F_2$ 代中的比例（Paabb）就可以得到双隐性配子（*ab*）的概率。假设 *ab* 型配子的概率为 $X$，则：$X=P^{(1/2)}_{(aabb)}$

由于交换是交互的，所以形成 *AB* 型配子的概率与 *ab* 型配子的概率相等，也为 $X$。同样，形成 *Ab* 型配子和 *aB* 型配子的概率也相等，均为（$1-2X$）/2。

3) 乘积比法

对双杂合体 $F_1$ 代亲本重组的概率估计还可以从频率分别为 $a$，$b$，$c$，$d$ 的 $F_2$ 代（表现型 *A _ B _*，*A _ bb*，*aaB _*，*aabb*）进行估算。交换类型与亲本类型的比值称为乘积比，是重组值的函数。

对于相引相数据：乘积比$=bc/ad$；对于相斥相数据：乘积比$=ad/bc$。利用乘积比数值可以直接从乘积比表中读出重组值。由于这种方法利用了 $F_2$ 代的所有数据，因此比平方根法更为精确。

乘积比法估计的重组分数如表 2-4 所示。

**表 2-4　乘积比法估算的重组分数**

| 重组分数 | 乘积比 | | 重组分数 | 乘积比 | |
|---|---|---|---|---|---|
| | *ad/bc*（相斥相） | *bc/ad*（相引相） | | *ad/bc*（相斥相） | *bc/ad*（相引相） |
| 0.00 | 0.000 000 | 0.000 000 | 0.26 | 0.160 8 | 0.146 7 |
| 0.01 | 0.000 200 | 0.000 136 | 0.27 | 0.175 8 | 0.161 6 |
| 0.02 | 0.000 801 | 0.000 552 | 0.28 | 0.191 9 | 0.177 7 |
| 0.03 | 0.001 804 | 0.001 262 | 0.29 | 0.208 9 | 0.194 8 |
| 0.04 | 0.003 213 | 0.002 283 | 0.30 | 0.227 1 | 0.213 2 |
| 0.05 | 0.005 031 | 0.003 629 | 0.31 | 0.246 5 | 0.232 8 |

续表

| 重组分数 | 乘积比 | | 重组分数 | 乘积比 | |
|---|---|---|---|---|---|
| | *ad*/*bc*（相斥相） | *bc*/*ad*（相引相） | | *ad*/*bc*（相斥相） | *bc*/*ad*（相引相） |
| 0.06 | 0.007 265 | 0.005 318 | 0.32 | 0.367 2 | 0.253 8 |
| 0.07 | 0.009 921 | 0.007 366 | 0.33 | 0.289 2 | 0.276 3 |
| 0.08 | 0.013 01 | 0.009 793 | 0.34 | 0.312 7 | 0.300 3 |
| 0.09 | 0.016 53 | 0.012 62 | 0.35 | 0.337 7 | 0.325 9 |
| 0.10 | 0.020 51 | 0.015 86 | 0.36 | 0.364 3 | 0.353 2 |
| 0.11 | 0.024 95 | 0.019 54 | 0.37 | 0.392 7 | 0.382 3 |
| 0.12 | 0.029 86 | 0.023 69 | 0.38 | 0.423 0 | 0.413 5 |
| 0.13 | 0.035 27 | 0.028 32 | 0.39 | 0.455 3 | 0.446 7 |
| 0.14 | 0.041 18 | 0.033 47 | 0.40 | 0.489 8 | 0.482 1 |
| 0.15 | 0.047 63 | 0.039 15 | 0.41 | 0.526 6 | 0.519 9 |
| 0.16 | 0.054 62 | 0.045 40 | 0.42 | 0.566 0 | 0.560 3 |
| 0.17 | 0.062 18 | 0.052 25 | 0.43 | 0.608 1 | 0.603 4 |
| 0.18 | 0.070 33 | 0.059 73 | 0.44 | 0.653 1 | 0.649 4 |
| 0.19 | 0.079 11 | 0.067 87 | 0.45 | 0.701 3 | 0.698 5 |
| 0.20 | 0.088 54 | 0.076 71 | 0.46 | 0.752 9 | 0.751 0 |
| 0.21 | 0.098 65 | 0.086 28 | 0.47 | 0.808 2 | 0.807 1 |
| 0.22 | 0.109 5 | 0.096 63 | 0.48 | 0.867 6 | 0.867 1 |
| 0.23 | 0.121 1 | 0.107 8 | 0.49 | 0.931 4 | 0.931 3 |
| 0.24 | 0.133 4 | 0.119 8 | 0.50 | 1.000 0 | 1.000 0 |
| 0.25 | 0.146 7 | 0.132 8 | | | |

资料来源：Immer and Henderson，1943。

### 3. 干涉（interference，$I$）与并发系数（coefficient of coincidence，$C$）

一般双交换的发生频率往往低于预期的双交换频率，预期的双交换频率应等于两个单交换频率的乘积。每发生一次单交换都会影响它邻近部位发生另一次单交换的概率，这种现象被称为干涉。

我们把实际的双交换率除以预期双交换率的比值称为并发系数。干涉与并发系数的关系为 $I=1-C$。

当 $C=1$，$I=0$ 时，表示不存在干涉；当 $C=0$，$I=1$ 时，表示存在完全干涉（无双交换）；当 $1>C>0$ 时，表示存在正干涉。即第一次交换后引起邻近第二次交换机会的下降。正干涉在生物界普遍存在。

当 $C>1$，$I<0$ 时，表示存在负干涉，有时仅在微生物中出现。

由于真核生物的染色体是由DNA与蛋白质结合形成的，交换发生在解旋状态下DNA分子之间，如果在DNA分子中一个位置上发生解旋，势必使其邻近部位的螺旋化程度增大，所以再次发生交换的可能性降低。因此并发系数小于1。而原核生物的染色体没有蛋白质的结合，DNA分子是裸露的，所以其解旋部位的邻近区域易于发生交换，使得并发系数大于1，出现负干涉。

注意：由于真核生物染色体的交换是交互发生的，且如果没有致死基因存在时，交换后所形成的配子都是有效的，所以重组型配子应该是成对存在的。

### （三）基因与环境的关系

在遗传分析中，人们常常以“表现型＝基因型＋环境”这一公式来表示表现型、遗传基础和环境之间的彼此关系。也就是说任何一生物性状的表现都是生物体的遗传组成与所处环境综合作用的结果，只不过在某些性状表现中遗传因素（基因）所起的作用大一些，有些性状的表现与环境因素关系更为密切。相关的概念有反应规范（reaction norm）、外显率（penetrance）、不完全外显（incomplete penetrance）等。

### （四）基因互作分析——孟德尔遗传定律的扩展

基因的相互作用可以表现为等位基因间的相互作用和非等位基因的相互作用，其结果导致后代分离比被修饰。一对等位基因的相互作用包括致死基因（lethal gene）与半致死基因、完全显性（complete dominance）与不完全显性（incomplete dominance）、共显性（codominance）、镶嵌显性（mosaic dominance）、超显性（overdominance）、复等位基因（multiple allele）和基因的多效性等内容；非等位基因之间的相互作用包括互补效应（complementary effect）、积加效应（additive effect）、重叠效应（duplicate effect）、显性上位作用（epistatic dominance）与隐性上位作用（epistatic recessiveness）和抑制作用（inhibiting effect）等。读者需要掌握重要的非等位基因互作的分离比。

经过分析可以看出，孟德尔分离比之所以得以实现，应该具有一定的条件，即供试材料数目足够大，雌雄配子成活率相当，受精机会均等，不同基因型后代成活率相同，等位基因及非等位基因之间独立，无相互作用，相对性状为完全显性，真实遗传等。否则，性状在传递过程中，子代的分离比会发生多种变化，导致多种情况的出现。

### （五）遗传分析中的数理统计方法

在遗传学分析中常用到的统计方法主要有概率、二项式展开式和卡方检验。

#### 1. 概率的应用

在概率统计中，常用的原理有乘法定理和加法定理。乘法定理是两件独立的事件同时或相继发生的概率是各自概率的乘积。加法定理是互斥事件出现的概率是各自概率之和。

2. 二项式展开式的应用

在 $n$ 次试验中，如果得到第一种结果的概率为 $p$，第二种结果的概率为 $q$（其中 $p+q=1$），则在 $n$ 次试验中有两种结果出现，其中第一种结果出现 $s$ 次，第二种结果出现 $t$ 次，且 $s+t=n$，此种情况的概率为

$$P_{(s和t)}=(n!/s!t!)p^sq^t$$

系数（$n!\ /s!\ t!$）是排列数，$p^sq^t$ 是事件以一定顺序发生的概率，当有 $n$ 个事件，每个事件有两种可能性时，共有 $n+1$ 情况。

多项式展开式通式的应用：如果事件 $e_1$，$e_2$…，$e_k$ 发生的概率分别为 $p_1$，$p_2$…，$p_k$，那么在 $n$ 次实验中事件 $e_1$，$e_2$…，$e_k$ 分别为 $k_1$，$k_2$…，$k_r$ 次的概率是

$$\frac{n!}{k_1!\cdot k_2!\cdot\cdots\cdot k_r!}\cdot p_1^{k_1}p_2^{k_2}\cdots p_k^{k_r}$$

3. 卡方测验（适合度检验）

适合度检验是计算从一假设的群体或分布中随机观察到某数据的概率。公式是

$$\chi^2=\sum\frac{(观测值-理论值)^2}{理论值}$$

自由度的计算是指比实验中的独立类别数少 1 的数值。在这里一定要注意自由度是指独立类别数值减 1。

从 $\chi^2$ 表 2-5 中可查到随机得到某一结果的概率。$\chi^2$ 表中不同的横行代表不同自由度，找到正确的自由度，再找到大于和小于计算值的数值，最后从表顶行读出对应的概率。$\chi^2$ 检验设立了两个临界值，其中概率小于 0.05 时为差异显著，概率小于 0.01 时为差异极显著。

**表 2-5　卡方分布表**

| | 0.99 | 0.95 | 0.50 | 0.10 | 0.05 | 0.02 | 0.01 |
|---|---|---|---|---|---|---|---|
| 1 | 0.000 16 | 0.0039 | 0.46 | 2.71 | 3.84 | 5.41 | 6.64 |
| 2 | 0.0201 | 0.103 | 1.39 | 4.61 | 5.99 | 7.82 | 9.21 |
| 3 | 0.1150 | 0.352 | 2.37 | 6.25 | 7.82 | 9.84 | 11.35 |
| 4 | 0.297 | 0.711 | 3.36 | 7.78 | 9.49 | 11.67 | 13.28 |
| 5 | 0.554 | 1.145 | 4.35 | 9.24 | 11.07 | 13.39 | 15.09 |
| … | … | … | … | … | … | … | … |
| 10 | 2.558 | 3.940 | 9.34 | 15.99 | 18.31 | 21.16 | 23.21 |

当只涉及两种表型的问题中，有另一种更为简单的计算卡方的方法可供选择：

$$\chi^2 = (a - rb)^2 / r(a + b)$$

式中，$a$ 和 $b$ 分别是两种表型种类中的数目，$r$ 是 $a$ 与 $b$ 的预期比例。

在计算卡方值时，需要注意以下 3 点：①卡方的限制：它必须是只用于数字式的数据本身，而不能用由数据得到的百分率或比例上；②当一个实验中的任意表型预期频率小于 5 时，使用卡方检验不是严格和恰当的；③对小样本的校正。

用于得到卡方表格的公式是以连续分布为基础的，当对分离的或不连续的表型类型进行分析时，在计算卡方值时应加以校正（Yates）：$\chi^2 = \Sigma\{[|O_i - e_i| - 0.5]^2 / e_i\}$

这个校正通常对大多数问题的卡方值没有影响，但是在接近临界值时可以成为一个重点因素。只有一个自由度存在，或者是对于预期频率在 5 和 10 之间的小样本，就应该把 Yates 校正作为例行常规应用。如果校正与没有经过校正的方法得到了相同的结果，则没有问题。但是如果二者之间结论不同，则需要收集更多的数据，或者需要使用一个更为完善精密的统计检验。

## 二、代表性例题解析

1. 基因型 *AABBCCDD* 与基因型 *aabbccdd* 的植株杂交，得到 $F_1$ 代，$F_1$ 代自交，如果每对基因影响一个不同的性状，而大写字母表示的等位基因对小写字母表示的等位基因完全显性，每对基因独立遗传，试问：a）在 $F_2$ 代中得到四个性状都是隐性表型或都是显性纯合类型的比例各是多少？b）在 $F_2$ 代中与 $F_1$ 代基因型一样的植株的比例是多少？c）$F_2$ 代中四个性状都是显性表型的植株，比只有一个或几个性状是隐性的植株多还是少？

参考答案：基因型为 *AABBCCDD* 的植株个体与基因型为 *aabbccdd* 的植株个体进行杂交，得到的 $F_1$ 代，基因型为 *AaBbCcDd*，$F_1$ 代自交得到 $F_2$ 代。

a：在 $F_2$ 代中得到四个性状都是隐性表型的植株比例是 $\left(\frac{1}{4}\right)^4$，都是显性纯合类型的比例也是 $\left(\frac{1}{4}\right)^4$；

b：在 $F_2$ 代中与 $F_1$ 代基因型一样的植株的比例是 $\left(\frac{1}{2}\right)^4$；

c：在 $F_2$ 代中四个性状都是显性表型植株的比例为：$\left(\frac{3}{4}\right)^4$。只有一个是隐性性状的植株的比例是 $4 \cdot \left(\frac{1}{4}\right)^1 \cdot \left(\frac{3}{4}\right)^3$，其数值大于 4 个性状均为显性性状的概率。有 $n$ 个性状（$n$ 小于 4）是隐性的植株的概率为 $\frac{4!}{n!\ (4-n)!}\left(\frac{1}{4}\right)^n \cdot$

$\left(\frac{3}{4}\right)^{4-n}$，$n=2$ 或 $n=3$ 时，其值均小于四个性状都是显性表型植株的比例。

2. 在小鼠中，等位基因 $A$ 引起黄色皮毛，纯合时不致死。等位基因 $R$ 可以单独引起黑色皮毛。当 $A$ 和 $R$ 在一起时，引起灰色皮毛；当 $a$ 和 $r$ 在一起时，引起白色皮毛。一个灰色的雄鼠和一个黄色的雌鼠交配，后代的表现型如下：3/8 黄色小鼠；3/8 灰色小鼠；1/8 黑色小鼠；1/8 白色小鼠。请写出亲本的基因型。

参考答案：根据题意，在亲本中，雌性个体表现型为黄色皮毛，因此基因型中应含有 $A$ 基因，且不能含有 $R$ 基因，所以其基因型可推知为 $A\_rr$；

而雄性个体表现型为灰色，只有当 $A$ 和 $R$ 在一起时，引起灰色皮毛，所以在父本个体中应含有 $A$ 和 $R$ 基因，基因型为：$A\_R\_$；

从后代的表现型进行分析，因为后代中有白色小鼠，所以亲本中均含有 $a$，$r$ 基因，将上述分析进行综合，可以得出：雌性个体基因型为 $Aarr$，雄性个体基因型为 $AaRr$。

系谱图如下：

$Aarr$（黄）　　×　　$AaRr$（灰）

↓

$A\_R\_$（灰色，3/8）$aaRr$（黑色，1/8）$A\_rr$（黄色，3/8）$aarr$（白色，1/8）

3. 洋葱鳞茎中一个产生色素的基因（$I\_$）对另一个基因座表现出显性上位，使鳞茎表现为白色。基因型 $iiR\_$ 产生红色鳞茎，$iirr$ 产生黄色鳞茎。

(a) 一个白色纯系植株与一个红色纯系植株杂产，产生的 $F_1$ 都是白色的，$F_2$ 中有 12/16 白色，3/16 红色，1/16 黄色。亲本的基因型是什么?

(b) 如果黄色洋葱和一个基因型与 (a) 中的亲本类型不同的纯系白色洋葱杂交，那么 $F_1$ 和 $F_2$ 的表型比例预计如何?

(c) 在 (a) 中的白色 $F_2$ 代中，假设有 32 株的基因型是 $IiRR$。那么，在三种 $F_2$ 代表型中各有多少个后代?

参考答案：

a　白色体系　$IIRR$　or $IIrr$，红色纯系　$iiRR$

由于 $F_1$ 代中有 $I$ 存在，此座位基因型为 $Ii$，故均表现为白色。而 $F_2$ 代中由于有黄色出现，故 $F_1$ 代中有 $r$ 基因存在。所以亲本基因型为：$IIrr$ 和 $iiRR$

b　$iirr$　×　$IIRR$

↓

$F_1$　$IiRr$（白色）

↓

$F_2$　$I\_R\_$（白色）　$I\_rr$（白色）　$iiR\_$（红色）　$iirr$（黄）

$F_1$ 代中均为白色，$F_2$ 代中白色∶红色∶黄色＝12∶3∶1

c 依据自由组合规律，白色基因型 $I\_R\_$ 和 $I\_rr$ 中有多种基因型组成。其中 $IiRR$ 的概率为：2/16，经统计为 32 株。

所以在 $F_2$ 代中有 $I\_R\_$ 与 $I\_rr$（白色）合计为：$12\times32/2=192$

红色 $iiR\_$　　$3\times32/2=48$

黄色 $iirr$　　$1\times32/2=16$

4. 假定果蝇中有三对等位基因：$aa^+$，$bb^+$，$cc^+$，每一个非野生型的等位基因对野生型的相应基因均为隐性。雌性 3 杂合子与野生型的雄性杂交，后代果蝇分类统计如下：

| 基因型 | 后代性别 | 后代个体数目 |
|---|---|---|
| $a^+ b^+ c^+$ | 雌 | 1010 |
| $a b^+ c$ | 雄 | 430 |
| $a^+ b c^+$ | 雄 | 441 |
| $a b c$ | 雄 | 39 |
| $a^+ b^+ c$ | 雄 | 32 |
| $a^+ b^+ c^+$ | 雄 | 30 |
| $a b c^+$ | 雄 | 27 |
| $a^+ b c$ | 雄 | 1 |
| $a b^+ c^+$ | 雄 | 0 |

(1) 这些基因在果蝇的哪条染色体上？(2) 画出杂合子雌性亲本的有关染色体图（标明等位基因的排列顺序和图距）。(3) 计算并发系数。

参考答案：(1) 从实验结果分析，雌性后代均表现为野生型，而雄性后代则具有 8 种表现类型，也就是说该性状的表现与性别相关，且不位于 Y 染色体上，因此这些基因位于果蝇的 X 染色体上。

由于三基因位于 X 染色体上，所以在雌性个体中基因成对存在，而在雄性个体中基因只存在于 X 染色体上，Y 染色体上并不存在相应的等位基因，无论显隐性基因都会表现出来，所以雄果蝇表现类型与比例反映的是杂合子雌果蝇产生的配子的类型和比例。

分析雄性后代的表现类型，$ab^+c$、$a^+bc^+$ 为亲本型，$a^+bc$、$ab^+c^+$ 为双交换类型，比较亲本型与双交换型的基因型，在双交换型中改变了位置的那个基因，位于三基因的中间位置。所以在本题中，$c$ 基因位于三基因的中间。

P：　　$acb^+/a^+c^+b$　　×　　$a^+c^+b^+/Y$

配子：　　$a\ c\ b^+$　　　　$a^+c^+b^+$

　　　　$a^+\ c^+\ b$　　　　$Y$

　　　　$a\ c\ b$

$a^+ \quad c^+ \quad b^+$

$a^+ \quad c \quad b^+$

$a \quad c^+ \quad b$

$a^+ \quad c \quad b$

$a \quad c^+ \quad b^+$

雌雄配子结合，后代中雌性后代均为野生型，雄性后代中有 8 种表现型。

计算交换值：

| 后代类型 | 实验数值 | $a-c$ 之间发生重组 | $b-c$ 之间发生重组 | $a-b$ 之间发生重组 | 后代类型 |
|---|---|---|---|---|---|
| $a\,c\,b^+$ | 430 | | | | 亲本型 |
| $a^+\,c\,b$ | 441 | | | | 亲本型 |
| $acb$ | 39 | | √ | √ | 单交换Ⅰ |
| $a^+\,c^+\,b^+$ | 30 | | √ | √ | 单交换Ⅰ |
| $a^+cb^+$ | 32 | √ | | √ | 单交换Ⅱ |
| $ac^+b$ | 27 | √ | | √ | 单交换Ⅱ |
| $a^+cb$ | 1 | √ | √ | | 双交换 |
| $ac^+b^+$ | 0 | √ | √ | | 双交换 |

$a-c$ 之间的交换值：

$$=\frac{32+27+1+0}{430+441+39+30+32+27+1+0}\times 100\%=\frac{60}{1000}\times 100\%=6\%$$

$b-c$ 之间的交换值：

$$=\frac{39+30+1+0}{430+441+39+30+32+27+1+0}\times 100\%=\frac{70}{1000}\times 100\%=7\%$$

$a-b$ 之间的交换值：

$$=\frac{32+27+39+30+2\times(1+0)}{430+441+39+30+32+27+1+0}\times 100\%=\frac{130}{1000}\times 100\%=13\%$$

（2）基因的排列顺序图为：

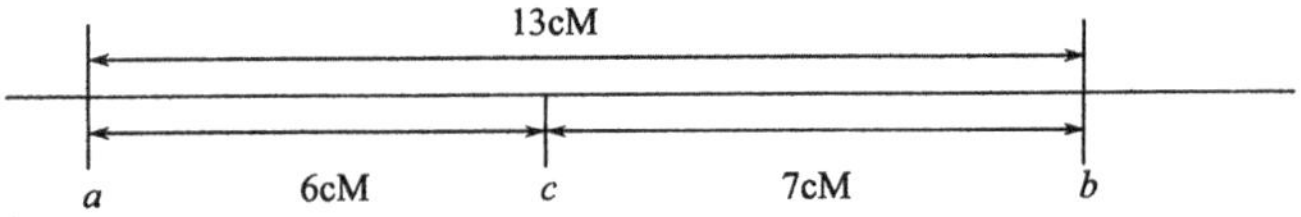


（3）并发系数$=\frac{\text{实际双交换值}}{\text{理论双交换值}}=\frac{0.1\%}{6\%\times 7\%}=0.2381$

5. 基因型为 $AbC/aBc$ 的个体进行测交，已知干涉为 40%，染色体图距 $ab$

间为 10cM，*bc* 间为 20cM，且基因顺序为 *abc*，试预测子代表现型，并计算各表现型所占比例。

参考答案：因为干涉值为 40%，所以并发系数为 60%，因此有以下关系：

$$60\% = \frac{实际双交换值}{理论双交换值} = \frac{实际双交换值}{单交换1 \times 单交换2}$$

实际双交换值=0.6×0.1×0.2=0.012

*AbC*/*aBc* 的个体进行测交，产生的配子类型及相应的比例为：

双交换： *ABC*　0.012÷2=0.006=0.6%

　　　　*abc*　0.012÷2=0.006=0.6%

单交换Ⅰ：*ABc*　（10%－1.2%）/2=4.4%

　　　　*abC*　（10%－1.2%）/2=4.4%

单交换Ⅱ：*Abc*　（20%－1.2%）/2=9.4%

　　　　*aBC*　（20%－1.2%）/2=9.4%

亲本型： *AbC*　（100%－8.8%－18.8%－1.2%）/2=35.6%

　　　　*aBc*　（100%－8.8%－18.8%－1.2%）/2=35.6%

由于是测交，所以上述比例同样也是测交后代各表现型的比例。

## 三、知识要点概念图

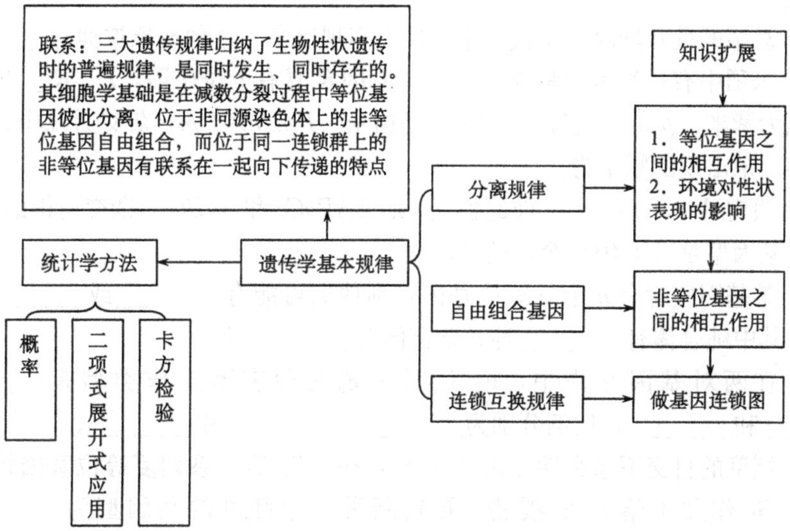


### 参考资料


埃尔罗德 S L，斯坦斯菲尔德 W. 2006. 遗传学. 田清涞，宁叶，叶珊等译. 北京：科学出版社

戴灼华，王雅馥，粟冀玟. 2008. 遗传学. 北京：高等教育出版社

雷代伊 G. 2004. 英汉遗传学词典. 上海：上海科学技术出版社

李璞．2004．医学遗传学．第2版．北京：中国协和医科大学出版社
李雅轩，胡英考．2006．遗传学学习指导．北京：科学出版社
张飞雄．2004．普通遗传学．北京：科学出版社
Al-Shali K Z，Hegele R A. 2004. Laminopathies and atherosclerosis. Ar-terioscler Thromb Vasc Biol，24：1591～1595
Hartwell L H，Hood L，Goldberg M L，et al. 2004. Genetics. New York：Mc Graw Hill
Immer F R，Henderson M T. 1943. Linkage studies in barley. Genetics，28：419～440
Navarro C L，De Sandre-Giovannoli A，Bernard R，et al. 2004. Lamin A and ZMPSTE24 (FACE-1) defects cause nuclear disorganization and iden-tify restrictive dermopathy as a lethal neonatal laminopathy. Hum Mol Genet，13：2493～2503

## 【试题精选】

### 一、填空题

1. 独立分配的实质是形成配子时等位基因________，非等位基因间________。

2. 豌豆成熟种子野生型（饱满，*RR*）与突变型（皱缩，*rr*）是由于淀粉代谢过程中的差异而带来的________的积累，导致________、________等发生变化。

3. 由于________的原因，在人类一些显性遗传病的系谱中，可以出现隔代遗传现象。

4. 双亲的性状同时在子代一个个体上表现出来，这种现象被称为________。

5. 水稻中有一种紫米基因 *P* 对红米基因 *R* 具有上位作用，*P*_*R*_ 和 *P*_*rr* 都表现为紫米，*ppR*_ 是红米，*pprr* 是白米。*PpRr*×*Pprr* 杂交后代中，紫米、红米和白米出现的频率为________。

6. 假定 *A-a*，*B-b*，*C-c* 彼此独立，则 *AABbCc* 和 *AaBbCc* 杂交所得的后代中出现的基因型是 *AABBcc* 个体的概率是________。

7. 某基因座含有 *n* 个复等位基因，则他们可能有________或________种基因型，其中纯合体有________种，杂合体有________种。

8. 在两对基因互作中，$F_2$ 代只出现两种表型互作类型是________、________和________，比例分别为________、________和________。

9. 烟草的自交不亲和性是由 $S_1$，$S_2$，…，$S_{15}$ 等一系列复等位基因控制的。若用 $S_2S_4$ 作父本给 $S_1S_4$ 授粉，预期新种子中胚乳的基因型为________或________，胚的基因型为________或________。

10. 假设某医院一天接生了 4 个孩子，这 4 个孩子全是男孩的概率为________，这 4 个孩子全是女孩的概率为________，这 4 个孩子中有 2 男 2 女的概率为________。

11. 在进行卡方测验时，自由度相同时，卡方值越大，概率值越________。

12. 当并发系数 $C=1$ 时，表示________。当 $C=0$ 时，表示________，即________；

当 $1>C>0$ 时，表示________，即第一次交换后引起邻近第二次交换机会的________。

当 $C>1$ 时，表示________，即第一次交换后引起邻近第二次交换机会的________。有时仅在________中出现。

13. 自然界中表现为完全连锁的生物有________和________。

14. 交叉型假说的要点为________________________________。

15. 1%交换值=________个图距单位=________ cM（厘摩）。

16. 在玉米的 $a$ 和 $b$ 两基因间有 21%的交换值。为检查这两基因座间的交叉，在显微镜下共记录 150 个初级精母细胞，则期望这两基因间发生交叉的细胞数为________个。

## 二、选择题

1. 假定等位基因 $A$ 和 $a$ 为共显性，$Aa$ 自交后代的表现型比例为（　　）。

A. 1∶1　　B. 3∶1　　C. 1∶2∶1　　D. 2∶1

2. 两先天性聋哑（$AR$）人结婚，所生的两个子女都不患聋哑，这种情况可能属于（　　）。

A. 外显不完全　B. 遗传的异质性　C. 隔代遗传　D. 延迟显性

3. 苯丙酮尿症是一种隐性纯合的严重的代谢缺陷病症，基因位于常染色体上。如果两个正常的双亲，生了一个患病的女儿，一个正常表型的儿子，那么儿子是此病基因携带者的概率是（　　）。

A. 3/4　　B. 2/3　　C. 1/2　　D. 1/4　　E. 1/8

4. 两个都是黑尿症基因携带者的男女结婚（黑尿症属单基因常染色体隐性遗传），他们的孩子患黑尿症的概率是（　　）。

A. 100%　　B. 75%　　C. 50%　　D. 25%

5. 老鼠中，毛色基因位于常染色体上，黑毛对白毛为显性，如果白毛与黑毛杂合体交配，子代将显示：（　　）。

A. 全部黑毛　　B. 黑毛∶白毛=1∶1

C. 黑毛∶白毛=3∶1　　D. 所有个体都是灰色的

6. 有一豌豆的杂交试验，P 绿子叶×黄子叶→$F_1$ 全部黄子叶→$F_2$ 代为 1 绿子叶∶3 黄子叶。那么，$F_2$ 代中能真实遗传的（纯合子）黄子叶所占总体的比例是（　　）。

A. 3/4　　B. 2/3　　C. 1/4　　D. 1/3　　E. 1/8

7. 一个 AB 血型的男人与一个 B 血型的女人结婚，生了四个孩子，第一个是 AB 型，第二个为 O 型，第三个为 AB 型，第四个为 A 型，后来，由于夫妻

不和，丈夫提出离婚。声称经血型家系分析，他不可能是所有孩子的父亲，在一般情况下他说的有道理吗？（　　）

A. 对，因为O型不是他的孩子　　B. 对，因为B型不是他的孩子

C. 对，因为AB型不是他的　　D. 对，因为一个以上的孩子不是他的

8. 狐狸的某个基因座上的一对等位基因 $P$ 和 $p$，可能会产生致死性（$PP$），也可以产生白金色的皮毛（$Pp$）或者银色的皮毛（$pp$）。当白金色皮毛的狐狸杂交后得到的性状分离比为（　　）。

A. 2∶1　　B. 3∶1　　C. 1∶1　　D. 4∶1

9. 下列有关孟德尔工作的叙述哪句话是正确的（　　）。

A. 具有一对相对性状（如花色）豌豆杂交后，子一代都类似于一个亲本，而 $F_2$ 代中，有些个体类似于一个亲本，另一些个体类似于另一个亲本。

B. 正反交产生相同的结果

C. $F_1$ 代显示的性状总是与 $F_2$ 代中频率多的性状相同

D. 上述答案都对

10. 小鼠中，黑毛属孟德尔常染色体隐性遗传，而一个正常毛色的小鼠交配，产生了一个黑色雄鼠，一个正常毛色雌鼠，若这两个个体再进行兄妹间交配，所产生的第一个小鼠是黑毛的概率是（假设无发生突变）（　　）。

A. 0　　B. 1/4　　C. 1/3　　D. 1/2

11. 苯丙酮尿症的隐藏性纯合子是一种严重的代谢缺陷。如果两个正确的双亲，生了一个患病的女儿，一个正常表现的儿子，那么儿子不携带致病基因的概率则是（　　）。

A. 3/4　　B. 1/3　　C. 2/3　　D. 1/4

12. 人类白化病症是常染色体单基因隐性遗传病，这意味着白化病患者的父亲，必须是（假定白化症患者不同由新突变引起的）（　　）。

A. 双亲都是白化症患者　　B. 至少有一个亲体是白化症患者

C. 双亲都不是白化症患者　　D. 以上答案均不对

13. 一个是黑尿症基因携带者与一个在遗传上组成正常的个体结婚，黑尿症属单基因隐性遗传，他们的孩子患黑尿症的概率是（　　）。

A. 100%　　B. 50%　　C. 25%　　D. 0

14. 老鼠中，毛色基因位于常染色体上，黑毛对白毛为显性，如果白毛与黑毛纯合体交配，后代将显示（　　）。

A. 全部黑毛　　B. 黑毛∶白毛＝1∶1

C. 黑毛∶白毛＝3∶1　　D. 所有个体都是灰色的

15. 鼠的弯须（$Be$）和斑纹（$Ta$）是独立遗传的两个显性基因，一个真实遗传的弯须斑纹雄鼠与一个正常须毛的雌鼠杂交，$F_1$ 代中具有弯须正常毛色表型的概率是（　　）。

A. 0　　B. 1/4　　C. 1/2　　D. 3/4

16. 独立遗传且完全显性时，$AAbb \times aaBB$ 杂交组合的 $F_2$ 代中不同于任何亲本表现型的概率是（　　）。

A. 7/16　　B. 3/16　　C. 4/16　　D. 10/16

17. 独立遗传且完全显性时，$AaBbCcDDEe$ 自交后代中，$A\_bbC\_DDE\_$ 表现型的概率是（　　）。

A. 9/256　　B. 27/256　　C. 3/256　　D. 1/256

18. 小鸡中，两对独立遗传的基因控制着羽毛色素的产生和沉积，在一个位点上，显性基因可产生色素，隐性基因则不产生色素；在另一位点上，显性基因阻止色素的沉积，隐性基因则可使色素沉积。小鸡羽毛的着色，依赖于色素的产生并且可以沉积，否则为白色毛。如果一表现型为白色的鸡（两位点均为隐性纯合体）和另一种表现型为白色的鸡（两位点均为显性纯合体）进行杂交，$F_2$ 代中羽毛着色的频率为（　　）。

A. 1/16　　B. 3/16　　C. 4/16　　D. 7/16

19. 蚕豆中，一位点的高秆基因（$T$）对矮秆基因（$t$）是显性，另一位点的红花基因（$R$）对白花基因（$r$）是显性，第三位点的宽叶基因（$W$）对窄叶基因（$w$）是显性，高茎、红花、宽叶（植株Ⅰ）与矮茎白花窄叶（植株Ⅱ）杂交，所得子代高茎、红花、宽叶为 480 株，高茎、白花、宽叶为 20 株，矮茎、红花、窄叶 20 株，矮茎、白花、窄叶 480 株，根据这个资料回答两个问题：

（1）下列哪句话得到资料的支持（　　）。

A. 在叶宽位点上植株Ⅰ是纯合的

B. 控制植株高度和花色的基因表现为完全连锁

C. 在花色基因位点上，植株Ⅰ是杂合的

D. 上述答案都不对

（2）关于植株Ⅰ的亲本组成，下列哪句话正确（　　）。

A. 一个亲本必定是高茎、红花、宽叶

B. 双亲都是宽叶

C. 一个亲本可能是矮茎、白花、宽叶

D. 上述答案都对

20. 杂种植株 $AaBbCc$ 自交，如果所有座位都在常染色体上，且无连锁关系，均呈完全显性，问与自交亲本表现型不同的后代比例是（　　）。

A. 1/8　　B. 1/4　　C. 37/64　　D. 7/8

21. 一个从禁止进行遗传学研究的星球来的遗传学家带来两种纯系的青蛙。一种青蛙有紫色的眼睛而且会发出“rib-it rib-it”的叫声。而另一个品系的青蛙有绿色的眼睛并会发出“knee-deep knee-deep”的叫声。他将两个品系杂交，产生 $F_1$ 代，所有会发出“rib-it”叫声的青蛙都有蓝色的眼睛。$F_2$ 代产生了如下的比例：

| |
|---|
| 27/64 蓝眼睛，发出 rib-it 叫声 |
| 12/64 绿眼睛，发出 rib-it 叫声 |
| 9/64 蓝眼睛，发出 knee-deep 叫声 |
| 9/64 紫眼睛，发出 rib-it 叫声 |
| 4/64 绿眼睛，发出 knee-deep 叫声 |
| 3/64 紫眼睛，发出 knee-deep 叫声 |

根据上述数据可以判断控制眼睛颜色和叫声遗传的基因对数为（　　）。

A. 眼色：1 对，叫声 2 对　　B. 眼色：2 对，叫声 1 对

C. 眼色：3 对，叫声 1 对　　D. 眼色：3 对，叫声 2 对

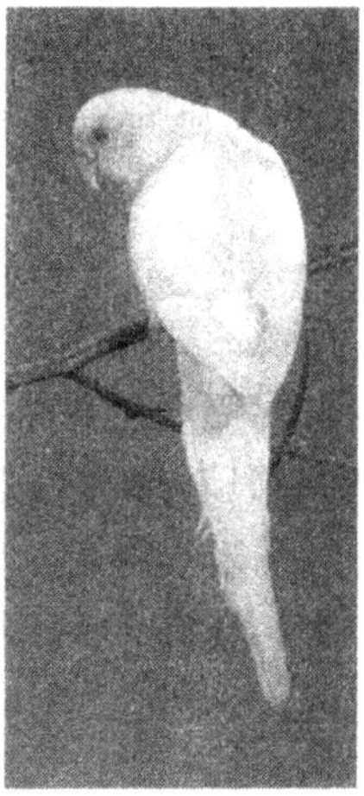

22. 一种长尾小鹦鹉的两个常染色体上的基因（分别位于不同的染色体）控制着羽毛的颜色。$B$ 基因控制产生蓝色，$Y$ 基因控制产生黄色。每个基因的隐性突变可以使相应的颜色消失。两个绿色鹦鹉杂交后产生了绿色、蓝色、黄色和白色的后代。根据这些信息，绿色亲本的基因型为（　　）。

A. $BBYy$

B. $BbYY$

C. $BbYy$

D. $BBYY$

23. 在杂交 $AAbbcc \times aaBBcc$ 中，$F_2$ 的纯合隐性个体的比例是（　　）。

A. 1/64　　B. 1/8　　C. 1/16　　D. 1/32

24. 有一个杂交组合，$AaBbCc \times AaBbCc$，假定三个位点都是独立遗传的，且完全显性，并有不同的表型，那么在其后代中完全同亲代基因型相同的概率是（假定未发生新的突变）（　　）。

A. 1/64　　B. 3/64　　C. 1/8　　D. 1/2

25. 豌豆中，高茎（$T$）对矮茎（$t$）为显性，黄子叶（$Y$）对绿子叶（$y$）为显性，假定这两个位点的遗传符合孟德尔定律，若把真实遗传的高茎黄子叶个体与矮茎绿子叶个体进行杂交，$F_2$ 代中矮茎黄子叶的概率是（　　）。

A. 1/16　　B. 1/8　　C. 3/16　　D. 1/4

26. 两对连锁基因间的交换值为 10%，说明杂合体在减数分裂时两基因间发生交换的孢母细胞的百分率是（　　）。

A. 15%　　B. 20%　　C. 50%　　D. 40%

27. 已知 $a$ 和 $b$ 相距 20 个图距单位，从杂交后代测得的重组值为 19%，则两基因间的双交换值为（　　）。

A. 2%　　B. 1%　　C. 0.5%　　D. 4%

28. 在蛾子中，黑体（$b$）对正常体色（$b^+$）为隐性，紫眼（$p$）对正常眼 $p^+$ 为隐性，一个双杂合体雌蛾与一紫眼黑体雄蛾杂交，其子代为 91 完全正常：9 正常体色紫眼：11 黑体正常眼：89 黑体紫眼，从这个资料看，这两基因有无连锁关系（　　）。

A. 连锁　10 个图距　　B. 连锁　20 个图距

C. 连锁　5 个图距　　D. 连锁　90 个图距

29. 人类中，一个常染色体显性基因表现趾膝综合征（家系中有阴影为趾膝综合征患者），这一基因与 ABO 血型的基因是连锁的，它们相距 20 个图距单位。据此，在下列家系中，第三代孩子中，既是趾膝综合征，又是 O 型血的最大概率是（　　）。

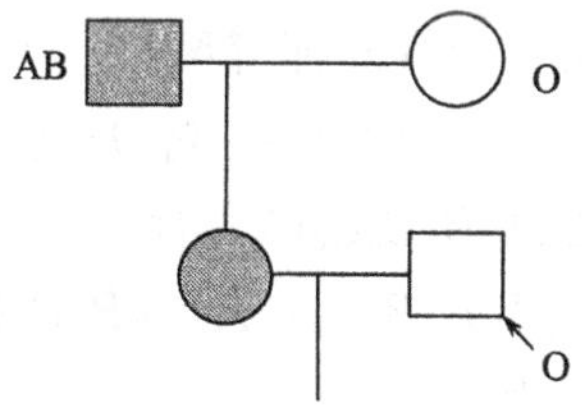


A. 0.10　　B. 0.16　　C. 0.20　　D. 0.40

30. 杂合体 $ABC/abc$ 与隐性纯合体进行测交，其双交换表现型为 $AaBbcc$ 和 $aabbCc$，则连锁基因顺序为（　　）。

A. $ABC$　　B. $ACB$　　C. $BAC$　　D. $CBA$

31. 假定基因 $a$、$b$ 相互连锁，且 $a$-$b$ 间发生交换的比例是 20%，当 $AB$ / $AB$ 个体与 $ab$ / $ab$ 个体杂交，所产生的 $F_1$ 代个体进行自交时，其后代中隐性个体的比例为（　　）。

A. 4%　　B. 8%　　C. 9%　　D. 16%

## 三、遗传分析与计算

1. 有一只黑色豚鼠与一纯隐性个体杂交，产下三胎仔豚鼠，每胎两只，所有仔豚鼠全部为黑色，则该雌性豚鼠可能的基因型是什么？其基因型可以被明确的把握有多大？

2. 能品尝苯硫脲是一种常染色体显性基因控制的性状表现，不能品尝出该化合物是隐性的。一位妇女的父亲是非品尝者，而自己具有尝味能力。一位男子有过一个无尝味能力的女儿，若这两人结婚，则 a. 他们的第一个孩子为：①一个无尝味能力的女儿；②一个有尝味能力的孩子；③一个有尝味能力的儿子的概率各有多大？　b. 他们的头两个孩子均为品尝者的概率有多大？

3. 多指症是人类的常染色体隐性遗传病，已知正常指对多指为显性。在一个家庭中，父亲多指，母亲正常，哥哥正常，弟弟多指，求该家庭四个人的基因型。

4. 正常豚鼠具有黑褐色毛，如果最初的亲本用 P、Q 表示，在实验室中，它们相互交配，所有的子代都为正常的黑褐色毛。可是偶尔的兄妹间交配后代中却发现了两个突变体，它们都是淡黄色毛。从以上资料看，如何解释这种淡黄色毛的遗传机制？

5. 根据上题的资料，如果第三代中第一个个体为正常雄性，第二个个体为淡黄色毛雄性，第三个个体为淡黄色毛雌性，第四与第五个个体均为黑褐色毛雌性。如果雄性 2 与雌性 3 进行交配，其子代出现淡黄色的概率是多少？如果在第三代中雄性 1 与雌性 4 交配，它们的第一个子代是淡黄毛的概率是多少？

6. 纯种甜粒玉米和纯种非甜粒玉米间行种植，收获时发现甜粒玉米果穗上结有非甜粒的子实，而非甜粒玉米果穗上找不到甜粒的子实。如何解释这种现象？怎样验证解释？

7. 如果一对夫妻 HLA 的抗原分别是：夫：$A_2A_5B_7B_8C_4C_6$ 和妻：$A_3A_5B_4B_8C_6C_8$，他们家庭现有三个子女，抗原分别是：$A_2A_3B_4B_7C_4C_6$；$A_3A_5B_4B_8C_8$；$A_2A_3B_4B_7C_4\ C_8$；请指明其中哪个不是他们的亲生子女，并说明原因。

8. 小鼠的一个基因型为 $aBCDE$ 的精子和一个基因型为 $abcDe$ 的卵子发生受精作用。(1) 受精卵的所有可能的基因型是什么？由这个受精卵发育来的后代小鼠的精子或卵子的所有可能的基因型是什么？

9. 桃的纯合基因型 $G^OG^O$ 使叶的基部产生椭圆腺体，杂合基因型 $G^OG^A$ 产生圆形腺体，而纯合基因型 $G^AG^A$ 没有腺体产生。在另一个基因座上，显性基因 $S$ 产生有绒毛的桃皮，其隐性等位基因 $s$ 产生光滑的桃皮（油桃）。一个具有椭圆腺体和光滑桃皮的纯合品种与一个具有绒毛桃皮、叶基部没有腺体的品种杂交，$F_2$ 代预期有怎样的表型比例？

10. 光颖、抗锈、无芒（$ppRRAA$）小麦和毛颖、感锈、有芒（$PPrraa$）小麦杂交，希望从 $F_3$ 代选出毛颖、抗锈、无芒（$PPRRAA$）的小麦 10 个株系，试问在 $F_2$ 代群体中至少应选择表现型为毛颖、抗锈、无芒（$P\_R\_A\_$）的小麦多少株？

11. 从事玉米研究的遗传学家有 3 个纯种品系，其基因型分别是：$aaBBCC$，$AAbbCC$ 和 $AABBcc$。由等位基因 $a$、$b$、$c$ 所决定的性状会提高玉米的市场价值，他想由此培育出纯种品系 $aabbcc$。设计一个有效的杂交方案。在方案实施的每一个步骤中，详细标明植株的不同表型出现的频率以及哪些表型应被选择出来作下一步分析。（假定 3 个基因是独立分配的，玉米可以方便地自交或杂交。）

12. 对于一个理想的二倍体生物，一个具有$\frac{abc}{+++}$基因型的雌性个体产生了 100 个性母细胞，其中有 68 个没有交换发生。在剩下的 32 个中，有 20 个显示在 $a$ 和 $b$ 之间有交换，10 个在 $b$ 和 $c$ 之间有交换，有 2 个在 $a$ 和 $b$、$b$ 和 $c$ 之间有双交换。在 400 个减数分裂形成的细胞中，有多少 8 种不同的基因组成的配子形成？假设基因的顺序是 $a-b-c$，分析这些座位的图距是多少？

13. 鸡的两个性连锁隐性基因迅速被毛（$sl$）和金色羽毛（$s$），他们的显性等位基因分别产生缓慢被毛（*Sl*）和银色羽毛（*S*）。具有缓慢被毛和银色羽毛的母鸡和具有迅速被毛和金色羽毛的公鸡杂交。$F_2$ 代子代的数据如下：

| | 缓慢被毛和银色羽毛 | 迅速被毛和银色羽毛 | 缓慢被毛和金色羽毛 | 迅速被毛和金色羽毛 |
|---|---|---|---|---|
| 公鸡 | 94 | 40 | 7 | 127 |
| 母鸡 | 117 | 28 | 7 | 156 |

(a) 确定 $F_1$ 代的基因型和表现型。(b) $F_1$ 代公鸡属于什么连锁相？(c) 计算公鸡中这两个基因座之间的重组值。

14. 已知两基因座位于大鼠的第Ⅳ连锁群上。隐性基因型 *kk* 产生弯曲的皮毛和触须（长鼻触须）。隐性基因型 *st/st* 产生短而粗硬的尾巴。这两个基因座的两个显性等位基因分别产生正常的毛和尾。

已知基因座 *k* 和 *st* 之间的距离为 30 图距单位。确定下列杂合子亲本交配产生的 $F_1$ 代的表现型比例。(a) 都处于相引相；(b) 都处于相斥相；(c) 一个处于相引相，一个处于相斥相。

15. 亚洲棉中的一对基因（*R* 与 *r*）分别控制花青素的存在与缺乏。另一个距离 *R* 基因座大约 10 个图距单位的基因（*Y*）控制叶绿素的产生，且为完全显性。*yy* 个体产生黄色色素且幼苗早期死亡，导致不可对 *Y* 基因座进行测交。用双杂合体杂交，当两亲本处于下列情况时，计算幼苗中成熟 $F_1$ 代植株中的预期表现型比例？

(a) 均处于相引相；(b) 均处于相斥相；(c) 一个处于相引相，一个处于相斥相；(d) 预期哪一种情况（a、b、c）产生最高的死亡率？

16. 用亲本 *Ve/Ve* 和 *vE/vE* 进行杂交，父母本均为不完全连锁，$F_1$ 代个体自交得 $F_2$ 代，$F_2$ 代个体有四种表型，其统计数目分别如下：

*V_E_*：157；*V_ee*：68；*vvE_*：70；*vvee*：7

请问：那种配子是经过基因交换形成的，各种配子出现的概率是多少？

17. 有一个二倍体植物，3 个基因座的连锁关系如下：

现有一亲本植株，基因型为：*Abc/aBC*。假定没有干涉，问：(1) 如果植物自交，后代 *ABC/ABC* 基因型个体的频率是多少？(2) 该植物个体产生的配子的类型和比例如何？

18. 假定某个二倍体物种含有 4 个复等位基因（如 *a*1、*a*2、*a*3、*a*4），试决定在下列这三种情况可能有几种基因组合？(1) 一条染色体；(2) 一个个体；(3) 一个群体。

19. 一条真实遗传的黑色狗和一条真实遗传的白色狗交配，所有 $F_1$ 的表型都是白色的。$F_1$ 代个体进行自交，得到的 $F_2$ 代中有 118 条白色狗、32 条黑色狗和 10 条棕色狗。给出这一结果的遗传学解释。

20. 当纯型合子的黄色大鼠与纯型合子的黑色大鼠杂交后，$F_1$ 代全为灰色，$F_1$ 代交配得 $F_2$ 代的结果为：28 只灰色大鼠，10 只黄色大鼠，8 只黑色大鼠和 2 只米色大鼠。问：(1) 鼠的毛色是怎样遗传的？(2) 用适当的遗传符号表示每种鼠色的基因型。(3) 48 只 $F_2$ 代大鼠中期望有多少只为米色？(4) 48 只 $F_2$ 代大鼠中期望有多少只为同型合子？

21. 在矮生西葫芦中可以识别出三种果实的形状：盘形、长形和球形。一个纯系球形品种与一个纯系长形品种杂交。$F_1$ 代都是盘形的。在 80 个 $F_2$ 代中，有 30 个球形，5 个长形和 45 个盘形。(a) 试将 $F_2$ 代的数目简化为最低比例。(b) 哪种基因相互作用在起影响作用？(c) 如果球形 $F_2$ 代个体随机杂交，预计后代的表型比例如何？

22. 纯合的匍匐、多毛、白花的香豌豆与丛生、光滑、有色花的香豌豆杂交，产生的 $F_1$ 代全是匍匐、多毛、有色花。如果 $F_1$ 与丛生、光滑、白色花又进行杂交，后代可望获得近于下列的分配，试说明这些结果，求出重组率。

| | |
|---|---|
| 匍、多、有 6% | 丛、多、有 19% |
| 匍、多、白 19% | 丛、多、白 6% |
| 匍、光、有 6% | 丛、光、有 19% |
| 匍、光、白 19% | 丛、光、白 6% |

23. 如果一个白色洋葱纯合品系与一个黄色纯种品系杂交，$F_2$ 的比例为 12 白∶3 红∶1 黄。如果另一个白色洋葱纯合品系与一个红色纯种品系杂交，$F_2$ 的比例为 9 白∶3 红∶4 黄。(a) 从第二次杂交中得到的白色 $F_2$ 中具有纯合黄色等位基因的比例是多少？(b) 如果 (a) 部分中的白色 $F_2$（对于黄色等位基因是纯合的）与本问题最初提到的第一次杂交的纯系白色亲本杂交，请确定预期的 $F_1$ 代和 $F_2$ 代的表型。

24. 简述新生儿溶血现象产生的原因及避免产生的措施。

25. 纯型合子红花紫茉莉和白花紫茉莉杂交，$F_1$ 代为粉色，从 $F_2$ 代中随机抽取 5 株植株，得到 1 株红色，3 株粉色，1 株白色的概率是多少？

26. 鼠中，假设显性等位基因 $L$ 控制短毛。其隐性等位基因 $l$ 控制长毛。位于一个独立分配基因座上的共显性等位基因被认为控制毛色，$C^yC^y$＝黄色，$C^yC^w$＝米色，$C^wC^w$＝白色。$Ll\,C^yC^w \times Ll\,C^yC^w$ 杂交得到以下的后代：50 短毛米色；21 短毛黄色；23 短毛白色；21 长毛米色；7 长毛黄色；6 长毛白色。这些数据提出可以解释该现象的遗传假设。

27. 真实遗传的紫茎缺刻叶（$AACC$）与真实遗传的绿茎马铃薯叶（$aacc$）

杂交，$F_2$ 代结果如下：紫茎缺刻叶 247，紫茎马铃薯叶 90，绿茎缺刻叶 83，绿茎马铃薯叶 34。试进行卡方测验，测验这两对基因的遗传是否符合自由组合规律。

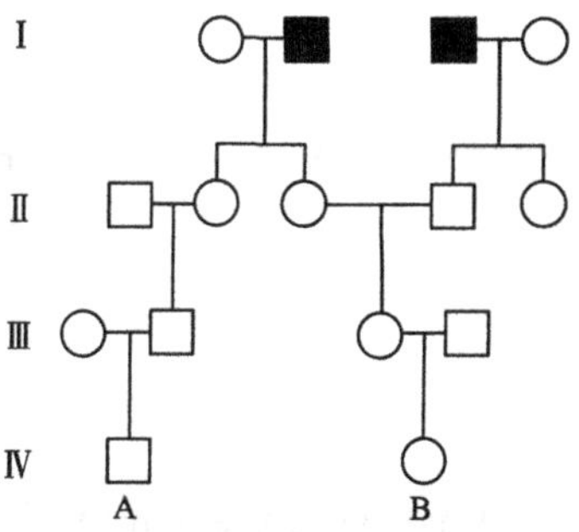


28. Consider the accompanying pedigree of a rare autosomal recessive disease, PKU.

a. List genotypes of as many of the family members as possible.

b. If individuals A and B marry, what is the probability that their first child will have PKU?

c. If their first child is normal, what is the probability that their second child will have PKU?

d. If their first child has the disease, what is the probability that their second child will be unaffected?

(Assume that all people marrying into the pedigree do not have the abnormal allele.)

29. When many families were tested for the ability to taste the chemical PTC, the matings were grouped into three types and the progeny totaled, with the results shown below:

| Parents | Number of families | CHILDREN Tasters | CHILDREN Non-tasters |
|---|---|---|---|
| taster×taster | 425 | 929 | 130 |
| taster×nontaster | 289 | 483 | 278 |
| nontaster×nontaster | 86 | 5 | 218 |

Assuming that PTC tasting is dominant ($P$) and nontasting is recessive ($p$), how can the progeny ratios in each of the three types of mating be accounted for?

30. Consider three yellow, round peas, labeled A, B, and C. Each was grown into a plant and crossed to a plant grown from a green, wrinkled pea. Exactly 100 peas issuing from each cross were sorted into phenotypic classes as follows:

A: 51 yellow, round

49 green, round

B: 100 yellow, round

C: 24 yellow, round

26 yellow, wrinkled

25 green, round

25 green, wrinkled

What were the genotypes of A, B, and C? (Use gene symbols of your own choosing; be sure to define each one.)

31. Consider two blood polymorphisms that humans have in addition to the ABO system. Two alleles $L^M$ and $L^N$ determine the M, N, and MN blood groups. The dominant allele $R$ of a different gene causes a person to have the $Rh^+$ (rhesus positive) phenotype, whereas the homozygote for $r$ is $Rh^-$ (rhesus negative). Two men took a paternity dispute to court, each claiming three children to be his own. The blood groups of the men, the children, and their mother were as follows:

| Person | Blood group | | |
|---|---|---|---|
| husband | O | M | $Rh^+$ |
| wife's lover | AB | MN | $Rh^-$ |
| wife | A | N | $Rh^+$ |
| child 1 | O | MN | $Rh^+$ |
| child 2 | A | N | $Rh^+$ |
| child 3 | A | MN | $Rh^-$ |

From this evidence, can the paternity of the children be established?

32. A plant of genotype $\frac{A \quad B}{a \quad b}$ is test crossed to $\frac{a \quad b}{a \quad b}$. If the two loci are 10 m. u. apart, what proportion of progeny will be $A\,B/a\,b$?

33. The cross $E/E \cdot F/F \times e/e \cdot f/f$ is made, and the $F_1$ is then backcrossed to the recessive parent. The progeny genotypes are inferred from the phenotypes. The progeny genotypes, written as the gametic contributions of the heterozygous parent, are in the following proportions:

$E \cdot F \quad \frac{2}{6}$

$E \cdot f \quad \frac{1}{6}$

$$e \cdot F \quad \frac{1}{6}$$

$$e \cdot f \quad \frac{2}{6}$$

Explain these results.

## 【参考答案】

**一、填空题**

1. 互不干扰、彼此分离，自由组合

2. 游离蔗糖，渗透压、细胞体积

3. 外显不全

4. 共显性或镶嵌显性

5. 6/8、1/8 和 1/8

6. 1/32

7. $n+\frac{n(n-1)}{2}$或$\frac{n(n+1)}{2}$，$n$，$\frac{n(n-1)}{2}$

8. 互补作用、累加作用，抑制作用，9∶7、15∶1 和 13∶3。

9. $S_1S_1S_2$，$S_2S_4S_4$，$S_1S_2$，$S_2S_4$

10. 1/16，1/16，6/16

11. 小

12. 不存在干涉，存在完全干涉，无双交换的发生，
存在正干涉，下降，
存在负干涉，上升，微生物

13. 雄果蝇，雌家蚕

14. 交叉是交换的结果，而不是交换的原因，即遗传学上的交换发生在细胞学上的交叉出现之前

15. 1 个，1

16. 63

**二、选择题**

1～5：CBBDB　　6～10：CAADC　　11～15：BDDCA　　16～20：DBB（CC）C
21～25：BCCCC　　26～30：BCAAB　　31：D

**三、遗传分析与计算**

1. 雌性豚鼠有可能为 $BB$ 或 $Bb$，而表现型均为黑色，用符号 $B\_$ 表示。如果该雌性个体是纯合的（$BB$），则测交后代 100%为黑色个体。

如果该雌性个体是杂合的，则测交后代的每一只子代有 50%的概率为黑色的。

产生 6 只子代，全部为黑色的概率为 $(1/2)^6=1/64=1.56\%$，即我们预期这一结果出现的概率小于 2%。

由于配子结合时是偶然性在起作用，我们有大约98%的把握（1－0.0156＝98.44%）该雌性具有纯合基因型（*BB*）。但是如果它的下一个测交后代将会是白色的，这时我们可以确定它的基因型为杂合的 *Bb*，而不是 *BB*。

2.（a）设：能品尝苯硫脲基因为 *A*，不能品尝苯硫脲基因为 *a*。

因为该妇女的父亲是非品尝者，所以基因型为 *aa*；而她自己具有尝味能力，所以其必然具有显性基因 A，同时由于其父亲基因型为 *aa*，传递给她一个 *a* 基因，所以她的基因型为 *Aa*；而该男子有过一个无尝味能力的女儿，所以他至少也含有一个隐性基因 *a*，若他具有尝味能力，则基因型应该为 *Aa*；若他是非品尝者，则基因型为 *aa*。

当该男子基因型为 *Aa* 时，则该婚配组合为 *Aa*×*Aa*，则：

（1）其子女中第一个孩子为无品尝能力的女儿概率为：1/4×1/2＝1/8。

其中1/4为该婚配组合产生 *aa* 个体的概率，而1/2是女孩出现的概率。

（2）一个有品尝能力的孩子的概率为：3/4。

（3）一个有品尝能力的儿子的概率为：3/4×1/2＝3/8。

（b）他们头两个孩子均为品尝者的概率为：3/4×3/4＝9/16。

当男子基因型为 *aa*，则婚配组合为：*aa*×*Aa*，则：

（1）子女中第一个孩子为无品尝能力的女儿的概率为：1/2×1/2＝1/4

（2）第一个孩子为一个有品尝能力的孩子的概率为1/2

（3）第一个孩子为一个有品尝能力的儿子的概率为1/2×1/2＝1/4

（c）他们头两个孩子均为品尝者的概率为：1/2×1/2＝1/4

3. 设多指基因为 *b*，因此该家系有以下系谱：

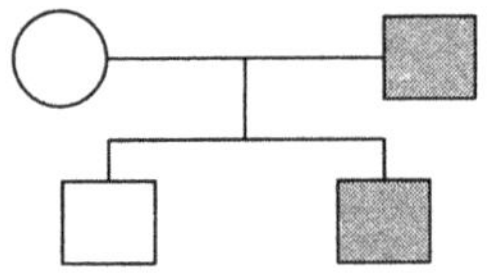

由于多指为隐性遗传病，所以多指个体（父亲和弟弟）的基因型均为 *bb*；由于弟弟的基因型为隐性纯合体，所以母亲必然含有 *b* 基因，而母亲表型正常，所以基因型应该为 *Bb*；哥哥表现型正常，则必然含有 *B* 基因，而父亲为患者，所以哥哥也含有 *b* 基因，所以哥哥的基因型为 *Bb*。

由此可以总结出系谱中个体基因型、表现型分别为：

母：*Bb*（正常）　父：*bb*（多指）　哥：*Bb*（正常）　弟：*bb*（多指）

4. 由于亲代正常，近亲交配可以导致后代中隐性遗传病发病概率的提高。在此偶然的兄妹间的交配导致了隐性纯合个体的出现，可以初步认为该性状由隐性基因控制，为隐性遗传。由于在P、Q的后代中所有子代的表现型都正常，所以P和Q只有一个个体带有该隐性基因。如果该基因位于X染色体上，则只能存在于母本中，否则由于假显性现象而在父本中表现出来。但是，如果在母本为该隐性基因的携带个体，则其雄性后代必有1/2表现为该隐性性状。题中资料显示其后代个体无论雌雄均正常。所以可以推断该隐性基因位于常染色体上。此时当P与Q中一个为纯合显性，另一个为杂合体时，其后代中纯合显性和杂合体各占1/2，只有杂合体交配时会出现1/4的隐性纯合体，占总体概率为1/16。

5. 由于雄性2与雌性3均为淡黄色毛个体，且该性状为隐性性状，所以二者均为隐性纯合体，所以后代不发生性状的分离，均表现为淡黄色毛性状。

在第三代中，雄性1与雌性4表现型均为正常，由于其同胞中有隐性纯合个体出现，所以亲本均携带有隐性基因，雄性1与雌性4表型正常的情况下为携带者的概率为2/3，二者交配后，其后代中出现纯和个体的频率为 1/4，所以他们第一个后代为淡黄色毛的概率为$\frac{2}{3}\times\frac{2}{3}\times\frac{1}{4}=\frac{1}{9}$。

6. 玉米进行间行种植，所以每种玉米都有自交和异交两种交配方式，在甜粒玉米果穗上结有非甜粒的子实，说明非甜粒对甜粒为显性；而非甜粒玉米果穗上找不到甜粒的子实，说明其母本带有显性的非甜粒基因，因此后代均表现为非甜粒性状。

所以推断甜粒玉米为隐性基因控制，非甜粒玉米为显性基因控制。

可以采用测交或自交的方法进行验证。（方法略）

7. $A_3A_5B_4B_8C_8$ 不是这对夫妻的子女，因为他没有来自父方的任何一个 C 抗原。

8. 小鼠的精子与卵子的基因型分别为 *aBCDE* 和 *abcDe*，受精后受精卵基因型是 *aaBbCcDDEe*，其发育后长成的小鼠精子或卵子的基因型为：*aDBCE*、*aDBCe*、*aDBcE*、*aDBce*、*aDbCE*、*aDbCe*、*aDbcE*、*aDbce*。

进行分析时可以这样进行：将纯合位点先挑选出来，例如，*aa* 和 *DD*，这两个位点经减数分裂后只能形成一种基因组成的配子，即 *a* 型配子和 *D* 型配子。而其他位点则遵循等位基因彼此分离，非等位基因自由组合的原理，形成不同基因组成的配子类型，可以用分支法进行分析：

$$B\begin{cases}C\begin{cases}E\\e\end{cases}\\c\begin{cases}E\\e\end{cases}\end{cases}\qquad b\begin{cases}C\begin{cases}E\\e\end{cases}\\c\begin{cases}E\\e\end{cases}\end{cases}$$

共形成 $2^n$ 种配子类型，其中 *n* 表示具有杂合基因组成的位点数。

9. 亲本的表现型和对应的基因型为：椭圆形腺体（$G^OG^O$）光滑桃毛（*ss*）和没有腺体（$G^AG^A$）有桃毛（*SS*）

$$G^OG^Oss \quad \times \quad G^AG^ASS$$
$$\downarrow$$
$$G^OG^ASs$$
$$\downarrow$$
$$F_2$$

在 $F_2$ 代中共有 6 种类型，表现型和基因型以及比例如下表所示：

| 位点 1 | 位点 2 | $F_2$ 代基因型 | $F_2$ 代表现型 | 分离比 |
|---|---|---|---|---|
| 3/4*S*_ | $1/4G^AG^A$ | $G^AG^A$ *S*_ | 无腺体有桃毛 | 3/16 |
| | $2/4G^AG^O$ | $G^AG^O$ *S*_ | 圆形腺体有桃毛 | 6/16 |
| | $1/4G^OG^O$ | $G^OG^O$ *S*_ | 椭圆形腺体有桃毛 | 3/16 |
| 1/4*ss* | $1/4G^AG^A$ | $G^AG^A$ *ss* | 无腺体无桃毛 | 1/16 |
| | $2/4G^AG^O$ | $G^AG^O$ *ss* | 圆形腺体无桃毛 | 2/16 |
| | $1/4G^OG^O$ | $G^OG^O$ *ss* | 椭圆形腺体无桃毛 | 1/16 |

10. 由于亲代为光颖、抗锈、无芒（*ppRRAA*）小麦和毛颖、感锈、有芒（*PPrraa*），目标基因型为 $F_3$ 代的 *PPRRAA*，其杂交过程为：

| 亲代 | $F_1$ 代 | $F_2$ 代及比例 | $F_3$ 代 |
|---|---|---|---|
| 光颖、抗锈、无芒（*ppRRAA*）<br>毛颖、感锈、有芒（*PPrraa*） | 毛颖、抗锈、无芒（*PpRrAa*） | *PPRRAA*（1/64） | 后代均为 *PPRRAA* |
| | | *PPRRAa*（2/64） | 后代中 1/2 为 *PPRRAA* |
| | | *PPRRaa*（1/64） | 后代中无 *PPRRAA* 出现 |
| | | *PPRrAA*（2/64） | 后代中 1/2 为 *PPRRAA* |
| | | *PPRrAa*（4/64） | 后代中 1/4 为 *PPRRAA* |
| | | *PPRraa*（2/64） | 后代中无 *PPRRAA* 出现 |
| | | *PPrrAA*（1/64） | 后代中无 *PPRRAA* 出现 |
| | | *PPrrAa*（2/64） | |
| | | *PPrraa*（1/64） | |
| | | *PpRRAA*（2/64） | 后代中 1/2 为 *PPRRAA* |
| | | *PpRRAa*（4/64） | 后代中 1/4 为 *PPRRAA* |
| | | *PpRRaa*（2/64） | 后代中无 *PPRRAA* 出现 |
| | | *PpRrAA*（4/64） | 后代中 1/4 为 *PPRRAA* |
| | | *PpRrAa*（8/64） | 后代中 1/8 为 *PPRRAA* |
| | | *PpRraa*（4/64） | 后代中无 *PPRRAA* 出现 |
| | | *PprrAA*（2/64） | 后代中无 *PPRRAA* 出现 |
| | | *PprrAa*（4/64） | 后代中无 *PPRRAA* 出现 |
| | | *Pprraa*（2/64） | 后代中无 *PPRRAA* 出现 |
| | | *ppRRAA*（1/64） | 后代中无 *PPRRAA* 出现 |
| | | *ppRRAa*（2/64） | |
| | | *ppRRaa*（1/64） | |
| | | *ppRrAA*（2/64） | |
| | | *ppRrAa*（4/64） | |
| | | *ppRraa*（2/64） | |
| | | *pprrAA*（1/64） | |
| | | *pprrAa*（2/64） | |
| | | *pprraa*（1/64） | |

根据独立基因遗传的规律，在 $F_2$ 代会出现 $3^3=27$ 种基因型，其中毛颖、抗锈、无芒（*P_R_A_*）的小麦可以产生稳定遗传的毛颖、抗锈、无芒（*PPRRAA*），但是其中以在 $F_2$ 代中选择毛颖、抗锈、无芒纯合体（*PPRRAA*）在后代中可以获得稳定遗传的（*PPRRAA*）株系，其概率最高。在 $F_2$ 群体中 *PPRRAA* 占毛颖、抗锈、无芒（*P_R_A_*）类型的1/27，

所以在 $F_2$ 代群体中至少应选择表现型为毛颖、抗锈、无芒（$P\_R\_A\_$）的小麦 270 株才能得到 10 株稳定遗传的 *PPRRAA* 个体。

| 杂合基因对数 | $F_1$ 基因型数 | $F_2$ 基因型数 | $F_3$ 基因型数 |
|---|---|---|---|
| 1 | 1（*Aa*） | 3（*AA*，*Aa*，*aa*） | 3 |
| 2 | 1（*AaBb*） | $3^2=9$ | 9 |
| 3 | 1（*AaBbCc*） | $3^3=27$ | 27 |
| 4 | 1（*AaBbCcDd*） | $3^4=81$ | 81 |
| | | | |
| *n* | 1 | $3^n$ | |

如果在 $F_2$ 代中选用杂合的毛颖、抗锈、无芒个体，则后代出现分离，所以要获得一定数量的稳定遗传个体，就需要更多的 $F_2$ 代作为亲本，270 为最小数值。

11. 亲本品系：*aaBBCC*　　*AAbbCC*　　　*AABBcc*

目标品系：*aabbcc*

方案：*aaBBCC*　×　*AAbbCC*

↓

*AaBbCC*　×　*AABBcc*

↓

*AaBbCc*　$\left(\frac{1}{2}\times\frac{1}{2}\right)$

↓自交

*aabbcc*　(1/64)

12. 依据题意分析 100 个性母细胞染色体的交换情况：

其中 68 个没有发生交换，则可以形成 68×4=272 个减数分裂后的单倍性细胞，其中 *abc* 和+++各占 50%，均为 136 个配子；由于基因顺序为 *a*—*b*—*c*，所以考察相邻基因之间的关系：有 20 个性母细胞在 *a*—*b* 之间发生交换，20 个性母细胞减数分裂后可以形成 80 个配子，此时可以形成四种配子类型，其中 50%为交换型配子，50%为亲本型配子。即 *abc*：20 个，+++：20 个，*a*++：20 个，+*bc*：20 个。10 个在 *b* 和 *c* 之间有交换，10 个性母细胞减数分裂后可以形成 40 个配子，此时可以形成四种配子类型，其中同样有 50%为交换型配子，50%为亲本型配子。即 *abc*：10 个，+++：10 个，*ab*+：10 个，++*c*：10 个。有 2 个性母细胞在 *a* 和 *b*、*b* 和 *c* 之间有双交换。其交换结果为：*a*+*c*，+*b*+，同时也有非交换型的配子产生：+++和 *abc*，四种配子类型均为 2 个。

综上所述：可以产生 8 种配子类型，其数量统计于下表中：

| 配子类型 | 非交换型类型 | *a*—*b* 间交换 | *b*—*c* 间交换 | 双交换 | 合计 1 |
|---|---|---|---|---|---|
| +++ | 136 | 20 | 10 | 2 | 168 |
| *abc* | 136 | 20 | 10 | 2 | 168 |

续表

| 配子类型 | 非交换型类型 | $a-b$ 间交换 | $b-c$ 间交换 | 双交换 | 合计 1 |
|---|---|---|---|---|---|
| $a++$ | | 20 | | | 20 |
| $+bc$ | | 20 | | | 20 |
| $ab+$ | | | 10 | | 10 |
| $++c$ | | | 10 | | 10 |
| $a+c$ | | | | 2 | 2 |
| $+b+$ | | | | 2 | 2 |
| 合计 2 | 272 | 80 | 40 | 8 | 400 |

13. (a) 由于鸡是 ZW 性决定方式，公鸡染色体组成为 ZZ，母鸡染色体组成为 ZW。

P：　$Z^{Sl.S}W$　　×　　$Z^{sl.s}Z^{sl.s}$

↓

$F_1 Z^{Sl.S}Z^{sl.s}$（缓慢被毛，银色）　　$Z^{sls}W$（迅速被毛，金色）

↓

$F_2$　慢羽银色　快羽金色　慢羽金色　快羽银色

公鸡　$Z^{Sl.S}Z^{sl.s}$　$Z^{sl.s}Z^{sl.s}$　$Z^{Sl.s}Z^{sl.s}$　$Z^{sl.S}Z^{sl.s}$

母鸡　$Z^{Sl.S}W$　$Z^{sl.s}W$　$Z^{Sl.s}W$　$Z^{sl.S}W$

(b) $F_1$ 代公鸡为相引相

(c) 两基因间重组值

＝（40＋7＋28＋7）/［（94＋40＋7＋127）＋（117＋28＋7＋156）］×100%

＝14.2%

14. (a) 都处于相引相时，由于交换值＝30%，所以配子类型比例如下：*KSt*：35%　*kst*：35%　*Kst*：15%　*kSt*：15%

两亲本基因型均为 *KSt*/*kst*。

| 配子 | *KSt*（35%） | *kst*（35%） | *Kst*（15%） | *kSt*（15%） |
|---|---|---|---|---|
| (35%) *KSt* | 0.1225 | 0.1225 | 0.0525 | 0.0525 |
| (35%) *kst* | 0.1225 | 0.1225 | 0.0525 | 0.0525 |
| (15%) *Kst* | 0.0525 | 0.0525 | 0.0225 | 0.0225 |
| (15%) *kSt* | 0.0525 | 0.0525 | 0.0225 | 0.0225 |

所以其杂交后代表现型为

*K_St_*　*kkstst*　*K_stst*　*kkSt_*

正常毛与尾　弯毛短尾　正常毛短尾　弯毛正常尾

0.6225　0.1225　0.1275　0.1275

(b) 都处于相斥相时　*Kst*/*kSt*　×　*Kst*/*kSt*

配子类型与比例为：*Kst*　35%　*kSt*　35%　*KST*　15%　*kst*　15%

| 配子 | $Kst$ 35% | $kSt$ 35% | $KST$ 15% | $kst$ 15% |
|---|---|---|---|---|
| 35% $Kst$ | 0.1225 | 0.1225 | 0.0525 | 0.0525 |
| 35% $kSt$ | 0.1225 | 0.1225 | 0.0525 | 0.0525 |
| 15% $KST$ | 0.0525 | 0.0525 | 0.0225 | 0.0225 |
| 15% $kst$ | 0.0525 | 0.0525 | 0.0225 | 0.0225 |

综合上述数据得四种表现类型及比例如下：

| $K\_ST\_$ | $kkstst$ | $K\_st\ st$ | $kkStSt$ |
|---|---|---|---|
| 正常毛与尾 | 弯毛短尾 | 正常毛短尾 | 弯毛正常尾 |
| 0.5225 | 0.0225 | 0.2275 | 0.2275 |

(c) 当一个为相引相，一个为相斥相时：

$$KST / kst \quad \times \quad Kst / kSt$$
$$\downarrow$$

| | $KST$ 35% | $kst$ 35% | $Kst$ 15% | $kSt$ 15% |
|---|---|---|---|---|
| 15% $KST$ | 0.0525 | 0.0525 | 0.0225 | 0.0225 |
| 15% $kst$ | 0.0525 | 0.0525 | 0.0225 | 0.0225 |
| 35% $Kst$ | 0.1225 | 0.1225 | 0.0525 | 0.0525 |
| 35% $kSt$ | 0.1225 | 0.1225 | 0.0525 | 0.0525 |

综合上述数据得四种表型及比例为

| $K\_ST\_$ | $kkstst$ | $K\_stst$ | $kkSt\_$ |
|---|---|---|---|
| 正常毛与尾 | 弯毛短尾 | 正常毛短尾 | 弯毛正常尾 |
| 0.5525 | 0.0525 | 0.1975 | 0.1975 |

15. (a) 当两亲本均处于相引相时，两亲本基因型均为 $RY/ry$，由于两亲本基因座之间遗传距离为 10cM，所以可产生各类型配子及比例为

$RY$ 45%　$ry$ 45%　$Ry$ 5%　$rY$ 5%

杂交结果为

| | $RY$ 45% | $ry$ 45% | $Ry$ 5% | $rY$ 5% |
|---|---|---|---|---|
| 45% $RY$ | 0.2025 | 0.2025 | 0.0225 | 0.0225 |
| 45% $ry$ | 0.2025 | 0.2025 | 0.0225 | 0.0225 |
| 5% $Ry$ | 0.0225 | 0.0225 | 0.0025 | 0.0025 |
| 5% $rY$ | 0.0225 | 0.0225 | 0.0025 | 0.0025 |

综合上述数据其结果如下：$R\_Y\_$：(0.04025)　$R\_yy$：(0.0475)　$rrY\_$：(0.0475)　$rryy$：(0.2025)

| | 幼苗 | 成熟 |
|---|---|---|
| *R*_*Y*_ 正常叶绿素、花青素存在 | 0.7025 | 0.9367 |
| *rrY*_ 正常叶绿素、花青素不存在 | 0.0475 | 0.6333 |
| *R*_*yy* 黄色、花青素存在 | 0.0475 | |
| *rryy* 黄色、花青素不存在 | 0.2025 | |

(b) 当两亲本均处于相斥相时，亲本基因型为 *Ry* / *rY*

由于两基因位点间遗传距离为 10M，所以可形成配子及比例如下：

*Ry*：45%　*rY*：45%　*RY*：5%　*ry*：5%

此时雌雄配子结合可得：

| | *Ry* 45% | *rY* 45% | *RY* 5% | *ry* 5% |
|---|---|---|---|---|
| 45% *Ry* | 0.2025 | 0.2025 | 0.0225 | 0.0225 |
| 45% *rY* | 0.2025 | 0.2025 | 0.0225 | 0.0225 |
| 5% *RY* | 0.0225 | 0.0225 | 0.0025 | 0.0025 |
| 5% *ry* | 0.0225 | 0.0225 | 0.0025 | 0.0025 |

综合上述数据得 *R*_*Y*_　*R*_*yy*　*rrY*_　*rryy*

0.5025　0.2475　0.2475　0.0025

| 基因组成 | 表现型 | 幼苗 | 成熟 |
|---|---|---|---|
| *R*_*Y*_ | 正常叶绿素，花青素存在 | 0.5025 | 0.67 |
| *rrY*_ | 正常叶绿素，花青素不存在 | 0.2475 | 0.33 |
| *R*_*yy* | 黄色　花青素存在 | 0.2475 | |
| *rryy* | 黄色　花青素不存在 | 0.0025 | |

(c) 当一个亲本处于相斥相、一个亲本处于相引相对，处于相引相（*RY*/*ry*）的亲本可产生配子如下：

*RY*：45%　*ry*：45%　*Ry*：5%　*rY*：5%

处于相斥相（*Ry*/*rY*）的亲本可产生配子如下：

*Ry*：45%　*rY*：45%　*RY*：5%　*ry*：5%

如杂交结果如下：

| | *Ry* 45% | *rY* 45% | *RY* 5% | *ry* 5% |
|---|---|---|---|---|
| 5% *Ry* | 0.0225 | 0.0225 | 0.0025 | 0.0025 |
| 5% *rY* | 0.0225 | 0.0225 | 0.0025 | 0.0025 |
| 45% *RY* | 0.2025 | 0.2025 | 0.0225 | 0.0225 |
| 45% *ry* | 0.2025 | 0.2025 | 0.0225 | 0.0225 |

综合上述数据，可得结果如下：

| $R\_Y$ | $R\_yy$ | $rrY\_$ | $rryy$ |
|---|---|---|---|
| 0.5525 | 0.2275 | 0.2275 | 0.0225 |

各表型及比例概括如下：

| 基因组成 | 表现型 | 幼苗期 | 成熟期 |
|---|---|---|---|
| $R\_Y\_$ | 正常叶绿素，花青素存在 | 0.5225 | 0.6967 |
| $rrY\_$ | 正常叶绿素，花青素不存在 | 0.2275 | 0.3033 |
| $R\_yy$ | 黄色　花青素存在 | 0.2275 | |
| $rryy$ | 黄色　花青素不存在 | 0.0225 | |

(d) 比较三个试验分析，所有三个杂交的死亡率均为25%。

16. 亲本 $Ve/Ve$ 和 $vE/vE$ 进行杂交，均产生一种类型的配子，分别为：$Ve$ 和 $vE$。雌雄配子结合，产生 $F_1$ 代，基因型为：$Ve/vE$。$F_1$ 代进行减数分裂形成配子有：

亲本型配子：$Ve$ 和 $vE$；　　交换型配子：$VE$ 和 $ve$

由于 $vvee$ 个体是由交换型配子 $ve$ 结合形成的，如果 $ve$ 配子的概率为 $X$，则根据乘法原理 $vvee$ 在群体中所占比例等于 $ve$ 配子频率的平方。

$vvee$ 在群体中所占比例为：$\frac{7}{157+68+70+7}=2.3\%$

设交换型配子 $ve$ 比例为：$X$，则 $X^2=2.3\%$

所以，$X=15\%$，即 $ve$ 配子的概率为 15%；在产生 $ve$ 型配子的同时，也产生 $VE$ 型配子，所以 $VE$ 型配子的比例同样为 15%；除此以外，所剩为亲本型配子 $Ve$ 和 $vE$ 型配子的概率。所以，$Ve$ 和 $vE$ 型配子各占比例为：$\frac{1-30\%}{2}\times100\%=35\%$。

综上所述：4 种类型配子的概率分别为

$VE$：15%；$ve$：15%；$Ve$：35%；$vE$：35%

17. 在没有干涉的情况下，实际双交换值$=10\%\times20\%=0.02=2\%$

因为亲本基因型为：$Abc/aBC$，所以双交换形成的配子类型及概率分别为

双交换：$ABc$：1%

　　　　$abC$：　1%

由于两个相邻位点之间的图距包括了单交换和双交换，所以单交换发生的概率等于图距减去双交换发生的概率。

单交换 1：$abc$：　(10%−2%) /2=4%

　　　　　$ABC$：　(10%−2%) /2=4%

单交换 2：$AbC$：　(20%−2%) /2=9%

　　　　　$aBc$　(20%−2%) /2=9%

亲本型的概率为全部类型数 (1) 减去两个单交换类型和一个双交换类型。则形成的两种亲本类型的概率分别为

亲本型：$Abc$：　(1−8%−18%−2%) /2=36%

*aBC*：　(1－8%－18%－2%) /2＝36%

通过上述分析，得知基因型为 *Abc*/*aBC* 的植株个体产生的各种配子类型及频率，利用乘法原理，自交形成后代中 *ABC*/*ABC* 基因型个体的频率是：4%×4%＝0.16%

该植物个体产生的配子类型及比例为

| *ABc* | *abC*： | *AbC* | *aBc* | *Abc* | *aBC* | *abc* | *ABC* |
|---|---|---|---|---|---|---|---|
| 1% | 1% | 9% | 9% | 36% | 36% | 4% | 4% |

18. (1) 在一条染色体上只能有等位基因中的 1 个；

(2) 在一个个体中，基因成对存在，最多含有其中的两个基因，只能有一种组合方式；

因为在一个个体中，每一个细胞都是经过受精卵分裂，分化而形成，所以基因型是一致的，只能有一种组合方式；

(3) 在一个群体中 4 个复等位基因可以同时存在。由于有同源染色体的存在，所以可以有其中的两个基因存在，有 $C_4^2+4$ 种组合方式，即 6 种杂合体类型，还有 4 种纯合体类型。合计为 10 种组合方式。

19. 后代分离比为显性上位分离比，狗的毛色遗传为双基因座上的两对等位基因控制的。假设上位基因为 *A*，*B* 控制黑色毛色的遗传，*b* 控制棕色毛色的遗传。而真实遗传代表纯合体。该杂交组合可以表述为

P：黑色 (*aaBB*)　　×　　白色 (*AAbb*)

↓

$F_1$：　　白色 (*AaBb*)

↓

$F_2$：　*A_B_*　*A_bb*　　*aaB_*　　*aabb*

(白色：12)　　(黑色：3)　(棕色：1)

118　　32　　10

其中 *A* 为上位基因，当 *A* 基因存在时，小狗只能表现为白色皮毛，当 *A* 基因不存在时，*B* 和 *b* 基因才能分别表现为黑色和棕色。

20. 从 $F_2$ 代表现型看，分离比接近于 9∶3∶3∶1，因此推测鼠色为双基因互作控制，$F_1$ 代为灰色，其基因型为 *AaBb*，米色最少。其基因型为 *aabb*，所以纯型合子黄色大鼠与纯型合子黑色大鼠的基因型分别为 *AAbb* 和 *aaBB*，48 只 $F_2$ 代大鼠中期望有 48× (1/16) ＝3 只为米色。

$F_1$ 代交配得 $F_2$ 代的结果为

| ♀配子 / ♂配子 | *AB* | *Ab* | *aB* | *ab* |
|---|---|---|---|---|
| *AB* | *AABB* | *AABb* | *AaBB* | *AaBb* |
| *Ab* | *AABb* | *AAbb* | *AaBb* | *Aabb* |
| *aB* | *AaBB* | *AaBb* | *aaBB* | *aaBb* |
| *ab* | *AaBb* | *Aabb* | *aaBb* | *aabb* |

16 只 $F_2$代大鼠中期望有 4 只为同型合子，所以 48 只 $F_2$大鼠中期望有 12 只为同型合子。

21. a. 依孟德尔定律，$F_1$代为杂合体：*AaBb*

$F_2$代 80 个个体中，其各表现型的个体数比例为 45∶30∶5=9∶6∶1

b. 上述分离比为叠加效应分离比。

c. 根据上述分析，亲本基因型为 *AABB*（球形）　　*aabb*（长形）

在 $F_2$代中球形个体：（*A* _ *B* _），中，各基因型组成为

*AABB*（1/9）　*AaBB*（2/9）　*AABb*（2/9）

*AaBb*（4/9）

| 随机交配概率 | *AABB*（1/9） | *AaBB*（2/9） | *AABb*（2/9） | *AaBb*（4/9） |
|---|---|---|---|---|
| *AABB*（1/9） | 1/81 | 2/81 | 2/81 | 4/81 |
| *AaBB*（2/9） | 2/81 | 4/81 | 4/81 | 8/81 |
| *AABb*（2/9） | 2/81 | 4/81 | 4/81 | 8/81 |
| *AaBb*（4/9） | 4/81 | 8/81 | 8/81 | 16/81 |

随机交配后代的比例为

| 杂交组配及频率 | 后代基因型 | 后代分离比 |
|---|---|---|
| *AABB*×*AABB*（1/81） | *AABB* | 1 |
| *AABB*×*AaBB*（4/81） | *A* _ *BB* | 1 |
| *AABB*×*AABb*（4/81） | *AAB* _ | 1 |
| *AABB*×*AaBb*（8/81） | *A* _ *B* _ | 1 |
| *AaBB*×*AaBB*（4/81） | *A* _ *BB*　*aaBB* | 3∶1 |
| *AaBB*×*AABb*（4/81） | *A* _ *B* _ | 1 |
| *AABb*×*AABb*（4/81） | *AAB* _　*AAbb* | 3∶1 |
| *AaBb*×*AaBB*（16/81） | *A* _ *B* _　*aa BB* | 3∶1 |
| *AABb*×*AaBb*（16/81） | *A* _ *B* _ *AAbb* | 3∶1 |
| *AaBb*×*AaBb*（16/81） | *A* _ *B* _ *A* _ *bb*　*aaB* _ *aabb* | 9∶3∶3∶1 |

将上述结果进行分析总结如下：

*A* _ *B* _：64/81

*A* _ *bb*：8/81

*aaB* _：8/81

*aabb*：1/81

合计为：球形 64/81；盘形：16/81；长形：1/81。

22. 从题目 $F_1$代的结果可以看出：匍匐、多毛和有色花为显性性状，而相对应的丛生、

光滑和白色花性状为隐性性状。

$F_1$代与丛生、光滑和白色花性状的个体进行杂交，是测交方式，而测交的结果为两个1∶1∶1∶1,结果整理如下：

| 表现型 | 比例 | 结果分析 |
|---|---|---|
| 丛生、多毛、有色花 | 19% | 从结果中可以看出：大多数情况下丛生与有色花性状总是联系在一起向下传递，匍匐和白色花性状总是联系在一起向下传递，而与多毛和光滑这一对性状则表现为自由组合，出现两对1∶1∶1∶1的分离比。所以，多毛与光滑基因为独立基因，位于一对染色体上，控制丛生与有色花性状的基因位于一条染色体上，控制匍匐和白色花性状的基因位于一条染色体上。由于重组值为24%，所以两基因间的图距为24cM |
| 匍匐、多毛、白色花 | 19% | |
| 丛生、光滑、有色花 | 19% | |
| 匍匐、光滑、白色花 | 19% | |
| 丛生、多毛、白色花 | 6% | |
| 匍匐、多毛、有色花 | 6% | |
| 丛生、光滑、白色花 | 6% | |
| 匍匐、光滑、有色花 | 6% | |

23. 第一杂交组合分离比为12∶3∶1，为显性上位分离比。假设$A$为上位基因，$B$控制红色色素形成，相应的$b$基因控制黄色表现。

白色洋葱　×　黄色洋葱

↓

$F_2$代（12白∶3红∶1黄）

所以，黄色洋葱基因型为$aabb$，白色洋葱为$AABB$

第二杂交组合分离比为9∶3∶4，为隐性上位分离比。假设$d$为隐性上位基因

白色洋葱×红色洋葱

↓

$F_2$代（9∶3∶4）

所以相应的遗传系谱可以表述为

P：　$aaBBDD$（红色）×$aabbdd$（白色）

↓

$F_2$：　$aaB\_D\_$　$aabbD\_$　$aaB\_dd$　$aabbdd$

红色　黄色　白色

分离比：　9　3　4

(a) 部分中的白色$F_2$代（对于黄色等位基因是纯合的）基因型为$aabbdd$

第一次提到的白色亲本基因型为　$AABBDD$

P：　$AABBDD$　×　$aabbdd$

↓

$F_1$　$AaBbDd$（白色）

↓

$F_2$代

| 位点 1 | 位点 2 | 位点 3 | 基因组成 | 比例 | 表现型 |
|---|---|---|---|---|---|
| $3/4D\_$ | $3/4A\_$ | $3/4B\_$ | $D\_A\_B\_$ | 27/64 | 白色 |
| | | $1/4bb$ | $D\_A\_bb$ | 9/64 | 白色 |
| | $1/4aa$ | $3/4B\_$ | $D\_aaB\_$ | 9/64 | 红色 |
| | | $1/4bb$ | $D\_aabb$ | 3/64 | 黄色 |
| $1/4dd$ | $3/4A\_$ | $3/4B\_$ | $ddA\_B\_$ | 9/64 | 白色 |
| | | $1/4bb$ | $ddA\_bb$ | 3/64 | 白色 |
| | $1/4aa$ | $3/4B\_$ | $ddaaB\_$ | 3/64 | 白色 |
| | | $1/4bb$ | $ddaabb$ | 1/64 | 白色 |

合计：表现型为白色的有：52/64；表现型为红色的有：9/64；表现型为黄色的有：3/64。

24. RH 阴性妇女在怀孕时，如果胎儿的血型为 RH 阳性，在分娩时，RH 阳性胎儿的红细胞有可能通过胎盘进入母体的血液循环途径，使母体对 RH 阳性细胞产生抗体。但这并不影响母体的生存，因为母体中很少有 RH 抗原。

还有一种情况可使女性产生 RH 抗体，这就是当一个 RH 阴性女性因为输血而多次接受来自 RH 阳性个体的血液，此时其血液中就可能产生 RH 抗体。

当这样的女性在怀孕时，胎儿血型又为 RH 阳性时，则会出现 RH 抗原抗体反应，出现新生儿溶血反应。

因此，在输血时应该输同型血，以避免在母体中产生抗体。而如果 RH 阴性个体在分娩一个 RH 阳性的婴孩以后 48h 内，肌肉注射抗 RH 的 $\gamma$-球蛋白，可避免抗体的产生，从而使她自己在产生抗体之前，就把不相容的 RH 阳性红细胞排除掉，这样在第二次怀孕的时候，RH 阳性胎儿就不会由于抗体的存在而产生溶血现象。

25. 应用二项式展开式的通式，其结果为

$$\frac{5!}{1!\times3!\times1!}\left(\frac{1}{4}\right)^{1}\left(\frac{1}{2}\right)^{3}\left(\frac{1}{4}\right)^{1}=5/32=15.625\%$$

26. 题中：$LlC^yC^w \times LlC^yC^w$ 其后代及比例为

| 位点 1 | 位点 2 | $F_2$ 基因型 | $F_2$ 表现型 | 分离比 |
|---|---|---|---|---|
| $3/4L\_$ | $1/4\ C^yC^y$ | $C^yC^y L\_$ | 短毛黄色 | 3/16 |
| | $2/4\ C^yC^w$ | $C^yC^w L\_$ | 短毛米色 | 6/16 |
| | $1/4^wC^w$ | $C^wC^w L\_$ | 短毛白色 | 3/16 |
| $1/4ll$ | $1/4\ C^yC^y$ | $C^yC^y ll$ | 长毛黄色 | 1/16 |
| | $2/4\ C^yC^w$ | $C^yC^w ll$ | 长毛米色 | 2/16 |
| | $1/4C^wC^w$ | $C^wC^w ll$ | 长毛白色 | 1/16 |

各性状比例为：3∶6∶3∶1∶2∶1，依此理论比进行卡方检验：

$H_0$：数据与遗传假设一致；

$H_A$：数据与遗传假设不同。

| 性状 | 短毛黄色 | 短毛米色 | 短毛白色 | 长毛黄色 | 长毛米色 | 长毛白色 | 合计 |
|---|---|---|---|---|---|---|---|
| 观测值 | 21 | 50 | 23 | 7 | 21 | 6 | 128 |
| 理论值 | 24 | 48 | 24 | 8 | 16 | 8 | 128 |
| 差值 | −3 | 2 | −1 | −1 | 5 | −2 | 0 |
| 卡方值 | 0.3750 | 0.0833 | 0.0417 | 0.1250 | 1.5625 | 0.5000 | 2.6875 |

$df=n-1=5$

查表 $P>0.5$ 故差异不显著。即实验数据与遗传假设一致。

27. 按题目要求对结果进行卡方测验，以验证这两对基因的遗传是否符合自由组合规律。

设立假说：$H_0$：这两对基因的遗传符合自由组合规律；$H_A$：这两对基因的遗传不符合自由组合规律。

进行假说验证：

| $F_2$ 代表现类型： | 紫茎缺刻叶 | 紫茎马铃薯叶 | 绿茎缺刻叶 | 绿茎马铃薯叶 | 合计 |
|---|---|---|---|---|---|
| 观测值： | 247 | 90 | 83 | 34 | 454 |
| 理论值： | 255.375 | 85.125 | 85.125 | 28.375 | 454 |
| $d$ 值： | −8.375 | 4.875 | −2.125 | 5.625 | 0 |
| $d^2/e$ | 0.2747 | 0.2792 | 0.0530 | 1.1151 | 1.7220 |

$df=3$

$\chi^2_{(实测)}=1.7220$，查表$\chi^2_{(3),0.05}=7.82$，概率介于 0.50 和 0.95，因为 $P$ 大于 0.05，所以接受无效假说，即该实验结果符合自由组合规律，分离比为 9∶3∶3∶1。

28. a. 由于苯丙酮尿症是常染色体隐性遗传疾病，可设苯丙酮尿症致病基因为 *b*。因为该病症罕见，致病基因频率低且婚姻关系中非近亲，所以可假设第一代正常个体的基因型为 *BB*，患者的基因型为 *bb*。Ⅱ2，Ⅱ3，Ⅱ4，Ⅱ5 的基因型均为 *Bb*，Ⅱ1 的基因型为 *BB*。在第三代中，Ⅲ1 为与苯丙酮尿症患者无亲缘关系的个体，故其基因型可设为 *BB*，Ⅲ2 基因型为 *Bb* 的概率为 1/2，正常染色体组成 *BB* 的概率为 1/2，从家系分析看：Ⅲ3 表型正常，Ⅲ3 的基因型或为 *BB*，或为 *Bb*，其中 *Bb* 基因型所占概率为 2/3，*BB* 占 1/3；Ⅲ4 也是与苯丙酮尿症患者无亲缘关系的个体，故其基因型可设为 *BB*；

在第四代中，Ⅳ1（个体 A）含有 *b* 基因（基因型为 *Bb*）的概率为：$1/2\times1/2=1/4$，Ⅳ2（个体 B）含有 *b* 基因（基因型为 *Bb*）的概率为：$2/3\times1/2=1/3$。

b. 如果 A 与 B 结婚，则属于近亲婚配，他们第一个孩子患病的概率为 $1/4\times1/4\times1/3=1/48$。

c. 如果 A 与 B 结婚，若第一个孩子正常，则其第二个孩子患病的概率仍为 1/48。

d. 如果 A 与 B 结婚，若第一个孩子患病，则其基因型为 *bb*，所以 A 与 B 的基因型均可以确定为 *Bb*，这时第二个孩子表现型是正常的（基因型包括 *BB* 和 *Bb*）概率为 3/4，患病概率为 1/4。

29. 由于对 PTC 可以品尝是显性性状，非品尝者为隐性性状。所以品尝者的基因型可以

为 $PP$（$Pp$），非品尝者的基因型为 $pp$。所以父母均为品尝者（$Pp$） 时后代可以出现非品尝者（$pp$），比例为 1/4；如果父母中至少有一个为纯合个体时，则后代均为品尝者。所以在这组婚配的后代中，品尝者的概率多于 3/4。以品尝者与非品尝者婚配的家庭中，由于品尝者的基因型为 $PP$ 或 $Pp$，$PP$ 品尝者与非品尝者（$pp$）婚配后代为 $Pp$ 基因型的品尝者；$Pp$ 品尝者与非品尝者（$pp$）婚配后代为 $Pp$ 和 $pp$，比例为 1∶1。所以后代中的品尝者比例大于 50％。在正常情况下，非品尝者的基因型为 $pp$，是隐性纯合体，所以其后代中应该为非品尝者。此时出现 5 个品尝者，其原因应该是由于基因突变所造成的。自然突变率一般情况下为 $10^{-5}$左右，所以该突变的发生更有可能是由于某一亲本的性母细胞发生突变而形成的。

30. Notice that each of the crosses is

yellow，round×green，wrinkled

↓

progeny

Because A，B，and C were all crossed to the same plant，all the differences among the three progeny populations must be attributable to differences in the underlying genotypes of A，B，and C.

The key cross for deducing dominance is B. Here，the inheritance pattern is

yellow，round×green，wrinkled

↓

all yellow，round

So yellow and round must be dominant phenotypes，because dominance is literally defined in terms of the phenotype of a hybrid.

Turning to the progeny of A，we see a 1∶1 ratio for yellow to green. This ratio is a demonstration of Mendel's first law (equal segregation) and shows that，for the character of color，the cross must have been heterozygote×homozygous recessive. Letting $Y$ = yellow and $y$ = green，we have

$$Y/y \times y/y$$

↓

$$\frac{1}{2}Y/y \text{ (yellow)}$$

$$\frac{1}{2}y/y \text{ (green)}$$

For the character of shape，because all the progeny are round，the cross must have been homozygous dominant×homozygous recessive. Letting $R$ = round and $r$ = wrinkled，we have

$$R/R \times r/r$$

↓

$$R/r \text{ (round)}$$

Combining the two characters，we have

$$Y/y;\ R/R \times y/y;\ r/r$$

↓

$$\frac{1}{2}Y/y;\ R/r$$

$$\frac{1}{2}y/y;\ R/r$$

Now, cross B becomes crystal clear and must have been

$$Y/Y;\ R/R \times y/y;\ r/r$$
$$\downarrow$$
$$Y/y;\ R/r$$

because any heterozygosity in pea B would have given rise to several progeny phenotypes, not just one.

Here, we see a ratio of 50 yellow: 50 green (1 : 1) and a ratio of 49 round: 51 wrinkled (also 1 : 1) . So both genes in pea C must have been heterozygous, and cross C was

$$Y/y;\ R/r \times y/y;\ r/r$$
$$\downarrow$$

$$\frac{1}{2}Y/y \nearrow \frac{1}{2}R/r \rightarrow \frac{1}{4}Y/y;R/r$$
$$\frac{1}{2}Y/y \searrow \frac{1}{2}r/r \rightarrow \frac{1}{4}Y/y;r/r$$
$$\frac{1}{2}y/y \nearrow R/r \rightarrow \frac{1}{4}y/y;R/r$$
$$\frac{1}{2}y/y \searrow \frac{1}{2}r/r \rightarrow \frac{1}{4}y/y;r/r$$

which is a good demonstration of Mendel's second law (independent behavior of different genes).

How would a geneticist have analyzed these crosses? Basically, the same way that we just did but with fewer intervening steps. Possibly something like this: "yellow and round dominant; single-gene segregation in A; B homozygous dominant; independent two-gene segregation in C" .

31. Husband fathered child 1; lover fathered child 2; either could have fathered child 3.

32. 45 percent of the progeny will be $A\,B/a\,b$.

33. The two genes are 33. 3 map units (m. u. ) apart.

# 第三章　染色体遗传学

**重点提示：**染色体是遗传物质的载体，在细胞分裂过程中染色体有规律地发生复制与分离，使子代细胞在遗传组成上与亲代细胞保持一致，而减数分裂作为一种特殊的有丝分裂过程与受精作用共同决定了亲子代生物个体之间的同一性和多样性。同时，每一种生物的染色体组成与结构均有着特异性，可以通过对未知生物细胞中染色体结构与数量的分析判断其所属生物种类，或分析多种生物之间的亲缘关系。当染色体的结构或数量发生变化时，随之会发生性状的改变，据此可以判断决定某一性状的基因在哪一条染色体上，以及在染色体上的位置，并在遗传育种中有目的地引入控制优良性状的基因，以达到性状改良、为人类造福的目的。

**本章导读：**染色体在生物体的生长过程中以及亲子代间的传递过程中发生着有规律的变化，这就是所谓的有丝分裂过程和减数分裂过程。有丝分裂过程中每条染色体精确地复制成两条染色单体并均等地分到两个子细胞，使子细胞含有同母细胞相同的遗传信息。而在减数分裂过程中，DNA 只复制一次，而细胞连续分裂两次，形成单倍体的精子和卵子，而后又通过受精作用恢复二倍体。在此期间同源染色体间发生交换，使配子的遗传组成多样化，增加了后代的适应性，因此减数分裂与受精作用不仅保证了生物物种染色体数目的稳定性，同时也使物种在适应环境的变化过程中不断进化。

基因是位于染色体上决定生物性状的遗传单位，随着染色体有规律的变化与传递过程而在控制性状表达过程中表现出固有的规律性，据此可以将特定的基因定位于特定的染色体上，这就是所谓的基因定位。在此过程中，我们可以用到染色体的结构变异类型或数量变异类型。结构变异包括缺失、重复、倒位和易位四种变异类型，而数量变异可以分为整倍体和非整倍体，其中整倍体包括了单倍体、常见的二倍体以及多倍体，而非整倍体则包括了单体、缺体、三体等变异类型。这些变异类型在遗传育种以及基因定位过程中都具有非常重要的作用。

## 【核心概念】

(1) 染色体学说（chromosome theory）　控制生物性状的基因是位于染色体上的，并且呈直线形排列。

(2) 常染色质（euchromatin）　间期核内由 DNA、组蛋白、非组蛋白和少量 RNA 组成，染色质纤维折叠压缩程度低，处于伸展状态，用碱性燃料染色时着色浅的那些染色质。

（3）异染色质（heterochromatin） 细胞间期及早前期时仍处于凝集状态的染色质。具有强嗜碱性，染色深，染色质丝包装折叠紧密，与常染色质相比，异染色质是转录不活跃部分，多在晚S期复制。异染色质分为结构异染色质和兼性异染色质两种类型。

（4）同源染色体（homologous chromosome） 在二倍体生物中，一个来自于父本，一个来自于母本，其形态大小和结构相同，功能相近的一对染色体被称为同源染色体。

（5）姐妹染色单体（sister chromatid）与非姐妹染色单体（non-sister chromatid） 在配对（联会）的一对同源染色体中，由一个着丝点相连的两条染色单体叫姐妹染色体单体，由不同着丝点相连的染色单体就叫非姐妹染色单体。

（6）联会（synapsis） 同源染色体的两个成员侧向连接，像拉链一样并排配对的现象被称为联会。联会发生于偶线期，终止于双线期。

（7）联会复合体（synaptonemal complex，SC） 同源染色体联会过程中形成的一种独特的亚显微的非永久性的复合结构。在适当的时候可以激活染色体的交换。

（8）有丝分裂（mitosis）与减数分裂（meiosis） 有丝分裂是一种常见的细胞分裂方式，经过染色体有规律和准确的分裂过程，形成与母细胞相同的两个子细胞，由于有纺锤丝的形成而称为有丝分裂。减数分裂是一种特殊的有丝分裂，是在性母细胞成熟时配子形成过程中发生的，它使细胞染色体数目减半，所以称为减数分裂。

（9）细胞周期（cell cycle） 染色体的行为在体细胞的分裂过程中呈周期性变化，从一次细胞分裂结束开始到下一次细胞分裂结束这样一个过程被称为一个细胞周期，即一个染色体周史。

（10）核型（karyotype）与核型分析（karyotype analysis） 核型是指染色体组在有丝分裂中期的表型特征。染色体的特征主要包括染色体的数目、长度、着丝粒的位置、随体与副缢痕的数目、大小和位置，以及异染色质和常染色质在染色体上的分布、染色体分带类型等特点，也称为染色体组型。在对染色体进行测量计算的基础上，将染色体进行分组、排队、配对，并进行形态分析的过程叫核型分析。

（11）染色体畸变（chromosomal aberration） 指染色体数目的增减或结构的改变，可分为数目畸变和结构畸变两大类。

（12）平衡致死品系（balanced lethal system） 两个致死基因以相斥相形式存在，永远保持杂合状态，不发生分离的品系叫平衡致死系或永久杂种。

（13）染色体组（genome） 二倍体生物的一个正常配子中所含的全部染色体，称为一个染色体组。若用来表示其中所含的全部基因则称为基因组。

（14）基数（basic number） 一个染色体组中所包含的染色体数，称为基数，用 $x$ 表示。

（15）单倍体（haploid，$n$）　体细胞中具有本物种配子染色体数目的个体称为单倍体。根据单倍体的来源可将之分为两类，一种为单元单倍体，是指由二倍体物种产生的单倍体，只具有一个染色体组，与一倍体同义；另一种为多元单倍体，是指由多倍体物种产生的单倍体，可具有两个或多个染色体组。

（16）同源多倍体（autopolyploid）　多倍体中所有的染色体组来自同一物种。通常由同一个体、同一纯种生物的染色体数目加倍而形成，也可由同一物种的未减数配子结合产生。

（17）异源多倍体（allopolyploid）　多倍体中的染色体组来源于不同的物种。它可由不同物种的个体之间杂交得到的 $F_1$ 代经染色体加倍形成，也可由 $F_1$ 代的未减数配子结合形成，或由染色体已经加倍的两个不同物种杂交形成。

（18）假显性现象（pseudo dominance）　由于染色体缺失的区段包括某些显性基因，其同源染色体上与这一缺失区段相对应位置上的一个隐性等位基因得以表现的现象称为假显性。

（19）假连锁现象（pseudolinkage）　相互易位的杂合体只有发生交互分离才能产生可育配子，从而使非同源染色体上的基因间的自由组合受到限制，这种现象称为假连锁现象。

（20）位置效应（position effect）　由于基因改变了在染色体上的位置而带来表型效应改变的现象称为位置效应。包括稳定型位置效应（S 型）和花斑型位置效应（V 型）。S 型位置效应的表型改变是稳定的，它与重复有关并局限于常染色质区域。例如，果蝇棒眼基因。V 型位置效应的表型改变是不稳定的，因而导致显性性状和隐性性状嵌合的花斑现象。V 型位置效应与异染色质有关，一般当原来在常染色质区域的基因被变换到异染色质区的位置时，便会出现花斑现象。

（21）胚乳直感（xenia）　如果在 $3n$ 胚乳的性状上由于精核的影响而直接表现出父本的某些性状，这种现象被称为胚乳直感现象或花粉直感。

（22）果实直感（metaxenia）　如果种皮或果皮组织在发育过程中由于花粉影响而表现出父本的某些性状，则称为果实直感现象。

## 【知识要点】

## 一、基本知识串讲

### （一）染色质与染色体

在生物的细胞核中，有一种易被碱性染料染上颜色的物质，叫作染色质。染色质可以划分为常染色质和异染色质，其中常染色质是构成染色体 DNA 的主体，是分散的区域（或浓缩程度较低的区域），着色就浅。而异染色质是在间期和早前期，染色质仍处于浓缩状态的那些区域。由于它处于浓缩状态，因而染色较深。二者进行比较，主要差异表现如表 3-1 所示。

**表 3-1 常染色质与异染色质的主要区别**

| | 浓缩程度 | 染色程度 | 遗传特点 | 结构特点 | 复制时间 | 分布 |
|---|---|---|---|---|---|---|
| 常染色质 | 高度分散，很细很长 | 浅 | 遗传活性，具有基因 | 单一序列 | 早，在 S 期的早期和中期 | 染色体的大多数地方均有 |
| 异染色质 | 高度浓缩状态 | 深 | 遗传惰性区，基本无基因 | 高度重复序列 | 晚，在 S 期的后期 | 着丝粒区、端粒区、NOR 区等 |

染色质与染色体是同一物质在细胞分裂中不同时期的不同形态。原核细胞的染色质含裸露的 DNA，即不与其他类分子相连。而真核细胞染色体却复杂得多，由四类分子组成：DNA，RNA，组蛋白（富有赖氨酸和精氨酸的低相对分子质量碱性蛋白，至少有五种不同类型）和非组蛋白（酸性）。DNA 和组蛋白的比例接近于 1∶1。

染色质在间期和不分裂时，螺旋化程度低，呈染色质的状态。在分裂期螺旋化程度高，呈染色体的状态。这两者的转换发生在前期和末期，在前期，染色质变为染色体；在末期，染色体变为染色质。

染色单体是在间期，通过染色体的复制产生的，一般情况下，两条姐妹染色单体完全一样，由同一个着丝点相连。间期的染色单体也呈染色质的状态，因而看不到具体的线性状态，在前期可以观察到染色单体的存在。当着丝粒分裂时，姐妹染色单体分开，就成为独立的染色体。

根据细胞学上的观察结果，在外形上我们通常可以看到染色体有长臂、短臂、主缢痕（着丝粒）、次缢痕（$NOR_S$）、随体和端粒等构成。长短臂的区分是以主缢痕（着丝粒）为基准的。根据臂比将染色体分为 4 种类型（表 3-2）。

**表 3-2 染色体类型**

| 染色体类型 | 臂比（长臂/短臂） |
|---|---|
| 中部着丝粒染色体（m） | 1.00～1.70 |
| 近中着丝粒染色体（sm） | 1.71～3.00 |
| 近端着丝粒染色体（st） | 3.01～7.0 |
| 端着丝粒染色体（t） | 7.01～∞ |

根据染色体的以上特点，可以进行核型分析。

## （二）染色体学说

1903 年，萨顿（Sutton）和鲍维里（Boveri）根据各自的研究，认为孟德尔所提出的“遗传因子”与配子形成和受精过程中的染色体行为具有平行性，同时提出了遗传的染色体假说，认为孟德尔的遗传因子位于染色体上，这个从细胞学研究得出的结论，圆满地解释了孟德尔遗传现象。在1903～1910年的这段时间内染色体假说并未得到承认和支持，摩尔根和他的学生一起用果蝇作材料，证明了遗传变异与细胞中染色体的变化是密切相关的，基因是位于染色体上的，这些实验结果对染色体学说的确立作出了决定性贡献。遗传染色体学说的诞生是细胞学和遗传学的结晶，宣告了细胞遗传学的日臻成熟，正如米勒所言：“它为整个现代遗传学奠定了基础。”摩尔根也因此在1933年获得诺贝尔奖。

## （三）有丝分裂、减数分裂和染色体周史

正是由于染色体的周期性变化使得细胞世代之间保持着遗传物质传递的稳定性。细胞的分裂过程可根据其间是否形成纺锤丝而分为无丝分裂和有丝分裂（包括减数分裂）。

在有丝分裂过程中，间期染色体进行精确地复制，每条染色体经过复制后含有两条染色单体，被称为姐妹染色单体。在分裂期中两条姐妹染色单体彼此分开，分别分配到两个子细胞中去，使子细胞具有与母细胞的染色体在数量与质量上完全相同，保证了细胞在遗传上同母细胞完全一致，以及个体的正常发育和物种的连续性、稳定性。并且在进行无性繁殖的生物中保证性状表现的稳定性。

在减数分裂过程中，DNA复制一次，细胞连续分裂两次，形成单倍体的精子和卵子。由于形成的性细胞都具有体细胞染色体数目的一半，在受精后，受精卵恢复到体细胞的染色体数目，这样保证了遗传物质在上下代之间的连续性和稳定性，为后代的正常发育和性状表现提供了遗传物质基础；同时，同源染色体的非姐妹染色单体在减数分裂中的前期Ⅰ发生对应节段的交换，随后发生非同源染色体的随机组合，使后代的遗传组成发生变化，表现为多样性，增强了生物的适应能力。

有丝分裂与减数分裂的区别和联系主要体现如表3-3所示。

**表3-3　有丝分裂与减数分裂主要区别与联系**

<table>
<tr><th colspan="2">时期</th><th>有丝分裂</th><th>减数分裂</th></tr>
<tr><td rowspan="4">第一次分裂</td><td>$G_1$期</td><td>物质合成（RNA和蛋白质）</td><td>物质合成并有特殊蛋白形成</td></tr>
<tr><td>S期</td><td>合成DNA和组蛋白</td><td>合成DNA和组蛋白，但有一部分DNA未完成复制</td></tr>
<tr><td>$G_2$期</td><td>形成微管蛋白等</td><td>无明显$G_2$期</td></tr>
<tr><td>前期</td><td>染色质丝逐渐缩短变粗形成明显的染色体，核膜核仁解体，每条染色体有两条单体</td><td>染色体行为复杂，可分为五个亚期。其中染色体逐渐螺旋化缩短变粗，有同源染色体的联会配对及物质重组，可见同源染色体之间的交叉现象。有部分DNA合成</td></tr>
</table>

续表

| 时期 | | 有丝分裂 | 减数分裂 |
|---|---|---|---|
| 第一次分裂 | 中期 | 着丝粒排列在赤道面上，染色体两臂在赤道面两侧有一定扭曲 | 配对的同源染色体分列在赤道面两侧，其着丝粒只与同侧纺锤丝相连 |
| | 后期 | 着丝粒分裂，染色体中每条单体形成一条独立的染色体，移向细胞两极 | 同源染色体彼此分离移向细胞两极，每条染色体有两条单体 |
| | 末期 | 染色体解旋，核膜核仁形成，细胞质分裂，形成两个子细胞。染色体数目与亲代细胞染色体数目一致 | 染色体解旋，核膜核仁形成，细胞质分裂，形成两个子细胞。染色体数目减半 |
| 第二次分裂 | | 无 | 有，染色体行为与一般有丝分裂相同 |

### （四）染色体畸变分析及其应用

生物染色体组成的特异性包括染色体数量、结构的特异性，而染色体畸变则包括了在染色体结构上的变异和数量上的变异。其中结构变异包括缺失、重复、倒位和易位四种类型，而数量变异可以分为：整倍体［单倍体、二倍体、多倍体（同源多倍体和异源多倍体）］和非整倍体（单体、缺体、三体）类型。其中许多变异类型具有其特定的细胞学特点和遗传学效应，利用不同的变异类型可以进行连锁群的确定及基因定位。除此以外在农牧业生产中也可以用来选种育种、提高经济效益。

1. 结构变异

通常认为由于染色体断裂后不同方式的重接过程或异常的重组过程而导致了染色体的结构变异，这两种假说在解释染色体结构变异的过程中均有一定的实验基础及不同的适用范围。

1931 年 L. J. Stadler 提出了断裂-重接假说（breakage-reunion hypothesis）。该假说认为：导致染色体结构改变的原发损伤是断裂。断裂可自发产生，也可人工诱变产生，断裂的后果有 3 种：①绝大多数断裂（90%～99%）通过修复过程在原处重新连接，这种连接方式称为愈合，在细胞学上无法辨认；②染色体或染色单体的断裂端不在原处连接，而是按新的方式连接，从而引起染色体的结构变异，这一过程称为重接；③断裂端依然游离，成为染色体结构的一种稳定状态，如末端缺失。

1951 年 S. H. Revell 提出了互换假说。该假说认为：导致染色体结构变异的根本原因是染色体上具有不稳定部位——原发性损伤，所有结构变异都是两个靠得很近的不稳定部位之间互换的结果。如果两个原发性损伤靠得不够近或不能相互作用，这些损伤就可以被修复。

尽管关于结构变异的假说不尽相同，但其结果的差异对生物体的表现有着特殊的表现。结构变异这部分知识系统性很强，大家通过对概念、细胞学特点尤其是在减数分裂过程中同源染色体配对时的特点以及遗传学效应加以掌握。

每一种结构变异中染色体的表现都有着不同的特点，如果一对同源染色体在同一位置同时发生相同的结构变异，则被称为某一种结构纯合体。纯合体没有明显的细胞学特征，它们在减数分裂过程中配对正常；如果在一对同源染色体中只有一条染色体发生结构变异，而另一条结构正常，则被称为某一种结构变异的杂合体。在减数分裂过程中，结构变异杂合体中同源染色体的配对图像会表现出各自的细胞学特点，据此可以识别结构变异类型。现分述如表 3-4 所示。

**表 3-4　染色体结构变异类型特征**

| 结构变异类型 | | 减数分裂时细胞学特征 | 遗传学效应 |
|---|---|---|---|
| 缺失（deletion）：染色体上的某一区段及其所携带的基因一起丢失的现象被称为缺失 | 染色体中间区段的丢失称为中间缺失，染色体末端区段的丢失称为末端缺失 | 较大片段的中间缺失杂合体在粗线期有缺失环形成；如果是大片段的末端缺失杂合体，则可看到正常的一条多出了一段；如果缺失区段较短，从细胞学上鉴定则比较困难 | 如果缺失的区段较小，不严重损害个体的生活力时，通常会导致变异发生，最常见的就是假显性现象 |
| 重复（duplication）重复是一个染色体上某一部分出现两份或两份以上的现象 | 顺接重复指某区段按照自己在染色体上的正常直线顺序重复；反接重复指某区段在重复时颠倒了自己在染色体上的正常线性顺序；替位重复指重复区段出现在其他染色体上 | 重复杂合体也具有特征性的减数分裂图像—重复环（duplication loop） | 重复的遗传效应比缺失缓和，但如果重复的区段太大也会影响个体的生活力，甚至引起个体死亡；表现为剂量效应和位置效应 |
| 倒位（inversion）倒位是指一个染色体上同时出现两处断裂，中间的片段扭转 180°重新连接起来而使这一片段上基因的排列顺序颠倒的现象 | 如果倒位区段不包括着丝粒，称为臂内倒位，它不改变染色体上着丝粒的位置；如果倒位区段包括着丝粒，称为臂间倒位 | 倒位区段很小时同源染色体在倒位区段可能不配对；倒位区段很大，包括染色体的大部分时，倒位的染色体可能倒过来和正常的染色体配对；倒位区段大小适当，则通过形成倒位环进行同源区段的联会 | 倒位是自然界动植物群体中最常见的一种结构变异；形成新的连锁关系；倒位可以抑制或大大降低倒位杂合体连锁基因的重组值；倒位杂合体部分不育 |

续表

| 结构变异类型 | | 减数分裂时细胞学特征 | 遗传学效应 |
|---|---|---|---|
| 易位（translocation）易位是指非同源染色体之间片段转移所引起的染色体重排 | 简单易位：涉及三次断裂，一个染色体具有两个断裂，由此形成的一个染色体片段插入到另一非同源染色体的断裂中。相互易位：涉及两次断裂，即两条非同源染色体上各产生一次断裂，并相互交换由断裂形成的片段。整臂易位：两条非同源染色体之间整个臂或几乎是整个臂之间的易位，这种易位的结果是产生不同的两个新的染色体。罗伯逊易位即两个非同源的（或非同源的）近端着丝粒染色体的着丝粒相互融合，形成一个亚中部着丝粒染色体，结果导致染色体数目减少，但臂数不变 | 相互易位杂合体在粗线期可以看到特有的十字形图像，随着减数分裂过程的进行，十字形逐渐开放，形成环形或8字形图像，这两种图像取决于减数分裂后期易位染色体的分离方式（相邻式分离或相间式分离） | 着丝粒融合是动物核型进化的一种普遍形式；部分不育现象：相邻式分离配子不育，相间式分离配子可育；有位置效应出现，包括稳定型位置效应和花斑型位置效应；伴有假连锁现象 |

在研究结构变异过程中需要注意以下几个问题：①区分重复环和缺失环，就必须和联会染色体的正常长度、着丝粒的正常位置等进行比较。②倒位环与重复环、缺失环不同，重复环和缺失环都是同源染色体中的一条突出形成的，而倒位环则是两条同源染色体同时突出形成的。③当缺失的区段非常微小时，正常区段与缺失区段的关系类似正常等位基因与突变等位基因的关系，但不会发生回复突变，从而可与点突变相区分。④在结构变异中，并非每一种变异都独立存在，常常有可能两种或多种结构变异类型同时存在于同一个细胞或个体中，或由于一种结构变异类型而引起其他的结构变异类型。例如，断裂—融合—桥的循环使得子细胞中出现可见重复和缺失现象（图 3-1）。

结构变异常被用在研究基因的位置、基因的功能，以及新品系的选育等方面，主要体现在以下几个方面。

1）缺失——利用假显性现象进行基因定位

当一个性状有可能由 A、B、C 三个染色体上的基因决定，且出现隐性突变时，均可以导致隐性突变体形成。此时分别以不同的已知显性缺失类型个体与隐性个体杂交时，后代表现为显性性状，不出现性状分离现象，这说

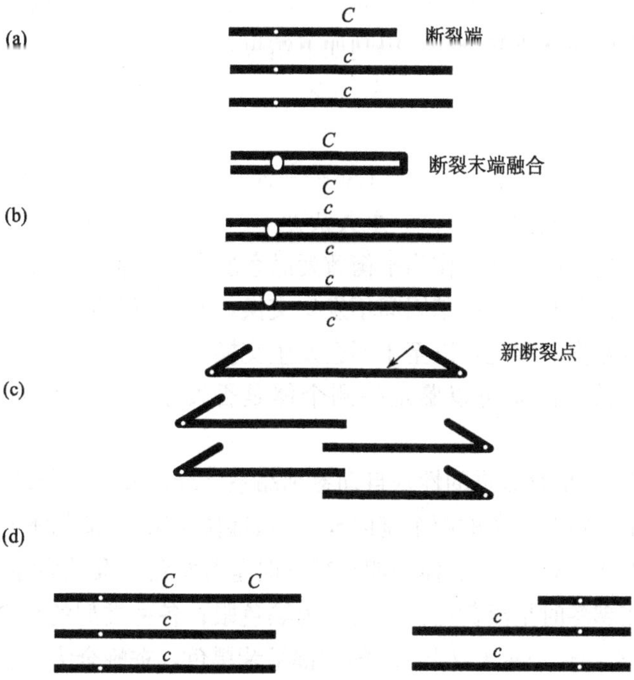

图 3-1 玉米胚乳细胞的断裂—融合—桥周期

明待测基因并不在相关染色体上。但是如果缺失了一个显性基因，则后代会出现性状分离现象，同时出现显性性状（正常配子结合形成）与隐性性状（含缺失类型的配子与正常配子结合而形成），此时就可以将待测基因定位在有缺失的染色体上。

2）重复——研究位置效应与剂量效应，进行基因定位

染色体上某些区段重复可以产生特定的表型效应。如果蝇的棒眼（*B*）就是X染色体上16A区段重复所致，其主要表型效应是组成复眼的小眼数减少，使复眼呈棒状。野生型果蝇（+/+）的复眼约由790个小眼组成，呈卵圆形，重复杂合体（*B*/+）的小眼数为358个，不到野生型的一半；重复纯合体（*B*/*B*）的小眼数更少，只有68个。显然，16A区段重复次数越多，小眼数越少，复眼越小，表现为剂量效应。同时，当重复区段剂量相同但所在位置不同时，会表现出不同的差异表型，从而表现出位置效应。

当某一性状的表现与重复类型表现出一定的相关性时，则有可能控制该性状的基因与该重复片段具有相关性，进而通过一定的实验确定该基因的具体位置。

3）倒位——利用平衡致死品系保存致死基因

果蝇的显性翘翅基因 *Cy*（curly wings）同时具有隐性致死效应，显性星状

眼基因 $S$ 也具有隐性致死效应，二者以相斥的形式存在于第二染色体上，即 $Cy+/+S$,其中一条染色体上具有包括这两个座位的倒位，可以抑制它们之间发生交换，这样的个体之间杂交，得到如下结果：

$$Cy+/+S \quad \times \quad Cy+/+S$$

$$\downarrow$$

| | | |
|---|---|---|
| $Cy+/Cy+$ | $Cy+/+S$ | $+S/+S$ |
| 死亡 | 永久杂种 | 死亡 |

据此我们也可以总结出作为平衡致死品系所必须具备的条件：①致死基因永远以相斥相形式分布；②两基因间不发生交换，此种情况需有交换抑制因子存在或两基因遗传距离非常近，以至于不会发生交换。

利用平衡致死品系可以鉴定待测个体是否发生突变，并可以分析突变的类型。

4）易位——培育家蚕的性别自动鉴别品系（autosexing strain）。

在家蚕中，控制卵色的两个基因 $w_2$、$w_3$ 都位于第 10 染色体上，位置分别是 3.5cM 和 6.9cM，$w_2w_2$ 纯合体的卵在越冬时呈杏黄色，蚕蛾为纯白色眼；$w_3w_3$ 纯合体的卵在越冬时呈淡黄褐色，蚕蛾为黑色眼；各种类型的杂合体 $w_2+_3/+_2w_3$、$+_2w_3/+_2+_3$、$w_2+_3/+_2+_3$ 的卵都呈紫黑色，蚕蛾全为黑色眼。

家蚕育种工作者用辐射诱变的方法反复处理基因型为 $w_2+^{w3}/+^{w2}w_3$ 的杂合体，通过严格选择，得到 $w_2$ 或 $w_3$ 缺失的第 10 染色体，然后再使带有缺失的第 10 染色体易位到 W 染色体上，经过系统选育，使生活力逐渐提高，以适应饲养的要求，最终育成 A、B 两个品系。

| | | | | |
|---|---|---|---|---|
| A 品系： | 雌 | $ZW+_2/w_2+_3$ | 雄 | $ZZw_2+_3/w_2+_3$ |
| | | 黑色卵 | | 杏黄色卵 |
| B 品系： | 雌 | $ZW+_3/+_2w_3$ | 雄 | $ZZ+_2w_3/+_2w_3$ |
| | | 黑色卵 | | 淡黄褐色卵 |

将 A 品系雌蛾与 B 品系雄蛾杂交，所产的卵中，黑色的全是雄蚕，淡黄褐色的全是雌蚕。若将 B 品系雌蛾与 A 品系雄蛾杂交，所产的卵中，则黑色的全是雄蚕，杏黄色的全是雌蚕。据此选择一定性别的家蚕进行培养，可以达到提高产品产量与质量，并降低成本的目的（图 3-2）。

2. 染色体数量变异

染色体的数量变异可以分为整倍体变异类型和非整倍体变异类型。所谓整倍体变异类型是指以染色体组为单位发生变异的类型，而非整倍体变异类型是指以染色体为单位发生变异的类型。各种变异类型在减数分裂中染色体的配对行为各具特点，从而导致了变异类型个体育性的改变以及其他一些综合性变化（表 3-5）。

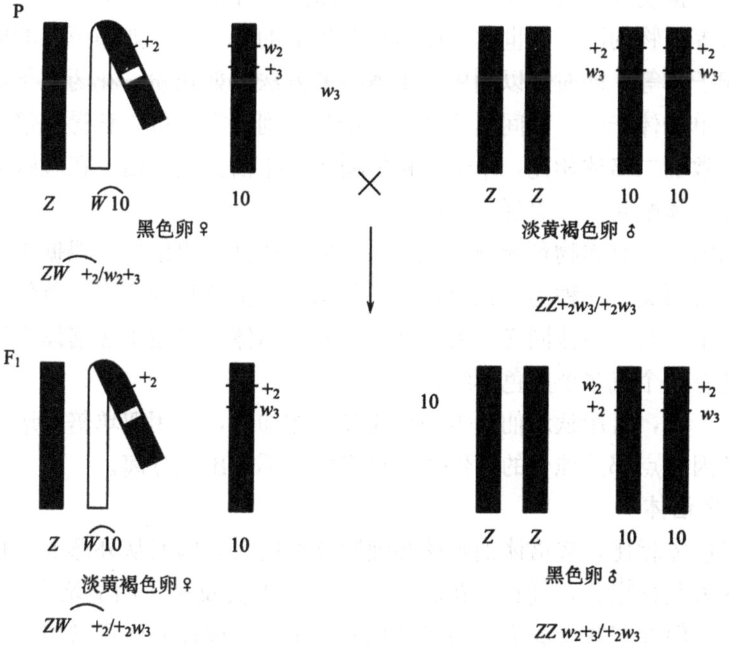


图 3-2 家蚕性别自动鉴别品系

**表 3-5 染色体数目变异的主要类型**

| 类型 | | 表示方法 | 染色体组 |
|---|---|---|---|
| 整倍体 | 一倍体 | $1x$ | *abcd* |
| | 二倍体 | $2x$ | (*abcd*)( *abcd*) |
| | 三倍体 | $3x$ | (*abcd*)( *abcd*)( *abcd*) |
| | 同源四倍体 | $4x$ | (*abcd*)( *abcd*)( *abcd*)( *abcd*) |
| | 异源四倍体 | $4x$ | (*abcd*)( *abcd*)(*efgh*)(*efgh*) |
| 非整倍体 | 单体 | $2n-1$ | (*abcd*)(*abc*) |
| | 缺体 | $2n-2$ | (*abc*)(*abc*) |
| | 双单体 | $2n-1-1$ | (*abc*)(*abd*) |
| | 三体 | $2n+1$ | (*abcd*)( *abcd*)(*a*) |
| | 四体 | $2n+2$ | (*abcd*)( *abcd*)(*aa*) |
| | 双三体 | $2n+1+1$ | (*abcd*)( *abcd*)(*ab*) |

1）整倍体

Ⅰ. 单倍体。

单倍体在动植物种都有存在，动物中有蜜蜂、蚂蜂、白蚁等的雄性，且都正常。在植物中有许多植物能自发产生，研究发现番茄、棉花、大麦等都有自发单倍体产生。据统计，约在10个科26个属的36种植物中发现有自发的单倍体；大多数低等植物的配子体世代是能够自营生活的单倍体，如藻菌类的菌丝体，苔藓类的配子体等。同时可以利用人工诱导的方法，如花粉、花药、子房等的培养人工诱导单倍体产生；种间属间杂交，染色体削减等也可以获得单倍体。

和正常的二倍体相比，单倍体植株弱小，生活力差。由于在减数分裂过程中无同源染色体配对，多表现为高度不育。

体细胞中具有本物种配子染色体数目的个体称为单倍体。根据单倍体的来源可将之分为两类，一种为单元单倍体，是指由二倍体物种产生的单倍体，具有一个染色体组，与一倍体同义；另一种为多元单倍体，是指由多倍体物种产生的单倍体，具有两个或多个染色体组。

在生产上，可用秋水仙素等处理使染色体加倍，利用双单倍体培养纯系，得到每个基因位点都是纯合的二倍体，自交后代不会出现分离。

Ⅱ. 多倍体。

和二倍体相比，多倍体细胞核和细胞体积增大，因而从外形上看具有巨大效应，表现为茎秆粗壮，气孔、花粉粒、花朵、果实及种子明显增大，叶片宽厚，颜色较深。但在有些情况下，细胞体积并不增大，或即使体积增加，但细胞数目相应减少，所以个体及器官的大小并无明显的改变。此外，由于多倍体每个位点有多个基因，基因产物相应增多，使糖类、蛋白质等含量提高，但生长缓慢，生育期延长，育性降低。

根据来源的不同，多倍体可以分为同源多倍体和异源多倍体。二者在细胞学方面可以看出明显的差异。

(1) 同源多倍体。

同源三倍体的联会和分离。

同源三倍体在减数分裂中可以彼此联会成一个三价体（Ⅲ），也可以是其中两条联会，另一条单个存在，形成一个二价体和一个单价体（Ⅱ＋Ⅰ）。无论哪种联会方式，在任何同源区段内只能有两条染色体联会，而将第三条染色体的同源区段排斥在联会之外，在后期Ⅰ分离时都是一条染色体走向一极，另两条染色体走向另一极。因此，得到全部染色体都是两条的配子（$2n$）的概率是 $(1/2)^n$，得到全部染色体都是一条的配子（$n$）的概率也是 $(1/2)^n$，其余配子的染色体数目为 $n \sim 2n$，都是不平衡的配子，所以同源三倍体也具有高度不育性。

同源四倍体的联会和分离：同源四倍体在减数分裂中主要联会形成一个四价体（Ⅳ）或两个二价体（Ⅱ＋Ⅱ），也可以形成一个三价体和一个单价体（Ⅲ＋Ⅰ）或一个二价体和两个单价体（Ⅱ＋Ⅰ＋Ⅰ）。到后期Ⅰ，只有Ⅱ＋Ⅱ的联会方式全部为均等分离，即四条同源染色体中有两条染色体走向一极，另外两条染色体走向另一极，形成的配子是可育的；其他的联会方式，可能是均等分离，也可能发生三条染色体走向一极，一条染色体走向另一极的不均等分离，形成的配子染色体组成不平衡，从而造成同源四倍体的部分不育性。

同源四倍体的基因分离比较复杂，其后代分离比也发生相应的变化。现以二显体为例了解一下同源四倍体基因的联会和分离。假定 $A(a)$ 基因距离着丝粒很近，其间很少发生非姐妹染色单体的交换，基因随染色体的分离而分离，这种分离方式被称为染色体分裂分离。此时若四条同源染色体按Ⅱ＋Ⅱ方式联会，就有三种可能的联会方式，由于联会和着丝粒向两极的取向都是随机的，所以三种联会方式发生的概率相等，$AAaa$ 个体最终产生的配子及比例是：$AA:Aa:aa=1:4:1$，即 $aa$ 所占的比例是 1/6，若 $AAaa$ 自交，自交后代为 $aaaa$ 基因型的个体所占比例为 $1/6\times1/6=1/36$，三显体 $AAAa$ 及单显体 $Aaaa$ 产生的配子类型及自交后代的表型比见表 3-6。

**表 3-6　同源四倍体各种杂合体的分离结果**

| 杂合体类型 | 配子类型及比例 | 测交后代表型比 | 自交后代表型比 |
|---|---|---|---|
| 三显体 $AAAa$ | $1AA:Aa$ | 全 $A$ | 全 $A$ |
| 二显体 $AAaa$ | $1AA:4Aa:1aa$ | $5A:1a$ | $35A:1a$ |
| 单显体 $Aaaa$ | $1AA:1aa$ | $1A:1a$ | $3A:1a$ |

如果所研究基因与着丝粒很远，则在该基因与着丝粒之间会发生交换，此时原本位于同一条染色体的两条单体上的基因就有可能由于交换的原因而进入到同一个配子中（表 3-7），这种分离方式被称为染色单体分裂分离。以三显体（$A_1A_2A_3a$）为例，各个染色体形成的姐妹染色单体各移向一极，说明 $A$ 基因座与着丝粒之间的图距较远，在 $A$ 基因座与着丝粒之间存在着交换。

**表 3-7　三显体染色单体分裂分离所形成配子类型**

| | $A_1$ | $A_1$ | $A_2$ | $A_2$ | $A_2$ | $A_3$ | $a$ | $a$ |
|---|---|---|---|---|---|---|---|---|
| $A_1$ | | $A_1A_1$ | $A_2A_2$ | $A_1A_2$ | $A_1A_3$ | $A_1A_3$ | $A_1a$ | $A_1a$ |
| $A_1$ | | | $A_1A_2$ | $A_1A_2$ | $A_1A_3$ | $A_1A$ | $A_1a$ | $A_1a$ |
| $A_2$ | | | | $A_2A_2$ | $A_2A_3$ | $A_2A_3$ | $A_2a$ | $A_2a$ |
| $A_2$ | | | | | $A_2A_3$ | $A_2A_3$ | $A_2a$ | $A_2a$ |
| $A_3$ | | | | | | $A_3A_3$ | $A_3a$ | $A_3a$ |
| $A_3$ | | | | | | | $A_3a$ | $A_3a$ |
| $a$ | | | | | | | | $aa$ |
| $a$ | | | | | | | | |

所以各种类型配子的分离比为 $AA:Aa:aa=15:12:1$。

（注意：以染色单体型组合方式，某一单体只能与其他 7 条单体组合，而自身的组合是不存在的）

Ⅲ. 应用。

在生产上，利用单倍体类型，可用秋水仙素（colchicine）处理使染色体加倍，得到每个基因座上都是纯合的二倍体，自交后代不会出现分离。传统的利用近交的方法培育纯系，需要经过许多代，而利用单倍体途径则可大大缩短育种年限。

多倍体的培育可以用来提高作物产量，同时也可以用来改善生物的性状。

2）非整倍体

Ⅰ. 亚倍体。

亚倍体是由于正常个体在减数分裂时，个别染色体行为异常造成的，如某对染色体不联会，单价体易丢失，从而形成 $n-1$ 配子；或者联会后不分离或分离迟缓，产生 $n-1$ 和 $n+1$ 的配子，$n-1$ 配子与 $n$ 配子结合可产生单体，两个相同的 $n-1$ 配子结合形成缺体，两个不同的 $n-1$ 配子结合形成双单体。单体在产生后代时会导致其他染色体的丢失，发生单体转移。

在亚倍体中由于缺少了一条或数条染色体，从而打破了染色体的平衡系统，因此对生物的影响较大。二倍体中出现的单体和缺体往往不能存活，多倍体中缺少个别染色体引起的不平衡可由其他染色体组的完整性来补偿，但一般生长势较弱，育性降低。

单体在减数分裂时通常形成 $n-1$ 个二价体和 1 个单价体，在理论上产生 $n-1$型和 $n$ 型配子的比例为 1∶1，因此自交后代应是双体∶单体∶缺体＝1∶2∶1,但由于单价体在后期Ⅰ常常被遗弃在细胞质中，使得 $n-1$ 型配子多于 $n$ 型配子，同时还存在 $n-1$ 型配子和 $n$ 型配子参与受精的程度不同，$2n-1$ 型和 $2n-2$型幼胚持续发育的程度不同等原因而使这一比例发生变化。$n-1$ 型配子主要通过卵细胞（或胚囊）向后代传递。由于上述原因其后代中各类型的分离比常表现为不稳定性。

应用单体和缺体可把新发现的隐性基因定位到特定的染色体上。方法是把新发现的隐性基因的纯合体与缺少不同染色体的单体或缺体系列杂交，若杂交后代有隐性基因控制的性状表现出来，表明新基因位于所缺少的那条染色体上；反之则该基因不位于该染色体上。

Ⅱ. 超倍体。

三体在减数分裂时可联会形成 $n-1$ 个二价体和一个三价体，或形成 $n$ 个二价体和一个单价体。理论上，三体应产生 1∶1 的 $n+1$ 型配子和 $n$ 型配子，但因单价体易丢失，从而使 $n+1$ 型配子少于 $n$ 型配子。和 $n-1$ 型配子一样，$n+1$ 型配子也是主要由卵细胞（或胚囊）向后代传递。

三体的分离比与二倍体不同，位于三体上的一对等位基因（$A$、$a$）可组成四种不同的基因型 $AAA$、$AAa$、$Aaa$ 和 $aaa$，其中 $AAa$ 形成的配子为 $AA$∶$Aa$∶$A$∶$a$＝1∶2∶2∶1，若 $A$ 对 $a$ 为完全显性，并且 $n+1$ 配子和 $n$ 配子都能成活，它与 $aa$ 个体测交后代的表型分离比是 $5A:1a$，自交后代为 $35A:1a$；若只有 $n$ 配子可育，测交后代的表型分离比是 $2A:1a$，自交后代为 $8A:1a$。同理也可推出 $Aaa$ 个体测交与自交后代的分离比（表 3-8）。

**表 3-8　三体的两种杂合体测交和自交后代的比例**

| 基因型 | 配子比例 | $n+1$ 和 $n$ 配子都可育 | | 只有 $n$ 配子可育 | |
|---|---|---|---|---|---|
| | | 测交后代表型比例 | 自交后代表型比例 | 测交后代表型比例 | 自交后代表型比例 |
| $AAa$ | $1AA:2Aa:2A:1a$ | $5A:1a$ | $35A:1a$ | $2A:1a$ | $8A:1a$ |
| $Aaa$ | $2Aa:1aa:1A:2a$ | $1A:1a$ | $3A:1a$ | $1A:2a$ | $5A:4a$ |

利用三体测交和自交后代的表型分离比不同于二倍体相应的测交与自交后代分离比的特点，可将待测的隐性基因定位到特定的染色体上。

在这里要注意相关概念的比较，例如，单体、单倍体、单价体，三体、三倍体、三价体等概念的差异与联系。

## 二、代表性例题解析

1. 某种生物的初级卵母细胞中有 16 条染色体，(a) 在第一次减数分裂前期有多少四分体？(b) 在第二次减数分裂的前期有多少二分体？(c) 在第二次减数分裂后期，有多少单体迁移向每一极？

参考答案：由于初级卵母细胞中所含染色体为二倍性的，所以该生物的染色体组成为：$2n=16$。

(a) 在减数分裂前期，同源染色体联会配对，一对同源染色体即为一个四分体，所以此时细胞中应有 $n$ 个四分体，即该生物在第一次减数分裂前期有 8 个四分体；

(b) 由于在减数分裂后期Ⅰ中，同源染色体彼此分离，分别进入到不同的子细胞中，所以在第二次减数分裂的前期的细胞内染色体数目已经减半，每个细胞内染色体的数目为 $n=8$，每条染色体上均含有两条单体，此时的细胞内应该具有 8 个二分体；

(c) 在第二次减数分裂后期，染色体的行为与有丝分裂中染色体的行为一致。随着着丝粒的复制完成，两条单体彼此分离，分别移向细胞的两极。所以此时各有 8 条单体移向细胞的一极。

2. 植物的 10 个花粉母细胞可以形成：多少花粉粒？多少精核？多少管核？有 10 个卵母细胞可以形成：多少胚囊？多少卵细胞？多少极核？多少助细胞？多少反足细胞？

参考答案：植物的 10 个花粉母细胞可以形成 40 个花粉粒，80 个精核，40 个管核。

10 个卵母细胞可以形成：10 个胚囊，10 个卵细胞，20 个极核，20 个助细胞，30 个反足细胞。

3. 玉米体细胞里有 10 对染色体，写出下列各组织的细胞中染色体数目。

(1) 叶　(2) 根　(3) 胚乳　(4) 胚囊母细胞　(5) 胚　(6) 卵细胞　(7) 反足细胞　(8) 花药壁　(9) 花粉管核

参考答案：各组织的细胞中染色体数目为

| 组织 | 染色体数目 |
|---|---|
| (1) 叶 | 20 |
| (2) 根 | 20 |
| (3) 胚乳 | 30 |
| (4) 胚囊母细胞（大孢子母细胞） | 20 |
| (5) 胚 | 20 |
| (6) 卵细胞 | 10 |
| (7) 反足细胞 | 10 |
| (8) 花药壁细胞 | 20 |
| (9) 花粉管核 | 10 |

4. 有丝分裂在遗传学上有什么意义？减数分裂在遗传学上有什么意义？

参考答案：在有丝分裂过程中，复制纵裂后的染色体均等而准确地分配到两个子细胞的特点，既维持了个体的正常发育和生长，也保证了物种的连续性和稳定性，以及体细胞在遗传物质上的整体性。减数分裂是配子形成过程中的必要阶段，这一分裂方式在遗传学上具有重要意义。首先减数分裂时核内染色体严格按照一定规律变化，最后分裂成四个子细胞，各具有半数的染色体（$n$），这样经过受精结合，再恢复成全数染色体（$2n$）。这就保证了子代和亲代间染色体数目的恒定，为后代的性状发育和性状遗传提供了物质基础；同时保证了物种的相对稳定性。而且由于同源染色体在中期Ⅰ排列在赤道面上然后分向两极，而各对同源染色体中的两个成员在后期Ⅰ各移向哪一极是随机的，这样不同对的染色体可以自由组合在一起进入同一配子。同时，在前期Ⅰ的粗线期，同源染色体的非姐妹染色单体之间可以发生片段的互换，为生物的变异提供了物质基础，有利于生物的适应与进化，并为人工选择提供了丰富的材料。

5. 玉米第一连锁群上有标记基因 *Br* 和 *F* 的易位纯合体与正常隐性个体杂交，$F_1$ 代杂合体再与正常隐性个体杂交，得到如下结果：

| 表现型种类 | ＋＋ | | ＋ *f* | | *br* ＋ | | *br f* | |
|---|---|---|---|---|---|---|---|---|
| | 半不育 | 可育 | 半不育 | 可育 | 半不育 | 可育 | 半不育 | 可育 |
| 株 数 | 333 | 19 | 1 | 8 | 17 | 6 | 25 | 273 |

（1）试分析易位是否涉及 1 号染色体？

（2）如果涉及 1 号染色体，请确定三点间的关系。

参考答案：在这里由于易位可以导致半不育现象，故此可将其作为一个决定性状的基因座，以 $T$ 表示易位，$t$ 表示正常，将实验结果归纳总结：

| | | | |
|---|---|---|---|
| + | + | $T$ | 333 |
| $br$ | $f$ | $t$ | 273 |
| + | + | $t$ | 19 |
| $br$ | $f$ | $T$ | 25 |
| + | $f$ | $T$ | 1 |
| $br$ | + | $t$ | 6 |
| + | $f$ | $t$ | 8 |
| $br$ | + | $T$ | 17 |
| 合计 | | | 682 |

通过结果分析可以看出易位与 1 号染色体相关。

依据三点测验的原理，将双交换类型（+ $f$ $T$ 和 $br$ + $t$）与亲本型（+ + $T$ 和 $br$ $f$ $t$）进行比较，$F$（$f$）基因位于中间，三基因顺序为 $Br—F—T$。

故此分别计算决定两性状的基因之间的重组值，以判断其间的遗传距离：

$RF_{(Br-f)}=(1+6+8+17)/682\times100\%=4.69\%$

$RF_{(f-t)}=(19+25+1+6)/682\times100\%=7.47\%$

6. 以显性纯合植株 $AA$ 为父本，与 $aa$ 植株杂交，在 12 000 株 $F_1$ 代中有一株表现为隐性。如何解释和验证这一结果？

参考答案：产生这种现象的原因可能有两种：基因突变和由于缺失而引起的假显性现象。

可以采用如下方法进行检验：①采用细胞学方法进行检验。将该隐性植株（$F_1$ 代中隐性个体）进行减数分裂的性母细胞进行细胞学检验，如果有缺失发生多可以通过显微镜发现配对的同源染色体之间有缺失环产生。②通过检验 $F_1$ 代中隐性个体的花粉粒，如果有缺失发生，由于含缺失染色体的花粉粒较为敏感，通常可见败育现象。③通过杂交后代分离比加以分析。如果是基因突变，则该个体与显性纯合体的回交后代经自交后出现 3∶1 的分离比；如果是由于缺失而导致的假显性现象，则含有缺失染色体的配子多有不育现象发生，其后代分离比与经典孟德尔分离比发生偏离。同样以该个体与显性纯合体进行回交，其后代有 1/2 为 $Aa$ 基因型，1/2 为 $AO$ 基因型，回交后代进行自交，会发现有 1/2 回交后代的自交结果出现 3∶1 的分离结果；而另一半自交后代均为显性表现型（假设缺失的纯合体致死），综合结果为出现 7∶1 的分离比。

7. 同源三倍体是高度不育的。已知得到平衡配子（$2n$ 和 $n$）的机会仅为 $\left(\frac{1}{2}\right)^{n-1}$，问这数值是怎么求得的？又如假定只有平衡的配子是有受精功能的，且假定受精过程是随机的，问得到不平衡合子（unbalanced zygote）的机会是多少？

参考答案：对于每一个同源组来说，不论是形成三价体还是形成二价体与一价体，结果都是两条染色体分到一极，一条染色体分到另一极，比例各占 1/2，即 1/2（2）+1/2（1）。只有 $n$ 个同源组的两个染色体或一个染色体都进入同一个子细胞，这样的配子才是平衡可育的。根据概率的乘法原理，形成 $2n$ 配子的概率为 $\left(\frac{1}{2}\right)^{n}$，形成 $n$ 配子的概率也为 $\left(\frac{1}{2}\right)^{n}$，因此得到平衡配子（$2n$ 和 $n$）的机会为 $\left(\frac{1}{2}\right)^{n}+\left(\frac{1}{2}\right)^{n}=\left(\frac{1}{2}\right)^{n-1}$。

得到不平衡合子（$2n \cdot n$ 或 $n \cdot 2n$）的机会为

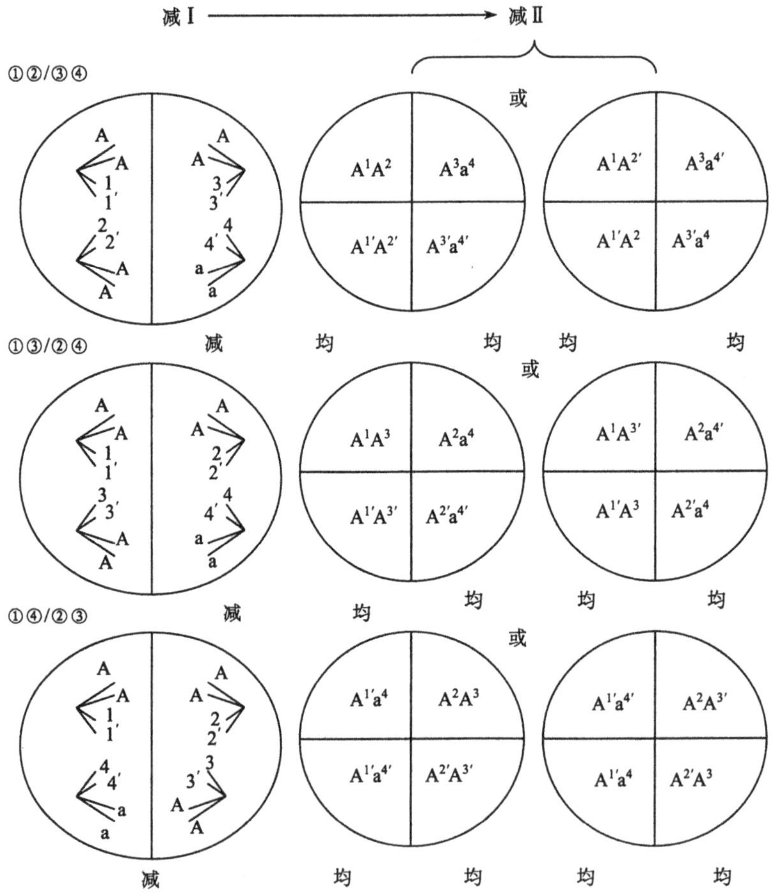

$$\left(\frac{1}{2}\right)^n\times\left(\frac{1}{2}\right)^n+\left(\frac{1}{2}\right)^n\times\left(\frac{1}{2}\right)^n=\left(\frac{1}{2}\right)^{2n-1}$$

8. 有一种四倍体植物，它的两个植株的基因型是（a）*AAAa*；（b）*Aaaa*。假定（1）*A* 基因在着丝粒附近。（2）各个染色体形成的姐妹染色单体各移向一极。问每个植株产生的各种双倍体配子比例如何？

参考答案：基因位点离着丝粒的远近，对同源四倍体的等位基因的分离有很大影响。当基因位点离着丝粒较近，以至基因位点与着丝粒之间不能发生非姐妹染色单体交换时，则该基因位点的等位基因就表现为染色体分离。假定同源四倍体的基因型是 *AAAa*，*A-a* 位点距着丝粒很近，其间不能发生非姐妹染色单体交换。在减数第一分裂时有三种分离方式，不管哪种分离方式都是减数分离，所产生的二分子在减数第二分裂时都是均衡分离。结果 *AAAa* 基因型最后产生的配子种类和比例为 *AA* ∶ *Aa* = 12∶12 = 1∶1，不可能产生 *aa* 基因型的配子（下图）。

同源四倍体 *AAAa* 基因型的染色体分离示意图，同理推导 *Aaaa* 的染色体随机分离产生的配子种类和比例为 *Aa* ∶ *aa* = 1∶1。

## 三、知识要点概念图

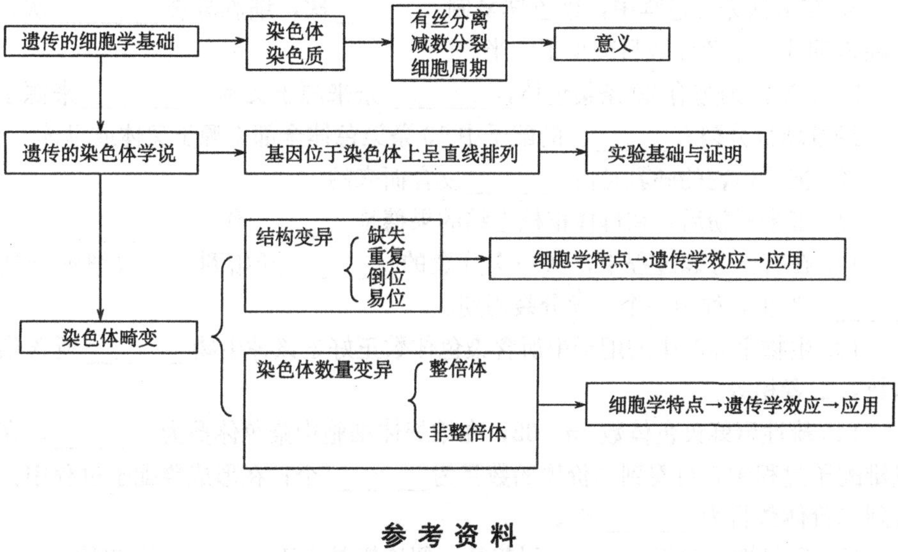


### 参考资料


戴灼华，王雅馥，粟冀玟．2008．遗传学．北京：高等教育出版社

李雅轩，胡英考．2006．遗传学学习指导．北京：科学出版社

刘曙东，王竹林，胡银岗等．2006．遗传学习题解析．西安：西北农林科技大学出版社

乔治·雷代伊．2004．英汉遗传学词典．上海：上海科学技术出版社

谢小冬．2005．医学遗传学习题集．北京：军事医学科学出版社

张飞雄．2004．普通遗传学．北京：科学出版社

Klug W S, Cummings M R. Essentials of Genetics. Beijing: Higher Education Press

## 【试题精选】

### 一、填空题

1. 粗线期与偶线期的不同之处主要在于________，与双线期的不同之处主要在于________，________。

2. 间期细胞核中的染色质，可以根据其所含核蛋白分子螺旋化程度以及功能状态的不同，分为________和________。

3. 玉米细胞中有 20 条染色体，根据染色体的________、________、________等特征可以把它们相互区分开来。

4. 减数分裂前期Ⅰ里，偶线期与细线期的不同之处主要在于________，________，与粗线期的不同之处主要在于________。

5. ________和________是同一物质在细胞周期的不同时期中所表现的两种不同存在形式。

6. 一个初级卵母细胞经减数分裂后形成________个卵细胞。

7. 在减数分裂过程中，随着同源染色体的彼此分开，等位基因就发生了________。

8. 在减数分裂过程中，染色体复制________次，细胞分裂________次，所以在末期Ⅱ，染色体数目减少了一半。

9. 玉米体细胞有 20 条染色体，________条来源于父本，________来源于母体，经过减数分裂有________的配子中 10 条染色体全部来源于父体或母体。

10. 被子植物的胚乳是由________发育而来的。

11. 玉米授粉后，在母体植株上结的果穗是________代。

12. 在有丝分裂过程中，从一次分裂的________开始到下一次细胞分裂的________为止，称为一个有丝分裂周期。

13. 生物个体产生的配子中所含染色体数正好是该种生物________所含染色体数，二者相等。

14. 雌性蜜蜂染色体数 $2n=32$，在雄蜂体细胞中染色体数为________，在形成雄配子过程中，可看到二价体的数目为________个；在形成雌配子过程中，可看到二价体数目为________个。

15. 假显性是由于________引起的，假连锁是由于________引起的。

16. 重复的遗传学效应主要有两个，即________，________。

17. 如果一对同源染色体中的一条发生了中间缺失，这个个体被称为________。

18. 如果带有显性基因的一段染色体缺失了，同源染色体上的隐性基因得到表现，这被称为________。

19. 重复是发生在同源染色体之间的，可能在一条染色体上发生重复的同时，另一条染色体上发生________。

20. 易位和交换都是________，不同的是交换属于正常现象，发生在________之间，而易位属于异常的染色体畸变，发生在________ 之间。

21. 果蝇棒眼基因 $B$ 是显性的，它的主要效应是使果蝇的小眼数目减少，当基因型为 $B/B$ 时，小眼数为 840 个；基因型为 $BB/BB$ 时，小眼数为 68 个，基因型为 $BBB/B$ 时，小眼数为 45 个，该统计结果说明重复会产生________和________等遗传效应。

22. 许多动物的倒位纯合体有________作用；而倒位杂合体有________趋势，表现为________。

23. 染色体结构变异的遗传学效应为：________，________，________。

24. 缺失的细胞学鉴定方法是：可以在减数分裂的________期进行，根据在此期是否出现________，________来确定是否存在缺失。

25. 臂内倒位的倒位圈内，非姐妹染色单体之间发生一次交换，其结果是到减数分裂的后期分离出四种形式的染色体，即________、________、________、________。

26. 易位杂合体在减数分裂后期Ⅰ时，出现了O形大环，它将产生配子的类型是________，它们的育性表现是________。

27. 可产生位置效应的染色体结构变异类型是________ 。

28. 植物单倍体植株和二倍体植株相比，单倍体所具有的主要特点是________。

29. 有人提出小麦的 1A、1B 、1D 染色体之间有同源关系，这可以通过观察________来验证。

30. 在诱导多倍体时，最常用的染色体加倍剂有________和________，它们能促使染色体加倍的原因是________。

31. 同源多倍体、异源多倍体和同源异源多倍体的染色体组成分别可用字母组合________、________和________ 来表示。

32. 同源四倍体与二倍体相比较，特点有：一般表现形态的________，生长发育________，开花成熟________，适应性________，在育性上，一般表现不同程度的________。

## 二、选择题

1. 某植物体细胞内只有一套染色体，所以它是（　　）。

A. 缺体　　B. 单价体　　C. 单体　　D. 一倍体

2. 一种植物的染色体数目 $2n=10$。在减数第一次分裂中期，每个细胞含有的染色单体数是（　　）。

A. 10　　B. 5　　C. 20　　D. 40

3. 10 个小孢子母细胞经过减数分裂可产生（　　）个雄配子体。

A. 10　　B. 20　　C. 40　　D. 80

4. 普通小麦有 42 条染色体，其种子胚乳细胞有（　　）染色体。

A. 21　　B. 42　　C. 63　　D. 84

5. 减数分裂中非姐妹染色单体的交换和细胞学上观察到的交叉现象间的关系为（　　）。

A. 两者互为因果　　B. 交换是原因，交叉是结果

C. 交换是结果，交叉是原因　　D. 两者无因果关系

6. 在减数分裂中，联会发生在前期Ⅰ的（　　）期。

A. 细线期　　B. 偶线期

C. 粗线期　　D. 双线期　　E. 终变期

7. 玉米的小孢子母细胞为（　　）。

A. $2n$　　B. $n$　　C. $3n$　　D. $4n$

8. 同源染色体在减数分裂时分向两极，$n$ 对染色体的组合方式有（　　）。

A. $2^n$　　B. $n^2$　　C. $3^n$　　D. $n^3$

9. 缺失可造成（　　）。

A. 基因的剂量效应　　B. 回复突变

C. 半不育现象　　D. 假显性现象

10. 关于缺失，错误的一句是（　　）。

A. 缺失染色体往往是通过雄配子遗传给后代的

B. 缺失有顶端缺失和中间缺失两类

C. 顶端缺失造成的黏性末端，往往与其他染色体连接，形成具有双着丝点的染色体

D. 缺失部分太大，或缺失了很重要的基因，个体不能成活

11. 关于重复，错误的一句是（　　）。

A. 重复是指染色体多了自己的某一区段

B. 可能在一条染色体上发生重复的同时，另一条染色体发生缺失

C. 重复会造成假显性

D. 重复往往具有位置效应和剂量效应

12. 关于倒位，错误的一句是（　　）。

A. 倒位可以分为臂内倒位和臂间倒位

B. 倒位杂合体联会时，会形成倒位圈

C. 倒位是物种进化的一个因素

D. 倒位的遗传效应是重组值大大提高

13. 易位与交换的不同在于（　　）。

A. 易位发生在同源染色体之间

B. 易位发生在非同源染色体之间

C. 易位的染色体片段转移可以是相互的

D. 易位的染色体片段转移是单方面的

14. 相互易位杂合体自交，子代中将有哪一种比例的易位纯合体（　　）。

A. 0　　B. 15%　　C. 25%　　D. 50%

15. 体细胞内染色体数目为 $2n-1$ 的，称为（　）。

A. 双单体　　B. 单倍体　　C. 缺体　　D. 单体

16. 无籽西瓜属于（　　）。

A. 单倍体　　B. 二倍体　　C. 三倍体　　D. 同源四倍体

17. 人类中的先天愚型，体细胞中比正常人（　　）。

A. 多一条 21 号染色体　　B. 少一条 21 号染色体

C. 少一条 18 号染色体　　D. 多一条 18 号染色体

18. 人类中猫叫综合征的细胞学基础是（　）。

A. 5 染色体短臂缺失　　B. 5 染色体短臂重复

C. 13 号染色体短臂缺失　　D. 13 号染色体短臂重复

19. 染色体病的普遍特点是（　　）。

A. 生长发育迟缓，智力低下，特异性异常体征

B. 生长发育迟缓，先天性心脏病，特异性异常体征

C. 先天性心脏病，智力低下，特异性异常体征

D. 肾脏畸形，先天性心脏病，特异性异常体征

20. 一对表型正常的夫妇，生了一个 45，X 的女儿且患红绿色盲，这是由于（　　）。

A. 染色体发生了丢失

B. 体细胞分裂中染色体发生了不分离现象

C. 受精卵卵裂中染色体发生了不分离现象

D. 精子发生中 X 染色体发生了不分离现象

**三、遗传分析与计算题**

1. 现有一未知生物的分裂中期染色体标本，染色体数为 12 条，其中两条染色体明显比其他的小，而且这两条染色体的长度和着丝粒的位置相同。关于这两条染色体，你能推断出什么信息？

2. 与遗传相关的主要染色体行为主要发生在减数分裂的哪一个时期？

3. 为什么高龄孕产妇自发流产率增高，且畸变率高？

4. 假定果蝇中有按下列顺序连锁的 6 个基因：“*a-b-c-d-e-f*”。将果蝇 *abcdef*/*abcdef* 与野生型果蝇杂交。大约一半的后代表现出完全的野生型表型，

但一半后代呈现出 *de* 的隐性表型。请解释该实验结果。

5. 请分析与解释孢母细胞减数分裂时出现“后期桥”现象的原因。

6. 有一玉米植株，它的一条第 9 染色体有缺失，另一条第 9 染色体正常，该植株第 9 染色体上决定糊粉层颜色的基因是杂合的，缺失的染色体带有产生色素的显性基因 *C*，而正常的染色体带有无色隐性等位基因 *c*，已知含有缺失染色体的花粉不能成活，如果以这样一个杂合体玉米植株为父本，在杂交后代中，有 10%的有色籽粒出现。你如何进行解释？

7. 什么叫平衡致死品系？在遗传学研究中，它有什么用处？

8. 在玉米中，蜡质基因和淡绿色基因在正常情况下总是连锁的，然而发现在某一品种中，这两个基因是独立分配的。你认为可以用哪一种染色体畸变来解释这一结果？哪一种染色体畸变将产生相反的效应，即干扰基因间预期的独立分配？

9. 玉米皱缩胚乳由隐性基因 *sh* 控制，糯质胚乳由另一个隐性基因 *wx* 控制。这两个基因座在 9 号染色体上连锁。一株由饱满淀粉质种子发育而成的，含有 8、9 号染色体易位杂合子的植物由一株皱缩糯质种子发育而成的、具有正常染色体的植物授粉，它们的子代中有：

| 表现型 | | | 数量（株） |
|---|---|---|---|
| 皱缩 | 淀粉质胚乳 | 正常穗 | 171 |
| 饱满 | 糯质胚乳 | 半不育穗 | 205 |
| 饱满 | 淀粉质胚乳 | 正常穗 | 82 |
| 皱缩 | 糯质胚乳 | 半不育穗 | 49 |
| 皱缩 | 淀粉质胚乳 | 半不育穗 | 17 |
| 饱满 | 糯质胚乳 | 正常穗 | 40 |
| 饱满 | 淀粉质胚乳 | 半不育穗 | 6 |
| 皱缩 | 糯质胚乳 | 正常穗 | 3 |

试问：(a) 每一个基因座与易位点之间的距离有多远？(b) 画出并标记饱满淀粉质亲本的配对图。

10. 以图说明无籽西瓜的制种过程，并计算其得到平衡配子的概率为多少。

11. 异源八倍体小黑麦是如何育成的？

12. 白肋型烟草的茎叶都是乳黄绿色，基因型是 $yb_1yb_1yb_2yb_2$ 隐性纯合体。某植株的基因型内只要有 $yb_1$ 的显性等位基因 $Yb_1$ 或 $yb_2$ 的显性等位基因 $Yb_2$ 中之一个即为正常绿色。曾使白肋型烟草与 9 个不同染色体（从 M 到 U）的单体杂交，得 9 个杂交组合的 $F_1$ 代，再使白肋型烟草分别回交 9 个 $F_1$ 代群体内单体植株，得下表所列的回交子一代。试问 $Yb_1$-$yb_1$ 或 $Yb_2$-$yb_2$ 在哪条染色体上？为什么？

| $F_1$ 单体的单体染色体 | 回交子一代的表现种类和株数 | |
|---|---|---|
| | 绿株 | 白肋株 |
| M | 36 | 9 |
| N | 28 | 8 |
| O | 19 | 17 |
| P | 33 | 9 |
| Q | 32 | 12 |
| R | 27 | 12 |
| S | 27 | 4 |
| T | 28 | 8 |
| U | 37 | 8 |

13. *Rubus idaeus* 有 14 条染色体，*Rubus caesius* 是四倍体，且有 28 条染色体。两个种杂交产生的 $F_1$ 代个体不育。$F_1$ 代的一些未减数的配子在回交中具有功能。试确定下列各项的染色体数目和倍性水平。

(a) $F_1$ 代；(b) $F_1$ 代与 *Rubus ideaus* 回交；(c) $F_1$ 代与 *R. caesius* 回交；(d) $F_1$ 代染色体加倍。

14. 三体的 $n+1$ 胚囊的生活力一般都远比 $n+1$ 花粉强。假设某三体植株自交时有 50%的 $n+1$ 胚囊参与了受精，而参与受精的 $n+1$ 型花粉占花粉总数的 10%，试分析该三体植株的自交子代群体里，四体所占的百分数、三体所占的百分数和正常 $2n$ 个体所占的百分数。

15. 玉米的淀粉质胚乳基因（*Su*）对甜质胚乳基因（*su*）为显性。某玉米植株是甜质纯合体（*susu*），同时是第 10 染色体的三体（$2n+\text{I}_{10}$）。使该三体植株与粉质纯合的正常玉米（$2n$）杂交，再使 $F_1$ 群体内的三体植株自交，在 $F_2$ 群体内有 1758 粒是淀粉质的，586 粒是甜质的，问 *Su-su* 这对基因是否在第 10 染色体上？

16. 表现为显性红花的四体烟草与隐性白花双体杂交，在下列情况下红花亲本的基因型及基因分离方式如何？（1）$F_1$ 代表现为 5∶1 的显隐性分离比；（2）出现 1∶1 的显隐性分离比；（3）27∶1 的显隐性分离比。

17. 在具有 XX 和 XO 细胞系的嵌合体中，表型可介于具有完全特纳综合征和具有完全正常外表的女性之间。同样的，在 XO/XY 嵌合体中，表型可以介于具有完全特纳综合征和具有完全正常外表的男性（但不育）之间。这些区别如何解释？

18. 普通烟草曾经出现一种黄绿型的突变，该性状是由隐性基因 *a* 决定的。用单体测交法进行检验，确定 *A-a* 在哪一条染色体上。

19. 如何利用三体类型进行基因定位。

20. 以一个显性纯合抗病玉米品系（*SS*）作为父本，分别与 8 个已知的不同染色体的三体类型进行杂交，得到 8 个 $F_1$代个体。在 $F_1$代中选出三体植株作为父本分别与感病双体植株（*ss*）进行杂交，测交后代的分离如下：

| 三体染色体 | 2 | 3 | 5 | 6 | 7 | 8 | 9 | 10 |
|---|---|---|---|---|---|---|---|---|
| 抗病 | 239 | 246 | 279 | 375 | 191 | 190 | 279 | 418 |
| 感病 | 217 | 271 | 286 | 317 | 183 | 225 | 284 | 763 |

试说明抗病基因位于哪条染色体上?

21. 显性杂种 $F_1$代植株与隐性二倍体（*aa*）进行测交，其后代显性与隐性的分离比表现为 5∶1，由此可以推断该杂种是同源四倍体吗？为什么？

22. 请设计一个实验方案，将小麦的 6*D* 染色体换成黑麦的 6*R* 染色体。

23. Five recessive lethal mutations in *Drosophila* are all shown to map onto chromosome 2. Flies bearing each of the lethal mutations are then paired with flies from a stock having six recessive mutations (*h*, *i*, *j*, *k*, *l*, and *m*) that are distributed along chromosome 2 in that order. The appearance of the resulting flies is listed in the following diagram, where M stands for mutant for any particular phenotype and W stands for wild type.

| Lethal | Chromosome 2 marker | | | | | |
|---|---|---|---|---|---|---|
| mutation | *h* | *i* | *j* | *k* | *l* | *m* |
| 1 | M | M | W | W | W | W |
| 2 | W | W | W | M | M | W |
| 3 | W | W | W | W | W | M |
| 4 | W | W | W | M | M | M |
| 5 | W | W | W | W | W | W |

a. What is the probable basis of lethal mutations 1 through 4?

b. What can you say about lethal mutation 5?

24. A fruit fly was found to be heterozygous for a paracentric inversion. However, it was impossible to obtain flies that were homozygous for the inversion even after extensive crosses. What is the most likely explanation of this result?

25. The most likely explanation is that one or both break points were located within essential genes. An aberrant corn plant gives the following RF values when test crossed:

| | INTERVAL | | | | |
|---|---|---|---|---|---|
| | *d*—*f* | *f*—*b* | *b*—*x* | *x*—*v* | *v*—*p* |
| Control | 5 | 18 | 23 | 12 | 6 |
| Aberrant plant | 5 | 2 | 2 | 0 | 6 |

(The locus order is centromere-*d-f-b-x-y-p*.) The aberrant plant is a healthy plant, but it produces far fewer normal ovules and pollen than the control plant. a. Propose a hypothesis to account for the abnormal recombination values and the reduced fertility in the aberrant plant. b. Use diagrams to explain the origin of the recombinants according to your hypothesis.

26. Two pure lines of corn show different recombinant frequencies in the region from *P*1 to *sm* on chromosome 6. The normal strain (A) shows an RF of 26 percent, and the abnormal strain (B) shows an RF of 8 percent. The two lines are crossed, producing hybrids with reduced fertility. a. Decide between an inversion and a deletion as the possible cause of the low RF in the abnormal strain. Give your reason. b. Sketch the approximate relation of the chromosome aberration to the genetic markers. c. Why do the hybrids show reduced fertility?

## 【参考答案】

**一、填空题**

1. 有同源染色体的交换，染色体较细长，无交叉端化现象
2. 常染色质，异染色质
3. 长度、着丝粒的位置、尤其是染色粒的数量与位置
4. 染色体螺旋化程度增大，并有同源染色体的配对，无同源染色体之间的交换
5. 染色质，染色体
6. 一
7. 分离
8. 一次，两次
9. 10，10，$2^{-10}$
10. 受精极核
11. $F_1$
12. 结束，结束
13. 单倍体
14. 16，0，16
15. 相应的显性基因缺失，易位
16. 位置效应，剂量效应
17. 缺失杂合体

18. 假显性

19. 缺失

20. 染色体片段的转移，同源染色体，非同源染色体

21. 位置效应，剂量效应

22. 致死，降低育性，部分不育

23. 打破原有连锁群，育性降低，有位置及剂量效应

24. 前Ⅰ的偶线，缺失环，无配对节段染色体

25. 正常染色体，倒位染色体，双着丝粒染色体，染色体片段

26. 不平衡配子，不育

27. 倒位，重复，易位

28. 植株矮小，生活力差，高度不育

29. 小麦单倍体减数分裂时染色体配对情况

30. 秋水仙素，和，8-羟基喹啉，抑制细胞分裂时纺锤体的形成

31. AAAA，AABB，AABBBB

32. 巨大性，缓慢，较迟，较强，不育

## 二、选择题

1～5：DCCCB　6～10：BAADA　11～15：CDBCD　16～20：CAAAA

## 三、遗传分析与计算题

1. 由于在细胞分裂的中期，$2n=12$ 条染色体，其中有两条明显小于其他染色体的染色体，且这两条染色体的长度和着丝粒的位置相同，说明这两条染色体为一对同源染色体，它们分别来自于父本和母本的性细胞中。

2. 在后期Ⅰ同源染色体彼此分离，导致等位基因的分离，即分离现象的发生；

在后期Ⅰ同时发生了非同源染色体的自由组合，因此发生了非等位基因的自由组合；

在前期Ⅰ的偶线期同源染色体配对，粗线期在同源非姐妹染色体之间发生交换，导致重组发生，没有发生交换的同一连锁群上的基因表现为连锁。

染色体的分离、自由组合和连锁与互换都是在一次减数分裂过程中同时或相继发生的染色体行为。

3. 人类卵细胞的形成过程所需时间较长，在人卵的发生过程中，卵原细胞的增殖是在胚胎发育早期的卵巢中进行的。卵原细胞总的数目有 400 万～500 万个。在胚胎发育到六个月左右，卵原细胞就生长形成初级卵母细胞。卵母细胞的减数分裂过程是不连续的，是间断发生的。卵母细胞到卵细胞的形成过程长达十余年到数十年之久。大部分的初级卵母细胞在出生后逐渐退化，消失。只有大约 400 个初级卵母细胞得到继续发育的机会，但是都停止在减数分裂前期Ⅰ的双线期，一直保持到性成熟发生排卵之前。性成熟之后，每月有一个卵泡发育成熟，排卵。如果在输卵管中与精子相遇，完成受精作用，则次级卵母细胞在精子的激发下，又恢复了减数分裂过程，从减数分裂中期Ⅱ开始进入并且完成后期Ⅱ和末期Ⅱ，形成一个成熟的卵细胞并且释放第二极体。迅速完成减数第二次分裂，形成卵子，进而完成核融合，即形成受精卵。如果未受精，次级卵母细胞则不再继续分裂而蜕变消失在输卵管中。

因此高龄孕产妇经过长时间的生活过程，所受内外环境因素的影响极易产生含有畸变染色体或突变基因的配子，所以胎儿畸变率高，使自发流产率增高。

4. 在后代中出现 *de* 隐性个体类型，且出现一半的比例，则可以用下列遗传图谱表示：

$$P: abcdef/abcdef \quad \times \quad ABCDEF/ABC\_F$$

$$\downarrow$$

$$ABCDEF/abcdef \qquad ABC\_F/abcdef$$

在实验中一半后代呈现出 *de* 的隐性表型，是一种假显性现象。因为野生型亲本中一条染色体上 DE 区段丢失，所以造成这种现象出现。

5. 孢母细胞减数分裂时出现“后期桥”现象的原因主要有以下三种：

a. 染色体顶端缺失，两姐妹染色单体或两条具有黏性末端的染色体融合，后期形成“桥”；b. 染色体发生臂内倒位，且倒位区段内发生交换，导致双着丝粒染色体发生，而在后期时出现染色体桥；c. 染色体重复，重复区段内包含着丝粒，形成双着丝粒染色体。

6. 以缺失杂合体为父本，含缺失染色体的花粉粒是不能成活的。只有通过双交换或单交换可产生含有 *C* 基因的完整染色体的花粉粒。20%的细胞发生这种交换类型，则可产生 10%的含 *C* 的完整染色体。交换的方式有两种，如图所示：

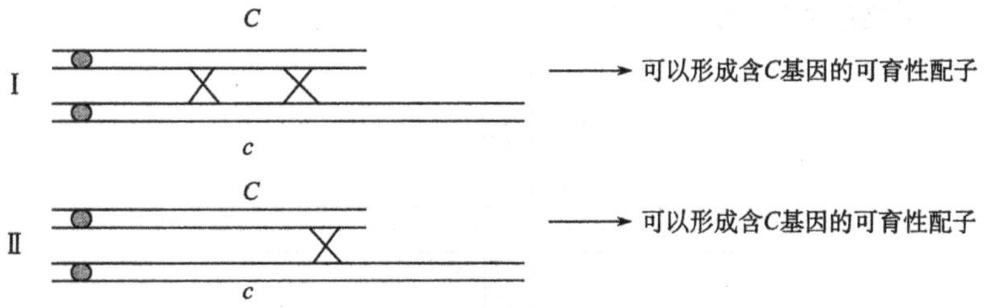


7. 永远以杂种状态保留基因，不发生分离的品系，叫平衡致死品系或叫永久杂种（其并不是真正不发生分离，不过分离出的纯合个体全部致死而已）。其原理如图所示：

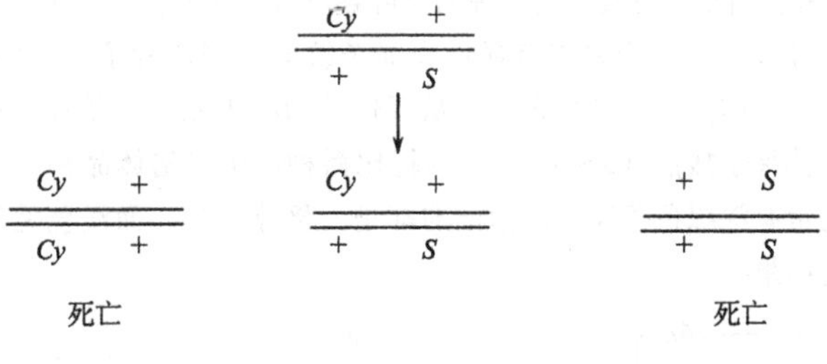


利用平衡致死品系时，两隐性致死基因之间不可发生交换，以相斥相存在。

利用平衡致死品系可以避免致死基因的丢失，以达到将致死基因进行定位，并加以保留，研究其致死作用的生理机制等目的。同时利用平衡致死品系还可以测定某一个体是否发生突变，如果发生突变，其突变类型是哪一种。

8. 易位可以使原来连锁的两个基因发生独立分配遗传现象。发生相互易位的两对同源染色体在减数分裂时形成十字型配对，只有当发生交互方式分离时，可能行成可育性配子，而相邻式分离所形成的配子是不育的，易位染色体与非易位染色体进入不同的配子中，使原来位于非同源染色体上的基因间的独立分配受到严重抑制，出现假连锁现象。

因此，相互易位的产生可以导致连锁群的改变，原来连锁的变为独立分配的，而非连锁的基因可出现假连锁现象。

9. 因为易位杂合体可以产生半不育现象，故可以将易位点看为一个基因座，通常以 $T$ 表示：而 $t$ 则表现为正常。题中数据结果可表示为三基因座的连锁分析，将亲本型与双交换型进行比较，可得出糯质基因位于三基因座的中间位置，故三基因顺序为　$Sh$—$Wx$—$T$

亲代基因型组成为

$$\frac{+\ Wx\quad T}{Sh\ +\quad t} \quad 和 \quad \frac{sh\quad wx\quad t}{sh\quad wx\quad t}$$

$$RF\ (sh-wx)=(82+49+6+3)/573\times100\%$$
$$=24.43\% \qquad (24.43cM)$$
$$RF(wx-t)=(17+40+6+3)/573\times100\%$$
$$=11.52\% \qquad (11.52cM)$$
$$RF(sh-T)=(82+49+6+3+17+40+6+3)/573\times100\%$$
$$=35.95\% \qquad (35.95cM)$$

（b）饱满淀粉质亲本为相互易位杂合体，故其在减数分裂过程中由于同源区段的联会配对而使 8、9 号染色体表现为“十”字形。

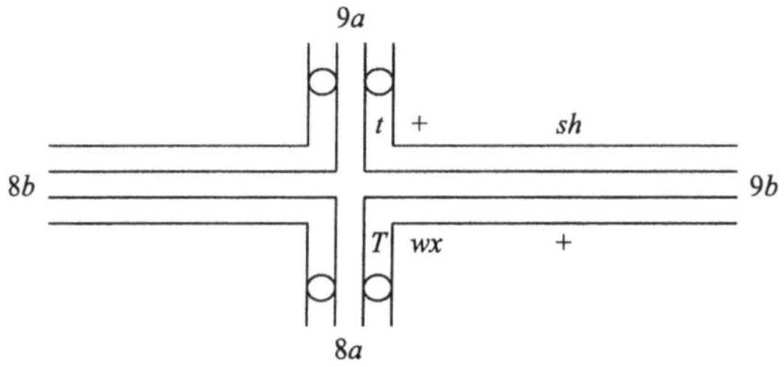


10. 在无籽西瓜的培育过程中，首先以果皮为浅绿色的二倍体西瓜（$2n=2x=22=11$Ⅱ）良种，用0.2%的秋水仙素水溶液点滴处理其子叶期幼叶的生长点，诱变出四倍体植株，将四倍体种子与带有显性标记基因而果皮有显性深绿条纹的二倍体种子间行播种，调节好花期，以四倍体为母本，二倍体为父本进行杂交，从四倍体植株上获得三倍体的种子。第二年，将三倍体种子与二倍体种子按照（3～4）：1 的行比播种，用二倍体品种作为授粉株，诱发单性结瓜，其中凡是带有深绿色条纹显性标记的都是三倍体西瓜，而浅色无条纹的西瓜为四倍体之间自由授粉的结果。

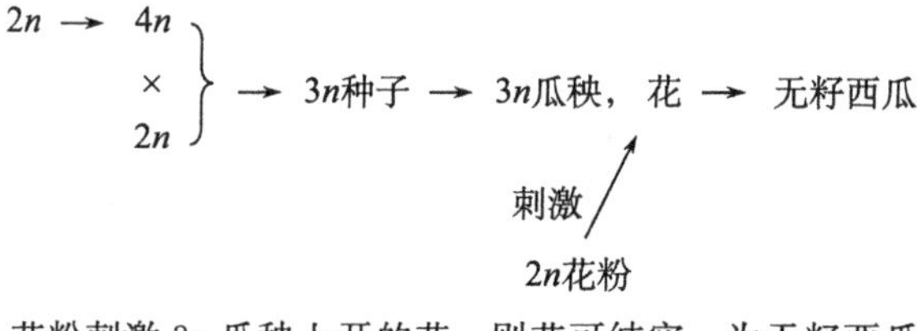


开花后，用 $2n$ 花粉刺激 $3n$ 瓜秧上开的花，则花可结实，为无籽西瓜。但形成的无籽西瓜并非绝对无籽，形成 $n$ 和 $2n$ 型配子的概率为 $(1/2)^{n-1}$。

在无籽西瓜的制备过程中应注意以下问题：①因为大面种植，$4n$ 与 $2n$ 植株隔行种植，所以需标记性状以区分后代类型。选取显性标记，以区分三倍体西瓜和四倍体西瓜，因为这两种西瓜均长在四倍体瓜秧上；②以四倍体为母本，二倍体为父本进行杂交获取三倍体种子。实践证明：当进行反交时，三倍体果实中会出现硬壳（尽管没有种子形成）；③三倍体植株的第一朵雌花的胚珠可能形成硬壳，所以最好摘去。

11. 鲍文奎带领他的小组从1951年开始以稻麦为材料，以小黑麦为重点，全面铺开了多倍体的育种工作。同年11月初，他们把母本小麦、父本黑麦播种，次年春把扬花小麦的雄蕊去掉，用采来的黑麦花粉，一株株施给小麦，经过精心培育，结出了小黑麦果实。但是，由于普通小麦的雌配子有3个染色体组，含有21个染色体，黑麦雄配子有1个染色体组7个染色体，杂交后代包括4个染色体组28个染色体，因此杂种后代植株因减数分裂时染色体不能配对，是完全不育的，还不能称为种子。鲍文奎教授把小黑麦果实盆栽起来，到幼苗分蘖时用0.04%～0.05%秋水仙素溶液处理，连续浸渍4天，使染色体加倍，终于在1953年获得了第一代有繁殖能力的小黑麦品系，还得到几个类型的新杂种。但培育的新品系种子不饱满，结实率低，还需要做大量杂交组合，用X射线或紫外线等做诱变处理。1958年，他获得小黑麦原种117个。经过反复实践他总结出“桥梁品种”的方法，获得了大量具有各种优良性状的八倍体小黑麦原种，编号排到4700多。1972种子在威宁高寒、贫瘠山区试种成功，并获得了丰收。八倍体小黑麦是属于异源多倍体，其培育过程包括了异种杂交和染色体加倍两个基本过程和后期的品系选择阶段。如图所示：

*AABBDD*（普通小麦）× *RR*（黑麦）

↓

*ABDR*

↓染色体加倍

*AABBDDRR* 异源八倍小黑麦

↓品系间杂交选育

八倍体小黑麦的新品种

12. 在O染色体上。

当单体染色体上存在 *Yb*1-*yb*1 或 *Yb*2-*yb*2 时，回交后代群体表现为1正常绿色∶1乳黄绿色；单体上不存在 *Yb*1-*yb*1 或 *Yb*2-*yb*2 时，回交后代群体表现为3正常绿色∶1乳黄绿色。

(1) 与O染色体单体的杂交和回交。假定 *Yb*1-*yb*1 或 *Yb*2-*yb*2 基因位于O染色体上，已知烟草 $2n=48$，则：

$$23\,\text{II}^{Yb2Yb2}+\text{I}_{O}^{Yb1} \quad\times\quad 23\,\text{II}^{yb2yb2}+\text{II}_{O}^{yb1yb1}$$

↓

$$23\,\text{II}^{Yb2yb2}+\text{II}_{O}^{Yb1yb1} \qquad 23\,\text{II}^{Yb2yb2}+\text{I}_{O}^{yb1}$$

单体类型回交： $23\,\text{II}^{Yb2yb2}+\text{I}_{O}^{yb1} \quad\times\quad 23\,\text{II}^{yb2yb2}+\text{II}_{O}^{Yb1Yb1}$

↓

| 配子 | $23\,\text{I}^{yb2}+\text{I}_{O}^{yb1}$ | 表现型 |
| --- | --- | --- |
| $23\,\text{I}^{Yb2}$ | $23\,\text{II}^{Yb2yb2}+\text{I}_{O}^{yb1}$ | 正常绿色 |
| $23\,\text{I}^{yb2}$ | $23\,\text{II}^{yb2yb2}+\text{I}_{O}^{yb1}$ | 乳黄绿色 |
| $23\,\text{I}^{Yb2}+\text{I}_{O}^{yb1}$ | $23\,\text{II}^{Yb2yb2}+\text{II}_{O}^{yb1yb1}$ | 正常绿色 |
| $23\,\text{I}^{yb2}+\text{I}_{O}^{yb1}$ | $23\,\text{II}^{yb2yb2}+\text{II}_{O}^{yb1yb1}$ | 乳黄绿色 |

（2）与其他染色体单体类型的杂交和回交（如 M 单体）

$$23\,\text{II}\,Yb1Yb1\ Yb2Yb2+\text{I}\,M \quad \times \quad 23\,\text{II}\,yb1yb1\ yb2yb2+\text{II}\,M$$

↓

$$23\,\text{II}\,Yb1yb1\ Yb2yb2+\text{II}\,M \qquad 23\,\text{II}\,Yb1yb1\ Yb2yb2+\text{I}\,M$$

单体进行回交：$23\,\text{II}\,Yb1yb1\ Yb2yb2+\text{I}\,M \quad \times \quad 23\,\text{II}\,yb1yb1\ yb2yb2+\text{II}\,M$

↓

| 配子 | 23 I *yb1yb2*＋ I *M* | 表现型 |
|---|---|---|
| 23 I *Yb1Yb2* | 23 II *Yb1yb1Yb2yb2*＋ I *M* | 正常绿色 |
| 23 I *Yb1yb2* | 23 II *Yb1yb1yb2yb2*＋ I *M* | 正常绿色 |
| 23 I *yb1Yb2* | 23 II *yb1yb1Yb2yb2*＋ I *M* | 正常绿色 |
| 23 I *yb1yb2* | 23 II *yb1yb1yb2yb2*＋ I *M* | 乳黄绿色 |
| 23 I *Yb1Yb2*＋ I *M* | 23 II *Yb1yb1Yb2yb2*＋ II *M* | 正常绿色 |
| 23 I *Yb1yb2*＋ I *M* | 23 II *Yb1yb1yb2yb2*＋ II *M* | 正常绿色 |
| 23 I *yb1Yb2*＋ I *M* | 23 II *yb1yb1Yb2yb2*＋ II *M* | 正常绿色 |
| 23 I *yb1yb2*＋ I *M* | 23 II *yb1yb1yb2yb2*＋ II *M* | 乳黄绿色 |

13. 因为 *R. idaeus* 有染色体 14，*R. caesius*　$2n=4x=28$

*R. idaeus*　$2n=2x=14$

（a）$F_1$代　$2n=4x=28$　×　$2n=2x=14$

↓

$3n=3x=21$

$F_1$代为异源三倍体，含 3 个染色体基组。

（b）　$3x$（未减数配子）　×　$2x$

↓

$4x$

$F_1$的未减数配子与 *R. idaeus* 正常配子结合后产生的回交后代为 4 倍体，即含 4 个染色体基组。

（c）$F_1$与 *R. caesius* 回交，同样也是 $F_1$代未减数的有功能的配子（$3x$）与 *R. caesius* 所产生的正常配子（$n=2x=14$）结合，所形成的回交后代为 5 倍体，即含 5 个染色体基组。

（d）$F_1$代染色体加倍后形成 6 倍体，即含 6 个染色体基组。

14. 三体在形成配子过程中可以产生 50％的 $n$ 型配子，也可以产生 50％的 $n+1$ 型配子，因为在 $n+1$ 型胚囊中有 50％的参与受精过程，所以总体上 $n$ 型胚囊占 2/3，$n+1$ 型胚囊占 1/3；在父本中，参与受精的 $n+1$ 花粉占花粉总数的 10％，所以 $n$ 型花粉占 90％。雌雄配子随机结合，可以产生的后代有 $2n$、$2n+1$ 和 $2n+2$ 三种类型，其比例如下：

| 花粉 \ 胚囊 | $n$ ( 2/3 ) | $n+1$ ( 1/3 ) |
|---|---|---|
| $n$ (90%) | $2n$ (18/30) | $2n+1$ (9/30) |
| $n+1$ (10%) | $2n+1$ (2/30) | $2n+2$ (1/30) |

15. a. 如果 *Su-su* 基因不位于 10 号染色体上，则对于该位点而言是二倍性的，杂合体的自交后代出现 3∶1 的分离比；

b. 如果 *Su-su* 基因位于 10 号染色体上，则对于该位点而言是三倍性的，则三体植株（*sususu*）与粉质正常的玉米（*SuSu*）杂交，其结果如下：（在这里要注意玉米的三体主要是通过卵子传递给后代的，很少通过花粉粒传递给后代）

P：　*sususu*　×　*SuSu*

↓

$F_1$：　*Sususu*　*Susu*

即三体为单显体。三体自交，其后代为

*Sususu*

↓

| 花粉 \ 卵细胞 | 2 *Susu* | 1 *susu* | 2 *su* | 1 *Su* |
|---|---|---|---|---|
| 1*Su* | 2 *SuSusu* | 1 *Sususu* | 2 *Susu* | 1 *SuSu* |
| 2*su* | 4 *Sususu* | 2 *sususu* | 4 *susu* | 2 *Susu* |

所以，自交后代中 *Su*_ ∶ *su* 表现比为：2∶1

c. 以$\chi^2$检验上述试验结果符合 3∶1 分离比，所以该基因不位于 10 号染色体上。

16. (1) $F_1$代表现为 5∶1 的显隐性分离比。当四体为双显体（*AAaa*）时，染色体随机分离可以产生的配子类型及比例为 1*AA*∶4*Aa*∶1*aa*，所以经过测交后出现 5∶1 的显隐性分离比。

(2) 出现 1∶1 的显隐性分离比。当四体为单显体（*Aaaa*）时，染色体随机分离可以产生的配子类型及比例为 1*Aa*∶1*aa*，所以经过测交后出现 1∶1 的显隐性分离比。

(3) 27∶1 的显隐性分离比。当四体为三显体（*AAAa*）时，染色单体随机分离可以产生的配子类型及比例为 15*AA*∶12*Aa*∶1*aa*，所以经过测交后出现 27∶1 的显隐性分离比。

17. XX 和 XO 细胞系的嵌合体是由于胚胎发育过程中 XX 型细胞有丝分裂异常，导致一条 X 染色体丢失而形成 XO 型细胞；而 XO/XY 嵌合体的形成则同样是由于染色体丢失而造成的。所不同的是丢失了携带具有男性决定因子的 Y 染色体。此过程有可能发生在胚胎发育早期，也有可能发生在胚胎发育晚期。如有丝分裂两条染色体的分离异常发生在胚胎发育早期，则嵌合现象就会在体内广泛存在。如果不分离现象出现在胚胎发育晚期，嵌合现象就有可能只限于在一个器官或者一片组织上。如果染色体组成异常的细胞，在对于配子生成和（或）性激素生成有重要作用的生殖或内分泌组织中大量存在，则对不育性的影响可能会更加强烈地表现出来。

18. 当隐性基因（$a$）在某染色体上时，则 $aa$ 基因型的双体（$2n$）与 $A$ 表现型的该染色体的单体（$2n$-Ⅰ$A$）杂交后，$F_1$ 群体的表现为：

P　　[(n−1) Ⅱ + $Ⅰ^{A}$]　　×　　[(n−1) Ⅱ + $Ⅱ^{aa}$]

↓

G　　n　　　n−1　　　　n

(n−1) Ⅰ + $Ⅰ^{A}$　(n−1) Ⅰ　　　　(n−1) Ⅰ + $Ⅰ^{a}$

$F_1$　　[(n−1) Ⅱ + $Ⅱ^{Aa}$]　　　　[(n−1) Ⅱ + $Ⅰ^{a}$]

$A$ 表现型（绿色）　　　　$a$ 表现型（黄绿色）

即在杂交后代出现隐性表型时，表明该基因位于单体所缺的那一条染色体上。如果该基因不在单体所缺的那一条染色体上，则后代只出现显性表现类型绿色。此为利用假显性进行基因定位。

19. 当三体作为母本与隐性突变体进行杂交时，$F_1$ 中三体植株自交产生的 $F_2$ 群体目标性状的分离会随着隐性基因所在染色体的不同而有所差异。如果三体为三式（$AAA$），则与隐性突变体杂交后三体类型为复式（$AAa$），如果 $n+1$ 型配子与 $n$ 型配子同等可育，则复式（$AAa$）自交后代出现 35∶1 的分离比；如果 $n+1$ 型配子只能通过母本传递，则复式（$AAa$）自交后代出现 17∶1 的分离比。此为利用后代分离比进行基因定位。

20. 如果基因 $S$ 不在三体染色体上，其遗传规律应该符合孟德尔遗传规律，即回交后代群体中，抗病∶感病＝1∶1；如果 $S$ 基因在三体染色体上，$F_1$ 代的三体植株是单式三体（$Sss$），以该三体植株作为父本，其 $n+1$ 花粉都不能参与受精，只有 $n$ 配子能参与受精；无论是进行染色体随机分离，还是进行染色单体随机分离，有功能的 $n$ 配子都是1$S$∶2$s$，回交后代中抗病∶感病＝1∶2。据此可以判断 $S$-$s$ 基因位于第 10 号染色体。

21. 当后代出现 5∶1 分离比时，可能由多种原因引起。

同源四倍体双显体（$AAaa$）可以形成 6 种配子类型，其比例为：1$AA$∶4$Aa$∶1$aa$，即显隐性分离比为 5∶1；

复式三体（$AAa$）进行染色体随机分离时，可以形成 $n$ 型配子和 $n+1$ 型配子，其中 $n$ 型配子包括 $A_1$、$A_2$、$a$，$n+1$ 型配子包括 $A_1A_2$、$A_1a$ 和 $A_2a$，所以显隐性分离比为 5∶1。

因此上述结果不能确认为某一单一因素引起的结果。

22. (1) 选育倍半二倍体，具体途径如下：

黑麦（$RR$）　×　小麦（$AABBDD$）

↓

$ABDR$

↓加倍

$AABBDDRR$（小黑麦）

$AABBDDRR$（小黑麦）　×　小麦（$AABBDD$）

↓

倍半二倍体 $AABBDDR$

(2) 获得 6$R$ 染色体的附加系

倍半二倍体 $AABBDDR$

$\downarrow$ 自交

$AABBDD+\mathrm{II}_{6R}$

(3) 附加系与小麦 $6D$ 单体杂交

$$AABBDD+\mathrm{I}_{6R} \quad \times \quad AABBDD-\mathrm{I}_{6D}$$

$$\downarrow$$

$$AABBDD-\mathrm{I}_{6D}+\mathrm{I}_{6R}$$

$$\downarrow \text{自交}$$

$$AABBDD-\mathrm{II}_{6D}+\mathrm{II}_{6R}$$

23. 标记果蝇:

2 号染色体 $\dfrac{h\quad i\quad j\quad k\quad l\quad m}{h\quad i\quad j\quad k\quad l\quad m}$ ×隐性致死突变系

第一个隐性致死突变系与上述标记果蝇杂交后,$h$、$i$ 基因表达,所以 1 品系的 $h$、$i$ 区段缺失,表现为假显性现象。

第二个隐性致死突变系与上述标记果蝇杂交后,$k$、$l$ 基因表达,所以该品系 $k$、$l$ 区段缺失。

第三个隐性致死突变系与上述标记果蝇杂交后,$m$ 基因表达,所以该品系 $m$ 区段缺失。

第四个隐性致死突变系与上述标记果蝇杂交后,$k$、$l$、$m$ 基因表达,所以该品系 $k$、$l$、$m$ 区段缺失。

第五个隐性致死突变系与上述标记果蝇杂交后,后代上述 6 个基因均表现野生型性状。

所以,1~4 致死突变可能为纯合缺失致死,5 致死突变可能为纯合基因突变致死。

24. 当一个臂内倒位杂合体的果蝇与其他果蝇进行杂交时,倒位染色体可以在后代中扩散,获得更多的倒位杂合体,其中雌雄个体均有。这些倒位杂合体彼此进行交配,其后代就会出现倒位纯合体。所以通过广泛的杂交所得到的倒位纯合体为孙代个体。

25. a. The inversion must involve *b* through *x*. b. To obtain recombinant progeny when an inversion is involved, either a double crossover occurred within the inverted region or single crossovers occurred between *f* and the point of inversion, which occurred someplace between *f* and *y*.

26. a. Eighteen map units (m. u.) were either deleted or inverted. A large inversion would result in semisterility, whereas a large deletion would most likely be lethal. Thus, an inversion is more likely.

b.

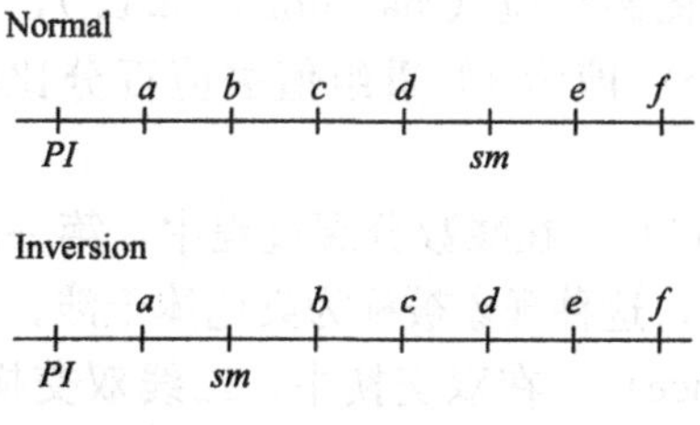


Alternatively, *sm* could be located external to the e locus on both the normal and the inversion chromosomes.

c. The semisterility is the result of crossing-over in the inverted region. All products of crossing-over would have both duplications and deletions.

# 第四章 遗传分析和基因定位

**重点提示**：根据研究对象不同，基于遗传学的基本原理进行遗传分析与基因定位的方法有很多。例如，高等动植物、细菌、真菌以及人类的遗传分析与基因定位，由于各自生活史与遗传组成的特殊性而导致了各有特点。如病毒的互补实验、重组分析与缺失作图，大肠杆菌的中断或非中断杂交法与连锁作图，真菌的四分子分析与重组作图，人类遗传分析等。通过不同的分析方法可以将基因定位于特定的染色体上，并确定基因间的相互位置关系——顺序与遗传距离。

**本章导读**：基因在染色体上的位置包括了不同基因之间的顺序与相互间的遗传距离，在本章中重点介绍基因连锁图的概念与基因定位的基本方法，包括基于经典遗传学并适于病毒、高等动植物以及人类的两点测验、三点测验；适用于细菌的遗传物质单向传递，异宗配合等特点的中断或非中断杂交实验分析方法以及在噬菌体的遗传分析中用到的互补测验、缺失作图；在人类中用到的家系分析等。同时我们还应该看到，随着细胞遗传学以及分子遗传学的发展，尤其是基因组计划的实施，应用细胞遗传学以及分子遗传学的技术与手段，可以加快基因定位的进程，在此要重点介绍与此相关的分析方法——细胞杂交法、原位杂交法、RFLP、SSR等。

## 【核心概念】

(1) 连锁群（linkage group） 位于同一条染色体的所有基因称为一个连锁群。连锁群的数目一般与该种生物配子所具有染色体的条数相同。

(2) 基因定位（gene mapping） 根据交换值确定不同基因在染色体上的相对位置和排列顺序的过程。

(3) 染色体图（chromosome map） 依据基因间的交换值或重组值，确定连锁基因在染色体上的相对位置而绘制的一种简单线性示意图，也称之为基因连锁图（gene linkage map）或遗传图（genetic map）

(4) 图距（map distance） 两个基因在染色体图上距离的数量单位称为图距。1%交换值去掉百分率的数值定义为一个图距单位（map unit，m. u.），图距单位用厘摩（centi Morgan，cM）表示。1cM 即为 1%重组值去值百分比的数值。

(5) 染色体干涉（chromosome interference） 在减数分裂过程中，第一次单交换的发生会影响邻近另一个单交换的发生，这种现象被称为染色体干涉。

(6) 染色单体干涉（chromatid interference） 在双交换中，二线双交换、三线双交换与四线双交换的比例应为 1∶2∶1，当实际双交换的分离比与此有所偏离时，被称为具有染色单体干涉现象。

(7) 中断杂交 (interrupted mating) 由于细菌的基因均联系在一起从供体细胞转移到受体细胞当中，基因转移的先后顺序是一致的。所以可以把接合中的细菌在不同时间取样，并把样品剧烈搅拌以分散接合中的细菌，然后分析受体细菌基因型，以时间分为单位绘制遗传图谱的方法。

(8) 附加体 (episome) 既可存在于染色体之外作为一个独立的复制子，也可整合到细菌染色体作为细菌复制子的一部分的遗传因子称为附加体。

(9) 转化 (transformation) 转化是指受体菌直接吸收了来自供体菌的 DNA 片段，通过交换组合到基因组中，从而获得供体菌的部分遗传性状。

(10) 感受态细胞 (competence cell) 感受态是指受体菌最易接受外源 DNA 片段并实现转化的生理状态，具有这种状态的细胞也称为感受态细胞。

(11) 转化子 (transformant) 通过转化而形成的各种类型的重组体，称为转化子。

(12) 转导 (transduction) 以噬菌体作为载体把一个细菌的遗传物质转移到另一个细菌细胞的过程，称为转导。

(13) 转导子 (transductant) 通过转导作用而形成的重组体，称为转导子。

(14) 高频重组 (high frequency recombination, Hfr) 品系 整合了一个 F 因子的细菌品系称为高频重组品系，因为它与 $F^-$ 菌株间具有很高的重组频率。

(15) 低频重组 (low frequency recombination, Lfr) 品系 F 因子以游离态存在于染色体之外，这样的细菌品系称为 $F^+$，$F^+$ 与 $F^-$ 杂交时两者染色体之间重组频率很低，故 $F^+$ 称为低频重组品系。

(16) 性导 (sexduction) 利用 $F'$ 因子将供体细胞的基因导入受体形成部分二倍体，并将供体基因重组到受体基因组中的过程叫性导。

(17) 互补测验 (complementation text) 互补测验是检验两个不同突变在功能上关系的实验方法。如果互补则表示两突变位点分属于两个基因，如果不互补则两突变位点属于同一个基因。

(18) 无义抑制基因 (nonsense suppressor gene) 即可使 tRNA 发生突变的基因，由于 tRNA 的改变，在翻译过程中，于无义突变所形成的终止密码子处插入一特定的氨基酸以防止在终止密码子位置上提前终止。

(19) 原噬菌体 (prophage) 整合到宿主染色体中的噬菌体基因组称为原噬菌体，是繁殖和传递噬菌体本身遗传信息的一个重要形式。

(20) 四分子分析 (tetrad analysis) 由于真菌在减数分裂后所形成的子囊孢子在排列上的特殊性，可以将其分为顺序四分子和非顺序四分子，利用四分子的表现型判断基因座之间的连锁关系的方法被称为四分子分析。

(21) 着丝粒作图（centromere mapping） 以着丝粒作为一个位点，研究某一待测基因与着丝粒之间的遗传距离的方法被称为着丝粒作图。

(22) 第一次分裂分离（first-division segregation）（$M_{I}$ 模式） 一对非姐妹染色单体间在着丝粒和某基因座之间未发生交换的减数分裂，其同源染色体上的一对基因在减数分裂后期Ⅰ发生分离，该分离模式叫 $M_{I}$ 模式。

(23) 第二次分裂分离（second-division segregation）（$M_{II}$ 模式） 一对非姐妹染色单体间在着丝粒和某基因座之间发生交换的减数分裂，其同源染色体上的一对基因会在减数分裂后期Ⅱ发生分离，该分离模式叫 $M_{II}$ 模式。

(24) 系谱法（pedigree method） 系谱法是常用的连锁遗传分析方法。是通过分析家系中连锁基因的重组来确定同一条染色体上基因的排列顺序与遗传距离。

(25) 外祖父法（grandfather method） 由外祖父的表型推知母亲X染色体上的基因组成是否为双重杂合子，然后再根据该个体（男性）有关性状的重组状况，估计重组率，进而进行基因定位的方法。

(26) 体细胞遗传学（somatic cell genetics） 以体外培养的高等动植物和人的体细胞为主要研究对象的遗传学分支学科。

## 【知识要点】

## 一、基本知识串讲

### 基本遗传作图和基因定位方法

遗传作图是依据基因之间的交换值确定连锁基因在染色体上的相对位置而绘制一种简单线性示意图的分析方法。最为简单的方法就是两点测验与三点测验（见遗传学基本规律一章）。此外还有适用于细菌的重组作图方法（中断杂交与非中断杂交）；适用于病毒遗传分析的互补试验、缺失作图与重组分析，以及适用于人类的家系分析、DNA介导的连锁分析等。

1. 一般真核生物的基因定位和遗传作图

重组是同源染色体间基因交换的结果，交换值的大小直接反映着基因之间的距离。所以，我们把通过交换值确定基因在染色体上的排列顺序和相对位置关系而绘制的线性示意图称为基因连锁图。在遗传距离较短（5cM）的情况下，可以用重组值代替交换值。在遗传距离较远的情况下，由于偶数次交换的存在，重组值往往会偏离交换值，两基因间距离越远，重组值与交换值差别越大。

遗传距离是以交换值为单位的（1%的交换值=1cM），所以如果计算的是重组值则需要进行转换。当然如果重组值与交换值在5%范围内二者差别不大，可以重组值代替交换值。当遗传距离较大时，可以通过校正公式将重组值转换为交换值。其函数关系表现为：$R=1/2$（$1-e^{-2X}$），它较明确地反映了重组值 $R$ 与交换值（图距）$X$ 的关系（图 4-1）。

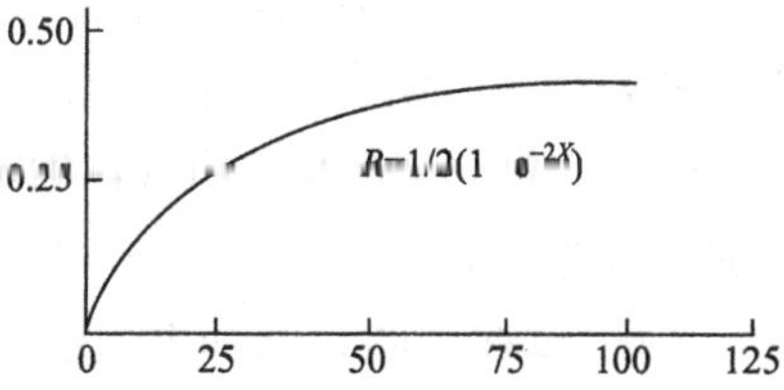


图 4-1　Haldane 的作图函数
反映交换值与真实图距的相关性

依据基因在染色体上直线排列的定律，把一个连锁群的各个基因之间的距离和顺序绘制出来，就称为遗传学图。所谓连锁群就是一组不能进行自由组合的线形排列的基因群。一种生物连锁群的数目应该等于单倍体染色体数（$n$），有 $n$ 对染色体就有 $n$ 个连锁群。如果有性染色体分化，则连锁群的数目为常染色体的对数加上性染色体的种类数。

绘制遗传学图时把最先端的基因点作为 0，其他基因以与先端基因的距离确定位置，顺序排列，距离可以累加。但是随着研究的深入，发现有更先端的基因时，则把 0 点位置让给新的基因，其余位置作相应的移动，遗传学图上基因间的距离用图距来表示，连锁基因的重组值为 0～50%。但一个连锁群有的基因间图距可以超过 50cM，这不意味基因间的重组值超过 50%，这是因为这两基因间发生了多次交换，所以从图上了解重组值应局限于邻近的基因座位间来考虑。

例如，在黑腹果蝇的 X 染色体上存在三个隐性突变基因，分别是控制在复眼表面上有很多小毛的棘眼基因 *ec*，使翅的末端截短的截翅基因 *ct* 和横脉缺失基因 *cv*。把棘眼、截翅个体与横脉缺失个体交配，可得三杂合体 *ec ct* ＋/＋ ＋ *cv*。*ec*、*ct*、*cv* 的排列不代表它们在 X 染色体的真实顺序，把三杂合体雌蝇 *ec ct* ＋/＋ ＋ *cv* 与三隐性雄蝇（*ec ct cv*/*Y*）测交，测交结果见表 4-1。

**表 4-1　/*ec ct*＋/＋ ＋*cv* 与三隐性雄果蝇杂交结果**

| 序号 | 表型 | 实际数 | 比例 | *Ec-ct* | *Ec-cv* | *Ct-cv* |
|---|---|---|---|---|---|---|
| ① | *ec ct* ＋ | 2125 | 81.5% | | | |
| ② | ＋ ＋ *cv* | 2207 | | | | |
| ③ | *ec* ＋ *cv* | 273 | 10.1% | √ | √ | |
| ④ | ＋ *ct* ＋ | 265 | | | | |
| ⑤ | *ec* ＋ ＋ | 217 | 8.3% | √ | | √ |
| ⑥ | ＋ *ct cv* | 223 | | | | |
| ⑦ | *ec ct cv* | 3 | 0.1% | | √ | √ |
| ⑧ | ＋ ＋ ＋ | 5 | | | | |
| 合计 | | 5318 | 100% | 18.4% | 10.2% | 8.4% |

从表中可以看出三点测交结果有 8 种后代类型数，说明存在双交换，在具体解题分析中，我们可以按以下步骤进行：

（1）我们首先要确定亲组合和双交换，将二者进行比较。实得数最多的①、②二种表型为亲组合，实得数最少的⑦、⑧为双交换。

（2）比较双交换与亲组合，确定三个基因的顺序。把双交换 *ec ct cv*、＋ ＋ ＋分别与亲组合 *ec ct*＋、＋＋ *cv* 比较，可以发现只有 *cv* 这个基因位置发生了改变，说明 *cv* 在中间，三基因顺序为 *ec-cv-ct*。

（3）计算基因间的重组值

计算相邻 *ec-cv* 的重组值

$RF_{ec\text{-}cv}$＝（273＋265＋3＋5）/5318 ×100％＝10.2％

计算相邻基因 *cv-ct* 的重组值

$RF_{cv\text{-}ct}$＝8.4％

计算 *ec-ct* 的重组值

$RF_{ec\text{-}ct}$＝18.4％

（4）染色体连锁图的绘制（图 4-2）。*ec-ct* 的重组值为 18.4％，不等于 *ec-cv* 与 *cv-ct* 的重组值之和 18.6％。分析其原因是我们在计算 $RF_{ec\text{-}cv}$，$RF_{cv\text{-}ct}$ 时都把 *ec*、*ct*、*cv* 与＋ ＋ ＋这 8 个果蝇算进去了，也就是它们在 *ec-cv* 间和 *cv-ct* 间各进行了一次交换。虽然这 8 个果蝇在 *ec-ct* 间进行了两次交换，即双交换。但我们在计算 $RF_{ec\text{-}ct}$ 时，并没有把这 8 个果蝇算进去。所以在计算 *ec-ct* 间的图距、交换值时，一定要在 *ec-ct* 的重组值 18.4％基础上加上两倍的双交换值，即 18.4％＋2×0.1％＝18.6％。

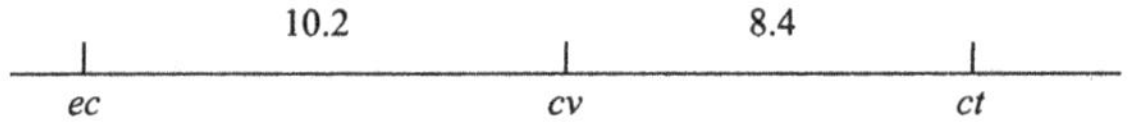


图 4-2　三基因连锁图

2. 原核生物的基因定位和遗传作图

原核生物基因的传递方式是非减数分裂式的，其重组的遗传分析方法具有其特殊性。

细菌的遗传物质主要包括染色体和质粒，在遗传物质的传递过程中 F 质粒具有重要的作用。细菌之间遗传物质转移的方式主要有：接合、转化、转导和性导。它们共同之处在于：基因转移导致遗传重组。差异之处在于获取外源 DNA 的方式不同：接合是通过细菌间的接触，F 质粒与染色体结合从供体传给受体；转化是通过游离的 DNA 片段直接进入到感受态细胞中；转导则需要噬菌体作为媒介，而性导亦需要将 F 因子，将细菌的一部分染色体整合于 F 质粒上形成了 F′因子，再由 F′因子将特定的细菌 DNA 片段转移到受体中，并发生遗传重组。

1）接合、中断杂交与非中断杂交作图

大肠杆菌遗传物质是连锁在一起从供体传递给受体的，且传递是单方向的，有F因子的品系作为供体，没有F因子的品系是受体，属于异宗配合，即对于后代而言，供体提供的遗传物质少，受体提供的遗传物质多。在重组过程中，由于在大肠杆菌中环形染色体是有效的，线性染色体不能稳定存在，所以偶数次交换有效，奇数次交换无效，并且一次有效交换后只形成一种重组子，无相反重组子出现。这一点与高等真核生物有着明显的差异，应该加以注意。

中断杂交作图是根据基因转移的先后次序，以时间为单位进行基因定位，通过在不同时间的接合实验结果证实了大肠杆菌遗传图呈环状，有别于真核生物线形染色体。

非中断杂交法是在接合过程发生以后的某一时间一次性中断杂交过程，依据各重组类型及其比例进行分析，确定连锁关系。其原理在于越先进入受体细胞中的基因发生重组的机会及获得重组体频率越高，反之则越低。

通过重组作图可以将连锁基因定位在染色体上，并确定连锁基因之间的遗传距离。在接合重组过程中，受体细胞通常只接受部分的供体染色体，因而这种细胞称为部分二倍体或部分合子。

2）重组作图

重组作图（recombination mapping）是根据基因间的重组率进行基因定位。细菌重组作图的基本原理与真核生物的重组作图的原理是相同的。根据中断杂交实验已知 *lac*、*ade* 这两个基因是连锁的，在 Hfr $lac^{+}\,ade^{+}$ 与 $F^{-}$ $lac^{-}\,ade^{-}$ 的杂交中，$lac^{+}$ 先于 $ade^{+}$ 进入 $F^{-}$ 受体，注意这一点非常重要。

将 Hfr $lac^{+}\,ade^{+}\,str^{s}\times F^{-}$ $lac^{-}\,ade^{-}\,str^{r}$ 杂交 60min，倒入含链霉素的基本培养基中（此培养基使 Hfr 和 $F^{-}$ 菌都不能生长）。在这种培养基上生长的重组子应为 $ade^{+}\,str^{r}$，而 $ade^{+}$ 是在 $lac^{+}$ 之后进入 $F^{-}$ 细胞的，因而 $lac^{+}$ 自然也已进入。因此 *lac* 与 *ade* 之间的图距计算应为

$$lac-ade=\frac{lac^{-}\,ade^{+}}{(lac^{-}\,ade^{+})+(lac^{+}\,ade^{+})}\times 100\%=\frac{lac^{-}\,ade^{+}}{ade^{+}}\times 100\%$$

这里需注意，细菌的重组值只以一种重组子和一种亲本型进行计算，与高等生物的算法不同。

重组作图的重组频率（RF）所测得基因间距离与中断杂交以时间（$T$）为单位获得的基因间距离基本上相一致，1 个时间单位（1min）相当于 20％重组值（或 20cM）。这种接合重组作图在短距离内是有效的，当两个基因相距 3min 时，重组值将大于 50％，就没有意义了，因此需用中断杂交实验作图。

3）转化与作图

目前认为转化的机制包括以下几个过程：①细菌产生可溶性的感受态因子；②感受态因子吸附到细菌细胞膜上的特定位点，启动了某种基因的表达；③由于某种基因的表达，产生某种自溶性物质；④自溶性物质造成细菌细胞膜的变化，暴露出 DNA 结合蛋白和核酸酶；⑤供体双链 DNA 结合在细胞表面；⑥核酸酶

将双链 DNA 其中的一条单链降解；⑦剩余的另一条单链 DNA 与 DNA 结合蛋白结合；⑧两者以结合方式进入细胞内；⑨单链 DNA 整合进入细菌染色体 DNA，并将其中的一条链取代；⑩杂合 DNA 经复制，分离以后，形成一个受体亲代类型的 DNA 和一个供体与受体 DNA 结合的杂种双链 DNA，从而导致基因重组形成各种类型的转化子。

判断所转化的两个基因是连锁的还是独立遗传的，可通过观察 DNA 浓度降低时转化频率的改变这一可靠证据来说明：如果当 DNA 浓度下降时，AB 共转化频率下降和 A 或 B 转化频率下降程度相同，则说明 A 和 B 是连锁的；如果 AB 共转化频率的下降将远远超过 A 或 B 转化频率下降的程度，则说明 A 和 B 是不连锁的。其原理为在较低的浓度范围内，转化频率和转化 DNA 浓度成正比关系。例如，两个基因在同一 DNA 分子上，当浓度下降 10 倍时，两个基因同时转化的频率也将下降 10 倍；若两个基因在不同的 DNA 片段上，那么 DNA 浓度下降 10 倍时，两基因的共转化频率将下降 100 倍（10×10），而不是 10 倍。由此可确定 A 与 B 之间是否连锁。

4）转导与作图

根据转导的特点不同，转导可分为普遍性转导（generalized transduction）和局限性转导（specialized transduction）。所谓普遍性转导是指由噬菌体错误包装及注入受体菌的供体 DNA 片段，并发生遗传重组。该片段是随机的，因而对所转导的基因没有限制。而局限性转导是指通过温和噬菌体进行转导，该过程只能转导细菌染色体基因组的某些基因，或者只是对噬菌体在染色体基因组整合位点附近基因的转导。

普遍性转导和局限性转导的比较如表 4-2 所示。

**表 4-2　普遍性转导和局限性转导的比较**

| 比较项目 | 普遍性转导 | 局限性转导 |
|---|---|---|
| 转导的发生 | 自然发生 | 人工诱导，如 UV 等 |
| 转导噬菌体形成 | 错误的装配 | 原噬菌体不精确切除 |
| 转导的基因 | 供体菌的几乎任何一个基因 | 多为原噬菌体邻近两端的供体基因 |
| 转导噬菌体获得 | 可通过裂解反应和诱导溶源性细菌 | 只能通过诱导溶源性细菌 |
| 噬菌体的位置 | 并不整合到宿主染色体的特定位置上 | 整合到宿主染色体的特定位置上 |
| 转导的过程 | 通常以双交换使转导 DNA 替换受体 DNA 同源区，稳定 | 转导 DNA 的插入，使受体菌成为部分二倍体，不稳定。也可通过双交换来完成 |
| 转导子 | 是非溶源性的和稳定的或流产的 | 是缺陷溶源性的，不稳定 |

利用普遍性转导进行两点或三点转导实验作图，需筛选出一个供体标记的转导子即通过转导而能表达外基因子的受体细胞，再分析其他供体标记的存在状况。如从一供体为 $a^+ b^+$ 转导给 $a^- b^-$ 受体，转导会产生 $a^+b^-$、$a^- b^+$ 和 $a^+b^+$

转导子，若选择 $a^+$ 转导子作为供体标记，则 $a$-$b$ 间重组率为：$RF_{ab}=(a^+b^-)/[(a^+b^-)+(a^+b^+)]\times 100\%$；若选择 $b^+$ 转导子作为供体标记，则 $a$-$b$ 间重组率为：$RF_{ab}=(a^-b^+)/[(a^-b^+)+(a^+b^+)]\times 100\%$。

如果两个基因同时被转导则被称为共转导或并发转导。共转导的频率越高，表明这两个基因在染色体上的距离愈近，连锁愈密切；相反，两个基因的共转导频率愈低，则说明两基因间距离愈远。因而通过测定两基因的共转导频率就可以确定基因之间的次序和距离。

如果两个基因紧密连锁，它们就可能经常在一起转导，共转导频率将接近于1；如果两个基因从来或几乎不包含在同一转导的 DNA 片段中，它们的共转导频率接近于或等于 0。利用这种关系可以求出同一染色体上两个基因之间的物理距离。经过一系列推导得到以下的计算公式：

$$d=L(1-\sqrt[3]{x})$$

式中，$d$ 为同一染色体上两个基因之间的图距；$L$ 为转导 DNA 的平均长度（约为 1 个噬菌体基因组大小）；$x$ 为两个基因共转导的频率。

3. 噬菌体的基因定位和遗传作图

1）噬菌体的遗传重组与作图

噬菌体的基因重组与真核生物的重组十分相似，可以进行两点测验和三点测验进行基因定位（略）。由于病毒是单倍体，与二倍体生物又有所不同，亲组合与重组合可直接从后代中反映出来，直接统计各种噬菌体类型即可。八个类型中最少的两个类型就是双交换，频率最高的两个就是亲本类型，其余的为单交换类型。在噬菌体的重组作图中应该学会对不同类型的噬菌体所形成的噬菌斑类型加以区别，即通过噬菌斑的形态、大小以及类型判断噬菌体的基因型。

噬菌体遗传有着一些特殊现象，需要加以注意：①从单个混合感染的细菌中可得到亲本和重组噬菌体；② 会有三亲本重组体的出现；③ 重组体比例随宿主细胞破裂时间的改变而改变。

噬菌体在装配之前的 DNA 复制过程中，DNA 分子之间可以一再进行重组，直到装配成完整的颗粒时重组才停止，因此噬菌体的杂交子代中的重组频率并不代表真正的基因距离，而只能说是一个近似的数值。

2）噬菌体基因的精细作图

利用野生型噬菌体及其不同突变类型在不同品系的细菌中所形成的噬菌斑的差异，可以判断新形成的子代噬菌体的遗传组成，进而判断连锁基因的遗传距离。例如，利用 T4 噬菌体突变型 $r$Ⅱ和野生型 $r$Ⅱ$^+$ 在不同菌上的噬菌斑形态可以判断相关基因的遗传距离（表 4-3）。

**表 4-3　T4 突变型 $r$Ⅱ和野生型 $r$Ⅱ$^+$在不同菌上的噬菌斑形态**

| | | *E. coli* 菌株 | |
|---|---|---|---|
| | | B | K (λ) |
| T4 噬菌体品系 | $r$Ⅱ | ＋(大、清晰) | － |
| | $r$Ⅱ$^+$ | ＋(小、模糊) | ＋(小、模糊) |

由于 T4 $r$Ⅱ的生长是有条件的，所以可用选择技术，把所有的 $r$Ⅱ突变型成对杂交，计算每对突变位置间的重组频率。其过程为：用成对的 $r$Ⅱ突变型（$r^x$，$r^y$）对 *E. coli* B 进行双重感染，裂解后获子代噬菌体，再将子代噬菌体以同样浓度等量的分别接种在 *E. coli* B 和 K（λ）上。在 *E. coli* B 上由于两种 $r$Ⅱ突变型（$r^x$，$r^y$）和两种重组子（$r^xr^y$，$r^+r^+$）都能生长，从出现的噬菌斑数可以表示总的噬菌体后代数。而在 *E. coli* K（λ）上，只有重组子 $r^+r^+$ 能生长，因此可以估计野生型重组体数目，由于另有一半双突变型重组体（$r^xr^y$）不能生长，所以估算总重组体数要把野生型重组体（$r^+r^+$）数目乘以 2。重组值的计算可用下列公式：

$$\mathrm{RF}=\frac{2\times(r^+\text{ 噬菌斑数})}{\text{总噬菌斑数}}\times 100\%=\frac{2\times \mathrm{K}(\lambda)\text{ 上的噬菌斑数}}{\mathrm{B}\text{ 上的噬菌斑数}}\times 100\%$$

该方法所得到的结果证明了基因在结构上的可分性，补充和发展了基因三位一体的学说，并且可以对基因进行精细作图。

3）互补测验

根据 Benzer 重组实验，以遗传图距的方式确定了突变的空间关系，但对于这些突变型是否属于同一基因，需应用互补测验来确定突变的功能关系。在互补测验中，两个突变型若表现出互补效应，则证明这两个突变型分别属于不同顺反子；若不能表现出互补，则证明这两个突变型是位于同一顺反子中。顺式排列只是作为对照，因为在顺式排列中，无论是两个顺反子的突变，还是同一顺反子内两个位点的突变，在互补测验中均表现出互补效应（图 4-3）。

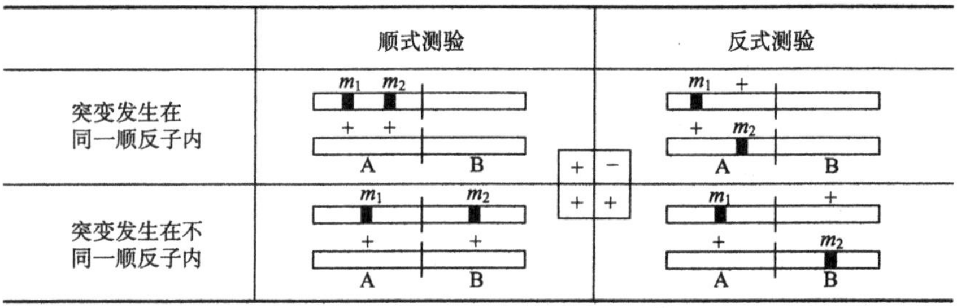


图 4-3　互补测验（A、B 代表两个不同的顺反子；$m_1$，$m_2$ 代表两个突变位点）

顺反测验说明：顺反子即基因，是连续的 DNA 片段，它负责传递遗传信息，是决定多肽链的完整的功能单位，它包含有一系列的突变子和重组子。

4）缺失作图

进行缺失作图是根据突变的类型所进行的，如果突变是由于核苷酸对发生了改变，则称为点突变；如果突变是由于缺失了相邻的许多核苷酸对，则称为缺失突变。点突变与缺失突变之间的一个重要区别为前者可以回复突变为野生型，而后者不能回复为野生型，因为缺失突变是不可逆的。

缺失作图的原理在于：凡是能和某一缺失突变型进行重组形成野生型的，它的位置一定不在缺失范围内；凡是不能重组的，它的位置一定在缺失范围内。

从以上的说明中我们可以看出，在噬菌体的遗传分析中，针对目的不同，进行功能检测、进行位置确定或是进行遗传距离的测定，都可以根据不同的原理采用不同的实验方法得出我们所需要的结果或数据，绘制出详细的遗传图。

### 4. 真菌的基因定位和遗传作图

1）四分子分析与着丝粒作图

所谓四分子分析是针对真菌二倍体细胞减数分裂所形成的 4 个子细胞进行分析的过程，如果以着丝粒为标准，研究某一个基因与着丝粒之间的遗传距离，则被称为着丝粒作图。

这种顺序四分子在遗传分析中有很多的好处，表现在以下几个方面：①通过子囊中子囊孢子存在的对称性质，证明减数分裂是一个交互过程，可以作为验证分离规律的直接证据。②可以把着丝粒作为一个座位，计算某一基因与着丝粒之间的重组率。③可以检验染色单体的交换是否有干涉现象，而且还可以进行基因转变的研究。④证明每一交换只包括四线中的两线，但多重交换可以包括两线、三线或四线。

以脉孢霉为例，由于其子囊狭窄，减数分裂后所形成的 4 个子细胞顺序排列，且排列顺序与减数分裂时染色单体排序一致，其结果反映了减数分裂中染色体的行为特点。其野生型（$lys^+$或＋）子囊孢子按时成熟，成熟时呈黑色。相应的突变型为赖氨酸缺陷型（$lys^-$或－），其子囊孢子成熟较迟，呈灰色。将一野生型与赖氨酸缺陷型杂交，则所得子囊中的 4 对子囊孢子为 2 对是黑的（＋），2 对灰的（－）。

根据黑色孢子对和灰色孢子对在子囊中的排列次序可以分为 6 种子囊类型，分别是：

| | | | | | | |
|---|---|---|---|---|---|---|
| 非交换型 | (1) | ＋ | ＋ | － | － | 第一次分裂分离($M_I$) |
| | (2) | － | － | ＋ | ＋ | |
| 交换型 | (3) | ＋ | － | ＋ | － | 第二次分裂分离($M_{II}$) |
| | (4) | － | ＋ | － | ＋ | |
| | (5) | ＋ | － | － | ＋ | |
| | (6) | － | ＋ | ＋ | － | |

有关基因与着丝粒的重组率＝1/2×交换型子囊数/（交换型子囊数＋非交换型子囊数）×100％＝$1/2\times M_{II}/(M_{II}+M_{I})\times 100\%$

2）非顺序四分子的遗传分析

酵母、衣藻的子囊中 8 个子囊孢子的排列是无顺序的，不能用着丝粒作图。对非顺序四分子的真菌要通过非顺序四分子的遗传分析。如以酵母为例，当 $AB\times ab$ 杂交时，无论两个基因连锁与否，无序四分子只产生 3 种类型。即 PD、NPD 和 T 型。

$$Ab \quad \times \quad ab$$

$$\downarrow$$

| | | | |
|---|---|---|---|
| 孢子 | *AB* | *aB* | *AB* |
| | *AB* | *aB* | *Ab* |
| | *ab* | *Ab* | *aB* |
| | *ab* | *Ab* | *ab* |
| 类型 | PD | NPD | T |

观察这 3 种子囊类型，只有 NPD 与 T 含有重组型，由于 T 型只有 1/2 是重组型，可用公式 RF＝1/2T＋NPD 求出重组率 RF 值。如 RF＝0.5，可以断定 *A*、*B* 基因不发生连锁。对于不连锁，四条染色体在减数第一次分裂中期的排列状态是独立的，一对同源染色体分别移向两极是随机的，所以 PD 和 NPD 的四分子频率相等。至于 T 四型频率的多少则与 *A*、*B* 基因各自与着丝粒之间的距离有关。

如果 RF＜0.5，则说明 *A*、*B* 有连锁，*AB* 两个基因是连锁的。根据各种子囊类型的来源，可以计算平均每个减数分裂的交换数 $m$ 值，即 $m$＝单交换＋2×双交换＝SCO＋2DCO＝(T－2NPD)＋2 ×4NPD＝T＋6NPD。因为每个交换只产生 50％的重组，将 $m$ 换算为图距就要乘 0.5，所以图距＝0.5（T＋6NPD)。

3）真菌的遗传分析

根据四分子分析的结果以及子囊类型（PD、NPD 和 T 型）可以对连锁基因进行遗传分析作图，将连锁基因定位在染色体上。

$$\mathrm{RF}=[\mathrm{NPD}+(1/2)\mathrm{T}]/(\mathrm{PD}+\mathrm{NPD}+\mathrm{T})\times 100\%$$

5. 人类的遗传分析和基因定位

在人类中往往是通过收集家系成员的相关资料即家系分析法进行连锁分析。此外，体细胞杂交、原位杂交、基因剂量效应法等众多的分子技术方法，也都应用于人类染色体作图即人类的基因定位上。

1）家系分析法

家系分析法是通过分析家系中连锁基因的重组来确定同一条染色体上基因的排列顺序与遗传距离。系谱法定位人类基因通常有以下两种类型：①位于 Y 染色体上的基因。如果某性状只在男性个体上表现，且父子间垂直传递，则可将此类基因定位于Y染色体上。②在X染色体上的连锁基因。外祖父法是家系分析中测定X染色体上基因间图距的常用方法。它根据伴性遗传的基因在传递过程中具有交叉传递的规律来研究位于X染色体上基因的连锁关系。

该方法针对家族中所有成员进行症状、体征和血缘关系的调查，记录绘制成系谱图。目前除常规调查外，还通过病理检测诊断、染色体检查、生化检查和分子生物学检查来分析家系中的基因间的连锁关系。

2）细胞杂交法

通过细胞融合来进行基因定位是体细胞杂交法的基础，把人与小鼠的细胞融合形成杂种细胞，杂种细胞在有丝分裂过程中专一性丢失人的染色体，最后能够随机地留下 $n$ 条人类的染色体，这样就获得了不同的细胞系即克隆。我们把一组杂种细胞系称为克隆嵌板。利用克隆嵌板，分析不同克隆中所含有的人染色体与特定基因产物之间的同线性（基因与染色体的同时出现或消失）关系，就可以把某一特定基因定位于某一染色体上。

3）原位杂交法

原位分子杂交法的前提是我们对这个基因是已知的，具体方法是对人类前期或中期染色体进行显微制片，除去制片中的RNA，变性使DNA双链变单链。把通过同类标记或荧光标记的已知基因探针与变性的DNA进行分子杂交。通过放射自显影或荧光显微摄影，确定该基因在染色体上的具体位置。

4）基因剂量效应法

基因剂量效应法就是利用具有某一特定染色体片段缺失或重复等染色体畸变类型，考察该片段拷贝数目与某一基因的剂量效应变化关系，而把基因定位于某一染色体或某一特定片段上的方法。

如先天愚型患者的超氧化物歧化酶1（SOD-1）的基因活性为正常人的1.5倍，说明该基因在21号染色体上。如某一患者第二条染色体短臂缺失（2p），则其红细胞酸性磷酸酶1（ACP-1）活性明显降低，我们就可以利用基因剂量效应法把该基因定于第二条染色体上。

5）DNA介导的连锁分析

随着人类基因组计划的实施，有越来越多的基因定位在特定的染色体上。根据2009年2月18日OMIM统计的数字，各染色体的序列长度及所含基因数字如表4-4所示。

人类基因组计划的基本任务可归纳为4张图谱的完成，分别为遗传图谱、物理图谱、序列图谱和基因图谱。

（1）遗传图谱。遗传图谱就是通过遗传学分析方法将基因或其他DNA顺序（包括限制性片段长度多态性RFLP、微卫星STR、单核苷酸多态性SNP）标定

**表 4-4　人体各染色体的序列长度及其所含基因数量**

| 染色体号 | 序列长度 | 基因数 | 染色体号 | 序列长度 | 基因数 |
|---|---|---|---|---|---|
| 1 | 247Mbp | 3186 | 13 | 114Mbp | 611 |
| 2 | 243Mbp | 2093 | 14 | 106Mbp | 1420 |
| 3 | 200Mbp | 1638 | 15 | 100Mbp | 1143 |
| 4 | 191Mbp | 1300 | 16 | 89Mbp | 1270 |
| 5 | 181Mbp | 1448 | 17 | 79Mbp | 1650 |
| 6 | 171Mbp | 1843 | 18 | 76Mbp | 480 |
| 7 | 159Mbp | 1722 | 19 | 64Mbp | 1861 |
| 8 | 146Mbp | 1162 | 20 | 62Mbp | 824 |
| 9 | 140Mbp | 1394 | 21 | 47Mbp | 386 |
| 10 | 135Mbp | 1259 | 22 | 50Mbp | 812 |
| 11 | 134Mbp | 2000 | X | 155Mbp | 1529 |
| 12 | 132Mbp | 1509 | Y | 58Mbp | 344 |
| 线粒体 | 0～16 600bp | 37 | | | |

注：在线《人类遗传学》(Online *Mendelian Inheritance in Man*，OMIM) http：//www. ncbi. nlm. nih. gov/omim。

在染色体上构建连锁图，遗传图距单位为厘摩（cM），每单位 cM 定义为 1%交换率。

遗传图谱的第一代 DNA 遗传标记为 RFLP（restriction fragment length polymorphism）。第二代 DNA 遗传标记是把重复单位长度为 15～65 个核苷酸的称为小卫星 DNA（minisatellite DNA），重复单位为 2～6 个核苷酸的称为微卫星 DNA（microsatellite DNA），也叫简短串联重复序列（short tandem repeat polymorphism，STR）。第三代 DNA 遗传标记是单核苷酸多态性标记（single nucleotide polymorphism，SNP）。

（2）物理图谱。人类基因组的物理图谱是指用已知核苷酸序列的 DNA 片段为标记，已知碱基对作为基本测量单位的基因组图。目前，绘制物理图谱最有效的方法就是 STS 技术，STS（sequence-tagged site）技术也叫序列标签位点，是一种已知的、单拷贝的、片段长度为 200～500bp 的短序列，由于它是在基因组中只出现一次，具有专一性，可以作为专门的标记。任何 DNA 序列，只要知道它在基因组中的位置，都能被转为统一的 STS 标签。

（3）序列图谱。序列图是分子水平上最高层次、最详尽的物理图。

（4）基因图谱。基因图谱就是从人类基因组中鉴别出占其 1%～2%长度的全部基因（3 万～4 万个基因）的位置、结构与功能，只有人类全部基因被鉴定出来后才能称获得一张完整的基因图谱。

以 DNA 为研究对象进行连锁分析时多使用基因组中广泛存在的各种 DNA 多态性位点，特别是基因突变部位或紧邻的多态性位点作为标记。

利用 DNA 多态性分析的多种手段（如 RFLP 分析、串联重复序列分析、RAPD 分析等）。可产生具有高度个体特异性的 DNA 指纹图谱。DNA 指纹是指多个位点上的等位基因组成的长度不等的杂交带图纹，这种图纹极少有两个人完全相同，故称为“DNA 指纹”，意思是它同人的指纹一样是每个人所特有的。DNA 指纹图谱已经成为目前最具吸引力的遗传标记，它具有下述特点：①高度的特异性；②稳定的遗传性；③体细胞稳定性。

以 RFLP 为例，β-地中海贫血是一种常见的遗传疾病，重症型往往造成死亡。可通过产前诊断预防患儿的出生。利用几种限制酶对几个地中海贫血家系的患者及其父母进行 RFLP 分析。根据所得结果，可选用特定的探针和限制性内切核酸酶对胎儿做产前基因分析。系谱中夫妻所生第一个孩子正常，第二个孩子患病，第三个孩子流产，试问第四个孩子是否患病?

用限制性内切核酸酶 *Ava* Ⅱ 和探针 βIVS 以及限制性内切核酸酶 *Hind* Ⅲ 和探针 pRK28 进行分析，酶切片段如图 4-4 所示。

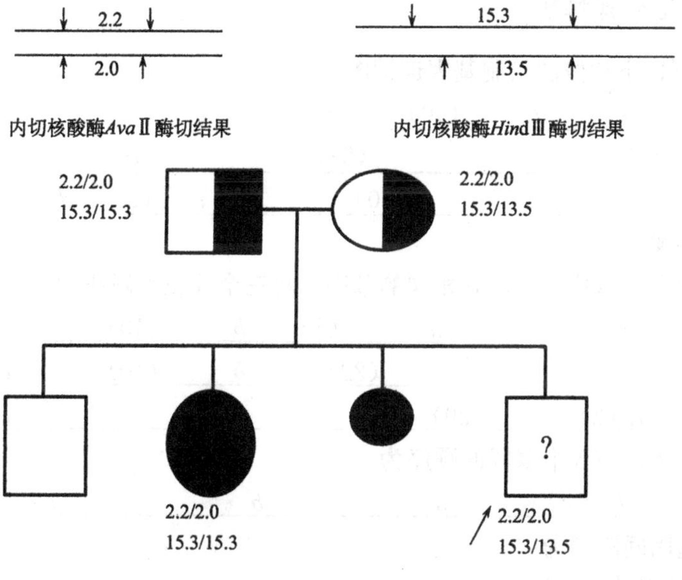


图 4-4　待测家系系谱图及相应酶切结果

根据 *Ava* Ⅱ 酶切位点多态性：患儿（第二个孩子）得到父 2.2 与母 2.0 或母 2.2 与父 2.0，胎儿（第四个孩子）亦如此，以 * 表示与致病基因连锁，据此可以推测胎儿为 β+/β+（正常纯合体）或 βT /βT（重症患者），见表 4-5、表 4-6。

**表 4-5　个体Ⅱ4 内切酶 *Ava*Ⅱ酶切结果组成可能性之一**

| 父＼母 | 2.2 | 2.0* |
|---|---|---|
| 2.2* | 2.2*/2.2 | 2.2*/2.0* |
| 2.0 | 2.2/2.0 | 2.0/2.0* |

**表 4-6　个体Ⅱ4 内切酶 *Ava*Ⅱ酶切结果组成可能性之二**

| 父＼母 | 2.2* | 2.0 |
|---|---|---|
| 2.2 | 2.2/2.2* | 2.2/2.0 |
| 2.0* | 2.2*/2.0* | 2.2/2.0* |

根据 *Hin*dⅢ酶切位点多态性：患儿从母亲得到的 15.3 染色体上有 $\beta T$ 基因，所以胎儿不可能为正常纯合体，而必为重症患者 $\beta T/\beta T$。

## 二、代表性例题解析

1. 根据以下片段图绘制基因连锁图。

$a$　(8)　$b$　(10)　$c$

$c$　(10)　$b$　(22)　$d$

$c$　(30)　$e$　(2)　$d$

参考答案：

根据题中所给片段，对齐相同的基因，将三个片段重新排列。

$a$　(8)　$b$　(10)　$c$

$d$　(22)　$b$　(10)　$c$

$d$ (2) $e$　(30)　$c$

综上所述，该 5 个基因的顺序为

$d$　$e$　$a$　$b$　$c$

相邻基因间距离为

*d-e* 的距离为：2cM

*e-a* 的距离为：$=ec-ac=30-18=12$cM

*a-b* 的距离为：8cM

*b-c* 的距离为：10cM

2. 已知四个 *E. coli* Hfr 菌株可以在结合过程中以不同的顺序转移它们的遗传物质。已知遗传标记进入 $F^-$ 受体的时间，构建一个包括所有这些遗传标记的遗传图，并在相邻的基因对之间表示出时间距离。

| | | | | | | | |
|---|---|---|---|---|---|---|---|
| 菌株 1 | 标记： | *arg* | *thy* | *met* | *thr* | | |
| | 时间（min）： | 15 | 21 | 32 | 48 | | |
| 菌株 2 | 标记： | *mal* | *met* | *thi* | *thr* | *try* | |
| | 时间（min）： | 10 | 17 | 22 | 33 | 57 | |
| 菌株 3 | 标记： | *phe* | *his* | *bio* | *azi* | *thr* | *thi* |
| | 时间（min）： | 6 | 11 | 33 | 48 | 49 | 60 |
| 菌株 4 | 标记： | *his* | *phe* | *arg* | *mal* | | |
| | 时间（min）： | 18 | 23 | 35 | 45 | | |

参考答案：

分析 4 个菌株，将相同基因合并，得到以下顺序（为表述方便，从 *arg* 处打开环状 DNA）：

*arg* - *thy* - *mal* - *met* - *thi* - *thr* - *azi* - *bio* - *try* - *his* - *phe* - *arg*

6　4　7　5　11　1　15　8　14　5　12

3. 假设 $a$、$b$、$c$ 是隐性突变，而且是紧密连锁的位点，从实验得到下列结果：

$$\frac{ab}{++}\text{野生型}\qquad\frac{+b}{a+}\text{突变型}$$

$$\frac{+c}{b+}\text{野生型}\qquad\frac{++}{bc}\text{野生型}$$

问哪些突变型之间可以互补？哪些是等位基因？

参考答案：两个隐性突变如果表现出互补效应，则证明这两个突变分属于不同的基因；如果不能出现互补，则证明这两个突变位点位于同一个基因内部。据此分析，上图表明：因为$\frac{+b}{a+}$不能互补，所以 $a$、$b$ 为一个顺反子中的不同位点，而 $b$、$c$ 可以互补，所以 $c$ 位点属于另一基因。因此（＋＋）与（$ab$）为一对等位基因，＋与 $c$ 为另一对等位基因。

4. 如果实验得到 $a_1a_1$ 和 $a_2a_2$ 两种表型相同的果蝇突变品系，你如何判断 $a_1$ 和 $a_2$ 是同一基因的突变还是不同基因的突变，如果是同一基因突变，你如何判定是同一位点的突变还是不同位点的突变。

参考答案：可以通过互补实验检测两种突变型杂交结果，如果 $F_1$ 代全部为野生型，说明 $a_1$-$a_2$ 是不同的基因，否则是同一基因的不同位点。$F_1$ 代相互交配，如果群体足够大，出现少量野生型的是同一基因不同位点，没有出现野生型的是同一位点突变。

5. 红色链孢霉 $m$＋与＋$t$ 杂交，得到如下结果：

| | | | | | | | |
|---|---|---|---|---|---|---|---|
| 基因型 | *mt* | *m*+ | *m*+ | *m*+ | *m*+ | *mt* | *m*+ |
| | ++ | +*t* | +*t* | *mt* | *m*+ | *mt* | ++ |
| | *mt* | *m*+ | *mt* | ++ | +*t* | ++ | *mt* |
| | ++ | +*t* | ++ | +*t* | +*t* | ++ | +*t* |
| 子囊数 | 2 | 4 | 6 | 8 | 32 | 36 | 112 |

（1）写出子囊型的类别以及分裂的时期；（2）求出每一基因与着丝粒之间的遗传距离；（3）两个基因是否连锁？若连锁，求出两者之间的距离，并进行遗传作图。

参考答案：（1）子囊型的类别以及分裂的时期按顺序分别为：

| NPD | PD | T | T | PD | NPD | T |
|---|---|---|---|---|---|---|
| $M_{II}M_{II}$ | $M_{II}M_{II}$ | $M_{II}M_{II}$ | $M_{I}M_{II}$ | $M_{I}M_{I}$ | $M_{I}M_{I}$ | $M_{II}M_{I}$ |

（2）每一基因与着丝粒之间的距离分别为：

*m* 与着丝粒之间的重组值为

$$\mathrm{RF}\ (\cdot - m) = \frac{\frac{1}{2}\ (2+4+6+112)}{(2+4+6+8+32+36+112)} \times 100\% = \frac{62}{200} \times 100\% = 31\%,$$

所以 *m* 与着丝粒之间的遗传距离为 31cM。

*t* 与着丝粒之间的重组值为

$$\mathrm{RF}\ (\cdot - t) = \frac{\frac{1}{2}\ (2+4+6+8)}{(2+4+6+8+32+36+112)} \times 100\% = \frac{10}{200} \times 100\% = 5\%,$$

所以 *t* 与着丝粒之间的遗传距离为 5cM。

（3）在本题中，PD 和 NPD 的分离比接近于 1∶1，所以两个基因为自由组合，分立于不同的染色体上。可进行遗传作图，如下：

6. 检查下列人与仓鼠杂种体细胞嵌板，*G* 基因应出现在哪条染色体上？

| | 细胞基因 | | | | | | | | | | | | 人类染色体 | | | | | | | | | | | | |
|---|---|---|---|---|---|---|---|---|---|---|---|---|---|---|---|---|---|---|---|---|---|---|---|---|---|
| 杂种 | *G* | 1 | 2 | 3 | 4 | 5 | 6 | 7 | 8 | 9 | 10 | 11 | 12 | 13 | 14 | 15 | 16 | 17 | 18 | 19 | 20 | 21 | 22 | Y | X |
| 1 | + | + | − | + | + | + | + | − | + | + | − | + | − | − | − | − | − | − | − | + | + | + | − | − | + |
| 2 | − | − | + | − | − | − | − | + | − | + | − | + | − | + | + | + | − | − | − | − | − | − | − | − | + |
| 3 | + | − | − | + | + | − | − | − | − | − | − | − | − | − | − | − | + | − | − | + | − | + | − | − | + |
| 4 | + | + | − | + | + | − | + | − | + | − | + | + | + | + | + | − | − | − | − | + | + | + | + | + | + |
| 5 | + | − | + | + | + | − | − | + | + | − | + | + | + | − | + | + | + | − | − | − | + | − | − | − | + |

续表

| 杂种 | *G* | 1 | 2 | 3 | 4 | 5 | 6 | 7 | 8 | 9 | 10 | 11 | 12 | 13 | 14 | 15 | 16 | 17 | 18 | 19 | 20 | 21 | 22 | Y | X |
|---|---|---|---|---|---|---|---|---|---|---|---|---|---|---|---|---|---|---|---|---|---|---|---|---|---|
| 6 | + | − | − | + | − | − | + | + | − | − | + | + | − | + | − | [illegible] | [illegible] | [illegible] | [illegible] | [illegible] | [illegible] | [illegible] | + | − | + |
| 7 | + | + | + | + | − | − | − | + | − | + | + | + | − | + | − | − | + | − | + | − | − | + | + | − | + |
| 8 | − | − | − | − | − | − | − | − | − | − | − | + | − | + | − | − | − | − | + | − | − | − | + | − | + |
| 9 | + | − | − | + | + | + | + | − | − | − | − | + | + | − | + | + | + | + | + | − | − | + | + | − | + |
| 10 | + | − | + | + | + | + | + | − | − | − | − | + | − | − | − | − | + | − | + | + | − | + | − | + | + |

参考答案：分析不同克隆所含的人染色体与特定基因产物间的同线性（基因与染色体的同时出现或消失），发现 *G* 基因的表达与 3 号染色体具有同线性关系，所以可把 *G* 基因定位于 3 号染色体。

## 三、知识要点概念图

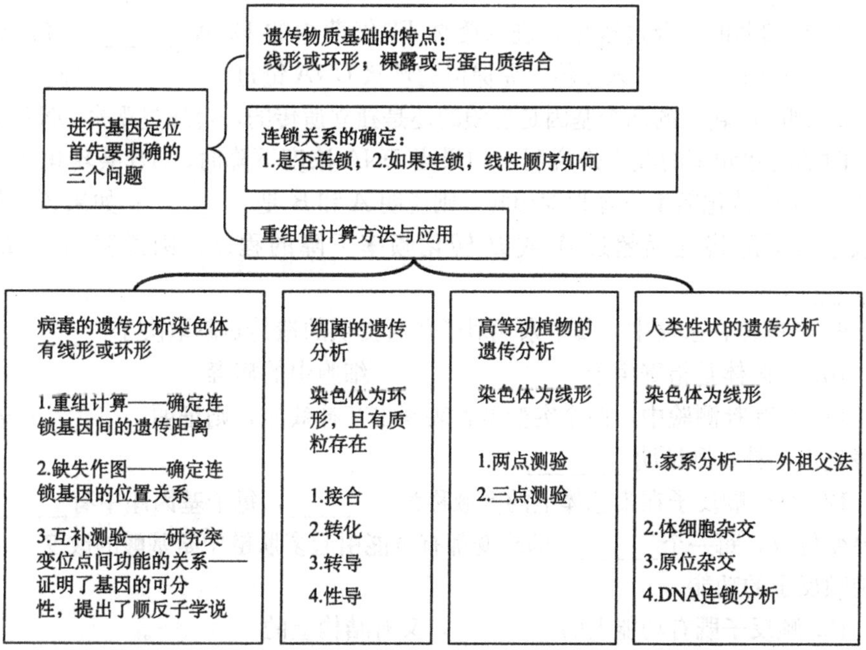


## 参 考 资 料


戴灼华，王雅馥，粟冀玟. 2008. 遗传学. 北京：高等教育出版社

李雅轩，胡英考. 2006. 遗传学学习指导. 北京：科学出版社

乔治·雷代伊. 2004. 英汉遗传学词典. 上海：上海科学技术出版社

张飞雄. 2004. 普通遗传学. 北京：科学出版社

Hartwell L H，Hood L，Goldberg M L et al. 2004. Genetics. New York：Mc Graw Hill

Klug W S, Cummings M R. 2002. Essentials of Genetics. Beijing: Higher Education Press

## 【试题精选】

### 一、填空题

1. A 和 B 两基因座距离为 8 个遗传单位，基因型 *AB*/*ab* 个体产生 *AB* 和 *Ab* 配子分别占________%和________%。

2. ________可以将重组率和图距准确地联系起来。

3. 交换值的大小反映了基因间的距离和连锁强度。交换值越大，基因间的距离越________。

4. 细菌的遗传重组可通过________、________、________和________四种途径实现。

5. Hfr 的染色体进入受体菌后，此时的细菌细胞被称为________二倍体。

6. 细菌的基因重组有两个特点：____________________________和____________________________。

7. 在细菌的接合过程中，进入受体 $F^-$ 细菌中的 DNA ________链，是由________牵引________入受体，原保留的环状 DNA 链进行________复制。

8. 判断所转化的两个基因是连锁的还是独立遗传的，可通过观察 DNA 浓度降低时的转化频率的改变来说明。如果当 DNA 浓度下降时，*AB* 共转化频率下降和 *A* 或 *B* 转化频率下降程度相同，则说明 *A* 和 *B* 是________；如果 *AB* 共转化频率的下降将远远超过 *A* 或 *B* 转化频率下降的程度，则说明 *A* 和 *B* 是________。

9. 噬菌体在杂交中，每个亲代对子代所提供的遗传贡献取决于________。

10. 噬菌体是指寄生于________________细胞中的病毒。

11. 在互补测验中，两个突变型若表现出互补效应，则证明________；若不能表现出互补，则证明________。

12. 每个顺反子在染色体上的区域称为________，每个基因座中有________个突变位点，每一个________的改变都有可能引起多肽链中氨基酸的改变，从而影响顺反子的功能。

13. 顺反子既有功能上的________，又有结构上的________。

14. 人类的基因定位常用的方法有________。

15. 原位杂交是以________标记的探针直接与________或________染色体进行原位杂交。

### 二、选择题

1. 一种果蝇经几次人工杂交后，已知各位点间的图距是 *A*—*B*＝10cM　*A*—*C*＝20cM　*A*—*D*＝25cM　*B*—*C*＝30cM　*B*—*D*＝15cM，若以这些数字绘图时

位点间正确的顺序是（　　）。

A. *DCBA*　　B. *DBAC*　　C. *CADB*　　D. *ACDB*

2. 已知基因 *A* 与 *B* 都是 X 连锁的，下列（　　）杂交所得的子代能确定基因间的重组率（假定♂性是异配性别）

A. ♀*AB*/*ab*×*AB*/*Y*♂　　B. ♀*Ab*/*aB*×*ab*/ *Y*♂

C. ♀*ab*/*AB*×*Ab*/ *Y*♂　　D. 上述各种杂交都可以

3. 若染色体某一区段发生了负干扰时，就意味着（　　）。

A. 一区段的实际双交换率低于理论双交换率（但却有双交换）

B. 这一区段未发生双交换

C. 这一区段未发生交换率等于理论双交换率

D. 这一区段的实际双交换率高于理论双交换率

4. 已知有三个位点是连锁的，*D* 与 *E* 相距 20 个图距单位，*E* 和 *F* 相距 20 个图距单位，又知三位点的顺序是 *DEF*，把杂交 *DDEEFF*×*ddeeff* 子代进行测交，就表型分类，发现测交子代中，有 2%的 *D-eeF-* 和 2%的 *ddE-ff*，根据这些资料，此区段的并发系数为（　　）。

A. 1　　B. 0.5

C. 0　　D. 不能计算并发示数

5. 有一杂交组合 *aaBB*×*AAbb*，下列有关叙述（　　）正确。

A. 若位点间连锁，产生 *Ab* 配子时，同样可产生 *AB* 配子

B. 若位点间紧密连锁，同不连锁相比，$F_1$的表型分布不同

C. 若位点间紧密连锁，与不连锁相比，$F_2$的表型分布不同

D. 以上答案都不对

6. 两种营养缺陷型细菌混合培养出现野生型，但是在 U 形管实验中不出现野生型，可以判断野生型的出现是由于发生了（　　）的结果。

A. 转化　　B. 接合　　C. 转导　　D. 突变

7. 细菌通过其细胞膜摄取周围供体 DNA 片段，并通过重组将外源 DNA 片段整合到自己的染色体中的过程被称为（　　）。

A. 转化　　B. 接合　　C. 转导　　D. 性导

8. 携带有一个游离于细菌染色体以外的 F 因子的菌株称为（　　）。

A. $F^+$菌株　　B. $F^-$菌株　　C. Hfr 菌株　　D. F′菌株

9. 既能以较高频率转移性因子，又能以较高频率转移细菌染色体片段的细菌是（　　）。

A. $F^+$菌株　　B. $F^-$菌株　　C. Hfr 菌株　　D. F′菌株

10. 下列有关细菌遗传学的叙述哪句正确？（　　）

A. 大肠杆菌染色体是典型的环状染色体

B. Hfr×$F^-$杂交时，几乎所有的 $F^-$菌株都变成了 Hfr 菌株

C. 细菌内含有许多附加因子，他们并不与环状染色体结合，这种因子称附加体

D. 上述答案都对

11. Griffith 发现，在活的无毒菌液中加入死的有毒性细菌然后感染家鼠，结果家鼠很快死亡，并释放出大量的有毒性细菌，那么细菌经历了何种过程才有现象？（　　）

A. 转导　　B. 易位　　C. 转化　　D. 接合

12. 已知一种 Hfr 菌株可把 $a$ 和 $b$ 基因顺序地传递给受体。那么在杂交 Hfr$a^+b^+ \times F^- a^- b^-$ 中，下列哪个公式可用来计算基因 $a$ 和 $b$ 间的重组率（　　）。

A. $a^+b^- / (a^+b^+ + a^+b^-)$

B. $a^-b^+ / (a^-b^+ + a^+b^+)$

C. $(a^+b^- + b^+a^-)/(a^+b^- + a^-b^+ + a^+b^+)$

D. $(a^+b^- + a^-b^+)/(a^+b^+ + a^+b^- + a^-b^+ + a^-b^-)$

13. 以噬菌体为媒介进行细菌之间遗传物质转移的过程称为（　　）。

A. 转化　　B. 接合　　C. 转导　　D. 性导

14. 用 $a^-b^-$ 和 $a^+b^+$ 两种噬菌体同时侵染大肠杆菌，然后取其裂解液涂布，结果是 $a^+b^+=4750$，$a^+b^-=370$，$a^-b^+=330$，$a^-b^-=4550$。根据这些资料判断基因 $a$ 和 $b$ 的重组率是（　　）。

A. 7%　　B. 12.8%　　C. 14%　　D. 3.5%

15. 下面有关链孢霉遗传的叙述（　　）正确。

A. 对于任意位点，它与着丝点的距离决定了 $M_{II}$ 分裂分离的频率

B. 观察到有非亲二型子囊出现的事实，证明了交换发生在减数分裂四线期

C. 为了确定某一位点与着丝粒距离，就必须了解 PD、NPD 和 T 型子囊的频率

D. 上述答案都对

16. 在子囊菌纲的脉孢霉中，减数分裂的产物，都保存在一个子囊中，所以能对某一位点进行着丝点作图，然而由于某种原因，不会见到位点与着丝粒的距离大于（　　）。

A. 25cM　　B. 33.3cM　　C. 50cM　　D. 66.7cM

17. 人类染色体作图可采用家系法，或利用体细胞杂交技术。而在以家谱法作图时（　　）。

A. X 连锁基因比常染色体基因更易作图

B. 常染色体基因比 X 连锁基因更易作图

C. X 连锁基因和常染色体基因一样容易作图

D. 上述答案均不对，因为家谱法资料不能用于人类染色体作图

18. 第一、二、三代 DNA 遗传标记分别是（　　）。

A. RFLP，EST，SNP　　　　B. EST，STS，SNP

C. EST，STR，SNP　　　　D. RFLP，STR，SNP

19. 利用杂种细胞克隆嵌板法定位的代表性基因是（　　）。

A. $\alpha$-珠蛋白基因　　　　B. 半乳糖激酶基因

C. Duffy 血型基因　　　　D. 胸苷激酶基因

## 三、遗传分析与计算题

1. 果蝇 2 号染色体上 8 个基因座之间的距离列于下表。构建一个包括这 8 个基因座的遗传图（表格中对角线的上下侧是对称的）。

| | *d* | *dp* | *net* | *J* | *ed* | *ft* | *cl* | *ho* |
|---|---|---|---|---|---|---|---|---|
| *d* | — | 18 | 31 | 10 | 20 | 19 | 14.5 | 37 |
| *dp* | | — | 13 | 28 | 2 | 1 | 3.5 | 9 |
| *net* | | | — | 41 | 11 | 12 | 16.5 | 4 |
| *J* | | | | — | 30 | 29 | 24.5 | 27 |
| *ed* | | | | | — | 1 | 5.5 | 7 |
| *ft* | | | | | | — | 4.5 | 8 |
| *cl* | | | | | | | — | 12.5 |
| *ho* | | | | | | | | — |

2. 知某生物的两个连锁群见图：

*f*　　　*a*　*b*　　　*g*　　*c*　　*d*

0　　　25　35　　　0　　15　　25

求 *AaCcDd* 杂合体产生的配子类型及其比例。

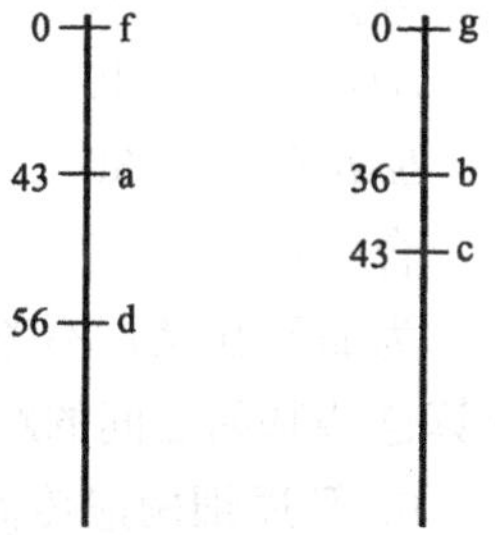


3. 已知某生物的两个连锁群如右图。

试求杂合体 *AaBbCc* 可能产生配子的类型和比例。

4. 已知 *A*、*B*、*C*、*D* 四个基因位于同一条染色体上，让一纯合的显性亲本与一纯合的隐性亲本进行杂交，$F_1$代与纯合的隐性亲本进行测交，得到的后代表型和数目如下：

| | |
|---|---|
| *abcd* | 668 |
| ＋＋＋＋ | 689 |
| *abc*＋ | 97 |
| ＋＋＋*d* | 98 |
| *ab*＋＋ | 1 |

| | |
|---|---|
| $++cd$ | 1 |
| $a+++$ | 145 |
| $+bcd$ | 143 |
| $ab+d$ | 5 |
| $++c+$ | 5 |
| $a+cd$ | 2 |
| $+b++$ | 1 |
| $a+c+$ | 69 |
| $+b+d$ | 76 |

共计：2000

试计算这四个基因之间的遗传距离，并进行遗传作图。

5. 雌果蝇 X 染色体上的基因顺序与组成如下：

$$\frac{+\quad +\quad +\quad +\quad +\quad +}{a\quad b\quad c\quad d\quad e\quad f}$$

有一个隐性致死基因 $l$ 位于其中一条 X 染色体上，但其确切位置未知，经杂交后，统计该雌果蝇产下的 1000 个雄性后代，其表型如下：

| | |
|---|---|
| $abcdef$ | 750 |
| $abcde$ | 60 |
| $abcd$ | 20 |
| $abc$ | 30 |
| $def$ | 70 |
| $cdef$ | 40 |
| $bcdef$ | 30 |

合计：1000

为简易起见，不考虑多次交换，而且已经知道所给的基因顺序是正确的。请计算这些基因之间的距离并确定致死基因的位置。

6. 简述细菌遗传器的组成，其遗传物质的传递及重组有何特点？

7. 细菌基因定位的方法有哪些？各有何特点？

8. 假定你要证明对过去一个从未描述过的细菌种有遗传重组，如使 $ab^+$ 菌株与 $a^+b$ 菌株混合培养，形成 $a^+b^+$、$ab$ 的重组类型，试说明将采用哪种方式来确定这种重组是转化、转导还是接合的结果。

9. 供体菌株为 Hfr $arg^- leu^+ azi^S str^S$，受体菌株为 $F^- arg^+ leu^- azi^R str^S$。为了检出和收集重组体 $F^- arg^+ leu^+ azi^R$，应用下列哪一种培养基可以完成这一任务，为什么其他的培养基不可以？①基本培养基加链霉素；②基本培养基加叠氮化钠和亮氨酸；③基本培养基加叠氮化钠；④在选择培养基中不加精氨酸和亮氨酸，加链霉素；⑤基本培养基加链霉素和叠氮化钠。

10. $F^+$ 菌株与 Hfr 菌株有何异同点？

11. 有一个基因型为 $a^+ b^+ c^+ d^+ e^+ str^s$ 的大肠杆菌 Hfr 菌株，与一个基因型为 $a^- b^- c^- d^- e^- str^r$ 的 $F^-$ 菌株接合，30min 后，用链霉素处理，然后再从活的受体中选出 $e^+$ 原养型，发现它们的其他野生型的基因频率如下：$a^+$ 70%；$b^+$ —；$c^+$ 85%；$d^+$ 10%。问 *abcd* 与供体染色体起点（原点 O）相对位置如何？

12. 在实验中发现 T2、T4 噬菌体混合感染所产生的某种病毒产物既能感染 B/2 细菌又能感染 B/4 细菌。然而，经过一个世代后，产生的病毒子代不是纯的 T2（只能感染 B/4）就是纯的 T4（只能感染 B/2）。提出假说以说明该实验结果（设想病毒蛋白上有一个以上的位点与决定寄主范围有关），由等量的 T 2和 T 4 混合感染所产生的子代中，你预期对 B/2 和 B/4 都能感染的类型占多少比例？

13. Hfr $met^+ \; thi^+ \; pur^+ \times F^- \; met^- \; thi^- \; pur^-$ 杂交。中断杂交试验表明，$met^+$ 最后进入受体，所以只在含 *thi* 和 *pur* 的培养基上选择 $met^+$ 接合后体。检验这些接合后体存在的 $thi^+$ 和 $pur^+$，发现各基因型个体数如下：

| | | | |
|---|---|---|---|
| $met^+ thi^+ pur^+$ | 280 | $met^+ thi^+ pur^-$ | 0 |
| $met^+ thi^- pur^+$ | 6 | $met^+ thi^- pur^-$ | 52 |

试问：①选择培养基中为什么不考虑 *met*？②基因次序是什么？③重组单位的图距有多大？④这里为什么不出现基因型 $met^+ thi^+ pur^-$ 的个体？

14. 某科学家应用转化技术，在不同的枯草芽孢杆菌菌株间做了大量的杂交实验，下面的资料是受体细菌不能合成组氨酸（基因型表示为 *his*），但对突变基因 *ant*、*trp*、*ind* 来说是野生型的。三个供体菌分别带有三个突变基因中的一个。实验中供体、受体和野生型转化子的记录如下：

| 供体菌株 | 受体菌株 | 野生型转化子（＋＋）频率 |
|---|---|---|
| *ant* ＋ | ＋*his* | 0.450 |
| *trp*＋ | ＋*his* | 0.190 |
| *ind*＋ | ＋*his* | 0.263 |

请作出 4 个基因的连锁图。

15. 大肠杆菌中 3 个位点 *ara*、*leu* 和 *ilvH* 是在 1/2min 的图距内，为了确定三者之间的正确顺序及图距，用转导噬菌体 P 1侵染原养型菌株 $ara^+ leu^+ ilvH^+$，然后使裂解物侵染营养缺陷型菌株 $ara^- leu^- ilvH^-$，对每个有选择标记基因进行实验，确定其未选择标记基因的频率，获下表结果：

| 实验 | 选择的标记基因 | 未选择的标记基因 |
|---|---|---|
| 1 | $ara^+$ | 60% $leu^+$ 1% $ilvH^+$ |
| 2 | $ilvH^+$ | 5% $ara^+$ 0% $leu^+$ |
| 3 | $ara^+ ilvH^+$ | 0% $leu^+$ |

根据上表 3 个实验结果，试说明三个基因间的连锁顺序如何?

16. 一个非溶源性菌株带 $a^+$ 和 $b^+$ 基因受到噬菌体的感染，裂解后产生的新噬菌体感染一带 $ab$ 的溶源性细菌菌株，实验结果如下：$8ab^+$ 和 $7a^+b$，$585a^+b^+$，问 $a$ 和 $b$ 连锁吗? 如果连锁，计算 $a$ 和 $b$ 的连锁强度。

17. 在一般性转导中，供体大肠杆菌细胞的基因型是 $trpC^+\ pyrF^-\ trpA^-$，受体细胞的基因型为 $trpC^-\ pyrF^+\ trpA^+$。由 P1 噬菌体媒介转导，对 $trpC^+$ 进行选择，用选择的细胞进一步检查其他基因的转导情况，得到以下的结果：

| 基因型 | 后代数目 |
|---|---|
| $trpC^+\ pyrF^-\ trpA^-$ | 279 |
| $trpC^+\ pyrF^+\ trpA^-$ | 279 |
| $trpC^+\ pyrF^-\ trpA^+$ | 2 |
| $trpC^+\ pyrF^+\ trpA^+$ | 46 |

a) 决定这 3 个基因的次序。

b) 计算 $trpC$ 和 $pyrF$，以及 $trpC$ 和 $trpA$ 的共转导频率。

c) 假定 $P_1$染色体长 10cM，计算这些基因之间的物理图距。

18. 用一野生型菌株提取出来的 DNA，转化一个三基因突变体（$ara^-\ pro^-\ arg^-$）的菌株，产生各种菌落，其数目如下：

| | | |
|---|---|---|
| $ala^+\ pro^+\ arg^+$ 8400 | $ala^+\ pro^-\ arg^+$ 2100 | $ala^+\ pro^-\ arg^-$ 840 |
| $ala^+\ pro^+\ arg^-$ 420 | $ala^-\ pro^+\ arg^+$ 1400 | $ala^-\ pro^-\ arg^+$ 840 |
| $ala^-\ pro^+\ arg^-$ 840 | | |

问：这些基因间的图距是多少? 顺序如何?

19. 两个病毒株杂交，即 $abc\times+++$，得到了以下的结果：

| 后代的基因型 | | | 噬菌斑数目 |
|---|---|---|---|
| + | + | + | 1200 |
| $a$ | $b$ | $c$ | 1100 |
| $a$ | + | + | 280 |
| + | $b$ | $c$ | 300 |
| $a$ | $b$ | + | 180 |
| + | + | $c$ | 160 |
| $a$ | + | $c$ | 85 |
| + | $b$ | + | 75 |

测定 3 个基因的连锁次序，以及它们之间的连锁距离。评论你的结果。

20. 用噬菌体的突变体进行三因子杂交，假设选择性标记相对于非选择性标记总是相互靠近的，用下列资料建立这 7 个基因的顺序图。

| 杂交 | 非选择标记 | 优势基因型 |
|---|---|---|
| *amA*×*amC*　*ts*4 | ts | 野生型 |
| *ts*2×*amC*　*ts*4 | am | 野生型 |
| *ts*2×*amB*　*ts*4 | am | 琥珀突变型 |
| *ts*1×*amB*　*ts*3 | am | 野生型 |

21. 有两个 T4 噬菌体的 *r*Ⅱ突变体同时感染大肠杆菌后裂解，将其裂解液稀释成 $6\times10^{-7}$感染大肠杆菌 B 菌株（*E. coli*B）后做成平板，产生 18 个噬菌斑，另一种稀释液浓度为 $2\times10^{-5}$感染大肠杆菌 K 菌株（*E. coli* K），做平板得 14 个噬菌斑，请计算此两基因之间的重组值。

22. 大肠杆菌的 8 个突变株都不能在没有组氨酸的培养基上生长，两两进行重组实验，发现所有的顺式杂合体都能在基本培养基上生长，而反式杂合体中，有的能在基本培养基中生长（+），有的则不能（−），如图所示，确定这 8 个突变位点分属于几个不同的顺反子？

反式杂合体在基本培养基上的生长情况：

| 突变体 | 1 | 2 | 3 | 4 | 5 | 6 | 7 | 8 |
|---|---|---|---|---|---|---|---|---|
| 8 | 0 | 0 | 0 | 0 | 0 | 0 | + | 0 |
| 7 | + | + | + | + | + | + | 0 | |
| 6 | 0 | 0 | 0 | 0 | 0 | 0 | | |
| 5 | 0 | 0 | 0 | 0 | 0 | | | |
| 4 | 0 | 0 | 0 | 0 | | | | |
| 3 | 0 | 0 | 0 | | | | | |
| 2 | 0 | 0 | | | | | | |
| 1 | 0 | | | | | | | |

23. 系 A 到系 J 是顺反子 y 的一系列缺失，它们的表现程度用下图中实线表示。今将突变系 1 到 10 同系 A 到系 J 的每个系杂交，得到下面结果（“+”和“0”表示后代中野生型的出现与否）。指出顺反子 y 中从左到右的突变系 1 到 10 的顺序。

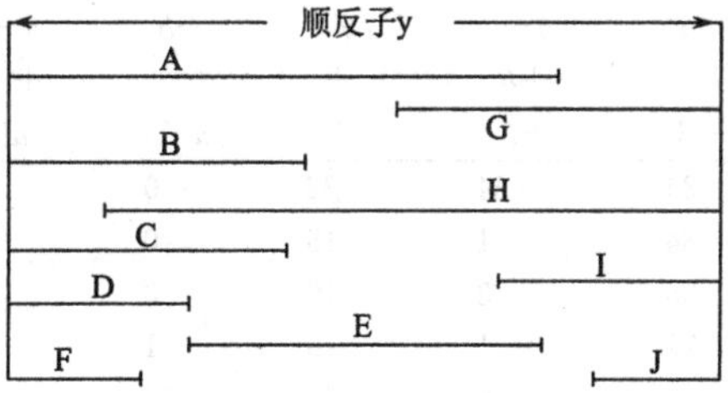

| | 1 | 2 | 3 | 4 | 5 | 6 | 7 | 8 | 9 | 10 |
|---|---|---|---|---|---|---|---|---|---|---|
| A | 0 | 0 | 0 | 0 | 0 | + | 0 | 0 | + | 0 |
| B | + | 0 | 0 | + | + | + | 0 | 0 | + | 0 |
| C | + | 0 | 0 | + | + | + | 0 | + | + | 0 |
| D | + | + | 0 | + | + | + | 0 | + | + | 0 |
| E | 0 | 0 | + | 0 | 0 | 0 | 0 | 0 | + | + |
| F | + | + | 0 | + | + | + | + | + | + | 0 |
| G | 0 | + | + | + | 0 | 0 | + | + | 0 | + |
| H | 0 | 0 | + | 0 | 0 | 0 | 0 | 0 | 0 | 0 |
| I | + | + | + | + | 0 | 0 | + | + | 0 | + |
| J | + | + | + | + | + | + | + | + | 0 | + |

24. 在微生物遗传学中，哪些实验深化了对基因本质的认识?

25. 现有基因型为 $Aa$ 的链孢霉，可形成六种类型的子囊，其子囊孢子在子囊中的排列顺序和子囊类型数目如下表所示：

| 类型 | 子囊数 | 孢子 | | | |
|---|---|---|---|---|---|
| | | 第一对 | 第二对 | 第三对 | 第四对 |
| 1 | 44 | $a$ | $a$ | $A$ | $A$ |
| 2 | 48 | $A$ | $A$ | $a$ | $a$ |
| 3 | 2 | $a$ | $A$ | $a$ | $A$ |
| 4 | 2 | $A$ | $a$ | $A$ | $a$ |
| 5 | 3 | $a$ | $A$ | $A$ | $a$ |
| 6 | 1 | $A$ | $a$ | $a$ | $A$ |

请计算该基因座与着丝粒间的距离。

26. 在红色面包霉中，$a$、$b$ 是任意两个基因。杂交组合为 $a\ b \times +\ +$，有六种不同的杂交结果，每个杂交分析了 100 个子囊，结果如下：

**子囊孢子的类型和数目**

| 基因型 / 子囊数 / 杂交 | $ab$ $ab$ $++$ $++$ | $a+$ $a+$ $+b$ $+b$ | $ab$ $a+$ $++$ $+b$ | $ab$ $+b$ $++$ $a+$ | $ab$ $++$ $++$ $ab$ | $a+$ $+b$ $+b$ $a+$ | $a+$ $+b$ $++$ $ab$ |
|---|---|---|---|---|---|---|---|
| ① | 34 | 34 | 32 | 0 | 0 | 0 | 0 |
| ② | 84 | 1 | 15 | 0 | 0 | 0 | 0 |
| ③ | 55 | 3 | 40 | 0 | 2 | 0 | 0 |
| ④ | 71 | 1 | 18 | 1 | 8 | 0 | 1 |
| ⑤ | 9 | 6 | 24 | 22 | 8 | 10 | 20 |
| ⑥ | 31 | 0 | 1 | 3 | 61 | 0 | 4 |

对每一个杂交，分析基因之间连锁关系和遗传距离，确定基因与着丝粒之间的遗传距离。

27. 如图所示，为父母与子代 DNA 电泳图谱示意图，请根据下图所示确定 $A$ 与 $B$，$D$ 与 $F$ 的关系。

28. 苯丙酮尿症是一种常染色体隐性遗传病，正常个体 DNA 经过酶切后可以形成 11.0kb、7.0kb 和 2.7kb 三条带纹，而患者由于基因突变失去一个正常的酶切位点，只形成 11.0kb 和 9.7kb 两条带纹，有这样一个家系（如图所示），第二代 3，4 个体为患者，试问第 5 个个体表现如何？

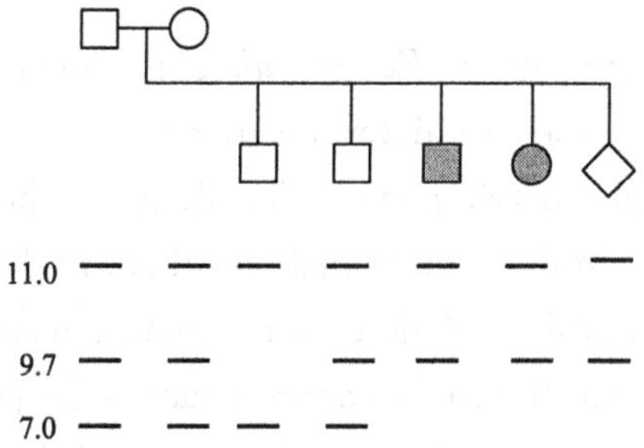


29. An individual heterozygous for four genes, $A/a \cdot B/b \cdot C/c \cdot D/d$, is test crossed to $a/a \cdot b/b \cdot c/c \cdot d/d$, and 1000 progeny are classified by the gametic contribution of the heterozygous parent as follows:

| | |
|---|---|
| $a \cdot B \cdot C \cdot D$ | 42 |
| $A \cdot b \cdot c \cdot d$ | 43 |
| $A \cdot B \cdot C \cdot d$ | 140 |
| $a \cdot b \cdot c \cdot D$ | 145 |
| $a \cdot B \cdot c \cdot D$ | 6 |
| $A \cdot b \cdot C \cdot d$ | 9 |
| $A \cdot B \cdot c \cdot d$ | 305 |
| $a \cdot b \cdot C \cdot D$ | 310 |

a. Which genes are linked? b. Draw a linkage map of the linked genes, showing the order and the distances in map units. c. Calculate an interference value, if appropriate.

30. From the five sets of data given in the following table determine the order of genes by inspection—that is, without calculating recombination values. Recessive phenotypes are symbolized by lowercase letters and dominant phenotypes by pluses.

| Phenotypes observed in 3-point testcross | DATA SET | | | | |
|---|---|---|---|---|---|
| | 1 | 2 | 3 | 4 | 5 |
| +++ | 317 | 1 | 30 | 40 | 305 |
| ++*c* | 58 | 4 | 6 | 232 | 0 |
| +*b*+ | 10 | 31 | 339 | 84 | 28 |
| +*bc* | 2 | 77 | 137 | 201 | 107 |
| *a*++ | 0 | 77 | 142 | 194 | 124 |
| *a*+*c* | 21 | 31 | 291 | 77 | 30 |
| *ab*+ | 72 | 4 | 3 | 235 | 1 |
| *abc* | 203 | 1 | 34 | 46 | 265 |

31. The squirting cucumber, *Echballium elaterium*, has two separate sexes (it is dioecious). The sexes are determined, not by heteromorphic sex chromosomes, but by the alleles of two genes. The alleles at the two loci govern sexual phenotypes as follows: *M* determines male fertility; *m* determines male sterility; *F* determines female sterility; *f* determines female fertility. In populations of this plant, individuals can be male (approximately 50 percent) or female (approximately 50 percent). In addition, a hermaphroditic type is found, but only at a very low frequency. The hermaphrodite has male and female sex organs on the same plant. a. What must be the full genotype of a male plant? (Indicate linkage relations of the genes.) b. What must be the full genotype of a female plant? (Indicate linkage relations of the genes.) c. How does the population maintain an approximately equal proportion of males and females? d. What is the origin of the rare hermaphrodite? e. Why are hermaphrodites rare?

32. In *E. coli*, four Hfr strains donate the following genetic markers shown in the order donated:

| | | | | | |
|---|---|---|---|---|---|
| Strain 1: | Q | W | D | M | T |
| Strain 2: | A | X | P | T | M |
| Strain 3: | B | N | C | A | X |
| Strain 4: | B | Q | W | D | M |

All of these Hfr strains are derived from the same $F^+$ strain. What is the order of these markers on the circular chromosome of the original $F^+$?

33. A cross is made between two *E. coli* strains: Hfr $arg^{+} bio^{+} leu^{+} \times F^{-}$ $arg^{-} bio^{-} leu^{-}$. Interrupted-mating studies show that $arg^{+}$ enters the recipient last, so $arg^{+}$ recombinants are selected on a medium containing *bio* and *leu* only. These recombinants are tested for the presence of $bio^{+}$ and $leu^{+}$. The following numbers of individuals are found for each genotype:

| | |
|---|---|
| $arg^{+} bio^{+} leu^{+}$ | 320 |
| $arg^{+} bio^{+} leu^{-}$ | 8 |
| $arg^{+} bio^{-} leu^{+}$ | 0 |
| $arg^{+} bio^{-} leu^{-}$ | 48 |

a. What is the gene order? b. What are the map distances in recombination percentages?

34. DNA studies are performed on a large family that shows a certain autosomal dominant disease of late onset (approximately 40 years of age). A DNA sample from each family member is digested with the restriction enzyme *Taq*I and subjected to gel electrophoresis. A Southern blot is then performed, with the use of a radioactive probe consisting of a part of human DNA cloned in a bacterial plasmid. The autoradiogram, aligned with the family pedigree, is as follows. Affected members are shown in black.

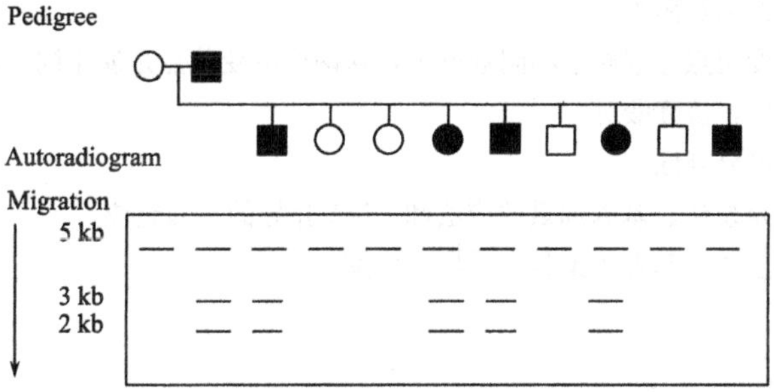


a. Analyze fully the relation between the DNA variation, the probe DNA, and the gene for the disease. Draw the relevant chromosome regions. b. How do you explain the last son? c. Of what use would these results be in counseling people in this family who subsequently married?

35. Four *E. coli* strains of genotype $a^{+} b^{-}$ are labeled 1, 2, 3, and 4. Four strains of genotype $a^{-} b^{+}$ are labeled 5, 6, 7 and 8. The two genotypes are mixed in all possible combinations and (after incubation) are plated to determine the frequency of $a^{+} b^{+}$ recombinants. The following results are obtained, where M = many recombinants, L = low numbers of recombinants, and 0 = no recombinants.

| | 1 | 2 | 3 | 4 |
|---|---|---|---|---|
| 5 | O | M | M | O |
| 6 | O | M | M | O |
| 7 | L | O | O | M |
| 8 | O | L | L | O |

On the basis of these results, assign a sex type (either Hfr, $F^+$, or $F^-$) to each strain.

## 【参考答案】

### 一、填空题

1. 46，4
2. 作图函数
3. 远
4. 接合，转化，转导，性导
5. 部分
6. 偶数次交换有效、奇数次交换无效，每次交换后只产生一种有效重组子
7. 单，F 质粒 5′端，供体的单链 DNA，滚环式
8. 连锁的，不连锁的
9. 感染细菌对每种亲代噬菌体的相对数量
10. 细菌、真菌以及藻类
11. 这两个突变位点分别属于不同顺反子，这两个突变位点是属于同一顺反子中
12. 基因座，多，核苷酸对
13. 完整性，可分割性
14. 系谱分析定位法、基因剂量效应法和 DNA 介导的基因定位
15. 同位素、生物素和荧光染料，前期，中期

### 二、选择题

1～5：BDDAC　6～10：BAADA　11～15：CBCAA　16～19：CADD

### 三、遗传分析与计算题

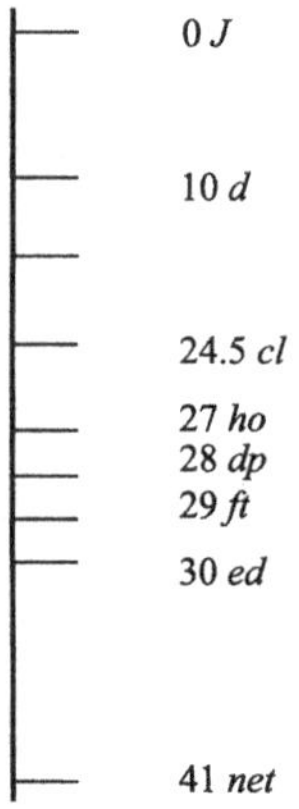


1. 可参考表格中的数据，寻找遗传距离最大的两个基因座，这两个基因一定为所研究基因中两端的两个基因。并且由于没有基因座的绝对位置，所以可以估计以 *J* 为 0 点，*net* 为 41 点，以此为基准将其他基因定位于两座位之间，此方法最为简便。再以其他数据进行核对，据此可确定题中各基因的遗传图如左图所示：

2. 从连锁图上看出，*f*、*a*、*b* 属于第一连锁群，*g*、*c*、*d* 属于第二连锁群。已知属于同一连锁群的基因是连锁遗传的，不同连锁群的

基因间是独立遗传的。可见，*A-a* 与 *C-c* 及 *D-d* 间是独立遗传的，而 *C-c* 与 *D-d* 间是连锁遗传的。因而可以把上述杂合体写成：

相引相：*A//a　CD//cd*　　　　　　　　相斥相：*A//a　Cd//cD*

*c* 与 *d* 属于第二连锁群，它们间的遗传距离为 25－15＝10cM，即 *C-c* 与 *D-d* 两对基因间的交换值为 10%。

求 *AaCcDd* 三对基因杂合体产生配子类型及比例的方法为：

(1) 相引相 *A//a　CD//cd*

先根据交换值，写出 *CD//cd* 形成的四种基因组合及其比例。

*CD//cd*→ *CD*∶*Cd*∶*cD*∶*cd*

　　　　0.45　0.05　0.05　0.45

然后写出 *A//a* 这对基因的分离比例。

*A//a*→0.5*A*∶0.5*a*

因为 *A-a* 这对基因是独立遗传的，所以 *A* 基因和 *a* 基因有同等的机会分别和 *CD*、*Cd*、*cD* 及 *cd* 相结合，形成 8 种基因组合的配子，各类配子的比例为相应比例的乘积。

| | *CD* 0.45 | *Cd*0.05 | *cD*0.05 | *cd*0.45 |
|---|---|---|---|---|
| *A*0.5 | *ACD* 0.225 | *Acd*0.025 | *AcD*0.025 | *Acd*0.225 |
| *a*0.5 | *aCD* 0.225 | *aCd*0.025 | *acD*0.025 | *acd*0.225 |

(2) 相斥相 *A//a Cd//cD*

先根据交换值，写出 *Cd//cD* 形成的四种基因组合及比例。

*Cd//cD*→　*CD*∶　*Cd*∶　*cD*∶　*cd*

　　　　0.05　0.45　0.45　0.05

然后写出 *A//a* 这对基因的分离比例。

*A//a*→0.5*A*∶0.5*a*

8 种类型的配子及其相应的比例为：

| | *CD*0.05 | *Cd*0.45 | *cD*0.45 | *cd*0.05 |
|---|---|---|---|---|
| *A*0.5 | *ACD*0.025 | *ACd*0.225 | *AcD*0.225 | *Acd*0.025 |
| *a*0.5 | *aCD*0.025 | *aCd*0.225 | *acD*0.225 | *acd*0.025 |

3. 从基因连锁图中可以看出，在杂合体 *AaBbCc* 中 *A*（*a*）基因为独立于 *B*（*b*）、*C*（*c*）之外的基因，而 *b* 与 *c* 基因连锁，其遗传距离为 43－36＝7cM。

当 *B*、*C* 基因为相引相（组）时：

| 类型 | 基因组成 | 比例 | 与 $A$、$a$ 组合后基因组成 | 比例 |
|---|---|---|---|---|
| $B$、$C$ 基因组成为亲本型 | $BC$ | 46.5% | $ABC$ | 23.25% |
| | | | $a\ BC$ | 23.25% |
| | $bc$ | 46.5% | $Abc$ | 23.25% |
| | | | $a\ bc$ | 23.25% |
| $B$、$C$ 基因组成为重组型 | $Bc$ | 3.5% | $ABc$ | 1.75% |
| | | | $aBc$ | 1.75% |
| | $bC$ | 3.5% | $AbC$ | 1.75% |
| | | | $abC$ | 1.75% |

当 $B$、$C$ 基因为相斥相（组）时：

| 类型 | 基因组成 | 比例 | 与 $A$、$a$ 组合后基因组成 | 比例 |
|---|---|---|---|---|
| $B$、$C$ 基因组成为重组型 | $BC$ | 3.5% | $ABC$ | 1.75% |
| | | | $a\ BC$ | 1.75% |
| | $bc$ | 3.5% | $Abc$ | 1.75% |
| | | | $a\ bc$ | 1.75% |
| $B$、$C$ 基因组成为亲本型 | $Bc$ | 46.5% | $ABc$ | 23.25% |
| | | | $aBc$ | 23.25% |
| | $bC$ | 46.5% | $AbC$ | 23.25% |
| | | | $abC$ | 23.25% |

4. 首先判断这四个基因之间的顺序关系：

从 $F_1$ 代与纯合的隐性亲本进行杂交后代的结果进行分析，可知：后代数目最多的类型即亲本型为 $abcd$ 和＋＋＋＋，后代最少的类型 $ab$＋＋和＋＋$cd$ 为交换次数最多的类型，共发生了 3 次交换，所以 $a$ 与 $b$ 间隔分布，$c$ 与 $d$ 间隔存在；另一较少类型 $a$＋$cd$ 和＋$b$＋＋的类型数分别为 2 和 1，其中 $ad$ 的连锁关系没有改变，所以 $a$ 和 $d$ 分位于四个基因的两端。因此四个基因的排列顺序为：$acbd$。

其次，进行遗传距离的计算：

RF（$a-c$）：

$$=\frac{1+1+145+143+5+5}{2000}\times 100\%=15\%$$

RF（$a-b$）：

$$=\frac{2+1+145+143+69+76}{2000}\times 100\%=21.8\%$$

RF（$b-c$）：

$$=\frac{5+5+2+1+1+1+69+76}{2000}\times100\%=8\%$$

RF（$b-d$）：

$$=\frac{97+98+1+1+2+1}{2000}\times100\%=10\%$$

RF（$c-d$）：

$$=\frac{97+98+5+5+69+76}{2000}\times100\%=17.5\%$$

RF（$a-d$）：

$$=\frac{97+98+1+1+145+143+69+76}{2000}\times100\%=31.5\%$$

进行遗传作图：

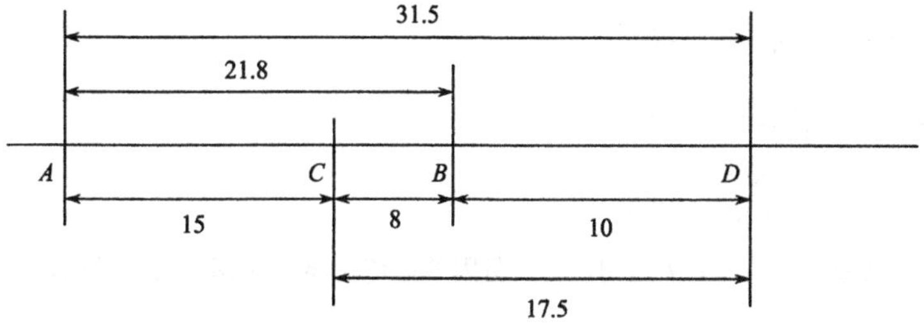


*A-C* 的遗传距离为：15.0cM；

*C-B* 的遗传距离为：8.0cM；

*B-D* 的遗传距离为：10cM.

5. 首先，判断致死基因所处的染色体：

分析雄性后代，如果在X染色体上没有交换，则会产生 *abcdef* 和＋＋＋＋＋＋两种雄性后代，但是由于致死基因的存在，导致含有致死基因的X染色体与Y染色体结合后的雄性个体不能存活，本题中没有＋＋＋＋＋＋雄性类型个体，由此判断，致死基因 *l* 位于带有＋＋＋＋＋＋基因的X染色体上；

其次，确定致死基因的位置及与其他基因的顺序关系：

当交换发生在 *e-f* 之间，则应该出现 *abcde*＋和＋＋＋＋＋*f* 两种类型。但是在雄性后代中不存在＋＋＋＋＋*f* 类型，因此致死基因 *l* 应该在染色体＋＋＋＋＋*f* 类型上；

当交换发生在 *d-e* 之间，则应该出现 *abcd*＋＋和＋＋＋＋*ef* 两种类型。但是在雄性后代中不存在＋＋＋＋*ef* 类型，因此致死基因 *l* 应该在染色体＋＋＋＋*ef* 类型上；

当交换发生在 *c-d* 之间，则应该出现 *abc*＋＋＋和＋＋＋*def* 两种类型。后代中存在这两种类型，数值分别为30和70，为两次交换的结果。因此致死基因的位置处于 *c-d* 之间；

当交换发生在 *b-c* 之间，则应该出现 *ab*＋＋＋＋和＋＋*cdef* 两种类型。但是在雄性后代中不存在 *ab*＋＋＋＋类型，因此致死基因 *l* 应该在经过交换形成的 *ab*＋＋＋＋类型的X染色体上；

当交换发生在 *a-b* 之间，则应该出现 *a*＋＋＋＋＋和＋*bcdef* 两种类型。但是在雄性后代中不存在 *a*＋＋＋＋＋类型，因此致死基因 *l* 应该在经过交换形成的 *a*＋＋＋＋＋类型的X染色体上；

下划线者不存在，说明在该染色体上含有致死基因，其共同点为含有 *cd* 野生基因的片段。从数据进行分析，致死基因距 *c* 基因位点较近。

最后，计算交换值：注意在后代中由于致死基因的存在，导致有一半的个体死亡，所以总体数目与交换类型数均应该加倍：

$$\text{RF}\ (a-b)\ =\frac{30\times2}{1000\times2}\times100\%=3\%$$

$$\text{RF}\ (b-c)\ =\frac{40\times2}{1000\times2}\times100\%=4\%$$

由于经过上述分析得知致死基因位于 *c-d* 之间，因此分别计算 *c-l* 之间的遗传距离和 *l-d* 之间的遗传距离：

$$\text{RF}\ (c-l)\ =\frac{30\times2}{1000\times2}\times100\%=3\%$$

$$\text{RF}\ (l-d)\ =\frac{70\times2}{1000\times2}\times100\%=7\%$$

$$\text{RF}\ (d-e)\ =\frac{20\times2}{1000\times2}\times100\%=2\%$$

$$\text{RF}\ (e-f)\ =\frac{60\times2}{1000\times2}\times100\%=6\%$$

因此，致死基因 *l* 位于 *c-d* 之间，与 *c* 基因的遗传距离为 3cM，与 *d* 基因之间的遗传距离为 7cM。

6. 细菌的遗传器主要由染色体 DNA 和细菌细胞内的质粒 DNA 组成。在细菌的有性生殖过程中染色体 DNA 只能从供体细菌细胞内转移到受体细菌细胞内，即转移是单方向的；并且转移到受体的染色体 DNA 上的基因都是连锁的；在重组过程中，奇数次交换无效，偶数次交换有效；交换结果只产生一种重组子，无相反重组子出现，并且对于后代来讲，供体提供的遗传物质少于受体所提供的遗传物质。

7. 由于细菌为原核生物，其遗传方式不同于真核生物，不能以后代的分离比来计算基因间的重组值，只能靠一些特有的方法来进行基因定位和作图，这些方法包括：中断杂交作图、非中断杂交作图法、重组作图、转化作图和转导作图等。

中断杂交作图就是将多标记的 Hfr 菌株和 $F^-$ 菌株混合后进行接合，培养不同时间后取样，通过剧烈搅拌或震荡使接合中的细菌细胞相互脱离，即中断杂交过程，然后在鉴别培养基上（Hfr 细胞在该培养基上不能生长）继续培养，看有哪些原属于 Hfr 菌株的性状出现在 $F^-$ 菌株中。两个菌株混合培养的时间越长，在 $F^-$ 菌株中出现的 Hfr 菌株的性状越多，在一个特定的接合过程中，首先在 $F^-$ 细胞中出现的性状是固定不变的，而且各种性状的出现有一定的先后次序，以 Hfr 菌株染色体上的基因在 $F^-$ 菌株中出现的先后次序和时间为依托，可以画出基因的连锁图。它是根据基因转移的先后次序，以时间为图距单位来测定基因的连锁关系的。非中断杂交作图法是依据在一定时间取样所获得的重组类型及其比例而得到的基因之间相互关系的一种测定方法。

所谓重组作图法是利用 Hfr 菌株与 $F^-$ 菌株杂交后，在部分二倍体中，若两个基因相距越近，在重组体中同时出现的机会越多，两基因相距越远，在重组体中同时出现的机会就越少，这样就可以根据重组体中某一性状单独出现的频率，作为两个基因之间的重组值或图距，再进行基因定位。其精确性高于中断杂交作图。

转化作图与重组作图原理一致，只是裸露的外源 DNA 对受体细菌的转化，不需 Hfr 细胞的参与。

转导作图是利用噬菌体为媒介，把一个细菌的基因导入到另一个细菌，形成的部分二倍体可以发生重组，由于转导子频率最低的类型肯定是最难转导的，它需要同时进行多次交换，所以在这类转导子中两边的为供体基因，中间的为受体基因，这样就可以对基因进行定位排序。

8. 将 $ab^+$ 菌株与 $a^+b$ 菌株分别置于“U”形管的两臂，在“U”形管的中间用孔径小于 0.1μm 的烧结玻璃滤板隔开，只能允许 DNA 等大分子以及病毒通过，细菌细胞是不能通过的，至使这两种细菌不能直接接触。

待两臂的细胞在完全培养基上停止生长后，将它们涂布于基本培养基上，在任何一臂内如果没有 $a^+b^+$ 出现，则说明是接合；否则就是转化或者转导；

如果在“U”形管实验中有野生形出现，再在“U”形管中加入 DNase（DNA 酶）处理，如果发现在基本培养基上没有出现 $a^+b^+$ 则说明是由转化引起的重组，否则可能是转导：在“U”形管中加入噬菌体的抗血清，如果能抑制重组发生，则可以确定是转导。

9. 应该选择基本培养基加叠氮化钠（*azi*）

一号培养基：基本培养基中加入链霉素（*str*），那么培养基上没有任何菌落生成，因为供体菌株和受体菌株都属于链霉素敏感型（$str^S$），两者重组后的任何类型均属于链霉素敏感型菌株；

二号培养基：基本培养基加叠氮化钠和亮氨酸（leu），受体菌株 $F^- arg^+ leu^- azi^R str^S$ 也能在该培养基上生长。

四号培养基：在选择培养基种不加精氨酸（arg）和亮氨酸，加链霉素，同一号培养基的结果相同，没有任何菌落生成；

五号培养基：基本培养基上加链霉素和叠氮化钠，没有任何菌落生成。

第三号培养基是选择基本培养基加叠氮化钠，可以排除供体菌株的干扰，同时受体菌株在没有亮氨酸的培养基中不能生长，另外一种重组类型 $F^- arg^- leu^- azi^R$ 也不能生长，因此该培养基可以完成这一任务。

10. 两菌株的共同点：①它们都具有 F 因子，细胞的表面有性伞毛，$F^-$ 细胞表面没有这种突起；②两种菌株都能与 $F^-$ 菌株杂交。

两菌株的不同点：①F 因子在细菌细胞中存在的状态不同，$F^+$ 菌株中的 F 因子独立于细菌染色体之外，而 Hfr 菌株中的 F 因子整合在细菌染色体内，同细菌染色体一起复制和遗传。②与 $F^-$ 菌株杂交的结果不同，在 $F^+$ 与 $F^-$ 杂交时，F 因子通过滚环复制转移到 $F^-$ 细胞中，使 $F^-$ 细胞转变为 $F^+$ 细胞，但原 $F^+$ 细胞中细菌的染色体或基因很少转移给 $F^-$ 细胞；当 Hfr 与 $F^-$ 细胞杂交时，两细菌的重组率相当高，但很少能使 $F^-$ 细胞转变为 $F^+$ 细胞。

11. 在细菌的接合过程中，Hfr 菌株的原点首先进入受体菌（$F^-$ 菌株），然后是靠原点近的基因，因此在受体菌中出现频率越高的基因，离原点越近，由此可以确定基因的相对位置如下：*e-c-a-d-b*。

12. 病毒蛋白上有两个位点与寄主范围专一性有关。由于表型混合的结果，在某些病毒中，一个位点与 T 2蛋白结合在一起（所以能感染 B/4）；另一个位点与 T 4蛋白结合在一起

（能感染 B/2）。由于病毒 DNA 不是 T 2，就是 T 4，所以在进一步的繁殖中只能产生纯系病毒。

假定各病毒品系产生对两个位点来说都是等量的蛋白，然后随机结合起来：

$$\begin{array}{llll} T2\times T4 & \rightarrow T2/T2 & T2/T4 & T4/T4 \\ & \quad 1 & \quad 2 & \quad 1 \end{array}$$

即约有一半为混合表型。

13. ①中断杂交实验表明，$met^+$ 最后进入受体，因此选择培养基不考虑 *met*，这样选择的重组体全部是 $met^+$，也就是保证了包含 *thi*、*pur*、*met* 的染色体长度已经全部进入受体细胞中，这样所有的基因都可以经过交换而发生重组。

②基因的次序为 $thi^-\ pur^-\ met$（因为 $met^+\ thi^+\ pur^-$ 重组类型最少，与亲本类型比较后可得出该结果）。

③根据重组作图法，可以分别计算 $met^-\ thi$ 以及 $met^-\ pur$ 之间的重组值：

$$met-thi\ 重组值=\frac{met^+\ thi^-}{met^+\ thi^-+met^+\ thi^+}\times 100\%=\frac{6+52}{6+52+280+0}=17.16\%$$

$$met-pur\ 重组值=\frac{met^+\ pur^-}{met^+\ pur^-+met^+\ pur^+}\times 100\%=\frac{52+0}{6+52+280+0}=15.38\%$$

因此：*met* 与 *pur* 间的距离为 15.38；*met* 与 *thi* 间的距离为 17.16；*pur* 与 *thi* 间的距离为 17.16－15.38＝1.78。

④ 由于 *pur* 位于 *met* 和 *thi* 之间，要获得 $met^+\ thi^+\ pur^-$ 需要两个双交换同时发生，这种频率极小，故本题中由于群体较小没有出现。

14. 从实验结果可知：*ant* 与 *his* 的遗传距离大于 *ind* 与 *his* 的遗传距离大于 *trp* 与 *his* 的遗传距离。因此可能的连锁图为

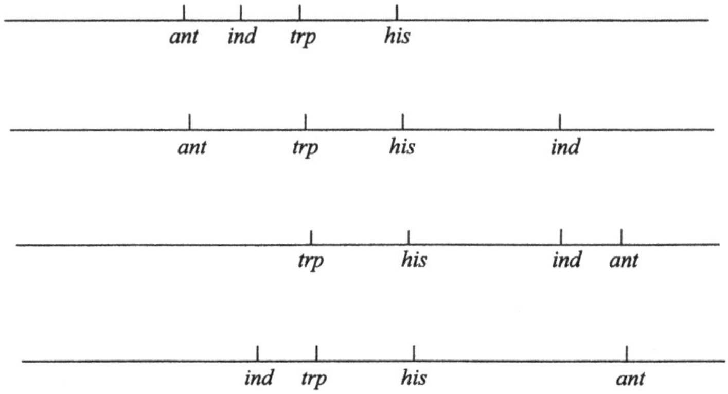


研究结果发现枯草杆菌的 DNA 为环形 DNA，如果要确认是哪一种连锁关系，需要进一步补充实验数据。

15. 由实验 1 可知：*ara* 距离 *leu* 较 *ara* 距离 $ilvH^+$ 近，因此可以推断连锁关系如下：

1.
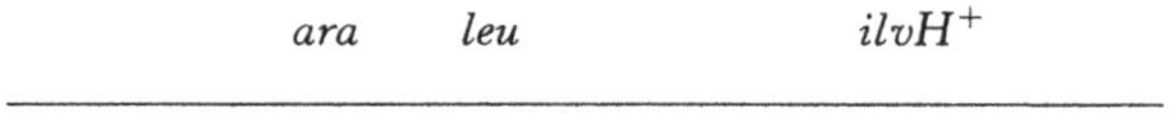


2.
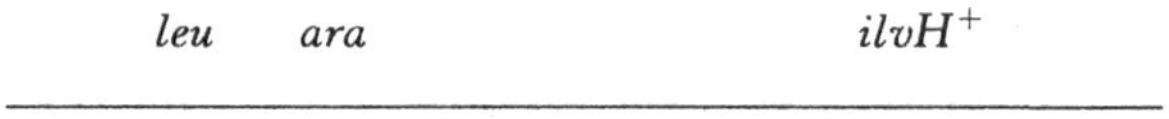

由实验 2 可知：$ilvH^+$ 距离 $ara$ 较 $ilvH^+$ 距离 $leu$ 近，所以上面第二种顺序是正确的。

16. 本实验是一个共转导实验，在转导子中，$a^+b^+$ 的共转导频率$=\frac{585}{600}\times 100\%=97.5\%$，由于共转导频率非常高，所以 $a$ 与 $b$ 基因为连锁基因。

利用普遍性转导进行两点或三点转导实验作图，需筛选出一个供体标记的转导子，即通过转导而能表达外基因子的受体细胞，再分析其他供体标记的存在状况。如从一供体为 $a^+ b^+$ 转导给 $a^- b^-$ 受体，转导会产生 $a^+b^-$、$a^- b^+$ 和 $a^+b^+$ 转导子，若选择 $a^+$ 转导子作为供体标记，则 $a-b$ 间重组率为：

$RF_{ab}=(a^+b^-)/[(a^+b^-)+(a^+b^+)]\times 100\%$；

若选择 $b^+$ 转导子作为供体标记，则 $a$-$b$ 间重组率为：

$RF_{ab}=(a^-b^+)/[(a^-b^+)+(a^+b^+)]\times 100\%$。

所以，如果选择 $a^+$ 转导子作为供体标记，则此时 $a$-$b$ 间重组率为：

$$\frac{7}{7+585}\times 100\% = 1.18\%$$

若选择 $b^+$ 转导子作为供体标记，则 $a$-$b$ 间重组率为：

$$\frac{8}{8+585}\times 100\% = 1.34\%$$

17. a) 因为频率最低的一类转导子是最难于转导的，因此它的产生需要同时发生的交换次数最多，这种转导子中的 3 个基因中，两边的应为供体基因，中间的应为受体基因。本题中该类转导子的基因型为 $trpC^+\ pyrF^-\ trpA^+$，所以三基因顺序为：$trpC$—$trpA$—$pyrF$。

b) $trpC$ 和 $pyrF$ 的共转导频率（为第一和第三类 $trpC^+\ pyrF^-$）为：

$$\frac{279+2}{606}\times 100\% = \frac{281}{606}\times 100\% = 46\%$$

$trpC$ 和 $trpA$ 的共转导类型为 $trpC^+\ trpA^-$，其频率为：

$$\frac{279+279}{606}\times 100\% = 92\%$$

c) 因为 P1 噬菌体染色体长为 10cM，所以各基因之间物理距离为：

$$\begin{aligned} d_{(C-F)} &= L(1-\sqrt[3]{0.46}) \\ &= 2.2806\text{cM} \end{aligned}$$

$$\begin{aligned} d_{(C-A)} &= L(1-\sqrt[3]{0.92}) \\ &= 0.2741\text{cM} \end{aligned}$$

18. (1) 基因间图距（重组值）：

对 $ala$-$pro$ 两基因来说，亲本型（++）为：8400＋420＝8820，重组型（+－和－+）为：2100＋840＋1400＋840＝5180，所以 $ala$-$pro$ 间重组值＝［（+－）＋（－+）］/［（++）＋（+－）＋（－+）］×100%＝5180/（8820＋5180）×100%＝37%；

对 $ala$-$arg$ 两基因来说，亲本型（++）为：8400＋1400＝9800，重组型（+－和－+）为：840＋420＋1400＋840＝3500，所以 $ala$-$arg$ 间重组值＝［（+－）＋（－+）］/［（++）＋（+－）＋（－+）］×100%＝3500/（9800＋3500）×100%＝26.3%；

对 $pro$-$arg$ 两基因来说，亲本型（++）为：8400＋1400＝9800，重组型（+－和－+）为：2100＋420＋840＋840＝4200，所以 $pro$-$arg$ 间重组值＝［（+－）＋（－+）］/［（++）＋（+－）＋（－+）］×100%＝4200/（9800＋4200）×100%＝30%；

(2) 基因顺序如下：

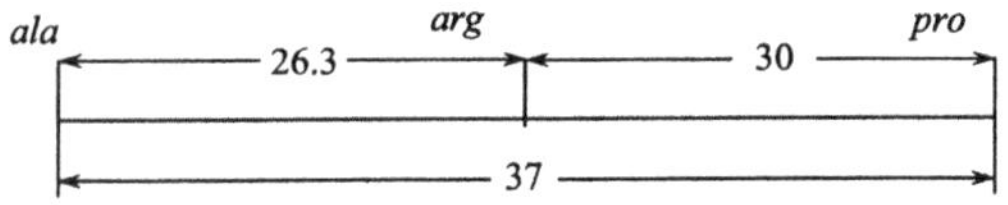


19. 后代统计总数：3380 由实验可以看出：

亲本型的基因型为：$\frac{+++}{abc}$，双交换型的基因型为：$\frac{+b+}{a+c}$

所以三基因顺序为：*a-b-c*

此时双交换$=\frac{85+75}{3380\times100\%}$

$=4.7\%$

$\therefore$*a-b* 间交换值$=\frac{280+300+85+75}{3380\times100\%}$

$=21.9\%$

*b-c* 间交换值$=\frac{180+160+85+75}{3380\times100\%}$

$=14.8\%$

*a-c* 间交换值$=\frac{280+300+85+75+180+160+85+75}{3380+100\%}$

$=36.7\%$ （已校正）

并发系数＝0.0473/（0.2189×0.1479）＝1.45，并发系数大于 1，为负干涉。

其主要原因在于：①与噬菌体 DNA 结构特点相关（裸露，不与组蛋白结合）；②与杂种 DNA 分子的基因转变相关。

20. a) 杂交组合 *amA*×*amC* *ts*4

即 + + *amA*×*ts*4 *amC*+　　其中 *ts* 为非选择性标记，所以 *amA* 与 *amC* 总是相互靠近的。因此有：

顺序1:

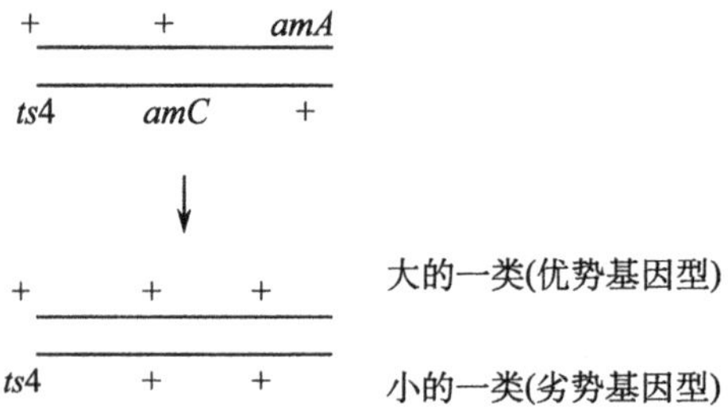


顺序2:

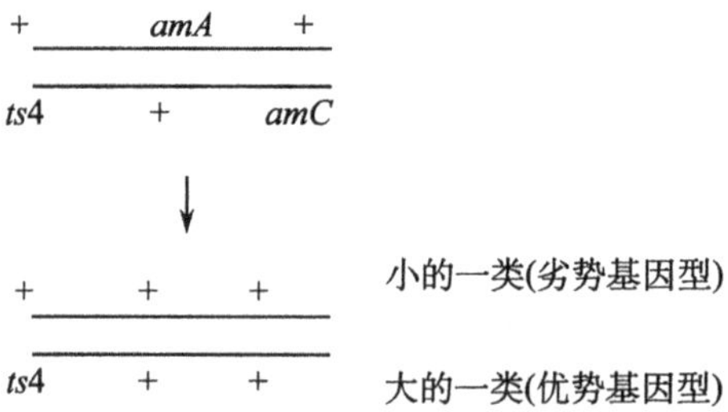

依题意，优势基因型为野生型，基因顺序应为：*ts*4-*amC*-*amA*

b) *ts*2×*amC*　*ts*4

即 ＋ ＋ *ts*2× *amC*　*ts*4＋

非选择标记 am，因此 *ts*2 与 *ts*4 总是相互靠近的。

可能基因型顺序为：*amC*-*ts*2-*ts*4 或 *amC*-*ts*4-*ts*2

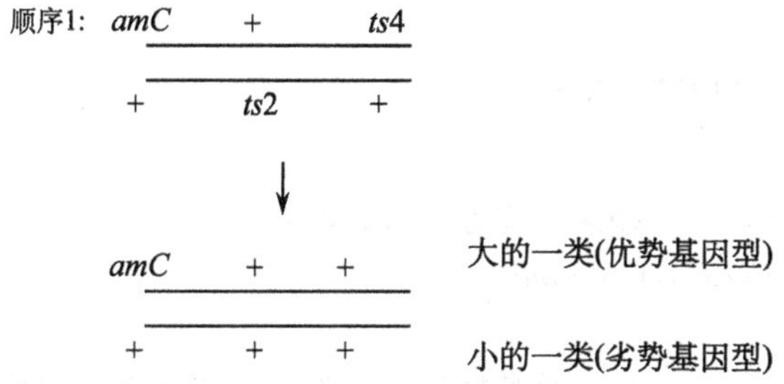


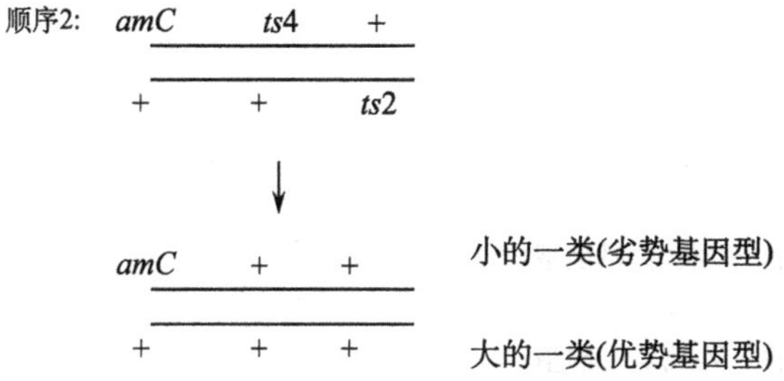


依题意：野生型为优势基因型，所以三基因顺序应为：*ts*2-*ts*4-*amC*

总结以上两实验结果，基因顺序应为：*amA*-*amC*-*ts*4-*ts*2

c) *ts*2×*amB*　*ts*4

非选择标记 *amB*，所以相对于 *amB*，*ts*2 与 *ts*4 总是相互靠近的，所以可能的基因顺序为：*amB*-*ts*2-*ts*4 或 *amB*-*ts*4-*ts*2。分析如下：

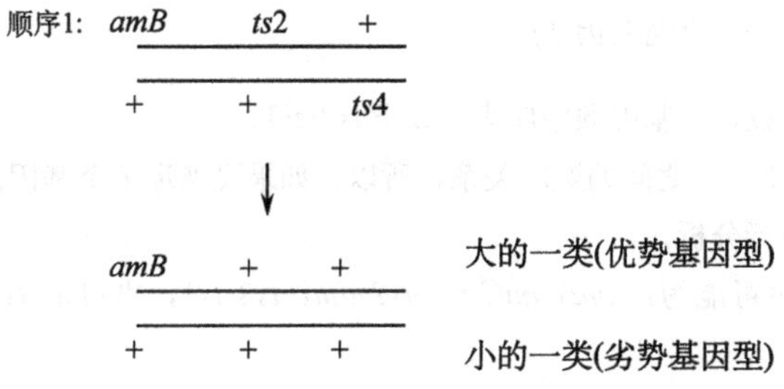

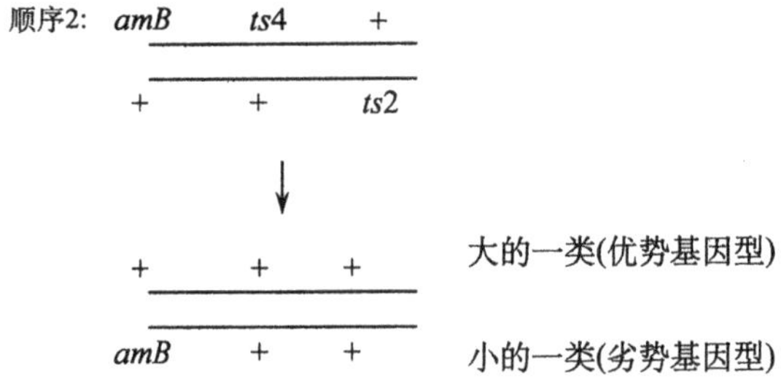


依题意：突变型为优势基因型，所以，三基因顺序应为：*amB*-*ts*2-*ts*4

以上三实验总结基因顺序为：*amA*-*amC*-*ts*4-*ts*2-*amB*

d) *ts*1×*amB* *ts*3

非选择标记 *amB*，所以相对于 *amB*，*ts*1 与 *ts*3 总是相互靠近的，所以可能的基因顺序为：*amB*-*ts*1-*ts*3 或 *amB*-*ts*3-*ts*1。分析如下：可能基因顺序为：

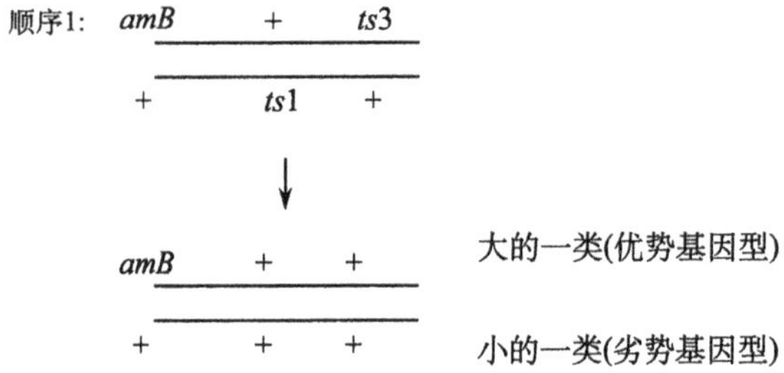


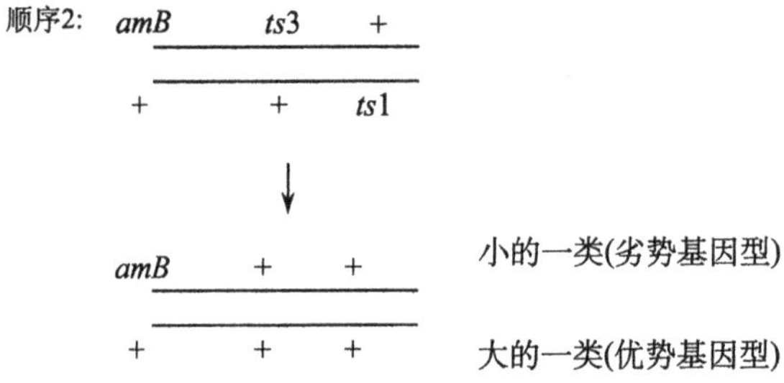


依题意：野生型为优势基因型，所以，三基因顺序应为：*amB*-*ts*3-*ts*1。

在此题中，没有研究 *ts*3，*ts*1 与 *ts*2，*ts*4 之间的顺序关系，所以，如果要确定 7 个基因之间的顺序，还必须进一步以实验结果进行分析。

总结以上 4 个实验结果，基因顺序可能为：*amA*-*amC*-*ts*4-*ts*2-*amB*-*ts*3-*ts*1，也可能 *ts*3、*ts*1 同样在 *amB* 的另一侧。汇总如下：

*amA*　*amC*　*ts*4　*ts*2　*amB*

　　　　　　*ts*1　*ts*3

如果需要进一步确认准确的位置，需要进一步实验，进行对应片段的杂交。

21. 为比较在 B、K 上的噬菌斑数目，由于稀释浓度不同，必须校正数据，所以，如果在

$6\times10^{-7}$稀释液中产生18个噬菌斑，则在$2\times10^{-5}$稀释液中产生的噬菌斑为：

$$\frac{18\times2\times10^{-5}}{6\times10^{-7}}$$

$=18\times100/3=600$，即相当于在$2\times10^{-5}$稀释液中可以产生600个噬菌斑。

因此，$\text{重组值}=\frac{2\times\text{在}\ E.coli\text{K 上产生的噬菌斑数}}{\text{在}\ E.coli\text{B 上产生的噬菌斑数}}\times100\%=\frac{2\times14}{600}\times100\%=4.67\%$

由此可得：两基因之间的重组值为4.67%。

22. 两个隐性突变如果表现出互补效应，则证明这两个突变分属于不同的基因；如果不能出现互补，则证明这两个突变位点位于同一个基因内部。据此分析，图中表明：7为独立基因，因为其可与1、2、3、4、5、6、8均可以互补，则与1、2、3、4、5、6、8为不同基因。1、2、3、4、5、6、8彼此不可以互补，所以其为同一基因内不同突变位点。

23. 缺失作图的原理为：待测突变体与缺失突变体杂交时，如能产生互补类型，则证明该突变不在缺失范围内，如果不能产生互补类型，则证明该突变在缺失范围内。

因为品系A可以与6.9缺失类型互补，所以6.9片段位于A段之外，也就是说：A段包括1.2.3.4.5.7.8.10区段。

同理，因为品系B可以与1.4.5.6.9互补，所以2.3.7.8.10在B区段内，由此可以判断突变位点先后顺序为2.3.7.8.10. 1.4.5. 6.9。（注：带同一下划线区段内位点顺序关系待定。）

品系C可以与1.4.5.6.8.9互补，所以2.3.7.10在C段，因此2.3.7.8.10的顺序为：2.3.7.10.8。

品系D可以与1.2.4.5.6.8.9互补，所以3.7.10在D段，因此位点的顺序可排列为：3.7.10. 2. 8. 1.4.5. 6.9。

品系F可以与1.2.4.5.6.7.8.9互补，所以3.10在F区段内，因此位点的顺序可排列为：3.10. 7. 2. 8. 1.4.5. 6.9。

品系E可以与3.5.6.7.9互补，所以3位于E段外，10位于E段内，因此位点的顺序可排列为：3. 10. 7. 2. 8. 1.4.5. 6.9。

品系J可以与1.2.3.4.5.6.7.8.10互补，所以9位于J区段内，因此位点的顺序可排列为：3. 10. 7. 2. 8. 1.4.5. 6. 9。

品系I可以与1.2.3.4.7.8.10互补，所以5.6.9位于I段内，因此位点的顺序可排列为：3. 10. 7. 2. 8. 1.4. 5. 6. 9。

品系G可以与2.3.4.7.8.10互补，所以1.5.6.9位于G区段内，因此位点的顺序可排列为：3. 10. 7. 2. 8. 4. 1. 5. 6. 9。

所以经过分析，该10个位点顺序为：3. 10. 7. 2. 8. 4. 1. 5. 6. 9。

24. (1) 细菌的转化：首先用实验证明基因的化学本质就是DNA分子的是美国著名的微生物家O. T. Avery。他和他的合作者C. M. Macleod及M. McCarry，在纽约进行细菌转化的研究，并于1944年发表了研究报告。他们在F. Griffth工作的基础上，选用的试验材料肺炎链球菌（*Streptococcus pnumoniae*）有两种不同的品系：具有荚膜的品系形成光滑的菌落（简称S型），是有毒的；无荚膜的品系形成粗糙的菌落（简称R型），是无毒的。将S型肺炎链球菌的DNA加到R型肺炎链球菌的培养物中，能够使R型转变成S型，表现出具有毒力的荚膜的特性。这种细菌转化实验表明使细菌转化的物质是DNA。迄今，已经在几十种细菌和放线菌中成功地获得了遗传性状的定向转化。这些试验都证明了起转化作用的物质是 DNA。(2) 噬菌体的侵染与繁殖：1952 年，美国冷泉港卡内基遗传学实验室的科学家 A. D. Hershey 和他的学生 M. Chase 共同发表报告，肯定了 Avery 的结论。他们用放射性性核素 $^{32}P$ 和 $^{35}S$，分别标记 T2 噬菌体的内部 DNA 和外壳蛋白质。然后再用折中双标记的噬菌体去感染大肠杆菌寄主细胞。结果发现只有 $^{32}P$ 标记的 DNA 注入寄主细胞内部，并且重新繁殖出子代噬菌体。这个实验进一步表明：在噬菌体中 DNA 是具有连续性的遗传物质。(3) 烟草花叶病毒的重建试验：H. Frankel-Conrat 和 B. Singer 把烟草花叶病毒 TMV 的 RNA 与另一个 TMV 品系（HR，Holmes ribgrass）的蛋白质，重新合成混合的烟草花叶病毒，用它感染烟草叶片时，所产生的新病毒颗粒与提供 RNA 的品系完全一样，即亲本的 RNA 决定了后代的病毒类型。这说明在不含 DNA 的 TMV 中，RNA 就是遗传物质。(4) Benzer 的 T4 噬菌体实验：20 世纪 50 年代，Benzer 在 T4 噬菌体 $r$Ⅱ基因的研究中发现基因并不是最小的不可分割的单位，基因内部还有精细的结构。Benzer 利用 T4 噬菌体 $r$Ⅱ品系进行杂交，测定每对突变位点间的重组频率，将顺式结构与反式结构的遗传学效应不同的现象称为顺反位置效应，将具有顺反位置效应的功能单位称为顺反子（cistron）。即凡是相互之间存在顺反位置效应的两个突变位点都属于一个顺反子，凡是相互之间测不出重组值的两个突变位点都属于同一个位点。一个顺反子是一个作用单位，占据一个座位（locus，loci），是一个基因。

按照 Benzer 提出的概念，基因的突变、重组、功能这三个单位应分别是：突变子（muton）：改变后可以产生突变型表型的最小单位。一个突变子可以小到只有一对核苷酸。重组子（recon）：不能由重组分开的基本单位。或在发生性状重组时，可交换的最小单位。一个交换子可以只包含一对核苷酸。顺反子（作用子）：这是基因的功能单位，即起作用的单位。基本上符合通常所指的基因。至此，基因的本质就是 DNA（RNA）分子上一段特定的核苷酸顺序，它是具有突变、重组、转录并能产生基因产物（RNA 或蛋白质）的遗传学功能单位。

25. 对试验结果中的顺序四分子进行分析，6 种子囊类型的等位基因 $A$ 与 $a$ 分离的时期依次为：$M_Ⅰ$、$M_Ⅰ$、$M_Ⅱ$、$M_Ⅱ$、$M_Ⅱ$ 和 $M_Ⅱ$，由于 $M_Ⅰ$ 型分离产生的子囊孢子都是亲本型的，$M_Ⅱ$ 型分离产生的子囊孢子中有一半是交换型的，所以基因座 $A$ 与着丝粒之间的重组值为：

$$\mathrm{RF}\ (\cdot - A) = \frac{\frac{1}{2}M_{Ⅱ}}{M_{Ⅰ}+M_{Ⅱ}}\times 100\% = \frac{\frac{1}{2}\ (2+2+3+1)}{44+48+2+2+3+1}\times 100\% = 4\%$$

所以，该基因座与着丝粒间的遗传距离为 4cM。

26. 对杂交组合的结果进行整理归纳：分析等位基因分离的时期以及形成子囊的类型：亲二型（PD），非亲二型（NPD），四型（T）。

| | | | | | | |
|---|---|---|---|---|---|---|
| *ab* | *a*+ | *ab* | *ab* | *ab* | *a*+ | *a*+ |
| *ab* | *a*+ | *a*+ | +*b* | ++ | +*b* | +*b* |
| ++ | +*b* | ++ | ++ | ++ | +*b* | ++ |
| ++ | +*b* | +*b* | *a*+ | *ab* | *a*+ | *ab* |
| PD | NPD | T | T | PD | NPD | T |
| $M_Ⅰ M_Ⅰ$ | $M_Ⅰ M_Ⅰ$ | $M_Ⅰ M_Ⅱ$ | $M_Ⅱ M_Ⅰ$ | $M_Ⅱ M_Ⅱ$ | $M_Ⅱ M_Ⅱ$ | $M_Ⅱ M_Ⅱ$ |

杂交 1：子代有亲二型子囊数：34；非亲二型子囊数：34；四型子囊数：32

由于 PD∶NPD=1∶1，判断这两个基因位于不同的染色体上，进行着丝粒作图：

$$RF(\cdot - a)=\frac{\frac{1}{2}M_{\mathrm{II}}}{M_{\mathrm{I}}+M_{\mathrm{II}}}=0$$

$$RF(\cdot - b)=\frac{\frac{1}{2}M_{\mathrm{II}}}{M_{\mathrm{I}}+M_{\mathrm{II}}}\times 100\%=\frac{\frac{1}{2}(32)}{100}\times 100\%=16\%$$

所以在杂交组合 1 中，$A$、$B$ 基因分别位于两条不同的染色体上，基因 $A$ 与着丝粒间未见重组发生；$B$ 基因座与着丝粒相距 16 个图距单位；

杂交组合 2：

PD∶NPD＝8∶1，PD 类型远远大于 NPD 类型，所以 $A$ 基因与 $B$ 基因具有连锁关系。进行着丝粒作图：

$$RF(\cdot - a)=\frac{\frac{1}{2}M_{\mathrm{II}}}{M_{\mathrm{I}}+M_{\mathrm{II}}}\times 100\%=0$$

$$RF(\cdot - b)=\frac{\frac{1}{2}M_{\mathrm{II}}}{M_{\mathrm{I}}+M_{\mathrm{II}}}\times 100\%=\frac{\frac{1}{2}\times(15)}{100}\times 100\%=7.5\%$$

所以在杂交组合 2 中，$A$、$B$ 基因位于同一对染色体上，基因 $A$ 与着丝粒距离很近，未见重组发生；$B$ 基因座与着丝粒间有 7.5 个图距单位；

$$RF(b-a)=\frac{NPD+\frac{1}{2}T}{PD+NPD+T}\times 100\%=\frac{1+\frac{1}{2}\times 15}{100}\times 100\%=8.5\%$$

因此，$a$ 与 $b$ 之间连锁距离为 8.5 个图距单位。

杂交组合 3：

PD 类型（57）远远大于 NPD 类型（3），所以 A 基因与 B 基因具有连锁关系。进行着丝粒作图：

$$RF(\cdot - a)=\frac{\frac{1}{2}M_{\mathrm{II}}}{M_{\mathrm{I}}+M_{\mathrm{II}}}\times 100\%=\frac{1}{100}\times 100\%=1\%$$

$$RF(\cdot - b)=\frac{\frac{1}{2}M_{\mathrm{II}}}{M_{\mathrm{I}}+M_{\mathrm{II}}}\times 100\%=\frac{\frac{1}{2}\times(40+2)}{100}\times 100\%=21\%$$

所以在杂交组合 3 中，$A$、$B$ 基因位于同一对染色体上，基因 $A$ 与着丝粒距离很近，具有 1 个图距单位；$B$ 基因座与着丝粒具有 7.5 个图距单位；

基因 $a$ 与 $b$ 间的重组值为：

$$RF(b-a)=\frac{NPD+\frac{1}{2}T}{PD+NPD+T}\times 100\%=\frac{3+\frac{1}{2}\times 40}{100}\times 100\%=23\%$$

因此，$a$ 与 $b$ 之间连锁距离为 23 个图距单位。

杂交组合 4：

PD 类型（79）远远大于 NPD 类型（1），所以 $A$ 基因与 $B$ 基因具有连锁关系。进行着丝粒作图：

$$RF(\cdot - a)=\frac{\frac{1}{2}M_{\mathrm{II}}}{M_{\mathrm{I}}+M_{\mathrm{II}}}\times 100\%=\frac{\frac{1}{2}(1+8+1)}{100}\times 100\%=5\%$$

$$\mathrm{RF}(\cdot - b) = \frac{\frac{1}{2}M_{\mathrm{II}}}{M_{\mathrm{I}} + M_{\mathrm{II}}} \times 100\% = \frac{\frac{1}{2} \times (18+8+1)}{100} \times 100\% = 13.5\%$$

所以在杂交组合 4 中，$A$、$B$ 基因位于同一条染色体上，基因 $A$ 与着丝粒间距离为 5 个图距单位；基因 $B$ 与着丝粒间有 13.5 个图距单位；

基因 $a$ 与 $b$ 间的重组值为：

$$\mathrm{RF}(b - a) = \frac{\mathrm{NPD} + \frac{1}{2}T}{\mathrm{PD} + \mathrm{NPD} + T} \times 100\% = \frac{1 + \frac{1}{2} \times (18+1+1)}{100} \times 100\% = 11\%$$

因此，$a$ 与 $b$ 之间连锁距离为 11 个图距单位；

杂交组合 5：

PD∶NPD=1∶1，所以 $A$ 基因与 $B$ 基因不具有连锁关系，表现为自由组合。进行着丝粒作图：

$$\mathrm{RF}(\cdot - a) = \frac{\frac{1}{2}M_{\mathrm{II}}}{M_{\mathrm{I}} + M_{\mathrm{II}}} \times 100\% = \frac{\frac{1}{2}(22+8+10+20)}{100} \times 100\% = 30\%$$

$$\mathrm{RF}(\cdot - b) = \frac{\frac{1}{2}M_{\mathrm{II}}}{M_{\mathrm{I}} + M_{\mathrm{II}}} \times 100\% = \frac{\frac{1}{2} \times (24+8+10+20)}{100} \times 100\% = 31\%$$

所以在杂交组合 5 中，基因 $A$ 与着丝粒之间的遗传距离为 30 个图距单位，$B$ 基因座与着丝粒间有 31 个图距单位；

杂交组合 6：

PD 类型（92）远远大于 NPD 类型（0），所以 $A$ 基因与 $B$ 基因具有连锁关系。进行着丝粒作图：

$$\mathrm{RF}(\cdot - a) = \frac{\frac{1}{2}M_{\mathrm{II}}}{M_{\mathrm{I}} + M_{\mathrm{II}}} \times 100\% = \frac{\frac{1}{2}(3+61+4)}{100} \times 100\% = 34\%$$

$$\mathrm{RF}(\cdot - b) = \frac{\frac{1}{2}M_{\mathrm{II}}}{M_{\mathrm{I}} + M_{\mathrm{II}}} \times 100\% = \frac{\frac{1}{2} \times (1+61+4)}{100} \times 100\% = 33\%$$

所以在杂交组合 6 中，$A$、$B$ 基因位于同一条染色体上，基因 $A$ 与着丝粒距离为 34 个图距单位；$B$ 基因座与着丝粒具有 33 个图距单位。

基因 $a$ 与 $b$ 间的重组值为：

$$\mathrm{RF}(b - a) = \frac{\mathrm{NPD} + \frac{1}{2}T}{\mathrm{PD} + \mathrm{NPD} + T} \times 100\% = \frac{0 + \frac{1}{2} \times (1+3+4)}{100} \times 100\% = 4\%$$

因此，$a$ 与 $b$ 之间遗传距离为 4 个图距单位。

27. 在基因的传递过程中，亲代同源染色体上的等位基因彼此分离，非同源染色体上的非等位基因自由组合，但是同一条染色体上的非等位基因总是联系在一起向下传递（当没有交换时）。

在图中，$A$、$B$ 总是分开的，表现为等位基因的特点；母亲中的 $D$ 与 $F$ 总是联系在一起向下传递，表现为连锁。

28. 设苯丙酮尿症的致病基因为 $a$，相对应的正常基因为 $A$。根据电泳图谱可以判断各位个体的基因型如下：

Ⅰ1：$Aa$；Ⅰ2： $Aa$

Ⅱ1：$AA$；Ⅱ2： $Aa$；Ⅱ3： $aa$；Ⅱ4： $aa$；Ⅱ5： $aa$

所以第二代第五个个体的基因型为 $aa$，表现为患病。

29. 根据测交后代中各分离类型的表现数量，可以判断四个基因是位于同一连锁群上的，即四个基因是连锁的。从表现类型来看，由于只有 8 种表现类型，属于三基因分离的情况，具体看四个基因之间的交换情况，发现 $Ad$ 与 $aD$ 总是联系在一起向下传递的，表现为完全连锁。可以将二者是为一个基因进行分析，且以 $A$-$a$ 代表。

分析三基因 $A$-$a$，$B$-$b$ 和 $C$-$c$ 的连锁与交换，发现三者顺序为：$BAC$

RF$a$-$b$＝（42＋43＋6＋9）/（42＋43＋6＋9＋140＋145＋305＋310）＝100/1000 ＝10％

RF$a$-$c$＝（140＋145＋6＋9）/（42＋43＋6＋9＋140＋145＋305＋310）＝300/1000 ＝30％

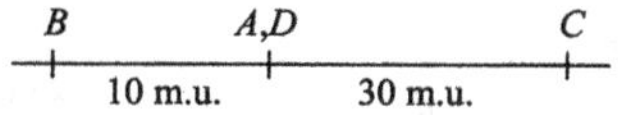


所以，测交亲本的染色体组成为 $B$（$A$，$d$）$c$/$b$（$c$，$D$）$C$

并发系数为：C＝实际双交换/理论上的双交换＝0.015/0.03 ＝0.5；I＝1－0.5＝0.5，所以干涉值为 0.5。

30. 根据连锁的原则，将双交换类型（表现型中为数量最少的一组对应类型）与亲本型（表现型中为数量最多的一组对应类型）进行比较，哪一个基因的连锁关系发生了改变，则该基因位于三基因的中间位置，所以，1～5 的基因顺序为：

1. $b\ a\ c$　　2. $b\ a\ c$　　3. $b\ a\ c$　　4. $a\ c\ b$　　5. $a\ c\ b$

31. a. Males must be heterozygous for both genes, and the two must be closely linked: $M\,F/m\,f$. b. $m\,f/m\,f$ c. Sex is determined by the male contribution. The two parental gametes are $M\,F$, determining maleness ($M\,F/m\,f$), and $m\,f$, determining femaleness ($m\,f/m\,f$). Occasional recombination would yield $M\,f$, determining a hermaphrodite ($M\,f/m\,f$), and $m\,F$, determining total sterility ($m\,F/m\,f$). d. Recombination in the male yielding $M\,f$. e. Hermaphrodites are rare because the genes are tightly linked.

32. Recall the two-step approach that works well: (1) deter-mine the underlying principle, and (2) draw a diagram. Here the principle is clearly that each Hfr strain donates genetic markers from a fixed point on the circular chromosome and that the earliest markers are donated with the highest frequency. Because not all markers are donated by each Hfr, only the early markers must be donated for each Hfr. Each strain allows us to draw the following circles:

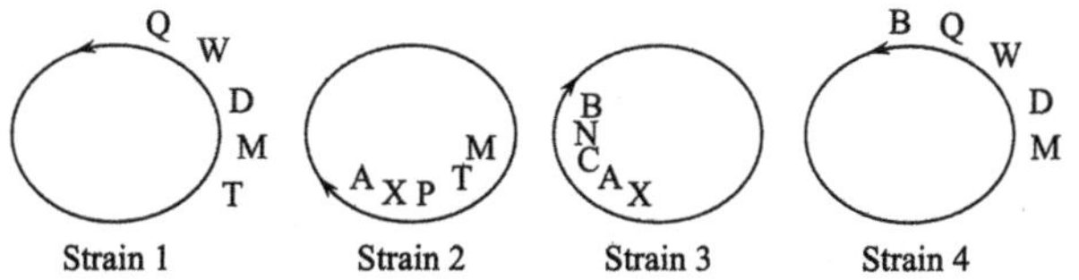

From this information, we can consolidate each circle into one circular linkage map of the order Q, W, D, M, T, P, X, A, C, N, B, Q.

33. a. The gene order is *arg bio leu*. b. *arg*—*bio*: RF = 48/ (320+8+48) ×100%= 12.76 cM ; *bio*—*leu*: RF = 8/ (320+8+48) =2.12cM

34. a. The probe detects three bands of 5, 3, and 2kb. All family members have the 5-kb band. Five of the six affected persons have the 3- and 2-kb bands, but no unaffected persons have them; therefore, these fragments are likely to be linked in cis arrangement to the disease allele. Because 3 plus 2 adds up to 5, a likely arrangement in the father is as follows, where *D* is the disease allele and an arrowhead represents the restriction-enzyme target site:

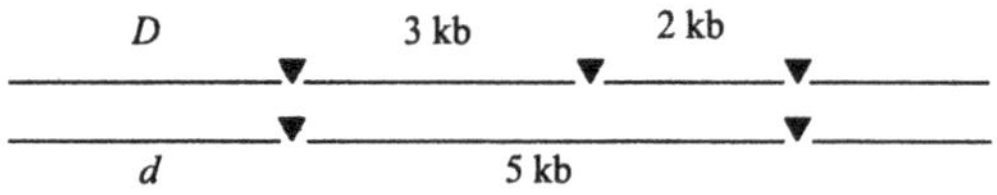


The mother is as follows:

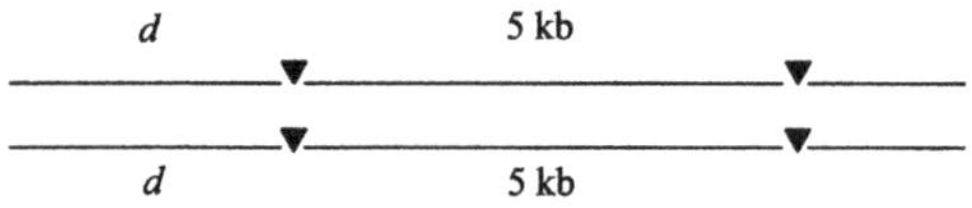


b. The last son most likely represents a crossover between the disease locus and the RFLP locus, resulting in a chromosome with *D* and the 5-kb fragment. c. Because the 3- and 2-kb fragments are linked to the disease allele, the presence of these fragments can be used as a predictor for the disease. However, the diagnosis has to take into account the possibility of a crossover.

35. An $F^-$ strain will respond differently to an $F^+$ (L) or an Hfr (M) strain, whereas Hfr × Hfr, Hfr × $F^+$, $F^+$ × $F^+$, and $F^-$ × $F^-$ will give 0. Thus strains 2, 3, and 7 are $F^-$. Strains 1 and 8 are $F^+$, and strains 4, 5, and 6 are Hfr.

# 第五章　性别相关遗传问题

**重点提示：**各种各样的性别决定方式也是生物多样化的一个机制。生物的性别也是一种重要性状，只是比一般性状复杂些。相关内容主要涉及性别决定（sex determination）和性别分化（sex differentiation）。细分起来，不同的生物性别决定机制可分为 4 类，其主要决定因素分别是：性染色体、基因型、性指数和环境条件（如温度等）。和性别决定相关的染色体被称为性染色体。性染色体主要有 4 种类型——XY 型、XO 型、ZW 型和 ZO 型。具有两个相同性染色体的性别称同配性别，带有不同性染色体的叫作异配性别。人类和其他哺乳动物是典型的 XY 型性染色体性别决定的生物，Y 染色体（其中有与性别决定相关的 *SRY* 基因）对性别起关键性作用，它使个体得以雄性化；果蝇和其他双翅目昆虫也是 XY 型性染色体性别决定的生物，但其性别更具体地是由 X 染色体和常染色体套数之间的比例决定的。剂量补偿效应是 XY 型性染色体性别决定的生物中将两种性别的性连锁基因有效剂量调节平衡的机制。人类的性别异常相关疾病典型地表现为性染色体异常疾病，还有由于基因突变引起的假两性畸形等。

**本章导读：**决定性别的因素也不外乎基因和环境两大方面。在有的生物中，基因的作用占性别决定的主导地位，外环境的影响几乎看不出来；而在另一些生物中，环境因素在表观上起着性别决定的主导作用。实际上，即使是在环境决定性别的生物中，环境因子依然是通过基因起作用的，即性别本质上是由一些相关基因的表达和调控来决定的。

由于基因位于染色体上，而性别性状又是极特殊的明显性状，因此在细胞学上常常可以显著地看到性别和染色体之间的密切联系。在单细胞的真核生物中，性别决定系统也是简单而原始的，单对等位基因决定着性别的分化。在高等生物，特别是动物中，染色体常分为常染色体（autosome）和性染色体（sex-chromosome）。不同生物的性别决定机制可分为性染色体、基因型、性指数和环境条件（如温度等），其中性染色体决定性别的方式占优势，尤其是人和哺乳类的 XY 型性别决定。果蝇的性染色体也分化为 X 和 Y 染色体，但其性别决定方式具体来讲是"性染色体-常染色体平衡的性别决定"。在两性染色体基因的剂量补偿效应上，两者也不一样。

本章的主题集中于性相关遗传，主要有伴性遗传、限性遗传和从性遗传。由于遗传学的最重要任务之一是解决人类健康问题，因此，人类的性别异常和性染色体相关疾病必然是重要的关注点。

## 【核心概念】

(1) 性别决定（sex determination）　指生物的个体发育中特定的遗传物质或环境因素对个体性别分化的主导性作用。在典型的性别决定中，受精卵的染色体是决定性别的物质基础；在性别决定的基础上，经过一定的内外环境相互作用，发育为一定性别表型的个体。

(2) 性连锁遗传（sex-linked inheritance）　指性染色体上的基因所控制的性状的遗传方式，总是与性别相联系的，也称伴性遗传或性环连。

(3) 剂量补偿效应（dosage compensation effect）　指在 XY 性别决定机制的生物中，使两种性别的性连锁基因有相等的或近乎相等的有效剂量的遗传效应。也就是说，在雌性和雄性细胞里，由 X 染色体上的基因所编码产生的酶或其他蛋白质的表达量相等或近似相等。

(4) 莱昂化（lyonization）　高等哺乳类（包括人在内）雌性个体的体细胞内的两个 X 染色体中有一个高度凝缩（称为 Barr 小体），在遗传上呈现非活性状态，使得有功能的 X 染色体在两性个体的体细胞中都只有一个。这是莱昂（M. Lyon）根据性染色体上基因作用的剂量补偿效应而提出的学说。这种 X 染色体在遗传上的非活性化现象就称为莱昂化现象。

(5) 限性遗传（sex-limited inheritance）　指常染色体上或性染色体上的基因，不管其性质是显性的还是隐性的，由于性别限制（比如两性解剖结构或性激素分泌方面的差异和限制），只在一种性别中表达性状，而在另一性别中则不能表现的遗传现象。

(6) 从性遗传（sex-influenced inheritance）　又称性控遗传。一般指常染色体上的某些基因，因性别差异而表现出其控制的性状在两性中的分布比例或表现程度有差别的遗传现象。

(7) *SRY* 基因（*SRY* gene）　*SRY*（sex-determining region of Y chromosme）基因是哺乳动物雄性的性别决定基因，是 Y 染色体上决定雄性性别的基因，在人的 Y 染色体短臂上拟常染色体配对区。该基因的产物是睾丸决定因子（testis-determining factor，TDF），起一种转录因子作用。

## 【知识要点】

## 一、基本知识串讲

1. 性别决定系统和机制

生物的性别决定分两层含义——初级性别决定（性腺的形成）和性别的分化（在性腺所产生的性激素作用下，发育产生内、外生殖器以及第二性征）。归纳起来有两种主要类型的性别决定系统——性别的基因组成决定系统和性别的环境决定系统。不同的生物性别决定的机制不同，可分为4类，决定它们性别的主要因素分别是：①性染色体。②基因型。③性指数。④环境条件（如温度），但归根结底都和基因的调节有关。性染色体主要有4种类型——XY型、XO型、ZW型和ZO型。具有两个相同性染色体的性别称同配性别，带有不同性染色体的叫作异配性别。

1）性染色体类型与性别决定

在动物性别中，主要有以下两种性染色体类型的性别决定：

（1）XY型　全部哺乳动物（包括人类），大部分的两栖类和爬行类，以及一部分鱼类和昆虫具有两种性染色体（X染色体和较小的Y染色体）。雌性个体仅产生X配子，因而为同配性别；雄性个体能产生X和Y两种配子，因而为异配性别。

（2）ZW型　鸟类，某些两栖类及爬行类，鱼类，以及鳞翅目昆虫具有两种性染色体（Z染色体和W染色体）。雄性个体仅产生Z配子，因而为同配性别；雌性个体能产生Z和W两种配子，因而为异配性别。

在有的动物中，性染色体的数目起着决定性别的作用。例如，蝗虫、蟋蟀、蟑螂和黄瓜虱等直翅目昆虫的雌性个体有成对的性染色体（XX），而雄性则仅有一条（XO）。因此，雌性产生一种X配子，而雄性个体则产生X和O两种配子，当然O指的是不含性染色体的配子。无独有偶，在部分双翅目和鳞翅目昆虫中，雄性个体性染色体为ZZ型，而雌性个体为ZO型。

2）基因型与性别决定

（1）复等位基因决定性别　在植物中少有的异形性染色体物种中，有的由复等位基因控制性别，如喷瓜（*Ecballium elaterium*），$a^D$决定雄性，$a^d$决定雌性，而$a^+$决定雌雄同株。

（2）两对基因决定性别　玉米（*Zea mays*）一般雌雄同株，但也会出现单性植株，这由*Ba*和*Ts*两个基因位点控制。*Ba*控制叶腋是否长雌花序，而*Ts*基因（显性）决定顶端产生雄花序，而其隐性等位基因纯合子（*tsts*）决定产生顶生雌花序。

3）性指数与性别决定

果蝇的性染色体也分为X和Y染色体，但性别决定和Y染色体的有无无关，而与X染色体数目相关。其性别决定方式具体讲是“性染色体-常染色体平衡的性别决定”。果蝇早期胚胎中性指数（sex index）（X∶A，X染色体数目与常染色体套数之比）决定了性别的分化：雌果蝇的X∶A≥1.0，雄果蝇的X∶A≤0.5，而X∶A介于0.5和1.0的果蝇是间性的。与染色体数目相关的还有一类通过染色体组的倍性决定性别的生物。

4）环境条件与性别决定

在一些分类较低级的动物中，个体发育关键时刻的环境温度或其他条件决定其性别。如海生螠虫后螠，受精卵孵化出的幼虫不分性别，落在雌性吻部、迁移到子宫中的发育成为雄性个体，否则发育成雌性个体。

2. 基因与性别的关系

(1) *SRY* 基因　*SRY* 基因由 Sinclair 在 1990 年发现。这一基因是决定男性睾丸发育的主要基因［睾丸决定因子（TDF）的基因］。当 *SRY* 基因 *HMG* 域发生突变时，DNA 结合能力和 DNA 弯曲程度会发生变异，这在性反转患者中都有发现。实验表明，钙调素（calmodulin，CaM）与缪勒管抑制物质（mullerian-inhibiting substance，MIS）域在体外有高亲和力，提示 SRY 的活性可能受某一水平的信号通路调控。XY 男性自然有 *SRY* 基因，但 XX 性染色体组成的个体，如果其 X 染色体上（因为易位）携带了 *SRY* 基因，也将发育为男性；相反，性染色体组成虽为 XY，但 Y 染色体上因突变、缺失等失去（活性）*SRY* 基因，或者虽有正常的 *SRY* 基因，但雄性激素受体不正常或缺乏，也只能发育成异常的女性。

(2) X 染色体失活相关基因　*Xist*（X-inactive specific transcript）基因编码的是一种小分子 RNA（人：17kb，小鼠：15kb），在雌性哺乳动物 X 染色体失活过程中起关键性的起始物作用。在哺乳动物中，雄性的 XY 染色体和雌性的 XX 染色体之间基因剂量上的平衡通过雌性中的一条 X 染色体失活（基因沉默）而实现，这种沉默涉及 *Xist* 基因。该基因位于 X 染色体失活中心（X inactivation center，Xic）。Xic 定位在人类 X 染色体长臂上。在 X 染色体和 Y 染色体演化分开的早期，大多数 X 连锁基因仍有活性的 Y 染色体基因同源物，不需要剂量补偿；可能当 Y 染色体丢失掉大多数基因后，才通过失活整个 X 染色体而实现必要的剂量补偿。

(3) 果蝇性别分化调控基因　果蝇性别的分化是由早期胚胎中性指数 X∶A 决定的。这涉及 RNA 的不同剪接产生不同的雌、雄性相关转录因子。首先，性指数达到 1.0，就使转录因子浓度达到一定水平，起着主调节基因的开关作用。开关打开时 *sxl*（sex-lethal）基因被激活，其蛋白产物结合 *sxl* 并使其 mRNA 的前体能正常剪切而产生活性转录因子，激活雌性特异基因，使胚胎发育为雌体；开关关闭（X∶A 在 0.5 以下）时，*sxl* 基因处于关闭态，在无 sxl 蛋白参与下，*sxl* 的 mRNA 前体因剪接的方式不同而产生雄性特异的 *sxl* mRNA，它能结合性别转换基因 *tra*（transformer）的 mRNA 前体，抑制雌性发育，使胚胎发育为雄体。

3. 剂量补偿效应

X 染色体失活现象由 M. Lyon（1961）提出的假说（Lyon 假说）予以阐述，内容是：①在正常的雌性哺乳动物体细胞中，两个 X 染色体中有一条在遗传上是失活的，形成 X 染色质小体。②失活是随机的。在同一个体的不同细胞中，失活的X染色体可以是母源的，也可以是父源的。③失活现象发生在胚胎发育的早期，一旦出现某一细胞的某条X染色体失活，由它分裂增殖而成的后代体细胞中失活的都是该染色体。④由于部分细胞中失活的X染色体源于父方，部分源于母方，杂合体雌性在伴性基因的作用上是嵌合体。⑤失活的X染色体在形成生殖细胞时重新被激活。具体地讲，动物的X染色体活性存在着失活-重新激活循环。早期雌性胚胎中两条X染色体都有活性，一条失活发生在一定的发育阶段。对于人来说，胚胎发育到第16天后，一条X染色体发生随机失活。当细胞进入减数分裂前的时刻，已失活的X染色体又重新被激活。

1974年，Lyon又提出了新莱昂假说，补充解释道：X染色体的失活是部分片段的失活。

雌性杂合体玳瑁猫毛皮上表现的黑色、橙色斑块，葡萄糖-6-磷酸脱氢酶（G-6-PD）基因杂合子女性皮肤细胞的单细胞克隆呈现或A或B两种酶蛋白电泳带型等，都是莱昂假说的证据。

果蝇属于“性染色体-常染色体平衡的性别决定”类型，性别分化取决于性染色体的性对比例。果蝇的性指数（X∶A）作为主调节基因的开关，通过性别分化关键基因的表达和功能调控了雌、雄果蝇的发育。X∶A≥1为雌性，X∶A≤0.5为雄性。

4. *人类的性别异常和性染色体相关疾病*

性染色体在数目上的增减，会干扰性别决定，引起性别畸形，如性腺发育不全、失去生育能力等。当Y染色体存在时，性别趋向于男性分化（体内有睾丸，外貌男性化）；没有Y染色体则导致女性化倾向（如体内有卵巢，外貌呈女性特征等）。以下列举几种典型的情况：①Turner综合征：45，XO。外貌像女性，但较矮；智能常低下；副性征发育不良，无卵巢，原发性闭经，没有生育能力。②Klinefelter综合征：47，XXY。外貌像男性，但较一般男性更高；智能常低下；常有女性似的乳房发育；睾丸发育不全，没有生育能力。③超X综合征：47，XXX等。该综合征患者多数XXX，也有少数XXXX，甚至XXXXX的；有的与正常核型或XO嵌合。大部分患者发育正常，但生育能力低下；性腺发育不良（但多数有正常卵泡），有些有小子宫。④多Y综合征：主要是XYY综合征。47，XYY。患者一般有正常表型，身材高大（常>180cm），偶见尿道下裂、睾丸发育不全或隐睾，生育力下降；容易兴奋，容易有攻击性的行为。⑤混合型生殖腺发育不全（mixed gonadal dysgenesis）：以45，X/46，XY多见，也有45，X/47，XYY和45，X/46，XY/47，XXY等。所谓“混合型”，指的是患者一侧有异常的睾丸，另一侧则为未分化的生殖腺，或生殖腺呈索状痕迹，甚至没有生殖腺。患者具有部分男性化的外阴——不同程度地融合、阴蒂增大且尿道下裂。⑥单纯性生殖腺发育不全（pure gonadal dysgenesis）：性染色体组成是XY，核型为46，XY，但是这种个体的生殖腺没有分化为睾丸，呈现的是索状结构。由于生殖腺发育不完全，不能分泌男性激素。不仅如此，这种个体的副中肾管也不退化，虽身材往往比较高大，但却在可见的表型上为女性特征。⑦真两性畸形（true hermaphroditism）：主要的核型是46，XX，也有46，XX/46，XY嵌合型的，偶见46，XY类型。由于这类个体体内（同侧或异侧）有男性（睾丸）和女性（卵巢）两种生殖腺，所以叫作真两性畸形。⑧女性假两性畸形：体内仅有男性或女性一种性腺，但是兼具男女生殖器和体态上的特征，这样的个体就是假两性畸形。女性假两性畸形的核型均为46，XX。⑨男性假两性畸形：男性假两性畸形的为46，XY。这种情况主要见于睾丸女性化（testicular feminization syndrome，TFS）（雄激素不敏感综合征）个体，不具备生育能力。由于中肾管细胞缺乏睾丸酮受体（由X染色体上的基因控制，相应的突变基因是X连锁的隐性睾丸女性化基因，*tf*），中肾管不能向男性方向发育。又由于睾丸酮能通过芳香化酶转化雌激素，个体呈现出某些女性化特征。

## 二、代表性例题解析

1. Please simply explain the similarities and differences of sex determination between human and fruit fly, considering the foundamental mechanism of sex determination, the key chromosome to sex determination, the regulation of the dosage of gene expression and so on. It is necessary that you discuss the effects of at least one gene in your whole analysis.

解答要点：[译文：试从决定性别（sex determination）的根本机制、起主导作用的染色体、基因表达剂量的调节等方面简述人和果蝇性别决定的相似和差异。整个叙述中至少要论及一种基因的作用。]①决定性别的根本机制——人，性染色体类型决定；果蝇，性染色体-常染色体性平衡决定系统。②起主导作用的染色体——人，Y染色体（含睾丸决定因子基因，*TDF*）；果蝇，X染色体（含雌性决定因子基因）。③基因表达的剂量补偿效应——人，X染色体Lyon化，其上相关基因失活；果蝇，雄性的X染色体上基因超表达。（可论及*TDF*，即*SRY*或*XIST*等基因的作用）。

2. 人们在小鼠中发现了一种使毛色产生褐色夹杂黑纹的（Tabby）基因（*T*），处在X染色体上。已知没有X染色体的胚胎是致死的。如果Tabby XO雌鼠与正常灰色（*t*）雄鼠交配，预期其子代基因型的类型和比例。

参考答案：雌性为同配性别（XX），雄性为异配性别（XY）。上述交配类型及子代产生情况是：

$$X^TO \quad \times \quad X^tY$$

$$\downarrow$$

$$X^TX^t \quad X^tO \quad X^TY \quad OY$$

也就是说，在其子裔中，有 1/3 的褐杂色雌鼠（$X^TX^t$）、1/3 的正常灰色雌鼠（$X^tO$）和 1/3 的褐杂色雄鼠（$X^tY$）。

3. 家鸡中性连锁的羽色芦花基因（*B*）对非芦花基因（*b*）完全显性。芦花雄鸡与非芦花雌鸡进行纯种交配后，所得子一代两性性别个体再相互交配，产生了子二代。试推断子二代芦花性状和性别之间的关系。

参考答案：家鸡的性别决定是 ZW 型，其伴性基因处于 Z 染色体上。上述交配及其子裔产生情况可用图示表达如下：

P.　　　♀$Z^bW$　　×　　$Z^BZ^B$ ♂

↓

$F_1$　　　$Z^BZ^b$ ♂　　×　　$Z^BW$♀

↓

$F_2$　　　$1Z^BZ^B : 1Z^BZ^b : 1Z^BW : 1Z^bW$

（芦花♂）　　芦花♀　　非芦花♀

不难看出，芦花性状与性别是相关的——雄鸡中 100%是芦花羽型的，雌鸡中 50%是芦花羽型的，另 50%是非芦花羽型的。

4. 一对夫妇自身的表型正常，但是他们的孩子中有的患色盲并发 Turner 综合征。请分析原因。

参考答案：根据人类的基因定位情况，色盲基因（*c*）位于 X 染色体上，属于性连锁隐性遗传基因。Turner 综合征是一种性染色体缺陷的病症，在患者体细胞中只有一条 X 染色体，染色体组型为 45，XO。据此，可以作如下推断：①患儿的 X 染色体必定来自母亲，其基因型为 $X^cO$。是女孩，但患有 Turner 综合征。②因为患儿的母亲表型是正常的，所以其为色盲基因携带者，基因型应该是 $XX^c$。③进一步分析可以得知，患儿（$X^cO$）的出生是由于父亲的精子形成过程中 X 染色体发生丢失所致——无 X 的精子同带色盲基因的卵子结合，“造就”了她。

5. 在鸟类中，雄性的性染色体组成是 XX，而雌性的性染色体组成是 XY；对于雏鸡的存活，至少需要有一条 X 染色体。曾经有人记载鸟类也可以进行孤雌生殖，火鸡的未受精卵曾孵出小火鸡，这是一种自然孤雌发育现象。从遗传学角度看，可能的机制有 3 种。第一种是减数分裂异常——雌火鸡体内存留了二倍体的卵细胞；第二种是卵细胞偶尔与极体融合而“受精”；最后一种是卵细胞中的染色体因为未知的原因发生了加倍现象，染色体数目倍增。请根据以上推测，分析每一种情况中火鸡所产子代的性别及其比例问题。

参考答案：题中的符号编码与一般的表达不同，其中 X 相当于 Z，Y 相当于 W，但不影响解题。现就这种孤雌生殖雌鸡卵母细胞的 3 种可能发育过程图解如下（各种情况随机，无优先排序）：

(1-1):

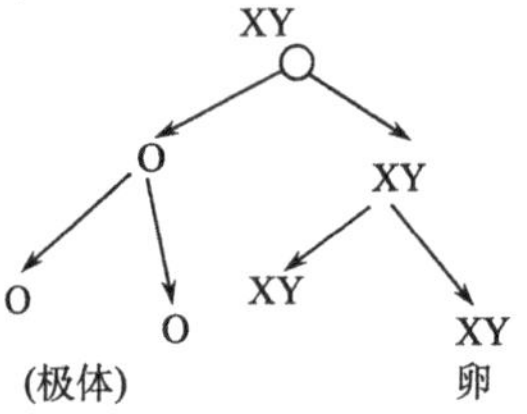


(1-2):

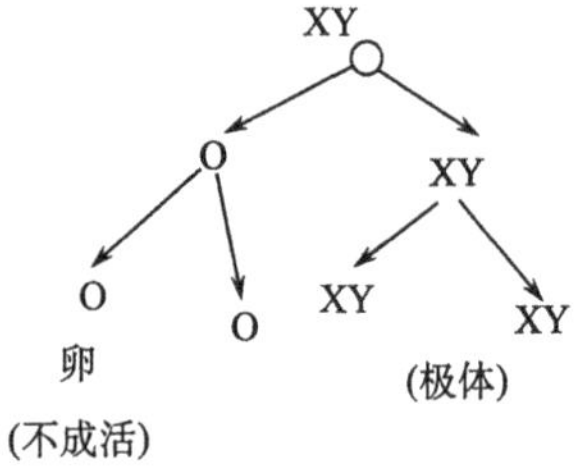


(2-1):

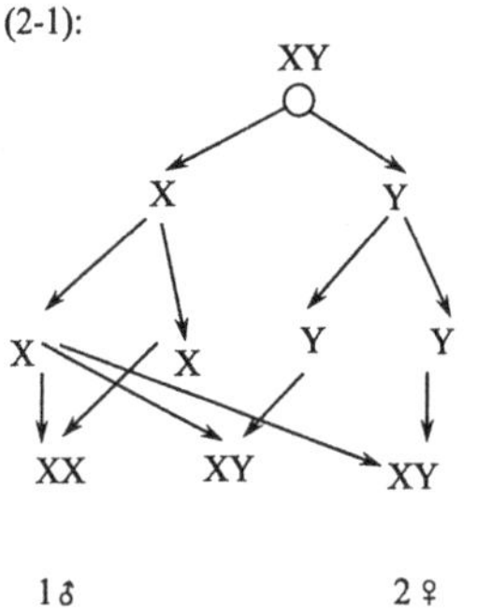


(2-2):

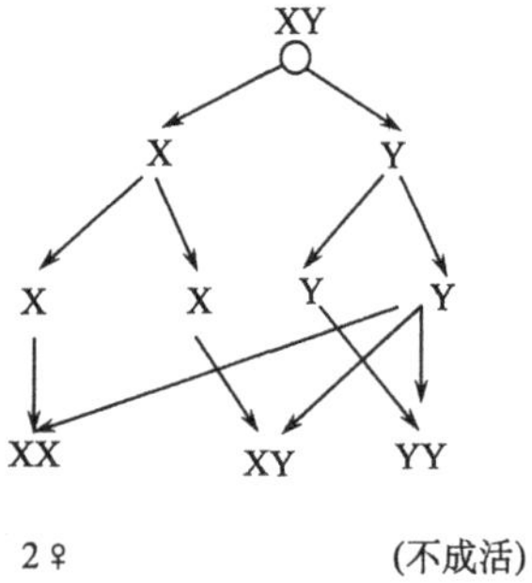


(3-1):

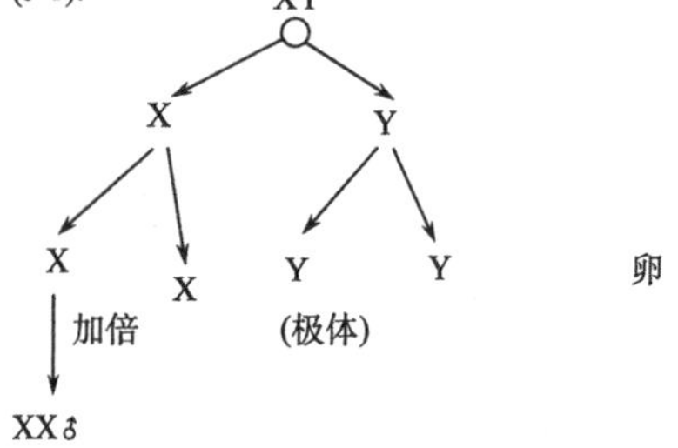


(3-2):

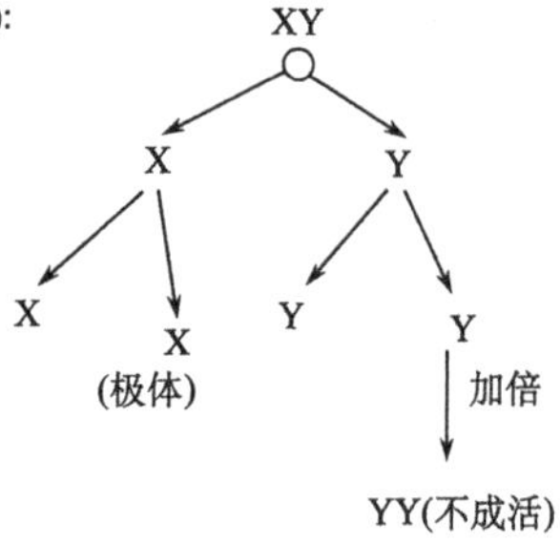


由此可见，在第一种机制中，孤雌发育产生的子代全部为雌性火鸡；在第二种机制中，孤雌发育产生的子代雌：雄＝4/5：1/5；在第三种机制中，孤雌发育产生的子代中没有雌鸡，全部为雄性。

6. 朱红眼雄果蝇与暗红眼雌果蝇杂交后，产生的子代果蝇只有暗红眼类型。在其反交产生的 $F_1$ 代中，雌果蝇都是暗红眼，而雄性果蝇都是朱红眼类型的。(1) 请分析朱红眼的基因座位是否位于性染色体上，其遗传方式如何？(2) 请指出亲代果蝇基因型及子代果蝇基因型的类型和比例。(3) 请推测 $F_1$ 中暗红眼雌蝇与朱红眼雄蝇杂交后，所产生 $F_2$ 代的基因型和表型类型。

参考答案：分析题中的信息，不难发现在所涉及的反交后代中，表现为交叉遗传规律，从而可知这里涉及基因处在 X 染色体上的伴性遗传问题。

在最初朱红眼雄果蝇与暗红眼雌果蝇杂交的正交中，仅有暗红眼类型的子裔，因此，暗红眼基因可设成显性遗传基因（$X^B$），X 连锁。现绘其遗传谱系，并分析亲子代基因型、表现型如下：

正交：　$X^B X^B$　×　$X^b Y$

↓

$F_1$　$X^B X^b$（暗红眼）　$X^B Y$（暗红眼）

这里应该不难理解：暗红眼雌蝇一定是纯合体类型，因为在 $F_1$ 代中没有出现朱红眼果蝇。

反交：　$X^b X^b$　×　$X^B Y$

↓

$F_1$　$X^B X^b$（暗红眼）　$X^b Y$（朱红眼）

综合上述分析，朱红眼-暗红眼基因座位在性（X）染色体上，暗红眼等位基因对于朱红眼等位基因来说，是完全显性的。

现推测 $F_1$ 中暗红眼雌蝇与朱红眼雄蝇杂交后，所产生 $F_2$ 代的基因型和表型类型：

$F_1$ 兄妹交：　$X^B X^b$（暗红眼）　×　$X^b Y$（朱红眼）

↓

$F_2$　$X^B X^b$（暗红眼）　$X^b X^b$（朱红眼）

$X^B Y$（暗红眼）　$X^b Y$（朱红眼）

分析结果表明，在 $F_1$ 中暗红眼雌蝇与朱红眼雄蝇杂交后，所产生 $F_2$ 代的表型类型和比例在两性（性比为 1∶1）中一样，都是暗红眼∶朱红眼＝1∶1。

7. 在生产劳动中人们发现，雄蚕蚕茧缫丝量多、品质也好，因此，有必要在幼虫时期及时鉴别雌雄蚕个体，以便达到淘汰雌蚕、保留雄蚕的目的。根据伴性遗传的原理，可以设计合理的杂交组合来解决这一问题。请根据下面的资料设计这样一个实验（杂交组合方案），使我们能够在蚕的幼虫时就可以根据其皮肤特征，很容易地区分雌雄个体（要求用图解方式表达，并作解释）。(1) 已知家蚕的性染色体组成为 ZW 型（雄性为同配性别——ZZ，雌性为异配型别——ZW）。(2) 有的幼虫的皮肤透明如油纸（可以透视到内部脏器），称“油蚕”。正常蚕的幼虫皮肤是不透明的，是由显性基因 *A* 控制，相对于“油蚕”基因 *a* 是完全显性的。*A*-*a* 基因座位位于 Z 染色体上。(3) 手头已经有正常蚕和“油蚕”雌雄幼虫各数条。

参考答案：简单地讲，用正常雌蚕（$Z^A W$）和雄性“油蚕”（$Z^a Z^a$）交配，就可以达到在蚕的幼虫区分雌雄个体的目的——子代中油蚕都是雌性的，正常体征的都是雄性的。具体讲：选取油蚕雄性蚕（$Z^a Z^a$）和正常雌性蚕（$Z^A W$）进行杂交，其后代的蚕中，雄性个体的基因型全是 $Z^AZ^a$，表现型全是正常的；雌性个体的基因型全都是 $Z^aW$，表现型与雄性个体相反，恰恰全是“油蚕”。也就是说，用正常雌蚕和雄性“油蚕”交配，淘汰后代中的“油蚕”，只保留正常体征的个体，即全为雄蚕，用于缫出质高量大的蚕丝。

遗传图解如下：

| | | | |
|---|---|---|---|
| P | $Z^aZ^a$ | × | $Z^AW$ |
| | 雄性油蚕 | | 正常雌性 |
| 配子 | $Z^a$ | | $Z^A$　　W |
| 子代 | $Z^AZ^a$ | | $Z^aW$ |
| | 正常雄性 | | 油蚕雌性 |
| | 1 | ： | 1 |

8. 遗传学史上的一个重要里程碑是摩尔根的三大弟子之一布里吉斯（Bridges）找到了染色体学说的直接证据，其出发点是发现了 X 染色体的不分离现象，请阐述此过程及其遗传学原理。

参考答案：1916 年，摩尔根的三大弟子之一布里吉斯发现了 X 染色体的不分离现象，从而找到了染色体学说的直接证据。具体过程是：

（1）发现例外。将白眼（$X^wX^w$）雌蝇和红眼（$X^wY$）雄蝇杂交，发现大多数后代都是红眼雌蝇和白眼雄蝇。这同摩尔根所做实验的结果是完全相同的。可是，同时也发现了有 1/ 2000 的后代出现了意外情况——红眼不育雄蝇和白眼可育雌蝇。布里吉斯称这些意外发现的果蝇为初级例外后代（primary exceptional progeny）。

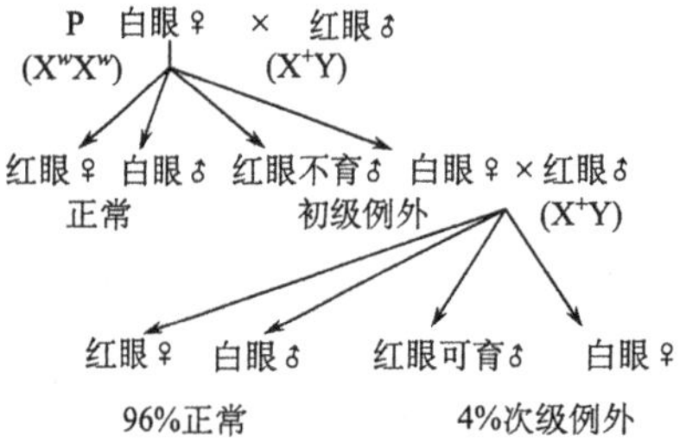


（2）“例外”的遗传。然后，布里吉斯把初级例外子代中的雌蝇和正常的红眼雄蝇进行了杂交，所得的结果中大约 4% 的后代是白眼雌蝇和红眼雄蝇（可育），称为次级例外，如左图：

（3）假设和验证。根据实验现象，布里吉斯假设在雌蝇减数分裂时可能存在 $X^w$ 染色体“不分离”现象，即两条 $X^w$ 在细胞分裂时同趋于一极。这样，分裂所得子细胞中将有 2 条 $X^w$ 染色体的类型，相对的另一子细胞中没有 X 染色体。这种异常的卵和正常精子结合后，合子有 4 种可能情况：$X^wX^wX^+$、单个 Y、单个 $X^+$ 和 $X^wX^wY$，前两者不能存活，后两者分别是红眼的雄蝇和白眼的雌蝇，这就是上述指出的次级例外的情形。显微镜观察表明，红眼雄蝇的细胞中果然只有一条 X 染色体，相反，白眼雌蝇细胞中也的确具有两条 X 染色体和一条 Y 染色体——布里吉斯的假设获得了直接证据。

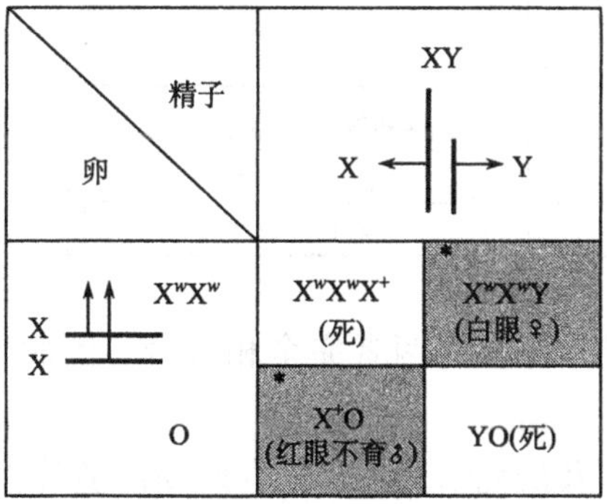


（4）详情推测。布里吉斯根据染色体配对情况分析初级例外（XXY）的减数分裂有 3 种不同的分离类型：① 84%的细胞是 X-X 配对，然后彼此分离，Y 染色体随机地趋向一极；② 16%的细胞是 X-Y 配对，然后彼此分离，游离的 $X^w$ 染色体也随机地移到两极，有一半（8%）形成 $X^wY$ 和 $X^w$ 型的分裂结果（下图）。

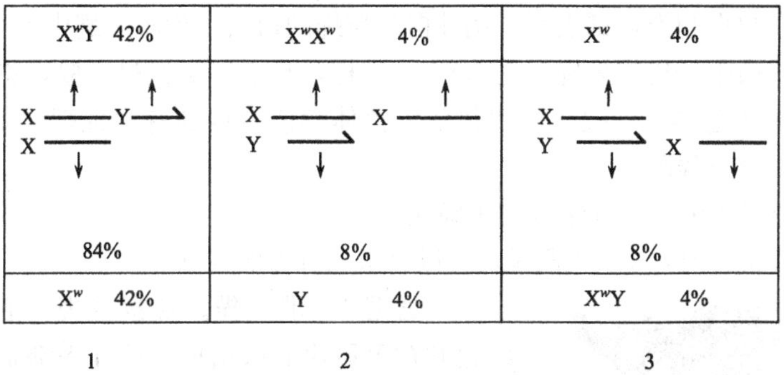


顺此推理，初级例外形成的 6 种配子和正常红眼雄蝇的两种精子结合，可产生的正常后代占 92%、次级例外占 4%（下图）。

| | | | 精子 | | |
|---|---|---|---|---|---|
| | | | $X^+$(50%) | Y(50%) | |
| 卵 | X-Y 配对 (16%) | $X^wX^w$ (4%) | $X^wX^wX^+$ (死) (2%) | $X^wX^wY$(2%) (白眼♀) | 次级例外后代的表型(4%) 另4%死亡 |
| | | Y (4%) | X Y(2%)(♂) (红眼可育) | YY(2%) (死) | |
| | | $X^w$ (4%) | $X^+X^w$(2%) (红眼♀) | $X^wY$(2%) (白眼♂) | 正常后代的表型(92%) |
| | | $X^wY$ (4%) | $X^wX^+Y$(2%) (红眼♀) | $X^wYY$(2%) (白眼♂) | |
| | X-X 配对 (84%) | $X^wY$ (42%) | $X^wX^+Y$(21%) (红眼♀) | $X^wYY$(21%) (白眼♂) | |
| | | $X^w$ (42%) | $X^+X^w$(21%) (红眼♀) | $X^wY$(21%) (白眼♂) | |

在实例中获得的结果如下：

| 雌蝇类型/数量（只） | 雄蝇类型/数量（只） | 百分比 |
|---|---|---|
| 红眼/27 679 | 白眼/28 887 | 95.7% |
| 白眼/1 224 | 红眼/1 246 | 4.3% |

对比推理和实际结果，发现两者完全相符合。因此，布里吉斯的模型是合理的。

（5）布里吉斯模型及研究结论。布里吉斯提出遗传模型，假设基因 $w$ 和 $W$ 在 X 染色体上，很好地解释了果蝇颜色遗传的初级例外和次级例外现象。该模型得到了精确的检验：①细胞学研究表明雌性初级例外后代为 XXY，雄性初级例外后代为 XO，与布里吉斯的推论相符。②细胞学研究表明雌性次级例外后代为 XXY，雄性次级例外后代为 XY，与布里吉斯的推理相符。③镜检结果表明，例外的白眼雌蝇的红眼子代雌果蝇中一半为 XXY，一半为 XX，与布里吉斯的分析一致。④数据和推理都表明，例外白眼雌蝇的白眼子代雄果蝇中也会产生例外后代，这些白眼子代雄果蝇都是 XYY。这样，布里吉斯经过实验，将 $W/W^+$ 基因定位在 X 染色体上，提供了遗传的染色体学说直接的有力证据，是遗传学发展史上的一个里程碑。

9. 请举例说明 Lyon 学说的正确性。

参考答案：对于 Lyon 假说，可以例举到有力的证据。

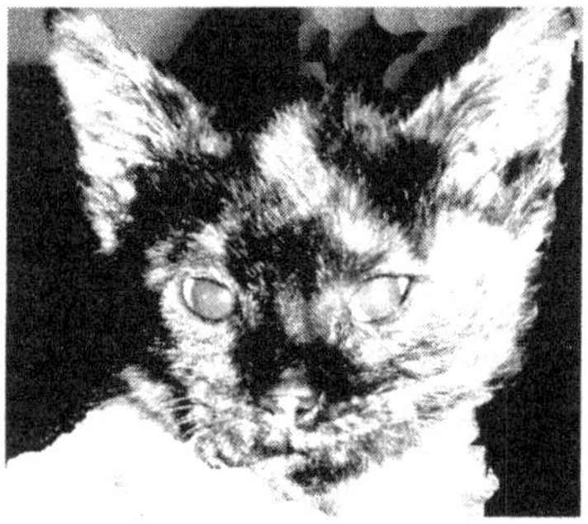

**证据 1**：玳瑁猫。观察发现，毛皮上有黑色和黄色斑块的玳瑁猫个体几乎都是一对 X 染色体连锁毛色等位基因（橙黄色毛皮基因 $O$ 和黑色毛皮基因 $o$）的雌性杂合体（$X^OX^o$）。在雌性杂合玳瑁猫体内，X 染色体在发育早期的细胞中随机失活。$X^O$ 染色体失活细胞的有丝分裂后代细胞产生黑色毛皮斑点，$X^o$ 染色体细胞的有丝分裂后代细胞产生黄色毛皮斑点。在极少数的情况下，也有发现杂合玳瑁雄猫，但性染色体组成总是 $X^OX^oY$，细胞中也是随机失活一条 X 染色体，因而每个体细胞中有一个 Barr 小体。

**证据 2**：X 连锁的葡萄糖-6-磷酸脱氢酶。Lyon 假说最有力的证据来自对 X 连锁的葡萄糖-6-磷酸脱氢酶（G-6-PD，基因写作 $Gd$，并用 $Gd^A$ 和 $Gd^B$ 来区分等位基因）组成或其代谢活性的分析。当对取自 $Gd^A/Gd^B$ 杂合妇女的皮肤细胞进行培养并提取蛋白进行电泳分离时，电泳图谱上出现 A、B 两种带型。而当检测单个细胞培养物（克隆培养）的蛋白时，其电泳型却只有一种（或者完全为 A 型，或者完全为 B 型）。由于与 X 染色体随机失活（相应地在其上边的 $Gd$ 等位基因不能表达 G-6-PD)，杂合妇女的不同细胞克隆中 A 型酶（$Gd^B$ 失活）和 B 型酶（$Gd^A$ 失活）的比例接近 1∶1（下图）。例如，在一次检测中，从 6 个杂合妇女（$Gd^AGd^B$）身上取出细胞，获得了 54 个克隆培养物，蛋白电泳结果表现为 24 个 A 型酶和 30 个 B 型酶。

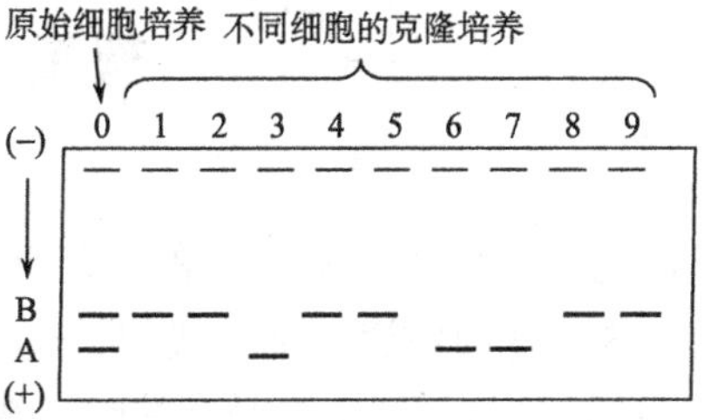


**证据 3**：自毁容貌综合征（Lesch-Nyhan syndrome）。在人类中，X 染色体上次黄嘌呤磷酸核糖转移酶（HPRT）基因的缺陷引起一种 X 连锁的遗传病——自毁容貌综合征。相关生化代谢途径如下图所示。与上述 G-6-PD 分析相似，从 $HPRT^+/HPRT^-$ 的杂合体妇女身上取得的皮肤细胞在体外培养，形成多个细胞克隆。对细胞克隆的酶活性进行测定发现，将近 1/2 的克隆能合成 HPRT，而另 1/2 检测不到 HPRT 活性。这也验证了 Lyon 假说关于 X 染色体（及其连锁基因）随机失活的论断的正确性。

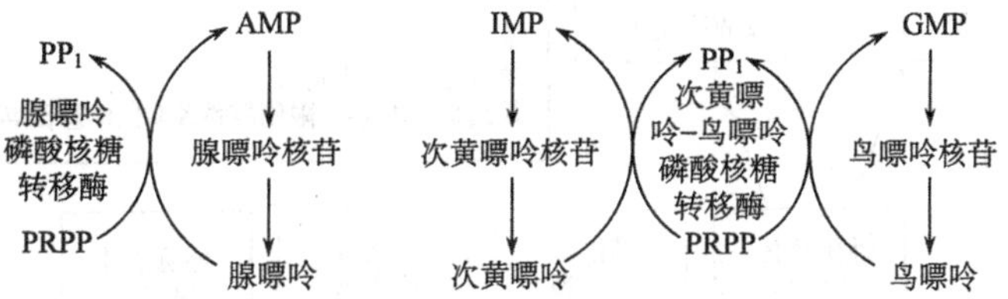


细胞学的研究发现，细胞中 Barr 小体的数目正好是 X 染色体数－1——无论存在几条 X 染色体，都只有一条 X 染色体是保持活性的。这种 Lyon 化现象是 X 连锁基因得到剂量补偿的有效机制。

10. 莱-尼二氏症（Lesch-Nyhan syndrome）也称为自毁容貌综合征，是因次黄嘌呤-鸟嘌呤磷酸核糖转移酶（hypoxanthine guanine phosphoribosyl transferase，HGPRT）的遗传缺陷引起的，该酶的基因定位于 X 染色体。患者体内次黄嘌呤和鸟嘌呤不能转换为 IMP 和 GMP，而是降解为尿酸，结果过量的尿酸引起了综合症状。患者在发病时会毁坏自己的容貌，用各种器械把面部弄得狰狞可怕。患者很少活到 20 岁以后。在男性中，莱-尼二氏症的发病率为 1/50 000。已知在下列家谱中Ⅳ-5 和Ⅳ-6 两男性患有此病，那么Ⅴ-1 和Ⅴ-2 遗传该综合征的概率有多大？

参考答案：在图中，Ⅲ-3 表现为正常个体，但其子Ⅳ-5 和Ⅳ-6 患有此病，因此她必为致病（突变）等位基因（用 $h$ 表示）的携带者，即为杂合子 $Hh$。根

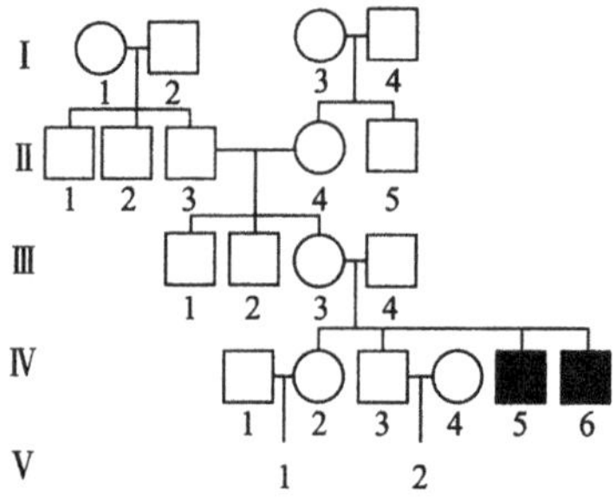


据基因分离和传递规律，她的女儿Ⅳ-2有1/2的可能获得她传递来的$h$等位基因，也将有1/2的可能将这一基因传递给下一代的Ⅴ-1。综合起来，Ⅴ-1获得$h$等位基因的概率是1/2×1/2=1/4。当Ⅴ-1是女性时，她不会患病；如果Ⅴ-1是男性，他就有患病的可能。考虑到Ⅴ-1是男性的概率是1/2，故在Ⅴ-1个体上患此病的可能性是1/4×1/2=1/8。

再看Ⅴ-2：因为其父亲不携带此基因，母亲又是外族人，所以其患此病的机会几乎为0（说明，该病的发病率在男性中只有1/50 000，是罕见病症，所以与有家族史的家庭相比，普通人群携带该基因的可能性极低）。

## 三、知识要点概念图

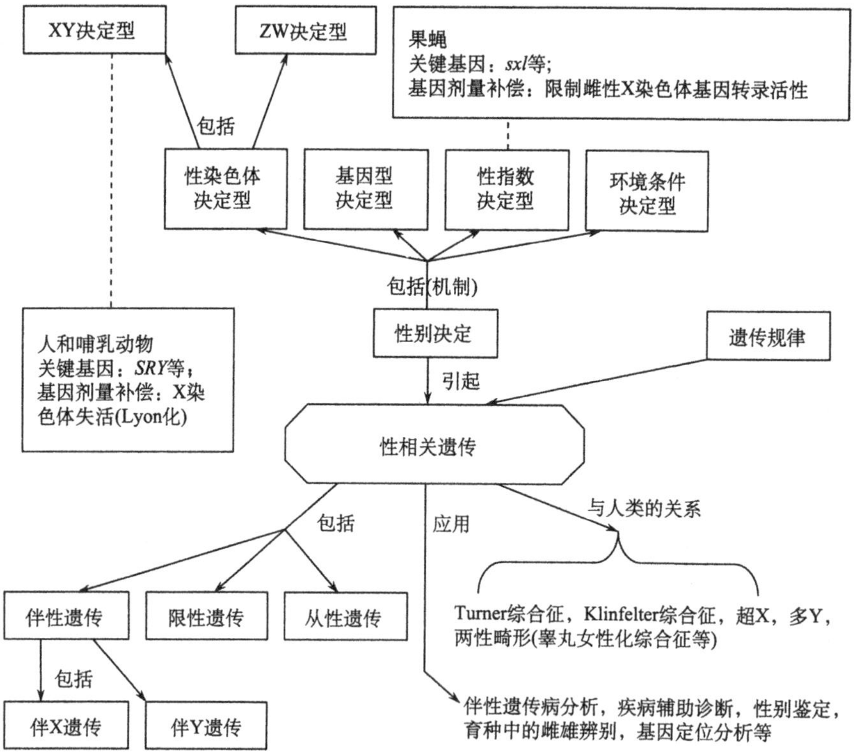

## 参考资料

贺竹梅．2002．现代遗传学教程．广州：中山大学出版社

李璞．2004．医学遗传学．第2版．北京：中国协和医科大学出版社

刘国瑞等．1884．遗传学三百题解．北京：北京师范大学出版社

赵寿元，乔守怡．2001．现代遗传学．北京：高等教育出版社

Alberts B，Bray D，Lewis J et al. 1994. Molecular Biology of the Cell. New York：Carland Publishing Inc

Griffiths A J F，Wessler S R C，Lewontin S B et al. 2007. Introduction to Genetic Analysis. 8th ed. San Frencisco：W. H. Freeman & Co Ltd

Hartwell L H，Hood L，Goldberg M L et al. 2000. Genetics—From Genes to Genomes. New York：McGraw-Hill Companies，Inc

Lewin B. 2000. Genes Ⅷ. Oxford：Oxford University Press and Cell Press

## 【试题精选】

### 一、名词解释

1. 超雌（superfemale）
2. 交叉遗传（criss-cross inheritance）
3. 性反转（sex reversal）
4. 性反转综合征（sex reversal syndrome）
5. *XIST* 基因（*XIST* gene）
6. 逃避失活现象（avoiding inactivation phenomenon）
7. 性染色体（sex chromosome）
8. *sxl* 基因（*sxl* gene）
9. 互补性因子（complementary sex factor）
10. 交配型（mating type）

### 二、填空题

1. 限性遗传病的致病基因存在于________染色体上，但却只有一种性别的人发病。

2. 初级性别决定是指________的形成。性别的分化是指在性腺所产生的________作用下，体细胞分化发育成________以及________。

3. 不同的生物性别决定的机制不同，决定它们性别的4类主要因素分别是：(1) ________；(2) ________；(3) ________；(4) ________。但归根结底都与基因的调节有关。

4. 性染色体由一对________进化而来。有的物种中两条性染色体是同形的，有的物种是异形的。________者属于原始类型，________者属于进化类型。两条异形性染色体之间的一段很短的同源区域，称为________。

5. 在男性中只有一条X染色体，隐性的有害基因没有对应的显性等位基因所以称为________，这些隐性基因是可以表达的，但正由于这个原因显示出________遗传。

6. 调查数据显示，第一性比，即男性胎儿和女性胎儿之比为120∶100，可能由于含Y染色体精子比含X染色体精子更活跃。第二性比是指________与________之比为（103～105）∶100；第三性比是指________与________之比为1∶1，这表明人类一夫一妻制的婚配制度符合这一自然规律。

7. 1990年，Sinclair等发现了一个基因________，后来证明是睾丸决定因子________的基因。新近的研究表明，这个基因可能作为睾丸发育的启动者。但是，人们在X染色体的短臂上鉴别出一种可抑制该基因的抑制基因________；无独有偶，在5号9号染色体长臂上的转录因子基因________可以激活这个基因。

8. 人类卵母细胞的减数分裂是不连续的，卵母细胞到卵细胞的形成过程长达10数年到数10年之久。大部分________在出生以后逐渐退化、消失。大约400个________继续发育，但停止到减数分裂________期，直至________。性成熟后，每月有________个卵泡发育成熟，排卵，减数分裂恢复，但再次停止到________期。在受精过程中，再次继续并进行到底，形成一个成熟的卵细胞并释放________。未受精的次级卵母细胞不能继续分裂，蜕变消失在________中。

9. 在果蝇中，X染色体连锁基因的剂量补偿效应是通过________而获得的；在人类中，X染色体连锁基因的剂量补偿效应是通过________而获得的。

10. 蜜蜂的性别决定情况是：单倍体就是________蜂（不受精卵子直接发育），二倍体是________蜂（受精卵发育）；至于雌蜂发育为________还是蜂后，是由________决定的。

11. 新莱昂假说认为：性染色体是________部分易位到________上所致，所以两种性染色体中________染色体小于________染色体，而________染色体往往有重复的基因。低等脊椎动物的雄、雌个体的性染色体在形态上彼此不能区分。在它们性染色体的某些区段上有许多等位基因位点是两性共有的，而在另一些区段上两性遗传信息互不相同，________性个体性染色体所携带的遗传信息主要与性别决定有关。

12. 精细胞成熟为精子（sperm，spermatozoon）的过程叫作________。在精子变态（或称变形）期，精细胞由________逐渐分化，细胞核变得________，顶体逐渐形成，把多余的________抛弃，变成运动灵活的精子。

13. 在男人中，性染色体来自其祖父辈的哪个个体？答案是：X染色体来自________；Y染色体来自________。

## 三、综合题

1. 将白眼、黑檀体表型的雌果蝇与野生型（红眼、灰体）雄果蝇杂交，在所产生的 $F_1$ 中发现，所有雌蝇都是红眼、灰体，所有雄性的果蝇都为白眼、灰体。再将 $F_1$ 代的果蝇互交，产生 $F_2$ 代，总个体数为 384 只，表型分类如下表：

| 眼色 | 体色 | 雄性 | 雌性 |
|---|---|---|---|
| 白 | 黑檀 | 20 | 21 |
| 白 | 灰 | 70 | 73 |
| 红 | 黑檀 | 28 | 25 |
| 红 | 灰 | 76 | 71 |

2. 将大量的白眼、野生型灰体色的雌果蝇（$ww$；＋＋）与朱红色（vermillion）眼、黑体色的雄果蝇（$vY$；$bb$）进行杂交，在所产生的 $F_1$ 果蝇中发现有极少数的雌蝇具有白眼和灰体色的表型。将这些极少数雌果蝇与父本蝇（$vY$；$bb$）进行回交。请推测：（1）这些极少数的 $F_1$ 雌蝇的基因型、染色体组成；（2）回交所产生的后代果蝇的表型、基因型。

3. 一种蛾子，常见的是浅（灰）体色的，但也有罕见的黑体色个体。黑体色雄蛾同浅体色雌蛾杂交，所产生的 $F_1$ 代个体都是黑色的。将 $F_1$ 代个体互交，却发现 $F_2$ 的体色与性别关联——雄性都是黑色的，雌性则 1/2 为黑色的、1/2 为浅色的。(1) 试分析杂交结果；(2) 如果有几只亲本黑体雄蛾与 $F_1$ 雄蛾混杂了，怎样区分它们？(3) 若在大量的亲本黑蛾（♂）和浅色雌蛾杂交中发现产生了极少数的浅色雌蛾，请解释原因。

4. 一对夫妇，男方色盲而女方色觉正常但患白化病（AR 遗传方式）。如果夫妇二人都是纯合体，试问他们的后代可能有什么表现型？

5. 在黑腹果蝇当中，有一对常染色体基因分别控制正常（长）翅（$vg^+$，完全显性）和短翅（$vg$，隐性）。(1) 请推测纯合白眼长翅雌蝇同纯合白眼短翅雄蝇的杂交后代的表型及其比例；(2) 上述 $F_1$ 代互交后，下一代的表型及其比例又是什么情况？

6. 一色盲男子的核型是 47，XXY，患有 Klinfelter 综合征。其母色盲，其父视力正常。试问 (1) 父母精子和卵细胞中具有什么样的性染色体，才能生出这样的患者？(2) 若进行 Barr 小体检测，此男子的 Barr 小体可能来自母亲还是父亲的细胞？(3) 若此男子有一个核型正常的兄弟，则后者的色盲概率为多少？

7. 红绿色盲男性与视觉正常但其父亲为红绿色盲、母亲秃顶的女性婚配，(1) 有多大的概率产生秃顶女儿？(2) 有多大的概率产生秃顶而色觉正常的儿子？(3) 有多大的概率产生非秃顶的儿子？(4) 有多大的概率产生色盲女儿或色盲儿子？

8. 请叙述性别的重要性。

9. 果蝇中有一对常染色体基因——长翅（*Vg*）和残翅（*vg*）基因，前者对后者显性；X染色体上的红眼（*W*）基因对白眼（*w*）基因是显性。请分析下列交配所产生的子代基因型和表型：

$$WwVgvg \times wYvgvg \qquad wwVgvg \times WYVgvg$$

10. 将真实遗传的白眼雌果蝇同野生型雄果蝇进行单对交配，获得的后代是：红眼雌蝇670只，白眼雄蝇658只，白眼雌蝇1只。(1) 请给予4种不同的解释说明白眼雌蝇的存在，并且注明其可能性；(2) 请设计试验，用于区别4种不同的情况，并确切地说明例外白眼雌蝇的出现。

11. 家鸡中引起波纹羽的是显性性连锁基因*B*，而*b*呈全色羽。*C*基因是任何着色所必需的；无论*B*基因是否存在，*cc*都为白色。一个波纹羽雄鸡与非波纹羽全色羽雌鸡交配，产生了3只白羽、2只波纹羽和3只全色羽子鸡。请分析这对交配的理论预期。

12. 某个6个孩子的家庭，下列各组合出现的概率（假设性别比是1∶1)?(1) 3个男孩3个女孩。(2) 以1男孩，1女孩，1男孩，1女孩这样的顺序出现。(3) 全部是女孩。(4) 全部是同性别的。(5) 至少有4个女孩。

13. 请举例介绍单基因效应决定性别的互补性因子（complementary sex factor）决定机制。

14. 果蝇中有一个*tra*隐性基因（在常染色体上），在纯合时导致雌蝇（X/X）转化为不育雄蝇。但是，*tra*在雄性（X/Y）中没有性转变效应。如果*tra*杂合子雌蝇（+/*tra*）与纯合子（*tra*/*tra*）雄蝇杂交，请问$F_1$和$F_2$的期望性比分别为多少?

15. 秃顶和短（食）指是不同的常染色体上的基因所控制的性状，在男人和女人中均分别呈显性和隐性。有一个有正常食指（长指）、杂合子秃顶男人与一个杂合子长指但秃顶的女人结婚，试问他们后代的期望表型呈怎样的比例?

## 【参考答案】

### 一、名词解释

1. 超雌——具有比正常的雌性个体更大量的雌性决定因素的个体。

2. 交叉遗传——雌性个体将性状传给雄性后代，而雄性个体将性状传给雌性后代的现象。因此，男患者的X连锁致病基因必然来自母亲，以后又必定传给女儿。

3. 性反转——有功能的雄（或雌）性个体转变成有功能的相反性别个体的现象。性反转现象只发生在生殖腺性别水平以及由此引起的表型性征变化上，不涉及染色体的性别相关转变。

4. 性反转综合征——在医学上，把染色体性别和性腺性别不相一致的病理现象称为“性反转综合征”。例如，46，XX男性是其中的一种类型。除了*SRY*基因外，还有其他基因参与性别的决定和分化。例如，X染色体上的某种作用强烈基因，能明显地影响*SRY*的作用，使胎儿应发育成男性生殖器的原始性腺转而发育成女性生殖器，使胎儿的性别发生改变。

5. *XIST*基因——*XIST*（X-inactivative specific transcript）基因是哺乳动物X染色体上处于X失活中心（XIC）的一个基因。它产生的非编码性RNA（在人类中为17kb）是哺乳动物X染色体失活的关键性起始物。

6. 逃避失活现象——在任何二倍体的哺乳动物细胞中，无论存在几条X染色体，都只有一条X染色体保持活性，其余X染色体失活。但并非整条X染色体上的所有基因都失活，而是失活基因与逃避失活基因穿插排列着。

7. 性染色体——在真核生物中，与性别相关的染色体（如X、Y和Z、W），与常染色体（autosome）相对。性染色体在性别决定中起着重要作用。

8. *sxl*基因——果蝇的雌性化基因。果蝇的性别决定是一个阶梯式调控过程，原始信号是性指数X∶A，性别决定的调控核心是*sxl*基因，体细胞性别分化、剂量补偿以及生殖细胞分化都是通过SXL（*sxl*的蛋白产物，RNA结合蛋白）对mRNA［*sxl*自身的和性别转换基因（transformer，*tra*）的］剪切的调控而实现的。

9. 互补性因子——某些物种通过基因之间的互补效应决定性别，其中涉及的基因（产物）称为互补性因子。比如在膜翅目昆虫中，至少有两个物种通过一个位点的二倍体纯合子以及单倍体都可决定雄性的发育，而杂合子决定雌性的发育。

10. 交配型——在微生物（如衣藻、脉孢霉和酵母）和某些原生动物（如草履虫）中，性别由单基因控制，交配位点上相同等位基因的单倍体个体不能彼此融合成合子，只有交配位点上不同等位基因的单倍体个体才能彼此融合成二倍体合子。

## 二、填空题

1. 性染色体或常染色体
2. 性腺，性激素，内、外生殖器，第二性征。
3. 性染色体，基因型，性指数，环境条件如温度
4. 同源常染色体，前，后，假常染色体同源区
5. 半合子（hemizygote），绞花式
6. 男性婴儿，女性婴儿，男青年，女青年
7. *SRY*，TDF，*SRVN*，*SRA*
8. 初级卵母细胞，初级卵母细胞，前期Ⅰ的双线，排卵，1，中期Ⅱ，第二极体，输卵管
9. 雄蝇X染色体上基因的超表达，女性一条X染色体的失活
10. 雄，雌，工蜂，激素
11. 同形性染色体，同源染色体，Y，X，X，雄
12. 精子变态，圆形，极度浓缩，细胞质
13. 外祖母或外祖父，祖父

## 三、综合题

1. 由题意知，果蝇眼色的遗传呈交叉遗传，所以眼色基因是X连锁的。

$F_2$的表型中灰体∶黑檀体＝3∶1，所以控制体色的基因位于常染色体上。

P ♀白眼黑檀体 $X^wX^wee$ × $X^+Y++$红眼灰体♂

↓

$F_1$ ♀红眼灰体 $X^+X^w+e$ × $X^wY+e$ 白眼灰体♂

↓互交

$F_2$

| 配子 | $X^+ +$ | $X^+e$ | $X^w+$ | $X^we$ |
|---|---|---|---|---|
| $X^we$ | $X^+X^w+e$ 红眼灰体♀ | $X^+X^we$ 红眼黑檀体♀ | $X^wX^w+e$ 白眼灰体♀ | $X^wX^wee$ 白眼黑檀体♀ |
| $X^w+$ | $X^+X^w++$红眼灰体♀ | $X^+X^w+e$ 红眼灰体♀ | $X^wX^w++$白眼灰体♀ | $X^wX^w+e$ 白眼灰体♀ |
| Ye | $X^+Y+e$ 红眼灰体♂ | $X^+Yee$ 红眼黑檀体♂ | $X^wY+e$ 白眼灰体♂ | $X^wYee$ 白眼黑檀体♂ |
| Y+ | $X^+Y++$红眼灰体♂ | $X^+Y+e$ 红眼灰体♂ | $X^wY++$白眼灰体♂ | $X^wY+e$ 白眼灰体♂ |

上表中所列出的 $F_2$ 表型比为：白眼黑檀体∶白眼灰体∶红眼黑檀体∶红眼灰体＝1∶3∶1∶3。

此结果与题目中所列数据相符合。

2.（$P_1$） 白眼灰体 $X^wX^w++$ × $X^vYbb$ 朱红眼黑体♂

↓

| $F_1$ | $X^wX^v+b$ | $X^wY+b$ | $X^wX^wY+b$ | $X^v+b$ |
|---|---|---|---|---|
| | ♀ | ♂ | ♀ | ♂ |
| | 朱红眼灰体 | 白眼灰体 | 白眼灰体 | 朱红眼灰体 |
| | （正常） | | （例外） | |

$F_1$ 中雌蝇基因型 $X^wX^wY+b$，此雌蝇中有两条 X 染色体和一条 Y 染色体，还有控制果蝇体色的染色体（+b）。

（2）回交：

♀ $X^wX^wY+b$ × $X^vYbb$ ♂

↓

回交后代的基因型及表型如下：

| 配子 | $X^vb$ | Yb |
|---|---|---|
| $X^w+$ | $X^wX^v+b$ 朱红眼灰体 | $X^wY+b$ 白眼灰体 |
| $X^wY+$ | $X^wX^vY+b$ 朱红眼灰体 | $X^wYY+b$ 白眼灰体 |
| $X^wX^w+$ | $X^vX^wX^w+b$ 朱红眼灰体（死亡） | $X^wX^wY+b$ 白眼灰体 |
| Y+ | $X^vY+b$ 朱红眼灰体 | YY+b 白眼灰体（死亡） |
| $X^wb$ | $X^vX^wbb$ 朱红眼黑体 | $X^wYbb$ 白眼黑体 |
| $X^wYb$ | $X^wX^vYbb$ 朱红眼黑体 | $X^wYYbb$ 白眼黑体 |
| $X^wX^wb$ | $X^vX^wX^wbb$ 朱红眼黑体（死亡） | $X^wX^wYbb$ 白眼黑体 |
| Yb | $X^vYbb$ 朱红眼黑体 | YYbb 白眼黑体（死亡） |

注意：性染色体组成为XXX的果蝇是不能存活的，因为X染色体（连锁基因）剂量过大（参考前述“参考资料”1、6等）。

3.（1）此遗传方式为伴性遗传。

本题中蛾黑体和浅色体的遗传为Z连锁的伴性遗传。

P　黑体 ♂ $Z^AZ^A$ × $Z^aW$ ♀ 浅色体

↓

$F_1$　黑体 ♀ $Z^AZ^a$　$Z^AW$ ♂ 黑体

↓

$F_2$　$Z^AZ^A$　$Z^AW$　$Z^AZ^a$　$Z^aW$

♀　♀　♂　♂

黑体　黑体　黑体　浅色体　（1∶1∶1∶1）

$Z^A$ 相对于 $Z^a$ 是显性的，有 $Z^A$ 存在，雌蛾和雄蛾都表现为黑体；$Z^aZ^a$ 雄蛾和 $Z^aW$ 雌蛾为浅色。

（2）将这些（亲本黑体雄蛾和 $F_1$ 雄蛾）与浅色体雌蛾（$Z^aW$）单对杂交，不产生浅色蛾的为亲本黑体雄蛾：

P　黑体 ♂ $Z^AZ^A$ × $Z^aW$ ♀ 浅色体

↓

$F_1$　黑体 ♂ $Z^AZ^a$　$Z^AW$ ♀ 黑体

但 $F_1$ 雄蛾与浅色体雌蛾（$Z^aW$）杂交，产生浅色蛾：

P　黑体 ♂ $Z^AZ^a$ × $Z^aW$ ♀ 浅色体

↓

$F_1$　♂ $Z^AZ^a$ 黑体 $Z^az^a$ ♂浅色体　$Z^AW$ ♀ 黑体　$Z^aW$♀ 浅色体

借此即可将混杂的亲本黑体雄蛾与 $F_1$ 雄蛾区别开。

（3）在大量的亲本黑蛾（♂）和浅色雌蛾杂交中发现产生了极少数的浅色雌蛾，可能是因为雄亲本染色体不分离，产生了无性染色体的配子：

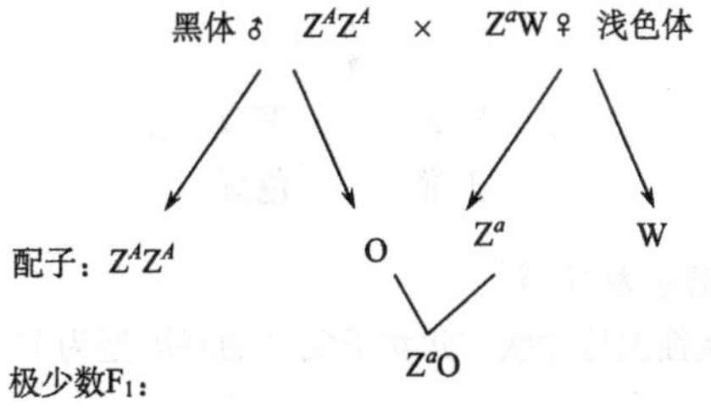


4. 设白化病基因位点用 $C/c$ 表示，红绿色盲基因位点用 $X^B/X^b$ 表示（红绿色盲基因是X染色体连锁基因）。

$$\text{母亲}\quad X^BX^Bcc \times X^bYCC\quad \text{父亲}$$

↓

$$♀\quad X^BX^bCc \qquad X^BYCc\quad ♂$$

所以，这对夫妇的后代表型都是正常的，但是女儿是白化病和红绿色盲隐性基因的携带者，儿子是白化病隐性基因的携带者。

5. (1) 根据常识，知道红眼、白眼是X连锁遗传的。

P　♀白眼长翅 $X^wX^wvg^+vg^+$ × $X^wYvgvg$ 白眼短翅♂

↓

| | | |
|---|---|---|
| $F_1$ | ♀$X^wX^wvg^+vg$ | $X^wYvg^+vg$ ♂ |
| 表型： | 白眼长翅 | 白眼长翅 |
| 比例： | 1 | 1 |

即纯合白眼长翅雌蝇同纯合白眼短翅雄蝇杂交后代的表型及其比例是♀白眼长翅：♂白眼长翅=1∶1。

(2)

$F_1$　♀$X^wX^wvg^+vg$ × $X^wY\ vg^+vg$ ♂

↓

| | | | | |
|---|---|---|---|---|
| $F_2$ | $X^wX^wvg^+\_$ | $X^wX^wvgvg$ | $X^wY\ vg^+\_$ | $X^wY\ vgvg$ |
| 表型： | ♀白眼长翅 | ♀白眼短翅 | ♂白眼长翅 | ♂白眼短翅 |
| 比例： | 3 | 1 | 3 | 1 |

即 $F_1$ 代互交后，下一代的表型及其比例是♀白眼长翅∶♀白眼短翅∶♂白眼长翅∶♂白眼短翅=3∶1∶3∶1。

6. (1) 母亲的基因型为 $X^bX^b$，父亲的基因型为 $X^BY$。母亲的卵母细胞在形成卵的过程中发生了不分离现象，可形成 $X^bX^b$ 配子。父亲的精原细胞可形成 $X^B$ 和Y两种配子。卵子 ($X^bX^b$) 与精子 (Y) 结合形成受精卵 ($X^bX^bY$)，表型为色盲 (♂)。

(2) 对儿子和双亲进行Barr小体检验，儿子的是来自母亲的细胞。

(3)

P　$X^bX^b$ × $X^BY$

↓

| | | |
|---|---|---|
| $F_1$ | ♀ $X^BX^b$ | $X^bY$ ♂ |
| 表型 | 正常 | 色盲 |

可见，儿子患色盲的概率为100%。

7. 注意秃顶 (b) 为从性遗传性状。此女子父亲的基因型为 $b^+b^+X^bY$，母亲的基因型为 $b^+bX^BX^b$。

(1) 产生秃顶女儿的概率：0。因为 $b^+b^+ \times b^+b \to b^+-$ 在女性表现为非秃顶 ($b^+$ 对b完全显性)。

(2) 如已经确定为儿子，则秃顶但正常视觉的儿子：$1/2 \times 1/4 = 1/8$。(基因型为

$b^+bX^BY$，在男性中 b 对 $b^+$ 完全显性）。

（3）非秃顶儿子：1/4。（基因型：$b^+bX^BY$，$b^+bX^bY$）

（4）患色盲的女儿：1/4；患色盲的儿子：1/4。

8. 在生物界，最普遍、最吸引人的现象之一是雌雄性别分化现象。高等生物通常是两性生物，划分为雌性和雄性个体。尤其是高等动物，有十分明确的雌雄性别差异，与之相关的是许多性状上的分化——生殖器官、外部特征和生理差别。在多数情况下雌雄同株（monoecious）（同花或异花）的高等植物中，也存在着雌雄异株（dioecious）现象。然而，有些低等生物可以有两种以上的性别。如草履虫（*Paramecium bursaria*）有 8 种性别，它们间有生理差异但外部形态一样，每一种性别（交配型，mating type）不与同一性别个体结合，只与其他性别个体结合。不管一个物种的性别（交配型）有几种，性别的重要意义在于形成每种生物不同个体间杂交的机制，产生遗传物质的重新组合，使自然群体内存在遗传变异的多样性，为自然选择等进化过程提供较多的原材料。自然选择作用于大量的遗传变异，使得最适应环境的生物类型得以生存、繁衍，有利于生物的适应性和多样性进化。

9.（1）对于 *WwVgvg* × *wYvgvg*

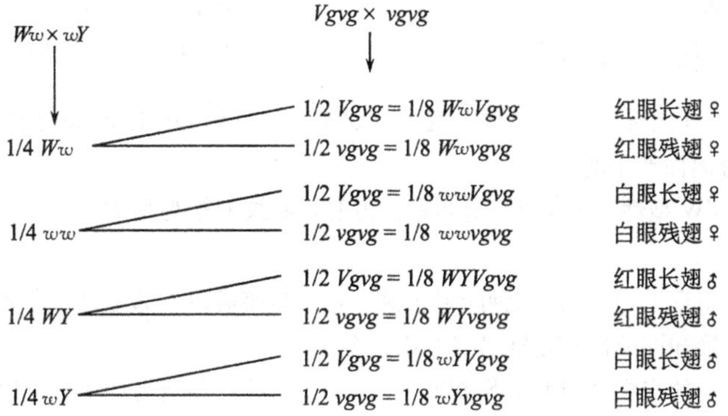


所以，子代基因型是等比例的 *WwVgvg*、*Wwvgvg*、*wwVgvg*、*wwvgvg*、*WYVgvg*、*WYvgvg*、*wYVgvg* 和 *wYvgvg*。

表现型是等比例的红眼长翅♀、红眼残翅♀、白眼长翅♀、白眼残翅♀、红眼长翅♂、红眼残翅♂、白眼长翅♂和白眼残翅♂。

（2）对于 *wwVgvg* × *WYVgvg*

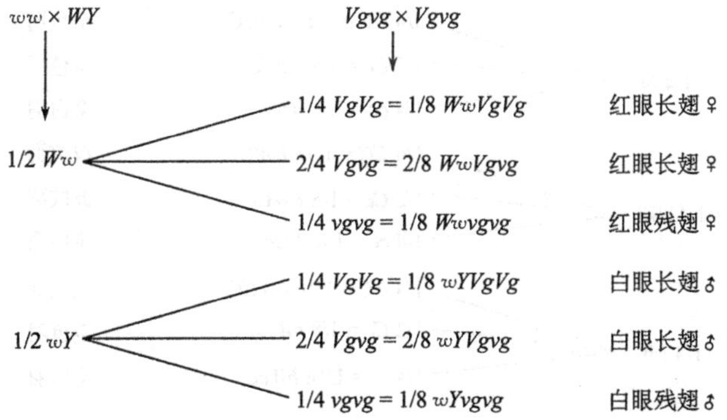

所以，子代基因型及比例是：1 $WwVgVg$ ∶ 2 $WwVgvg$ ∶ 1 $Wwvgvg$ ∶ 1 $wYVgVg$ ∶ 2 $wYVgvg$ ∶ 1 $wYvgvg$。

子代表型及比例是：3 红眼长翅♀ ∶ 1 红眼残翅♀ ∶ 3 白眼长翅♂ ∶ 1 白眼残翅♂。

10. (1) 出现例外白眼雌蝇的 4 种解释：① 亲本白眼雌蝇亲蝇选用时不是处女蝇——这种可能性极小，因为这里只产生了 1 只白眼雌蝇；②品系混杂的结果。这在实验室中因为预防措施不太严密总是有可能发生；③基因突变。相对于果蝇的白眼突变率（$4\times10^{-5}$）来说，这里在 670＋658＋1＝1329（只）果蝇中出现 1 只例外的比例太高了，可能性不大；④雌性亲本蝇卵母细胞的减数分裂时 X 染色体发生了不分离，产生了 XXY 雌蝇。这种可能性较大（参考 Bridges 1916 年的实验）。

(2) 将这只例外白眼雌蝇与野生型雄蝇交配，即可判定上述 4 种可能性的正确与否：

若为混杂或突变：

$ww$ ♀ × $WY$ ♂

↓

$Ww$ 野生型♀　　$wY$ 白眼♂

若为 X 染色体不分离：

$wwY$ ♀ × $WY$ ♂

↓

$Ww$ 野生型♀　　$WY$ 野生型♂　　$wY$ 白眼♂

可见，只要子代中有野生型雄蝇，就可以证实：这只例外白眼雌蝇的出现是由于白眼亲蝇 X 染色体不分离而产生的。

11. 家鸡为 ZW 型性别决定型。分析题意说明，波纹羽雄鸡是 $B\_C\_$，非波纹全色羽雌性是 $bWC\_$。

在子代中，出现了白羽鸡，说明 $c$ 基因纯合，于是雌雄亲本都是对 $c$ 基因的杂合体。又因有全色羽子鸡，推知同配性别之雄鸡 $B$ 基因杂合。

可以推知确切的交配基因型是♀ $bWCc$ × ♂ $BbCc$。预期可产生的子代如下面图示：

♀ $bWCc$ × ♂ $BbCc$

$bW \times Bb$　　　$Cc \times Cc$

↓　　　↓

1/4 $Bb$
- 1/4 $CC$ = 1/16 $BbCC$　波纹羽
- 1/2 $Cc$ = 1/8 $BbCc$　波纹羽
- 1/4 $cc$ = 1/8 $Bbcc$　全白羽

1/4 $bb$
- 1/4 $CC$ = 1/16 $bbCC$　全色羽
- 1/2 $Cc$ = 1/8 $bbCc$　全色羽
- 1/4 $cc$ = 1/8 $bbcc$　全白羽

1/4 $BW$
- 1/4 $CC$ = 1/16 $BWCC$　波纹羽
- 1/2 $Cc$ = 1/8 $BWCc$　波纹羽
- 1/4 $cc$ = 1/8 $Bbcc$　全白羽

1/4 $bW$
- 1/4 $CC$ = 1/16 $bWCC$　全色羽
- 1/2 $Cc$ = 1/8 $bWCc$　全色羽
- 1/4 $cc$ = 1/16 $bWcc$　全白羽

可见，此杂交在理论上预期子鸡（雌、雄）的类型比例是3/8波纹羽、3/8全色羽和1/4全白羽。

12. 出现男孩或女孩互为不相容事件；即使第一个孩子的性别已确定，也不影响第二个孩子的性别，其余类推。各胎互相独立，各自的概率为1/2。所以：

(1) 出现3男3女的概率是：

$$C_6^3\left(\frac{1}{2}\right)^3\left(\frac{1}{2}\right)^3=\frac{5}{16}$$

(2) 以1男-1女-1男-1女顺序出现的概率是：

$$\left(\frac{1}{2}\right)\left(\frac{1}{2}\right)\left(\frac{1}{2}\right)\left(\frac{1}{2}\right)\left(\frac{1}{2}\right)\left(\frac{1}{2}\right)\left(\frac{1}{2}\right)=\frac{1}{64}$$

(3) 全部是女孩的概率：

$$C_6^6\left(\frac{1}{2}\right)^6\left(\frac{1}{2}\right)^0=\frac{1}{64}$$

(4) 全部是同性别的概率：

$$C_6^6\left(\frac{1}{2}\right)^6\left(\frac{1}{2}\right)^0+C_6^0\left(\frac{1}{2}\right)^0\left(\frac{1}{2}\right)^6=\frac{1}{32}$$

(5) 令$\left(\frac{1}{2}\right)_b$代表男孩每次出现的概率，$\left(\frac{1}{2}\right)_g$代表女孩的概率。于是6个孩子时，出现的各种性别比例及其频率分布情况为

$$\left[\left(\frac{1}{2}\right)_b+\left(\frac{1}{2}\right)_g\right]=\underset{6b}{\frac{1}{64}}+\underset{5b1g}{\frac{6}{64}}+\underset{4b2g}{\frac{15}{64}}+\underset{3b3g}{\frac{20}{64}}+\underset{2b4g}{\frac{15}{64}}+\underset{1b5g}{\frac{6}{64}}+\underset{6g}{\frac{1}{64}}$$

所以，至少出现4个女孩子的概率是：

$$\frac{15}{64}+\frac{6}{64}+\frac{1}{64}=\frac{11}{32}$$

13. 互补性因子（complementary sex factor）性别决定机制基于通过基因之间的互补效应。比如在膜翅目中，至少有两个物种通过一个位点的二倍体纯合子以及单倍体都可决定雄性的发育，而杂合子决定雌性的发育。这在个体很小的寄生黄蜂（*Bracon hebetor*）和蜜蜂（*Apis*）中都有发现。

黄蜂的一个位点上至少有9种决定性别的复等位基因——$S^a \sim S^i$等。杂合子（如$S^aS^b$、$S^bS^c$、$S^hS^i$等）都发育为雌性黄蜂，纯合子都发育为雄蜂（如$S^aS^a$、$S^bS^b$、$S^iS^i$等，通常不育），未受精卵孤雌生殖产生的单倍体（如$S^a$、$S^b$、$S^i$等）发育为可能的雄蜂。如下图所示：

| | | | | |
|---|---|---|---|---|
| 亲本 | | $S^aS^b$<br>二倍体♀ | × | $S^a$<br>单倍体♂ |
| 配子 | | $S^a$<br>卵子 | $S^a$<br>精子 | $S^b$<br>卵子 |
| $F_1$ | $S^a$<br>单倍体<br>♂ | $S^aS^a$<br>二倍体<br>♂ | $S^aS^b$<br>二倍体<br>♀ | $S^b$<br>单倍体<br>♂ |

可见在 $F_1$ 当中，二倍体的期望比为 $1S^aS^a$ ♂：$1S^aS^b$♀，单倍体的期望比为 $1S^a$ ♂：$1S^b$ ♂。

14. 根据题意，相应的杂交组合及结果如下

亲本　　X/X，+/*tra*　　×　　X/Y，*tra*/*tra*

　　　　正常♀　　　　　　　正常♂

配子　　X+　X *tra*　　　　　X *tra*　　Y *tra*

| ♂配子 \ ♀配子 | X+ | X *tra* |
|---|---|---|
| X *tra* | X/X，+/*tra*　正常♀ | X/X，*tra*/*tra*　“转化”♂ |
| Y *tra* | X/Y，+/*tra*　正常♂ | X/Y，*tra*/*tra*　正常♂ |

综合分析可知：$F_1$ 的期望性比为 1/4♀：3/4 ♂。

已知 $F_1$ 中的“转化”雄蝇是没有生育能力的，因此在 $F_2$ 共有 2 种交配类型，各占为 1/2。

第一种：X/X，+/*tra*　　×　　X/Y，+/*tra*

　　　　　　♀　　　　　　　　　♂

| ♂配子 \ ♀配子 | X+ | X *tra* |
|---|---|---|
| X + | X/X，+/+　♀ | X/X，+/*tra*　♀ |
| Y *tra* | X/X，+/*tra*　♀ | X/X，*tra*/*tra*　“转化”♂ |
| Y + | X/Y，+/+　♂ | X/X，+/*tra*　♂ |
| Y *tra* | X/Y，+/*tra*　♂ | X/Y，*tra*/*tra*　♂ |

这种交配类型中 $F_2$ 期望性比为 3/8♀：5/8 ♂。由于这种类型的交配频率在所有可能的交配类型中只占 1/2，所以它们占整个 $F_2$ 后代中的性比为（1/2）×（3/8）=3/16♀：（1/2）×（5/8）=5/16 ♂。

第二种：X/X，+/*tra*　　×　　X/Y，*tra*/*tra*

　　　　　　♀　　　　　　　　　♂

这与亲本的交配类型相同，在后代当中有 3/4 ♂和 1/4♀；又由于这种交配类型在所有可能的交配类型中所占的频率为 1/2，所以它们占整个 $F_2$ 后代中的性比为（1/2）×（3/4）=3/8 ♂：（1/2）×（1/4）=1/8♀。

现将两种交配类型所产生的后代统计起来，可得如下性比：

♀：3/16+1/8=5/16，♂：5/16+3/8=11/16；整个 $F_2$ 代的雌雄性比是 5♀：11 ♂。

15. 用 *B* 表示“秃顶”、*S* 表示“短指”，以 1、2 区分不同的等位基因。

| 基因型 | 男 | 女 | 基因型 | 男 | 女 |
|---|---|---|---|---|---|
| $B_1B_1$ | 秃 | 秃 | $S_1S_1$ | 短指 | 短指 |
| $B_1B_2$ | 秃 | 非秃 | $S_1S_2$ | 短指 | 长指 |
| $B_2B_2$ | 非秃 | 非秃 | $S_2S_2$ | 长指 | 长指 |

亲本　$B_1B_2$，$S_2S_2$　×　$B_1B_1$，$S_1S_2$

秃、长指男人　秃、长指女人

$1/2\ S_1S_2 = 1/4B_1B_1\ S_1S_2$　秃、短指（男）/秃、长指（女）

$F_1$　$1/2B_1B_1$

$1/2\ S_2S_2 = 1/4B_1B_1\ S_2S_2$　秃、长指（男人）/秃长指（女）

$1/2\ S_1S_2 = 1/4B_1B_2\ S_1S_2$　秃、短指（男）/非秃、长指（女）

$1/2B_1B_2$

$1/2\ S_2S_2 = 1/4B_1B_2\ S_2S_2$　秃、长指（男）/非秃、长指（女）

所以，所求后代（$F_1$）的期望表型比为：

在男性中，1/2 秃-短指：1/2 秃-长指：在女性中，1/2 秃-长指：1/2 非秃-长指。即 1/2 秃-短指♂：1/2 秃-长指♂：1/2 秃-长指♀：1/2 非秃-长指♀。

# 第六章　遗传的分子基础和遗传标记

**重点提示：** 在分子水平上研究遗传物质结构和遗传信息传递规律的遗传学分支学科就是分子遗传学，主要研究基因的结构、功能和表达调控机制。多数生物的遗传物质基础是 DNA，有些病毒（如烟草花叶病毒，TMV）的遗传物质是 RNA。基因是有功能的 DNA 片段，片段上有许多可突变位点，突变位点之间可以发生重组。基因可分为结构基因、调节基因和操纵基因，此外还存在跳跃基因、断裂基因和重叠基因等不同类型的基因。

DNA 双螺旋结构的提出标志着遗传学进入了分子遗传学时期。分子杂交（molecular hybridization）是现代遗传学和分子生物学普遍采用的重要研究技术。核酸分子杂交技术包括 Southern 杂交（DNA / DNA 杂交）和 Northern 杂交（DNA / RNA 杂交）。

基因表达调控（特别是遗传控制）是分子遗传学的重点研究内容；基因的精细结构分析使得基因的概念向前发展了一步；顺反子的研究与互补实验为基因作为完整的功能单位的作用机理的认识奠定了基础。

遗传标记（genetic marker）指在遗传分析上被用作标记信号的基因（标记基因），在现代遗传学和遗传学相关分析中广泛运用。在人类疾病研究中，相应于病例症状的标记基因有重要的应用价值。在微生物遗传分析中，遗传标记常以选择性标记基因和非选择性标记基因的形式被明确用于各种有目的的遗传筛选中。

**本章导读：** 分子遗传学的发展是以微生物遗传学和生物化学的研究为基础的。在微生物遗传学研究中，许多工作是以大肠杆菌和它的噬菌体作为研究材料来完成的；分子遗传学的一些重要概念（如基因和蛋白质的线性对应关系、基因调控等）也来自微生物遗传学的研究成果。

基因是有功能的 DNA 片段，是一个功能单位，包括许多突变位点（突变子），突变位点之间可以发生重组（重组子）。1961 年，雅可布（Jacob）和莫诺（Monod）提出了操纵子学说（operon theory），阐明了基因在乳糖利用中的作用，并将基因分为结构基因、调节基因和操纵基因；1955 年，本泽尔（Benzer）揭示了基因内部的精细结构，提出了基因的顺反子（cistron）概念；20 世纪 40 年代，麦克林托克（Barbara McClintock）提出了跳跃基因的概念；1977 年，凯姆伯恩（Chambon）和博杰特（Berget）提出断裂基因（split gene）的概念；1978 年，巴尔列尔（Barrell）等提出重叠基因（overlapping gene）的概念。可以说，分子遗传学是研究基因本质和功能及其调控的学科，同时它也推动了遗传学多个领域的发展。作为生物工程的重要一部分，遗传工程已应用于工业、农业和医药业等各个方面。即使是群体遗传学，也受到分子遗传学的影响。

基因组水平上的分子遗传学的发展带来了基因组时代和后基因组时代。分子标记（molecular marker）技术的应用是基因组时代的重要特征。

## 【核心概念】

（1）外显子（extron）　真核生物基因中能编码最后蛋白产物或成熟mRNA产物的DNA序列。很多外显子在转录过程中经过剪接拼连在一起，形成成熟的mRNA进行翻译。

（2）内含子（intron）　基因的外显子之间，存在的不能编码的DNA序列即为内含子。真核生物基因含有内含子，真核生物基因在转录时首先形成mRNA前体，mRNA前体在形成成熟mRNA过程中将内含子切除。

（3）一基因一酶说（one gene-one enzyme）　比德尔（G W Beadle）和塔特姆（E L Tatum）利用脉孢霉（*Neurospora crassa*）突变体进行实验时发现了单个基因与单个酶之间的直接对应关系，即一个基因指导一个酶的合成，一个基因的突变或缺失会导致一个基本酶的缺陷。

（4）顺反子（cistron）　即结构基因，不同突变之间没有互补的功能区，一个顺反子就是一个基因，就是一个基因座位，它包含多个基因位点，是遗传上的一个作用（功能）单位，但不是一个突变单位或重组单位。

（5）基因表达调控（gene expression and control）　从DNA到蛋白质的过程叫基因表达（gene expression），对这个过程的调节即为基因表达调控（regulation of gene expression or gene control）。基因表达调控主要表现在转录水平上的调控、mRNA加工成熟水平上的调控和翻译水平上的调控等。

（6）顺式作用元件（cis-acting element）　在分子遗传学领域，顺式作用元件相对同一染色体或DNA分子而言为“顺式”（cis）；对不同染色体或DNA分子而言为“反式”（trans）。顺式作用元件是同一DNA分子中具有转录调节功能的特异DNA序列。按功能特性，真核基因顺式作用元件分为启动子、增强子和沉默子。

（7）反式作用因子（trans-acting factor）　调节基因转录表达的蛋白质因子称反式作用因子，也称转录调节因子。大多数真核转录调节因子由某一基因表达后，与特异的靶基因的顺式作用元件结合，即通过与另一基因的特异的顺式作用元件相互作用，来激活另一基因的转录。

（8）基因组（genome）　一般的定义是单倍体细胞中的全套染色体为一个基因组，或是单倍体细胞中的全部基因为一个基因组。因为基因组测序的结果发现基因编码序列只占整个基因组序列的很小一部分，因此，基因组应该指单倍体细胞中包括编码序列和非编码序列在内的全部DNA分子。真核生物可分为核基因组、线粒体基因组和叶绿体基因组。

（9）分子标记（molecular marker） 广义的分子标记是指可遗传的并可检测的 DNA 序列或蛋白质。狭义的分子标记只是指 DNA 标记。分子标记是以个体间遗传物质内核苷酸序列变异为基础的遗传标记，是 DNA 水平遗传多态性的直接反映。

（10）人类基因组计划（human genome project，HGP） 首先由美国科学家于 1985 年率先提出并于 1990 年正式启动。这一计划旨在为 30 多亿个碱基对构成的人类基因组精确测序，发现所有人类基因并搞清其在染色体上的位置，破译人类全部遗传信息。美国、英国、法国、德国、日本和我国科学家共同参与了这一计划。经过 13 年的努力，于 2003 年共同绘制完成了人类基因组序列图，比原计划提前两年，在人类揭示生命奥秘、认识自我的漫漫长路上又迈出了重要的一步。2006 年 5 月 18 日，美英科学家宣布，他们完成了人类 1 号染色体的基因测序图，表明人类最大和最后一个染色体测序工作已经完成，历时 16 年的人类基因组计划宣告结束。

## 【知识要点】

## 一、基本知识串讲

1. 遗传的物质基础

1868 年，米歇尔在医院绷带上的脓细胞的核中发现了核酸；1910 年，科塞尔因为破解了核酸的化学组成而获得诺贝尔生理学或医学奖。1928 年，格里菲斯进行肺炎双球菌的转化实验，将使无荚膜菌转化为有荚膜菌的物质称为“转化因子”（transforming factor）。1944 年，艾弗里（O. T. Avery）等进一步研究“转化因子”，证明 DNA 具有特定的遗传特性，是遗传物质。1952 年，赫尔希（A. D. Hers-hey）和蔡森（M. Chase）的噬菌体实验也使 DNA 是遗传物质的结论得到了进一步的证实。随着对病毒研究的逐渐深入，科学家通过 RNA 病毒重建实验，证明在只有 RNA，而不具有 DNA 的病毒中，RNA 是遗传物质。至此，核酸作为生命的遗传物质得以证实。

2. 基因的精细结构

20 世纪 40 年代，Beadle 和 Tatum 将基因和蛋白质联系起来，提出一个基因一个酶的假说。1957 年 Crick 提出中心法则，从而将 DNA 分子结构与生物体结合起来。1957 年 Benzer 用大肠杆菌 T4 噬菌体为材料，分析了基因内部的精细结构，提出了顺反子（cistron）的概念，证明基因是 DNA 分子上的一个特定的区段，是一个功能单位，包括许多突变位点（突变子），突变位点之间可以发生重组（重组子）。现代遗传学认为基因是一个含有特定遗传信息的 DNA 分子区段，一个基因有 500～6000 个核苷酸对。根据基因的功能和性质，可将其分为以下几类：①结构基因（structural gene）和调节基因（regulatory gene）是既可转录又可翻译的基因。②核糖体 RNA 基因（rRNA 基因简称 rDNA）和转移 RNA 基因（tRNA 基因简称 tDNA）是只可转录不可翻译的基因。③启动子（promotor）和操纵基因（operator）既无转录功能又无翻译功能，确切地说，它们不能称为基因。

1）顺反子

不同突变之间没有互补的功能区，一个顺反子就是一个基因，就是一个基因座位，包含多个基因位点，是遗传上的一个功能单位，但不是一个突变单位或重组单位。遗传上的突变单位和重组单位是突变子（muton）和重组子（recon），突变子是基因内改变后可以产生突变表型的最小单位。它只相当于一个核苷酸对，不能将其定义为一个基因。重组子是基因内不能有重组分开的遗传单位，也不能将其定义为一个基因。一个基因可分为很多突变子和重组子。

顺反位置效应（cis-trans position effect）：*wa*＋/＋*w* 两个突变分别在两条染色体上，称为反式（*trans*），*wa w* /＋＋两个突变同时排在一条染色体上，而另一条染色体上两个位点均正常，称为顺式（*cis*）。反式表现为突变型，顺式排列为野生型，这种由于排列方式不同而表型不同的现象称为顺反位置效应。

2）断裂基因、重叠基因与跳跃基因

1977 年法国的 Chambon 等和 Berget 等首次报道基因内部有间隔顺序（spacer sequence），并由此提出断裂基因（split gene）的概念。在成熟 mRNA 上反映出的 DNA 区段，即 DNA 序列中被转录成为 mRNA 的片段称为外显子（exon 或 extron），在成熟 mRNA 上未反映出的 DNA 区段称为内含子（intron）。1978 年英国剑桥大学分子生物学家 Sanger 分析了 ϕX174 DNA 全序列后，发现它的核苷酸实际数比理论数少 1842 个。同实验室的 Barrell 等发现其基因组中有些密码是重叠的，从而发现了重叠基因（overlapping gene）。重叠基因是经济有效的利用 DNA 遗传信息量的结构，更重要的是便于对基因表达起调控作用。20 世纪 40 年代，美国女遗传学家麦克林托克在研究玉米籽粒会出现斑驳色彩的原因时发现玉米籽粒胚乳会产生颜色深浅不同的色斑，与第九对染色体上一种称为 Ds 的能转移的片段有关，发现了“跳跃基因”（jumping gene）的存在。

3. 基因表达与调控

从 DNA 到蛋白质的过程叫基因表达（gene expression），对这个过程的调节即为基因表达调控（regulation of gene expression or gene control）。基因表达调控是现代分子生物学研究的重要内容。通过基因表达调控研究可揭示生命运动的规律，如动植物生长发育规律、形态结构特征及生物学功能等。原核生物和真核生物在基因表达调控上存在很大差异。原核生物基因表达调控主要表现在转录水平、mRNA 加工及成熟水平、翻译水平等。真核生物基因表达调控的过程更为复杂，除上述外还有翻译后的调控。在真核生物尤其是高等真核生物中，激素水平、发育阶段等也是基因表达调控的重要手段。

1）原核生物的基因表达调控

原核生物的基因表达调控也存在着复杂的调控系统，包括在复杂的基因组内确定正确的转录起始点、将 DNA 的核苷酸按着遗传密码的程序转录到新生的 RNA 链中、确定转录的终止等。原核生物基因表达的调控主要在转录水平上进行。原核生物基因表达调控可用乳糖操纵子模型解释（图 6-1）。

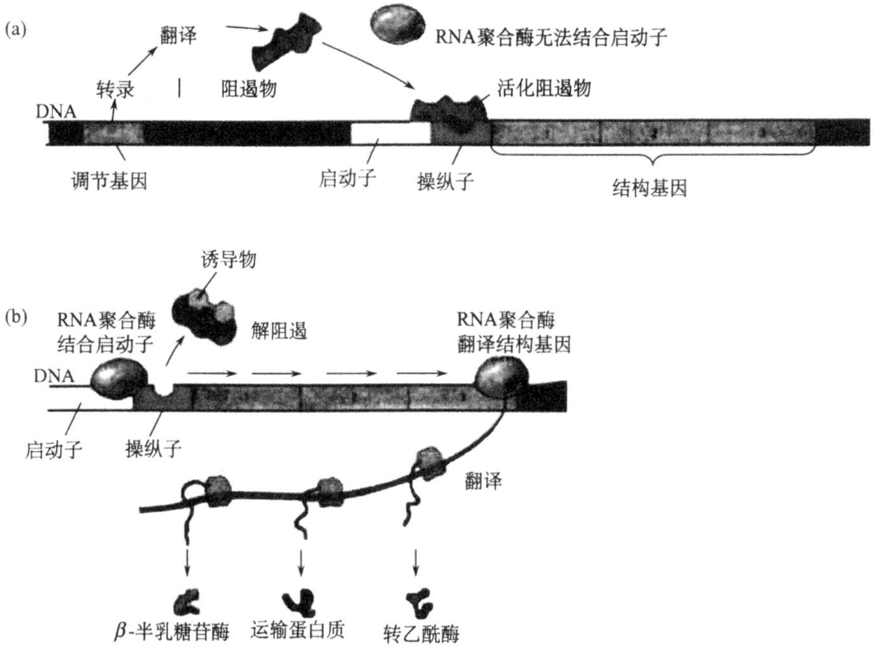


图 6-1　乳糖操纵子模型

（a）基因关闭；（b）基因表达

2）真核生物基因表达调控

真核生物基因表达调控最明显的特征是能在特定时间和特定的细胞中激活特定的基因，从而实现不可逆的分化和发育过程，使生物的组织和器官在一定的环境条件范围内保持正常的生理功能。根据性质可将真核生物基因表达调控分为两大类：第一类是瞬时调控或叫可逆调控，如某种代谢底物浓度或激素水平升降时及细胞周期在不同阶段中酶活性和浓度调节。第二类是发育调节或称不可逆调控，决定真核生物细胞的分化、生长和发育全过程。根据基因调控在同一时间中发生的先后次序分为转录水平调控、转录后水平的调控、翻译水平调控及蛋白质加工水平的调控。

4. 基因水平上的遗传分析

研究基因的精细结构，首先是 S. Benzer 对大肠杆菌噬菌体 T4 的 $r$ Ⅱ$A$ 和 $r$ Ⅱ$B$两个基因的结构分析，证明了基因的可分性。基因内有大量的突变子和重组子。噬菌体的突变型可大体归为噬菌斑形态的突变型，如侵染宿主菌后形成清晰噬菌斑或混浊噬菌斑；寄主范围的突变型，如寄主范围变小或寄主范围变大；条件致死突变型，如允许条件下不致死或限制条件下致死。噬菌体大部分基因的功能是复制和产生子代噬菌体所必需的，这些基因的突变是致死的，不能形成噬菌斑，其中有些致死突变在限制条件下是致死的，而在许可条件下可形成噬菌斑，这种突变称为条件致死突变（conditional lethal mutation）。条件致死突变型在遗传学研究中具有重要意义，通过这种突变已鉴定出噬菌体的大部分基因。Benzer 所用 T4 的 $r$Ⅱ突变就是遗传学研究中所用的第一个条件致死突变型。

互补测验（顺反测验）：根据功能确定等位基因的测验。即根据顺式表现型和反式表现型来确定两个突变体是否属于同一个基因（顺反子）。彼此互补（complementation）：用 $r$Ⅱ突变型成对组合同时去感染大肠杆菌 K（λ）株，若被双重感染的细菌中产生两种亲代基因型的子代噬菌体（也有少量重组型的噬菌体），那么就必定是一个突变型补偿了另一个突变型所不具有的功能，这两个突变型就称为彼此互补。若双重感染的细菌不产生子代噬菌体，那么这两种突变型一定有一个相同功能都受到损伤。互补测验结果发现：$r$Ⅱ突变型可分成 $r$Ⅱ $A$ 和$r$Ⅱ $B$两个互补群。所有 $r$Ⅱ $A$ 突变型的突变位点都在$r$Ⅱ区的一头，是一个独立的功能单位，所有 $r$Ⅱ$B$ 突变型的突变位点都在 $r$Ⅱ区的另一头，也是一个独立的功能单位。凡是属于 $r$Ⅱ $A$ 的突变之间不能互补，同理凡是属于 $r$Ⅱ $B$ 的突变之间也不能互补，只有 $r$Ⅱ $A$ 和 $r$Ⅱ $B$ 的突变之间可以互补，即双重感染大肠杆菌 K（λ）株后可产生子代。这说明 $r$Ⅱ $A$ 和 $r$Ⅱ $B$ 是两个独立的功能单位，分别具有不同的功能，但它们的功能又是互补的。

互补实验中，两个隐性突变如表现出互补效应，则证明这两个突变型分别属于不同基因；如不能表现出互补，则证明这两个突变型在同一基因内。对于不同基因间的突变型在互补测验中，不论是顺式还是反式排列均表现出互补效应；但若属于同一基因的不同位点的突变，则顺式结构表现互补，反式结构则不能互补。说明基因是一个独立的功能单位。不同突变之间没有互补的功能区，一个顺反子就是一个基因，就是一个基因座位，包含多个基因位点，是遗传上的一个作用（功能）单位，但不是一个突变单位或重组单位。

将两个拟突变分别处于顺式和反式，根据其表型确定两个突变是否是同一个基因的试验，可判断两个突变是否处于同一顺反子：

| | 顺式 | 反式 | 分析结论：两突变 |
|---|---|---|---|
| | ＋＋/－－ | ＋－/－＋ | |
| 表现型 | 野生型 | 野生型 | 属于两个顺反子 |
| 表现型 | 野生型 | 突变型 | 属于同一顺反子 |

缺失作图点突变和缺失突变的区别：点突变是单个位点的突变，缺失突变是多个位点的突变；点突变可回复，而缺失突变不可回复；点突变之间可发生重

组，缺失突变同另一个基因组在这个缺失区的点突变间不可重组，即无法通过重组而恢复野生型核苷酸顺序。本泽尔根据这一原理很方便地把数千个独立的 *r*Ⅱ突变定位在 *r*Ⅱ遗传图上更小的区段内，此方法称缺失作图（图 6-2）。凡是能和某一缺失突变进行重组的，它的位置一定不在缺失范围内，凡是不能重组的，它的位置一定在缺失范围内。细线表示缺失区，二者分别与各种突变体杂交，缺失 2 只有与 a 区中突变体杂交才能产生野生型重组体，缺失 1 只有与 c 区突变体杂交才能产生野生型重组体，但 2 个缺失与 b 区的突变体杂交均不能产生野生型重组体。

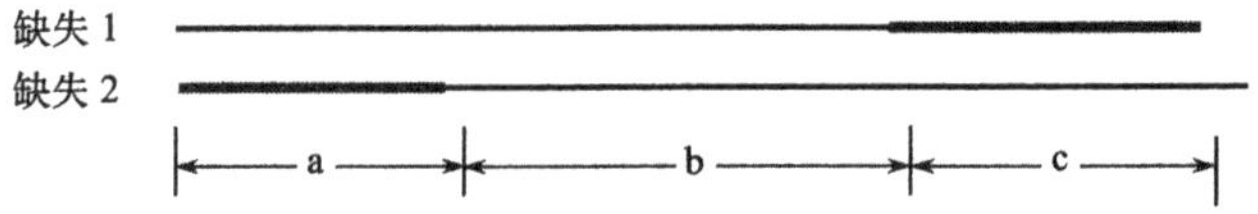


图 6-2　缺失作图

5. 基因组结构和基因组水平上的遗传分析

1）细菌染色体基因组结构的一般特点

细菌的染色体基因组通常仅由一条环状双链 DNA 分子组成，细菌的染色体相对聚集在一起，形成一个较为致密的区域，称为拟核（nucleoid）。拟核无核膜，中央部分由 RNA 和支架蛋白组成，外围是双链闭环的 DNA 超螺旋。染色体 DNA 通常与细胞膜相连，连接点的数量随细菌生长状况和不同的生活周期而异。在 DNA 链上与 DNA 复制、转录有关的信号区域与细胞膜优先结合，如大肠杆菌染色体 DNA 的复制起点（*OriC*）、复制终点（*TerC*）等。

细菌基因具有操纵子结构，其中的结构基因为多顺反子，即数个功能相关的结构基因串联在一起，受同一个调节区的调节。数个操纵子还可以由一个共同的调节基因（regulatory gene）即调节子（regulon）所调控。在大多数情况下，结构基因在细菌染色体基因组中都是单拷贝，但是编码 rRNA 的基因往往是多拷贝的，这样可能有利于核糖体的快速组装，便于在急需蛋白质合成时细胞可以在短时间内有大量核糖体生成。不编码的 DNA 部分所占比例比真核细胞基因组少得多。

2）真核生物染色体基因组的结构和功能

真核生物的基因组一般比较庞大，例如，人的单倍体基因组由 $3\times10^6$ bp 组成，按 1000 个碱基编码一种蛋白质计算，理论上可有 300 万个基因。但实际上据目前的数据，人细胞中所含基因总数只有 2 万～3 万个。这说明在人细胞基因组中有许多 DNA 序列并不转录成 mRNA 用于指导蛋白质的合成。DNA 的复性动力学研究发现这些非编码区往往都是一些大量的重复序列，这些重复序列或集中成簇，或分散在基因之间。在基因内部也有许多能转录但不翻译的间隔序列（内含子）。因此，在人细胞的整个基因组当中只有很少一部分 DNA 序列用以编码蛋白质。真核生物基因组有以下特点：①真核生物的细胞核内基因组 DNA 与蛋白质结合形成染色体，除配子细胞外，体细胞内基因组是双倍体（diploid）。②真核细胞基因转录产物为单顺反子，一个结构基因经过转录和翻译生成一个 mRNA 分子和一条多肽链。③存在重复序列，重复次数可达百万次以上。基因组中不编码的区域多于编码区域。④大部分基因含有内含子，因此，基因是不连续的。⑤基因组远远大于原核生物的基因组，具有许多复制起点，而每个复制子的长度较小。

真核生物基因组中的重复序列是一个非常有特色的特征，包括高度重复序列（highly repetitive sequence）、中度重复序列（moderately repetitive sequence）和单拷贝顺序（低度重复顺序，low repetitive sequence）。Alu 家族、KpnI家族、Hinf 家族、多聚 dT-dG 家族、rRNA 基因、组蛋白基因等，就是典型的中度重复序列。真核基因组的另一特点就是存在多基因家族（multi gene family）——由某一祖先基因经过重复和变异所产生的一组基因。基因家族成簇地分布在某一条染色体上，它们可同时发挥作用；某些成员并不产生有功能的基因产物，这些基因称为假基因（pseudo gene）。

在哺乳动物中，存在着大量的非编码序列（高度重复序列、内含子、间隔 DNA 等）。这些序列中只有很小一部分具有重要的调节功能，绝大部分都没有什么特殊功能，其中虽然积累了大量缺失、重复或其他突变，它们的功能似乎只是自身复制，被称为自私 DNA（selfish DNA）或寄生 DNA（parasite DNA）。

6. 遗传标记

遗传标记包括形态标记（morphological marker）、细胞学标记（cytological marker）、生物化学标记（biochemical marker）、免疫学标记（immune genetic marker）和分子标记（molecular marker）5 种类型。其中，DNA 分子标记直接反映 DNA 水平上的遗传变异，能稳定遗传，信息量大、可靠性高，消除了环境影响。20 世纪 80 年代以来，随着分子生物学技术和分子遗传学的迅速发展，分子克隆及 DNA 重组技术日趋完善，研究者对基因结构和功能的研究进一步深入，可在分子水平上寻找 DNA 的多态性，以此为标记进行各种遗传分析。DNA 分子标记具有的优越性有：大多数分子标记为共显性，对隐性性状的选择十分便利；基因组变异极其丰富，分子标记的数量几乎是无限的；在生物发育的不同阶段，不同组织的 DNA 都可用于标记分析；分子标记揭示来自 DNA 的变异；表现为中性，不影响目标性状的表达，与不良性状无连锁；检测手段简单、迅速。随着分子生物学技术的发展，现在 DNA 分子标记技术已有数十种，广泛应用于遗传育种、基因组作图、基因定位、物种亲缘关系鉴别、基因库构建、基因克隆、疾病诊断等方面。

分子标记的主要类型有：

第一代即基于分子杂交技术的分子标记技术包括：限制性内切酶片段长度多

态性（restriction fragment length polymorphism，RFLP）、数目可变串联重复多态性（variable number of tandem repeats，VNTR）等。

第二代即基于 PCR 技术的分子标记技术包括：随机扩增多态性 DNA（random amplified polymorphism DNA，RAPD）、任意引物 PCR（arbitrarily primed polymerase chain reaction，AP—PCR）、DNA 扩增指纹印迹（DNA amplification fingerprinting，DAF）、序列标志位点（sequence tagged site，STS）、简单重复序列（simple sequence repeat，SSR）、单引物扩增反应（single primer amplificatipn reaction，SPAR）和 DNA 单链构象多态性（single strand conformation polymorphism，SSCP）等。

基于限制性酶切和 PCR 技术的 DNA 标记包括：扩增片段长度多态性（amplified fragment length polymorphism，AFLP）和酶切扩增多态性序列（cleaved amplified polymorphism sequence，CAPS）等。

第三代即基于 DNA 芯片技术的分子标记技术，如单核苷酸多态性（single nucleotide polymorphism，SNP）等。

## 二、代表性例题解析

1. 用 T4 噬菌体一个特殊基因区的不同突变体研究互补作用，获得下列资料。试根据这个资料判断，该区应有几个顺反子？

| | 1 | 2 | 3 | 4 | 5 | 6 |
|---|---|---|---|---|---|---|
| 1 | － | ＋ | － | ＋ | － | － |
| 2 | ＋ | － | ＋ | － | ＋ | ＋ |
| 3 | － | ＋ | － | ＋ | － | － |
| 4 | ＋ | － | ＋ | － | ＋ | ＋ |
| 5 | － | ＋ | － | ＋ | － | － |
| 6 | － | ＋ | － | ＋ | － | － |

注：＋为互补，－为无互补。

参考答案：从第一行可以看出，突变体 1 与突变体 3、5、6 不互补，隶属于同一个基因位点，即为同一个顺反子；而与突变体 2、4 互补，不在同一个基因位点上；第三、五、六行则进一步验证了第一行的推断。从第二、四行可以看出，突变体 2、4 不互补，隶属于同一个基因位点，即为同一个顺反子；而与突变体 1、3、5、6 互补，不在同一个基因位点上，即分属于不同的顺反子。

结论：该区共有两个顺反子，突变体 1、3、5、6 同属于一个顺反子；突变体 2、4 同属于一个顺反子。

2. 指出下列每一种部分二倍体 ①是否合成 $\beta$-半乳糖苷酶。②是诱导型还是组成型？(斜线左侧是质粒基因型，右侧是染色体基因型)

(1) *lacZ*+*lacY*−/*lacZ*−*lacY*+；(2) *lacOClacZ*−*lacY*+/*lacZ*+*lacY*−；(3) *lacP*−*lacZ*+/*lacOClacZ*− (4) *lacI*+*lacP*−*lacZ*+/*lacI*−*lacZ*+。

参考答案：(1) *lacZ*+*lacY*−/*lacZ*−*lacY*+质粒 DNA 能合成β-半乳糖苷酶，是诱导型；(2) *lacOClacZ*−*lacY*+/*lacZ*+*lacY*−染色体 DNA 能合成β-半乳糖苷酶，是诱导型；(3) *lacP*−*lacZ*+/*lacOClacZ*−均不能合成β-半乳糖苷酶，是组成型；(4) *lacI*+*lacP*−*lacZ*+/*lacI*−*lacZ*+染色体 DNA 能合成β-半乳糖苷酶，是组成型。

3. 真核生物与原核生物 DNA 合成过程有何不同？

参考答案：(1) 真核生物 DNA 合成只是发生在细胞周期中的 S 期，原核生物 DNA 合成过程在整个细胞生长期中均可进行。(2) 真核生物染色体复制为多起点的，而原核生物 DNA 复制是单起点的。(3) 真核生物 DNA 合成所需的 RNA 引物及后随链上合成的冈崎片段的长度比原核生物的要短。(4) 在真核生物中，有α、β、γ、δ和ε5 种 DNA 聚合酶，δ是 DNA 合成的主要酶，由 DNA 聚合酶α控制后随链的合成，而由 DNA 聚合酶δ控制前导链的合成，即在真核生物中，有两种不同的 DNA 聚合酶分别控制前导链和后随链的合成。在原核生物 DNA 合成过程中，有 DNA 聚合酶Ⅰ，DNA 聚合酶Ⅱ和 DNA 聚合酶Ⅲ，并由 DNA 聚合酶Ⅲ同时控制两条链的合成。(5) 真核生物的染色体为线状，有染色体端体的复制，而原核生物的染色体大多数为环状。

4. 真核生物与原核生物相比，其转录过程有何特点？

参考答案：原核生物转录的特点：①原核生物中只有一种 RNA 聚合酶完成所有 RNA 转录。②一个 mRNA 分子中通常含有多个基因。

真核生物转录的特点：①在细胞核内进行；②一个 mRNA 分子一般只编码一个基因；③RNA 聚合酶较多；④RNA 聚合酶不能独立转录 RNA。

5. 供体菌株为 Hfr $arg^- leu^+ azi^S str^S$，受体菌株 $F^- arg^+ leu^- azi^R str^S$。为检出和收集重组体 $F^- arg^+ leu^+ azi^R$，应用下列哪一种培养基可以完成这一任务，为什么其他的培养基不可以？①基本培养基加链霉素；②基本培养基加叠氮化钠和亮氨酸；③基本培养基加叠氮化钠；④选择培养基中不加精氨酸和亮氨酸，加链霉素；⑤基本培养基加链霉素和叠氮化钠。

参考答案：3 号培养基合适，因为：1 号培养基，所有菌株均为链霉素敏感，在该培养基中将抑制所有的菌株；2 号培养基，无法区分重组体和受体菌；3 号培养基，加叠氮化钠可以抑制供体菌的生长，同时又不加亮氨酸，受体菌也无法生长；4 号培养基中，加链霉素将抑制所有菌株；5 号培养基，加链霉素也将抑制所有菌。

6. Doerman 用 T4 噬菌体的两个品系感染大肠杆菌，一个品系是小噬菌斑（*m*）、快速溶菌（*r*）和浑浊噬菌斑（*tu*）突变型，另一品系对这三个标记都是＋＋＋的野生型。把这些感染的溶菌产物涂平板，并分类如下：

| 基因型 | $mrtu$ | $+++$ | $mr+$ | $m+tu$ | $m++$ | $+rtu$ | $+r+$ | $++tu$ | |
|---|---|---|---|---|---|---|---|---|---|
| 噬菌斑数 | 3647 | 3729 | 853 | 162 | 520 | 474 | 172 | 965 | 10 342 |

（A）决定 $m—r$、$r—tu$、$m—tu$ 的连锁距离。（B）你认为这三个基因顺序怎样？（C）在这个杂交中，并发率是多少？它意味着什么？

参考答案：（A）决定连锁距离 $m—r$ 为 12.84；$r—tu$ 为 20.80；$m—tu$ 为 33.64。（B）三个基因顺序为 $m—r—tu$（C）并发率是 1.20，它表明一个单交换的发生对另一单交换的发生有促进作用。

7. 利用中断杂交技术，检查了 5 个 Hfr 菌株（1、2、3、4、5），想知道这几个菌株把若干不同基因（$F$、$G$、$O$、$P$、$Q$、$R$、$S$、$W$、$X$、$Y$）转移到一个 $F^-$ 菌株的顺序。结果发现，各个 Hfr 菌株都以自己特有的顺序转移，如下图所示：（各品系只记下最初转移进去的 6 个基因）

| | | Hfr 菌株 | | | | |
|---|---|---|---|---|---|---|
| | | 1 | 2 | 3 | 4 | 5 |
| 转移顺序 | 第一 | $Q$ | $Y$ | $R$ | $O$ | $Q$ |
| | 第二 | $S$ | $G$ | $S$ | $P$ | $W$ |
| | 第三 | $R$ | $F$ | $Q$ | $R$ | $X$ |
| | 第四 | $P$ | $O$ | $W$ | $S$ | $Y$ |
| | 第五 | $O$ | $P$ | $X$ | $Q$ | $G$ |
| | 第六 | $F$ | $R$ | $Y$ | $W$ | $F$ |

试问：这些 Hfr 菌株的原始菌株的基因顺序如何？

参考答案：菌株的基因顺序为 $X\ W\ Q\ S\ R\ P\ O\ F\ G\ Y$（环状）。

8. 用两种水稻杂交，一亲本为高秆（$D$）、粳质（$W$）、不抗病（$T$），另一亲本为矮秆（$d$）、糯质（$w$）、抗病（$t$），杂交后得 $F_1$，试根据下述条件回答问题。①如果三对等位基因在一对同源染色体上，可形成哪几种类型的配子？按什么规律遗传？②如果三对等位基因位于两对同源染色体上，可形成哪几种类型的配子？涉及什么遗传规律？③如果三对基因在三对同源染色体上，可形成哪几种类型的配子？按什么规律遗传？

参考答案：①如果三对等位基因在一对同源染色体上，可形成的配子为 $DWT$，$dwt$，$DWt$，$dwT$，$Dwt$，$dWT$，$DwT$，$dWt$，按连锁遗传规律遗传。②如果三对等位基因位于两对同源染色体上，可形成的配子类型为 $DWT$，$dwt$，$DWt$，$dwT$，$Dwt$，$dWT$，$DwT$，$dWt$，涉及独立分配规律和连锁遗传规律。③如果三对基因在三对同源染色体上，可形成 $DWT$，$dwt$，$DWt$，$dwT$，$Dwt$，$dWT$，$DwT$，$dWt$ 类型的配子，按独立分配规律遗传。

9. 在核酸中，稀有的含氮碱基往往具有重要的基因调控作用，请举例介绍这样的碱基。

参考答案：含氮碱基主要有腺嘌呤（A）、鸟嘌呤（G）、胞嘧啶（C）、胸腺嘧啶（T）和尿嘧啶（U），是核苷酸与核酸的组分。但是，人们还发现了数10种稀有碱基。这些碱基是经过修饰的碱基，其中多为嘌呤或者嘧啶的甲基化衍生物。已知在tRNA（转移RNA）分子中，稀有碱基含量较大，已发现数10种大部分在tRNA中存在。次黄嘌呤、1-甲基次黄嘌呤、$N^2$-二甲基鸟嘌呤和1-甲基鸟嘌呤等，都是常见的稀有碱基。在tRNA中，胸腺嘧啶（5-甲基尿嘧啶）也是稀有碱基，因为RNA中通常没有，是尿嘧啶经甲基化修饰的结果。嘌呤和嘧啶杂环母体和上述列举的碱基的结构式如下：

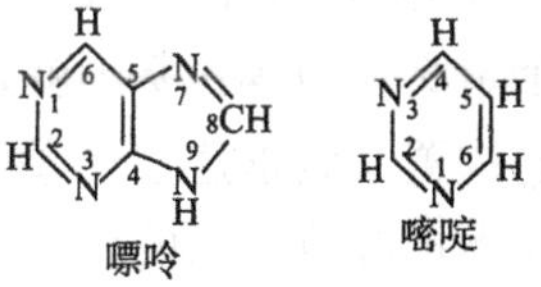


嘌呤和嘧啶杂环母体结构

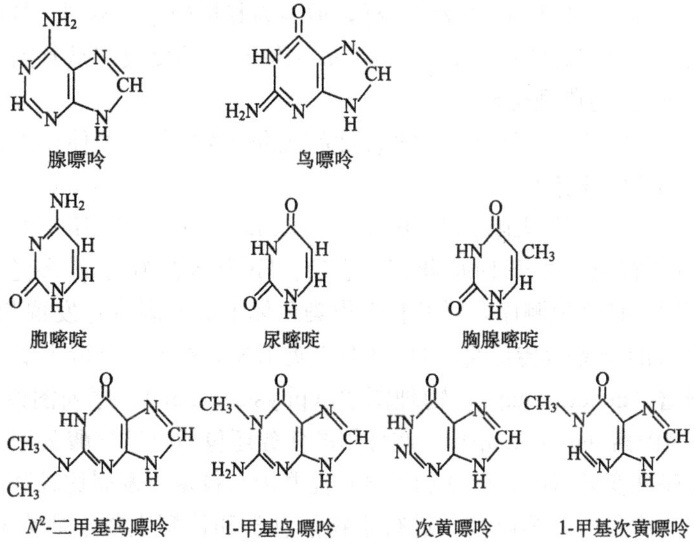


若干碱基的结构式

这些碱类都是近似平面状的有机杂环分子，在水中的溶解度相对较小；它们的紫外吸收峰在260nm的波长附近。在生物化学中，这些性质被用于进行核苷或核苷酸的定性或定量测定。

10. 请以研究实例说明拟等位基因和顺反效应。

参考答案：对基因分子结构的研究是遗传学史上的最重要热点之一。20世纪40年代，在研究基因的结构时选取了很有意义的模式生物曲霉菌（*Aspergillus nidulans*）和果蝇（*Drosophila melanogaster*），用它们进行了许多生物杂交实验分析。其中在研究曲霉菌的代谢及基因功能时，研究者发现，有的曲霉菌品系需要在培养基中添加腺嘌呤才能进行生长、繁殖，也就是说它们是腺嘌呤营养缺陷型品系。但有趣的是，当选用两个腺嘌呤缺陷型*ad*16和*ad*8进行杂交测试时，其杂种虽大多仍为缺陷型（表明*ad*16和*ad*8为等位基因），却也出现了大约 0.14%的野生型表型菌体（说明 *ad*16 和 *ad*8 不像是互为等位基因的关系）。这样的两个基因形式就是遗传学上所称谓的拟等位基因（pseudoallele）。若要给个定义，拟等位基因就是指表型效应相类似、功能也密切相关、在染色体上所处的位置又紧密连锁的基因。正如上所言，它们像等位基因，而实际不“等位”，互为拟等位基因的位点之间可以发生重组。

在上面列举的拟等位基因杂交实验中，所涉及的两个拟等位基因都处于同一条染色体上，而在另一条同源染色体的相对位置上则排列着野生型的基因（表型为野生型），这样的排列方式称为顺式（*cis*-）排列或称相引相；相反，如果两个拟等位基因分别处于两条同源染色体上，则使两条染色体都有缺陷基因，其表型为突变型（这里的缺陷型），这样的排列方式称为反式（*trans*-）排列或相斥相。虽然顺式排列和反式排列的组成都一样，但因为其排列方式不同，从而引起了不同的表型效应，这就是顺反效应（*cis*-*trans* effect）。顺反效应是基因的位置效应（position effect）的典型类型。

11. 在人类基因组计划中，科学家们完成的任务是什么？使用怎样的技术策略来完成序列测定任务？

参考答案：人类基因组计划（human genome project，HGP）由美国科学家于 1985 年率先提出，并于 1990 年正式启动。HGP 旨在为由 30 多亿个碱基对构成的人类基因组精确地测序，对所有人类染色体上的基因进行发现和准确定位，破译人类自身的全部遗传信息。HGP 对人类 DNA 的序列分析主要包括 4 张谱图［遗传图谱（genetic map）、物理图谱（physical map）、序列图谱（sequence map）和基因图谱（gene map）］。此计划的任务还包括改进核酸测序技术、掌握人类基因组序列变异情况、创立和提升功能基因组技术、发展比较基因组学以及进行社会、法律和伦理等研究，进行生物信息学和计算生物学研究和教育培训等。总体来说，HGP 是一个国际合作项目，任务是表征人类基因组，对选择的模式生物进行 DNA 测序和作图分析，发展基因组研究新技术，完善人类基因组研究中涉及的伦理、法律和社会等问题，并培训能利用 HGP 发展起来的技术和资源进行生物学研究的科学家队伍，促进人类健康事业的发展。

在 HGP 中，科学家是使用下面的技术策略来完成序列测定任务的，主要就是大规模测序基本策略：①逐个克隆法。此方法对连续克隆系中所排定的 BAC（细菌人工染色体）克隆逐个地进行亚克隆测序，并进行正确的组装（公共领域测序计划内容）；②全基因组鸟枪法。此方法是在一定的作图信息基础上，绕过大片段的连续克隆系构建，直接将基因组分解成为小片段进行随机测序，并利用超级计算机系统进行正确的组装（美国 Celera 公司承担的任务）。

12. 为什么要集中国际强势研究团体，选择人类的基因组进行研究？请具体论述人类基因组计划（HGP）的研究内容。

参考答案：（1）之所以选择人类的基因组进行研究，是因为人类处在生物进化的最高阶段，对人类基因组进行研究（测出基因组 DNA 的 30 亿碱基对序列，发现所有基因并进行染色体定位，破译全部遗传信息）不仅可以认识自身生长发育、生老病死的规律，寻求疾病诊断和治疗的方法，而且有利于了解生命起源、进化的进程和机理。实际上，作为配套研究和支持性研究，HGP 中还包括对 5 种生物（大肠杆菌、酵母、线虫、果蝇和小鼠）基因组的研究。HGP 的目的是对生命进行解码，了解生命起源和演化规律、生物体生长发育规律，认识种属和个体之间的差异起因和疾病产生的机制，揭示长寿与衰老等生命现象，为疾病的诊治提供科学的依据等。

（2）HGP 的研究内容：人类 DNA 的测序是 HGP 的主要任务，包括下面 4 种谱图：①遗传图谱（genetic map），即连锁图谱（linkage map）——以具有遗传多态性的遗传标记为“路标”，以遗传学距离为图距的基因组图。遗传图谱的建立，创造了基因识别和基因定位的条件；6000 多个遗传标记把人的基因组分成 6000 多个区域，通过连锁分析法可找到某致病的或具有特定表型的基因与某遗传标记（紧密）连锁的证据，对基因进行定位、分离和研究，这对于疾病而言是很关键的一步。②物理图谱（physical map）——通过对基因组 DNA 进行测定而绘制的有关基因组构成的全部基因的排列、间距等信息图谱。物理图谱的绘制可把有关基因信息及其在染色体上的相对位置线性而系统地展示出来。具体地讲，DNA 物理图谱即酶切片段在 DNA 链上的定位；以特异序列为基础，经酶切后产生不同长度的 DNA 片段，构成了独特的酶切图谱。所以 DNA 物理图谱是 DNA 分子结构的重要特征。DNA 物理图谱是序列测定的基础，是指导 DNA 序列分析的蓝图和测序工作的第一步。③序列图谱（sequence map）——得到对全部基因组 DNA 进行测序而获得的基因组序列信息图谱。DNA 序列分析技术是包括制备 DNA 片段、碱基分析、DNA 信息破译等多阶段过程。大规模测序基本策略有逐个克隆法和全基因组鸟枪法。④基因图谱（gene map）——在基因组蛋白质编码序列的基础上绘制的整合了基因序列、位置及表达模式等信息的图谱。最主要的方法是通过基因表达产物（mRNA）反追到基因在染色体上的位置［mRNA→反转录为 cDNA（或称作 EST 的部分 cDNA 片段）（作为探针）→通过分子杂交鉴别出与转录有关的基因）］。用与 PolyA 互补的 PolyT 或克隆载体的相关序列作为引物，对 mRNA 双端尾侧数百个碱基对片段进行测序，即可得到 EST（表达序列标签）。基因图谱的意义在于能有效地反映在正常或受控条件下表达的全基因的时空关系；有助于了解某一基因的时空特异性表达以及表达水平等。除了这 4 张图外，HGP 还承担着优化测序技术、分析人类基因组序列变异、探索功能基因组技术，以及进行比较基因组学和社会、法律、伦理研究，开展生物信息学和计算生物学工作和教育培训等任务。

13. 怎样制作 DNA 物理图谱，请列举一法说明。

参考答案：DNA 物理图谱的制作方法很多，这里叙述一种常用的简便方法——标记片段部分酶解法。包括2个基本步骤：①完全酶解：用适当的限制性内切核酸酶将待测DNA链（已标记了放射性同位素）完全水解，产物用凝胶电泳分离，然后进行自显影分析。这样获得的图谱可以读出组成该DNA链的酶切片段数目和片段大小。②部分酶解：通过末端标记，使待测DNA的一条链标记上放射性示踪同位素；然后，用上述完全酶解相同的酶对该DNA链进行部分降解（通过控制反应条件，使DNA链上该酶切点随机断裂，而不是使所有切点断裂）。将部分酶解产物进行电泳分离及自显影分析。比较完全酶解和部分酶解，根据片段大小及彼此间的差异就可排列出酶切片段在DNA链上的位置、次序。下面是测定某组蛋白基因DNA物理图谱的详细说明。

人类基因组的完整的物理图谱应包括不同载体DNA克隆片段重叠群图、大片段限制性内切核酸酶图谱、DNA片段或特异DNA序列标签位点（sequence tags site，STS）路标图，以及基因组中广泛存在的特征型序列（如CpG序列、Alu序列）标记图等。细胞遗传学图（染色体的区、带、亚带，或以染色体长度的百分率确定的标记）最终在分子水平上与序列图是统一的。构建物理图的一个主要内容是把含STS对应序列DNA的克隆片段连接成相互重叠的“片段重叠群”（contig）。用酵母人工染色体（YAC）作为载体，载有人类DNA片段的文库已经包含了构建总体覆盖率为100%、具有高度代表性的片段重叠群；可靠性更高的BAC、PAC库或cosmid库等更是强烈地推进着物理图谱制作技术的发展。

14. 从疾病研究、药物筛选和基础研究等方面，怎样看出HGP对人类的重要意义？

参考答案：①HGP对基础及临床医学、药物学作出了重要贡献。人类疾病相关的基因都是具有重要的结构和功能的遗传信息。“定位克隆”和“定位候选克隆”等研究手段，使得人们认识了亨廷顿舞蹈病、遗传性结肠癌和乳腺癌等一系列单基因遗传病。目前疾病基因研究的重点在于心血管疾病、肿瘤、糖尿病、神经精神类疾病、自身免疫性疾病等；1997年以来，“肿瘤基因组解剖计划”和“环境基因组学计划”等朝着系统的人类健康保障计划迈出了更大步伐。目前，基因诊断、基因治疗和基因组背景下的疾病防治，以及疾病易感基因的识别、风险人群生活方式的研究和环境因子的干预等，都有重要突破。在筛选药物靶点的努力中，在组合化学和天然化合物分离技术基础上，高通量受体、酶结合试验和以基因组为基础的药物设计取得了不断的进展，其中基因产物的高级结构分析和模拟发掘了药物作用“口袋”等重要信息；基因组及其各种变异和遗传标记信息为个体化药物治疗方案铺设了道路。②HGP对生物技术的发展作出了重要贡献。在基因工程药物方面，分泌蛋白（多肽激素、生长因子等）及其受体等，成果频出；在诊断试剂和研究试剂产业中，基因和抗体试剂盒、用于诊断和研究的生物芯片以及疾病和筛药模型的建立和应用等日益普遍化；细胞、胚胎和组织工程的推动也得益于HGP。③HGP对生物进化的研究产生了直接影响。生物的进化历史，都在各类生物的基因组信息库中留下了印迹。例如，利用基因组信息，可以估计到草履虫与人的亲缘关系的时间跨度约为 13 亿年；人类两次“走出非洲”的时间分别大约是 200 万年前和 20 万年前。④HGP 对社会经济产生了重大影响。生物产业与信息产业已经成为一个国家的两大经济支柱，转基因食品的研究和生产及转基因药物（如减肥药、增高药）的设计、开发也进入新时代；新功能基因的发现和研究必然促进人类生活的改良和健康事业的新发展。

## 三、知识要点概念图

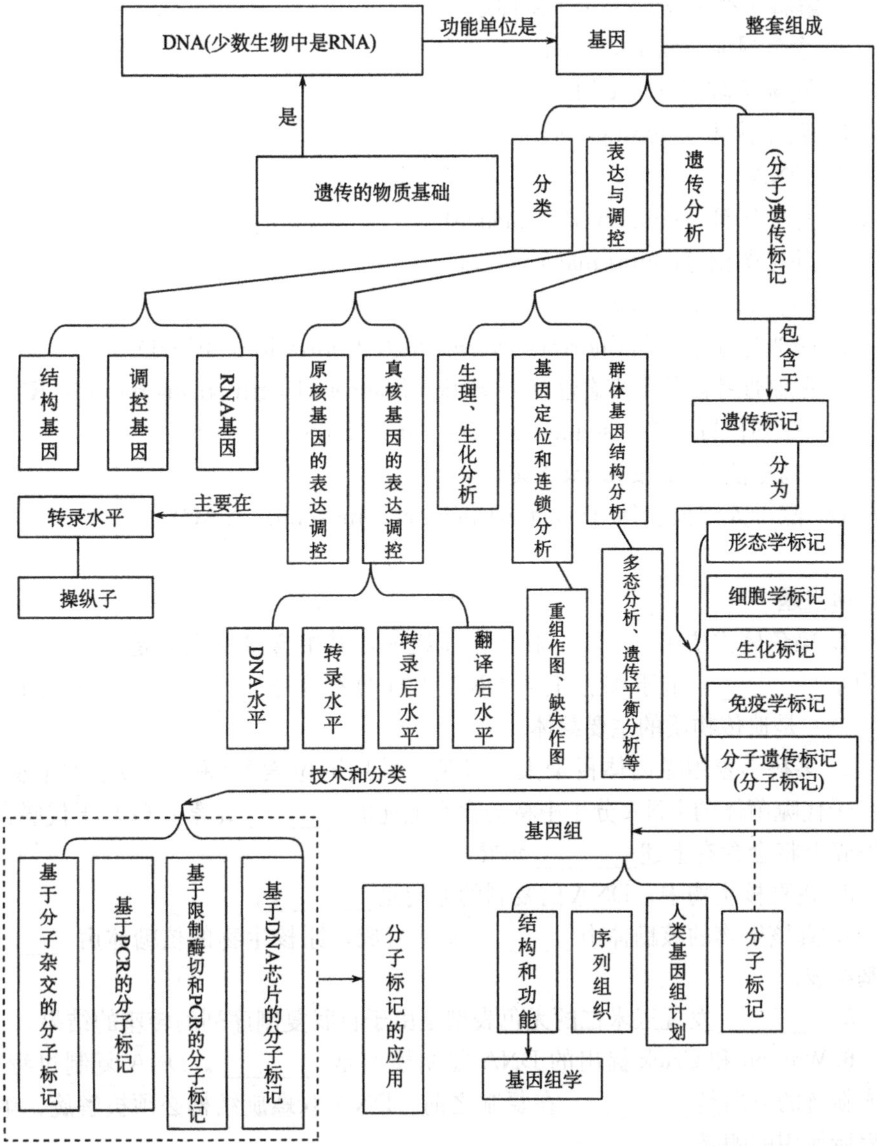

## 参考资料

李明刚 . 2004. 高级分子遗传学 . 北京：科学出版社
孙乃恩 . 1990. 分子遗传学 . 南京：南京大学出版社
赵寿元 . 2008. 现代遗传学 . 北京：高等教育出版社
Hancock J T. 1999. Molecular Genetics. Oxford：Butterworth-Heinemann
MacIntyre R J. 1985. Molecular Evolutionary Genetics. New York ：Plenum Press

## 【试题精选】

### 一、请解释下列分子遗传学常用词汇

1. 含氮碱基（nitrogen base）
2. 克隆矩阵（arrayed library）
3. 克隆载体（cloning vector）
4. cDNA
5. 保守序列（conserved sequence）
6. 邻接图谱（contig map）
7. 结构域（domain）
8. 荧光原位杂交（fluorescence *in situ* hybridization，FISH）
9. 限制性片段长度多态性（restriction fragment length polymorphism，RFLP）
10. 序列位置标签（sequence tagged site，STS）
11. 鸟枪法（shotgun method）
12. 酵母人工染色体（yeast artificial chromosome，YAC）

### 二、填空题

1. 染色体主要由________和蛋白质组成，其中含量稳定的是________，其作用是________。由于细胞里的 DNA 大部分存在于________上，因此认为，________是遗传物质的主要载体。

2. 某科学家用噬菌体侵染大肠杆菌，并用同位素$^{32}P$和$^{35}S$做了如下标记：（1）子代噬菌体的 DNA 分子中将会含有上述的________元素。（2）子代噬菌体的外壳上将会含有上述________元素。

3. 在真核生物中，DNA 的复制的方向是________。

4. 真核生物的核糖体由________亚基组成，原核生物的核糖体由________亚基组成。

5. ________发现玉米仁的无色表型是由于自我复制序列的转座的结果。

6. Watson 和 Crick 提出的 DNA 复制模型是________。DNA 复制过程中，合成新链的方向是________。在复制之前，DNA 双螺旋结构必须被解旋，解旋过程所使用的酶是________。

7. 真核生物染色体复制处于细胞周期的________期。组蛋白 mRNA 翻译发生在真核生物细胞周期的________期。在真核生物细胞中，________酶负责染色体末端的复制。在真核生物细胞中，RNA 和蛋白质的活跃合成在细胞周期的________期。

8. 遗传信息从 DNA 传递到 RNA 的过程被称为________，在此期间，mRNA链合成的催化酶是________。mRNA 分子的碱基序列被转化成相应的氨基酸序列的过程称为________。

9. 离基因编码的起始区最近的元件是________。对于启动子的识别起作用的是 RNA 聚合酶________亚基。

10. 真核生物前体 mRNA 分子加工的场所是________。原核生物 mRNA 被翻译之前，必须进行的修饰是________。

11. 沃森和克里克于 1953 年发现了 DNA 的结构并构建了模型，他们的成就开创了分子生物学的时代。沃森和克里克发现的 DNA 结构特点为________，DNA 彻底水解后的产物是________、________、________。

12. 在下列关于蛋白质合成的叙述中，填上适当的词语。信使 RNA 在________内转录形成；遗传密码在________链上；蛋白质合成在________上进行；多肽链上氨基酸排列顺序直接由________决定；蛋白质的特异性最终由________分子的特异性决定。

13. 基因表达的终产物可以是________，也可以是________。

14. 决定基因转录基础频率的 DNA 元件是________，它是________酶的结合位点。

15. 决定基因表达组织和阶段特异性表达的 DNA 元件是________，其作用方式与其在基因中的________无关。

16. 基因表达调控是发生在________水平上的复杂事件，据目前认识________是基因表达调控的基本环节。

17. Lac 阻遏蛋白由________基因编码，结合________序列对 *Lac* 操纵子(元）起阻遏作用。

18. 依赖 DNA 的转录调节因子通常含________结构域和________结构域。

## 三、选择题

1. 噬菌体侵染细菌这一经典实验证明了（　　）。

A. DNA 是遗传物质　　B. RNA 是遗传物质

C. 染色体是遗传物质的载体　　D. DNA 是主要的遗传物质

2. 控制生物性状遗传的主要物质即遗传物质是（　）。

A. 核苷酸　　B. 脱氧核糖核酸（DNA）

C. 核糖核酸（RNA）　　D. 脱氧核苷酸

3. “种瓜得瓜，种豆得豆”这句谚语所指的生物现象是（　　）。

A. 发育　　B. 生殖　　C. 变异　　D. 遗传

4. 以下哪项不是遗传物质的特点？（　　）

A. 能直接表现出生物体的各种性状　　B. 能产生可遗传的变异

C. 能自我复制　　D. 分子结构具有相对的稳定性

5. 烟草花叶病毒的遗传物质是（　　）。

A. DNA　　B. dsRNA　　C. ssRNA　　D. 蛋白质

6. 由于细胞里的 DNA 主要存在于染色体上，由此可以得出（　　）。

A. DNA 是主要的遗传物质　　B. DNA 是所有生物的遗传物质

C. 染色体是遗传物质的主要载体　　D. 染色体是遗传物质的唯一载体

7. 噬菌体侵染细菌后形成的子代噬菌体中，其 DNA 分子的模板来自（　　）。

A. 亲代噬菌体 DNA　　B. 宿主细菌的 DNA

C. 噬菌体的蛋白质　　D. 宿主细菌的蛋白质

8. 真核生物的遗传物质存在于（　　）。

A. 细胞核的染色质内　　B. 细胞质中的细胞器内

C. 细胞质的基质内　　D. 细胞核和细胞质内

9. 大部分原核生物的基因组包含的 DNA 是（　　）。

A. 单一序列　　B. 中度重复的

C. 高度重复的　　D. 同时具有单一序列和重复序列

10. 在转化实验中，Griffiths 使用的细菌的种类是（　　）。

A. 大肠杆菌　　B. 酿酒酵母　　C. 肺炎球菌　　D. 蜡状芽孢杆菌

11. 以下属于 DNA 分子特征的是（　　）。

A. 双链的　　B. 螺旋的　　C. 反平行的　　D. 以上所有特征

12. 病毒的遗传物质有可能是（　　）。

A. 双链 DNA 和单链 DNA　　B. 双链 RNA

C. 单链 RNA　　D. 以上所有

13. 大部分原核生物遗传物质的组织形式是（　　）。

A. 线性的 DNA　　B. 环状的 DNA

C. 环状的 RNA　　D. 线性的 RNA

14. 以下哪一 RNA 聚合酶元件对于启动子的识别是必要的？（　　）

A. 核心酶　　B. $\sigma$ 因子　　C. 全酶　　D. 脱辅基酶

15. 当 RNA 聚合酶与启动子的哪一位点结合后，转录即开始？（　　）

A. －35　　B. －10　　C. ＋10　　D. ＋35

16. 真核生物启动子不包含的元件是（　　）。

A. TATA 盒　　B. Pribnow 盒　　C. GC 盒　　D. CAAT 盒

17. 真核生物前体 mRNA 分子加工的场所是（　　）。

A. 核糖体　　B. 细胞核　　C. 线粒体　　D. 内质网膜

18. 原核生物 mRNA 被翻译之前，必须进行的修饰是（　　）。

A. 5′端加帽　　B. poly A 加尾

C. 内含子的去除　　D. 以上均不正确

19. RNA 聚合酶中的 σ 因子的作用是（　　）。

A. 启动子元件的位点识别　　B. mRNA 链的延伸

C. mRNA 链的终止　　D. 以上所有都正确

20. 马和鼠体细胞具有相同数目的染色体，但性状差异很大，原因是（　　）。

A. 马和鼠的生活环境不同　　B. DNA 分子中碱基对排列顺序不同

C. DNA 分子碱基配对方式不同　　D. DNA 相对分子质量大小不同

21. 噬菌体侵染大肠杆菌实验不能说明的是（　　）。

A. DNA 能产生可遗传的变异　　B. DNA 能自我复制

C. DNA 是遗传物质　　D. DNA 能控制蛋白质合成

22. 含有 2000 个碱基的 DNA，每条链上的碱基排列方式有（　　）。

A. $4^{2000}$ 个　　B. $4^{1000}$ 个　　C. $2^{2000}$ 个　　D. $2^{1000}$ 个

23. 现有四种 DNA 样品，根据样品中碱基的百分含量判断最有可能来自嗜热菌（生活在高温环境中）的是（　　）。

A. 含胸腺嘧啶 32％的样品　　B. 含腺嘌呤 17％的样品

C. 含腺嘌呤 30％的样品　　D. 含胞嘧啶 15％的样品

24. 已知病毒的核酸有双链 DNA、单链 DNA、双链 RNA 和单链 RNA 四种类型。现发现了一种新病毒，要确定其核酸属于上述那一种类型，应该（　　）。

A. 分析碱基类型，确定碱基比例

B. 分析碱基类型，分析核糖类型

C. 分析蛋白质的氨基酸组成，分析碱基类型

D. 分析蛋白质的氨基酸组成，分析核糖类型

25. 用一个 $^{32}P$ 标记的噬菌体侵染细菌。若该细菌解体后释放出 32 个大小、形状一样的噬菌体，则其中含有 $^{32}P$ 的噬菌体有多少个（　　）。

A. 0 个　　B. 2 个　　C. 30 个　　D. 32 个

26. DNA 和 RNA 同时含有的物质是（　　）。

A. 磷酸　　B. 核糖　　C. 鸟嘌呤　　D. A 和 C

E. 以上所有

27. 证明 DNA 是遗传物质的科学家是（　　）。

A. Watson 和 Crick　　B. Hershey 和 Chase

C. Gierer 和 Schramm　　D. Mirsky 和 Ris

E. Beadle 和 Tatum

28. 在 Griffiths 转化实验中，注射何种细菌使得老鼠死亡？（　　）

A. 活的，无致病性的细菌

B. 活的，致病性的细菌

C. 热杀死处理的，无致病性的细菌

D. 活的，无致病性的细菌和热杀死处理的致病性细菌的混合液

E. B 和 D 同时正确

29. 为了证明 DNA 是遗传物质，Hershey 和 Chase 所使用的实验生物是（　　）。

A. 大肠杆菌　　B. T2 噬菌体　　C. 黑腹果蝇　　D. λ 噬菌体

E. 酿酒酵母

30. 在 DNA 分子中，形成 H 键的碱基配对是（　　）。

A. A 和 C　　B. G 和 A　　C. A 和 U　　D. C 和 T

E. T 和 A

31. DNA 的核苷包含有（　　）。

A. 磷酸　　B. 氨基酸　　C. 尿嘧啶　　D. A 和 C 都包含

E. 以上所有

32. 以下属于 DNA 分子特征的是（　　）。

A. 双链的　　B. 螺旋的　　C. 反平行的　　D. 以上所有特征

E. 以上说法均不正确

33. 病毒的遗传物质有可能是（　　）。

A. 双链 DNA　　B. 双链 RNA　　C. 单链 DNA　　D. 单链 RNA

E. 以上所有

34. T 偶数噬菌体的基因组所包含的遗传物质形式是（　　）。

A. 双链 DNA　　B. 单链 DNA　　C. 双链 RNA　　D. 单链 RNA

E. 单、双链 RNA 都有

35. 双链 DNA 中，其中一条链的核苷酸顺序是：5′-A C C T G C T A C G G-3′。与之互补的 DNA 链的核苷酸顺序是（　　）。

A. 5′-A C C T G C T A C G G-3′　　B. 3′-U G G A C G A U G C C-5′

C. 5′-G G C A T C G T C C A-3′　　D. 3′-T G G A C G A T G C C-5′

36. 真核生物细胞所包含的遗传物质是（　　）。

A. DNA　　B. RNA

C. DNA 和 RNA　　D. DNA 和蛋白质

E. RNA 和蛋白质

37. 大部分原核生物遗传物质的组织形式是（　　）。

A. 线性的 DNA　B. 环状的 DNA　C. 环状的 RNA　D. 线性的 RNA

E. 环状的或线性的 RNA

38. 根据 DNA 双螺旋的结构模型，DNA 分子的直径大约是（　　）。

A. 2nm　　B. 2μm　　C. 2mm　　D. 2cm

39. 以下哪一种 DNA 属于左手双螺旋？(　　)

A. A-DNA　　B. B-DNA　　C. Z-DNA　　D. C-DNA

E. R-DNA

40. 大肠杆菌的基因组 DNA 分子大约有多少个环状区域？(　　)

A. 4　　B. 10　　C. 100　　D. 4000

41. C 值表示以下哪一种基因组的 DNA 含量？(　　)

A. 单倍体基因组　　B. 双倍体基因组

C. 细菌基因组　　D. 细胞的细胞核

42. 染色质包含有(　　)。

A. DNA　　B. RNA　　C. 蛋白质　　D. DNA 和蛋白质

E. 以上所有

43. 从质量角度衡量，染色质中 DNA 含量与组蛋白含量相比较的结果是(　　)。

A. DNA 大于组蛋白　　B. DNA 小于组蛋白

C. 二者相当

44. 人类细胞中 DNA 大约是大肠杆菌 DNA 的多少倍？(　　)

A. 10　　B. 200　　C. 700　　D. 10 000

E. 1 000 000

45. 染色体端粒的组成是(　　)。

A. 常染色质　　B. 组蛋白　　C. 异染色质　　D. 核小体

46. 核小体包含有(　　)。

A. DNA　　B. RNA　　C. 组蛋白　　D. DNA 和组蛋白

E. 以上所有

47. 大部分原核生物的基因组包含的 DNA 是(　　)。

A. 单一序列　　B. 中度重复的

C. 高度重复的　　D. 同时具有单一序列和重复序列

## 四、遗传分析与计算题

1. 在一个 DNA 分子中，腺嘌呤与胞嘧啶之和占全部碱基数目的 54%，其中一条链（A 链）中鸟嘌呤与胞嘧啶分别占该链碱基总数的 22%和 28%，则 B 链中它们分别占碱基总数的多少？

2. 现有一待测核酸样品的碱基个数统计结果：(A+T)/(G+C) =1，(A+G)/(T+C) =1。请判断该核酸的类型（是 RNA 还是 DNA？是单链还是双链？）

3. 已知某 DNA 分子长 1000bp，其中一条链上 A∶G∶T∶C=1∶2∶3∶4。

试求 DNA 连续复制 2 次所需要的鸟嘌呤脱氧核苷酸分子数。

4. 有 1、2、3、4 四个大肠杆菌菌株，其基因型为 $a^+b^-$；另外 5、6、7、8 四个大肠杆菌菌株，其基因型为 $a^-b^+$。这两种基因型进行各种杂交组合，经涂布确定 $a^+b^+$ 重组体频率如下（M 为重组体数目很多，L 为重组体数目很少，O 为没有重组体）：

| | | $a^+b^-$ 菌株 | | | |
|---|---|---|---|---|---|
| | | 1 | 2 | 3 | 4 |
| $a^+b^-$ 菌株 | 5 | O | M | M | O |
| | 6 | O | M | M | O |
| | 7 | L | O | O | M |
| | 8 | O | L | L | O |

根据以上结果，指出 1～8 各菌株的性别类型是 Hfr、$F^+$ 还是 $F^-$？

5. 镰状细胞贫血症起因于血红蛋白基因的碱基序列改变。若要检测这种碱基序列改变，需要使用以下酶中的哪一种？A. 解旋酶；B. DNA 连接酶；C. 限制性内切核酸酶；D. RNA 聚合酶。

6. 举例介绍报告基因（reporter gene）的基本原理及其在分子生物学研究中的应用。

## 【参考答案】

### 一、请解释下列分子遗传学常用词汇

1. 含氮碱基：核苷酸与核酸的（磷酸基团以外的）组分，是两类杂环母体（嘌呤和嘧啶）的衍生物。在 DNA 和 RNA 中所含的主要碱基有所不同，其重要的区别是：在 DNA 中胸腺嘧啶（T）是主要的嘧啶碱，而在 RNA 中尿嘧啶（U）是主要的嘧啶碱。除了特殊情况下的修饰外，两者所含的其他 3 种碱基都是腺嘌呤（A）、鸟嘌呤（G）和胞嘧啶（C）。

2. 克隆矩阵：将一些重要的重组体克隆（其载体是噬菌粒、YAC 或其他类型）放在试管中，排成一个二维矩阵，就形成了克隆矩阵。克隆矩阵的应用很多，比如对特定的基因和片段进行筛选、绘制物理图谱等。从每种克隆得到的遗传连锁信息和物理图谱信息，可以形成一定的关系数据库。

3. 克隆载体：载体（vector）是能够有效地运载外源 DNA 进入受体细胞内的工具（DNA 分子）。克隆载体是携带感兴趣的外源 DNA、转入受体细胞中能实现外源 DNA 的无性繁殖的载体。克隆载体的来源可以是从病毒、质粒或高等生物细胞中获取的 DNA。克隆载体一般应具备以下条件：①含有允许外源 DNA 组入的合适位点。②能携带外源基因进入受体细胞并能在受体细胞中复制。③含有选择标记基因。

4. cDNA：互补 DNA（complementary DNA），以 mRNA 为模板而合成（反转录成）的 DNA。由于反映了基因的编码序列及 mRNA 的结构，cDNA 在遗传工程上广为应用。与基因组 DNA（genomic DNA）不同，cDNA 无内含子，但具有对应于 mRNA 的先导序列、3 端多

A 序列等的核苷酸序列。

5. 保守序列：在进化中基本保持不变的一个 DNA 片段或者蛋白质多肽片段。

6. 邻接图谱：能描述覆盖整个染色体的小片段的顺序关系的图谱。邻接图谱中的小片段相互邻接，每两个片段之间的重叠部分可以作为推断两者相互邻接关系的依据。

7. 结构域：蛋白质或蛋白亚基结构中明显分开的紧密球状结构区域（又称辖区），往往是多个结构域共同构筑的结果，产生了蛋白质的功能。结构域自身虽是紧密装配的，但不同结构域之间的关系是松懈的，其间常相连有一段长短不等的肽链，形成铰链区（hinge）。

8. 荧光原位杂交：采用荧光物质标记（间接或直接）探针的原位杂交技术。其基本原理是：荧光探针变性后与已变性的靶核酸在退火温度下复性，然后通过荧光显微镜观察杂交信号。可在不改变被分析对象（维持其原位）的条件下对靶核酸进行分析。

9. 限制性片段长度多态性：由于序列差异，生物不同个体的同一种限制性内切酶的切点序列分布不同，因而从不同个体制备的 DNA，使用同一种限制性内切酶酶切，切得的片段长度也各不相同，这样就产生了限制性片段的多态性表型，反映在酶切片段的长度变异上，称为限制性片段长度多态性（RFLP）。多态性的酶切片段长度可以作为物理图谱或者连接图谱中的分子标记。RFLP 通常是因为在酶切位点处发生了突变而引起的。

10. 序列位置标签：在染色体上只出现一次、其位置和碱基顺序均已知的短 DNA 序列（200～500bp）。利用 PCR 反应可以检测出 STS。STS 适宜于作为人类基因组序列的一种地标，用来判定 DNA 的方向和特定序列的相对位置。cDNA 上的 STS 就是 ETS。

11. 鸟枪法：使用基因组中随机产生的片段作为模板进行克隆的方法。其基本步骤是：①用限制性内切酶把带有目的基因的 DNA 链切割成若干小段。②使用 DNA 连接酶将这些片段整合到载体中，并使其在宿主细胞中得以表达。③如果在某个宿主细胞中获得了目的产物，就说明整合在相应载体中的 DNA 片段含有目的基因。

12. 酵母人工染色体：利用酿酒酵母（*Saccharomyces cerevisiae*）染色体的复制元件构建的载体，其工作环境也在酿酒酵母中。酵母人工染色体能克隆长达 400kb 的 DNA 片段，含有酵母染色体中必需的端粒、着丝粒和复制起始序列。

## 二、填空题

1. DNA，DNA，提供遗传信息，染色体，染色体

2. $^{32}P$，$^{35}S$

3. 5′端→3′端

4. 40S 和 60S，30S 和 50S

5. 巴巴拉-麦克林托克（Barbara McClintock）

6. 半保留模型，5′端→3′端，解旋酶

7. S，S，端粒酶，$G_1$

8. 转录，RNA 聚合酶，翻译

9. 启动子，$\sigma$

10. 细胞核，mRNA 拼接

11. 反向平行双螺旋结构，核糖核酸，磷酸，含氮碱基

12. 细胞核，mRNA，核糖体，mRNA，DNA

13. 蛋白质，核酸

14. 启动子，RNA 合成

15. 增强子，位置

16. 分子，转录激活

17. 阻遏蛋白，操纵基因

18. DNA 结合，转录激活

**三、选择题**

1. A　2. B　3. D　4. A　5. C　6. C　7. A　8. D　9. A　10. C　11. D　12. D　13. B　14. B　15. A　16. B　17. B　18. D　19. A　20. B　21. A　22. B　23. B　24. A　25. B　26. D　27. B　28. B　29. B　30. E　31. A　32. D　33. E　34. A　35. D　36. A　37. B　38. A　39. C　40. C　41. D　42. D　43. C　44. C　45. C　46. D　47. A

**四、遗传分析与计算题**

1. 答案是 A 24%，C 13%。　①已知 A=T，G=C。因为 G+C=54%，所以 G=C=27%，这 27%是占总碱基数的比例。在 A 链上，C 占单链碱基数量的 28%，所以就占总碱基数量的 14%。即在所有的碱基中，有 27%是 C，其中 A 链上有 14%，因而 B 链上就有 13%。②在 B 链上有占总数 13%的 C，所以这些 C 占 B 链碱基数的 26%；A 链中有 22%是 A，有 28%是 C，根据碱基互补原则：B 链中 22%是 T，28%是 G。因此 B 链中 A 的含量是 100%－26%－22%－28%＝24%。

2. 由于该题中含有的碱基种类有 T 无 U，可确定为 DNA。根据（A + T)/(G + C)=1 和（A + G)/(T + C）=1，可得出 A=C，T=G，但双链中 A=T，C=G 的关系不能由此确定，因此无法确定该样品是单链 DNA 还是双链 DNA。需要指出的是，双链 DNA 中有 A=T，C=G，因此有（A + C)/(T + G）=1 或（A + G)/(T + C）=1 的关系，但并不能由此倒推。(注意：不要误认为 DNA 分子总是双链的。事实上在自然界中有单链 DNA 存在，也有双链 RNA 存在。)

3. 1000 个碱基对就是 2000 个碱基。在一条链上 G＝2/（1＋2＋3＋4）＝2/10，C＝4/(1＋2＋3＋4）＝4/10，两者之和为 60%。由于 G 和 C 是能配对的碱基，所以在两条链上 G 和 C 含量和也是 60%。由于 C＝G，所以 G 含量为 1/2×60%＝30%，即 2000×600 个。DNA 复制 2 次共可以得到 4 个 DNA，这比原来多了 3 个完全相同的 DNA，所以共需要 G＝3×600＝1800。

4. M、L 结果分别是由 Hfr×$F^-$、$F^+$×$F^-$ 和获得的；O 结果来自 Hfr×$F^+$、$F^+$×$F^+$、$F^-$×$F^-$ 等。不难推出：

| 1 | 2 | 3 | 4 | 5 | 6 | 7 | 8 |
|---|---|---|---|---|---|---|---|
| $F^+$ | $F^-$ | $F^-$ | Hfr | Hfr | Hfr | $F^-$ | $F^+$ |

5. 4 种酶中，解旋酶在 DNA 复制时使双链的 DNA 链分开；DNA 连接酶能使两条 DNA 分子的黏性末端得到连接；RNA 聚合酶催化 RNA 的合成；限制性内切核酸酶则能识别特定的 DNA 碱基序列，在特定切点切割 DNA 分子。可见，4 种酶中只有限制性内切核酸酶是具

有特异识别作用的。镰状细胞贫血症缘于血红蛋白碱基序列的改变，只有具有特异性识别作用的限制性内切核酸酶才能识别这种改变。

6. 所编码的产物能被快速测定、常用来判断外源基因是否已导入寄主细胞（器官或组织）并检测其表达活性的基因，称为报告基因。在转基因的设计中，报告基因编码区与其上游的目的基因相融合，并置于后者的启动子控制下，起到了判断目的基因是否表达的标记作用，故亦称选择标记基因。最常用的报告基因有 $\beta$-葡萄糖醛酸糖苷酶（GUS）、萤光素酶（LUC）、氯霉素乙酰转移酶（CAT）、绿色荧光蛋白（GFP）、$\beta$-半乳糖苷酶（bgaB）和碱性磷酸酶（ALP）等的基因。

报告基因对于基因表达调节机理的分析也很有用。例如，①启动子的检测。通过构建无启动子的特定报告基因载体，根据细胞中报告基因表达的情况，即对有关启动子、增强子的功能和特性作出鉴定。②反式作用因子的检测。将某个反式作用因子的基因与报告基因及特定启动子共同转化到同一寄主细胞中，根据报告基因表达活性变化，即可判断反式作用因子与启动子的作用。③相关蛋白质的分离。在酵母双杂交技术中，根据报告基因的表达活性，能够在活体内鉴定和分离与已知蛋白质互作的另一未知蛋白质。④基因工程细胞系的构建。在含有抗生素抗性基因和报告基因的转化载体上再加上一个选择标记基因，就可以挑选出其染色体基因组中已整合了报告基因的稳定细胞系。

# 第七章　核外遗传分析

**重点提示：**细胞内除了细胞核含有遗传物质以外，细胞质也含有能自主复制的遗传物质及其表达的系统。这种细胞核染色体以外的遗传因子所控制的遗传现象，叫作核外遗传（extranuclear inheritance）。本单元的核外遗传是广义的，包括母性影响和细胞质遗传（母性遗传）。细胞质遗传在育种中有重要应用。在遗传中，细胞质与细胞核相互依存、共同作用，两者之间有密切的关系。

**本章导读：**经典的孟德尔遗传规律是细胞核内基因在一定条件下体现的，不过它们的表现也要通过细胞质。例如，花冠的颜色由基因控制，但是在细胞质内合成的。某些性状是通过细胞质遗传的，其基因在细胞质中，这就是细胞质遗传。从大遗传范畴来看，细胞质与细胞核有着密不可分的关系，有些性状的遗传，同时需要核基因和细胞质因素的联合作用。

严格说来，母性影响不属于核外遗传的范畴。本章讲到的核外遗传（细胞质遗传），其决定因素来自细胞质中的叶绿体、线粒体、卡巴粒以及其他并不十分明了的细胞质结构（因子）。在细胞质遗传中，双亲的贡献不同，表型的分离不规则，属于非孟德尔式遗传。另外，细胞质颗粒或细胞质基因也能自律地复制，可以发生突变，具有相似于细胞核基因的性质。人类疾病有的起因在于线粒体等细胞质因素，但都是核质相互作用的结果。在细胞质遗传中，也存在不少重要规律，除单亲性等特点以外，还有同型异源性（homoplasmy）、组织特异性等。

细胞质因素与细胞核基因互作产生重要的生理效应的典型例子和应用实例是禾本科作物的雄性不育。（细胞质基因与核基因互作所控制的）核质不育系杂交育种中的“三系配套”（trilinear hybrid set）（“二区三系”，two regions-three lines）方法为农业生产作出了重要贡献。

## 【核心概念】

（1）核外遗传（extranuclear inheritance）　细胞核染色体以外的遗传因子所控制的遗传现象，叫作核外遗传（extranuclear inheritance）。广义的核外遗传还包括母性影响（maternal effect），但严格意义上的核外遗传就是细胞质遗传。

（2）母性影响（maternal effect）　正反交的结果不同，子代表型受到母本细胞核基因型的影响而和母本基因型所控制的表型一致的现象。也有将其叫作前定作用（predetermination）的。母性影响作用下，来自父本的显性基因所控制的性状延迟一代表现。

（3）细胞质遗传（cytoplasmic inheritance）　细胞质内的基因（细胞质基

因）所控制的遗传现象和遗传规律。平常说的非染色体遗传、非孟德尔式遗传、染色体外遗传、核外遗传或母性遗传（母系遗传）一般都指细胞质遗传，但从严格意义上来讲要注意概念的准确性。由于目前已经将染色体的概念扩展到所有遗传物质的载体，非染色体遗传或染色体外遗传的称呼已经不够严格；核外遗传在严格意义上等同于细胞遗传；在具有异形配子的高等真核生物中，合子的细胞质几乎全部来自母亲的卵细胞，因此细胞质遗传就表现为母性遗传——这也是核外遗传研究中的多数情况。

（4）母性遗传（maternal inheritance）　指遗传性状与雄性生殖细胞无关，而只通过雌性生殖细胞遗传的现象。母性遗传常常被作为细胞质遗传的同义语，但从严格意义上来讲，细胞质遗传的范畴要大些。在具有异形配子的高等真核生物中，雄配子几乎不含细胞质，合子（受精卵）中的细胞质几乎全部来自母亲的卵细胞，因此细胞质遗传就表现为母性遗传；但在低等生物（雌雄配子同形生物）中，细胞质遗传无性别相关性。

（5）雄性不育（male sterility）　生物某些类型的雄性个体无生育功能的现象。一般是植物（作物）育种的研究对象。在雌雄同株的植物中，雄蕊的发育不正常，因而不能产生有功能的花粉，但其雌蕊发育正常，能接受正常的花粉而受精、结实，并能将这种雄性不育性遗传给后代的品系，叫作雄性不育系（male sterility line）。

（6）三系配套　也叫“二区三系”。利用雄性不育（核-质互作不育型）性状进行作物杂交制种时采用的一种典型方法。在三系配套中，不育系（雄性不育系）不能产生正常的可育花粉，因而不能自交结实；保持系能够保持雄性不育系特性，与不育系杂交后可继续产生不育系；恢复系就是能够使不育系的育性得以恢复的品系，产生正常的花粉，因而能够自交结实。这种育种措施在一个（隔离）区交替种植、繁育不育系和保持系，在另一个（隔离）区通过交替种植不育系和恢复系实现杂交制种。

（7）卡巴粒（kappa particle）　也叫 κ 粒（κ particle）（图 7-1）。存在于某些草履虫细胞质中的一种颗粒，能自体复制，有类似病毒的性质，其中寄生性的病毒颗粒产生毒素，赋予草履虫放毒性。卡巴粒的直径为 0.2～0.5μm，长度为 0.5～5μm。强放毒型草履虫可包含 400～1600 个卡巴粒（一种共生菌），释放出来可杀死摄取到这种粒子的敏感型草履虫。κ 粒可以突变产生非放毒性的 π 粒。

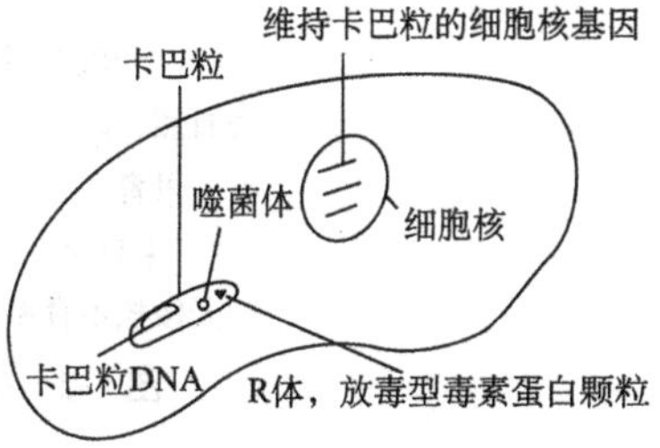

图 7-1　草履虫放毒型细胞内核质遗传因素间的关系

（8）同序性（homoplasmy）和异序性（heteroplasmy）　个体细胞质内线粒体 DNA（mtDNA）的序列都相同的现象，叫作 mtDNA 的同序性。一个个体生成时，该个体细胞质内 mtDNA 的序列一般都是相同的。由于线粒体在细胞分裂中的无序性，携带 mtDNA 突变的线粒体在不同体细胞或组织中有差别，即细胞质里 mtDNA 的序列有差别的现象，就叫作 mtDNA 的异序性。研究证实，精子也会对受精卵提供一些 mtDNA，也可以造成 mtDNA 的异序性。异序性对于种系发生的分析研究会造成一些困难。

（9）持续饰变（dauermodification） 由于环境的连续影响而引起的生物的某些表型改变，可以通过细胞质连续地传递若干代，但不能隔代遗传，无论在后代中进行怎样的选择，性状最终都会消失。从现象上看，具有介于母性影响和细胞质遗传之间的特点。

（10）线粒体病（mitochondriopathy） 指因遗传缺损所引起的线粒体代谢酶缺陷，导致 ATP 的合成障碍、能量来源不足等情况出现的一组多系统性异质性病变，也称线粒体细胞病（mitochondrial cytopathy）。Luft 等于 1962 年首先报道一例线粒体肌病（为氧化磷酸化脱偶联所引起）；Holt 于 1988 年首次发现线粒体病患者的 mtDNA 缺失，证实 mtDNA 突变是线粒体病的病因，建立了线粒体遗传（mitochondrial inheritance）新概念。线粒体病根据病变部位不同可分为线粒体肌病、线粒体脑肌病和线粒体脑病等。从遗传基础上来讲，mtDNA 遗传病的类型又可分为碱基突变（错义突变、蛋白质生物合成基因突变）、缺失及插入突变和 mtDNA 拷贝数目突变。

（11）半自主性细胞器（half-independent organelle） 自身具有遗传表达系统（自主性），但编码的遗传信息有较大的局限性，因而其基因表达（转录、翻译）、自身构造和功能等依赖于细胞核基因组遗传信息的细胞器。典型的半自主性细胞器是叶绿体和线粒体。

（12）二系法（Bilinear hybrid method） 1973 年，中国育种工作者石明松在晚粳农垦 58 育种中发现了“湖北光敏核不育水稻——农垦 58S”。该品系在长日照下不育，而在短日照下可育，因此将不育系和保持系合二为一设计制种方案，提出了生产杂交种子的“二系法”（图 7-2）。

| | | | |
|---|---|---|---|
| 光敏核不育系 | | | |
| 短日照 ↙ | ↘ 长日照 | | |
| 可育 | 不育♀ | × | 恢复系♂ |
| ↓自交 | | ↓ | ↓自交 |
| 光敏核不育系 | | $F_1$ 杂交种 | 恢复系 |

图 7-2 生产杂交种子的“二系法”

## 【知识要点】

### 一、基本知识串讲

某些重要性状是通过细胞质遗传的。实际上，无论细胞核遗传还是细胞质遗传，都离不开细胞核与细胞质的相互依存关系。

1. 母性影响

一般孟德尔遗传情况下，因为两亲在核基因的贡献上相等，正交（如♀$AA$×♂$aa$）与反交（如♀$aa$×♂$AA$）的子代表型相同，子代的基因型也都是$Aa$。

有时正反交结果并不相同，子代表型受到母亲细胞核基因型的影响，表现为该基因型所控制的性状，而非子代细胞核基因型控制的性状，这种现象叫作母性影响。母性影响有短暂的和持久的两类。

1）短暂的母性影响

例如，犬尿素的存在使得野生型麦粉蛾（*E. phestia*）的幼虫皮肤有色，成虫复眼深褐色。犬尿素的形成由一对基因控制。当基因突变而缺乏犬尿素时，幼虫皮肤无色，成虫复眼红色。有色个体（$AA$）与无色的个体（$aa$）杂交，不论哪个亲体是有色的，$F_1$ 代都是有色的。当 $F_1$ 代个体（$Aa$）与无色个体（$aa$）测交时，有色亲体的性别就会影响后代的表型。如图 7-3 所示

（1）$Aa$ 作为父本：

有色♂($Aa$)× 无色♀($aa$)

↓

| | | |
|---|---|---|
| | 1/2 $Aa$ | 1/2 $aa$ |
| 幼虫 | 有色 | 无色 |
| 成虫 | 褐眼 | 红眼 |

（2）Aa 作为母本：

有色♀($Aa$)× 无色♂($aa$)

↓

| | | |
|---|---|---|
| | 1/2 $Aa$ | 1/2 $aa$ |
| 幼虫 | 有色 | 有色 |
| 成虫 | 褐眼 | 红眼 |

图 7-3 麦粒蛾“有色”和“无色”类型的正反交试法

可见正反交后代表型有差别。当$Aa$作为母本时，后代1/2 $aa$幼虫表现了母本性状，但成虫“恢复”了自身“无色”基因型在成虫的表现——红眼。原因：精子几乎不含细胞质，而卵里积累了大量细胞质。当$Aa$雌母蛾产生卵子（无论$A$或$a$）时，细胞质中都存在足量的犬尿素，这使得它们的$aa$幼虫皮肤也是有色的。但是，$aa$个体缺乏$A$基因，不能自主合成色素，随着发育中细胞的生长增殖，色素逐渐消耗，到成虫时复眼成为红色。因此。这里体现了暂时的母性影响。

2）持久的母性影响

母性影响另一种典型研究材料是椎实螺（*Limnaea peregra*）（腹足纲椎实螺

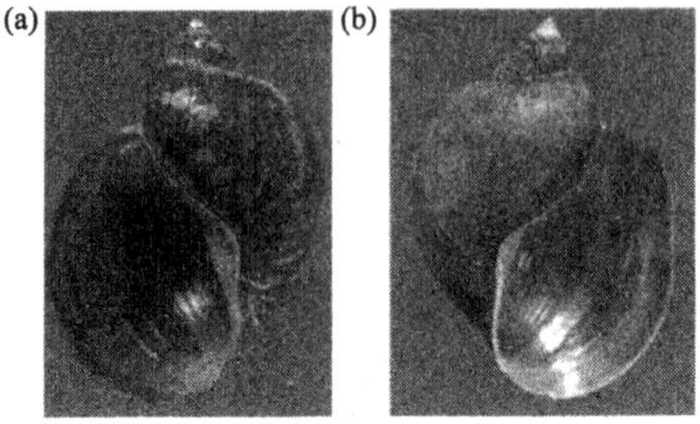

图 7-4　不同螺旋方向的椎实螺
(a) 左旋；(b) 右旋

科软体动物，雌雄同体)。椎实螺外壳的螺旋方向(受母亲基因型控制)终生不变(右旋或左旋，图 7-4)。椎实螺一般进行异体受精(互换精子)，但分开生活时就进行自体受精。

椎实螺外壳的右旋和左旋分别由一对等位基因($D$ 和 $d$)控制，其中右旋($D$)对左旋($d$)完全显性。

当右旋雌螺与左旋雄螺交配时，$F_1$ 代和 $F_2$ 代均全为右旋。但在 $F_2$ 代中有 3/4 的雌螺的 $F_3$ 代全为右旋，另外 1/4 的雌螺的 $F_3$ 代全为左旋。究其原因，$F_2$ 代均全为右旋是母亲细胞核基因型 $Dd$ 的作用效果。

同理，在反交(左旋♀×右旋♂)情况下，$F_1$ 代全为左旋(尽管 $d$ 为隐性基因)，此为母亲基因型 $dd$ 之效果。读者可以推出，$F_2$ 代全为右旋；也在 $F_3$ 代才表现为 3∶1 分离。

在椎实螺外壳旋向的这种遗传方式中，子代的表型受母亲的基因型制约，属于母性影响。不过，这与麦粉蛾色素的遗传有区别，因为子代的表型终生不变。原来，螺类受精卵是以螺旋式进行卵裂的，成体外壳的旋向在最初两次卵裂的纺锤体方向上就已经确立了(图 7-5)。

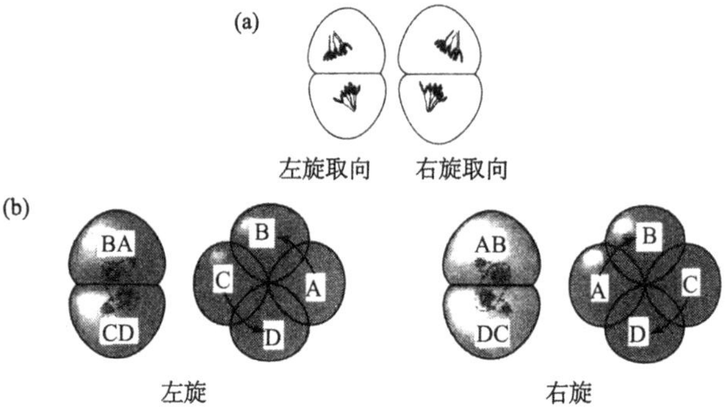

图 7-5　螺类受精卵卵裂的纺锤体取向(a)和卵裂方向(b)

螺类受精卵分裂时纺锤体的方向取决于卵细胞质的特性，而这是由母体细胞核中染色体上的基因控制的。螺壳一旦形成，子代的基因型就不能对之再作改变，因此母亲的细胞核基因型就控制了子代的表型，表现为永久的母性影响。

母性影响的特点是父方的显性基因延迟一代表现和分离。

2. 细胞质遗传

细胞质构成要素能够自律地复制，可以通过细胞质由一代传到另一代。细胞质遗传表现为如下特征：①遗传方式——非孟德尔式遗传。②性状表现——$F_1$ 代通常只表现母亲的性状。③基因分离规律——杂交后代一般不出现一定的分离比。

1）叶绿体的遗传

就细胞质而言，雌雄配子对后代的贡献不一样——雌配子含有细胞质，雄配子则很少含有细胞质，通常不含包括叶绿体在内的质体。所以高等植物叶绿体的遗传符合细胞质遗传，种子后代叶绿体种类取决于产生种子的枝条，与产生花粉的枝条无关。

探讨叶绿体遗传的常用例子是紫茉莉的绿白斑植株。在同一植株上，有的枝条长出深绿色叶子，有的长出白化叶子，还有的长出花斑（绿白相间的）叶子。显微观察发现，白色叶子或花斑叶子的白色部分，缺乏正常的叶绿体，是败育的无色颗粒。

不同枝条上的花朵相互授粉，种子后代的叶绿体种类决定其产生于哪一种枝条，而与花粉来自哪一种枝条无关，见表 7-1 和图 7-6。

**表 7-1　紫茉莉花斑植物杂交试验结果**

<table>
<tr><th>产生种子的枝条的叶色</th><th>提供花粉的枝条的叶色</th><th>杂交后代植株叶色</th></tr>
<tr><td rowspan="3">白色</td><td>白色</td><td rowspan="3">白色</td></tr>
<tr><td>绿色</td></tr>
<tr><td>花斑</td></tr>
<tr><td rowspan="3">绿色</td><td>白色</td><td rowspan="3">绿色</td></tr>
<tr><td>绿色</td></tr>
<tr><td>花斑</td></tr>
<tr><td rowspan="3">花斑</td><td>白色</td><td rowspan="3">无论花粉来自哪一种枝条，都可能长出三种叶色的植株——白色、绿色或花斑</td></tr>
<tr><td>绿色</td></tr>
<tr><td>花斑</td></tr>
</table>

叶绿体来自细胞质中的前质体（proplastid），能独立地复制。在细胞分裂时，叶绿体的分离大致均等。雄配子中很少或者没有前质体，前质体大都通过卵细胞质传递下去，体现为叶绿体的母性遗传。

叶绿体自身的遗传特性表现在：①按原样复制，可由上一代传给到下一代，与细胞核基因无关。②叶绿体可以产生稳定的突变。不过，许多核基因影响叶绿体的形成，其突变也受到核基因的影响。

2）真菌类线粒体的遗传

线粒体是细胞中的代谢中心之一，它是产生呼吸酶等酶系的细胞器。线粒体的遗传，会影响细胞的生长。例如，酵母（*Saccharomyces cerevisiae*）的“小菌

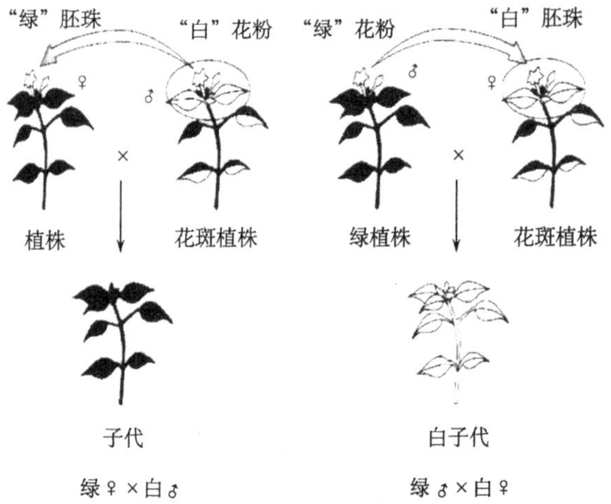


图 7-6　紫茉莉花斑植物杂交试验结果

落"（petite colony）遗传就跟线粒体有着密切关系。

一个酵母菌通过无性的方法增殖，可长成一个培养物。从这个培养物中取一点菌样，在固体培养基上，有 1%～2%的菌落很小，是所谓"小菌落"。由于小菌落酵母缺少细胞色素 a、细胞色素 b 以及细胞色素 c 氧化酶，所以比正常细胞长得慢，就长成了小菌落，能稳定遗传。即：

大菌落（grande colony）→大菌落＋小菌落（1%～2%）；

小菌落→小菌落。

小菌落还可用化学诱变法（如用吖啶黄诱导）得到。

小菌落酵母跟正常酵母交配，只产生正常的二倍体合子，其单倍体后代也正常，而不出现"小菌落"性状——完全表现为细胞质遗传特性。需要注意的是，核基因的遗传仍体现孟德尔遗传的分离比。通过 $CsCl^2$ 密度梯度离心技术，发现小菌落突变使 mtDNA 大部分丢失（严重缺失），有时甚至测不出小菌落突变型的 mtDNA。线粒体所合成的蛋白质对各种呼吸酶整合到线粒体的内膜上是必不可少的，因此，小菌落突变给酵母带来了多方面影响。

再来看链孢霉的"缓慢生长"（poky，po）突变型。这种性状与酵母的"小菌落"一样，属于细胞质遗传。不同的是，因为链孢霉能产生大小和细胞质含量不同的单倍体核（配子），所以像高等植物一样，体现为母性遗传现象（图 7-7）。

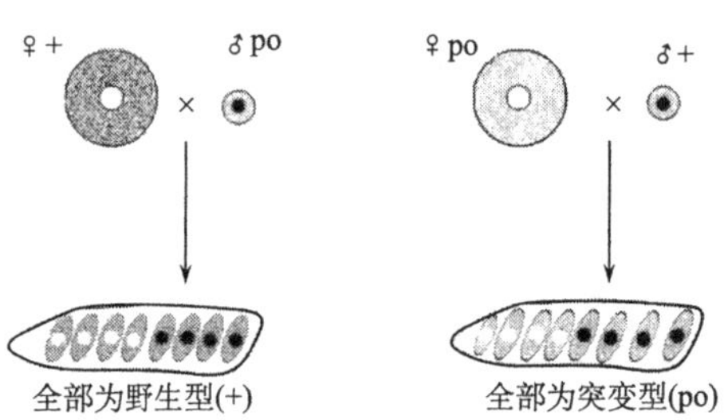


图 7-7　链孢霉的"缓慢生长"（poky，po）类型的遗传

生物的子裔线粒体 DNA 一般与雌亲是一致的（同形配子生殖的情况例外），线粒体性状的传递表现为母性遗传。

3）草履虫放毒现象的细胞质遗传规律

草履虫（*Paramecium aurelia*）细胞中有一个主要管营养的多倍性大核和两个主要与遗传有关的二倍性小核（图 7-8）。草履虫无性生殖后产生和原来个体一样的基因型。在有性生殖（接合生殖）时，2 个个体接合，经过减数分裂后互换小核，大核消失。随后经历小核融合、有丝分裂等过程，最后产生 4 个个体，每个个体都包含双亲各半的遗传物质。不论个体原来是什么样的基因型，自体受精产生的两个个体都是纯合体。

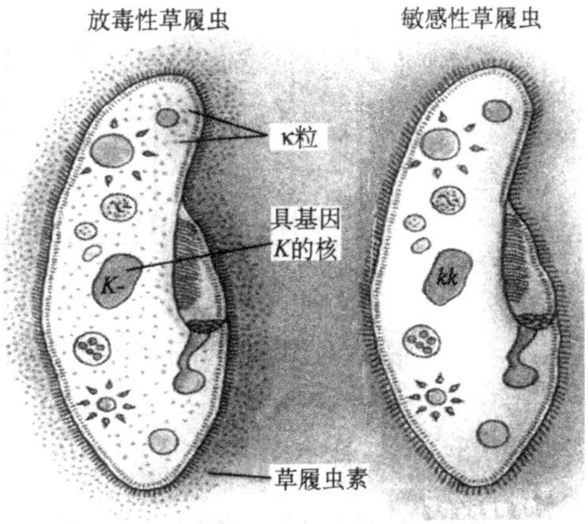

图 7-8　草履虫的放毒型和敏感型

有的草履虫具有放毒性。放毒型遗传与一种细胞质颗粒——卡巴粒（kappa particle，κ 粒）有关。这种放毒性是核-质互作型的，必须同时有细胞质因子（κ 粒）和细胞核基因 *K*（显性），即，*K*/*K* ＋ 卡巴粒＝放毒型，否则是敏感型（图 7-8）。草履虫放毒型的遗传是核基因相关性细胞质遗传。

放毒型与敏感型短暂杂交（接合）时，因交换小核，双方基因型都成为 *K*/*k*，但其中一个有卡巴粒，可产生草履素，属于放毒型；另一个无卡巴粒，仍是敏感型。两者自体受精，各产生 1/2 的 *K*/*K* 和 1/2 的 *k*/*k*。但后代情况不同：原放毒型的，后代 1/2 是放毒型；另 1/2 起初是放毒型，经若干代后又成为敏感型（没有 *K* 基因，因而卡巴粒不能增殖）。原敏感型的，因为无卡巴粒，全部都是敏感型。

当放毒型与敏感型杂交时间延长到一定程度后，小核和细胞质都发生交换，都成为“*K*/*K*＋卡巴粒”的放毒型。但自体受精后，有 1/2 基因型是 *K*/*K*，细胞质中也有卡巴粒，是放毒型；另 1/2 基因型是 *k*/*k*，虽然放毒性可以持续若干代，但终因没有 *K* 基因，卡巴粒不能增殖，最终成为敏感型。

4）禾谷类作物的雄性不育

玉米、高粱和水稻等禾谷类作物的雄性不育（male sterility）是细胞质遗传因子与细胞核基因有相互作用的另一例子。

利用雄性不育（核-质互作不育型）性状进行作物杂交制种时采用的一种典型方法是“三系配套”，也叫“二区三系”。在三系配套中，不育系［雄性不育系，S（*rfrf*）］不能产生正常的可育花粉，因而不能自交结实；保持系［N(*rfrf*)］能够保持雄性不育系特性，与不育系杂交后可继续产生不育系；恢复系［N(RfRf)］就是能够使不育系的育性得以恢复的品系，产生正常的花粉，因而能够自交结实。这种育种措施在一个区（隔离区）交替种植、繁育不育系和保持系，在另一个区（制种区）通过交替种植不育系和恢复系实现杂交制种（图 7-9）。

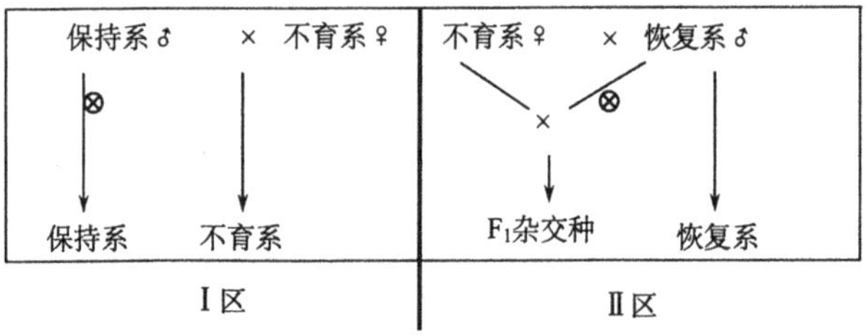


图 7-9 利用雄性不育性状进行作物杂交制种的“三系配套”方法

3. 持续饰变

人们在植物实验和育种中还发现一种现象，既不是一种典型的细胞质遗传，也不属于典型的母性影响，而是似乎介于母性影响与细胞质遗传之间。由于环境的连续影响而引起的生物的某些表型改变，可以通过细胞质连续地传递若干代，但不能隔代遗传，无论在后代中进行怎样的选择，性状最终都会消失。这种现象叫作持续饰变（dauermodification）。

总之，作为本章重点，要掌握细胞质在遗传中两个作用效果——母性影响和细胞质遗传。细胞质颗粒或细胞质基因一方面有自律复制特性，并可以发生突变；另一方面又同细胞核基因相互依存、共同作用。

## 二、代表性例题解析

1. 请阐述“核基因”和“质基因”的概念，比较核基因和质基因的不同点和相同点。

参考答案：(1)“核基因”和“质基因”的概念：(细胞) 核基因——细胞核染色体上的基因；(细胞) 质基因——细胞质中线粒体、叶绿体中的 DNA 上和细菌质粒等的 DNA 上的基因。生物体的绝大部分性状受细胞核基因控制，但也有些性状受细胞质基因控制。

(2) 核基因和质基因的不同点和相同点：①不同点：核基因和质基因存在的位置不同，存在的方式也不同。核基因在染色体上呈线性排列，与组蛋白形成稳定的结构复合体，并与一些非组蛋白结合，以保证遗传物质的稳定性、基因结构的严密性和基因复制、表达调控的条理性。而组成质基因的 DNA 并不同蛋白质结合，而是呈双链环状等形态单独存在于细胞质中的，具有自主复制性能，又同细胞核基因相互依存。核基因一般体现为双亲遗传，质基因一般体现为母性遗传。②相同点：细胞核和细胞质都是细胞的重要组分，共存于一个整体内。核基因和质基因都是DNA，能进行自我复制，可发生突变，并通过转录和翻译控制蛋白质的合成或基因调控等过程。也就是说，核基因和质基因都具有稳定性、连续性、变异性和独立性等特点。

2. 请总结：细胞质遗传的特点及其与母性影响的不同点和相似点。

参考答案：细胞质遗传的特点：①正反交的遗传表型不同，$F_1$ 通常只表现为母本的性状。②其遗传方式为非孟德尔式遗传，其杂交后代一般不出现固定的分离比。

细胞质遗传与母性影响的异同点：①不同点——细胞质性状有稳定的遗传表型，由细胞质基因控制；母性影响的性状受母亲细胞核基因控制，有的遗传效应是持久性的，有的则是短暂性的。②相同点：细胞质遗传与母性影响都与母性生殖细胞为子代提供了绝大部分细胞质有关，通常表现出正反交结果不一致的现象，从物质基础上讲都是基因作用的效果。

3. 植物的雄性不育是由什么机制产生的，有哪些类型？请介绍在生产上利用很广的二区三系制种法。

参考答案：雄性不育性指因不能产生正常的花药、花粉或雄配子，植株不能用作父本参与有性生殖的现象。雄性不育类型的雌蕊正常，能接受正常花粉而受精。

雄性不育的产生机制：目前还不太清楚。一些关于核质互作不育机理的假说有一定道理。① 质核互补控制假说。该假说认为位于线粒体内的细胞质不育基因在胞质正常的情况（$N$）下，携带着可育的遗传信息，可合成各种蛋白质，从而保证了雄蕊发育中全部代谢活动，最终形成结构和功能正常的花粉。当线粒体DNA变异后，核基因中的 $Rf$ 基因仍正常表达，合成花粉发育所需要的蛋白质等；如果核基因 $Rf$ 缺失（成为等位基因 $rf$），则其补偿作用消失，表现为花粉不育。当 $N$ 与 $Rf$ 同时存在时，$N$ 起调节 $Rf$ 基因的作用。② 病毒危害假说。该假说认为，造成雄性不育的原因可能是病毒的侵害。这种病毒侵染了敏感菌株（$rfrf$）后，并不危害2倍体宿主细胞，但却可以杀死单倍体的花粉；$Rf$ 基因能给予花粉一种抗性，用于抵抗病毒的有害作用。

雄性不育有3种遗传类型：① 核不育型（由核基因决定的雄性不育类型）。② 细胞质不育型（由细胞质基因控制的雄性不育类型）。③核质互作不育型（通过核基因和细胞质基因相互作用、共同控制而形成的雄性不育类型）。生产中一般利用的是核质互作不育型。相关的常规制种方法是二区三系制种法（三系配套制种法）。其中雄性不育系的基因型是（$S$）$rfrf$，简称A系，杂交时作为母本使用；保持系的基因型是（$N$）$rfrf$，简称B系，与不育系杂交的后代仍能保持不育系的雄性不育性，只用作杂交父本用；恢复系的基因型为（$N$）$RfRf$：简称C系。可育的杂交种的生产就是通过恢复系（作杂交父本）与雄性不育系杂交实现的。

三系配套制种方案中，要注意几个关键点：① 不育系的雄性不育度要高（接近 100%）；② 恢复系的花粉产量要大，有强大的恢复力（恢复度至少 85%）；③ 不育系和恢复系间的杂种优势一定要强。

4. 试介绍玉米埃型条斑性状的遗传。

参考答案：有几种高等植物具有绿白斑植株，如紫茉莉（*Mirabilis jalapa*）、藏报春（*Primula sinensis*）和假荆芥（*Nepeta cataria*）等。玉米的埃型条斑（striped iojap trait）也是这类细胞质遗传的典型代表。在玉米的第 7 号染色体上，有一个条纹基因 *ij*，其隐性纯合子（*ijij*）引起质体突变率增加，使正常的质体突变为败育质体，因而不能全部形成叶绿素，植株表现为绿色和白色相间的条斑性状株或白化症状。

当条斑类型为母本，正常植株（*IjIj*）为父本时，杂交 $F_1$ 代（*Ijij*）的表型有 3 种——绿色苗、条斑型苗和白化苗。这表明，受 *Ij-ij* 这对基因控制的变异类型是通过母本细胞质遗传的。在反交情况下，$F_1$ 的基因型与正交时相同，但由于母本细胞核内没有 *ijij* 纯合基因型，不能引起变异，结果杂种只表现绿苗性状，这说明质体的变异受核基因控制。一旦在纯合体 *ijij* 植株中出现埃型条斑性状，它就显示为典型的细胞质遗传，且持续传递下去，即使有正常的核基因 *Ij* 也不再有“矫正”的作用（见下图）。

| 正交 | 反交 |
|---|---|
| 条斑 *ijij* ♀×♂ *IjIj* 绿色 | 绿色 *IjIj* ♀×♂ *ijij* 条斑 |
| ↓ | ↓ |
| $F_1$ *Ijij* | $F_1$ *Ijij* |
| 绿色苗、条斑苗或白化苗 | 绿色苗 |

5. 试介绍线粒体病的产生原因和主要类型。

参考答案：线粒体病（mitochondrial disorder）是由于遗传缺损而引起线粒体中代谢酶的缺陷，致使 ATP 合成障碍、能量来源不足等导致的一组异质性病变。线粒体病多在 20 岁左右发病，但也有儿童或中年人发病的，男女均可受累。线粒体与能量代谢密切相关，无论是细胞的成活（氧化磷酸化）还是死亡（凋亡），均与线粒体功能有关。呼吸链的氧化磷酸化异常跟人类的许多疾病有关。例如，线粒体肌病是由氧化磷酸化脱偶联引起的。1988 年，Holt 首次发现线粒体病患者的 mtDNA 有缺失，证实了 mtDNA 突变是线粒体病的重要原因，建立了区别于传统孟德尔遗传的线粒体遗传新概念。mtDNA 的缺失或点突变使其编码的线粒体氧化代谢酶或载体发生问题，结果糖原和脂肪酸等不能在线粒体中充分利用或产生足够的 ATP，导致能量代谢的障碍，产生复杂的临床病变。

根据线粒体病变部位的不同，可将线粒体病分为以下主要类型：① 线粒体肌病（mitochondrial myopathy）——以侵犯骨骼肌为主，临床特征是骨骼肌极易疲劳（轻度活动即感到疲乏），常伴有肌肉酸痛及压痛感，少见肌萎缩。这种病容易误诊为多发性肌炎、重症肌无力或进行性肌营养不良等。② 线粒体脑肌病（mitochondrial encephalomyopathy）——侵犯骨骼肌和中枢神经系统。包括慢性进行性眼外肌瘫痪（CPEO）（多在儿童期发病，首先发生眼睑下垂，缓慢进展到全部眼外肌瘫痪、眼球运动障碍等，双侧眼外肌对称受累。有的病人还有咽肌和四肢肌无力症状）、Keams-Sayre 综合征（KSS）（常在 20 岁之前起病，进展得较快。表现出 CPEO 症状和视网膜色素变性等，常伴有心脏传导阻滞、小脑性共济失调、脑脊液蛋白水平增高、神经性耳聋和智能减退等症状）、线粒体脑肌病伴高乳酸血症和卒中样发作（MELAS）综合征（常在 40 岁前起病，而且儿童期发病较多。表现为突发的卒中样发作，如偏瘫、反复癫痫发作等，病情逐渐加重。常见脑萎缩、脑室扩大和基底核钙化，血液和脑脊液中乳酸增高）和肌阵挛性癫痫伴肌肉蓬毛样红纤维（MERRF）综合征（多在儿童期起病，表现为肌阵挛性癫痫、小脑性共济失调和四肢近端无力等症状，甚至引起多发性对称性脂肪瘤）。③ 线粒体脑病（mitochondrial encephalopathy）——以侵犯中枢神经系统为主，与线粒体肌病相对，是不累及肌肉而仅累及中枢神经系统的线粒体病。包括 Leber 遗传性视神经病（LHON）、亚急性坏死性脑脊髓病（Leigh 病）、Alpers 病和 Menkes 病等。

6. 在雄性不育杂交制种中，有二区三系制种法和二系制种法，请问它们有何区别？

参考答案：二区三系制种法和二系制种法的区别：

| 二区三系 | 二系法 |
|---|---|
| 用到 3 个系——不育系、保持系和恢复系 | 只用到 2 个系——光温敏核雄性不育系和恢复系 |
| 不育类型——核质互作雄性不育型 | 不育类型——光温敏核雄性不育型 |
| 不育系和保持系是独立存在的 | 不育系和保持系是合二为一的 |
| 不育系×保持系杂交→不育系；<br>保持系⊗→保持系；<br>恢复系⊗→恢复系；<br>不育系×恢复系→杂交种 | 短日照低温时作为保持系：⊗→产生光温敏核不育系；<br>长日照高温充当不育系：与恢复系杂交→杂交种 |

7. 试比较从性遗传、伴性遗传、母性影响和细胞质遗传（区别特征）。

参考答案：

| | 从性遗传 | 伴性遗传 | 母性影响 | 细胞质遗传 |
|---|---|---|---|---|
| 1. 所涉及基因的载体、类别 | 细胞核内常染色体；细胞核基因 | 细胞核内性染色体；细胞核基因 | 细胞核内染色体；细胞核基因 | 细胞器染色体；细胞质基因 |
| 2. 与性别、母本的关系 | 与性别有关；与母本无关 | 与性别有关 | 与母本细胞核基因型有关 | 与母本表现型有关 |
| 3. 正反交结果 | 相同 | 不同 | 不同(与母本核基因型控制的表型一致) | 不同（与母本的表型一致） |
| 4. $F_2$ 代的分离比 | 孟德尔式分离；表型受性别影响，在两性间不同 | 孟德尔式分离；表型受性连锁基因控制，在两性间表现不同 | $F_2$ 不分离，$F_3$ 出现孟德尔式分离 | $F_2$ 不出现孟德尔式分离(无固定分离比) |

8. Y 染色体和线粒体 DNA 的特异性片段都可以被用作遗传标记，追踪人类民族或家族的亲缘关系，请问其原理及优缺点是什么?

参考答案：Y 染色体在一个家系的男性中连续、忠实地传递；线粒体通过母亲的细胞质在一个家系中保持连续性。从这个意义上讲，Y 染色体上的遗传物质和线粒体 DNA 都有着确定的遗传传递路线。

男性的 Y 染色体复制后传递给自己的儿子，通过 PCR 等方法检测 Y 染色体特异性片段，可以确定个体的父亲或家族中的男性在亲缘关系上的真实性。与此相对应，线粒体 DNA（mtDNA）是由母亲传给自己的子女的，因而对 mtDNA 片段的特异性检测，可以确定某个体与其母亲或者母系家族的女性间相承袭的亲缘关系。

讲到优缺点，Y 染色体上的 DNA 体现为男性遗传（全男遗传）的特性，能很好地用于追踪有连续男性世代的基因（性状）传递，但当传递路线中出现了男性中断时，相应代间的亲缘关系就难以判断了。另外，Y 染色体 DNA 上特异性片段的特异程度，决定了它作为亲缘关系判断依据的范围（适于家族特异性还是仅仅适于种族特异性）。线粒体 DNA 具母性遗传特性，能很好地用于追踪有连续女性世代的基因（性状），同样，如果传递路线中出现女性中断，中断上代和其下代的亲缘关系也就失去确定根据。另外，相对于 X 染色体等，Y 染色体很小；相对于细胞核 DNA，线粒体 DNA 更小。这都影响确立足量的特异性位点以作为判定亲缘关系的参照标记。

9. 请解释椎实螺外壳旋向的显隐性关系。

参考答案：母性影响所表现的遗传现象与母性遗传有相似之处，但并不是细胞质基因决定的，不属于母性遗传的范畴，而是由于核基因产物在卵细胞中积累的结果。椎实螺外壳旋向的遗传就是一种母性影响。例如，椎实螺外壳的旋转方向有左旋和右旋，这对相对性状即是母性影响。把右旋和左旋的椎实螺进行正反交，$F_1$ 外壳的旋转方向有所不同，但 $F_1$ 自交，可见 $F_2$ 全部为右旋，到 $F_3$ 世代才出现右旋和左旋的分离，分离比为 3∶1。这是由一对基因差别决定的孟德尔式遗传现象，其中右旋（$D$）对左旋（$d$）为显性。个体的表现型并不是由本身的基因型直接决定的，而是由母体卵细胞质的物质成分所决定的，而母本卵细胞的状态又由母本的细胞核基因型控制。$F_1$ 的基因型（*Dd*）决定了 $F_2$ 均为右旋，而 $F_2$ 的三种基因型决定了 $F_3$ 两种表型的分离，其中 *DD* 和 *Dd* 的后代带有右旋的外壳，*dd* 的后代带有左旋的外壳。

这里，分离比符合孟德尔分离规律，只是与父本显性基因相关的性状及相应的分离比推迟了一代。

## 三、知识要点概念图

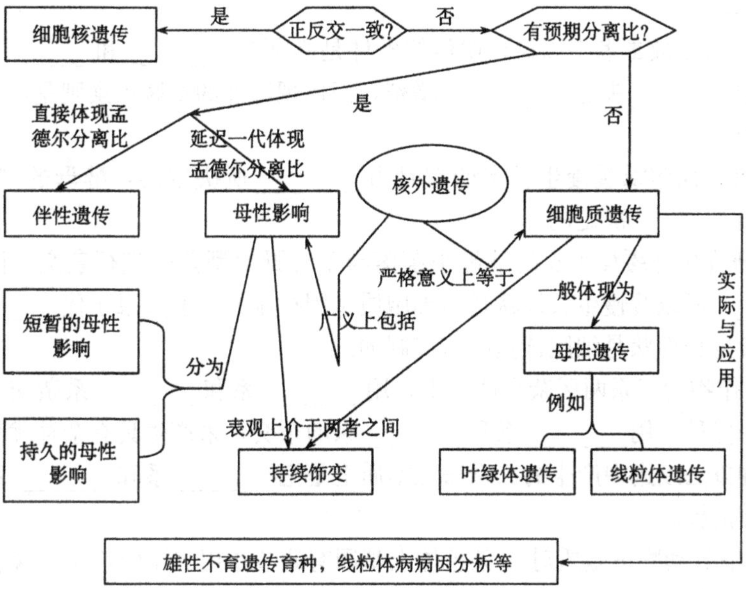


### 参 考 资 料


刘祖洞 . 1990. 遗传学（第二版）（下）. 北京：高等教育出版社

Alberts B，Bray D，Lewis J et al. 1994. Molecular Biology of the Cell. New York：Carland Publishing Znc

Ayala F J，Kiger J A. 1884. Modern Genetics. 2nd ed. San Francisco：The Benjamin / Cumming Publishing Company，Inc

Griffiths A J F，Wess S R. 2007. Introduction to Genetic Analysis. 8th ed. San Francisco：W. H. Freeman & Co Ltd

Snustad D P，Simmons M J. 2000. Principles of Genetics. New York：John Wiley & Sons，Inc

Strickberger M W. 1886. 遗传学题解 . 江绍慧，顾慧娟译 . 北京：北京大学出版社


## 【试题精选】

## 一、填空题

1. 高等绿色植物中，叶绿体的基因组所控制的性状在杂交后代中________

分离，其分离比________。

2. 左旋、基因型为 $Dd$ 的椎实螺自体受精，产生的后代应该全部为______旋。

3. 持续饰变________隔代遗传，后代经过连续的选择，其性状________。

4. 细胞核基因型是 $Aa$ 的草履虫经过自体受精后，产生核基因型为________的________种基因型后代。

5. 人们常拿玉米埃型条纹的遗传过程作为遗传分析的实例，其中的叶绿体变异一经发生，便以________的方式稳定传递，而不再受________基因的控制。

6. 在作物中，核不育型的雄性不育植株在后代的性状分离________孟德尔遗传规律。

7. 草履虫放毒型得以稳定遗传的条件是必须有________和________同时存在，其中________决定________的增殖，而体现毒性的草履虫素则是由________所产生的。

8. 红色面包霉缓慢生长突变型是由________所决定的，酵母的“小菌落”遗传是由________决定的。

9. 研究中把缓慢生长的酵母小菌落与正常野生型菌落进行杂交，因为子代________，所以缓慢生长性状是由细胞质基因控制的。但如果子代________，就说明缓慢生长性状是细胞核基因所控制的。

10. 作物的三系两区杂交体系中，用________系和________系杂交，以解决不育系的保种；用________系和________系的杂交，来产生具有杂种优势的杂交种。制种方法改进中产生的二系法在本质上是把________系和________系合二为一的育种措施。

11. 哺乳动物细胞质对 X 染色体上基因有调节作用。X 染色体上含有很多与性别无关的伴性基因。这样的基因雌性有________套，在雄性有________套，雌性基因产物与雄性基因产物的产物在剂量上的比例接近________，这与雌性 X 染色体的________有关。

12. 细胞质对染色体的调节很有针对性。在小麦瘿蚊的个体发育中，其卵的后端含有________，在此区域核内保持了全部 40 条染色体，以后分化为______细胞。但位于其他细胞质区域的核丢失了 32 条染色体，只保留了 8 条，将来成为________细胞。如果将卵结扎，使核不向胞质移动，那么________，最后发育成不育的瘿蚊。

13. 用碘液对花粉进行染色，雄性不育系的花粉________，正常品系的花粉________。

14. 细胞质基因的载体有________、________和________等。

15. 关于雄性不育的鉴定：对杂合体所产生的花粉粒进行鉴定，若属于配子体不育，则花粉________；若属于孢子体不育，则花粉________。

16. 酵母菌的细胞质遗传性质的小菌落性状的原因是缺乏________、______

和________等基因的产物。

17. 细胞质雄性不育的可能来源主要有________、________、________和________等。

18. 在自然条件下作物的光周期常常是和温度高低相关的。以光周期反应为主，以温度反应为辅的雄性不育类型称为________；以温度高低反应为主，而光周期反应为辅的雄性不育类型称为________。另外，还存在介于二者之间的类型。

19. 核外遗传的特点有________、________、________和________等。

20. 可以在基因组内移进移出的内含子称为________，英文名称为________。

## 二、选择题

1. 正反交试验所获得的 $F_1$ 表型不同。这可能是因为（　　）。

A. 性连锁遗传　B. 胞质遗传　C. A 或 B　D. 母性影响

2. 某高等植物有绿色、白色和花斑 3 种不同颜色的枝条，其颜色性状的遗传属于细胞质遗传性质的，杂交“♀花斑×♂绿色”的后代表现为（　　）。

A. 绿色　B. 白色

C. 花斑　D. 上述三种情况均有

3. 某种家禽的某一品系具有异常的性状 S，对该品系进行正反交，结果正反交子代表型一致，但不一定表现为子代自身基因型的预期性状（使包含完全显性基因）。性状 S 是由（　　）引起的。

A. 细胞核染色体基因　B. 细胞质基因

C. 母性影响　D. A 或 C

4. 已知某种昆虫在低浓度乙酸环境下即休克，原因是含有细胞质颗粒 $\mu$，称为 $\mu$ 型乙酸敏感型。失去 $\mu$ 因子的个体对乙酸具有抗性。那么，“$\mu$ 型敏感型♀×抗性♂”杂交的结果（　　）。

A. 子代全部为抗型　B. 子代全部为 $\mu$ 型乙酸敏感型

C. 雄性为抗型　D. 雌性为抗型

5. 对于持续饰变的解释，以下正确的是（　　）。

A. 是由环境诱导产生的细胞质基因的暂时性改变

B. 所产生的拟表型（phenocopy）持续时间绝不超过个体的生活周期

C. 诱导因素不存在时，随世代延续，其外显率和表现度不变

D. 有的可以在世代间永久传递下去

6. 关于母性影响，请选择下列的不正确选项（　　）。

A. 子代的性状不由自身的基因而由雌性亲本的基因所控制

B. 这种影响或是暂时的、或在个体的生活周期中始终存在

C. 产生母性影响的物质是自身永存的（self-perpetuating）

D. 产生母性影响的物质依雌亲的细胞核基因型在子代重新形成

## 三、综合题

1. 在作物育种中，利用细胞质雄性不育和育性恢复基因可以制造双交种。先将雄性不育自交系 A（$Srfrf$）♀与雄性可育自交系 B（$Nrfrf$）♂杂交，得单交种 AB，把雄性不育自交系 C（$Srfrf$）♀与雄性可育自交系 D（$NRfRf$）♂杂交，得单交种 CD。最后，把两个单交种进行杂交，获得双交种 ABCD。请推测双交种的基因型和表型。

2. 现有某种植物的两种品系，正交（♀$A$×♂$B$）的子代均为黄色叶，而反交（♀$B$×♂$A$）的子代均为绿色叶，请推测原因。

3. 椎实螺外壳右旋基因（$D$）对左旋基因（$d$）完全显性，外壳旋向属于母性遗传。(1) 请判断：基因型为 $Dd$ 的椎实螺自交，其 $F_1$ 代的基因型和表型是什么？请指出比例。(2) 若 $F_1$ 代个体自交，$F_2$ 代的基因型和表型是什么？请指出比例。(3) 最后，请指出开始做实验用的个体的表型。

4. 请比较一下线粒体 DNA（mtDNA）、叶绿体 DNA（ctDNA）和细胞核 DNA（nDNA）的异同？

5. 以 $DD$ 基因型的椎实螺为父本、$dd$ 为母本，杂交的 $F_1$ 代表型和基因型及其比例各多少？$F_1$ 自交所得的 $F_2$ 的基因型、表型及其比例各多少？

6. 获得雄性不育系材料的途径有哪些？

7. 请介绍光温敏型核雄性不育及其应用。

8. 将酵母菌的“遗传分离”小菌落与“细胞质”小菌落进行杂交，结果同分离小菌落与正常酵母杂交的子代一样，其二倍体细胞都是正常的；而且，在形成子囊时，都是两个为正常细胞、两个形成小菌落的分离。请解释这一现象。

9. 有一草履虫未知品系 D，同品系 B（$KK$）交配后又进行自体受精，杂交结果是：放毒型系∶敏感型系＝3∶1；若 D 与 C 品系（$kk$）交配，则杂交结果是：放毒型株系∶敏感型株系＝1∶3。请推导 D 品系的表型、基因型以及细胞质的类型。

10. 为什么一般认为细胞质的雄性不育基因存在于 mtDNA 上？

11. 如何确定一株雄性不育植株是单倍体、远缘杂交 $F_1$、生理不育、核不育还是细胞质不育类型？

12. 用水稻的雄性不育系与恢复系进行杂交研究，所得到的 $F_1$ 植株全部都是正常育性的。再将 $F_1$ 的花粉授给不育系雌花，在后代中出现了 180 株可育株和 540 株雄性不育株。请对这种雄性不育系的类型和遗传基础进行分析。

13. 有一个缺恢复系的雄性不育系材料，一般的杂交后代都是雄性不育的，但也有的雄性不育 $F_1$ 株能产生极少量的 $F_2$ 花粉，自交后得到少数后代植株，其中不育株与可育株的分离比为 3∶1。又知 $F_1$ 不育株与可育亲本回交的后代呈现不育株∶可育株＝1∶1 的分离比。请对该不育材料的遗传基础进行分析。

14. 在个体发育中，细胞核和细胞质之间体现了怎样的相互作用？

15. 为什么在海胆受精卵分裂的四细胞期各个细胞（若分开）都能独立发育成幼虫，而在八细胞期却不能？

16. 请介绍细胞质遗传的重点关注对象——线粒体基因组的性质、功能、特点和进化意义。

17. 用什么标准可以鉴别性状是否由核外遗传基础决定？

18. 将杂交子代对某一亲本反复回交，经过几代之后，其细胞核遗传基础几乎与该亲本的完全相同。如果发现回交亲本与子代的一对相对性状不同，而且子代性状不因回交而改变，就可以认为这一性状为细胞质基因控制。请举例说明。

19. 怀孕3个月的妇女若患了风疹，可能严重影响胎儿，但母亲则可能完全痊愈。出生时，被感染的婴儿常有心脏、肝脏缺陷，也可能出现耳聋或白内障，甚至失明。请分析这些表型的遗传基础。

20. 研究表明，mtDNA具有显著的阈值效应特性，线粒体基因的突变也很普遍。请对此加以论述。

21. 请结合相关遗传学理论和技术，总结我国水稻育种的主要突破。

## 【参考答案】

**一、填空题**

1. 可发生，不固定
2. 右
3. 不能，终将消失
4. $AA$ 和 $aa$，2
5. 细胞质遗传，细胞核
6. 符合
7. 核基因 $K$，卡巴粒，核基因 K，卡巴粒，卡巴粒
8. 线粒体遗传因子，线粒体遗传因子
9. 都为野生型，发生了野生型和小菌落的分离
10. 不育，保持，不育，恢复，不育，保持
11. 2，1，1∶1，异固缩
12. 极细胞质，生殖，体，所有核都把32条染色体放弃到核外
13. 不染色或个别染成灰色，染成蓝黑色
14. 叶绿体，线粒体，细胞质中的内共生生物因子
15. 有1/2发生败育，都有相同的育性
16. 细胞色素a，细胞色素b，细胞色素c氧化酶
17. 属间杂交，通过多代核置换而形成雄性不育类型；种间杂交，通过多次回交进行核代换；种内杂交，进行核代换；自然发生
18. 光敏型核雄性不育型，温敏型核雄性不育型
19. 正反交结果不同，偏母遗传，后代不体现孟德尔式分离比，基因定位于细胞核以外、细胞质之中

20. 随意内含子，optional intron。

## 二、选择题

1. C　2. D　3. D　4. B　5. A　6. C

## 三、综合题

1. 根据题意和将培育过程及基因型和表型的推测图示如下：

♀$A$　×　$B$♂　　　　♀$C$　×　$D$♂

(S)$rfrf$　↓　(N)$rfrf$　　　　(S)$rfrf$　↓　(N)$RfRf$

$AB$　　　　　　$CD$

(S)$rfrf$♀　　×　　(S)$Rfrf$♂

↓

$ABCD$

1/2 (S)$Rfrf$　　1/2 (S)$rfrf$

正常　　　　雄性不育

可见，所培育获得的双交种中，正常育性♀［(S) $Rfrf$］和雄性不育♂［(S) $rfrf$］各占 1/2。

2. 只要假设 B 品系叶绿素基因正常，产生绿色植株，而 A 品系叶绿素基因正发生了突变，叶绿素合成受到影响，遗传方式是细胞质遗传即可。在遗传上，叶绿素由卵细胞的细胞质提供，而花粉所含细胞质极少。因此，该对性状由母体叶绿体基因决定，出现正反交不一致的杂交结果。

3. 椎实螺的外壳旋向属于持久性的母性遗传。外壳旋向基因 $D\rightarrow d$ 为显性，且符合孟德尔遗传规律。母性遗传中子代的表型是由母体的细胞核基因型控制的，判断任何一代的表型都要追溯其母亲的细胞核基因型。

现就本题涉及的各世代的基因型和表型做如下分析：

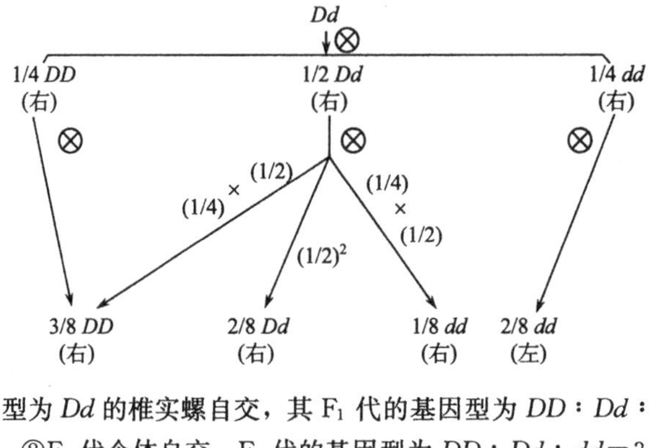


可见，①基因型为 $Dd$ 的椎实螺自交，其 $F_1$ 代的基因型为 $DD:Dd:dd=1:2:1$，表型为 100%的右旋。②$F_1$ 代个体自交，$F_2$ 代的基因型为 $DD:Dd:dd=3:2:3$，表型为右旋：左旋=6：2。③开始做实验用的亲代个体（$Dd$）的表型未给出，如果其母本为 $DD$ 或

$Dd$，其表型就为右旋；如果母本基因型是 $dd$，其表型就为左旋。

4. 三者的相同之处：都是 DNA（遗传物质）；可以以半保留复制方式、稳定地传递给子代；基因方式相同；可发生基因诱变，而且诱因基本相同。

区别于 nDNA，mtDNA 和 ctDNA 具有一些共同特点和各自独特的性质。①mtDNA 的特点：是裸露的 dsDNA，一般为闭合环状，也有线性的；$MW=60\times10^6$，动物 mtDNA 大小 16～20kb；与原核生物的 DNA 一样，无重复 DNA 序列，浮力密度较低；其碱基成分中 G/C 含量比 A/T 少些；两条单链依照密度分为一条重链（H 链）和一条轻链（L 链）；单个拷贝很小（在细胞总 DNA 中占的比例很小）。②ctDNA 的特点：是裸露的 dsDNA，闭合环状；长度约为 150kb；通常是多拷贝的；浮力密度因生物物种而异，但都在不同程度上与 nDNA 有差别；其碱基成分因生物种类而异——高等植物的与 nDNA 基本相同，而藻类的 CG 含量则较 nDNA 低；缺少 nDNA 所具有的 5-甲基胞嘧啶。

5. P：　　　　♀$dd\times DD$♂

↓

$F_1$：　　　　$Dd$（左）

↓ 自交

$F_2$：　$1/4DD:2/4Dd:1/4dd$（三种基因型个体全为右旋）

可见：$F_1$ 椎实螺基因型 $Dd$，表型为 100%的左旋；$F_2$ 椎实螺基因型及其比例是 $1/4DD:2/4Dd:1/4dd$，表型为 100%的右旋。

6. 雄性不育系材料的获得途径主要有以下几种：

（1）寻找、利用自然界的雄性不育变异植株。雄蕊发育对外界条件变化比较敏感，故自然界中常会出现雄性不育个体，其中有可能出现少数能遗传的雄性不育突变体。选择培育后，就可能获得雄性不育系。实例：水稻的野败型不育型，小麦的太谷显性核不育型。

（2）通过种间或种内杂交和连续多代回交的方法创建雄性不育系。主要做法是，种间或种内杂交后，再通过回交和核置换，同时获得不育系和保持系。例如，品种 A 具有不育细胞质基因 $S$ 和可育核基因型 $RR$，而品种 B 具有可育细胞质基因 $N$ 和不育核基因型 $rr$，两者都表现为正常可育。此时，以 A 为母本与 B 杂交，$F_1$ 是完全可育的；将 $F_1$ 与父本 B 回交，回交一代（$B_1$）就会出现部分的不育。再连续回交，进行核置换，经 4 或 5 代后就能够得到具有 A 的不育细胞质基因 $S$ 和 B 的不育细胞核基因型 $rr$ 的不育系和相应的保持系。

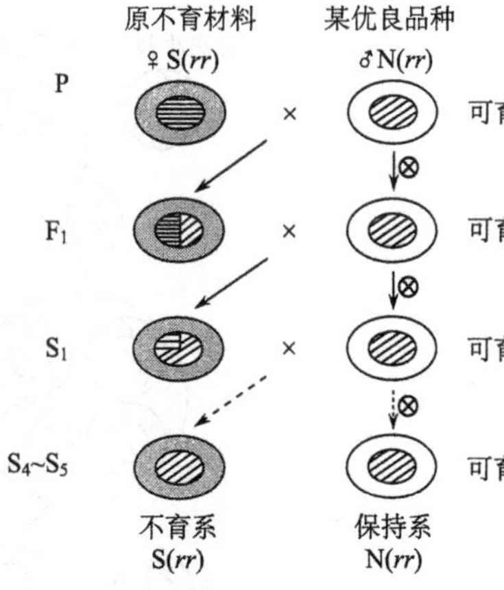

不育系的回交转育

（3）以回交转育法改良不育系。当所引入的或新发现的雄性不育系性状不太好时，可以通过杂交和连续回交核置换的方式，将雄性不育基因转移到其他优良品种中，从而得到优良的雄性不育系。这个过程称为不育系的回交转育（右图）。

（4）借助人工诱变法创建雄性不育系。既然雄性不育受细胞核核内基因或细胞质基因控制，人工诱变就可能产生雄性不育突变体。实例：辽宁省昭盟农科所利用辐射育种方法创建了玉米‘赤S双26’不育系。

(5) 采用基因工程的方法创建雄性不育系。通过基因工程（基因重组）操作，可以人工创建转基因雄性不育系品系。例如，使细胞毒性基因只在花药的毡绒层中表达，影响小孢子的形成和发育，就可以建成稳定的雄性不育系。

7. 光敏型核雄性不育指雄蕊育性对光照反应敏感而造成的雄性不育。1973年，湖北省沔阳县原种场石明松在粳稻品种‘农垦58’中发现了自然的不育株。经多年研究，发现该材料的不育性受细胞核内一对隐性主基因控制，同时受一些修饰基因的影响。这种不育性随日照长短而发生变化——夏季长日照条件引起雄性不育，秋季短日照条件使雄性育性正常。于是，发现了光敏型核雄性不育现象。

光敏型核雄性不育型，在育种时比三系配套法有许多优势。①可在秋季短日照下自交繁殖（保持系），在夏季长日照下作为配制杂交母本（不育系），这就是说不育系和保持系合二为一。②由于该性状受核内一对隐性基因控制，一般品种都可作其恢复系，容易筛选出优势的组合。③性状易于转育——容易将不育基因转育到优良品种上。

光敏型核雄性不育育种已被列入“863”国家高科技攻关计划，迅速进行了大规模的研究。除‘农垦58’外，不仅还在籼稻中发现了多个光敏型核雄性不育材料，而且还发现了温敏型核雄性不育材料，其育性转换的主要原因是温度变化。

光温敏型核雄性不育用途很广。在自然条件下，光周期和温度的高低常常相关，“光敏”、“温敏”之称基于其以光周期反应为主或以温度高低反应为主，另外还存在一些介于二者之间的类型。不过，光温敏型核雄性不育水稻等的推广还未展开，因为其受环境条件影响很大。特别是在气温变化较大的年份，不育性更难控制。

8. 在有性生殖时，酵母的两种交配型形成 $2n$ 合子；合子经过减数分裂，形成4个直接产物（子囊孢子）。这里的分离小菌落为细胞核基因决定的，以孟德尔方式遗传；细胞质小菌落是由线粒体遗传因子决定的，体现细胞质遗传方式。

在两种交配组合中，子代分离方式相同的，但是形成的物质基础不同：在酵母菌的“遗传分离”小菌落与“细胞质”小菌落进行杂交的组合中，由于二倍体合子细胞质随机分配，子代都获得了正常细胞质，因而不表现为细胞质小菌落，其一半的小菌落属于分离小菌落，和分离小菌落与正常酵母杂交的子代一样。图示如下：

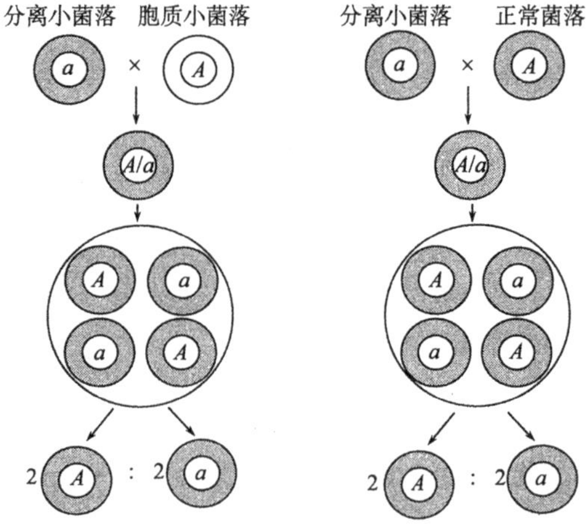

9. 因为自体受精子代有两种类型的株系，所以 D 品系的遗传组成是 *Kk*（＋kappa）（放毒型）。现将涉及的交配方式及自体受精子代的类型、比例图解如下：

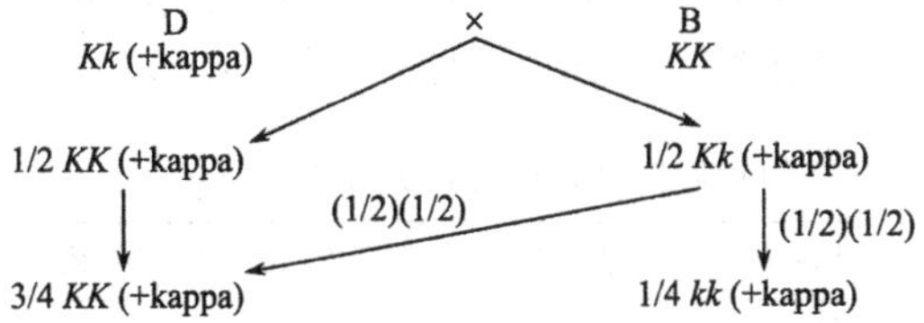


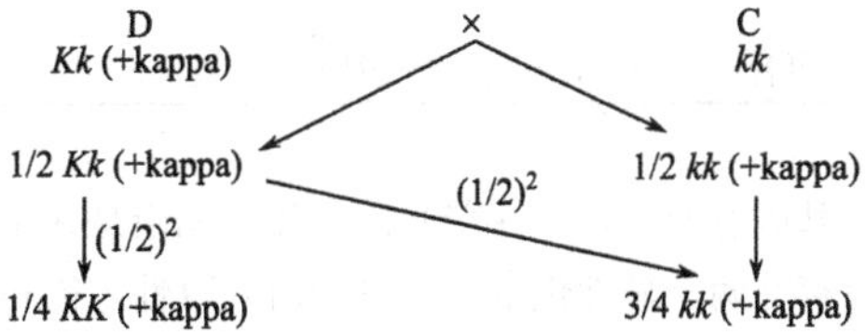


10. ①细胞学证据：20 世纪 60 年代，显微镜观察玉米的雄性不育株细胞内的线粒体亚显微结构，发现与保持系的线粒体有明显的不同，据此，研究者推测雄性不育性可能与线粒体的变异有关系。②分子生物证据：研究者观察了玉米 4 种类型（正常可育型 N 和不育型 T、C、S）的细胞质，发现它们的 mtDNA 分子组成有明显差异，但 ctDNA 分子组成并没有明显差别；以这 4 种类型的 mtDNA 作为模板，在体外合成蛋白质时，发现 N 型 mtDNA 的蛋白产物与其他 3 种的均不相同，进一步佐证了雄性不育决定因子存在于线粒体基因组中。③分子标记证据：从玉米 N 型和 T 型 mtDNA 的限制性内切核酸酶图谱上可以看出，它们分别含有 6 组和 5 组重复序列，但只有 2 组是两种 mtDNA 所共有的。就限制性位点分布及 Southern blot 的结果看，N 型和 T 型特有的碱基序列分别为 70kb（N）和 40kb（T），其余 500kb 的序列是相同的，并且已经从 T 型 mtDNA 中分离出一个专化玉米 T 型胞质不育基因 Furf13。④分子杂交证据：根据 Northern blot 分析，玉米正常株与 C 型不育株的 mt DNA 中基因 *atpa*、*atpb* 和 *ckx* 的转录产物的长度和数目不同，这可能表明了 C 型雄性不育型的遗传信息特异性。⑤ ctDNA 的反证：在玉米、甜菜、矮牵牛和水稻等植物中，发现了不育系与可育系在 ctDNA 结构上并无差异，但在 mtDNA 上差别明显。

11. 可根据下表列出的项目，从植株性状遗传、植株形态、花粉母细胞（pollen mother cell，PMC*）镜检和杂交试验进行确定和区分：

| 类型 | 单倍体 | 远缘杂交 $F_1$ | 生理不育 | 核不育 | 细胞质不育 |
|---|---|---|---|---|---|
| 特点 | 植株矮小，并伴有其他不良性状，雌雄均为不育，PMC 减数分裂中期大多数染色体为单价体 | 植株比较高大，营养生长旺盛，PMC 减数分裂中期染色体配对异常，雌雄配子均不育，但雌性的育性强于雄性 | 不可遗传 | 雄性不育，雌配子正常可育，与其他材料杂交的 $F_1$ 一般为可育，$F_2$ 的育性分离呈现出明显的规律性 | 雄性不育，雌配子正常可育，与其他材料杂交的后代可以保持不育（父本为保持系）或恢复可育（父本为纯合恢复系） |

* 注：相对应的大孢子母细胞的英文是“macrospore mother cell（MMC）”。

12. 雄性不育（male sterility）分孢子体（雄性）不育（sporinite male sterility）［指花粉的育性受孢子体（植株）基因型所控制，而与花粉本身所含基因无关］和配子体（雄性）不育（gametophyte male sterility）［指花粉的育性直接受雄配子体（花粉）本身的基因所控制］。本题所涉及的水稻雄性不育系类型为孢子体不育：S（$r_1r_1$ $r_2r_2$）。

现就该不育系的不育类型和遗传基础进行相关分析如下：

| | |
|---|---|
| 亲本杂交组合 | S($r_1r_1$ $r_2r_2$)(雄性不育)×N($R_1R_1$ $R_2R_2$)(恢复系) |
| $F_1$基因型、表型 | S($R_1r_1$ $R_2r_2$)(全部正常可育) |
| $F_1$的花粉授给不育系雌花(杂交组合) | S($r_1r_1$ $r_2r_2$)×S($R_1r_1$ $R_2r_2$) |
| $F_2$基因型、表型 | 1可育[S($R_1r_1$ $R_2r_2$)]+3不育[S($r_1r_1$ $r_2r_2$)+S($r_1r_1$ $R_2r_2$)+S($R_1r_1$ $r_2r_2$)] |

该雄性不育系的恢复基因有两个，存在着基因互作。无论是在杂交还是回交后代中，个体的基因型中都只在同时存在两个显性恢复等位基因时，育性才能得到恢复。所以，在回交后代中就出现了可育株∶不育株＝1∶3的分离结果。

13. 综合分析可知，该雄性不育类型是由单个显性基因（用 *Ms* 表示）控制的，其基因型是 *Ms Ms*。该材料与可育系（*ms ms*）杂交后，杂合体后代（*Ms ms*）都是不育类型。先不问例外情况的原因，根据孟德尔分离规律，当 $F_1$ 中出现少量的可育花粉（*Ms ms*）时，自交后代就将产生 3∶1 的不育株（*Ms*-）与可育株（*ms ms*）分离。$F_1$ 不育株（*Ms ms*）与可育亲本（*ms ms*）回交，产生 1∶1 的育性分离。这里，$F_1$ 不育株中出现少量可育花粉的原因可能是其育性表现受环境条件（日照和温度等）的影响，在某种特定条件下，杂合体表现了可育性状。

14. 细胞核和细胞质是相互依存的关系。在生物的个体发育过程中，起主导作用的是细胞核。因为细胞核内遗传信息决定了个体发育的方向和模式，为酶和其他蛋白质的合成提供了模板（mRNA），也为基因表达调控等编码了各种重要的 RNA 或提供作用元件，因此控制了细胞的代谢方式和细胞分化的程序。细胞质是蛋白质合成的场所，也为 DNA 复制、mRNA 转录以及 tRNA、rRNA 的合成提供了原料和能量。例如，叶绿体的 RuBP 羧化酶的 8 个小亚基和 8 个大亚基分别由细胞核基因和叶绿体基因编码，但叶绿体的形成却受核基因控制。另外，细胞质物质又能对核基因进行调节和制约，因而细胞核相同、细胞质不同的细胞的分化状态不同，这与细胞质的不等分裂也有重要关系，否则，细胞就不会分化，只能增加细胞数目，生物难以按程序发育。

15. 这要从细胞质的特性说起。受精卵虽然只是一个单细胞，但其细胞质内还存在着动物极和植物极、灰色新月体和黄色新月体等的分化。在这一个细胞中，这些物质的分化大体确定了将来组织和器官的发育方向。因为海胆受精卵的第一次分裂和第二次分裂都顺着对称轴的方向进行，所形成的 4 个分裂球的细胞质是完全同质的；但是，从第三次卵裂开始，分裂方向与对称轴垂直，分裂得到的 8 个卵裂细胞的细胞质是不均等的，因此，其中的单个细胞不能包括受精卵中的全部胚胎发育信息。这就是在八细胞期分离的单个细胞不能发育成小幼虫的原因。事实上，细胞质是胚胎发育所必需的成分，一个细胞除细胞核和各种细胞器以外，其他不同部分对个体的发育也发挥了不同的作用。

16. (1) 基本性质：线粒体是真核细胞中的一种重要的细胞器，有自己的基因组，编码自身特有的蛋白质。少数低等真核生物（如纤毛原生动物 *Paramecium aurelia* 和绿藻

*Clamydomonas reinhardtii* 等）的线粒体基因组是线状 DNA，绝大多数物种的线粒体基因组都是一个环状 DNA，但不同物种的线粒体基因组大小相差悬殊。

（2）基本功能：在哺乳动物中，mtDNA 没有内含子，而且有许多基因的序列是重叠的，体现了集约化的遗传编码特点。mtDNA 基因与氧化磷酸化作用密切相关，关系到细胞内的能量供应。现已确定，人的 mtDNA 编码有细胞色素 b、细胞色素氧化酶的 3 个亚基、ATP 酶的 2 个亚基以及 NADH 脱氢酶的 7 个亚基的编码序列，还有分别编码 16S rRNA 和 12S rRNA 以及 22 个 tRNA 的序列。除个别例外，基因都是按同一方向转录，且 tRNA 基因位于 rRNA 基因和编码蛋白基因之间。mtDNA 编码蛋白的密码子大都是生物界的通用密码子，但也有少数例外。

（3）半自主性特点：线粒体的基因组能单独地进行复制、转录和翻译，但其遗传体系还要受细胞核基因的控制。

（4）进化意义：线粒体 DNA（mtDNA）用于分子系统发生研究（molecular phylogenetic study），具有重要意义。与细胞核 DNA 相比，mtDNA 可作为生物种系发生的“分子钟”（molecular clock）：①突变率高（是核 DNA 的 10 倍左右）、变异积累快，可以用于进行近期内趋异的物种之间核苷酸置换的比较分析，确定精细的亲缘关系。②精子的细胞质极少，所以 mtDNA 是母性遗传（maternal inheritance）的，且不发生重组，相同 mtDNA 序列的个体一定来自同一雌性祖先。③PCR 技术证实，精子也会对受精卵提供少量 mtDNA，成为 mtDNA 异序性（heteroplasmy）的原因之一。异序性给种系发生研究带来了一些麻烦。④mtDNA 没有内含子也为进化研究带来便捷，一段很小的 DNA 片段对于核基因组来说很难说明什么问题，但在 mtDNA 中就可能是某个基因的一部分。

17. 从各方面研究的证据可以总结出以下标准：（1）如果杂交处出现了正反交不一致，但又不能归结于性连锁遗传或其他细胞核染色体遗传基础的情况，就表明性状是由核外（细胞质）遗传基础决定的。①其中，若两性亲本提供了非等量的细胞质，且子代只表现为雌亲性状，即母性遗传，就可以认为是细胞质遗传情况。如紫茉莉枝条的条斑遗传。②对于单向遗传的性状，如果没法用双亲配子所含的细胞质差异来解释，也可以看作是细胞质基因控制的。例如，莱茵衣藻（*Chlamydomonas reinhardi*）的链霉素抗性遗传。（2）通过减数分裂不分离或者非孟德尔式分离可以检出核外遗传。比如酵母小菌落的遗传。（3）将杂交子代对某一亲本反复回交，经过几代之后，其细胞核遗传基础几乎与该亲本的完全相同。如果发现回交亲本与子代的一对相对性状不同，而且子代性状不因回交而改变，就可以认为这一性状为细胞质基因控制的。例如，在链孢霉中发现的某种孢子缓慢萌发性状的遗传。（4）引起细胞核基因突变的许多诱变剂是非特异的，可引起许多位点的突变，经过处理的存活者只有少数是突变类型，但核外遗传基因不表现为这些特点。例如，微量吖啶黄对酵母小菌落的特异性诱导和高频率突变表明，这一诱变的遗传基础在细胞质而非细胞核内。

18. 这是上题鉴别性状是否有核外遗传基础的第三个标准。例如，在链孢霉中，子囊孢子的细胞质遗传物质主要由原子囊果亲本提供。研究中发现了一个菌株，其孢子的萌发非常缓慢。在正反交试验中，发生了不同的结果，即体现为母性遗传特征。用缓慢萌发菌株作为原子囊果亲本，正常萌发类型作为分生孢子亲本，杂交结果全是孢子缓慢萌发型的，但细胞核基因中只有一半的正常亲本型。继而，逐代对正常亲本回交，则在 $F_2$ 中可保留 70%的正常亲本细胞核基因，在 $F_3$ 中可保留 85%的正常亲本细胞核基因。这样，当回交进行五六次后，细胞核基因就几乎 100%成为孢子正常萌发的亲本类型的了，但是全部的子代却还是表现为缓慢萌发的性状。这样，通过反复回交、观察子代表型，就可以鉴别性状是否为细胞质基因控制的。

19. 关于先天性缺陷的区分问题，若是遗传性疾病，则是由患者的基因型异常决定的，能够以孟德尔遗传方式传递；若是胚胎发育中由环境因素引起，其原因是受到了外来的感染（如这里所说的风疹病毒感染），则与胎儿的基因型组分无关。这样的疾患会产生免疫，该女性以后生产的婴儿对风疹病毒感染不再敏感。总之，本例的这些表型是环境因素引起的，与遗传基础（基因）无直接关系，而是通过细胞质发挥了对机体发育和生理的作用。

20. 与核 DNA 相比，mtDNA 具有其独特的传递与发病规律，如半自主性、遗传密码和通用密码有所不同、遵循母系遗传规律、在有丝分裂和减数分裂期间都要经过复制分裂、具阈值效应特性和极高的突变率。

mtDNA 具有显著的阈值效应特性，当突变的 mtDNA 达到一定比例时，才表现为受损性状。患者的 mtDNA 突变后，其表型与氧化磷酸化的缺陷程度以及组织器官对能量的依赖性有密切关系。脑和骨骼肌对能量依赖性很高，心脏次之，而肾、肝对能量依赖性低些。这种差异的一部分是氧化磷酸化基因的表达程度所致。如果线粒体的 ATP 产生量减少到维持组织器官正常需要量的最低值，就会出现临床症状；同时，随着 ATP 产量减少，受累器官也会增多，症状也会加重。如上所述，首当其冲的是中枢神经系统，然后是肌肉、心脏等，最后是肾、肝。

极高的突变率也是 mtDNA 与核 DNA 的一大区别，相差达 10～20 倍。这一数据显示，mtDNA 中氧化磷酸化相关基因远远比细胞核 DNA 容易发生突变。极高的 mtDNA 突变带来的结果是，个体间、人群间 mtDNA 序列相差很大。随机比较两个人的 mtDNA，就会发现碱基对差异率平均可达 4‰，最高的竟有 3%（约 70 个碱基替代）！这样，在人类的系统发展中，就累积了很多程度不同的有害突变，而且重度有害突变不断增加。尽管由于自然选择的作用，重度有害突变因造成生存困难而不断消除，因而严重的线粒体病不常见，但线粒体突变基因因其高频特性在群体中大量保存。另外，医学和人类自身生存能力的提高，也“放松”了选择，一部分症状较为严重的患者也可增加有害突变在人群中的比例。

21. 我国的杂交水稻是在以袁隆平为代表的育种队伍的不懈努力下获得成功的。袁隆平创立了水稻杂交育种的三系（雄性不育系、雄性不育保持系和雄性不育恢复系）配套方法，利用杂种优势，打破了“水稻等自花传粉作物没有杂种优势”的观念，在遗传育种的理论和技术上作出了贡献。

到目前为止，我国的水稻育种已经完成两次突破，并正在经历第三次突破。第一次突破是 20 世纪 60 年代初水稻矮化育种的成功，水稻的产量被提高了 20%～30%；第二次突破是 70 年代中期，杂交水稻研究成功（1973 年 10 月，在苏州召开的水稻科研会议上，袁隆平发表了论文《利用“野败”选育“三系”的进展》，正式宣告了我国籼型杂交水稻“三系”配套育种的成功），水稻的产量又在矮秆良种基础上增长了 20%左右。目前，我国的水稻育种正在进行第三次突破，即利用水稻亚种间杂种优势的研究。这一突破主要在具有更强大杂种优势的两系法亚种间“超级杂交稻”的培育。这样，株型育种和远缘杂种优势结合起来，可使水稻单产水平提高到 12 000 kg 以上。目前，我国杂交水稻的种植量占水稻种植量的 50%，产量超过总产量的 60%。

# 第八章　遗传变异的基础和分析

**重点提示：**基因突变是由于 DNA 分子碱基顺序的改变而导致基因型和表型发生变异的现象，包括点突变、缺失突变、重复和插入突变等。基因突变可以自然发生，称为自发突变；基因突变也可在各种理化因素（诱变剂）作用下发生，称为人工诱变。Ames 试验可检验某种物质是否为诱变剂或致突变、致畸变和致癌变物质。当 DNA 发生突变后，主要通过分子手段分析 DNA 的结构变化。广义上讲，任何造成基因型变化的基因交流过程都叫遗传重组。基因重组包括同源重组、位点专一性重组和异常重组等。真核生物的遗传重组一般是整套染色体的重组，而原核生物的遗传重组一般是部分基因重组，主要包括转化、转导和接合等方式。一段 DNA 序列可以从原来位置上单独复制或断裂下来，环化后插入另一位点，并对其后的基因起调控作用，这一过程称转座。转座已经成为基因工程和分子生物学操作的重要工具和手段。

**本章导读：**基因突变（点突变）是由于 DNA 分子碱基顺序的改变而导致基因型和表型发生变异的现象。突变可以仅涉及单个碱基的改变，也可以涉及多个碱基的改变（缺失、重复和插入等）。基因突变可以自然发生，也可由各种理化因素（如紫外线、X 射线和烷化剂、碱基类似物及吖啶类染料等）引起。

可以通过两个层次来检测基因突变。一个是蛋白质层次的间接检测（分析突变体产生的变异蛋白，以及由变异蛋白引起的表型和生化改变；二是对遗传物质的直接检测（通过建立电泳技术分析 DNA 的结构或利用 DNA 变性-复性等进行 DNA 突变分析等）。对诱变剂的检测主要通过污染物致突变性检测（Ames 试验）等进行。

遗传重组指分别来自两个亲本的基因连锁群间所产生的交换，形成两个亲本所没有的连锁群组合，产生具有重组性状的后代（重组体）的现象。几种重组的比较见表 8-1。对遗传重组分子机制的解释主要有 Holliday 模型、单链侵入模型(Meselson-Radding 模型)、基因转换（gene conversion）和错配修复（mismathch repair)、双链断裂重组模型。

**表 8-1　几种重组的比较**

| 类型 | 需同源序列 | 需 RecA 蛋白 | 需序列特异性的酶 |
|---|---|---|---|
| 同源重组 | + | + | − |
| 位点特异性重组 | + | − | + |
| 转座重组 | − | − | + |
| 不正常重组 | − | − | ? |

转座子可用于分析生物遗传、进化上分子作用引起的一些现象，也可以在不了解基因产物的生化性质和表达模式的情况下，分离克隆基因［转座子标签（transposon tagging），又称为转座子示踪法］。

重组是已经存在的信息重排，而突变是在基因组中导入新的信息。突变和重组在分子水平上是相互关联的。很多重组事件（特别是转座和不正常重组）会导致基因破坏（突变），一些重组能修复突变或致 DNA 损伤。

## 【核心概念】

（1）基因突变（gene mutation）　又称点突变，是指由于 DNA 分子中发生碱基对的增添、缺失或改变而引起的基因结构的改变。野生型基因通过突变成为突变型基因，已经发生突变的基因也可发生回复突变。基因突变是生物进化的重要因素之一。基因突变具有随机性、突变率低、可逆性、少利多害性和不定向性等特点。

（2）遗传重组（genetic recombination）　指分别来自两个亲本的基因连锁群间所产生的交换，形成两个亲本所没有的连锁群组合，产生具有重组性状的后代（重组体）的现象。原核生物可以通过转化、转导和接合等途径实现两个微生物个体之间部分遗传物质的遗传重组。有些霉菌等在体细胞之间也会发生遗传重组。因为真核生物是具有两套或两套以上的同源染色体的倍数体，所以一般在减数分裂形成生殖细胞时同源染色体之间发生重组。

（3）同源重组（homologous recombination）　反应涉及大片段同源 DNA 序列之间的交换，最主要特点是需要 RecA 蛋白的介入。

（4）位点特异性重组（site-specific recombination）　重组发生在特殊位点上，此位点含有短的同源序列，供重组蛋白识别。

（5）转座重组（transposition recombination）　由转座因子产生的特殊的遗传重组行为，转座的机制依赖于 DNA 的交错剪切和复制，但不依赖于同源序列。

（6）异常重组（illegitimate recombination）　异常重组发生在顺序不相同的 DNA 分子间，在形成重组分子时往往依赖于 DNA 的复制而完成重组过程。例如，在转座过程中，转座因子从染色体的一个区段转移到另一个区段，或从一条染色体转移到另一条染色体。这种类型的重组也不需要 RecA 蛋白的参与。

（7）转座（transposition）　一段 DNA 序列可以从原位上单独复制或断裂下来，环化后插入另一位点，并对其后的基因起调控作用，此过程称转座。

（8）转座因子（transposon，Tn）　即转位子，能在质粒与质粒间或质粒与染色体之间转移位置的一小段 DNA，其分子质量为 2000～10 000bp，是结构较复杂的一类跳跃基因，是可移动的遗传因子。转座因子或转座子已经在很多后生动物（包括线虫、昆虫和人）中发现。转座因子可分为插入序列（IS 因子）、转座子（Tn）和转座噬菌体（phage）。

(9) 插入序列（insertion sequence，IS）　最简单的转座元件。不同的IS的序列各不相同，但两端都有短的反向重复序列（IR）。在插入的靶位点上都会生成短的正向重复序列（DR）。IS能编码转座酶，能自主进行转座。IS的不精确切离可使插入位置附近的宿主基因发生缺失。

(10) 转座噬菌体（Mu噬菌体，Mu）　是大肠杆菌的温和噬菌体，溶源化后能起到转座子的作用。Mu能够整合进寄主染色体，催化一系列染色体的重新排列。Mu噬菌体也含有与转座有关的基因和反向重复序列。

(11) 转座子标签（transposon tagging）　又称为转座子示踪法，其基本原理是利用转座子的插入造成基因突变，以转座子序列为基础，从突变株的基因文库中筛选出带有此转座子的克隆，它必定含有与转座子序列相邻的突变基因的部分序列，再利用这部分序列从野生型基因文库中获得完整的基因。这一技术可以在不了解基因产物的生化性质和表达模式的情况下，分离克隆植物基因。

(12) 定点基因诱变（site-directed mutagenesis；site-mutagenesis）　在体外特异性地取代、插入或缺失DNA序列中任何一个特定核苷酸的技术。包括盒式取代诱变、寡核苷酸引物诱变及PCR定点诱变等。定点诱变技术可以修饰、改造某一已知的蛋白质，从而研究蛋白质的结构与功能的关系、蛋白质分子之间的相互作用等。

(13) 反向遗传学（reverse genetics）　反向遗传学是相对于经典遗传学而言的。经典遗传学是从生物的性状、表型到遗传物质来研究生命的发生与发展规律。反向遗传学则是在获得生物体基因组全部序列的基础上，通过对靶基因的研究来阐述生物体生命发生的本质规律的科学。反向遗传学已广泛应用于生命科学的各个研究领域。

## 【知识要点】

## 一、基本知识串讲

### 1. 基因突变及其分子基础

1) 基因突变的类型

按基因突变的来源，可分为自发突变（spontaneous mutation）和诱发突变(induced mutation)。按突变对表现型的影响，可分为形态突变型、生化突变型、致死突变型、条件致死突变型等。按基因结构改变的类型，可分为碱基置换突变和移码突变等。

原核生物因为生长繁殖速度快，所以基因突变率高。在真核生物中，基因突变可发生在体细胞和生殖细胞的细胞周期的任何时期。如果突变发生在体细胞中，所造成的影响只能在体细胞中传递，不能直接遗传给下一代。生殖细胞的突变率比体细胞高，其效应可以直接遗传给后代。携带突变基因的细胞或个体，称为突变体（mutant），没有发生基因突变的细胞或个体称为野生型（wild type）。

2）基因突变的分子基础

自发突变频率（突变率）很低，只有 $10^{-9} \sim 10^{-10}$。某些物理因素（如 X 射线）和化学因素（如亚硝酸盐）等能显著地提高基因突变的频率，这类物质称为诱变剂（mutagen），由诱变剂引起的突变称为诱发突变（induced mutation）。从理论上讲，DNA 分子上每一个碱基都可能发生突变，但实际上突变部位并非完全随机分布。DNA 分子某些部位的突变频率大大高于平均数，这些部位称为突变热点（hot spot of mutation）。

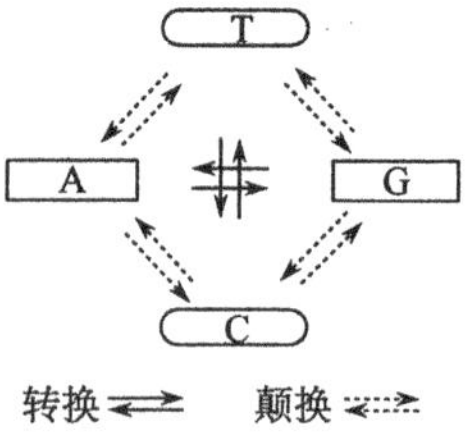


图 8-1　转换和颠换

（1）碱基置换突变　一个碱基被另一碱基取代而造成的突变称为碱基置换突变，包括转换和颠换（图 8-1）。凡是一个嘌呤被另一个嘌呤所取代，或者一个嘧啶被另一个嘧啶所取代的置换称为转换（transition）；一个嘌呤被另一个嘧啶所取代或一个嘧啶被另一个嘌呤所替代的置换称为颠换（transversion）。自然界的突变中转换多于颠换。从对多肽链中氨基酸顺序的影响上来讲，碱基置换式突变包括：同义突变（same-sense or synonymous mutation）、错义突变（missense mutation）、无义突变（non-sense mutation）和终止密码突变（termination codon mutation）[也称延长突变（elongation mutation）]、抑制基因突变（suppressor gene mutation）等。

（2）移码突变　移码突变（frame-shift mutation）是指 DNA 链上插入或丢失 1 个、2 个甚至多个碱基（但不是三联体密码子及其倍数），在读码时，由于原来的密码子移位，导致在插入或丢失碱基部位以后的编码都发生了相应改变（图 8-2）。移码突变造成的肽链延长或缩短，取决于移码终止密码子推后或提前出现。

ATG AAT TTA GCC ⟹（移码突变）ATG AAT ATT AGC C

图 8-2　移码突变

（3）整码突变　如果在 DNA 链的密码子之间插入或丢失一个或几个密码子，则合成的肽链将增加或减少一个或几个氨基酸，但插入或丢失部位的前后氨基酸顺序不变，称为整码突变（codon mutation）或密码子插入或丢失（codon insertion or deletion）突变。

（4）染色体错误配对不等交换　减数分裂期间，同源染色体间发生联会和交换，如果配对不精确，会发生不等交换，造成一部分基因缺失和部分基因重复，这就是染色体错误配对不等交换（mispaired synapsis and unequal crossing-over）

(图 8-3)。这种突变常用来解释大段多核苷酸的丢失和重复。染色体错误配对不等交换在细胞学上是可以观察到的。

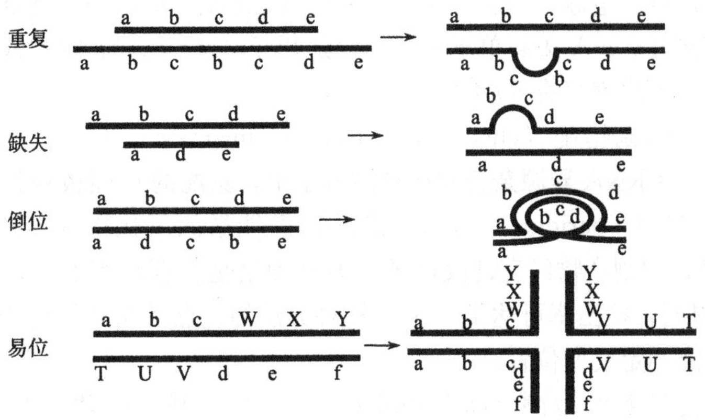


图 8-3 几种常见的染色体畸变

2. 突变和突变剂的检测

细菌营养缺陷型的检出可以采用影印培养法，果蝇的平衡致死突变可以用平衡致死系统进行基因定位等。突变的检出和分析是多层次的，而突变基因的检测是研究突变本质的基础。

1）基因突变的检测

检测可以从两个层次来入手：一是蛋白质层次的间接检测，主要是借助一些蛋白质分析技术，分析突变体产生的变异蛋白，以及由变异蛋白引起的其他表型和生化改变，比如从菌落形态，抗生素抗性等来入手。二是对遗传物质（主要是DNA）的直接检测。一般来说，这类技术是通过建立一系列电泳技术，分析DNA 构象或解链特性，或者利用DNA 变性和复性等特性来进行DNA 突变的分析。目前由于PCR 技术的应用，基因突变检测主要以分析 DNA 变异的直接检测为主。以下是直接基因突变检测时可以使用的策略：

(1) RNA 酶 A 切割（RNaseA cleavage） 基本原理是在一定条件下，异源双链核酸分子 RNA：RNA 或 RNA：DNA 中的错配碱基可被 RNaseA 切割，切割产物可通过变性胶电泳得到分离。当 RNA 探针上错配的碱基为嘌呤时，RNaseA 在错配处的切割效率很低甚至不切割，而当错配碱基为嘧啶时，则其切割效率较高。优点是能对 1～2kb 的片段进行检测，并能确定突变位置。

(2) 变性梯度凝胶电泳（denaturing gradient gel electrophoresis，DGGE） 双链 DNA 分子在一定变性剂浓度的凝胶上电泳时，会在一定的时间发生部分解链，导致电泳迁移率降低。即使正常的 DNA 分子和发生突变的 DNA 分子之间只存在一个碱基对的差异也能被检测到。

(3) 杂合双链分析法（heteroduplex analysis，HA） 也称异源双链分析法，由突变和野生型 DNA 形成的异源杂合双链 DNA 在其错配处会形成一个凸起，在非变性胶中电泳时，会产生与相应的同源双链 DNA 不同的迁移率，从而使两者被分离开。HA 法简单迅速，但只适用于 200～300bp 的片段，且不能确定突变位置，检出率只有 80%左右。

(4) 化学切割错配（chemical cleavage of mismatch，CCM） 在 DNA∶DNA 或 DNA∶RNA 异源杂合双链核酸分子中，错配的 C 能被羟胺（hydroxylamine）和哌啶（piperidine）切割，错配的 T 能被四氧化锇（osmium tettroxide）所切割，切割产物经变性胶电泳，即可确定是否存在突变。该法检出率高（如果操作得当，检出率可达 100%）。这种方法的优点是能对长至 2kb 的片段进行分析，并能确定突变位置。

(5) 碳化二亚胺检测（carbodiimide，CDI） 基本原理与 CCM 法相似，CDI 能够对错配的 G 和 T 进行修饰。如果用标记的引物对 CDI 修饰过的双链 DNA 进行 DNA 合成，当遇到修饰过的碱基时延伸会终止，合成产物经过变性聚丙烯酰胺凝胶电泳即可检测突变的发生。这种方法能对 1～2kb 的片段进行分析，突变检出率达到 100%，并能确定突变位置。

(6) 酶促切割错配（enzyme mismatch cleavage，EMC） T4 内切核酸酶（resendonucleaseolvase）能识别 12 种错配的碱基，并在错配碱基附近切割，酶切产物经过变性胶或中性胶电泳，即可检测突变的发生。优点是能对 DNA∶DNA 异源杂合分子进行分析，可检测 1.5kb 的 DNA 片段，缺点是存在非特异性切割。

(7) 单链构象多态性（single-strand conformational polymorphism，SSCP） 单链 DNA 在中性条件下会形成二级结构。由于基因突变，即使是一个碱基的改变，也会形成不同的二级结构，在非变性电泳时可引起电泳迁移率的改变。

(8) 切割片段长度多态性（cleavage fragment length polymorphism，CFLP） 双链 DNA 变性后形成的单链在中性条件下会形成包含多个折叠的发夹状结构状态的二级结构，这种二级结构取决于 DNA 的核苷酸组成和顺序，即使有一个碱基的差异，也会形成不同数目的折叠状发夹结构，Cleavase Ⅰ 外切酶能识别这种发夹结构，并在该结构附近进行切割，切割产物经过变性聚丙烯酰胺凝胶电泳检测和分析。

(9) DNA 测序（sequencing） 是最直接的检测突变的技术，测序法检测突变的效率达到 100%。因此有科研工作者提出对一些比较小，外显子比较少的基因的突变检测直接用测序来进行。对一些较大的，外显子较多的基因不宜用测序法直接检测突变，同时也不适用于临床对大量的标本进行检测。另外还有费时、费钱的缺点。

(10) 双脱氧指纹图谱法（dideoxy finger-printing，ddF） 将 PCR 产物回

收纯化后用两个引物分别做 Sanger 双脱氧测序反应，但只加入一种双脱氧终止剂，反应产物通过中性聚丙烯酰胺凝胶电泳进行分析。如果有突变发生，在样品电泳图谱上将会丢失或获得一条带或者至少有一条带的迁移率会发生改变。所能检测的 PCR 产物长度也能达到近 500bp，并且该法还能对突变位置进行相对定位。

(11) 错配接合蛋白检测（mutation detection by mismatch binding protein） 从大肠杆菌中分离的一种 DNA 错配接合蛋白能在异源杂合双链 DNA 中的错配碱基处与 DNA 发生接合，接合产物通过测序胶电泳迁移率的变化，检测突变发生。

(12) 变性的高效液相色谱检测（denaturing high performance liquid chromatography，DHPLC） 通过 HPLC 在部分变性的条件下可将发生错配的异源杂合双链 DNA 和完全匹配的同源双链 DNA 分离开来。可检测 200～300bp 大小的 DNA 片段，时间短，速度快。

(13) DNA 芯片技术（DNA chip） 将许多已知顺序的寡核苷酸 DNA 排列在一块集成电路板上，彼此之间重叠一个碱基，并覆盖整个所需检测的基因，荧光标记的正常 DNA 和突变 DNA 分别与两块 DNA 芯片杂交，由于至少存在一个碱基的差异，正常 DNA 和突变 DNA 将会得到不同的杂交图谱，通过共聚焦显微镜分别检测两种 DNA 分子产生的荧光信号即可确定是否存在突变。

其他还有等位基因特异性扩增、等位基因特异性寡核苷酸片段分析（allele-specific oligonucleotide，ASO）、引物延伸检测（primer extension，PEX）、寡核苷酸连接检测（oligonucleotide ligation assay，OLA）和限制性片段分析（restriction fragment analysis）等技术。

2）污染物致突变性检测

(1) Ames 试验 即鼠伤寒沙门氏菌/哺乳动物微粒体酶试验法。基本原理：以一种突变型微生物与受试化学物质接触，并借助哺乳动物肝微粒体对受试物进行代谢活化（因为外来化学物在哺乳动物体内的生物转化主要由肝微粒体多功能氧化酶来催化）。若受试物经代谢活化后具有致突变性，就可使突变型微生物发生回复突变（重新转变为野生型）。通常采用沙门氏菌的组氨酸缺陷型（$His^-$）菌株，致突变性被检物质代谢活化产物可使其回复到野生型（$His^+$）。测定的回复突变频度，可作为致突变性指标。Ames 试验的常规方法有斑点试验和平板掺入试验两种。

(2) 发光细菌暗变种试验 在发光细菌的应用中人们发现并分离出了其自发暗变种（K 变种）。若暗变种接触致突变物，在世代分裂时可导致回复突变，恢复一定程度的发光能力。根据这一原理可对各种遗传毒物或环境样品进行筛选、检测。科学工作者已经用发光细菌暗变种检测出 100 多种单一化合物的致突变性。暗变种对化合物致突变效应的灵敏度高于 Ames 试验。

3. 遗传重组的机理和分析

Holliday 遗传重组模型　1964 年，R. Holliday 提出一个模式用来解释同源重组，后来经过了许多细节上的修改，见图 8-4。

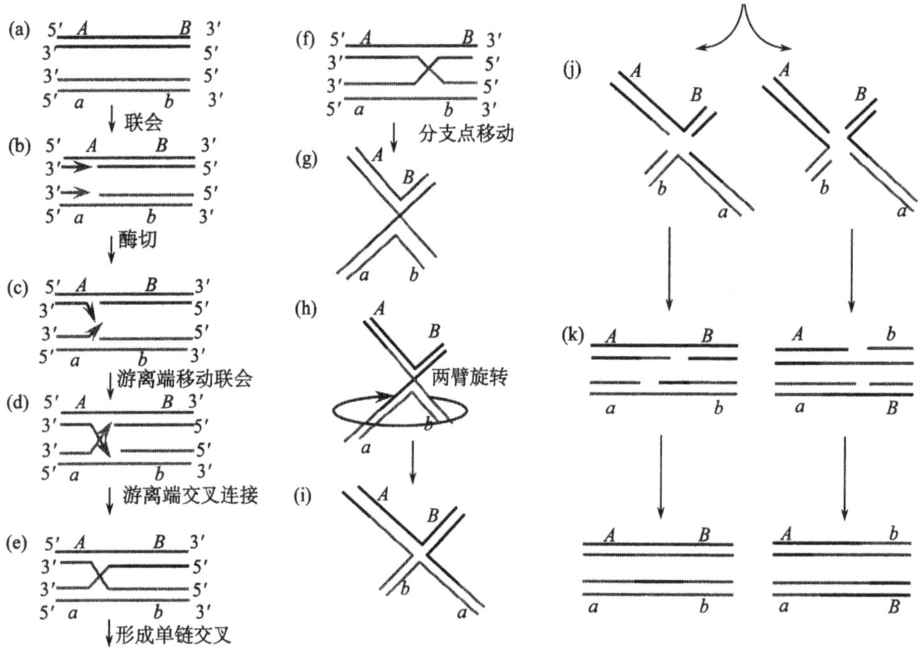


图 8-4　Holliday 遗传重组模型

另外，同源重组的 Meselson-Radding 模型（单链侵入模型）和双链断裂修复模型也都将 Holliday 中间体的形成和拆分作为分子基础。前者很好地解释了两个 DNA 分子中异源双链的形成问题，后者揭示了通过双链断裂引发的重组。

（1）基因转变（gene conversion）和错配修复（mis-match repair）　在杂合体中，某一个或某些基因转变为相对的等位基因叫基因转变（非相互交换/非相互重组 nonreciprocal exchange / recombination）。对于以上非孟德尔比例产生的解释是由于 DNA 的错配修复。在减数分裂前期亲本染色体配对，链的交换产生两个错配部分，经 DNA 合成过程切除和修复某条单链的某部分产生基因转变，这是由于重组和修复所产生。

（2）极化子效应（polaron effect）　从一端向另一端进行有极性方向的基因转换的染色体片段，称为极化子。这一基因转变现象称为极化子效应。在发生重组时，杂种 DNA 部分并非完全随机形成，而是在染色体的某一特定部位（内切酶首先作用的一端）开始形成的；越靠近这个部位，基因转变频率越高。

4. 转座分析及其在遗传工程中的应用

（1）以 DNA-DNA 方式转座的转座子　这样的转座子可以通过 DNA 复制或直接切除两种方式获得可移动片段，重新插入基因组 DNA 中。根据转座的自主性，这类元件又可以分为自主转座元件和非自主转座元件，前者本身能够编码转座酶而进行转座，后者则需在自主元件存在时方可转座。以玉米的 Ac/Ds 体系为例，Ac（activator）属于自主元件，Ds（dissociation）则是非自主元件，必须在 Ac 元件存在下才能转座。

（2）反转座子（retroposon）　反转座子在结构和复制上与反转录病毒（retrovirus）类似，只是没有病毒感染必需的 *env* 基因。它通过转录合成 mRNA，再反转录合成新的元件整合到基因组中完成转座，每转座 1 次拷贝数就会增加 1 份，因此它是目前所知高等植物中数量最大的一类可活动遗传成分。目前共发现了 3 种类型反转座子：Tyl-copia 类、Ty3-gypsy 类和 LINE（long interspersed nuclear clements）类转座子。

根据转座途径将转座分为复制转座和非复制转座。

转座子标签（transposon tagging）　转座子可以在不了解基因产物的生化性质和表达模式的情况下，分离克隆植物基因，即转座子标签，又称为转座子示踪法。

转座子标签技术是用转座子作探针克隆出突变基因，再用突变基因作探针，从野生型个体中分离并克隆出野生型基因的技术。转座子标签技术克隆基因的基本原理是：当转座子跳跃而插入到某个功能基因内时，就会引起该基因的失活，并诱导产生突变型，而当转座子再次转座或切离这一位点时，失活基因的功能又可得到恢复。转座子引起的突变便可以转座子 DNA 为探针，从突变株的基因组文库中钓出含该转座子的 DNA 片段，并获得含有部分突变株 DNA 序列的克隆，进而以该 DNA 为探针，筛选野生型的基因组文库，最终得到完整的基因。

## 二、代表性例题解析

1. 在一牛群中，外貌正常的双亲产生一头矮生的雄犊。这种矮生究竟是由于突变的直接结果，还是由于隐性矮生基因的“携带者”偶尔交配后发生的分离，还是由于非遗传（环境）的影响？你怎样决定？

参考答案：①如果是突变的直接结果，只有显性突变才在当代表现，并且是杂合体。用这头矮牛与正常牛交配。其后代矮牛与正常牛呈 1∶1。②如果是隐性矮生基因携带者交配而分离的隐性纯合体，则矮牛与正常牛交配，后代全部正常：矮牛（*aa*）♂×正常牛(*AA*)♀→正常牛（*Aa*）。③如果是环境影响，必须是小牛或怀孕母牛饲养在异常的条件下才能产生，并且当改变小牛的饲养条件后，这一性状应有改变。

2. 转座子标签法的主要步骤是什么？

参考答案：转座子标签法的主要步骤是：①采取农杆菌介导等适当的转化方法把转座子导入目标生物体；②转座子在目标生物体内的初步定位；③转座子插入突变的鉴定及分离；④转座子在目标生物体内的活动性能检测；⑤对转座子插入引起的突变体，利用转座子序列作探针，分离克隆目的基因。

3. 有一个环境条件能使 T 偶数噬菌体（T-even phage）吸附到寄主细胞上，这个环境条件就是色氨酸的存在。这种噬菌体称为色氨酸需要型（C）。然而某些噬菌体突变成色氨酸非依赖型（$C^+$）。有趣的是，当用 C 和 $C^+$ 噬菌体感染细菌时，将近一半的色氨酸非依赖型子代在进一步的实验中表现为基因型 C。你如何解释这个发现？

参考答案：首先，这不可能是回复突变，因为这里的频率是 1/2。

这里进行的是 C 和 $C^+$ 对寄主的混合感染。当两种类型噬菌体同时感染同一寄主细胞时，两者在同一寄主细胞中增殖，同时，各自按照本身的遗传组成指导合成其外壳蛋白质，以便组装成成熟的噬菌体颗粒。也就是说，在寄主细胞中，同时存在两种类型的噬菌体染色体和可以包装其染色体的两种类型噬菌体的所需蛋白质。

当然，蛋白质包装染色体是随机的，$C^+$ 染色体指导合成的蛋白质可以包装 $C^+$ 型染色体，也可以包装 C 型染色体。从随机事件发生频率上可以理解，$C^+$ 蛋白质 1/2 包装了 $C^+$ 染色体，另 1/2 包装了 C 型染色体。反之亦然。

而感染取决于噬菌体外壳蛋白特异结构。于是当后者感染寄主细胞时，表现为 $C^+$，但其内含染色体为 C 型。因此，在宿主中增殖、组装以至成为有感染能力的子代噬菌体时，再度感染新的寄主，当然完全是 C 型噬菌体。

这是一种表型混合的现象。

4. 基因型 *ACNRX* 菌株，作为外源 DNA 用来转化基因型 *acnrx* 的菌株得到下列类型：*AcnRx*，*acNrX*，*aCnRx*，*AcnrX*，*aCnrx*。请问被转化的基因顺序是什么？

参考答案：转化通常只是 DNA 片段。因此，同时被转化的基因肯定是连锁较紧密者。依此可以判定，上述 DNA 的基因顺序应该是：*NXARC*。

5. 用 P1 进行普遍性转导，供体菌是 $pur^+ nad^+ pdx^-$，受体菌是 $pur^- nad^- pdx^+$。转导后选择具有 $pur^+$ 的转导子，然后在 100 个 $pur^+$ 转导子中检定其他供体菌基因是否也转导过来。所得结果如下表：

| 基因型 | 菌落数 |
| --- | --- |
| $nad^+ pdx^+$ | 1 |
| $nad^+ pdx^-$ | 24 |
| $nad^- pdx^+$ | 50 |
| $nad^- pdx^-$ | 25 |
| 合计 | 100 |

问题如下：①*pur* 和 *nad* 的共转导（cotransduction）频率是多少？②*pur* 和 *pdx* 的共转导频率是多少？③哪个非选择性座位最靠近 *pur*？④*nad* 和 *pdx* 在 *pur* 的同一边，还是在它的两侧？⑤根据你得出的基因顺序，解释实验中得到的基因型的相对比例。

参考答案：①*pur* 和 *nad* 的共转导（cotransduction）频率是 25%。②*pur* 和 *pdx* 的共转导频率是 49%。③*pdx* 最靠近 *pur*。④*nad* 和 *pdx* 在 *pur* 的同一边。⑤基因顺序：*pur*-*pdx*-*nad*。

6. 植株是显性 *AA* 纯合体，用隐性 *aa* 纯合体的花粉给它授粉杂交，在 500 株 $F_1$ 中，有 2 株表现为 *aa*。如何证明和解释这个杂交结果？

参考答案：这有可能是显性 *AA* 株在进行减数分裂时，有 *A* 基因的染色体发生断裂，丢失了具有 *A* 基因的染色体片段，与带有 *a* 基因的花粉授粉后，$F_1$ 缺失杂合体植株会表现出 *a* 基因性状的假显性现象。可用以下方法加以证明：(1) 细胞学方法鉴定：①缺失圈；②非姐妹染色单体不等长。(2) 育性：花粉对缺失敏感，故该植株的花粉常常高度不育。(3) 杂交法：用该隐性性状植株与显性纯合株回交，回交植株的自交后代 6 显性∶1 隐性。

7. 玉米植株是第 9 染色体的缺失杂合体，同时也是 *Cc* 杂合体。糊粉层有色基因 *C* 在缺失染色体上，与 *C* 等位的无色基因 *c* 在正常染色体上。玉米的缺失染色体一般是不能通过花粉遗传的。在一次以该缺失杂合体植株为父本与正常的 *cc* 纯合体为母本的杂交中，10%的杂交籽粒是有色的。试解释发生这种现象的原因。

参考答案：这可能是 *Cc* 缺失杂合体在产生配子时，带有 *C* 基因的缺失染色体与正常的带有 *c* 基因的染色体发生了交换，其交换值为 10%，从而产生带有 10%*C* 基因正常染色体的花粉，它与带有 *c* 基因的雌配子授粉后，其杂交籽粒是有色的。

8. 有一玉米植株，它的一条第 9 染色体有缺失，另一条第 9 染色体正常，这植株对第 9 染色体上决定糊粉层颜色的基因是杂合的，缺失的染色体带有产生色素的显性基因 *C*，而正常的染色体带有无色隐性等位基因 *c*，已知含有缺失染色体的花粉不能成活。如以这样一种杂合体玉米植株作为父本，以 *cc* 植株作为母本，在杂交后代中，有 10%的有色籽粒出现。你如何解释这种结果？

参考答案：由于在 20%的小孢子母细胞里发生了缺失染色体和正常染色体

之间的交换，结果使每一对姐妹染色体单体都各有一条缺失的染色单体（交换是在 $C$ 基因以外发生的）。

9. 假定有两对基因，每对各有两个等位基因 $Aa$ 和 $Bb$，以相加效应的方式决定植株的高度。纯合子 $AABB$ 高 50cm，纯合子 $aabb$ 高 30cm，问：

（1）这两个纯合子之间杂交，$F_1$ 的高度是多少？

（2）在 $F_1 \times F_1$ 杂交后，$F_2$ 中什么样的基因型表现 40cm 的高度？

（3）这些 40cm 高的植株在 $F_2$ 中占多少比例？

参考答案：根据题意知，$A$ 和 $B$，$a$ 和 $b$，基因效应值相等，作用相加。于是，（1）在上述假定条件下，可以认为无显性，即 $F_1$ $AaBb$ 个体的性状值等于中亲值：1/2（50cm＋30cm）＝40cm

（2）$F_2$ 中表现 40cm 高度的基因型有：$AAbb$，$AaBb$，$aaBB$

（3）40cm 高度的植株（$AAbb$，$AaBb$，$aaBB$）在 $F_2$ 中共占 3/8。

10. 试简述细菌转化的分子机制。

参考答案：转化过程中，供体 DNA 进入受体细胞后，双链解链，其中一条链进入受体细胞和受体染色体发生重组，而另一条链被分解掉。因此，转化重组是发生在单链 DNA 片段和完整的双链 DNA 之间。供体单链 DNA 片段与受体 DNA 之间结合形成一段异源双链区。如果两者序列不完全一致，就会产生错配核苷酸对，转化的最后结果取决于错配核苷酸对的校正修复。若校正时被切除的是异源双链区中属原供体单链的核苷酸，就无重组发生；若被切除的是属原受体 DNA 的核苷酸，就会发生重组，后代细胞全部表现为重组体；在无校正修复发生的情况，受体细胞经 DNA 复制和细胞分裂后产生的两个细胞，其中一个具有受体的基因型，另一个具有重组体的基因型。不过，在转化试验中所采用的选择条件下，一般只允许重组体细胞生长。因此，在无校正作用时，所产生的受体细胞集落中绝大多数为重组体。

11. 将黑腹果蝇的野生型红眼基因（$W^+$）插入一个质粒上的不完整 $P$ 因子中，将这个质粒与另一带完整 $P$ 因子的质粒混合，注入 *null*（白眼）突变纯合子（$W^-W^-$）的果蝇胚中。从转基因胚所发育成的成体都是白眼果蝇，但当其与未注射的 $W^-W^-$ 杂交时，有些后代却是红眼果蝇。请解释。

参考答案：在转基因胚的种系细胞中的完整 $P$ 因子可以产生转座酶，使 $P$ 因子转座；同时，另一质粒上的不完整 $P$ 因子在转座酶作用下可从质粒转座到转基因胚的染色体上，发育成的果蝇种系细胞中就将带有一个野生型基因（$W^+$）拷贝。结果，整个果蝇将具有如下两种种系基因型：［$W^-/W^-$，$P$（$W^+$）］或［$W^-/y$，$P$（$W^+$）］。这里 $P$（$W^+$）表示含有 $W^+$ 基因的不完整 $P$ 因子。$P$（$W^+$）可以插入到任何染色体上。当转化果蝇与非注射白眼果蝇（$W^-W^-$）交配，其后代中有些个体就将遗传到 $P$（$W^+$），引起红眼性状。

## 三、知识要点概念图

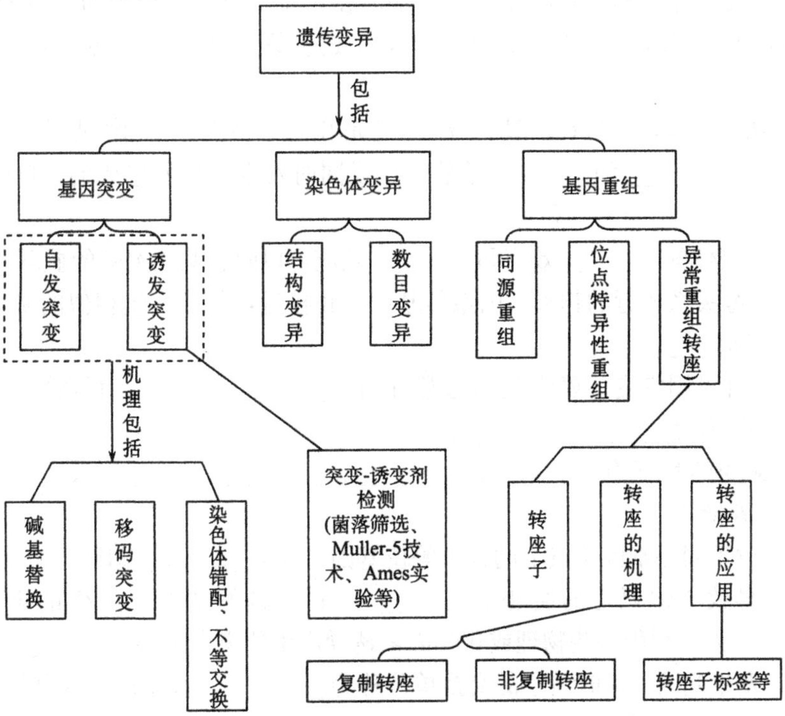


## 参考资料


郜金荣．2002．分子生物学习题及解答．武汉：武汉大学出版社

郭玉华．2008．遗传学习题全解．北京：中国农业大学出版社

姜益泉．2006．遗传学辅导与习题集．合肥：中国科学技术大学出版社

解生勇．1998．分子细胞遗传学．北京：中国农业科技出版社

张根发．2006．遗传学（精要题解测试）．北京：化学工业出版社

张玉静．2006．分子遗传学．北京：科学出版社

Griffiths A J F，Wessler S R，Lewontin R C et al. 2000．Modern Genetic Analysis：Integrating Genes and Genomes New York：W. H. Freeman and Company


## 【试题精选】

### 一、填空题

1. 性细胞的突变频率一般比体细胞的突变频率________，这是因为________。

2. 从________基因突变为________基因称为正突变，从________基因突变为________基因称为反突变。自然界中，正突变的频率比反突变的频率

________。大多数基因的突变，关乎生物的生长与发育的往往是________。

3. 父亲 AB 血型，母亲 O 血型，他们的子女血型可能是________。

4. 在玉米中，蜡质基因和淡绿色基因在正常情况下是连锁的，然而发现在某一品种中，这两个基因是独立分配的，上述现象可用________类型的染色体畸变来解释。

5. 从分子水平上看，基因的突变是由于 DNA 分子内碱基________、________、________和________单独发生或同时发生突变所造成的。DNA 的修复有________、________和________。

6. 多倍体的________效应和________效应可以阻止基因突变的显现。

7. 亲缘关系相近的物种，因遗传基础比较接近，往往发生相似的基因突变，这种现象称为________________。

8. 显性基因突变为隐性基因通常称为________________，而隐性基因突变为显性基因称为________________。

9. 突变的特征有________、________、________、________、________和________等特征。

10. 位于同一基因位点上的各个等位基因，称为________基因。

11. 导致个体死亡的突变称为________；在自然情况下产生的突变称为________；人工利用一些物理或化学因素诱导产生的突变称为________。

12. 发生基因交换时最小的交换单位称为________，最小的交换基因可能只包含________个核苷酸。

13. 基因突变一般是可逆的，染色体结构变异是________的。一般来说，二倍体生物比多倍体生物出现的突变率________。

14. 由于基因突变而表现突变性状的细胞或个体称为________。

15. 较好地解释了基因转变和极化子现象的重组模型是 ________模型。

16. 染色体的部分正常区段发生丢失称为________，主要分为________和________。

**二、选择题**

1. 在人类中，很多癌症的发生与以下哪些遗传变异现象有关？(　　)

A. 缺失　　B. 重复　　C. 倒位　　D. 易位　　E. 以上所有

2. 以下哪些方法可以用于评估群体中的遗传变异？(　　)

A. 蛋白质电泳　　B. 表型观察　　C. DNA 测序

D. RFLP 分析　　E. 以上所有

3. 1905 年，法国的 L. Cncnat 在遗传实验时发现一种显性致死现象，他饲养的黄色皮毛的老鼠品种不能纯种传代，而灰色皮毛品种的老鼠能够纯种传代，黄与黄交配，后代总要出现灰色皮毛的老鼠，且黄灰的比例往往是 2∶1，则此交配中致死个体出现的概率是（　　）。

A. 25%　　B. 33%　　C. 67%　　D. 75%

4. 一对夫妇，女方的父亲患血友病，本人患白化病；男方的母亲患白化病，本人正常，预计他们的子女中一人同时患两种病的概率是（　　）。

A. 50%　　B. 25%　　C. 12.5%　　D. 6.25%

5. 某种蝇的翅的表现型由一对等位基因控制。如果翅异常的雌蝇与翅正常的雄蝇杂交，后代中 25%雄蝇翅正常，25%雌蝇翅正常，那么，翅异常应该不可能由（　　）控制。

A. 常染色体上的显性基因　　B. 常染色体上的隐性基因

C. 性染色体上的显性基因　　D. 性染色体上的隐性基因

6. 酵母交配型转变是属于（　　）。

A. 同源重组　　B. 位点特异性重组

C. 同源特异重组　　D. 特殊重组

7. 睾丸女性化是（　　）。

A. 常染色体显性遗传　　B. 常染色体隐性遗传

C. X 连锁显性遗传　　D. X 连锁隐性遗传

8. 在一个突变过程中，一对额外的核苷酸插入 DNA 内，会得什么样的结果？（　　）

A. 完全没有蛋白产物

B. 产生的蛋白中有一个氨基酸发生变化

C. 产生的蛋白中有三个氨基酸发生变化

D. 产生的蛋白中每一个氨基酸都发生变化

E. 产生的蛋白中，插入部位以后的大部分氨基酸都发生变化。

9. 一个基因发生的突变可能改变细胞的（　　）。

A. 基因型　　B. 表型　　C. 基因型和表型　　D. 核型

10. 一个遗传密码的突变导致了本来编码氨基酸的密码子变成终止子，这种突变属（　　）。

A. 无义突变　B. 错义突变　C. 中性突变　D. 移码突变

11. 密码子 UCG 突变成 UAG，这种突变属于（　　）。

A. 点突变　　B. 无义突变　　C. 沉默突变

D. A 和 B 都正确　　E. 以上都正确

12. 基因中添加或删除一至两个碱基导致的突变属（　　）。

A. 中性突变　B. 移码突变　C. 颠换突变　D. 转换突变　E. 无义突变

13. 以下突变中属于错义突变的有（　　）。

A. AAA（lys）→AAG（lys）　　B. UUU（phe）→UAA（终止子）

C. AAA（lys）→AGA（arg）　　D. UGA（终止子）→UAG（终止子）

E. AUG（met）→UGA（终止子）

14. 以下哪些因素可以导致染色体畸变？（　　）

A. 化学物质　B. 辐射　　C. 正常细胞的生物化学反应　D. 以上所有

15. 结果导致 DNA 数量增加的染色体畸变是哪一种？（　　）

A. 重复　　B. 倒位　　C. 缺失　　D. A 和 C 均是　E. 以上所有

16. 一条染色体上的一个区域与同一条染色体上的另一区域发生交换，这种畸变属于什么类型？（　　）

A. 倒位　　B. 重复　　C. 缺失　　D. 转换

17. 在某些昆虫的幼虫中，多线染色体产生的原因是（　　）。

A. 一条染色体发生断裂，与同一条染色体的另一部位重新连接

B. 在染色体复制之前，细胞分裂发生了几次

C. 染色体发生了复制，但没有发生相对应的核分裂

D. 在进行非等位交换时，一条染色体的一小部分发生了复制

18. 以下这些突变中，哪一种最可能是致死性突变（　　）。

A. 点突变　　B. 重复　　C. 易位　　D. 缺失

19. 基因扩增的结果是（　　）。

A. 基因表达的速率增加　　B. 基因调节的失控

C. 合成了更多的基因产物　D. 基因表达的失控

## 三、遗传分析与计算题

1. 以番茄正常叶型的第 6 染色体的三体（$2n$＋I6）为母本，以马铃薯叶型（$cc$）的正常番茄（$2n$）为父本进行杂交，试问：①假设 $c$ 基因在第 6 染色体上，使 $F_1$ 群体的三体植株与马铃薯叶型的正常番茄试交，试交子代的染色体数及其表现型（叶型）种类和比例如何？②倘若 $c$ 基因不在第 6 染色体上，上述试交子代的表现型种类和比例各如何？

2. 在鸽子中，有一伴性的复等位基因系列，包括 $BA$＝灰红色，$B$＝野生型（蓝），$b$＝巧克力色，显性可以认为是完全的，次序从上到下。我们已经知道鸟类的性决定是：♂ZZ，♀ZW。基因型 $BAb$ 的雄鸽是灰红色的，可是有时在它们的某些羽毛上出现巧克力色斑点。请对这现象提出两个说明，一个从染色体方面，一个从基因方面。

3. 如果在遗传型 $BA$（—）的雌鸽中出现斑点，这斑点往往是巧克力色，但在这类鸽子中有时也可看到蓝色斑点。这个事实对你的上述两个解释中哪一个有利？

4. 一野生型的雄果蝇与一对白眼基因是纯合的雌果蝇杂交，子代中发现有一只雌果蝇具有白眼表型。你怎样决定这个结果是由于一个点突变引起的，还是由于染色体缺失造成的？

5. 原子弹在日本长崎和广岛爆炸后，最初的一个遗传学研究是调查受到过辐射的个体，了解他们的子女性比情况。为什么？

6. 在辐射的剂量效应中，一般认为易位的出现需要 2 个独立的断裂，所以易位的频率大致上与剂量的平方成比例。可是在多数的实验中，易位的出现往往与剂量的 3/2 次方成比例。这可能是由于某些断裂重新愈合的结果。现有一实验：对果蝇的精子进行照射，在每 100 个存活的子代中，发现易位的数目如下：

| | 0.5kr | 1kr | 2kr |
|---|---|---|---|
| 未成熟精子 | 8 | 27 | 70 |
| 成熟精子 | 1 | 7 | 13 |

根据公式 $Y=kD^2$，计算剂量 $D=0.5\text{kr}$（$=500\text{r}$）时的 $k$ 值，然后利用这个 $k$ 值计算 $D=1\text{kr}$ 和 $D=2\text{kr}$ 时的 $Y$ 值。把这些预期值与公式 $Y=kD^{3/2}$ 所得的数值相比较。你得出什么样的结论？

7. Please take hereditary disease albinism (the picture on the right) as an example, and analyse the molecular basis of simple genetic variation.

An albino. Such individuals lack the dark pigment melanin in the cells of the skin, hair and retina. (© Yves Gellie/Icône.)

8. You want to study the development of the olfactory (smell-reception) system in the mouse. You know that the cells that sense specific chemical odors (odorants) are located in the lining of the nasal passages of the mouse. Describe some approaches for doing both forward and reverse genetics to study olfaction (A. J. F. Griffiths et al. Modern Genetic Analysis: Integrating Genes and Genomes. © 2000 by Freeman and Company, 415.)

## 【参考答案】

**一、填空题**

1. 高，性细胞在减数分裂的末期对外界环境条件具有较大的敏感性
2. 显性，隐性，隐性，显性，高，正突变
3. A 或 B
4. 易位
5. A，T，C，G，光恢复修复，切除修复，重组修复
6. 剂量，补偿
7. 突变的平行性
8. 正突变，反突变
9. 自发性及不对应性，稀有性，独立性，可诱变性，稳定性，可逆性

10. 复等位基因

11. 致死突变，自发突变，诱发突变

12. 交换子，1

13. 不可逆，高

14. 突变体

15. Holliday

16. 缺失，顶端缺失，中间缺失

## 二、选择题

1. E 2. E 3. A 4. C 5. C 6. A 7. D 8. E 9. C 10. A 11. D 12. B 13. C 14. D 15. A 16. A 17. C 18. D 19. C

## 三、遗传分析与计算题

1. (1) 假若 $c$ 基因在第 6 染色体上，则

$$(n-1)\,\text{II}+6\,\text{III}\,CCC\times(n-1)\,\text{II}+6\,\text{II}\,cc$$
$$\downarrow$$
$$(n-1)\,\text{II}+6\,\text{III}\,CCc\times(n-1)\,\text{II}+6\,\text{II}\,cc$$
$$\downarrow$$
$$1(n-1)\,\text{II}+6\,\text{III}\,CCc+2(n-1)\,\text{II}+6\,\text{III}\,Ccc+2(n-1)\,\text{II}+6\,\text{II}\,Cc+1(n-1)\,\text{II}+6\,\text{II}\,cc$$

其表现型比例为：正常叶∶马铃薯叶＝5∶1

染色体数比例为：三体∶正常＝1∶1

(2) 假若 $c$ 基因不在第 6 染色体上，则

$$(n-1)\,\text{II}\,CC+6\,\text{III}\times(n-1)\,\text{II}\,cc+6\,\text{II}$$
$$\downarrow$$
$$(n-1)\,\text{II}\,Cc+6\,\text{III}\times(n-1)\,\text{II}\,cc+6\,\text{II}$$
$$\downarrow$$
$$1(n-1)\,\text{II}\,Cc+6\,\text{III}+1(n-1)\,\text{II}\,Cc+6\,\text{II}+2(n-1)\,\text{II}\,Cc+6\,\text{III}+2(n-1)\,\text{II}\,Cc+6\,\text{II}$$
$$+1(n-1)\,\text{II}\,cc+6\,\text{III}+1(n-1)\,\text{II}\,cc+6\,\text{II}+2(n-1)\,\text{II}\,cc+6\,\text{III}+2(n-1)\,\text{II}\,cc+6\,\text{II}$$

其后代表现型比例为：正常叶∶马铃薯叶＝1∶1

染色体数比例为：三体∶正常＝1∶1

2. 从染色体方面考虑，雄鸽一条 Z 染色体发生缺失，且该缺失包含 $BA$ 基因，造成假显性现象，从基因方面考虑，发生 $BA$ 突变为 $b$，则该雄鸽基因型为 $bb$，所以出现羽毛上出现巧克力色斑点。

3. 对从基因突变方面考虑有利，因为该现象可以解释为基因突变的多方向性，如果是染色体缺失，只会产生一种羽毛的颜色。

4. 设白眼性状为 $b$，则野生型的雄果蝇的基因型 $X^+y$，纯合白眼雌果蝇的基因型 $X^bX^b$，正常杂交结果为 $X^+X^b$（♀红眼）∶$X^by$（♂白眼）＝1∶1，如果是点突变引起的，事实上杂交为：$X^by\times X^bX^b\rightarrow X^bX^b$（♀白眼）∶$X^by$（♂白眼）＝1∶1，如果是染色体缺失引起的，事实上杂交为：_ $y\times X^bX^b\rightarrow X^b$ _（♀白眼）∶$X^by$（♂白眼）＝1∶1。

采用白眼雄蝇（$X^b y$）与子代白眼雌果蝇单对交配，可以区分 $X^bX^b$（♀白眼）和 $X^b$ _（♀白眼），若被测白眼雌蝇为点突变引起，则每一单对交配组合将获得雌雄性别比为 1∶1；若为缺失杂合体，则雌雄性别比为 2∶1（ _ y个体不能成活）。

5. ①性比是比较易得的数据，适合作最初遗传学研究内容。②人类 Y 染色体较小，原子弹爆炸发出的射线对 Y 染色体有较大的破坏作用，带有 Y 染色体的精细胞易致死或生活力下降，导致女孩比男孩多。③原子弹爆炸后的射线如果能引起隐性突变，男人因只有一条 X 染色体，在子代中也能立刻表现。如果 X 染色体上发生致死突变，则出生的女孩也比男孩多，性比异常。

6. 采用公式 $Y=kD^2$，当 $D=0.5$kr 时，$9/100=0.25k$，$k=0.36$；$D=1$kr 时，$Y=0.36\times1=0.36$；当 $D=2$kr 时，$Y=0.36\times4=1.44$。对应的每 100 个存活的子代中，0.5 kr、1 kr、2 kr 的存活数：9、36、144。

采用公式 $Y=kD^{3/2}$，当 $D=0.5$kr 时，$9/100=k\ (0.5)^{3/2}$，$k=0.255$；$D=1$kr 时，$Y=0.255$，当 $D=2$kr 时，$Y=0.255\times2^{3/2}=0.72$。对应的每 100 个存活的子代中，0.5kr、1kr、2kr 的存活数：9、25、72。

每 100 个存活的子代中，实际存活数和不同公式的预期结果：

| | 0.5kr | 1kr | 2kr |
|---|---|---|---|
| 实际存活 | 9 | 34 | 83 |
| $Y=kD^2$ 预期结果 | 9 | 36 | 144 |
| $Y=kD^{3/2}$ 预期结果 | 9 | 25 | 72 |

得出的结论：$Y=kD^2$ 预期结果与照射剂量 1kr 时较接近，$Y=kD^{3/2}$ 预期结果与 2kr 较接近。

7.（选自 A. J. F. Griffiths et al. Modern Genetic Analysis：Integrating Genes and Genomes. © 2000 by Freeman and Company，8～10. 做了少量改动）：

In most people，the cells of the skin can make a dark brown or black pigment called melanin，the substance that gives our skin its color. Rare albinos，who have totally pigmentless skin and hair，are found in all races. The difference between unpigmented skin and skin with any degree of pigmentation is caused by different alleles of a gene that encodes an enzyme involved in melanin synthesis.

Consider the difference between the pigmented and the albino phenotypes in humans. The dark pigment melanin has a complex structure that is the end product of a biochemical synthetic pathway (see the figure below) . Each step in the pathway involves a conversion of one molecule into another，leading to the formation of melanin in a step-by-step manner. Each step is catalyzed by a separate enzyme protein encoded by a specific gene. Most cases of albinism result from changes in one of these enzymes：tyrosinase. The enzyme tyrosinase catalyzes the last step of the pathway，the conversion of tyrosine into melanin.

To perform this task，tyrosinase binds to its substrate，a molecule of tyrosine，and facilitates the molecular changes necessary to produce melanin. There is a specific lock-and-key fit between tyrosine and a portion of the enzyme called the active site，which is a pocket formed by several crucial amino acids in the tyrosinase polypeptide. If a mutation changes the nucleotide sequence of the tyrosinase-encoding gene in such a way that one of these crucial amino acids is replaced by another or lost, then there are several possible consequences. First, the enzyme might still be able to perform its function, but in a less efficient manner. Such a change might have only a small effect at the phenotypic level, so small as to be difficult to observe, but it might lead to a reduction in the amount of melanin formed and, consequently, to a lighter skin color. Note that the tyrosinase protein is still more or less intact, but its ability to convert tyrosine into melanin has been compromised. Second, the enzyme might be incapable of any function, in which case the mutational event in the DNA would have produced a null allele, referred to earlier as the a allele. Hence a person of genotype *a/a* will be an albino. The genotype *A/a* results in normal pigmentation because transcription of one copy of the wild-type allele (*A*) can provide enough tyrosinase for synthesis of normal amounts of melanin.

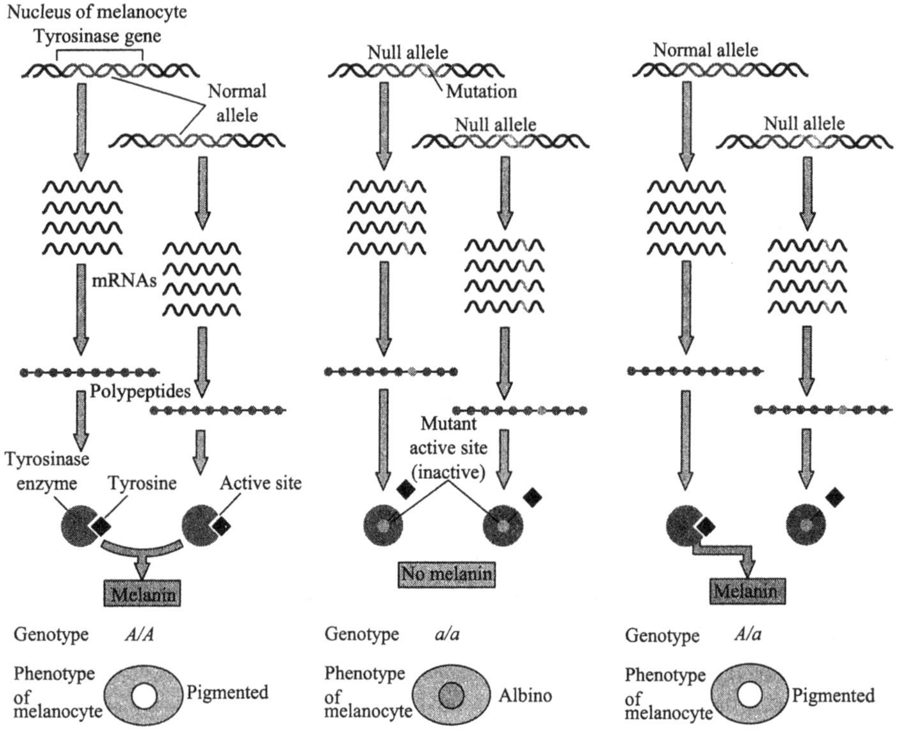


The molecular basis of albinism. Melanocytes (pigment-producing cells) containing two copies of the normal tyrosinase allele (*A*) produce the tyrosinase enzyme, which converts the amino acid tyrosine into the pigment melanin. Melanocytes containing two copies of the mutant null allele (*a*) are unable to produce any of the enzyme. Melanocytes containing one copy of the normal allele make enough tyrosinase to allow production of melanin and the pigmented phenotype.

In general, a mutation in a gene changes the amino acid composition of the encoded protein. The most important outcomes are changes in the shape and size of the folded protein. Such changes can result in no biological function (which would be the basis of a null allele) or reduced function. More rarely, mutation can lead to a new function for the protein produced.

There are many approaches that can be imagined.

a. For forward genetics, the first trick is developing an assay system. One such assay system would be behavioral. For example, we could identify odorants that either attracted or repelled wild-type mice. We could then perform a genetic screen after mutagenesis, looking for mice that do not recognize the presence of this odorant, by using a maze in which a stream of air containing the odorant is directed at the mice from one end of the maze. This assay has the advantage of allowing us to process lots of mutagenized mice without any anatomical analysis.

As a first step, you might want to identify mutations that act dominantly to affect odorant reception, simply because these mutations could be identified in an $F_1$ screen. If this didn't work, you might need to resort to an $F_2$ screen for X-linked recessives or a $F_3$ screen for autosomal recessive mutations. Given that you don't know anything about the number or target size of genes that might produce this phenotype, you would want to use a highly mutagenic agent, such as a base-substitution mutagen, that would be able to generate mutations very efficiently in most protein-coding genes.

b. For reverse genetics, we would want to identify candidate genes that are expressed in the lining of the nasal passages. Given the techniques of functional genomics, this could be accomplished by purifying RNA from isolated nasal-passage-lining cells and using this RNA as a probe of DNA chips containing sequences that correspond to all known mRNAs in the mouse. For example, you may choose first to examine mRNAs that are expressed in the nasal passage lining but nowhere else in the mouse as important candidates for a specific role in olfaction. (Many of the important molecules may also have other jobs elsewhere in the body, but you have to start somewhere) Alternatively, you may choose to start with those genes whose protein products are located in the cell membrane as candidate proteins for binding the odorants themselves. Regardless of your choice, the next step would be to engineer a targeted knockout of the gene that encodes each mRNA or protein of interest, or to use antisense or dsRNAi injection to attempt to phenocopy the loss-of-function phenotype of each of the candidate genes.

# 第九章 数量遗传

**重点提示：**生物的性状可以分为质量性状和数量性状。前面所学习的性状如水稻的粳性与糯性，豌豆种子的圆滑与皱缩等，这些性状彼此差异明显，没有过渡类型，为不连续变异，这种呈不连续变异的性状叫质量性状。而另一类为连续变异的性状称数量性状，如作物的产量、成熟期，棉花的纤维长度、动物的体重、人类的身高等。数量性状受环境的影响较大。数量性状由多对基因控制，每个基因对表型的影响作用甚小，称微效基因。

遗传力是指亲代将其遗传特性传递给子代的能力，可分为广义遗传力和狭义遗传力。近亲繁殖，也称近亲交配，是指基因型相同或相近的两个个体间的交配，包括全同胞、半同胞和表兄妹交配。杂种优势是两个遗传组成不同的亲本杂交产生的杂种第一代的性状明显优于亲代的现象，是生物界的普遍现象。多基因理论以及遗传力的计算是本章的重点。

**本章导读：**由多基因控制的数量性状，在遗传方式上与质量性状有一定差异，但其基因的传递方式仍符合孟德尔规律。数量性状与质量性状无绝对界限，在不同标准下二者可以相互转变。

数量性状的主要理论为多基因体系理论。数量性状表现出有别于质量性状的特点：①数量性状受多对独立遗传基因的共同作用，每个基因的表型效应较小，但遗传方式仍符合孟德尔规律。②等位基因间通常无显隐性关系。③各基因的效应相当，作用可累加，并呈剂量效应。④各基因对外界环境敏感，其表型效应易受环境影响。⑤有些数量性状受少数几对主基因支配，又受到一些微效基因的修饰。

由于所涉及的基因对数多，每个基因的作用小且可以累加，加上修饰基因的作用和环境影响，数量性状表现出连续变异特征。

在数量性状的遗传效应分析、生物育种方案的设计等方面，多基因作用方式（倍加作用和等加作用）以及控制性状的基因数目的研究非常重要。统计学方法是生物数量性状研究的基础，是遗传育种方案确定的数据来源。

## 【核心概念】

(1) 数量性状（quantitative trait）　差异不明显的一些变异叫连续变异，这些呈连续变异的性状叫数量性状（quantitative trait），如作物的产量、成熟期，棉花的纤维长度、动物的体重、人类的身高等。数量性状中个体间性状表现的差异只能用数量来区别，变异是连续的，数量性状是可以度量的，数量性状的表现容易受到环境的影响，控制数量性状的遗传基础是多基因系统。

（2）数量遗传学（quantitative genetics）　采用数理统计和数学分析方法研究数量性状遗传的遗传学分支学科。主要是用生物统计学方法对群体的某种数量性状进行随机抽样测量，计算出平均数、方差等，并在此基础上进行数学分析。数量遗传学的另一个重要内容是研究各种不同遗传交配设计（如双列杂交、轮回选择、动物的各种交配系统等）以及在这些交配设计中数量性状的遗传动态。此外，基因型与环境的相互作用也是近年来数量遗传学的重要研究课题。

（3）遗传力（heritability，hereditary capacity，hereditability）　又称遗传率。是衡量一个群体内某种由遗传原因引起的变异在表现型中所占比例的指标，可表明某一性状受到遗传控制的程度，判断该性状变异传递给后代的可能程度。遗传力可用遗传变异占总变异的百分数表示，遗传力高说明这性状遗传给子代的能力较强，反之则说明环境的影响较大。遗传力介于 0 与 1 之间，当等于 1 时表明表型变异完全是由遗传因素决定，当等于 0 时表明表型变异完全由环境所造成。

（4）广义遗传力（broad-sense heritability）　是指表型方差（$V_p$）中遗传方差（$V_e$）所占的比例，是指遗传变异占表型总变异的百分数。在广义遗传力中，其遗传方差实际上是包括了加性方差、显性方差和上位方差三个组成部分（$V_G=V_A+V_D+V_I$）。

（5）狭义遗传力（narrow-sense heritability）　是指遗传方差中加性方差占总方差的百分比。在数量性状中，每对等位基因的作用有积加的效应，它们的遗传方差称为加性遗传方差（additive genetic variance）。显性作用使表型产生的方差称显性方差。若有非等位基因之间存在上位效应的话还必须考虑到上位方差，或称为互作方差（interaction variance）$V_I$，是从总的遗传方差中取其固定遗传的部分（加性方差）所占表型方差的百分率。

（6）近交系数（inbreeding coefficient）　表示由近亲交配个体基因纯合程度的数量指标，其定义是个体的等位基因来自共同的祖先基因的概率，普通以 $F$ 或 $f$ 来表示。群体中个体的平均近交系数为 $f$ 时，群体中杂合体的频率要比按温伯-哈代定律预期的 $f$ 的比例低。以人为例，近亲婚姻所生子女的近交系数，表兄弟姐妹结婚的为 1/16，半表兄弟姐妹结婚的为 1/32，表兄弟姐妹结婚的为 1/64。

（7）杂种优势（heterosis，hybrid vigor）　杂种优势是杂合体在一种或多种性状上优于两个亲本的现象。例如，不同品系、不同品种、甚至不同种属间进行杂交所得到的杂种一代往往比它的双亲表现更强大的生长速率和代谢功能。杂种优势是生物界普遍存在的现象。

## 【知识要点】

# 一、基本知识串讲

1. 质量遗传和数量遗传的区别与联系

质量性状是变异可以截然区分为几种明显不同的类型的性状。数量性状是指个体间性状表现的差异只能用数量来区别，变异是连续的。质量性状和数量性状既有相同点，又有不同点，两者的不同点表现为两个方面。首先，质量性状差异明显，呈不连续变异，表现型呈现一定的比例关系，受环境的影响较小。而数量性状差异不明显，呈连续变异，表现型不呈现一定的比例关系，受环境的影响较大。其次，质量性状由单基因控制，数量性状由多基因控制。两者的相同点也表现为两个方面。首先，数量性状和质量性状都是生物体表现出来的生理特性和形态特征，都受基因控制。其次，控制数量性状和控制质量性状的基因都位于染色体上。它们的传递方式都遵循孟德尔式遗传，即符合分离规律、自由组合规律和连锁互换规律。

但质量性状和数量性状并不是严格分开的，存在特殊情况，例如，①有些性状根据区分的标准不同而不同，可以是质量性状又可以是数量性状。如小麦粒色，非此即彼即质量性状，若测其含红色素多少则为数量性状。②有些性状因杂交亲本相差基因对数的不同而不同（相差越多则连续性越强）。③有些基因既控制数量性状又控制质量性状。如白三叶草中，两种独立的显性基因相互作用引起叶片上斑点的形成，这是质上的差别，但这两种显性基因的不同剂量又影响叶片的数目，这是量上的差别。④控制质量性状的基因和控制数量性状的基因可以连锁、互换、自由组合。数量性状和质量性状的区别见表 9-1。

**表 9-1　数量性状和质量性状的区别**

| 性状 | 基因控制 | 变异分布 | 表型分布 | 受环境影响 | 遗传规律 | 性状特点 | 研究对象 |
|---|---|---|---|---|---|---|---|
| 数量性状 | 多基因 | 正态分布 | 连续 | 大 | 非孟德尔遗传 | 易度量 | 群体 |
| 质量性状 | 单基因 | 二项分布 | 分散 | 小 | 孟德尔遗传 | 不易度量 | 个体和群体 |

2. 数量性状的遗传基础

数量性状的主要理论为多基因体系理论。数量性状由多对基因控制，每个基因对表型的影响作用甚小，把这些控制数量性状作用微小的基因叫微效基因，把控制质量性状的基因叫作主基因。控制同一数量性状的非等位基因之间的效应相等，而等位基因之间的效应不同，因此把作用大的叫有效基因，把作用小的基因或无作用的基因叫无效基因。等位基因之间一般为不完全显性或无显隐性；各基因的作用是累加的，呈剂量效应。如：用 $R_1r_1$，$R_2r_2$，$R_3r_3$ 表示小麦红粒白粒。

假设 $R$ 是控制红色素形成的基因，$r$ 是不能控制红色素形成的基因。$R_1R_2R_3$ 为非等位基因，其对红色素的合成效应相同，且为累加的（图 9-1）。

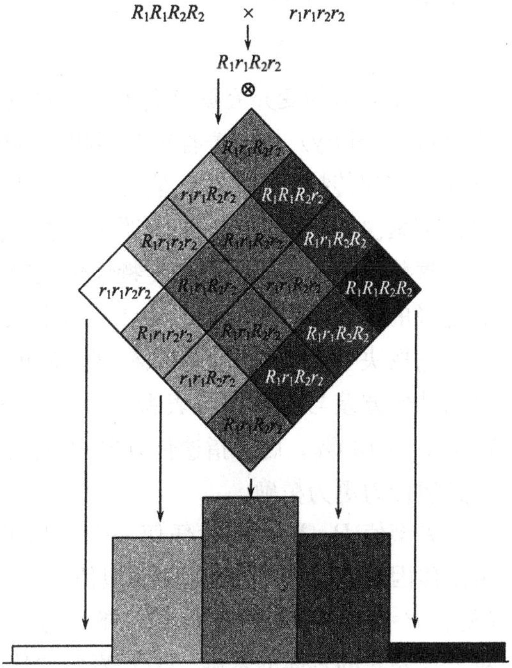


图 9-1　三个杂交组合产生 $F_2$ 代各表现型的比例

多基因假说的要点：数量性状是由许多微效基因决定的，每个基因的作用是微效的；基因的作用是相等的，且可以累加、呈现剂量效应，等位基因间通常无显隐性关系；基因在世代传递中服从孟德尔定律，即分离规律和自由组合规律，以及连锁交换规律。

数量性状表现为基因的非加性效应，包括显性效应和上位效应。显性效应是由等位基因间相互作用产生的效应。上位效应或互作效应是由非等位基因之间相互作用产生的效应。对数量性状有较大影响的基因座称为数量性状基因座（quantitative trait locus，QTL），它是影响数量性状的一个染色体片段，而不一定是一个单基因座。

数量性状的遗传比质量性状的遗传复杂，数量性状是由多对基因控制的，而且它们的表现非常容易受环境影响。同一品种在不同环境条件下，数量性状的表现会有很大的差别。研究数量性状的遗传时，要分析多对基因的遗传表现，并要特别注意环境条件的变化和影响。

3. *数量性状的研究方法*

要求群体数量要大，在研究中要进行“称、量、数”。研究方法主要是用生物统计学方法对群体的某种数量性状进行随机抽样测量，计算出平均数（mean）、方差（variation）等，并在此基础上进行数学分析。标准差（standard deviation）反映一个数据集的离散程度。

4. *数量性状的表型在统计学上的特征*

①两个纯合亲本相互杂交，$F_1$ 代往往表现为中间类型。②$F_1$ 代和 $F_2$ 代的平均表现接近，但 $F_2$ 代的变异程度大于 $F_1$ 代。③数量性状的表型特征体现在群体而不是体现在个体。④表型变化规律服从于正态分布。例如，$AA \times aa \rightarrow Aa$，亲本为 $2A$，$F_1$ 为 $1A$，介于两亲本之间。$F_1$ 为 $Aa$ 为每个个体平均含有的有效基

因的数量；$F_2$ 平均下来也为 $Aa$ （$1/4AA+1/2Aa+1/4aa$）$=Aa$，但方差不同。

5. 遗传力分析

一个表型的变异究竟是遗传因子起主要作用还是环境因子起主要用呢？遗传力（heritability）用来解答这个问题。遗传力也称遗传传递力。遗传力表明某一性状受到遗传控制的程度。它介于0与1之间，当等于1时表明表型变异完全由遗传因素决定，当等于0时表明表型变异由环境所造成。

遗传力是指亲代将其遗传特性传递给子代的能力，在育种中，对一个性状进行选择的效果如何，主要取决于该性状的遗传传递能力的大小，即遗传力的大小，它取决于亲子代间的相似程度。遗传力可分为广义遗传力和狭义遗传力，前者指遗传方差与总方差（表型方差）的比值，即 $H^2=V_G/V_P\times100\%=(V_P-V_E)/V_P\times100\%$。后者指遗传方差中可固定遗传的加性方差与总方差的比值，比广义遗传力更为精确。

表型值 $P$：数量性状任何一个个体的数值。决定 $P$ 的因素有遗传和环境，由遗传因素决定的部分叫基因型值（$G$），由环境因素决定的部分叫环境因子（$E$）。$P=G+E$。$E$ 是 $G$ 偏离 $P$ 的部分。$G$ 是上代对下代的期望值，反映了上代对下代要求的具体的基础。$G/P$ 表示遗传力。

推论到群体中，$P=G+E$

$$P-P=(G+E)-(G+E)=(G-G)+(E-E)$$

$$(P-P)^2=(G-G)^2+(E-E)^2+2(G-G)(E-E)$$

表型方差 $V_P=[S(P-P)^2]/n$

$$=[S(G-G)^2]/n+[S(E-E)^2]/n+2[S(G-G)\ (E-E)]/n$$

$$=V_G+V_E+2COV_{EG}$$

其中 $V_G$ 为遗传方差，$V_E$ 为环境方差，$V_{EG}$为协方差（为环境与遗传的相互作用，当环境与遗传独立时，其值为0）。

遗传力的估算方法：①由亲子关系估算遗传力，如在家畜育种中，一般用女母回归法来估算遗传力。在畜群中母畜数大大超过公畜数，所以一般都利用母畜中的子亲回归，即女母回归（bop）。为了消除各公畜对畜群影响大小的差异（各公畜的女儿不等），在家畜育种中常以公畜内女母回归［bw（op）］表示全群的女母回归。②半同胞相关法，半同胞就是同父异母或同母异父的兄弟姐妹。通过对若干公畜（或母畜）的女儿某性状表型值的产量，用方差分析法可求得组间（公畜或母畜间）方差和组内方差。③利用“全同胞-半同胞”混合家系计算遗传力。

6. 近亲繁殖和杂种优势

近亲繁殖，也称近亲交配，或简称近交，是指血统或亲缘关系相近的两个个体间的交配；也就是指基因型相同或相近的两个个体间的交配。近亲根据亲缘远近的程度一般可分为全同胞、半同胞和表兄妹。植物自花授粉的交配，称为自交，是最极端的近亲繁殖。近亲系数（$F$）代表一个合子中两个等位基因来自双亲共同祖先的某一基因的概率，即每一个体中某一座位上两个基因共同来源的概率。

自交的遗传学效应：① 导致基因纯合。② 形成多种基因型的纯合体（或纯系）。③ 导致生活力下降（自然状态下，杂交繁殖的个体人为自交则生活力下降）。

回交的遗传学效应：①导致基因纯合，纯合的速度同样是 $1-(1/2)^r$，但自交是所有纯合体加起来的速度，回交只有一种纯合体。对于某一纯合体来说，回交纯合速度是更快的。$AaBb$ 自交，产生 $AABB$、$Aabb$、$aaBB$、$aabb$，共占 4/16，其中 $aabb$ 仅 1/16；$AaBb$ 与 $aabb$ 回交，产生 $aabb$ 的比例为 4/16。②后代纯合体的基因型只有一种，即轮回亲本的基因型（$aa$）。③导致生活力下降。

杂种优势（heterosis）是生物界存在的普遍现象。它是指两个遗传组成不同的亲本杂交产生的杂种第一代，在生长势、生活力、繁殖力、抗逆性、产量和品质上比其双亲优越的现象。杂种优势的表现类型包括：营养发育较旺的营养型，生殖器官发育较旺的生殖型，对外界不良环境适应能力较强的适应型。杂种优势的计算方法可采用平均杂种优势表示，即 $F_1$ 与双亲平均值来比较；超亲杂种优势，即与最优亲本比较；竞争杂种优势，即与当前当地的推广品种比较。

解释杂种优势的理论主要是显性假说（dominance hypothesis）和超显性假说（overdominance hypothesis）。两个假说都有立论于杂种优势来源于双亲基因型间的相互关系。但显性假说认为杂种优势是由于双亲的显性基因间的互补，而超显性假说认为杂种优势是由于双亲等位基因间的互作。杂种优势可能是由于上述的某一个或几个遗传因素造成的，即可能是由于双亲显性基因互补、异质基因互作和非等位基因互作的单一作用，也可能是由于这些因素的综合作用和累加作用。

7. 数量遗传在实践中的应用

数量遗传学是遗传规律与生物统计学以及其他数学分支结合的结果，丰富和充实了遗传学和进化论；研究数量性状的遗传变异对于育种实践具有重要的指导作用，根据杂种优势的育种创新，使农（畜）产品获得显著增长。由于雄花不育及其恢复基因的发现和利用，许多作物、蔬菜都能实行杂种种子的大量生产和种植。

## 二、代表性例题解析

1. 以小麦的皮色为例说明数量性状。

参考答案：小麦皮的颜色即皮色体现为数量性状，受数量性状遗传控制，当两个亲本的皮色分别为深红（*RRCC*）和白色（*rrcc*）时，子一代为中红（*RrCc*），而当中红子一代互交时，子二代表现为从深红到白色不同的过渡类型，这符合数量性状的特征。

| | | | | | | | | | |
|---|---|---|---|---|---|---|---|---|---|
| P | 深红（*RRCC*）×白色（*rrcc*） | | | | | | | | |
| | ↓ | | | | | | | | |
| $F_1$ | 中红（*RrCc*） | | | | | | | | |
| | ↓（互交） | | | | | | | | |
| $F_2$ | 深红 | 大红 | 中红 | 大红 | 中红 | 浅红 | 中红 | 浅红 | 白 |
| | *RRCC* | *RrCC* | *rrCC* | *RRCc* | *RrCc* | *rrCc* | *RRcc* | *Rrcc* | *rrcc* |
| | 1/16 | 2/16 | 1/16 | 2/16 | 4/16 | 2/16 | 1/16 | 2/16 | 1/16 |

2. 分析说明研究数量性状的基本方法。

参考答案：对数量性状的研究，一般是采用相应的度量单位进行测量，然后进行统计学分析，最常用的统计参数是平均数、方差和标准差。

平均数表示一组资料的集中性，是某一性状全部观察值的平均值，通常应用的平均数是算术平均数，可用下式表示（$x$ 为平均数，$\sum$表示累加，$n$ 表示观察的总个体数）

$$\bar{x}=\frac{x_1+x_2+x_3\cdots+x_n}{n}=\frac{\sum x}{n}$$

方差和标准差：方差表示一组资料的分散程度或离中性，方差的平方根值就是标准差。方差和标准差是全部观察值偏离平均数的重要度量参数。方差愈大，说明平均数的代表性愈小。计算方差的方法是先求出全部资料中每一个观察值与平均数的离差的平方的总和，再除以观察值个数。

$$V=\frac{\sum(x_i-\bar{x})^2}{n} \quad \text{或} \quad V=\frac{\sum(x_i-\bar{x})^2}{n-1}$$

观察值个数又称为样本容量。当样本容量 $n>30$ 时，称为大样本，当 $n<30$ 时，称为小样本。小样本时，用 $n-1$ 代替 $n$。这种计算方法比较烦琐，用下列公式计算可以简便一些：

$$V=\frac{\sum x_i^2-\frac{1}{n}(\sum x)^2}{n}$$

标准差

$$s=\sqrt{V}=\sqrt{\frac{\sum x_i^2-\frac{1}{n}(\sum x)^2}{n}}$$

3. 举例说明遗传力的计算方法。

参考答案：假设影响长度的一对等位基因 $A$ 和 $a$，在一个群体中的基因型是 $aa$、$Aa$ 和 $AA$，表现型为 10、18 和 20；频度为 0.36、0.48 和 0.16。

$a$ 基因的平均效应＝13.20cm；$A$ 基因的平均效应＝18.80cm。两者之间的平均差异＝18.80－13.20＝5.60cm。

当 $A$ 和 $a$ 杂合时 $Aa$＝18，并不等于 $AA$ 和 $aa$ 的平均数，表明有某些显性效应存在。

$Gg$ 杂合状态下的高度为 6cm，正好等于两个纯合基因型 $GG$ 和 $gg$ 的平均值，6＝(4＋8)/2 说明没有显性；当 $Gg$ 贡献为 8 cm 的高度，和 $GG$ 的表型相同时，则表现出了 $G$ 对 $g$ 完全显性。

若 $Gg=(GG+gg)/2=(4+8)/2=6$cm，说明 $G$ 对 $g$ 无显性；若 $Gg=GG=8$，表明 $G$ 对 $g$ 完全显性；若 $Gg$ 的表型为 $6<Gg<8$ 则为不完全显性；若 $4<Gg<6$ 则 $g$ 对 $G$ 为显性；若 $Gg>GG$（8）表明超显性。

4. 举例分析说明数量性状的多基因假说。

参考答案：多基因假说的要点主要有以下几点：①数量性状是由许多对基因共同控制的，各个基因的作用效应很小。②各基因的效应相等。③各个等位基因之间为不完全显性或无显性，表现为增效和减效作用。④不同基因的效应是累加的；控制同一个单位性状的所有基因之间都是独立遗传的。

最简单的数量性状可以假定由两对或三对基因共同决定。例如，红粒小麦品种与白粒品种杂交，$F_2$ 群体中可以分为红粒和白粒两组。有的组合表现为 3∶1 分离，有的表现为 15∶1 或 63∶1 分离。3∶1 的分离表明该性状是由一对基因控制的，15∶1 分离表明是由两对基因的重叠作用控制的，63∶1 则表明是由三对基因的重叠作用控制的。但是，若观察再详细一点，可以发现，在红粒组中，红色的程度又分为最红、暗红、深红、中深红、中红、浅红好几个等级。假设 $R$ 基因控制子粒的红色，每增加一个 $R$ 基因，籽粒的颜色就红一些，$R$ 即为红色增效基因，$R$ 基因的效应是可以累加的。$R$ 的等位基因为 $r$。

当所研究的情况由 $n$ 对独立遗传的基因控制时，$F_2$ 基因型频率为

$$(1/2R+1/2r)^2(1/2R+1/2r)^2(1/2R+1/2r)^2\cdots$$
$$=(1/2R+1/2r)^{2n}$$
$$=1/4RR+2/4Rr+1/4rr$$

当 $n=2$ 时

$$\left(\frac{1}{2}R+\frac{1}{2}r\right)^{2\times2}=\frac{1}{16}(4R)+\frac{4}{16}(3R)+\frac{6}{16}(2R)+\frac{4}{16}(1R)+\frac{1}{16}(0R)$$

由于数量性状往往由多对基因控制，各基因对表型影响较小，而且受到环境条件的修饰，使遗传变异与环境造成的变异混在一起，不易区分，表现为连续

分布。

5. 以下是陆地棉 4 个亲本及其 $F_1$ 在 8 月 9 日和 9 月 3 日的平均单株成铃数的分析资料（1981 年，1985 年）。

**方差和协方差计算结果**

| 方差 | 8 月 9 日 | 9 月 3 日 | 协方差 Cov |
|---|---|---|---|
| $V_A$ | 2.250* | 8.182** | $C_A$ 4.277* |
| $V_D$ | 3.809* | 2.735* | $C_D$ 2.373 |
| $V_{AE}$ | 2.207* | 1.086 | $C_{AE}$ 1.086 |
| $V_{DE}$ | 0.605* | 1.644* | $C_{DE}$ −0.156 |
| $V_e$ | 3.216* | 6.634* | $C_e$ 3.853* |
| $V_P$ | 12.087** | 20.280** | $C_P$ 11.433* |

*表明 P≤0.05；**表明 P≤0.01。

**基于群体均值的 $F_1$ 平均优势的预测结果（%）**

| 组合 | 8 月 9 日 | | | 9 月 3 日 | | |
|---|---|---|---|---|---|---|
| | $H_M$ | $H_{ME1}$ | $H_{ME2}$ | $H_M$ | $H_{ME1}$ | $H_{ME2}$ |
| [1×2] | 18.9* | −7.6 | 20.7* | 4.2 | 2.5 | −2.1 |
| [1×3] | 23.7** | 12.1* | 3.1 | −0.4 | 22.6** | −26.0** |
| [1×4] | 19.5* | 6.2 | 5.6 | 0.6 | 19.0** | −21.5** |
| [2×3] | 41.4** | 8.8 | 21.3 | 16.2* | 8.4** | 10.5 |
| [2×4] | 50.1* | 1.0 | 29.7 | 35.1 | 10.9 | 27.2 |
| [3×4] | 39.3* | 14.9 | 12.1 | 11.1 | 30.8** | −18.3** |

*表明 P≤0.05；**表明 P≤0.01。

问题（1）：估算 8 月 9 日和 9 月 3 日的普通广义遗传率、互作广义遗传率、普通狭义遗传率、互作狭义遗传率，说明这两个时期单株成铃数的遗传规律及其对选择育种的指导意义。问题（2）：根据 $F_1$ 普通平均优势和互作平均优势的预测结果，评价不同杂交组合的杂种优势利用的潜力。

参考答案（1）：从表中可以看出，除了 9 月 3 日单株成铃数的加性互作方差（$V_{AE}$）外，其他表型方差（$V_P$）、机误方差（$V_e$）以及遗传方差分量［包括加性方差（$V_A$）、显性方差（$V_D$）、加性互作方差（$V_{AE}$）和显性互作方差（$V_{DE}$）］均已达到显著水平，说明基因的加性效应、显性效应、加性互作效应、显性互作效应均可显著影响两年不同时期的单株成铃数。在所分析的遗传主效应中，两个日期的平均单株成铃数都是以遗传主效应（$V_A+V_D$）为主，分别占 $V_P$ 的 50.12%和 53.83%，说明单株成铃数的选择效果受环境条件变化的影响相对较小。由于不同时期的单株成铃数的 $V_{AE}$ 和 $V_{DE}$ 多数已达显著水平，故该性状除了受到遗传主效应外，还不同程度受控于环境互作效应的影响，特别以 8 月 9 日的加性互作效应和 9 月 3 日的显性互作效应表现得尤为明显。这部分互作效应是单株成铃数在不同环境中遗传表现有所差异的主要原因。

通过表 1 中遗传效应的分析，还可以发现两年中单株成铃数均是以基因加性主效应和加性互作效应（$V_A+V_{AE}$）为主，且具有较高的普通狭义遗传率和互作狭义遗传率，分别为 36.9%和 45.7%，这表明对该性状进行低世代选择可望取得较好的效果。

由于不同时期单株成铃数的机误方差（$V_e$）已达显著水平，所以该性状的表现还受到环境机误或抽样误差的影响。但由于其值均较小，故单株成铃数主要受制于加性效应、显性效应的各种遗传主效应以及相应的环境互作效应。

协方差分析的结果表明，8 月 9 日和 9 月 3 日的表型或加性协方差已达显著水平，说明这两个时期的表型或加性效应间存在着显著正相关，通过 8 月 9 日的单株成铃数选择有利于增加 9 月 3 日的单株成铃数。由于未测到显著水平的互作效应协方差（加性互作协方差 $C_{AE}$和显性协方差 $C_{DE}$），故上述相关性受环境条件的影响不大。

参考答案（2）：根据表 2 结果可以看出，8 月 9 日棉花 $F_1$ 植株单株成铃数的普通平均优势（$H_M$）在 6 个组合中均达到了 1%、5%或 10%的正向显著水平，表明普通平均优势可以显著增加该时期棉花的单株成铃数；由于 8 月 9 日时期的单株成铃数的互作优势仅有 2 个组合（1×2 的 $H_{ME1}$ 和 1×3 的 $H_{ME2}$）达到了 10%显著水平，因此该时期 $F_1$ 植株的单株成铃数平均优势受环境条件的影响较小。在 9 月 3 日时期，仅有组合 2×3 的平均杂种优势达到了 10%显著水平，说明该时期不同组合的单株成铃数普通平均优势不强；但 9 月 3 日时期单株成铃数的互作优势多数组合已达显著水平，说明该时期棉花单株成铃数杂种优势表现容易受到环境变化的影响，其中 1981 年主要为正向互作杂种优势，1985 年则表现为以负向互作杂种优势为主。

就不同组合而言，组合 2×3 和 2×4 在 8 月 9 日具有较大的普通平均优势，而正向互作平均优势都未达到显著水平，故这两个组合的单株成铃数优势表现较好，且不同年份的单株成铃数也具有较好的稳定性。特别是组合 2×3 在 9 月 3 日时期的单株成铃数普通平均优势和 1985 年互作平均优势也已达到正向显著水平，表明该组合在不同发育时期（8 月 9 日和 9 月 3 日）的单株成铃数具有较好的杂种优势。虽然组合 1×3、1×4 和 3×4 在 8 月 9 日的杂种优势表现较好，但这三个组合 9 月 3 日的显著互作优势在不同年份表现相反，表明这些组合在不同年份的稳定性较差。

6. 在一大群体中间，对 3 个连续分布的性状加以测量，计算方差，如下表所示：

| 方差类型 | 性状 | | |
| --- | --- | --- | --- |
| | 胫长 | 脖长 | 脂肪含量 |
| 表型方差 | 310.2 | 730.4 | 106.0 |
| 环境方差 | 248.1 | 292.2 | 53.0 |
| 可加性遗传方差 | 46.5 | 73.0 | 42.4 |
| 显性遗传方差 | 15.6 | 365.2 | 10.6 |

问：a. 对每个性状，计算广义遗传率和狭义遗传率。b. 在所研究的动物群体中，哪个性状受选择的影响最大？为什么？c. 有一项措施将减少牲畜中平均脂肪含量。目前脂肪含量为10.5%，引进脂肪含量6.5%的牲畜并杂交，则后代的脂肪含量预期为多少？

参考答案：a.

| 遗传率 | 胫长 | 脖长 | 脂肪含量 |
| --- | --- | --- | --- |
| 广义遗传率 | 20% | 60% | 50% |
| 狭义遗传率 | 15% | 10% | 40% |

b. 胫长受环境影响最大，因为该性状的广义遗传率最小。

c. 表型为6.5%的个体基因型值（育种值）：[10.5%－(10.5%－6.5%)×40%]＝8.9%

杂交后代的基因型值：(10.5%＋8.9%)＝9.7%

7. 假定两个三杂合子 *AaBbCc* 相互杂交。这3个基因在不同染色体上：

问：a. 后代中有多少个体在1个、2个、3个座位上是纯合子？

b. 后代有多少个体携带0、1、2、3、4、5、6个显性基因（用大写字母表示）？

参考答案：a. 一个座位是纯合子的比例：$C_3^1\times1/2\times1/2\times1/2=3/8$；两个座位是纯合子的比例：$C_3^2\times1/2\times1/2\times1/2=3/8$；三个座位是纯合子的比例：$C_3^3\times1/2\times1/2\times1/2=1/8$

b.

| 显性基因个数 | 0 | 1 | 2 | 3 | 4 | 5 |
| --- | --- | --- | --- | --- | --- | --- |
| 比例 | 1/64 | 6/64 | 15/64 | 20/64 | 15/64 | 6/64 |

8. 在上题4中，假定A座位上的3种可能的基因型的平均表型效应分别为 *AA*＝4，*Aa*＝3，*aa*＝1。对 *B*、*C* 两座位也存在相似的效应。而且，假定每个座位的效应可以累加。计算并且图示群体中表型的分布（假定没有环境变异的影响）。

参考答案：

| 显性基因个数 | 6 | 5 | 4 | | 3 | | 2 | | 1 | 0 |
|---|---|---|---|---|---|---|---|---|---|---|
| | | | 2纯 | 1纯2杂 | 1纯1杂 | 3杂 | 1纯 | 2杂 | | |
| 表型 | 12 | 11 | 9 | 10 | 8 | 9 | 6 | 7 | 5 | 3 |
| 表型构成 | 4+4+4 | 4+4+3 | 4+4+1 | 4+3+3 | 4+3+1 | 3+3+3 | 4+1+1 | 3+3+1 | 3+1+1 | 1+1+1 |
| 比例 | 1/64 | 6/64 | 3/64 | 12/64 | 12/6 | 8/64 | 3/64 | 12/64 | 6/64 | 1/64 |

| 表型 | 12 | 11 | 10 | 9 | 8 | 7 | 6 | 5 | 3 |
|---|---|---|---|---|---|---|---|---|---|
| 比例 | 1 | 6 | 12 | 11 | 12 | 12 | 3 | 6 | 1 |

9. 根据实验测出小麦各世代的抽穗期（开花时间）的表现型方差和平均值如下：

| 世代 | 表现型方差 | 平均值 |
|---|---|---|
| $P_1$ | 11.04 | 12.99 |
| $P_2$ | 10.32 | 27.61 |
| $F_1$ | 5.24 | 18.45 |
| $F_2$ | 40.45 | 21.20 |
| $B_1$ ($F_1 \times P_1$) | 17.35 | 15.63 |
| $B_2$ ($F_2 \times P_2$) | 34.29 | 23.88 |

计算广义遗传力和狭义遗传力。

参考答案：广义遗传力分别为 0.8701，0.7353 和 0.7802；狭义遗传力=0.7251。

10. 约翰森从一个菜豆的纯系中随机选出一个样本称重，得到的豆粒质量（cg）如下：19、31、18、24、27、28、25、30、29、22、29、26、23、20、24、21、25、29。(A) 计算样本的平均数、方差、标准差。(B) 这一群体的环境方差和遗传方差各为多少？(C) 如果从其中选 31cg、25cg 和 19cg 的三粒种子分别种植得到后代植株，预期各株种子的平均粒重各为多少？

参考答案：(A) 样本的平均数=25、方差=14.67、标准差=3.83。(B) 环境方差=14.67；遗传方差=0。(C) 预期各株种子的平均粒重均为 25。

11. 一个 *AaBbCc* 三对独立遗传基因的杂合体连续自交 4 代后，群体中的纯合体将占多少？*AabbCC* 基因型个体的比例将占多少？

参考答案：$[1-(1/2)^4]^3 \times 100\%$；2/64

12. 如果给有下标 0 的基因以 5 个单位，给有下标 1 的基因以 10 个单位，计算 $A_0A_0B_1B_1C_1C_1$ 和 $A_1A_1B_0B_0C_0C_0$ 两个亲本和它们 $F_1$ 杂种的计量数值。设 (1) 没有显性；(2) $A_1$ 对 $A_0$ 是显性；(3) $A_1$ 对 $A_0$ 是显性，$B_1$ 对 $B_0$ 是显性。

参考答案：$P_1$：$A_0A_0B_1B_1C_1C_1 \times P_2$：$A_1A_1B_0B_0C_0C_0$

$$\downarrow$$

$F_1$　　　　　$A_1A_0B_1B_0C_1C_0$

（1）没有显性：

$P_1$ 的计量值：5＋5＋10＋10＋10＋10＝50；$P_2$ 的计量值：10＋10＋5＋5＋5＋5＝40；$F_1$ 的计量值：10＋5＋10＋5＋10＋5＝45。

（2）$A_1$ 对 $A_0$ 是显性［$P_1$ 和 $P_2$ 的计量值与（1）一样，分别为 50 和 40］：

$F_1$ 的计量值：10＋10＋10＋5＋10＋5＝50（超过双亲的平均值）。

（3）$A_1$ 对 $A_0$ 是显性，$B_1$ 对 $B_0$ 是显性［$P_1$ 和 $P_2$ 与（1），（2）相同］：

$F_1$ 的计量值：10＋10＋10＋10＋10＋5＝55（具杂种优势）

13. 根据上题的假定，导出下列的 $F_2$ 频率分布，并作图。

| 计量数值 | （1） | （2） | （3） |
|---|---|---|---|
| 30 | 1/64 | 1/64 | 1/64 |
| 35 | 6/64 | 4/64 | 2/64 |
| 40 | 15/64 | 9/64 | 7/64 |
| 45 | 20/64 | 15/64 | 12/64 |
| 50 | 15/64 | 19/64 | 15/64 |
| 55 | 6/64 | 12/64 | 18/64 |
| 60 | 1/64 | 3/64 | 9/64 |

参考答案：（1）根据 $A$，$B$ 和 $C$ 三个基因下标相同者其作用均分别是相等的，而且是累加的假定，$F_1$ 配子的种类和比数为 $[(1/2)A_0+(1/2)A_1]^3$ 的展开，而 $F_2$ 合子的分布是 $[(1/2)A_0+(1/2)A_1]^6$ 的展开。（设 $A_0=B_0=C_0$，$A_1=B_1=C_1$）列表如下：

| $F_2$ 表型 | $A_0A_0A_0$ $A_0A_0A_0$ | $A_0A_0A_0$ $A_0A_0A_1$ | $A_0A_0A_0$ $A_0A_1A_1$ | $A_0A_0A_0$ $A_1A_1A_1$ | $A_0A_0A_1$ $A_1A_1A_1$ | $A_0A_1A_1$ $A_1A_1A_1$ | $A_1A_1A_1$ $A_1A_1A_1$ |
|---|---|---|---|---|---|---|---|
| 频率 | 1/64 | 6/64 | 15/64 | 20/64 | 15/64 | 6/64 | 1/64 |
| 计量数值 | 30 | 35 | 40 | 45 | 50 | 55 | 60 |

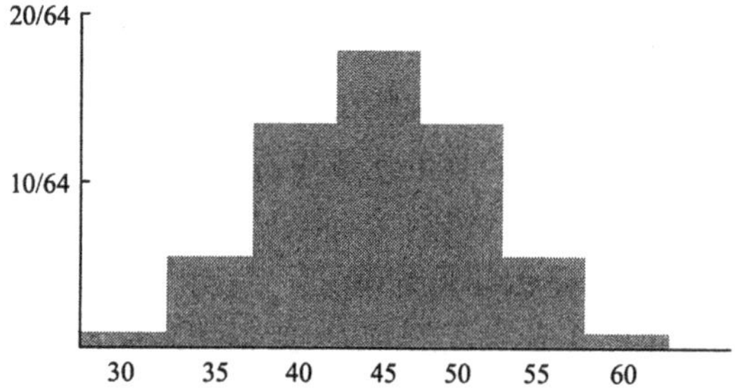

(2) $A_1$ 对 $A_0$ 是显性

| 计量数值 | 30 | 35 | 40 | 45 | 50 | 55 | 60 |
|---|---|---|---|---|---|---|---|
| 频率 | 1/64 | 4/64 | 9/64 | 16/64 | 19/64 | 12/64 | 3/64 |

作图：

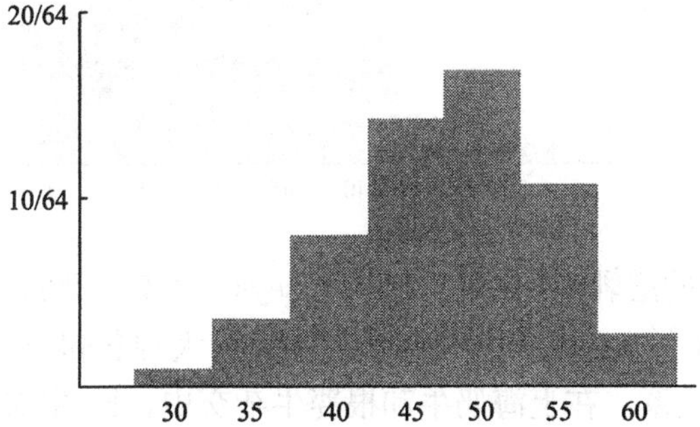


(3) $A_1$ 对 $A_0$ 是显性，$B_1$ 对 $B_0$ 是显性，$F_2$ 表型频率导出如下表所示：

| | $1/4C_1C_1$ | $2/4C_1C_0$ | $1/4C_0C_0$ | |
|---|---|---|---|---|
| $3/4A_1-$ | $9/64\ A_1\text{-}B_1\text{-}C_1C_1$ 60<br>$3/64\ A_1\text{-}B_0B_0C_1C_1$ 50 | $18/64\ A_1\text{-}B_1\text{-}C_1C_0$ 55<br>$6/64\ A_1\text{-}B_0B_0C_1C_0$ 45 | $9/64\ A_1\text{-}B_1\text{-}C_0C_0$ 50<br>$3/64\ A_1\text{-}B_0B_0C_0C_0$ 40 | $3/4\ B_1-$<br>$1/4\ B_0B_0$ |
| $1/4\ A_0A_0$ | $3/64\ A_0A_0B_1\text{-}C_1C_1$ 50<br>$1/64\ A_0A_0B_0B_0C_1C_1$ 40 | $6/64\ A_0A_0B_1\text{-}C_1C_0$ 45<br>$3/64\ A_0A_0B_0B_0C_1C_0$ 35 | $3/64\ A_0A_0B_1\text{-}C_0C_0$ 40<br>$1/64\ A_0A_0B_0B_0C_0C_0$ 30 | $3/4\ B_1-$<br>$1/4\ B_0B_0$ |

| | $1/4B_1B_1$ | $2/4B_1B_0$ | $1/4B_0B_0$ | |
|---|---|---|---|---|
| $1/4C_1C_1$ | $3/64\ A_1\text{-}B_1B_1C_1C_1$ 60<br>$1/64\ A_0A_0B_1B_1C_1C_1$ 50 | $6/64\ A_1\text{-}B_1B_0C_1C_1$ 55<br>$2/64\ A_0A_0B_1B_0C_1C_1$ 45 | $3/64\ A_1\text{-}B_0B_0C_1C_1$ 50<br>$1/64\ A_0A_0B_0B_0C_1C_1$ 40 | $3/4\ A_1-$<br>$1/4\ A_0A_0$ |
| $2/4C_1C_0$ | $6/64\ A_1\text{-}B_1B_1C_1C_0$ 55<br>$2/64\ A_0A_0B_1B_1C_1C_0$ 45 | $12/64\ A_1\text{-}B_1B_0C_1C_0$ 50<br>$4/64\ A_0A_0B_1B_0C_1C_0$ 40 | $6/64\ A_1\text{-}B_0B_0C_1C_0$ 45<br>$2/64\ A_0A_0B_0B_0C_1C_0$ 35 | $3/4\ A_1-$<br>$1/4\ A_0A_0$ |
| $1/4C_0C_0$ | $3/64\ A_1\text{-}B_1B_1C_0C_0$ 50<br>$1/64\ A_0A_0B_1B_1C_0C_0$ 40 | $6/64\ A_1\text{-}B_1B_0C_0C_0$ 45<br>$2/64\ A_0A_0B_1B_0C_0C_0$ 35 | $3/64\ A_1\text{-}B_0B_0C_0C_0$ 40<br>$1/64\ A_0A_0B_0B_0C_0C_0$ 30 | $3/4\ A_1-$<br>$1/4\ A_0A_0$ |

| 计量数值 | 30 | 35 | 40 | 45 | 50 | 55 | 60 |
|---|---|---|---|---|---|---|---|
| 频率 | 1/64 | 2/64 | 7/64 | 12/64 | 15/64 | 18/64 | 9/64 |

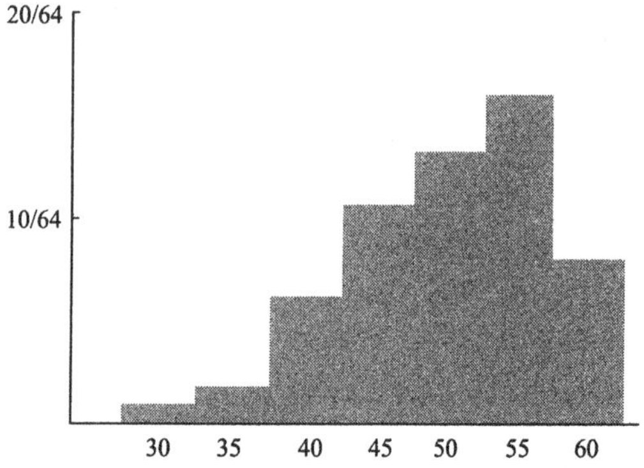


14. 上海奶牛的泌乳量比根赛（Guernseys）牛高 12%，而根赛牛的奶油含量比上海奶牛高 30%。泌乳量和奶油含量的差异大约各包含 10 个基因位点（座位），没有显隐性关系。在上海奶牛和根赛牛杂交中，$F_2$ 中有多少比例的个体的泌乳量跟上海奶牛一样高，而奶油含量跟根赛牛一样高？

参考答案：每个基因座位在 $F_2$ 要像某亲本的概率，仅为 1/4。两亲代的不同优良性状各有 10 个基因座位，因此所求频率为：$(1/4)^{10}\times(1/4)^{10}=(1/4)^{20}=(1/2)^{40}$

15. 下面是以小家鼠为材料而进行的一个试验结果。

**小家鼠 20 日龄体重**

| 哺乳亲 | 仔鼠 | 育成率/% | 体重/g | 差异/g |
|---|---|---|---|---|
| $F_1$<br>（1）近交系 | $F_1$<br>$F_1$ | 94.33 | 7.63<br>6.95 | 0.68 |
| $F_1$<br>（1）近交系 | 近交系<br>近交系 | 74.03 | 7.56<br>6.29 | 1.27 |

仔鼠有两类，一类是 $F_1$ 杂种，一类是近交系；这些仔鼠由哺乳亲代为哺乳。哺乳亲代也分两类，一类是 $F_1$ 杂种，一类是近交系，分别代表良好环境和较差环境。你从这个试验的结果，可以得出一些什么结论来？

参考答案：(1)、(2) 两组资料都说明，在遗传基础相同的情况下，由于环境不同造成了差异，组内的差异为环境所致。(1)、(2) 两组之间的资料表明，它们之间的差异是由遗传基础所致。此外还说明，同样的环境差异对不同的遗传基础所造成的变异是很不相同的。

## 三、知识要点概念图

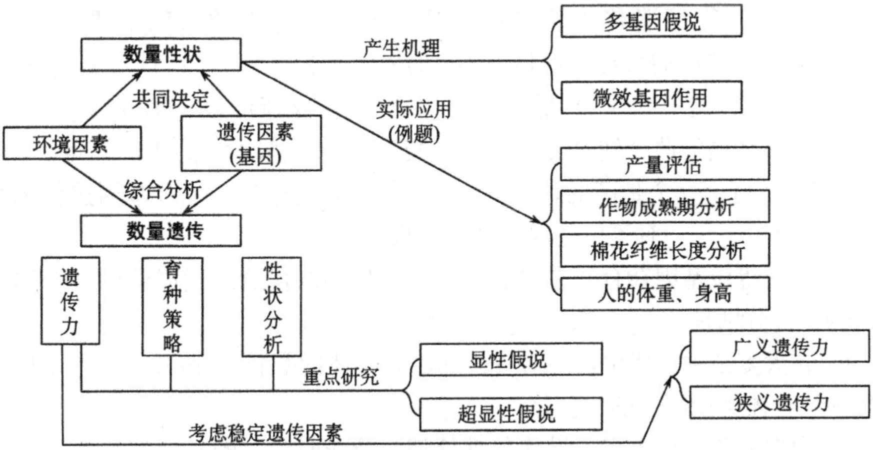


## 参考资料

刘曙东 . 2006. 遗传学习题解析（修订版）. 北京：西北农林科技大学出版社

荣廷昭 . 2003. 数量遗传学 . 北京：中国科学技术出版社

盛志廉 . 1999. 数量遗传学 . 北京：科学出版社

王金玉 . 2004. 数量遗传与动物育种 . 南京：东南大学出版社

徐云碧 . 1994. 分子数量遗传学 . 北京：中国农业出版社

翟虎渠 . 2007. 应用数量遗传 . 北京：中国农业科学技术出版社

Griffiths A J F, Wessler S R, Lewontin R C et al. 2001. Modern Genetic Analysis: Integrating Genes and Genomes. New York: W. H. Freeman and Company

## 【试题精选】

### 一、填空题

1. 假定有两对基因，每对各有两个等位基因 *Aa* 和 *Bb*，以相加效应的方式决定植株的高度。纯合子 *AABB* 高 50cm，纯合子 *aabb* 高 30cm，问：(1) 这两个纯合子之间杂交，$F_1$ 的高度是多少________；(2) 在 $F_1 \times F_1$ 杂交后，$F_2$ 中什么样的基因型表现 40cm 的高度________；(3) 这些 40cm 高的植株在 $F_2$ 中占的比例是________。

2. 一连续自交的群体，由一个杂合子开始，需要经过________代才能得到大约 97%的纯合子。

3. 株高 6 尺与 4 尺的植株杂交产生的子代是 5 尺。在 $F_2$ 中 1/256 为 4 尺，1/256 为 6 尺的植株。假设所包括的因子的作用都是相等的，累加的，且无显隐关系。这两个亲本有________对基因的差异。

4. 假定某资料的 $V_E=20$，$V_A=20$，$V_D=20$，广义遗传力是________，狭

义遗传力是________。

5. 根据对小麦抽穗期的研究，得到 $F_2$ 表型方差为 0.8，两个杂交亲本平均方差为 0.25，狭义遗传力为 60%。则（A）环境方差（$V_E$）是________；（B）$F_2$ 表型方差中的累加性遗传方差（$1/2V_A$）是________；（C）$F_2$ 表型方差中的显性遗传方差（$1/4V_D$）是________；（D）广义遗传力（$H_{广}$）是________。

6. 在高和矮的两个纯自交系之间杂交，$F_1$ 代全部表现为中间高度。在 452 个 $F_2$ 代中，有 106 个是高的，108 个是矮的。假定这是一个多基因遗传的最简单情况，有________对等位基因控制该性状。

7. 一对等位基因杂合体在自交四代、六代和八代后后代群体中杂合体类型所占的比例分别是________、________和________。

8. 在大麦杂种一代中，一对等位基因杂合体的数目占 100%。在 $F_5$ 代自交后代中纯合体类型所占的比例是________。

9. 根据实验测出小麦各世代的抽穗期（开花时间）的表现型方差和平均值如下：

| 世代 | 表现型方差 | 平均值 |
|---|---|---|
| $P_1$ | 11.04 | 12.99 |
| $P_2$ | 10.32 | 27.61 |
| $F_1$ | 5.24 | 18.45 |
| $F_2$ | 40.45 | 21.20 |
| $B_1$（$F_1 \times P_1$） | 17.35 | 15.63 |
| $B_2$（$F_2 \times P_2$） | 34.29 | 23.88 |

则广义遗传力和狭义遗传力分别为________和________。

10. 约翰森从一个菜豆的纯系中随机选出一个样本称重，得到的豆粒重量（cg）如下：19、31、18、24、27、28、25、30、29、22、29、26、23、20、24、21、25、29。（A）样本的平均数、方差、标准差分别为________、________和________。（B）这一群体的环境方差和遗传方差分别为________和________。（C）如果从其中选 31cg、25cg 和 19cg 的三粒种子分别种植得到后代植株，则各株种子的平均粒重分别为________、________和________。

11. 多基因对数量性状的控制是可叠加的，可将其作用的方式分为________和________。

12. 作物品种甲比品种乙产量高 15%，品种乙的含油量比品种甲的含油量高 10%。产量与含油量这两个性状分别由 10 对基因位点控制且彼此间没有显隐性关系。如果将甲乙两品种杂交，在 $F_2$ 中兼具双亲的产量和含油量两个优点的个体比例是________。

13. 某小麦品种的谷粒颜色由 6 对基因共同控制。从 $AABBCCDDEEFF \times aabbccddeeff$ 的杂交中，（A）$F_2$ 中有________将和双亲相像；（B）$F_2$ 中共有

________种表现型；(C) $F_2$ 中具有 6 个显性等位基因的个体占________。

14. 株高 6 尺[①]与 4 尺的植株杂交产生的子代是 5 尺。在 $F_2$ 中 1/256 为 4 尺，1/256 为 6 尺的植株。假设所包括的因子的作用都是相等的，累加的，且无显隐关系。这两个亲本有________对基因的差异。

## 二、选择题

1. 数量性状通常显示出（　　）种表型。

A. 一种　　B. 一种以上　　C. 一系列　　D. B 和 C 均正确

2. 数量性状通常显示出一种以上表型的原因是（　　）。

A. 数量性状由多个基因所控制

B. 数量性状由多个复等位基因所控制

C. 数量性状由突变的等位基因所控制

D. 数量性状发生于一种生物的多个个体

3. 数量性状的分布形式是（　　）。

A. 线性分布　　B. 正态分布　　C. 双曲线分布　　D. 对数分布

4. 以下哪些例子属于数量性状？（　　）

A. 豌豆豆荚的颜色　　B. 人类的 ABO 血型　　C. 老鼠的被毛颜色

D. 狒狒的出生体重　　E. 以上所有

5. 衡量当一个变量变化时，另一个变量所改变的程度，使用的是哪种数学分析？（　　）

A. 回归分析　　B. 相关分析　　C. 协方差分析

D. 卡平方分析　　E. 方差分析

6. 表型方差中加性遗传方差所占的比例被称作是（　　）遗传率。

A. 广义　　B. 狭义　　C. 可变　　D. 基因

7. 用于描述连续随机分布样本的表型分布集中程度的统计学名词是（　　）。

A. 平均数　　B. 标准方差　　C. 模数　　D. 方差　　E. 相关系数

8. 关于数量性状的影响因素有哪些？（　　）

A. 由多个基因座位所控制　　B. 由多个基因所控制

C. 性状表达受环境因素的影响　　D. 由多个因子所控制

E. 以上所有

9. 某一数量性状为纯种的亲代之间进行杂交，在 $F_1$ 代中此数量性状表达的平均值与亲代平均值相比较的结果是（　　）。

A. $F_1$ 代大于亲代之间的平均值　　B. $F_1$ 代小于亲代之间的平均值

C. 二者相等　　D. $F_1$ 代的平均值介于亲代的父母本之间

---

① 1 尺≈33cm，后同。

10. 遗传学家用于测量两个性状之间的相关性大小的统计学参数是（　　）。

A. 标准方差　B. 相关系数　C. 协方差　D. 方差　E. 平均值

11. 通常，非数量性状有（　　）种表型。

A. 0　B. 1　C. 2　D. 3　E. 3 种以上

12. 大多数多因子性状呈现出的频率分布类型是（　　）。

A. 对称分布　B. 双峰分布　C. 非对称分布　D. 偏斜分布

13. 对两个数量性状进行回归分析，回归方程 $y=16.31+0.23x$ 的意义是（　　）。

A. 一个变量的变化将影响另一变量的值改变程度

B. 当一个变量的值为 0 时，另一个变量的期望值

C. 当一个变量的值为 0 时，另一个变量的变异程度

D. 当一个变量的值的平均数是 16.31 时，另一个变量的平均数

14. 这里有三种玉米籽粒。第一种是红的；第二种是白的；第三种也是白的，但若在成熟期暴露于阳光下就变成红的。第三种玉米的颜色是由哪种因素决定的?（　　）

A. 遗传　B. 环境　C. 遗传和环境　D. 既不是遗传也不是环境

## 三、遗传分析与计算题

1. 测量 101 只成熟的矮脚鸡的体重，得到下列结果：

| 只数 | 体重/斤① |
|---|---|
| 8 | 1.2 |
| 17 | 1.3 |
| 52 | 1.4 |
| 15 | 1.5 |
| 9 | 1.6 |

请用统计学公式计算平均数和方差。

2. 测量矮脚鸡和芦花鸡的成熟公鸡和它们的杂种的体重，得到下列的平均体重和表型方差：

| | 平均/斤 | 方差（V） |
|---|---|---|
| 矮脚鸡 | 1.4 | 0.1 |
| 芦花鸡 | 6.6 | 0.5 |
| $F_1$ | 3.4 | 0.3 |
| $F_2$ | 3.6 | 1.2 |
| $B_1$ | 2.5 | 0.8 |
| $B_2$ | 4.8 | 1.0 |

① 1斤=500g，后同。

根据表格已知数据计算显性程度以及广义和狭义遗传率。

3. 设亲本植株 $AA$ 的高度是 20，$aa$ 的高度是 10，$F_1$ 植株 $Aa$ 的高度是 17。计算 $F_2$ 植株的平均高度和方差。问：你所求得的平均数跟用公式求得的平均数不同，这是为什么？你所求得的方差与用公式求得的方差是一样的，这是为什么？

4. 区别群体的连续变异和不变异，各举一例加以说明。

5. 假定两个三杂合子 $AaBbCc$ 相互杂交。这 3 个基因在不同染色体上。

a. 后代中有多少个体在 1 个、2 个、3 个座位上是纯合子？

b. 后代有多少个体携带 0、1、2、3、4、5、6 个显性基因（用大写字母表示）？

6. 在题 5 中，假定 $A$ 座位上的 3 种可能的基因型的平均表型效应分别为 $AA=4$，$Aa=3$，$aa=1$。对 $B$、$C$ 两座位也存在相似的效应。而且，假定每个座位的效应可以累加。计算并且图示群体中表型的分布（假定没有环境变异的影响）。

7. 假设一个 6 磅[①]重的南瓜重量是由 3 对基因 $AABBCC$ 控制，每个基因增重 0.5 磅。取 3 磅重南瓜植株（$aabbcc$）与 6 磅植株杂交，$F_1$ 和 $F_2$ 的表型如何？

8. 假定某种植物高度是由两对不连锁的基因决定的，每个大写符号的基因对 6 cm 的基本高度（$aabb$）的贡献是 5cm。今有 $AABB\times aabb$ 杂交，则：（1）每个亲本的高度是多少？（2）如果不考虑环境效应，$F_1$ 的高度是多少？（3）$F_2$ 后代的表型比例如何？

9. 如果上题中每对基因以完全显性代替了加性效应，则：

（1）每个亲本的高度是多少？（2）$F_1$ 预期高度如何？（3）$F_2$ 的表型比例如何？

10. 甲品种穗长平均 19cm，乙品种穗长平均 10cm，它们具有 3 对基因的差异。问 $F_2$ 代中穗长 19cm 和穗长 17.5cm 的个体比例如何？

11. 测量 101 只成熟的矮脚鸡的体重，得下列结果。计算平均数和方差。

| 体重/斤 | 1.2 | 1.3 | 1.4 | 1.5 | 1.6 |
|---|---|---|---|---|---|
| 只数 | 8 | 17 | 52 | 15 | 9 |

| 体重/斤 $X$ | 1.2 | 1.3 | 1.4 | 1.5 | 1.6 | 7 |
|---|---|---|---|---|---|---|
| 只数 $f$ | 8 | 17 | 52 | 15 | 9 | 101 |
| $fX$ | 9.6 | 22.1 | 72.8 | 22.5 | 14.4 | 141.4 |

① 1 磅=0.453 592kg，后同。

续表

| $X^2$ | 1.44 | 1.69 | 1.96 | 2.25 | 2.56 | |
|---|---|---|---|---|---|---|
| $fX^2$ | 11.52 | 28.73 | 101.92 | 33.75 | 23.04 | 198.96 |

12. 设两株 80cm 高的植物杂交，产生后代比例如下：

高度：64　68　72　76　80　84　88　92　96

株数：1　8　28　56　70　56　28　8　1

问亲本是何种基因型？

13. 家兔的大小是由等效累加基因决定的，从大品种兔与小品种兔杂交获得的 2010 只 $F_2$ 中，有 8 只和小品种亲本平均大小一样，还有 8 只兔和大品种亲本一样大，试估计有多少对基因起作用？

14. 两个 140cm 高的玉米杂交，只产生 140cm 高的子代，另两个 140cm 高的植株杂交，产生 1 株 180cm，4 株 160 cm，6 株 140cm，4 株 120 cm 和 1 株 100cm 高的植株；还有两个 140cm 高的植株杂交，产生 1 株 160 cm，2 株 140cm 和 1 株 120 cm 高的植株。问这些 140cm 高的亲本植株的基因型是怎样的？在任何一个杂交组合后代中选种，是否能获得超过 180cm 高的植株？

15. 根据小麦抽穗期的研究，得到 $F_2$ 表型方差为 0.8，两亲本平均方差为 0.25，狭义遗传力为 60%，求（1）环境方差 $V_E$；（2）$F_2$ 表型方差中的加性遗传方差 [(1/2) $V_A$]；（3）$F_2$ 表型方差中显性遗传方差 [(1/4) $V_D$]；（4）广义遗传力。

16. 预测双交种（A×B)×(C×D）产量的最好方法是求 4 个单交种 A×C，A×D，B×C 和 B×D 产量的平均数，为什么？为了使双交种的杂种优势最强，在这 6 个可能的单交中，你将选择哪两个单交种进行杂交，如 A 和 D 是姐妹自交系，B 和 C 也是姐妹自交系。

17. Two inbred lines of beans are intercrossed. In the $F_1$, the variance in bean weight is measured at 1.5. The $F_1$ is selfed; in the $F_2$, the variance in bean weight is 6.1. Estimate the broad heritability of bean weight in the $F_2$ population of this experiment. (Quoted from A. J. F. Griffiths et al. Modern Genetic Analysis: Integrating Genes and Genomes. © 2000 by Freeman and Company)

18. In an experimental population of Tribolium (flour beetles), body length shows a continuous distribution with a mean of 6mm. A group of males and females with body lengths of 9mm are removed and interbred. The body lengths of their offspring average 7.2mm. From these data, calculate the heritability in the narrow sense for body length in this population. (Quoted from A. J. F. Griffiths et al. Modern Genetic Analysis: Integrating Genes and Genomes. © 2000 by Freeman and Company)

19. Francis Galton compared the heights of male undergraduates with the heights of their fathers, with the results shown in the accompanying graph.

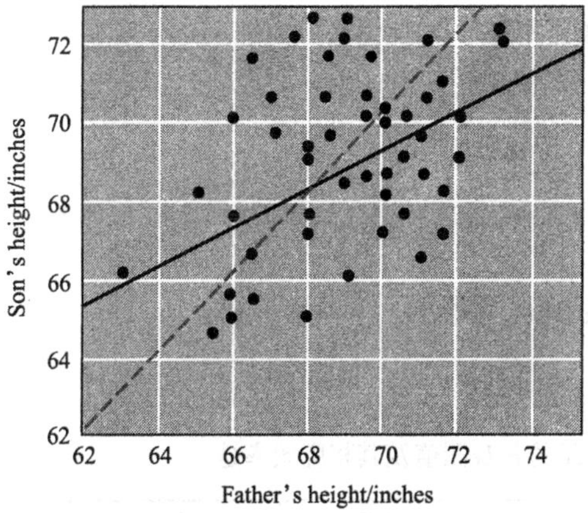


The average height of all fathers is the same as the average height of all sons, but the individual height classes are not equal across generations. The very tallest fathers had somewhat shorter sons, whereas the very shortest fathers had somewhat taller sons. As a result, the best line that can be drawn through the points on the scatter diagram has a slope of about 0.67 (solid line), rather than 1.00 (dashed line). Galton used the term regression to describe this tendency for the phenotype of the sons to be closer than the phenotype of their fathers to the population mean.

a. Propose an explanation for this regression.

b. How are regression and heritability related here?

(Graph after W. F. Bodmer and L. L. Cavalli-Sforza, Genetics. Evolution, and Man. © 1976 by W. H. Freeman and Company.)

(Quoted from A. J. F. Griffiths et al. Modern Genetic Analysis: Integrating Genes and Genomes. © 2000 by Freeman and Company)

## 【参考答案】

**一、填空题**

1. 40cm，*AaBb* *aaBB* *AAbb*，3/8
2. 3
3. 4
4. 2/3，1/3
5. 0.25，0.48，0.07，0.6875
6. 1
7. 1/16，1/64，1/256

8. 31/32

9. 0.87，0.72

10. 25，15.529，3.941，15.529，0，25，25，25

11. 倍加作用，累加作用

12. $(1/4)^{10}$

13. 1/2048，64，1/64

14. 4

## 二、选择题

1～5. DABDA，6～10. BBEDB，11～14. CAAC

## 三、遗传分析与计算题

1. 题目给出变量 $X$ 的各观测值及其相应频率是

| | |
|---|---|
| $X_1=1.2$ | $F_1=8$ |
| $X_2=1.3$ | $F_1=17$ |
| $X_3=1.4$ | $F_1=52$ |
| $X_4=1.5$ | $F_1=15$ |
| $X_5=1.6$ | $F_1=9$ |

则平均数为

$$\bar{x}=\frac{F_1x_1+F_2x_2+F_3x_3+F_4x_4+F_5x_5}{n}$$

$$=\frac{8\times1.2+17\times1.3+52\times1.4+15\times1.5+9\times1.6}{8+17+52+15+9}=1.4$$

方差为

$$s^2=\frac{\sum(x-\bar{x})^2}{n-1}$$

$$=\frac{8\times(1.2-1.4)^2+17\times(1.3-1.4)^2+52\times(1.4-1.4)^2+15\times(1.5-1.4)^2+9\times(1.6-1.4)^2}{(8+17+52+15+9)-1}$$

$$=\frac{1}{100}$$

2. 根据题意，两亲本之矮脚鸡（设为 $P_1$）和芦花鸡（设为 $P_2$）为纯合子，故不提供基因型方差。因此可以借助不分离世代（$P_1$，$P_2$ 和 $F_1$）求得环境方差

$$V_{E_1}=\frac{1}{4}V_{P_1}+\frac{2}{4}V_{F_1}+\frac{1}{4}V_{P_2}$$

$$=\left(\frac{1}{4}\right)\times\left(\frac{1}{10}\right)+\left(\frac{2}{4}\right)\times\left(\frac{3}{10}\right)+\left(\frac{1}{4}\right)\times\left(\frac{5}{10}\right)=0.3$$

于是可求得广义遗传率为

$$h_B^2=\frac{V_{G(F_2)}}{V_{P(F_2)}}=-\frac{V_{P(F_2)}-V_{E_2}}{V_{P(F_2)}}=\frac{1.2-0.3}{1.2}=0.75$$

而狭义遗传率可代人借助回交世代方差的估算公式求得

$$h_N^2=\frac{2V_{P(F_2)}-[V_{P(B_1)}+V_{P(B_2)}]}{V_{P(F_2)}}=\frac{2\times(1.2)-(0.8+1.0)}{1.2}=0.5$$

在上述两项估算中知

$$V_A=2V_{P(F_2)}-[V_{P(B_1)}+V_{P(B_2)}]=0.6$$

$$V_D=V_G-V_A=[V_{P(F_2)}-V_E]-2V_{P(F_2)}+[V_{P(B_1)}+V_{P(B_2)}]$$

$$=[V_{P(B_1)}+V_{P(B_2)}]-V_{P(F_2)}-V_E=0.3$$

因为

$$V_A=\frac{1}{2}\mathrm{A}=0.6,\quad A=1.2$$

$$V_D=\frac{1}{4}\mathrm{D}=0.3,\quad D=1.2$$

所以，根据定义，有：

$$\text{显性度}=\frac{\mathrm{d}}{\mathrm{a}}=\sqrt{\frac{\mathrm{D}}{\mathrm{A}}}=1$$

3. $F_2$ 植株的平均高度为

$$\bar{x}=\frac{1}{4}\times 20+\frac{2}{4}\times 17+\frac{1}{4}\times 10=16$$

方差为

$$s^2=\sum fx^2-\left(\sum fx\right)^2$$

$$=\left[\frac{1}{4}\times 20^2+\frac{2}{4}\times 17^2+\frac{1}{4}\times 10^2\right]-\left(\frac{20}{4}+\frac{17}{2}+\frac{10}{4}\right)^2$$

$$=13.5$$

4. 群体的连续变异是多基因控制的数量性状；不连续变异性状可能是多基因控制的数量性状但表型为“是与非”的表型效应（阈性状），或者是单基因控制的质量性状。

5. a. 一个座位是纯合子的比例：$C_3^1\times1/2\times1/2\times1/2=3/8$

两个座位是纯合子的比例：$C_3^2\times1/2\times1/2\times1/2=3/8$

三个座位是纯合子的比例：$C_3^3\times1/2\times1/2\times1/2=1/8$

b.

| 显性基因个数 | 0 | 1 | 2 | 3 | 4 | 5 | 6 |
|---|---|---|---|---|---|---|---|
| 比例 | 1/64 | 6/64 | 15/64 | 20/64 | 15/64 | 6/64 | 1/64 |

6.

| 显性基因个数 | 6 | 5 | 4 | | 3 | | 2 | | 1 | 0 |
|---|---|---|---|---|---|---|---|---|---|---|
| | | | 2纯 | 1纯2杂 | 1纯1杂 | 3杂 | 1纯 | 2杂 | | |
| 表型 | 12 | 11 | 9 | 10 | 8 | 9 | 6 | 7 | 5 | 3 |
| 表型构成 | 4+4+4 | 4+4+3 | 4+4+1 | 4+3+3 | 4+3+1 | 3+3+3 | 4+1+1 | 3+3+1 | 3+1+1 | 1+1+1 |
| 比例 | 1/64 | 6/64 | 3/64 | 12/64 | 12/6 | 8/64 | 3/64 | 12/64 | 6/64 | 1/64 |

续表

| 表型 | 12 | 11 | 10 | 9 | 8 | 7 | 6 | 5 | 3 |
|---|---|---|---|---|---|---|---|---|---|
| 比例 | 1 | 6 | 12 | 11 | 12 | 12 | 3 | 6 | 1 |

7. $F_1$：*AaBbCc*，3＋0.5×3＝4.5

$F_2$：

| 显性基因数 | 6 | 5 | 4 | 3 | 2 | 1 | 0 |
|---|---|---|---|---|---|---|---|
| 频率 | 1 | 6 | 15 | 20 | 15 | 6 | 1 |
| 重量 | 6 | 5.5 | 5 | 4.5 | 4 | 3.5 | 3 |

8.

| 基因型 | *AABB* | *AaBB*<br>*AABb* | *AaBb*<br>*Aabb*<br>*aaBB* | *Aabb*<br>*aaBb* | *aabb* |
|---|---|---|---|---|---|
| 高度/cm | 26 | 21 | 16 | 11 | 6 |
| 比例 | 1 | 4 | 6 | 4 | 1 |

9. (1) 每个亲本的高度均为6cm；(2) $F_1$ 预期高度为16cm；(3) $F_2$ 的表型比例是

| 基因型 | *AaBb* | *AaBB*<br>*AABb*<br>*Aabb*<br>*aaBb* | *AABB*<br>*aabb*<br>*Aabb*<br>*aaBB* |
|---|---|---|---|
| 高度/cm | 16 | 11 | 6 |
| 比例 | 4 | 8 | 4 |

10. 每个基因的作用＝(19－10)/6＝1.5 (cm)；穗长19cm：6个显性基因，1/64；穗长17.5cm：显性基因个数＝(17.5－10)/1.5＝5，6/64。

11. 平均数 $=(\sum fx)/n=141.4/101=1.4$；方差 $=\sum fx^2-(\sum fx)^2/n=198.96-141.4^2/101=1$。

12. 4对基因的差异，*AaBbCcDd*

13. 根据极端个体数出现的比例为 8/2010－1/256＝$(1/4)^4$，所以，4对基因起作用。

14.

$$
\begin{array}{c}
AAbb \times aaBB \\
140 \downarrow 140 \\
AaBb \\
140
\end{array}
$$

$$
\begin{array}{c}
AaBb \times AaBb \\
140 \downarrow 140
\end{array}
$$

| | | | | |
|---|---|---|---|---|
| *AABB* | *AABb*<br>*AaBB* | *AaBb*<br>*AAbb*<br>*aaBB* | *Aabb*<br>*aaBb* | *aabb* |
| 180 | 160 | 140 | 120 | 100 |
| 1 | 4 | 6 | 4 | 1 |

$$AAbb \times AaBb$$
$$140 \downarrow 140$$

| | | |
|---|---|---|
| *AABb* | *AaBb*<br>*AAbb* | *Aabb* |
| 160 | 140 | 120 |
| 1 | 2 | 1 |

15. $\frac{1}{2}V_A$=狭义遗传力$\times V_{F_2}=0.48$；$\frac{1}{4}V_D=V_{F_2}-\frac{1}{2}V_A-V_E=0.07$；广义遗传力$=68.75\%$。

16. (1) 产量是数量性状，在无显性和互作的情况下，基因所决定的性状值相加。由此，子代性状值等于亲代性状值的平均数。于是

$$\frac{\frac{1}{2}(A+B)+\frac{1}{2}(C+D)}{2}=\frac{1}{4}(A+B+C+D)$$

而 4 个单交种产量的平均值为

$$\frac{1}{4}\left(\frac{A+C}{2}+\frac{A+D}{2}+\frac{B+C}{2}+\frac{B+D}{2}\right)=\frac{1}{4}(A+B+C+D)$$

由此可见，双交种的产量等于这 4 个单交种产量的平均值。

(2) 要使双交种杂种优势最强，二单交种之间差异要大，两者纯合度也高。因此，应先将两对姐妹自交系杂交，育成两单交种，以使双交的杂合度提高，双交种的培育应是：(A×D)×(B×C)。

17. (摘自 A. J. F. Griffiths et al. Modern Genetic Analysis: Integrating Genes and Genomes. © 2000 by Freeman and Company)：

The key here is to recognize that all the variance in the $F_1$ population must be environmental, because all the $F_1$ individuals must have the same genotype, since they are all heterozygotes from a cross between two inbred lines. Furthermore, the $F_2$ variance must be a combination of environmental and genetic components, because all the genes that are heterozygous in the $F_1$ will segregate in the $F_2$ to give an array of different genotypes weight. Hence, we can estimate

$$s_e^2=1.5$$
$$s_e^2+s_g^2=6.1$$

Therefore

$$s_g^2=6.1-1.5=4.6$$

and broad hereditability is

$$H^2 = \frac{4.6}{6.1} = 0.75(75\%)$$

18. (摘自 A. J. F. Griffiths et al. Modern Genetic Analysis: Integrating Genes and Genomes. © 2000 by Freeman and Company):

The selection differential is $9-6=3$mm, and the selection response is $7.2-6=1.2$mm. Therefore, the hereditability in the narrow sense is

$$h^2 = \frac{1.2}{3} = 0.4(40\%)$$

19. (摘自 A. J. F. Griffiths et al. Modern Genetic Analysis: Integrating Genes and Genomes. © 2000 by Freeman and Company):

a. The regression line shows the relationship between the two variables. It attempts to predict one (the son's height) from the other (the father's height.) . If the relationship is perfectly correlated, the slope of the regression line should approximate 1. If you assume that individuals at the extreme of any spectrum are homozygous for the genes responsible for these phenotypes, then their offspring are more likely to be heterozygous than are the original individuals. That is, they will be less extreme. Also, there is no attempt to include the maternal contribution to this phenotype.

b. For Galton's data, regression is an estimate of hereditability ($h^2$), assuming that there were few environmental differences between all fathers and all sons both individually and as a group. However, there is no evidence given to determine whether the traits are familial but not heritable. This data would indicate genetic variation only if the relatives do not share common environments more than nonrelatives do.

# 第十章　表观遗传学基础和表观遗传变异

**重点提示：**在基因的核酸序列不改变的某些情况下，基因表达也可发生可遗传的表型变化，这就是表观遗传修饰（表观遗传变异）。就目前学科发展的情况看，表观遗传学的基本内容包括：表观遗传现象的基本特征、DNA 甲基化、组蛋白修饰、染色质重塑、染色质区室化和隔离子与基因簇调控、小 RNA（siRNA、miRNA 等）介导的基因调控、细胞核基质分子在基因表达调控中的作用、癌症等疾病发生中的表观遗传过程、个体发育和生理过程（特别是免疫过程）中的表观遗传调节，以及系统进化中表观遗传变异的作用等。在表观遗传学的应用方面，除了癌症等疾病机理的探讨外，衰老、细胞分化、干细胞发生与分化等方面涉及的表观遗传问题，也已经开始比较系统的研究；在疾病的基因治疗中结合表观遗传手法、在环境保护中利用表观遗传修饰原理、在植物生理机制分子和育种中引入表观遗传调控内容等，在一定范围内也已经成为热门；与理论研究相适应，相对成套的表观遗传学研究技术已经有一些系统介绍。

**本章导读：**在人们把表观遗传学加以系统研究之前，像基因组印记、DNA 甲基化、RNA 编辑和 X 染色体失活属于表观遗传变异范畴的遗传学内容就早已被探讨，但 DNA 甲基化在转基因动植物中引起转基因沉默（transgene silence）等现象使人们将一系列基因序列不变而引起可遗传的表型变异的现象联系起来，形成了表观遗传学这一遗传学深化研究领域。

从词源上看，表观遗传学（epigenetics）这个词早在遗传学（genetics）术语之前就已经出现了。表观遗传学的词根由亚里士多德创造，而 1651 年哈维（W. Harwey）就提出了渐成论（epigenesis）；1909 年，沃尔特里克（Wolter-eck）指出，基因的表达受内外环境的共同影响，在核酸序列没有发生突变的情况之下，代表着代代相传的种系。另外，虽然沃丁顿（C. H. Waddington）早在 20 世纪 40 年代就提出了表观遗传学概念，但直到 80 年代末，有关的系统科研成果仍寥寥无几。

表观遗传与基因和调节的基本方式相关，通过 DNA 和组蛋白的甲基化、去甲基化等生化过程达到其效应。RNA 干扰（RNAi）、遗传转座以及可遗传性蛋白变构［如发生在朊病毒（prion）中的蛋白变构］等的发现和研究，为表观遗传现象的揭示搭起了宽阔的舞台。人们认识到，除了传统密码子编码的遗传信息外，在 DNA 序列之内或超出序列信息本身，还存在很多隐含的遗传信息。这些高层次信息就是表观遗传学信息。

概括起来说，编码遗传信息提供了生命组织和活动所必需的蛋白质模板，而表观遗传学信息则提供了生命过程中对遗传信息指令响应的时间、地点和方式。表观遗传学的应用前景是广阔的。

## 【核心概念】

(1) 遗传修饰（genetic modification） 指生物的遗传基因被修饰（如甲基化等）之后，能够被赋予新的特殊性状的现象。育种中常利用遗传修饰获得优良性状，如抗除草剂、抗虫害或抗寒等。

(2) 表观遗传变异（epigenetic variation） 又称表观遗传修饰（epigenetic modification)，指基因的核苷酸序列不发生变化，而生物的基因表达出现的可遗传的变化。表观遗传变异现象很多，如DNA甲基化（DNA methylation)、基因组印记（genomic imprinting)、母体效应（maternal effect)、基因沉默（gene silencing)、核仁显性（nucleolar dominance)、休眠转座子激活和RNA编辑（RNA editing）等。

(3) 表观遗传学（epigenetics） 概念形成于大约20世纪40年代，是在基因组-后基因组时代得以迅速发展的一个遗传学新兴学科，主要研究DNA序列无变异情况下基因表达的可遗传性变化（表观遗传变异）现象的本质、功能、形成机制及其在生物的个体、生理变化、疾病发生等过程中的作用，以及相应规律在医药、育种等方面的应用。

(4) 小RNA（small RNA） 新近发现的一类重要的非编码、调节性小分子量RNA分子，在多种（如生长、增殖、分化和凋亡等）生物学过程中发挥重要作用。许多小RNA起着基因调控作用，如关闭/开放基因表达或改变基因表达水平等；小RNA可能对细胞决定、定向分化等起着指令作用。一大类小RNA的长度为19～22nt，如microRNA、piRNA和siRNA等。

(5) 染色质重塑（chromatin remodeling） 作为真核细胞遗传信息的载体，染色质动态的结构状态显著地影响基因组中基因的功能和遗传信息的表达。在真核基因转录调节中，需要改变染色质结构。这种影响遗传信息表达的染色质结构状态变化就叫作染色质重塑。揭示染色质重塑现象，在染色质水平深入研究基因表达调控，是全面阐明真核基因表达调控机理的必由之路。

(6) 基因组印记（genomic imprinting） 又称遗传印记（genetic imprinting）或亲本印记（parental imprinting)。指控制生物的某一表型的一对等位基因，由于亲源的不同而发生差异性的表达，即在一个个体内只表达双亲的某一方的等位基因的现象，为哺乳动物等的正常发育所必需。基因组印记不符合经典的孟德尔遗传规律，其原因在于基因在生殖细胞分化过程中受到了不同的修饰，即在精子或卵子生成过程中被“印记”了，印记基因（imprinting gene）的表达受到抑制。

(7) 基因沉默（gene silencing） 指生物体中的特定基因由于种种原因而不表达的现象。在自然界，基因沉默是生物的正常生理反应（如植物抗病毒反应中涉及的基因沉默等），在遗传育种中具有应用价值（如 RNA 介导的病毒抗性等）；另外，也使遗传修饰生物（genetically modified organism）的培育和开发利用受到限制。

(8) 转基因沉默（transgenic gene silencing） 指转基因植物和转基因动物中常遇到的一种现象——虽然外源基因存在于生物体中，未发生丢失或损伤，但基因的表达量极低甚至不能表达。转基因沉默分为转录水平的基因沉默（transcriptional gene silencing，TGS）和转录后水平的基因沉默（post-transcriptional gene silencing，PTGS）。前者是指转基因在细胞核内合成 RNA 途径受到了阻碍而导致基因沉默，后者则是指转基因虽能在细胞核内被稳定地转录，但在胞质内却没有相应的 mRNA 出现。

(9) 核仁显性（nucleolar dominance） 一种表观遗传现象，发生在细胞核内的核仁在从单亲那里遗传来的染色体上形成时，某一亲代遗传给杂合体子代的一套核糖体基因发生沉默。这些核仁的形成由核糖体 RNA 基因的表达所驱动。当两种不同种类的植物或动物的基因组形成杂合子后，总是发生某一特殊亲代种类核糖体 RNA 基因的选择性表达，无论其源于母系还是父系。

(10) 母体效应（maternal effect） 指子代某些外貌或生理性状、繁殖性能等受到其母本直接影响的一种生理遗传现象，是母体通过基因遗传之外的方式（如激素分泌等）影响后代表型的一种直接效应。其遗传本质是母体基因型决定了胚胎早期的表型。母体效应的表现不仅受个体自身遗传背景的影响，还同生活环境（如营养、气候和其他生态条件等）有密切关系。由于影响了性状的遗传和种群的动态调节，母体效应也成为进化的一个动力来源。

(11) 休眠转座子激活（dormant transposon activation） 生物基因组中不表达的转座（因）子在适当条件下可能被激活而表达，即发生休眠转座子激活现象。转座子在遗传稳定性上具有很大的影响力。例如，果蝇的 P 转座子在适当的条件下激活可造成不育；在体细胞无性系培养等过程中，可能因复制、插入而导致休眠转座子重新启动转录。休眠转座子激活可造成表观遗传现象——即使没有基因序列的改造，也会产生很大的遗传效应。

(12) RNA 编辑（RNA editing） 指在 mRNA 水平上改变遗传信息的过程。具体地讲，指在基因转录中，由于核苷酸的缺失、插入或者置换，发生基因转录物的序列不与基因编码序列互补，进而翻译成的蛋白质氨基酸组成有别于基因序列中的编码信息的现象。这可能是生物长期进化中形成的扩展原有遗传信息的一种经济而有效的机制。

## 【知识要点】

## 一、基本知识串讲

### 表观遗传学及其研究内容

从本质上讲，表观遗传是环境因素和细胞内遗传物质间交互作用的体现。甲基化、小 RNA 和染色质重塑等是目前表观遗传学集中研究的主要方面。副突变、亲代印记、性别相关性基因剂量补偿效应和转基因沉默等，都是典型的表观遗传现象，相关研究有利于揭示生长发育、杂种优势、作物抗逆和人类疾病等许多生命现象的本质。

#### 1. 代代相传的特殊变异

上面提到了副突变现象，这是人们研究几种植物（特别是玉米）时发现的。这种现象虽然只涉及少数几个基因，但所体现的原理值得探讨。这要谈到一类特殊的等位基因（allele），它们看起来与普通等位基因并无二致，但当它们与另外一类等位基因共存于同一个基因组之后，就会遭受不可逆的转变。这后一类有致变性的等位基因叫作致副突变等位基因（paramutagenic allele）。例如，在玉米中有一个编码花青苷（anthocyanin）色素合成途径中一种关键酶蛋白的基因 *B-I*，存在于各种组织中，通常其无效等位基因 *b* 导致花青苷色素缺乏，对 *B-I* 完全隐性。然而，另一个等位基因 $B'$则使问题复杂化：它参与一种生化过程，导致花青苷色素限量地生成——只产生少量色素。将 *B-I B-I* 和 $B'B'$ 2 种纯合子类型杂交，$F_1$（杂合子）的色素表达是微量的，与 $B'B'$亲本的表现型完全一样（图 10-1）。

显然，这很容易得出一个推论：*B-I* 虽然对 *b* 显性，但却对 $B'$隐性。但问题并不这么简单。因为如果是这样，杂合子的 $F_1$ 自交，必然会产生纯合子 *B-I B-I*，它表现出正常色素量。但事实上在 $F_2$ 及相继的后代中，仅有 $B'$的表现型效应出现，即所有植株均为微量色素的（图 10-2）。

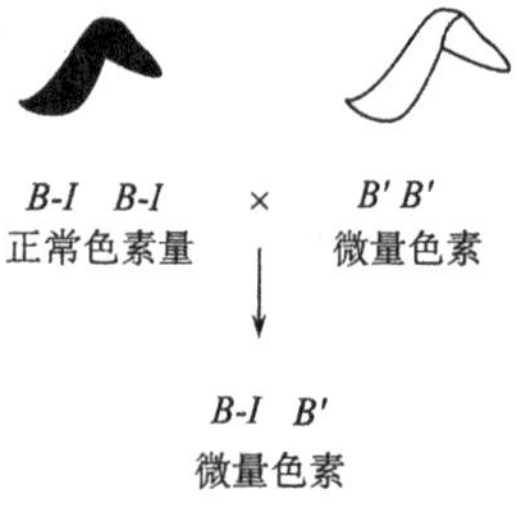


图 10-1 *B-I B-I* 和 $B'B'$ 2 种纯合子类型的杂交

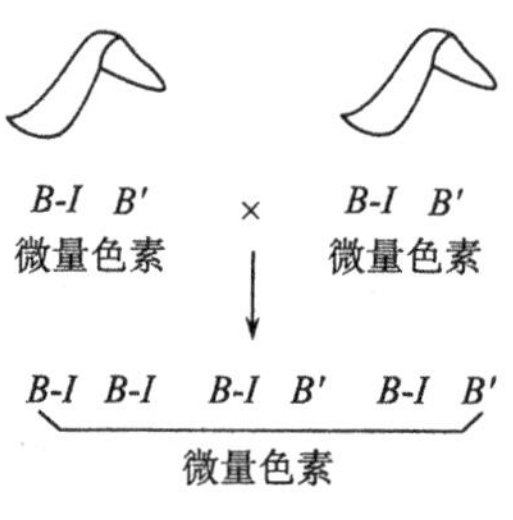


图 10-2 *B-I* $B'$杂合子类型的自交

看来，$B'$似乎有强烈的致变能力或“策反”能力——$B$-$I$仅与$B'$共宿于同一基因型中一个世代，便发生了永久的活性蜕变。$B$-$I$基因是典型的副突变等位基因，而$B'$则是典型的致副突变等位基因。这里，基因一定受到了某种有效的修饰，只是相关机理还没有研究透。

2. DNA 甲基化及相关遗传调控问题

DNA 甲基化是表观遗传学重点内容之一。无论是脊椎动物还是无脊椎动物，均常有 DNA 碱基被甲基化。这些甲基在特殊的甲基化酶（methylase）和去甲基化酶（demethylase）的催化下被酶促反应所添加或去除，基因转录的活性状态因此发生变化——低甲基化者为活性基因而高甲基化者为失活基因。将一个甲基添加到 DNA 碱基上的最常见反应是胞嘧啶被甲基化成为 5-甲基胞嘧啶（用 mC 表示），而且多发生在 CG 二核苷酸对上。

（1）基因组印记　来源于不同性别亲本的遗传物质在后代表达的功能可以有差别，这就是基因组印记或遗传印记——子代中来自不同性别亲体的同一染色体或者基因发生改变时，引起与亲代性别差异相应的表现型差异。若更强调此现象因亲本差异而起，可称为“亲代印记”（parental imprinting）。对于亲代印记，人们尤其强烈地关注在常染色体基因上发生的不同寻常的表观遗传特性。例如，类胰岛素生长因子-2 基因 *Igf2*（位于 7 号染色体近端部）在小鼠身体里是否表达，要看它是否是受之于父亲。这就是说，该基因是被母亲所印记的，因为来自母亲的基因拷贝是处于失活性状态的。亲代印记的结果是，被印记的基因所表现的形式好像半合子（hemizygous）的情况，尽管在每一个细胞中这种体细胞基因均成对存在。分子水平的分析发现，DNA 序列并没有发生改变，因此必另有缘由。

经过近 20 年的研究，相关规律被逐渐揭示出来——DNA 核苷酸的额外甲基化（extra methylation）在遗传印记的成因中占据重要地位。被印记的基因常常是在特定位点的碱基上发现有多余的甲基（$—CH_3$）。尽管 DNA 甲基化水平的高低或甲基化状态的改变与表观遗传变化的因果联系仍不十分明确，但从甲基化角度分析偏离经典孟德尔模式的表观遗传变异却是一个主流。

基因组印记不是基因突变，也不是永久的改变，它是一种种系专一性的遗传修饰，而且在一个世代中这种修饰可以改变。由于仅是单亲来源的基因被表达，个体表现了上一代的印记效应；但上代的基因组印记随着个体自身的配子发生而被解除，代之以个体对下一代的印记。打个比方，“接力棒”被传递下来，但左手持棒还是右手持棒，并非代代固守。

目前对于精卵形成过程中基因组印记产生的分子机理还知之甚少。哥伦比亚大学的 T. Bestor 从小鼠中发现了参与卵子发育期间印记形成的重要基因 *Dnmt* 3L。这一突破性进展被发表在 *Science* 杂志上（2001. 12. 21）。

和谐和整体性原则是生命演化的一个特点，既然有性别差异，就要赋予性别以最大限度的必然性。在人类中，印记基因的数量可能有100～200个；有的印记基因紧密连锁，却表现出不同性别亲本所致的印记效应。来自父母双亲任一方的遗传物质都具有不可彼此替代的重要性。

(2) 性别相关性基因剂量补偿效应　与性别相关，生物进化中形成了剂量补偿效应（dosage compensation effect），即在性染色体差异性性别决定中，特殊的调控机制保证性连锁基因在同配性别和异配性别中产生相等或大体相等的有效剂量。哺乳动物通过失活雌性细胞中的一条X染色体来实现，因而有了巴氏小体。这离不开一种称为*XIST*（X inactive specific transcript）的基因的转录本(17kb)，而*XIST*基因位于Xq13（X染色体长臂1区3带）的一个位点XIC（X失活中心）内。这个中心就是失活的起始部位。

近年的研究有重要发现——X染色体上相应基因的额外甲基化等生化事件是其失活的重要原因。由失活中心起始的X失活，伴随一系列的染色质修饰，包括组蛋白H2A、H3和H4的去乙酰化，组蛋白H3赖氨酸9（H3 Lys-9）和赖氨酸27（H3 Lys-27）的超甲基化与组蛋白H3赖氨酸4（H3 Lys-4）的去甲基化等。尤其是与X连锁基因CpG岛的甲基化和基因的转录抑制，可能同失活X上伴有的这些蛋白修饰相关联，是X失活过程中调节基因表达的方式之一。从本质上讲基因组印记和X染色质沉默都属于印记（imprinting）现象的范畴。

(3) 转基因沉默（transgene silence）　研究表明，外源基因在转基因生物(transgenic organism）中的活性是不稳定的，可能出现基因沉默——转基因沉默。

在转基因沉默的发生机理中，DNA甲基化可能起主要的作用。每一种生物都有独特的识别外来遗传成分并加以修饰的机制，其中一种途径就是对异己的DNA进行甲基化而抑制其表达。转基因操作造成了外源遗传成分的“进犯”，必然可能遭受修饰和排斥，其结果就是作为“来犯者”的外源基因不能表达（沉默）。从分子水平上看，宿主染色体原本有自己的结构（比如确定的GC含量等），转基因过程插入了异常的DNA片段，对宿主固有的遗传组织造成破坏和干扰，启动了宿主的防御体系，这是转基因沉默的诱因。大量研究表明，转基因沉默几乎总伴随DNA甲基化——有的发生在所转入外源基因的内部，有的发生在其启动子序列中。这样转基因沉默分为两类：①转录水平的基因沉默（transcriptional gene silence，TGS)，其甲基化主要发生在启动子区。②转录后水平的基因沉默（transcriptional gene silence，PTGS），是编码区序列被甲基化，造成基因产物难以形成。

显然，解决与转基因沉默相关的表观遗传问题，对于由转基因技术实现的分子育种实践非常必要。

3. 染色质重塑

表观遗传学的另一个重点内容是染色质重塑。基因的活化和转录需要一系列重要的染色质变化，如染色质去凝集、核小体变成疏松的开放式结构等，使转录因子等调节因子更易接近和结合核小体 DNA。与基因表达调节所伴随的这类染色质结构改变现象就叫作染色质重塑（chromatin remodeling），需要特异的因子结合在启动子和增强子等顺式作用元件上，并和 RNA 聚合酶之间建立起有效的联系。染色质重塑的机理涉及特殊的蛋白复合体。染色质重塑松解了染色质紧密的超螺旋结构［由 DNA 双螺旋分子缠绕组蛋白八聚体（H2A、H2B、H3 和 H4 各两分子）形成核小体，再由核小体高度有序地排列及进一步拓扑变构而成］对基因表达的限制，主要有两种类型：①依赖 ATP 的物理修饰——在 ATP 水解所释放的能量驱动下，组蛋白和 DNA 的构象发生局部变化。②共价性化学修饰——包括组蛋白末端的乙酰化、磷酸化、甲基化和泛素化等修饰。这些修饰被称为“组蛋白密码”，控制着基因转录等染色质调控过程（Jenuwein and Allis，2001）。其中依赖 ATP 的染色质重塑复合体是一种以 ATP 酶为催化中心的多种蛋白亚基复合体，靠 ATP 水解的化学能增加核小体 DNA 的可接近性，从而使 DNA 序列暴露或被掩盖。酵母 ySWI/SNF 是最早被确认的 ATP 依赖的重塑复合体，其中最大的亚基 Snf2p 具有 ATP 酶活性。利用 ATP 水解释放的能量，核小体中 DNA—组蛋白的结合力减弱。重塑过程可能涉及的机制有核小体滑动（nucleosome sliding）、双核小体形成（dinucleosome formation）、核小体结构改变及组蛋白八聚体移位等。在相应的过程中，线性 DNA 重复区形成十字突起，并且还会产生超螺旋旋转。

不同类型的重塑复合体可能采取不同的重塑方式。许多研究表明，依赖 ATP 的染色质重塑和肿瘤的发生发展有关（Roberts et al.，2002）。染色质重塑复合物、组蛋白修饰酶的突变都和转录调控、DNA 甲基化、DNA 重组、细胞周期、DNA 的复制和修复的异常等关联，于是可以引起生长发育畸形和智力发育迟缓等症状。

4. 小 RNA

这是表观遗传学重点内容之三。近年来，分子遗传学领域中“小 RNA（small RNA）世界”的活跃现象不仅使“生命起源于 RNA 分子”的命题极具吸引力，而且为基因组的深入研究开辟了良好的前景。小 RNA 在不涉及基因序列变化时造成特征性的遗传改变。成千上万非编码蛋白质的 RNA 分子组成了巨大的分子调控网络，它们与蛋白质间相互作用的网络相对应，控制着细胞生命活动。研究发现，小 RNA 对染色质的形态有着非常大的控制作用，它们能够永久性地关闭或删除一部分 DNA，而不只是简单、暂时地使基因发生沉默。

小 RNA 包括 siRNA 和 miRNA 等。siRNA 是 RNAi［RNA 干扰（RNA interference），dsRNA（双链 RNA）诱导的特异基因沉默，一种快速、高效的使靶基因失活的技术］途径中的中间产物。miRNA（microRNA，微 RNA）是长度为 22nt 左右（一般长 20～24nt）的 5′端带磷酸基团、3′端带羟基的不编码蛋白质的小 RNA 家族调控因子。miRNA 与 siRNA 在分子形式和形成方式相似，在介导沉默机制上也有重叠。两者的区别在于，miRNA 是内源性的（生物体内固有的），而 siRNA 是通过人工体外合成而转染进入体内的，是 RNAi 的中间产物。在结构上，miRNA 是单链 RNA，而 siRNA 是双链 RNA。它们在作用于基因的位置和作用方式上也有区别，其中 miRNA 在转录水平后和翻译水平上起作用，而 siRNA 只是转录后调控因子。鉴于小 RNA 抑制基因表达的独特功能，其在肿瘤的治疗中也有一定的应用前景。

5. RNA 编辑——特殊的基因表达调控现象

在遗传上，存在 RNA 编辑（RNA editing）现象：在 mRNA 分子经转录和加工形成后，其转录本特定区域发生核苷酸的增加、删减或替换，从而使得源自 DNA 序列的遗传信息发生嬗变，翻译后生成的蛋白质肽链不同于模板 DNA 密码子序列对应的肽链。RNA 编辑是 20 年前在椎虫（*Trypanosome*）线粒体中发现的一种蛋白质序列改变发生在 RNA 转录本基础上的分子遗传学机制，这也是一种表观遗传现象。研究发现，各种生物的各种核苷酸均有可能作为 RNA 编辑的“操作”对象（表 10-1）。

**表 10-1　生物中 RNA 编辑涉及的核苷酸**

| 生物类型/RNA 转录本来源 | 编辑类型 |
|---|---|
| 副黏病毒（paramyxovirus）基因组 | G 核苷酸插入 |
| 变形虫（amoeba）基因组 | C 核苷酸插入 |
| 椎虫/线粒体基因组 | U 核苷酸插入或删除 |
| 多种真核生物/细胞核基因组 | A 核苷酸转变为 I 核苷酸 |
| 植物/线粒体基因组 | C 核苷酸转变为 U 核苷酸 |
| 哺乳动物/细胞核基因组 | C 核苷酸转变为 U 核苷酸 |

RNA 编辑的过程由编辑体（editosome）酶复合物催化。RNA 编辑与 RNA 的选择性剪接有异曲同工之效，使得一个基因在不同情况下生成多种蛋白质，于是蛋白质组远比基因组庞大。相关基因组学、RNA 组学研究有利于理解基于基因组编辑（genome editing）的转录后调控的生物学意义和进化意义。由于也属于 DNA 序列不变的分子遗传现象，RNA 编辑也被作为表观遗传内容而论述。但作为一种研究得比较清楚的基因表达的转录后调控内容，相关学者认为它不在典型的表观遗传范畴内。

6. 表观遗传的共同特点和实际价值

（1）表观遗传均有共同特点　不同类型的表观遗传均有共同特点：①遗传物质（染色体片段）可以被标记或修饰——在其祖先信息基础上产生新信息，或依赖于与其共存于同一基因组的其他基因。②基因活性的变化常常伴随着 DNA 甲基化等修饰。

（2）表观遗传的实际价值　表观遗传学的实际价值仍十分突出：①分子育种中涉及转基因沉默，目前的研究正成为热点。②表观遗传研究与肿瘤诊断可以结合起来，发挥独特的优势。③表观遗传疾病是新时期基础医学研究的一个热点，是临床医学看好的前景。

## 二、代表性例题解析

1. 传统的育种技术和分子育种间的主要区别在哪里？分子育种中转基因遇到的基因沉默是怎样造成的？

参考答案：(1) 传统的育种技术和分子育种间的主要区别：传统育种技术主要是杂交——以具有优良性状或优良基因型的个体作为亲本，使两个基因组发生重组、交换，再从后代中筛选具有优良组合基因型的个体。分子育种（molecular breeding）利用体外重组 DNA 技术，在基因水平（DNA 分子水平）上直接将外源结构基因或具有调控功能的 DNA 片段导入受体基因组中，使之产生新性状。

（2）分子育种中转基因遇到的基因沉默：分子育种中导入的目的基因或 DNA 片段就是转基因（transgene）。转基因在受体中的表达很不稳定，甚至不表达（沉默），这就是转基因沉默（transgenic silencing）。转基因沉默既不同于 DNA 突变引起的基因表达下降或丧失，也不同于在有性世代分离和传递中的基因丢失，而是导入、稳定整合入受体基因组中的外源 DNA 受各种因素影响，在受体或其后代中的表达受到抑制的现象。研究表明，DNA 甲基化可能是这一现象的主要原因之一，几乎所有转基因沉默现象都与转基因及其启动子的甲基化有关。

DNA 甲基化在调节基因表达、控制细胞分化和系统发育等过程中十分重要。在物种长期进化过程中，细胞中形成了某种机制，能识别外源 DNA 插入序列，并对其加以修饰。作为外源基因，转基因的“入侵”就会受到这种机制的排斥，其中 DNA 甲基化就是一种克制方式，其效果是抑制基因的表达。这十分类似于细菌的限制修饰系统。例如，宿主染色体上某些区域常有确定的 GC 含量比例等结构特征，当外源 DNA 插入后，原有的组织机构（因核苷酸序列变化等）就可能被破坏了，因而被宿主的修饰系统所识别，通过甲基化使其失活。

2. 请举例说明人们在转基因沉默的控制方面所采用的方法。

参考答案：转基因沉默是遗传工程体产业化、商品化的障碍，也是对分子生物学和遗传育种研究的挑战，克服转基因沉默已成为世界各国亟待解决的问题，相关措施正在推进。例如：①优化转基因密码子，合理修饰转化载体，使用组织-发育特异性增强子等。②选取有性生殖后代中的单拷贝转基因个体，以免发生多拷贝引起的转基因沉默。③改进和创新遗传转化方法。例如，选用基于 Ac/Ds 转座系统的转化载体（该转化载体能扩大寄主范围，并提高转化效率及转基因位点的质量)；通过 MAR（matrix attachment region）或 SAR（scaffold attachment region）与转基因构成转化载体，对植物进行协同转化等。④使用去甲基化试剂 5-氮胞苷，使得被甲基化灭活的转基因恢复表达活性（此法还在探索中)。⑤研究不同光照、温度、培养条件、环境胁迫等外界条件，以及有性杂交、嫁接等处理过程，革除造成转基因沉默的各种因素。

3. 简述表观遗传学的发展。

参考答案：(1) 表观遗传学发展的必然性。有的现象不符合经典的中心法则，需要用新的视角进行审视。如同窝纯种小鼠毛色不同、同卵双生的疾病易感性有别、动物的克隆效率低下等。这些差异不是基因序列差异所致，而是表观遗传修饰的结果。拿同卵双生来说，虽然他们的基因组完全一样，但即使生长在同样环境，其气质、性格、体质、疾病易感性等也有许多差异，这很大程度上源自基因组的修饰所造成的可遗传后果。针对 DNA 的甲基化谱、染色质结构状态和基因表达谱在细胞代间的传递机制等，表观遗传学形成了系统的学科方向。已知在细胞和生物个体的发育中，这些表观遗传调控在时间和空间上都十分精确，但调控的细节和关键因素尚迷雾重重。如果表观遗传调控机制不能准确无误地得以保障，包括肿瘤、神经退行性疾病等在内的多种疾病就可能招引过来。近年来，表观遗传学在 DNA 甲基化、组蛋白共价修饰等方面层层结果，特别是在寻求糖尿病、精神分裂症等复杂疾病的病因等方面的研究及在克服动物克隆中的高流产率、植物转基因沉默和生物发育异常的努力，已经成为遗传学和生物学的主流成分，在医学、农林牧业等方面有广泛应用前景，为生物遗传和进化的究源提供了新视点。

(2) 表观遗传学的发展历史。① 2000 多年前，亚里士多德（Aristotle）著 *On the Generation of Animals*（《论动物的生成》），提出后成（epigenesis）理论，认为新器官的发育来源于未分化的团块，是逐渐形成的。“epigenesis”与“genetics”二次结合，是“表观遗传学”（epigenetics）的来源。② 100 多年前，由于一个基因型对应一种表型的思想无法解释细胞分化，一部分生物学家认为未分化的细胞处于命运决定的转折期，此时主要依赖的不是基因本身，而是表观特性。“epi-”的含义是“除此以外”（希腊语），因此研究“DNA 序列编码信息以外的信息”（表观遗传信息）的领域，就用 epigenetics（表观遗传学）表示。③ 1896 年O. Hertwig 在文章中使用了“后成”（epigenesis）一词；E. Erikson 发展了表观遗传理论，认为遗传因素决定了发育的各个阶段，但各阶段间的传化方式不是遗传因素决定的，是各种（表观）修饰的结果。④ 1939 年，C. H. Waddington 在《现代遗传学导论》中提出了“epigenetics”（表观遗传学）术语，认为表观遗传学的研究对象是基因型产生表型的过程；1942 年，他给表观遗传学定义为：“生物学的分支，研究基因与决定表型的基因产物之间的因果关系。”⑤ 1975 年，R. Holliday 更加准确地描述了表观遗传学，认为表观遗传学的研究范围不仅在于个体发育过程中，而且也应包括成体阶段基因表达的可遗传性改变；经过有丝分裂、减数分裂，这些表观遗传变异信息在细胞世代和个体世代间进行传递；表观遗传是非 DNA 序列差异的核遗传，不依赖于 DNA 序列的变化。⑥ 表观遗传调控机制的研究进展很快，产生了一系列成果。例如，DNA 甲基化对基因表达的抑制，组蛋白甲基化、乙酰化对基因表达的影响，染色质重塑对基因表达的效应，非编码 RNA（可能通过 RNAi）调节基因功能的作用，叶绿体、线粒体基因组的表观遗传调控，以及基因修饰、生物大分子互作在基因功能调控中的作用及其通过细胞分裂对遗传的影响等。表观遗传学已经在分子育种、疾病诊断和治疗等方面得以应用或探讨。⑦ 表观遗传学的研究在当代以大型团体作战和重大项目支持为特征。1999 年，欧洲学者创立了人类表观基因组协会，很大程度上引领了表观遗传学研究；2003 年，英国威康信托基金会桑格中心和一家柏林公司提议将表观遗传学研究集中于人体各种组织基因的每个甲基化位点的定位上；2005 年，美国癌症研究联合会（ACCR）新任主席 Jones 领导展开表观遗传研究的国际性项目，希望组成世界人类表观遗传学和相关疾病研究联盟，这有利于以保障表观遗传研究并建立相关生物信息学和表观遗传学标准。

4. 染色质重塑与人类的疾病有何关系?

参考答案：染色质重塑改变了基因启动子区核小体的排列，增加了基础转录复合物与启动子的可接近性。染色质重塑的发生和组蛋白（特别是 H3 和 H4）N 端修饰密切关联。染色质重塑复合物、组蛋白修饰酶的突变均与 DNA 复制及修复、DNA 重组、DNA 甲基化、转录调控和细胞周期等异常相关，而这些异常是发育畸形、智力障碍、甚至癌症的重要原因。①ATP 依赖的染色质重塑与人类疾病有关。例如，*ATRX*、*ERCC6* 和 *SMARCAL1* 均编码与 SWI/SNF 复合物相关的 ATP 酶。*ATRX* 的突变引起 DNA 甲基化异常，可导致数种遗传性的智力迟钝疾病（如 X 连锁 $\alpha$-地中海贫血综合征、Juberg-Marsidi 综合征、Carpenter-Waziri 综合征、Sutherland-Haan 综合征和 Smith-Fineman-Myers 综合征等），这些疾病与核小体重新定位异常引起的基因表达抑制有关。*ERCC6* 的突变和 *SMARCAL1* 的突变也引起多种免疫性、神经退行性疾病等。②组蛋白乙酰化、去乙酰化与人类疾病有关。组蛋白乙酰化与基因活化以及 DNA 复制相关，组蛋白的去乙酰化和基因的失活相关。乙酰化转移酶（HAT）主要是在组蛋白 H3、H4 的 N 端赖氨酸上加上乙酰基，去乙酰化酶（HDAC）则相反，不同位置的修饰均需要特定的酶来完成。例如，CBP 为乙酰化转移酶，它的突变导致 Rubinstein Taybi 综合征，患者智力低下、面部畸形、拇指和拇趾粗大、身材矮小。另外，人们在小鼠瘤细胞中也确定了 CBP 的突变。

染色质重塑异常引发的人类疾病，是由于重塑复合物中关键蛋白发生了突变，导致重塑失败（核小体不能正确定位），并使修复 DNA 损伤的复合物、基础转录复合物等不能接近DNA，影响基因的正常表达。如果涉及抑癌基因或细胞周期调节蛋白，则可能致癌。

5. 试述基因组印记的原理，并举例说明它与人类的发育和健康的关系。

参考答案：(1) 基因组印记的原理。基因组印记是指来自父方和母方的等位基因在通过生殖细胞传递给子代时发生了修饰（印记），带有亲代印记的等位基因表达特性不同的现象。基因组印记所涉及的修饰常为DNA甲基化，也包括组蛋白乙酰化、甲基化等。在生殖细胞形成的早期，印记无论来自父方还是母方都将全部地被消除。父方等位基因在形成精子时产生新的甲基化模式，但受精时模式还将改变；母方等位基因甲基化模式也在卵子发生时形成。因此，在受精前来自父母双方的等位基因的甲基化模式不同。有趣的是，目前发现的印记基因大约有80%成簇存在，成簇的基因被同一条链上的顺式作用位点［印记中心（imprinting center，IC)］所调控。印记基因的存在是性别竞争的反映，就目前的研究来看，父方有加速胚胎发育的贡献，母方则对胚胎发育速度有一定限制。这样，亲代通过印记基因影响下一代，使它们具有性别特异性的各种遗传优势。

(2) 基因组印记与人类的发育和健康的关系。印记基因异常表达时，会伴随复杂突变和表型缺陷相关的多种人类疾病。主要表现在对生长发育调节、行为和大脑功能等的影响，还与诱发癌症相关。例如，11号染色体上的*IGF2*和*CDKN1C*两个印记基因的错误表达引发脐疝-巨舌-巨人症综合征（BWS)；Prader-Willi综合征（PWS）和Angelman综合征（AS）分别是由于突变导致父本印记基因（如*SNPNP*基因）在大脑中高表达，和由于缺失母本染色体上的印记中心母本导致*UBE3A*基因抑制所致，引起智力发育迟缓和其他障碍。基因组印记与癌症有关。如果抑癌基因的等位基因失活，发生癌症的概率便提高。例如，*IGF2*基因印记丢失导致多种肿瘤（Wilm's瘤等）。据研究，成神经细胞瘤、急性早幼粒细胞性白血病、横纹肌肉瘤和散发的骨肉瘤等都和印记丢失相关。

总结起来，基因组印记的本质是DNA修饰和蛋白修饰；与基因组印记相关疾病的发生常常是因为印记丢失导致两个等位基因同时表达，或因为突变导致有活性的等位基因失活；调控基因簇的印记中心发生突变可导致一系列基因不表达，引发复杂的综合征，所以和印记相关的蛋白质发生突变也将导致表观遗传疾病。

6. 请简述表观遗传的重要内容——X染色体失活与人类疾病的关系。

参考答案：与X染色体失活的异常相关的疾病多由X染色体的不对称失活造成，它使携带有突变等位基因的X染色体在多数细胞中具有活性。例如，Wiskott-Aldrich综合征（免疫缺陷、湿疹、伴血小板缺乏症）是由于*WASP*基因突变或不对称X染色体失活，正常*WASP*基因缺乏。

在失活的同时，一部分X基因逃避失活。逃避失活的等位基因的表达水平有很大差异。逃避失活易使一些抑癌基因丧失功能，引发女性癌症；逃避失活基因的过量表达会增加某些疾病的易感性。

7. 非编码 RNA 在表观遗传学中有什么作用?

参考答案：在基因表达中，功能性非编码 RNA 发挥着重要的作用。按照大小，非编码 RNA 可分为长链非编码 RNA 和短链非编码 RNA。

(1) 长链非编码 RNA 在基因簇乃至于整个染色体水平上发挥顺式调节作用。在果蝇中，具有反式调节作用的 roX RNA 和一些蛋白质共同构成 MSL 复合物，调节雄性果蝇中 X 染色体活性；在哺乳动物中，Xist RNA 调节 X 染色体的失活，具有特殊的模体并可以和一些蛋白共同作用，从而实现 X 染色体的失活。Tsix RNA 是 Xist RNA 的反义 RNA，对 Tsix 起着负调节作用，决定究竟哪条 X 染色体失活；air RNA 调节一个含有 3 个调节生长基因的基因簇的表达。长链 RNA 常常在基因组中建立单等位基因表达模式，在核糖核蛋白复合物中充当催化中心，对染色质结构的改变发挥着重要的作用。

(2) 短链 RNA 对基因的表达进行调控，可介导 mRNA 的降解，诱导染色质结构改变，决定着细胞的分化命运，还对外源的核酸序列有降解作用以保护本身的基因组。短链 RNA 有小干涉 RNA (short interfering RNA，siRNA) 和微小 RNA (microRNA，miRNA)，前者是 RNAi 的主要执行者，后者也参与 RNAi 但又有独立的作用机制。

(3) 非编码 RNA 与疾病。非编码 RNA 对防止疾病有重要的作用。例如，染色体着丝粒附近有大量的转座元件，可在染色体内部转座，导致基因失活，从而引发多种疾病甚至癌症。然而，在着丝粒区域还存在着大量的有活性的短链 RNA，它们通过抑制转座元件的转座使基因组的稳定性得以保护。细胞分裂期间发生的短链 RNA 异常使得染色体不能在着丝粒处开始形成异染色质，使分裂不能正常进行。如果在干细胞中发生了这种情况，就可能导致细胞癌化。siRNA 可因为外来核酸诱导而产生，并通过 RNAi 途径清除外来核酸，这显然有利于对传染病的预防。

除针对整个染色体外，非编码 RNA 还可对单个基因的活性进行调节，对基因组的稳定性、细胞分裂和个体发育都有重要作用。

8. 表观遗传学从哪些方面补充了“中心法则”?

参考答案：表观遗传学补充了“中心法则”所忽略的两个问题：①哪些因素决定了基因的正常转录和翻译。②核酸并不是存储遗传信息的唯一载体。

DNA 修饰、组蛋白修饰以及非编码 RNA 调控是决定表观遗传过程的主要因素，这三者的相互关系及其调节染色质结构的机理正在研究中。DNA 的高甲基化使基因发生沉默，抑制 DNA 的甲基化可使沉默基因获得转录活性；不同的组蛋白修饰组成复杂的“组蛋白编码”，组蛋白与基因表达的关系密切（如 H3K27me3 抑制基因表达，H3K4me3 促进基因表达）。在生命演化中，短链 RNA 可能起着保护基因组稳定性的作用，而且 RNA 对 DNA 甲基化和组蛋白修饰都有指导作用，表明 RNA 可能和表观遗传改变的根本诱因相关联。

9. 表观遗传的基本遗传模式有哪些?

参考答案：经典遗传的遗传模式的基础是基因序列突变或染色体变异，而表观遗传的遗传模式基于DNA、组蛋白的化学修饰和广义的基因表达调控。根据在真核生物中的研究，表观遗传的基本遗传模式有：①稳定模式——基因激活后能表达其编码的产物，具有代谢的自我稳定作用的细胞可以遗传这样的特性，即使没有外界诱发因素，基因仍可保持激活态；同时，这些基因的产物作用于其他细胞，使遗传性状特异地扩散到相关细胞。②结构遗传模式——在有些情况下，已经存在的生物结构模式可以作为模板用于新结构的形成。例如，四膜虫（*Tetrahymena*）、草履虫（*Paramecium*）遗传背景完全等同的个体间会出现表面纤毛的不同排列，这样的改变有的能被子代细胞继承。③染色质标记模式——染色质标记（chromatin marker）指能有效修饰DNA的蛋白质或化合物。这些标记物具有印记DNA分子的作用，例如，DNA中胞嘧啶被甲基化为5mC。在DNA复制后，DNA甲基转移酶（DNMT）可保留一段时间，这样使得子代DNA链从亲代链上复制过来DNA甲基化的状态。

10. 举例说明“位置效应斑”（position effect variegation）和“等位反式互补”（trans-vection）现象。

答：这两种现象属于基因序列不变、因位置效应而导致表观变异的问题。

（1）位置效应斑，亦译“花斑位置效应”或“V形位置效应”，是一种不稳定的表型改变。当常染色质内的基因（由于易位、整合等）接近异染色质区域时，就可能受异染色质影响而失活。这样，在遗传背景相同的一群细胞中会产生不同的表型。这种与位置相关的非DNA序列突变型基因失活所产生的性状嵌合效应，就是位置效应斑。例如，果蝇白眼基因（*w*）位置在X染色体的末端。如其另一染色体的等位基因（红眼基因*W*）被易位到异染色质区（如着丝粒附近），则雌性易位杂合体（*W*/*w*）的复眼就会呈现红白镶嵌的花斑表型（左图）。

雌性易位杂合体（*W*/*w*）果蝇呈现的红白镶嵌花斑表型

（2）等位反式互补（1954年Ed. Lewis提出）是指仅当两条染色体联会时一个基因影响了其等位基因，使后者的表达敏感性增加的现象。这种现象常常是一个基因的调控元件通过互补效应，启动了失去调控元件的等位基因的表达，该现象发现于果蝇中。例如，*yellow*基因控制果蝇的表皮颜色，在$y^2$突变纯合子中，因增强子*B*（身体增强子）和*Br*（毛发增强子）之间插入了反转座元件*gypsy*（它与Hu蛋白结合形成绝缘子），抑制了*W*（翅膀增强子）、*B*的作用，因而翅膀、身体中色素不能表达（*Br*和爪子增强子*T*等有活性，因而其他组织中色素正常表达）。$y^{1\#8}$是*yellow*基因部分启动子和转录起点缺失突变类型，纯合子不能在任何组织表达色素。按理说 $y^{1\#8}/y^2$ 杂合子在翅膀、身体中不能表达色素，在其他组织中色素才正常表达，但实际上它和野生型一样能表达全身各组织的色素（下图）。原因是，当两条染色体联会时 $y^{1\#8}$ 的正常 $W$、$B$（通过等位反式互补作用）启动了 $y^2$ 上 *yellow* 基因的转录，引起了配对功能补偿。

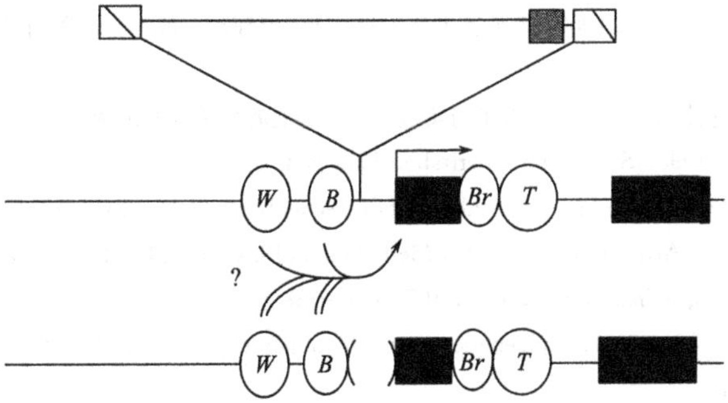


等位反式互补现象示意图

## 三、知识要点概念图

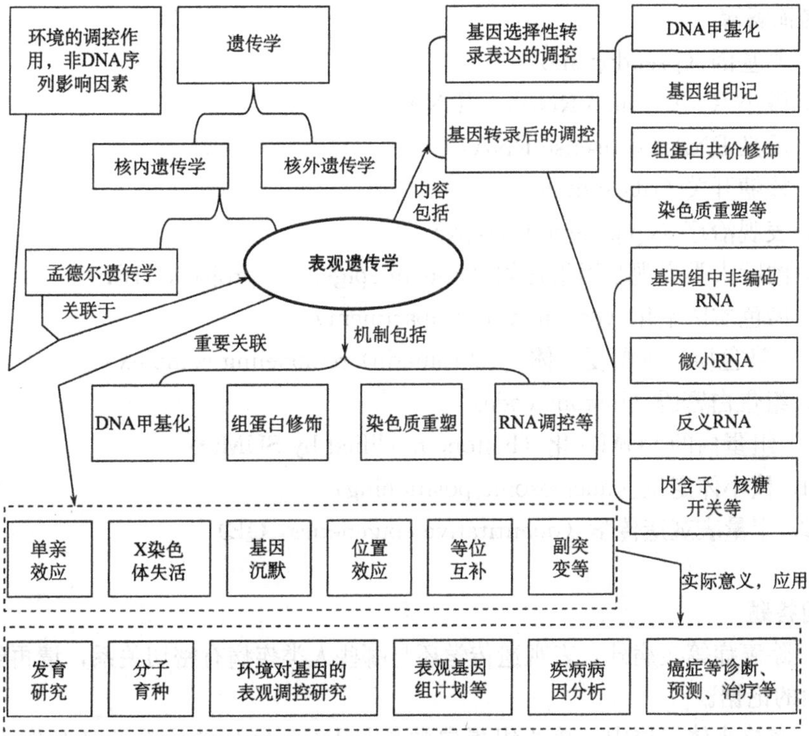

## 参考资料

李艳，梁前进，陶伟．2007. 伴随X染色体失活的甲基化修饰．高技术通讯，17（12）：1307～1311

梁前进．2007. 表观遗传学——理论·方法·研究进展（1）．生物学通报，42（10）：4～7

梁前进．2007. 表观遗传学——理论·方法·研究进展（2）．生物学通报，42（11）：11～13

托尔夫波（Tollefsbol T O.）．2007. 表观遗传学实验手册．吴超群，薛京伦，黄蔚等译．上海：上海科学技术出版社

薛京伦．2006. 表观遗传学——原理、技术与实践．上海：上海科学技术出版社

Alexeev V，Yoon K. 1998. Stable and inheritable changes in genotype and phenotype of albino melanocytes induced by an RNA-DNA oligonucleotide. Nat Biotechnol，16（13）：1343～1346

Heard E，Rougeulle C，Arnaud D et al. 2001. Methylation of histone H3 at Lys-9 is an early mark on the X chromosome during X inactivation. Cell，107：727～738

Palii S S，Robertson K D. 2007. Epigenetic control of tumor suppression. Crit Rev Eukaryot Gene Expr，17（4）:295～316

Regha K，Sloane M A，Huang R et al. 2007. Active and repressive chromatin are interspersed without spreading in an imprinted gene cluster in the mammalian genome. Mol Cell，27（3）：353～366

## 【试题精选】

### 一、名词解释

1. 假基因（pseudogene）
2. 微小 RNA（microRNA，miRNA）
3. 反义 RNA（antisense RNA）
4. 核糖开关（riboswitch）
5. 表观治疗（epigenetic therapy）
6. 国际人类表观基因组计划（human epigenetic project，HEP）
7. 染色质区室化（chromatin compartment）
8. （染色质）重塑复合体［(chromatin) remodeling complex］
9. 组蛋白密码（histone code）
10. 组蛋白的 SUMO 化（histone modified by SUMO）
11. 核小体定位（nucleosome positioning）
12. 定量表观遗传学（quantitative epigenetics，QE）

### 二、问答题

1. 除癌症等疾病外，表观遗传学还与哪些人类疾病有密切关系，请再给出 3 个方面的论据。

2. 在核小体定位中，核心组蛋白颗粒与 DNA 序列的关系及其互作有何特点？核小体定位有何意义？

3. 什么叫隔离子（insulator)？简述其隔离作用。

4. 简述：RNA 干扰及其基本原理。
5. 简述：siRNA 的可能作用机制。
6. 简述：miRNA 的可能作用机制。
7. 请简单分析生理周期的表观遗传控制和营养干涉下的转世代效应。
8. 试论：癌症表观遗传学的临床意义。
9. 请论述：细胞分化的表观遗传调节。
10. 解释并分析端粒位置效应。

## 【参考答案】

**一、名词解释**

1. 假基因——具有与功能基因相似的序列，但由于有许多突变以致失去了原有功能的DNA 序列单位。假基因常用 $\psi$ 表示，总数几乎等同于功能基因数。假基因通常散布于有活性功能基因之间，可能对同源功能基因有调控作用。一般认为假基因是由 mRNA 反转录成cDNA，然后整合在基因组中形成的。

2. 微小 RNA——近年来发现的一大类小分子、非编码 RNA，长度约为 22nt。它们可通过 miRNA 介导的、以 RNAi 或类似 RNAi 方式的特异性基因沉默，导致靶 mRNA 降解，抑制蛋白质合成，调控转录后的基因表达水平。在人类基因组中至少发现了 1500 个 miRNA，但具体功能不清。

3. 反义 RNA——能够与靶 mRNA 互补的 RNA 分子，也包括与其他 RNA 互补的 RNA分子。反义 RNA 与 mRNA 特异性的互补结合，可抑制该 mRNA 的翻译，是基因表达调控的一种方式。有认为反义 RNA 像 RNAi 一样是基因组内固有的监督系统。

4. 核糖开关——充当 RNA 开关作用的特殊形式 RNA。是存在于某些依赖代谢物调节的基因转录产物的 5′UTR 特征性结构，实质上就是特异 mRNA 上与代谢物结合的部分。核糖开关可特异性地结合代谢物，并通过构象变化在转录或翻译水平上调节基因的表达，其调节基因表达的过程不需要任何蛋白因子介入，可能是 RNA 世界在进化中遗留下来的分子化石。核糖开关也是一种核酶（ribozyme），能切断 RNA 而调控靶基因的表达。

5. 表观治疗——利用表观遗传变异的原理，通过认为的表观遗传干预实现疾病治疗的方法。例如，异常 CpG 重新甲基化是人类癌症可能的早期征兆，而采取措施降低甲基化或 DNA甲基结合蛋白有可能成为治疗手段。

6. 国际人类表观基因组计划——人类表观基因组协会（HEC）于 2003 年启动的为期 5年的科研项目。该计划的任务是在基因组水平上描绘人类表观基因改变图谱，寻找含有表观代码 DNA 的化学变化。在基因组水平上研究表观遗传修饰的领域，称为“表观基因组学”。该计划的实施标志了人类表观基因组研究进入新的阶段。该计划有利于解释癌症、干细胞分化等机理，有助于发展出诊断、预测和治疗癌症的更有效的手段。

7. 染色质区室化——染色质在组织结构上形成的与基因表达选择性控制相关的区域化分化状态。在细胞核基质结合点之间的 DNA 环（loop）称为一种结构域。通过染色质环“拓扑隔离”的机制，各个染色质区以不同的级别得以或紧密或疏散地包装，这使得环内外的基因簇能实现独立控制（如一个环就可能对应一个复制子），这就形成了不同的功能结构域，以此为基础实现染色质区室化。

8.（染色质）重塑复合体——染色质重塑需要特异因子与启动子和增强子等顺式作用元件结合，需要特异因子介导这些位点（元件）和RNA聚合酶之间的通讯联系。一些关键的特殊作用因子构成了多蛋白复合体，其中每一个蛋白成员都可能作为关键成分调节某个特定基因。这样的复合体介导的一系列生物学过程以核小体变化为基本特征。这样的复合体就是（染色质）重塑复合体。

9. 组蛋白密码——在核小体的核心组蛋白尾部，常常发生多种翻译后修饰——磷酸化、甲基化、乙酰化、泛素化和ADP核糖基化等。这些修饰具有多样性、整体性和生物学功能多样性，构成一种称为“组蛋白密码”的信息体系。所谓组蛋白密码就是结合DNA的组蛋白分子上的一系列化学修饰，影响着基因何时、何处，以何种方式被激活或抑制。组蛋白密码被认为是控制基因开启的“主开关”、“第二遗传密码”。根据组蛋白密码理论，基因的表达活性不仅依赖于其DNA，而且与其所处的位置有关——受该处组蛋白标记的影响，或被激活，或被抑制。

10. 组蛋白的SUMO化——SUMO（small ubiquitin-related modifier）是泛素（ubiquitin）蛋白家族的一种重要多功能蛋白，可以和许多种蛋白质结合，发挥蛋白质翻译后修饰等功能。SUMO的分子结构与泛素类似，SUMO化反应途径也与泛素化相似，但两者发挥的功能却不同。SUMO化修饰可参与核内蛋白质定位、蛋白稳定、转录调节、核转运和可能的异染色质调节、基因组完整性维持等多种细胞活动。某些疾病的发生可能源于SUMO化修饰功能的失调。

11. 核小体定位——又称核小体定相（nucleosome phasing），指的是核小体结构是否与DNA序列有对应关系、核小体与其所结合的DNA序列之间是否存在选择特性，即两者的关系是随机的还是具备一定的定向特性。大量研究发现，核小体核心DNA具备一定的定向特性。核小体定位具有两种机制：①内在定位——每一个核小体被特异地定位在特定DNA片段，这可能是核小体定位的先导机制。②外在定位——通过内在机制优先装配的核小体形成后，在所出现的无核小体区段随后装配的核小体的自由选择范围受到限制，以一个确定的程度特性重复出现。

12. 定量表观遗传学——与数量性状座位（QTL）作图分析互补的表观遗传分析技术。其目的不是推断基因分布位点，而是将特征遗传与提供表观遗传多态性［或表观遗传等位基因（epiallele）］联系起来。通过有效的作图方法，QE可以进行个别基因、个别染色体区域上染色质变异所引发的表观等位基因的定位，而这样的定位分析可以不依赖于DNA序列变异。

## 二、问答题

1. 除癌症等疾病与表观遗传的关系外，还可以例举许多方面，例如：①衰老。DNA甲基化水平无论增高还是降低，都和人的衰老相关。包括沉默的肿瘤相关基因在内，基因甲基化的改变是年龄依赖性的。衰老细胞的甲基化水平在一些组织中降低，在另一些组织中却升高——前者可能导致基因不稳定性增高，增加了肿瘤风险；后者随年龄的增长使某些疾病（如大肠癌）风险性增加。②免疫紊乱。表观遗传的失控可以引起自身免疫性疾病。例如在狼疮病人的T细胞中，甲基转移酶活性降低，DNA存在异常的低甲基化，导致细胞ERK信号转导途径发生障碍。继而出现甲基化敏感基因过表达，如白细胞功能相关因子（LFA1），LFA1可以引起狼疮样自身免疫反应。③神经精神疾病。例如，在精神分裂症患者脑组织中，

Reelin 蛋白（神经元分泌的一种胞外蛋白）表达水平异常偏低，这与 *DNMT*1 基因高甲基化相关。

2. 在核小体定位过程中，核心组蛋白颗粒与 DNA 序列的关系及其相互作用有着明显的特点。例如，核小体表面若有富含 AT 的 DNA 序列，则 DNA 的小沟会朝向组蛋白核心颗粒；核小体表面若有富含 GC 的 DNA 序列，则 DNA 的小沟会朝向组蛋白核心颗粒。若有连续的 AT 片段的长度大于 8bp，则它很少会处于核小体中心螺旋区，甚至不结合组蛋白核心颗粒。在受到内在定位限制的情况下，外在定位过程在形成后续核小体时，也有一定的主动性，或通过改变一定长度的连接 DNA 选择特定序列去结合组蛋白核心颗粒（平移定位，translational position），或将 DNA 旋转一定的角度以便于相应部位结合组蛋白核心颗粒（旋转定位，rotational position）。

核小体定位具有基本的发动信号。例如，AA、AAA、CTG、TGGA 和 $A_5$（G/C)$_5$ 等在 DNA 序列中广泛存在，成为核小体定位的信号。例如，AA、AAA 处 DNA 发生弯曲，可能是基本的核小体定位信号；$(CA)_n$ 或 $(GC)_n$ 处易于形成 Z-DNA 结构，可能对核小体有排斥作用，等等。核小体定位除了序列依赖性外，还有时间、位置依赖性。

关于核小体定位时机，分析认为具有两次基本的机会，一是 DNA 复制期，二是转录时期。DNA 合成和核小体的加入是相偶联的；在转录、DNA 修复和重组中，可能发生核小体的重新定位。可能的机制：在核小体核心 DNA 上，至少存在一个位点能结合相关蛋白，从而引发核小体滑动或解体，继而实现重新定位或复位。

核小体定位的意义：①核小体定位提供了 DNA 正确包装的条件，指导 DNA 正确包装。核小体定位形成规则的染色质一级结构，成为染色质进一步包装和发挥功能的基础。②核小体定位封闭一些 DNA 区段，暴露另一些 DNA 区段，影响染色质的功能。精确的核小体定位有利于避免反式调节因子的结合障碍（提供其第一结合位点，从而奠定染色体重塑与基因调节偶联的基础)、形成启动子区域的空间定位特性。

3.（1）隔离子的概念。隔离子又称绝缘子（insulator），是通常位于启动子同正调控元件（增强子）或负调控因子（为异染色质）之间的一种调控序列，长约几百个核苷酸对。隔离子本身对基因并没有正效应或负效应，但它们在染色质中能够阻断基因激活或者失活效应的 DNA 元件。作为一种转录调控因子，隔离子可以调节增强子和启动子之间的相互作用，也可以对基因进行保护，使其免受沉默效应的影响。

（2）隔离子的隔离作用。首先，当隔离子出现在增强子和启动子之间时，就能够干扰它们之间的相互作用。这种情况下，隔离子可以通过启动子诱饵（promoter decoy）机制，结合启动子的反式作用因子，与增强子互作，阻止增强子对启动子的激活作用；还可以召集反式作用因子，抵抗异染色质传播带来的基因沉默（其中对局部组蛋白进行修饰是最直接的方式)。其次，隔离子的物理隔离作用也许很强大。隔离子可能直接或间接地与蛋白质结合，或者与细胞核内的一定结构相互作用，形成套环状结构等染色质功能结构域。这样，就提供了保护基因免受邻近凝缩染色质沉默作用的影响——使得一个结构域内的基因不再被另一结构域内的调控序列所操控。

（3）隔离子的一些重要特点：①隔离子的一般特性是作为染色质功能域的边界元件。②隔离子的作用具有方向性。③不同隔离子有不同的强度，影响到其发挥功能的范围。

4. RNA 干扰（RNA interference，RNAi）是一种在进化过程中高度保守的、由双链 RNA

(double-stranded RNA，dsRNA) 诱发的基因沉默现象，其诱发基因沉默的机理是引起同源mRNA高效特异性降解。由于发生在转录之后，所以RNAi也被称为转录后基因沉默 (post-transcriptional gene silencing)。RNAi技术可以用来特异性剔除或关闭特定基因的表达，被用于基因功能分析、传染性疾病及恶性肿瘤的基因治疗等领域。

在植物和线虫等生物中，RNAi具有传递性特点，能够在细胞之间进行传播，被称为系统性RNA干扰 (systemic RNAi)。

RNAi的基本原理（下图）：RNAi通过siRNA的介导，特异性高效率地抑制基因表达，其作用的基本过程是由siRNA介导、识别并靶向同源性的靶mRNA，并引起靶mRNA切割降解。RNAi发生的过程需要多种蛋白因子和ATP。具体过程（植物）：在RNA干扰作用中，双链RNA复合体（在RNaseⅢ核酶家族的Dicer作用下）先被降解成35nt左右的3′端突出的小RNA分子。这些小RNA称为小干扰RNA (small interfering RNA，siRNA)，它们通过序列互补与mRNA结合，从而导致mRNA降解。在介导mRNA降解时，siRNA先与若干个蛋白组成的RNA诱导沉默复合体 (RNA-induced silencing complex，RISC) 结合，被解旋成单链。在单链的siRNA引导 (guide strand) 下，活化型RISC特异性地结合在靶mRNA上，并切断靶mRNA而使其特异性地分解。另外，在脊椎动物中也发现了长链dsRNA［通过dsRNA依赖性激酶 (PKR) 或通过2′,5′-2-腺苷合成酶激活非特异性RNaseL］引起的非特异性基因沉默（研究表明，脊椎动物中长链dsRNA可诱导非特异性的干扰素反应)。

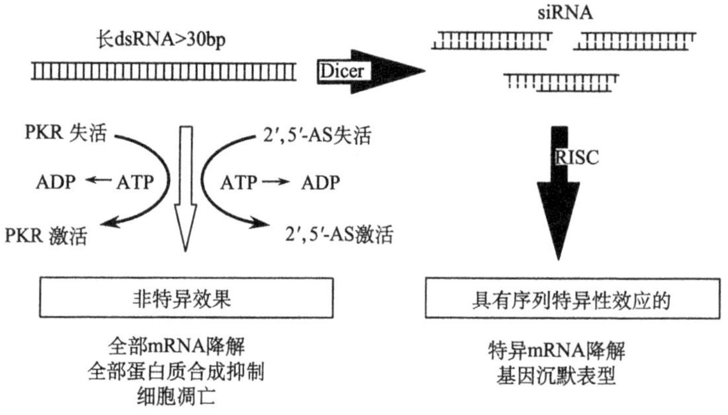


RNAi的基本原理示意图

不同物种之间RNAi的机制基本相同，但存在着细节上的差异。除Dicer以外，已经鉴定出不同物种中若干个与RNAi有关的其他蛋白因子，如果蝇中的Argonaute2 (AGO2)、秀丽新小杆线虫 (*C. elegans*) 中的EGO1等。

5. 此题与上题关联，这里将siRNA的功能及相关内容做较为详细的叙述。

RNAi作用需要一类较稳定的中间介质。在植物等生物体中的研究表明，dsRNA（复合体）先降解大约为35nt的小RNA分子，然后它们通过序列互补和mRNA结合，导致后者降解；果蝇等当中的研究表明，RNAi的直接原因是21～23nt的小RNA。这类小RNA就被叫作小干扰RNA (small interfering RNA，siRNA)。

在RNAi中，RNaseⅢ核酶家族的Dicer同dsRNA结合，并将其消化成21～23nt的3′端突出的小分子片段，即 siRNA。siRNA 与若干个蛋白组成的 RNA 诱导沉默复合体（RNA-induced silencing complex，RISC）结合，解旋成单链分子，并在这一复合体主导下发生 RNAi 效应。RISC 可能是多成分核酸酶，含有内切酶、外切酶、解旋酶等。当 RISC 被活化后，在已经解旋为单链的 siRNA 引导下，与靶 mRNA 进行序列特异性的结合，并切断靶 mRNA 使之特异性地降解（下图）。

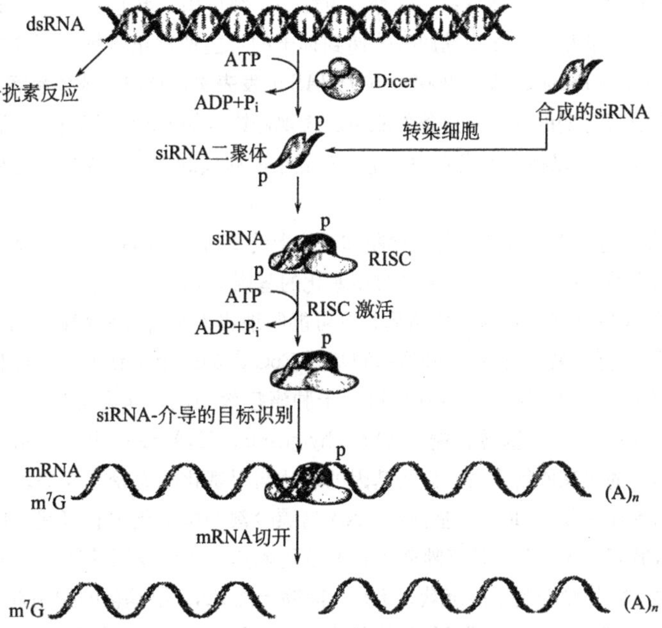


siRNA 介导 RNAi 的基本原理示意图

6. miRNA（micro RNA）是带有茎环结构的前体 RNA 分子经过 Dicer 加工之后形成的一类非编码小 RNA 分子（21～23nt）。miRNA 和 miRISC 广泛存在于动植物中。miRNA 类似于 siRNA，可通过和靶基因 mRNA 进行碱基配对，引导 RNA 诱导沉默复合体（RISC）对 mRNA 进行降解或阻碍其翻译。miRNA 具有组织特异性和时序性，在细胞生长和发育调节中起多种作用。

miRNA 通常在核内由 RNA 聚合酶Ⅱ（polⅡ）转录而得，产物为具有帽子结构（$m^7$GpppG）和 polyA 尾巴（AAAAA）的大分子 pre-miRNA。然后，核酸酶 Drosha 和其辅助因子 Pasha 将 pre-miRNA 处理成 70nt 的 pre-miRNA。接着，pre-miRNA 又被 RNA-GTP 和 exportin 5 输送到细胞质当中。在细胞质内，核酸酶 Dicer 将 pre-miRNA 剪切开来，产生约 22nt 的双链 miRNA 中间产物（其中只有一条链能累积下来成为成熟的 miRNA）。很快，双链 miRNA 被引导进入沉默复合体（RISC）中，成熟的单链 miRNA 保留在这一复合体中。成熟的 miRNA 与其互补的 mRNA 的位点结合，通过碱基配对促成对基因表达的调控——靶 mRNA 切割、转录沉默、翻译抑制等。

一个 miRNA 可以有多个靶基因，数个 miRNA 也可以对同一个基因进行调节。

7.（1）生理周期与表观遗传的关系。①由于生理的周期性，生理节奏的分子信号调节基因表达的结果，使得相伴随的表观遗传变化很不稳定，随着每天的生活会逆转。②随着个体的生长发育，表观遗传的变化并不一直可逆。例如，随着年龄增长，随机的DNA甲基化错误会不断积累，于是年老的个体患代谢综合征的概率上升。具体研究表明，由于食谱、体重和环境因子的影响，糖尿病患者体内非目的DNA总体甲基化出现不足。(2)在胚胎发育早期，营养可能会发挥自身效应，并关系到所有组织的发育。在哺乳动物中，营养干涉（如蛋白质限制、高碳水化合物摄入）和母系照顾等行为程序，都可引起转世代效应。例如，在青春期得到“完善营养”的祖父将2型糖尿病传递到孙子的可能性比正常情况下高出4倍。在动物实验方面，Dolinoy Dana C. 等（2007）在*PNAS*上发表文章指出，成体疾病的胚胎期起源假说揭示了早期发育时期的环境暴露条件能引起表观修饰（如DNA甲基化），这对疾病的易感性有影响。双酚-A可以在早期发育中稳定地改变小鼠后代的表型，而甲基化供体的母体营养补充能够逆转之。

8. 癌症表观遗传学的进展引起了诊断和治疗上的革新。①CpG岛高甲基化可用于肿瘤诊断。在越来越多的癌症中，可见到异常过甲基化的基因CpG岛。不仅如此，由于不同癌症发生的甲基化CpG岛具有各自的独特格局，有可能归纳出人类每种癌症的“甲基型”，制作癌症的“DNA甲基化签名”。在检测肿瘤抑制基因CpG岛的过甲基化方面，可利用甲基化转移PCR技术（MSP）。②CpG岛高甲基化可用于肿瘤疗效预测。在人类癌症中，DNA修复蛋白$^{6}$O-甲基鸟嘌呤DNA甲基转移酶（$^{6}$O-methylguanine-DNA methyltransferase，MGMT）在肿瘤耐药中作用的研究取得进展，该酶基因的表达与甲基化状态密切相关。化疗是恶性脑肿瘤的重要辅助治疗手段，MGMT蛋白在DNA鸟嘌呤额外烷基化中直接起作用，是烷基化化疗药物（如卡氮芥、ACNU、替莫唑胺等）的重要靶点。③抗癌剂筛选方面表观遗传学的应用。过甲基化可以肿瘤抑制基因沉默，于是，能够干扰DNA甲基化的抑制剂地西他滨（5-氮-2′-脱氧核苷，即5-aza-CdR）可以作为核苷酸相似物介入肿瘤细胞的DNA中，产生DNA甲基转移酶的不可逆失活（造成DNA去甲基化），导致已经沉默的肿瘤抑制基因复活。将抗癌性能筛查和细胞毒作用革除相结合，是抗癌剂筛选的基本原则。将DNA甲基化、基因组印记和组蛋白修饰等机制综合起来，必定可能迎来癌症研究及其临床治疗的新阶段。

9. 体细胞的来源都是受精卵，大多数情况下它们拥有同样的基因组。但是，不同类型的正常细胞中，因其功能不同使得基因表达模式和表型变化多端。这些特殊的模式和表型是表观遗传变化所控制的基因激活或抑制所决定的。因为这样的机制，在正常的发育过程中基因组行使与细胞分化类型相吻合的功能。在细胞的分化中，需要针对细胞特定类型的基因激活、基因沉默，相应地伴随着DNA甲基化、组蛋白修饰和染色质重塑等表观遗传变化。①干细胞分化的表观遗传机制。干细胞可分为胚胎干细胞（ES）、胚胎生殖干细胞和成体干细胞。研究表明，干细胞分化的表观遗传控制的基础是，染色质结构改变所引起的转录因子进入的促进和阻抑，这具体地归因于特定CpG岛胞嘧啶的甲基化，或者核小体组蛋白N端尾部的共价修饰。利用染色质免疫共沉淀（ChIP）和基因表达系列分析（SAGE）结合，可以测定胚胎干细胞基因的活化、非活化水平和染色质状态，并可以获得一份基因名册——它们在ES中表达，在分化过程中（逐渐）不表达，并且可以弄清位点上真实的组蛋白修饰状态。②恶性肿瘤细胞中分化相关的表观遗传机制。治疗肿瘤的重要思路是纠正DNA序列的错误，进而使恶性表型转化成非恶性表型。研究人员的尝试表明，通过适当的表观遗传方法，可以使肿瘤细胞的染色质发生重排，以达到这种转化的目的。例如，通过加入不同的细胞因子（IL-6、IL-

1、GM CSF、G-CSF 和 IL-3 等）可以将骨髓白血病细胞诱导分化成不分裂的成熟粒性白细胞和（或）巨噬细胞；糖（肾上腺）皮质激素诱导分化的原理被推测为通过染色质重塑，以及某些 HAT 活力转录共活化因子同胚胎结合糖（肾上腺）皮质激素受体联系的效能。

总之，细胞分化中涉及重要的表观遗传控制。在细胞分化中，基因或沉默或活化，处于复杂而有序的表观遗传调控中。疾病的治疗也将因此包含多方面的“表观治疗”。

10. 在正常的细胞中，染色体的端粒随着细胞分裂的进行而逐渐缩短。与此相伴的是，端粒附近的沉默基因会被激活，重新表达出其编码的产物。但是，这种变化中涉及的具体基因并不清楚。研究表明，存在着端粒位置效应（telomere position effect），即端粒造成其附近基因沉默的现象，而这种沉默效应又与端粒的长度有关。实验结果表明，将端粒序列插入到染色体中，可导致基因活性的不稳定变化，引起细胞生物学特性的改变，使得细胞获得恶性倾向。在芽殖酿酒酵母（*S. cereisiae*）中，研究获得了具体的表观遗传表现：将标记基因插入染色体末端（距端粒重复序列＜4kb），标记基因的表达即被抑制，细胞的 S 期（DNA 复制期）延迟。端粒位置效应的发生还受到特异端粒蛋白的胞外水平、培养环境等的影响。在人类胃癌的研究中发现，端粒的植入可降低细胞端粒酶的活性，使 p21 蛋白表达水平上调，而使突变型 p53 蛋白表达水平下调，*p*16 基因启动子区域甲基化水平降低，细胞增殖减慢。经过大量的研究，现在人们已经认识到，细胞内端粒的局部异染色质改变影响着正常的端粒基因表达；端粒缩短的过程伴随基因表达的不连续改变式，其中许多变化是衰老细胞特异的，与细胞分裂相关。

# 第十一章　群体遗传学和进化遗传学

**重点提示：**群体遗传学（population genetics）研究的是群体遗传结构和变化的规律。本章的重点：遗传平衡和理想群体的概念；基因频率和基因型频率；哈代-温伯格遗传平衡定律；运用哈代-温伯格遗传平衡公式计算群体的基因频率和基因型频率；突变、选择、遗传漂变、迁徙和群体规模等因素对群体遗传结构的影响（掌握）；生物进化因素和进化过程（熟悉）；现代生物进化理论（了解）。

遗传平衡是群体遗传学研究的重中之重。自然界中普遍存在着突变，因而每个基因都有一定的突变率；选择压力和突变压力都会造成群体遗传结构的改变（前者淘汰一些个体，降低群体中一些基因的频率，于是群体要再次达到平衡就需要突变的补充）。随机遗传漂变主要发生在小群体中——因随机作用造成某一基因频率的增减；在迁移压力下，群体遗传结构也可能发生改变。突变、选择、漂变、迁移等都是遗传平衡的打破，生物进化就是在这样的过程中发生的。

群体遗传学以数学的方法研究群体中的基因动态，是生态遗传学、进化遗传学等的基础，也是人类遗传学的主要基础。

**本章导读：**群体遗传学以孟德尔遗传学为基础，运用数学模型和统计分析方法研究群体的遗传结构，重点分析群体的基因频率和基因型频率的变化过程和规律。突变、选择、遗传漂变、迁徙和婚配方式等因素对群体遗传结构的影响。

哈代-温伯格提出在理想群体中可以维持遗传平衡，即群体中基因频率和基因型频率世代保持不变，该定律是群体遗传学研究的基本出发点，决定着基因频率和基因型频率之间的基本关系。运用哈代-温伯格公式可以计算基因频率和基因型频率。突变、选择、迁徙和遗传漂变是影响和改变基因频率的基本因素，可以通过各种数学模型表示这些因素与基因频率之间的数量关系，并估算在平衡状态下的上述各种因素的强度和基因频率的大小。选择只对基因型频率起作用，间接地改变基因频率，由此造成不同显性度的等位基因频率在选择压力下变化速率的不同，并造成一些基因座上出现平衡多态现象。

达尔文的自然选择学说奠定了科学进化论的基础，现代达尔文主义（综合论）是当今生物进化理论的主流。自然选择学说和中性进化学说分别说明了宏观进化和分子进化的机理，前者的主要原因是突变和选择，而后者则是突变和遗传漂变起主要作用。近年来，进化理论又得到进一步的发展，如基因选择学说等。

## 【核心概念】

（1）群体遗传学（population genetics） 以群体的遗传结构为研究对象的遗传学分支，重点分析群体的基因频率和基因型频率的变化过程和影响因素，群体遗传学与现代进化理论关系密切。

（2）群体（population） 广义上，同一物种的所有个体只要组成一个集合体，就叫群体。群体一般指一个物种生活在某一地区内，能相互杂交（自由交配、随机交换遗传物质）的个体，又称孟德尔群体。

（3）基因库（gene pool） 一个群体所有个体所有基因的总和构成该群体的基因库，不同的基因库之间具有一定的隔离性。

（4）基因频率（gene frequency） 群体中某一个等位基因数目占该座位所有基因座数目的比例，一般用小数表示。

（5）基因型频率（genotype frequency） 群体中某一个基因型数目占该座位所有基因型数目的比例。

（6）遗传平衡（genetic equilibrium） 当一个群体的基因频率和基因型频率达到世代保持不变时，称为达到了遗传平衡，该群体为遗传平衡群体。

（7）Hardy-Weinberg 定律（Hardy-Weinberg concept，H-W 平衡定律） 即遗传平衡定律。内容是：如果一个群体能满足群体内的个体无限多、群体内随机交配、没有突变、没有选择、没有迁徙等条件，则不管初始状态如何，只要经过一代随机婚配，则群体的基因频率和基因型频率将世代保持不变。

（8）适合度（fitness） 一种基因型的个体与其他基因型的个体相比能够存活并留下后代的相对能力。一般用相对生育率表示。

（9）选择系数（selective coefficient，$s$） 是选择作用下降低了的适合度（$w$），其数值等于 1 减去适合度，即 $s=1-w$。

（10）进化遗传学（evolutionary genetics） 研究进化过程中遗传物质和遗传方式改变，以及这种改变发生的原因和方向，这种改变对机体和群体的结构与功能的作用，并与宏观进化的关系等的遗传学分支。

（11）自然选择（natural selection） 是达尔文进化学说中认定的进化动力，其含义是：所有的生物都存在着变异现象，其中一些是可以遗传的；生物存在繁育过剩并由此造成不同变异个体的生存竞争；对生存有利的，适应环境的变异被保存，这一过程称为自然选择。

（12）遗传漂变（genetic drift） 个体数有限的群体在世代遗传过程中，其等位基因仅仅受机会的原因而向后代传递，则群体中等位基因的频率将随机波动增减，这一现象叫遗传漂变。遗传漂变的结果，最终可使某些等位基因在群体中消失，或取代其他等位基因而固定下来。

（13）平衡多态（balanced polymorphism）　一个群体中存在两种以上等位基因，其中最低的一种的基因频率大于 0.01 即为多态性，这样的频率比突变率所能维持的高。平衡多态是由于杂合子选择优势造成的一种多态性。

（14）瓶颈效应（bottleneck effect）　一个群体最初来源于原群体中的少数个体，则该群体的所有遗传多样性都由这最初的少数个体产生，这称为瓶颈效应。

（15）奠基者效应（founder effect）　群体从原来的群体中分离出的一小部分个体发展起来，这个遗传隔离群的建立者所携带的特殊基因可能在遗传漂变的作用下将逐渐扩散甚至在随后发展起来的群体中固定下来，而将其他等位基因淘汰。

（16）迁移（migration）　群体中的一些个体迁移至另一个群体中，改变了后者基因库的构成，造成接受群体基因频率的改变。迁移的遗传学效应与下列因素有关：①两群体基因频率差异的大小。②迁移率的大小。迁移可造成基因频率的梯度分布。

（17）基因流（gene flow）　是指随着个体在不同群体之间的迁徙活动造成的基因在不同群体之间的流动过程。基因流造成参与迁徙的群体的等位基因频率发生改变。

（18）遗传负荷（genetic load）　由于突变而出现有害或致死基因，使得群体适合度降低的现象，用术语“遗传负荷”（genetic load）描述，分为突变负荷（mutation load）、分离负荷（segregation load）和置换负荷（substitution load）。此外还有不相容性负荷（incompatibility load，起因于基因型间不相容）、迁入负荷（immigration load，由于突变体的迁入而使群体增加不利基因）和近交负荷（inbreeding load，由于近亲繁殖而使群体中有害隐性纯合体增加）等。遗传负荷一般以群体中每个个体所携带有害基因数量来表示。

（19）突变负荷（mutation load）　遗传负荷的来源之一。是指正常等位基因（$A$）突变成有害等位基因（$a$），形成在选择上不利的纯合体（$aa$）所引起的群体适合度下降的现象。

（20）分离负荷（segregation load）　遗传负荷的来源之一。是指有较高适合度的杂合体（$Aa$），由于分离形成适合度较小的纯合体所造成的群体适合度降低现象。分离负荷缘于杂合体分离带来的负荷，实际上造成超显性现象，因而分离负荷也称为超显性负荷（overdominance load）。

（21）置换负荷（substitution load）　遗传负荷的来源之一。是指由于等位基因置换造成的遗传代价或损失。这种情况下，原来在群体内占优势的个体由于适合度的减低会大量死亡。

## 【知识要点】

# 一、基本知识串讲

### （一）群体遗传结构及基本概念

群体的遗传结构：一个群体的所有个体中遗传物质的组成构成了该群体的基因库，它包括了该群体的所有基因座及每个基因座上的所有等位基因。由于有性生殖的存在，基因库中的基因以性的方式在新的个体形成时按一定规则形成新的组合形式。因此群体中不同的个体的遗传组成都是独特的，不同的。但基因库的构成在改变遗传构成的各种因素未起作用的前提下不发生改变。在个体遗传多样性的前提下群体在某时的基因频率、基因型频率和表型频率就构成了该群体当时的遗传结构。

基因频率与基因型频率：基因频率是特定等位基因在相应基因座上出现的可能性，所有等位基因的基因频率之和为1。在生物进化过程中基因频率受到基因突变、自然选择、遗传漂变、性选择方式和不同群体之间个体迁徙所带来的基因交流的影响而发生动态变化。基因频率的变化是群体遗传结构变化的基本内容，研究它的变化规律是群体遗传学研究的基本问题之一。基因型频率是指具有某一基因型的个体占群体全部个体的比例。某一基因的所有可能的基因型频率之和等于1。在群体处于遗传平衡的条件下，基因频率和基因型频率存在一定的数量关系。

### （二）遗传平衡及其规律

Hardy-Weinberg遗传平衡公式：假设在一个基因座上只有两个等位基因 $A$ 和 $a$，它们可以构成3种基因型：$AA$、$Aa$、$aa$。如果等位基因 $A$ 的频率为 $p$，基因 $a$ 的频率为 $q$，则 $p+q=1$；基因型 $AA$ 的频率，根据概率计算原则，应该等于 $p^2$。同样道理基因型 $aa$ 的频率为 $q^2$；基因型 $Aa$ 的频率为 $2pq$。Hardy和Weinberg将这两种基因频率和三种基因型频率之间的数量关系用一个简单的数学公式表示，即

$$(p+q)^2 = p^2 + 2pq + q^2 = 1$$

这一公式被称为Hardy-Weinberg公式。使用这一公式可以对二倍体生物的不同基因频率和基因型频率进行相互推算。

Hardy-Weinberg定律也适用一个基因座为复等位基因时，只要将上述Hardy-Weinberg公式适当扩展即可进行任意数目基因频率和基因型频率的频率之间的计算。假设有 $n$ 个等位基因，则存在 $n$ 个不同的基因频率，它们之和为1。将这 $n$ 个不同的基因频率相加组成多项式，然后进行平方，得出的展开式的各项即为各个基因型频率值。

1. 平衡群体的一些基本性质

(1) 二倍体群体中，杂合体的频率 $H$ 只有当 $p=q=1/2$ 时才能达到最大值。

推导：因为 $p+q=1$，$(p+q)^2=1$，$(p^2+q^2-2pq)+4pq=1$，$4pq=1-(p-q)^2$，所以，当 $p-q=0$，即 $p=q=0.5$ 时，$2pq$ 有最大值：$H=2pq=1/2$。

即在二倍体群体中，杂合体的频率只有当 $p=q=1/2$ 时才能达到最大值。

(2) 杂合体的频率等于两个纯合体频率乘积的平方根的 2 倍。

推导：$H=2pq=2(p^2q^2)^{1/2}=2(DR)^{1/2}$，或者 $H^2=4DR$①。

这可用于验证群体是否达到平衡。

(3) 在齐次坐标（一种在等边三角形中顶垂线为 1 的坐标系）中，群体点（population point，图 11-1 中的 $P$）的运动轨迹是一个抛物线 $H^2=4DR$；$D+H+R=1$ 为坐标系中等边三角形的高。

从图 11-1 (b) 可知，抛物线上群体点的投射点 $Q$ 将等边三角形底边 $XZ$ 分成相当于等位基因频率的两部分 $p$ 和 $q$。图 11-1 (a) 表示了 $D=0.1$、$H=0.2$ 和 $R=0.7$ 时，非平衡群体中群体点的齐次坐标。

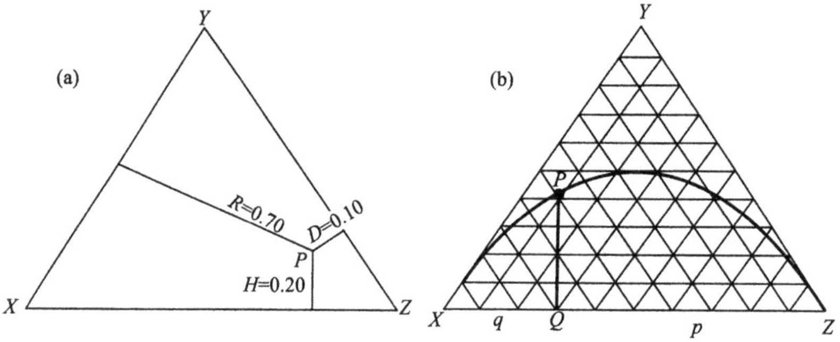


图 11-1　非平衡群体中群体点的齐次坐标和平衡群体点的轨迹

(a) 一个非平衡的群体点（$P$）的齐次坐标；(b) 抛物线表示平衡群体点（$P$）的轨迹投射点 $Q$ 把底边（$XZ$）分成基因频率的比例

(4) 在平衡群体中，$Aa\times Aa$ 交配的频率为 $AA\times aa$ 交配频率的 2 倍。

推导：这是因为 $Aa\times Aa=H^2=(2pq)^2=2(2p^2q^2)=2(2DR)$，即 $Aa\times Aa=2(AA\times aa)$。

(5) 当一个随机交配的平衡群体中一个隐性基因的频率 $q$ 很低时，则隐性纯合体基因型频率 $R=q^2$ 更低，此时隐性基因绝大多数处于杂合状态中，杂合体频率为隐性基因频率的 2 倍。

推导：如果 $q\to 0$，则 $q^2\to 0$，$p=1-q\to 1$，因此：$R=q^2\approx 0$，$H=2pq\approx 2q$。

---

① 纯合体 $AA$ 和 $aa$ 的频率有人分别喜欢用 $D$ 和 $R$ 表示，但也常用 $P$ 和 $Q$。请注意。

另外，显性基因纯合子频率 $D=1-H-R\approx1-2q$。

2. 复等位基因的遗传平衡

若有 3 个等位基因 $A$、$a'$、$a$ 在群体中得以遗传，而且它们的频率分别为 $p$、$q$、$r$，且 $p+q+r=1$。

那么，平衡时：$(A, a', a)^2\rightarrow AA, Aa', Aa, a'a', aa', aa$

有 $(p+q+r)^2=p^2+2pq+2pr+q^2+2qr+r^2$

等位基因频率：$p=p^2+(2pq+2pr)/2$；$q=q^2+(2pq+2qr)/2$；$r=r^2+(2pr+2qr)/2$

递推：

如果群体中有 $k$ 个复等位基因：$A_1, \cdots, A_k$，

那么：共有 $k$ 个同质基因型 $A_iA_i$，$k(k-1)/2$ 个异质基因型 $A_iA_j$。

在平衡群体中，等位基因频率和基因型频率关系就是：

$$P_{ii}=p_i^2(i=1,2,\cdots,k), P_{ij}=2p_ip_j$$

$$(i=1,2,\cdots,k-1;j=i+1,i+2,\cdots,k)$$

作为非等位基因的例子，群体遗传平衡时 ABO 血型基因频率（$i$ 的频率 $r$、$I^A$ 的频率 $p$ 和 $I^B$ 的频率 $q$）和表现型频率的关系为

$$r=\bar{O}^{1/2}, q=1-(\bar{A}+\bar{O})^{1/2}, p=1-(\bar{B}+\bar{O})^{1/2}$$

其中 $\bar{O}$、$\bar{A}$、$\bar{B}$ 分别是 O、A、B 型血型频率（表型频率）。

在这一平衡中，

$$(p+q+r)^2=p^2+2pr+r^2+2pq+2qr+q^2=1$$

各基因型频率为

$$I^AI^A=p^2, I^Ai=2pr, ii=r^2, I^AI^B=2pq, I^Bi=2qr, I^BI^B=q^2$$

不难理解，各血型（表现型）的个体数（$N$ 为群体的个体总数）分别为

A 型：$I^AI^A+I^Ai=(p^2+2pr)N$，B 型：$I^BI^B+I^Bi=(q^2+2qr)N$，O 型：$ii=r^2N$，AB 型：$I^AI^B=2pqN$

上述各血型的个体数去掉（除以）$N$ 就是血型（表现型）频率。

3. 伴性基因的遗传平衡

(1) 判定在 X 染色体上的等位基因达到平衡的标准是：

在随机交配的条件下，下列情况达到了 H-W 平衡：

$$\begin{bmatrix} \text{雄体} & \\ X^A & X^a \\ p & q \end{bmatrix} \quad \text{和} \quad \begin{bmatrix} & \text{雌体} & \\ X^AX^A & X^AX^a & X^aX^a \\ p^2 & 2pq & q^2 \end{bmatrix}$$

即雌雄群体中等位基因频率相等。

(2) X 染色体上的等位基因由不平衡到平衡，有以下几种途径：a. 每经过一次随机交配，雌雄群体中的等位基因频率的差值就减少一半。b. $p_X$ 与 $p_{XX}$间的差异越大，实现平衡的时间就越长；反之，则越短。c. 在建立遗传平衡的过程中，雌雄两性群体中的等位基因频率随着随机交配世代的增加而交互递减。

从表 11-1 和表 11-2 可以看出上述规律（注意：频率下标 X 表示雄性，XX 表示雌性）。

**表 11-1　X 染色体上等位基因频率在群体中的变化**

| 代 | 雌性 | | 雄性 | | 雌雄基因频率差 |
|---|---|---|---|---|---|
| 亲代 | $p_{XX}$ (A) | $q_{XX}$ (a) | $p_X$ (A) | $q_X$ (a) | $d=p_{XX}-p_X$ |
| 子一代 | $(p_X+p_{XX})/2$ | $(q_X+q_{XX})/2$ | $p_{XX}$ (A) | $q_{XX}$ (a) | |
| 子一代雌雄基因频率差 | $d_1A=(p_X+p_{XX})/2-p_{XX}=-(p_{XX}-p_X)/2=-d/2$ | | | | |
| | $d_1a=-(q_{XX}-q_X)/2$ | | | | |
| 亲代交配 | $p_{XX}$ (A) | $q_{XX}$ (a) | | | |
| $p_X$ (A) | $p_Xp_{XX}$ (AA) | $p_Xq_{XX}$ (Aa) | | | |
| $q_X$ (a) | $p_{XX}q_X$ (Aa) | $q_Xq_{XX}$ (aa) | | | |
| 子一代雌性基因频率 | $A: p_1=p_Xp_{XX}+(p_{XX}q_X+p_Xq_{XX})/2=p_Xp_{XX}+[p_{XX}(1-p_X)+p_X(1-p_{XX})]/2=(p_X+p_{XX})/2$ | | | | |
| | $a: q_1=q_Xq_{XX}+(p_{XX}q_X+p_Xq_{XX})/2=q_Xq_{XX}+[(1-q_{XX})q_X+(1-q_X)q_{XX}]/2=(q_X+q_{XX})/2$ | | | | |

**表 11-2　X 染色体上等位基因的世代交替变化**

| 世代 | a 基因频率 | |
|---|---|---|
| | 雄体 | 雌体 |
| 祖父母<br>Z″<br>父母<br>Z′<br>子女<br>Z | 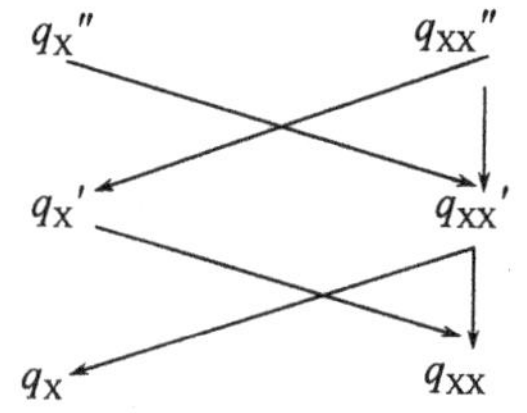 | |



(3) 经过随机交配，群体在达到遗传平衡以后，等位基因的频率分别是：

a 基因：$q=(q_X+2q_{XX})/3=(q_X'+2q_{XX}')/3=$常数，

A 基因：$p=(p_X+2p_{XX})/3=(p_X'+2p_{XX}')/3=$常数，

所以 $q_{XX}-q=-(q_{XX}'-q)/2$；　$q_X-q=-(q_X'-q)/2$。

伴性遗传基因以振荡式接近平衡点的特性，是因为雄体和雌体的性染色体组成不同，在群体中伴性基因有 2/3 存在于雌体中，另 1/3 存在于雄体中。

4. 近交繁殖群体的平衡问题

1）非随机交配

理想群体的条件是，在群体中交配是随机的。但是，很多群体对于某些性状并不是随机交配的。当这样的非随机交配发生时，基因型频率就难以通过哈代-温伯格定律来估计了。非随机交配可以分为不同的情况。

正选型交配（positive assortative mating）：即具有相似表型的个体优先交配（交配的概率大于随机交配）。在自然群体中，这种情况是较为普遍的。例如，在人类中，选择性就相当高。无论是高个子女人和高个子男人婚配，还是矮个子女人与矮个子男人婚配都是比较常见的，都比随机婚配的频率要高。

负选型交配（negative assortative mating）：又叫选异交配，是指具有不相同的表型的个体优先交配（交配的概率大于随机交配）。这种情况和上面的正选型交配相反。在人类中，负选型婚配也有例子——红头发个体间的择偶据统计就是负选型婚配的，即他们不喜欢也同样为红头发的人结婚。不管是正选型交配还是负选型交配，都不会影响其群体的基因频率，但是他们可能会影响群体的基因型频率。

正选型交配和负选型交配统称选型交配（assortative mating），是以交配个体的表型相似性为根据的交配方式。

根据亲缘关系，可划分出另外两种非随机交配的类型——近交（inbreeding）和远交（outbreeding）。近交涉及亲属间优先的交配，实质是在亲属关系上的正选型交配。相反，远交则是非亲缘关系优先交配，突质上是亲属关系上的负选择交配。近交中的一大部分是自交（selfing，自群繁育），这多发生在自花授粉的植物和一些自体受精的动物（如某些种类的蜗牛）之中。自交是极端的近交，与随机交配相比，会影响基因频率的改变，促进等位基因的纯合。

2）怀特定律（law of Wright）

在近亲交配的群体中，个体间的近亲交配程度用近交系数（coefficient of inbreeding，$F$）（在人类群体中称近婚系数）来进行量化。$F$ 的取值范围是从 0 到 1，如果 $F=0$，则表示没有近交发生；如果 $F=1$，则表示完全近交。如果从数量遗传学角度分析，个体的近交系数就是该个体的双亲所产生的配子雌、雄间的相关系数。这一相关系数越大，就表明该个体双亲的亲缘关系越紧密。

现假设有一对等位基因 $A$，$a$。当它们各自的频率分别为 $p$，$q$ 不变时，如果群体中有某种程度的近交，且近交系数为 $F$，则 $A$ 与 $A$ 配子的结合频率不只为 $p^2$（将大于 $p^2$）；$a$ 与 $a$ 结合的频率也将会大于 $q^2$。假设每代的 $F$ 不变，那么，群体中的基因型频率 $D$，$H$，$R$ 将保持在下列平衡状态当中：

| | D | H | R |
|---|---|---|---|
| | AA | Aa | aa |
| | $p^2+Fpq$ | $2pq-2Fpq$ | $q^2+Fpq$ |
| 即 | $p^2+Fpq$ | $2pq(1-F)$ | $q^2+Fpq$ |

这就是近亲繁殖的平衡定律（怀特定律，law of Wright）。怀特定律阐明了近亲繁殖群体的遗传平衡原理：在近交系数 $F$ 的作用下，如果以 $0<F<1$（正小数）的 $F$ 值为定值，每一代作用于一对等位基因（$A$，$a$），并且群体处于遗传平衡时，群体中的 $AA$ 基因型频率就由 $p^2$ 增加 $Fpq$，$Aa$ 基因型频率就由 $2pq$ 减少 $2Fpq$，$aa$ 基因型频率由 $q^2$ 增加 $Fpq$。

（1）当 $F=1$ 时，个体间的交配是高度的近交（完全近交）。这是高等动植物群体中的自交（或自花授粉）情况。由于 $2pq\ (1-F)=2pq(1-1)=0$，可见一旦在一个遗传平衡群体中发生自交，群体中的杂合体最终将会消失。

（2）当 $F=0$ 时，表示没有近交，这就是随机交配时的情形。不难看出，上表中各基因型频率符合遗传平衡的情况，因为此种情况下 $p^2+Fpq=p^2$，$2pq(1-F)=2pq$，$q^2+Fpq=q^2$。可见，Hardy-Weinberg 定律就是当怀特定律中 $F=0$ 时的特例。反过来讲，怀特定律也可视为 Hardy-Weinberg 定律的普遍化。

看来，怀特定律也是群体遗传学中的重要定律，阐明了基因在非随机交配群体中的遗传行为。

在一个自然群体中，近交或远交对群体中的基因型频率有影响，但却不影响其等位基因的频率。但是当选择压存在时，近交就会间接地影响群体后代中等位基因的频率了。

3）近亲婚配的害处

根据群体遗传分析，群体中纯合体的频率增加，尤其是隐性有害基因纯合体频率的增加，与近亲结婚有着直接的关系。随机婚配时，隐性基因 $a$ 纯合子频率为 $q^2$；近亲婚配时，隐性基因 $a$ 纯合子频率则为（$q^2+Fpq$），而（$q^2+Fpq$）与 $q^2$ 的比例（$R_F/R_0$）在很大程度上依赖于 $q$ 值。以 $q=0.005$ 为例，在表亲结婚情况下（$F=1/16$）后代中出现隐性有害基因纯合体的风险，大约比随机婚配时高出 13.44 倍；在表（堂）婚配的人群中，这一数值高达 32.18 倍。可见，近亲结婚的危害性很大。

## （三）影响遗传平衡的因素

Hardy-Weinberg 定律所限定的 5 个因素任何一个产生偏离时均可使基因频率在不同世代间发生改变，进而改变基因型频率。

### 1. 突变对遗传平衡的影响

突变（mutation）率计算公式为：$\mu=n/2N$。其中 $\mu$ 为突变率，$N$ 为出生总数，$n$ 为双亲无此性状的受累个体数。$N$ 之所以乘以 2 是因为一对基因座上任何一个等位基因发生突变都会造成突变表型。

突变对群体遗传组成的作用：为自然选择提供原始材料；直接导致群体基因频率的改变。

因基因突变而产生的基因频率变化趋势叫做突变压（mutation pressure）。假定在一个无限大的随机交配群体中，没有自然选择发生。例如，在常染色体上有一对等位基因 $A_1$ 和 $A_2$，其中 $A_1$ 的频率为 $p_0$，它每代突变为 $A_2$ 的突变率为 $u$。那么，经过一代后 $A_1$ 的频率 $p_1=p_0-up_0=p_0(1-u)$；经过二代后为 $p_2=p_1-up_1=p_1(1-u)=p_0(1-u)^2$；经过 $t$ 代后将是 $p_t=p_0(1-u)^t$。这里，由于 $1-u$ 是小于 1 的正数，因此，随着 $t$ 的增加，$p_t$ 值将变得越来越小。当这一过程无限地延续下去时，基因 $A_1$ 的频率最终将变成 0。不过，$u$ 的值很低，这一过程是漫长的。

更常见的是可逆性突变。假设每代 $A_1$ 突变为 $A_2$ 的突变率为 $u$，$A_2$ 可能回复突变成为 $A_1$ 的回复突变率为 $v$，即

$$A_1 \underset{v}{\overset{u}{\rightleftharpoons}} A_2$$

当群体达到平衡时，基因频率保持不变，即 $\Delta p=v\hat{q}-u\hat{p}=0$（正反突变压相等）（其中 $\hat{p}$ 和 $\hat{q}$ 分别是群体平衡时基因 $A_1$ 和 $A_2$ 的频率），考虑到 $\hat{p}+\hat{q}=1$，就得到关系式：

$$\hat{p}=v/(u+v)；\quad \hat{q}=u/(u+v)$$

因此，正反向突变平衡时，等位基因频率的平衡值只取决于正反突变率的大小，与等位基因的初始频率（$p_0$ 或 $q_0$）无关。因为回复突变部分地抵消了正向突变的作用效果，通过突变本身来达到基因频率较大改变需要一个相当长的时间，也就是说，群体很少能够达到突变的平衡。

2. 选择对遗传平衡的影响

选择（selection）作用的强弱用带有某等位基因个体的适合度表示，适合度用该个体的相对生育率来计算，用 $w$ 来表示。适合度的数值介于 1 到 0 之间。当适合度为 0 时表示具有该基因型的个体没有生育可育后代的能力，适合度小于 1 时表示该个体预期留有后代的能力低于最适生育力个体。选择通过使带有某一有害基因的个体留有后代数下降而使这种有害基因频率降低而逐渐将其淘汰。

衡量选择强度的另一个指标是选择系数，用 $s$ 表示。选择系数是在选择作用下下降的适合度值，即 $s=1-w$。对特定基因型而言，选择系数越大，选择作用越强，造成基因频率改变的速率越大。

选择对显性有害基因和隐性有害基因频率的作用强度不同。选择对所有带有显性有害基因的个体发挥作用。并根据选择系数的大小使下一代该等位基因频率

降低。在选择系数为 1 时，如果不考虑突变，在下一代该基因频率将会变为 0，这种情况叫选择完全。而因为在杂合子中隐性有害基因不起作用，或者说对个体的适合度没有影响，因此选择不起作用。选择只对隐性有害基因的纯合子产生作用，而隐性有害基因的纯合子的出现率仅为隐性有害基因频率 $q$ 的平方，所以选择造成的隐性有害基因频率的下降速度很慢，多数隐性有害基因存在于杂合子中而不受选择的作用。

选择对隐性纯合体的作用。

1）对隐性纯合体的不完全选择（$0<s<1$）

设：基因 $A$ 和 $a$，原来的频率为 $p$ 和 $q$。

选择后基因 $a$ 的频率

$$q_1=\frac{q^2(1-s)}{1-sq^2}+\frac{1}{2}\frac{2pq}{1-sq^2}=\frac{q(1-sq)}{1-sq^2}$$

一代选择基因 $a$ 频率的改变

$$\Delta q=q_1-q_0=\frac{q(1-sq)}{1-sq^2}-q=\frac{q(1-sq)-q(1-sq^2)}{1-sq^2}=\frac{-sq^2(1-q)}{1-sq^2}$$

当 $q$ 很小时，$1-sq^2\approx1$，因此 $\Delta q=-sq^2\ (1-q)$。

可见，当 $q$ 值小时，每代基因频率的改变是很小的。也就是说当隐性基因很少时，对一个隐性基因的选择（或淘汰）是很缓慢的，此时，隐性基因几乎完全存在于杂合体中，从而在群体中得到保护。

2）对隐性纯合体的完全选择（$s=1$）

$$q_1=\frac{q_0(1-q_0)}{1-q^2}=\frac{q_0(1-q_0)}{(1+q_0)(1-q_0)}=\frac{q_0}{1+q_0},$$

$$q_2=\frac{q_1}{1+q_1}=\frac{q_0/(1+q_0)}{1+q_0/(1+q_0)}=\frac{q_0}{1+2q_0}$$

同理：

$$q_n=\frac{q_0}{1+nq_0}$$

因此：$n=(1/q_n)-(1/q_0)$。

当 $q_n=q_0/2$ 时，$n=1/q_0$。这表明，隐性基因减少一半时所经历的世代数是初始基因频率的倒数。

例如，已知人类白化病等位基因的频率为 0.01。如果白化纯合体是不育的（$s=1$），那么要将此基因的频率分别降至 0.001 和 0.0001，所需要的世代数可以利用 $n=(1/q_n)-(1/q_0)$ 关系式进行计算，得到：

$$n=(1/0.001)-(1/0.01)=900\ (\text{代}),$$

$$n=(1/0.0001)-(1/0.01)=9900\ (\text{代})。$$

3）对显性体的选择

基因型 $AA$ 和 $Aa$ 的选择系数为 $s$（$0<s<1$），$aa$ 的选择系数为 0。

基因频率的改变 $\Delta p=\dfrac{p(1-s)}{1-sp(2-p)}-p=\dfrac{-sp(1-p)^2}{1-sp(2-p)}$

如果 $s$ 很小，$1-sp(2-p)\approx 1$，

$\therefore\ \Delta p\approx -sp\ (1-p)^2$，　又$\because p=1-q$，$\therefore\ \Delta q\approx -s\ (1-q)\ q^2$

也就是说，在选择系数很小时，$\Delta p$ 与$\Delta q$ 相同。

如果带有显性等位基因的个体是致死的，那么一代之内就有 $p_1=0$。

【请思考：为什么对于隐性纯合子的选择远不如对于显性基因的选择来得快?】

读者还可以按以上方法推导杂合优势等情况下的基因频率改变关系，这里不再赘叙。

3. 突变和选择的共同作用造成的遗传平衡

当选择使某一有害基因降低到一定程度，基因突变将会倾向于产生更多的该有害基因。突变和选择的共同结果最终会达到一个平衡点，在该点上该基因的频率保持世代的相对稳定。

对于显性有害基因而言，基因频率 $p=v/s$（$v$ 代表突变率），即基因频率与突变率成正比，与选择系数成反比。对于 $X$ 连锁隐性有害基因来讲，$q=3\mu/s$（$\mu$ 为突变率）。这里通常只有雄性个体受到选择作用，而该基因只有 1/3 位于雄性体内而受到选择，所以在同样的突变率和选择系数的情况下，基因频率将能维持在显性有害基因频率的 3 倍左右。对于隐性有害基因，三者之间的关系为有害基因型频率 $q^2=\mu/s$（$\mu$ 为突变率），这里群体中只有 $q^2$ 个个体（隐性纯合子）受到了选择作用影响。

4. 非随机婚配对遗传平衡的影响

在采取有性生殖方式的动物中存在着性选择作用，表现为具有特定遗传组成的个体倾向于同某种特定遗传组成的个体交配，从而造成不同等位基因的适合度差异，群体内分化出不同隔离程度的小群体，和特定基因型频率偏离 Hardy-Weinberg 公式所确定的数值等。近亲婚配是人类群体中存在的一种特殊的非随机婚配形式。近亲婚配造成婚姻双方将源于共同祖先的等位基因共同传给同一个后代的可能性增加，提高了后代纯合子的比例，并使不利的隐性有害等位基因面临选择的风险提高。在隐性遗传病患者中近亲婚配的比例较高。

5. 有限群体中的遗传漂变

在有性生殖中，减数分裂形成的两个不同配子各以 1/2 的概率参与受精，其实际发生率以 1/2 为中心涨落。如果群体无限大，则这种涨落效应趋近于 0，但在个体数目有限的群体中，涨落效应将造成不同等位基因向后代传递机会的差异。导致了世代之间基因频率的差异。这种效应称为遗传漂变（genetic drift），又称为怀特效应（Wright effect）。奠基者效应（founder effect）和瓶颈效应

(bottleneck effect) 都是遗传漂变的具体体现。

注意，由于遗传漂变的方向是随机的，只要等位基因的频率不变成 0 或 1，这种改变是可以逆转的。

漂变和选择可以是对抗的。遗传漂变在小群体中特别有效，可以掩盖、甚至背离选择的作用。

6. 迁徙（迁移）

群体中的某些个体迁入另一个群体中，并与新的群体中的个体发生婚配，结果造成两个群体的基因库和遗传构成发生变化。这种变化的大小取决于迁徙(migration) 量的大小和迁徙的速度，迁入与迁出群体之间遗传构成和等位基因频率的差异等因素。

分析：设两个群体甲、乙；一对等位基因 $A$ 和 $a$。相应地等位基因频率为

甲：$A$：$p$；$a$：$q$（甲为大群体）；

乙：$A$：$p_0$；$a$：$q_0$（乙为小群体）。

迁移的方向是甲→乙；同时乙→甲和其他，迁移率均为 $m$，分析群体乙中 $a$ 基因的频率。

经过一个世代后，群体乙中 $a$ 的频率为

$$q_1 = q_0 - mq_0 + mq = mq + q_0(1-m)$$

所以

$$\Delta q = q_1 - q_0 = m(q - q_0),$$

$$q_1 - q = [q_0 + m(q - q_0)] - q = (1-m)(q_0 - q)。$$

说明：① 迁移使甲乙两个群体中的 $a$ 等位基因的频率差距缩小；

② 在 $m$ 恒定，$q=q_0$ 时群体达到平衡状态，这种情况下迁移不影响群体的基因频率。

若每个世代中迁移率 $m$ 的值不变，大群体甲在迁移后 $q$ 不发生变化（或变化极小而忽略），则：连续迁移 $n$ 代后，群体乙中 $a$ 基因的频率为

$$q_n = [q - q(1-m)^n] + (1-m)^n q_0 = q + (1-m)^n(q_0 - q),$$

所以

$$(1-m)^n = (q_n - q) / (q_0 - q)。$$

## （四）生物进化的机理和过程

1. 生物进化的概念

生物的结构、生理和行为特点随时间推移的可遗传的变化过程就是生物进化(organism evolution)，其方向总是趋向于适应当时所处的环境。生物进化的根本原因是遗传结构的变化，也就是基因频率和基因型频率的改变。进化遗传学就是研究这种遗传结构的改变的原因、过程和方向，并与宏观的进化过程相联系。

2. *种群是生物进化的基本单位*

由于群体共有的基因库和有性生殖的遗传方式的存在，群体是作为一个遗传整体作世代延续的。个体的遗传改变，或者说进化的结果必然通过生殖过程向整个群体扩散，因此种群是生物进化的基本单位。

3. *生物进化导致新的物种形成*

物种（species）的概念：物种是对有性生殖生物进行归类的一个概念。一个物种由一群可以相互婚配并产生可育后代的个体组成；不同物种相互区分的标志是不同物种的个体之间不能相互交配或不能产生具有生育能力的后代。

新种形成过程中隔离（isolation）的必要性：突变、选择以及遗传漂变导致种群内部的遗传多样性和种群的分化。当种群扩散到一个较广阔的地域后，不同地域的自然环境对种群生活在当地的个体产生影响，促使其遗传结构发生适应性改变，进而发展成了种群的不同亚群。但如果不同亚群的个体仍然相互交配，则基因的流动仍将整个种群结合为一个遗传和进化单位，因此种群的分化和新种形成的前提是某种隔离机制的存在。

4. *生物进化的方式*

生物进化的方式主要有分歧式进化、辐射式进化和趋同式进化等。

（1）分歧式进化（cladogenesis）　生物的原始种经过扩增和地理扩散进入不同的地理区域，然后在地理隔离和（或）奠基者效应的作用下各自进化，即分歧式进化，最终因出现生殖隔离而产生新的物种。

（2）辐射式进化（radiant evolution）　当一个物种进入一个有许多生态位的新环境时，物种成员将分别占据各个生态位并在新的环境下发生进化，使之对新环境产生适应性变化。这种由一个出发点向不同的方向进化的过程叫作辐射式进化。

与分歧式进化或辐射式进化过程相伴随的是一些物种的灭绝，从而限制了物种的数量在有限的资源和空间内无限增长。

（3）趋同式进化（convergent evolution）　一些在进化上的远缘物种为了适应相同或相似的环境而发生的类似的进化过程。例如，昆虫、鸟类和蝙蝠为适应飞行的生活方式，在胚胎发育过程中使用不同的胚胎材料发展出形态相似的翅膀；鲸和海豹等水生哺乳动物发展出了与鱼类相似的体形等都是趋同式进化的例子。

5. *生物进化的速率*

传统的观点认为生物进化的过程是持续的、缓慢的，以大致相同的速率进化。而点断平衡的进化速率理论认为，生物进化过程是跃进的过程，是由长期停滞的或缓慢的改变伴随以短期快速的变化交替进行的过程，该过程导致短期内新的物种的快速出现。在整个生物界，这两种进化过程可能都是存在的，不同的生物采用不同的进化速率节奏。

（五）生物进化理论

在19世纪，由于地质学、古生物学、比较解剖学等的发展，生物进化作为一个基本事实被确定下来，但导致生物进化的原因则有种种理论进行阐明。生物进化理论（theory of organism evolution）有拉马克学说、达尔文进化论、现代综合进化理论（modern synthetic theory of evolution）、中性突变进化学说（neutral mutation theory of evolution）等。

现代综合进化理论的主要内容是：①种群是生物进化的基本单位，生物进化的过程实质上就是种群基因频率的改变过程。②变异（突变和基因重组）、自然选择及隔离是物种形成过程中的三个基本环节。通过它们的综合作用，种群产生分化，最终导致新物种的形成。在生物进化过程中，突变和基因重组产生生物进化的原材料（变异）；自然选择使种群基因频率发生定向的改变，并决定着生物进化的方向；隔离是新物种形成的必要条件。

中性突变进化学说认为多数在DNA和蛋白质水平上的变异既无害也无利，是由“中性突变”引起的；中性突变的命运主要受遗传漂变影响，最终在群体中随机消失或固定。由于大多数DNA碱基序列的变化都属于中性突变，不受自然选择的影响，因此它的发生和在群体中积累的可能性主要受突变率的影响。据测算DNA的碱基替代的速率相当恒定，不同蛋白质在进化过程中也有相对恒定的氨基酸替换率，可以根据这一特点建立生物进化年代的分子钟（molecular clock）。

中性突变进化和自然选择都是解释生物进化发生机制的学说，两者并无任何矛盾之处，只是说明在生物不同层次上进化的发生机制不同。

## 二、代表性例题解析

1. 在某人群中，一种AR病的发病率是1/2500，求致病基因和正常基因的频率，及该病携带者频率。

参考答案：设该致病基因为 $a$，其频率为 $q$，正常基因为 $A$，其频率为 $p$，则患者的基因型为 $aa$，其频率既是发病率，为1/2500。根据Hardy-Weinberg遗传平衡公式，$aa$ 基因型频率为 $q^2$，即 $q^2=1/2500$ 则致病基因 $a$ 频率 $q=(1/2500)^{1/2}=1/50=0.02$。

基因 $A$ 频率 $p=1-q=0.98$。

携带者为带有致病基因的杂合子，其基因型为 $Aa$。

$$Aa\text{ 频率}=2pq=2\times0.98\times0.02=0.0392$$

因此，致病基因频率为0.02，正常基因频率为0.98，该病携带者频率为0.0392。从本例可以看出：常染色体隐性遗传病群体中携带者的频率约为致病基因频率的一倍。致病基因主要存在于携带者当中，只有极少部分形成纯合子而造成发病，发病的前提是两个携带者之间婚配。

2. 在某地区血库中，存有100 000袋血浆，其中O型42 250袋，A型

30 000 袋，B 型21 750 袋，AB 型 6000 袋。以此血库得到的数据为样本求 $I^A$、$I^B$ 和 $i$ 的基因频率，和 $I^AI^A$、$I^Ai$、$I^BI^B$、$I^Bi$、$I^AI^B$、$ii$ 的基因型频率。

参考答案：各种血型的频率计算：

$$\text{O 型}:\text{O} = 42\,250/100\,000 = 0.42$$

$$\text{A 型}:\text{A} = 30\,000/100\,000 = 0.30$$

$$\text{B 型}:\text{B} = 21\,750/100\,000 = 0.22$$

$$\text{AB 型}:\text{AB} = 6000/100\,000 = 0.06$$

由于 O 型血个体的基因型为 $ii$，O 型血的表型频率即是 $ii$ 基因型频率，所以 $ii$ 的基因型频率也为 0.42。

同理 AB 型血个体的基因型为 $I^AI^B$，AB 型血的表型频率即是 $I^AI^B$ 的基因型频率，即 $I^AI^B$ 的基因型频率是 0.06。

设 $I^A$ 的基因频率为 $p$，$I^B$ 的基因频率为 $q$，$i$ 的基因频率为 $r$，

根据 Hardy-Weinberg 遗传平衡公式，可推得

$$(p+q+r)^2 = p^2+q^2+r^2+2pq+2pr+2qr = 1$$

$ii$ 基因型频率应为 $r^2$，则：$i$ 基因频率 $r=(ii\text{ 基因型频率})^{1/2}=(0.42)^{1/2}=0.65$。

B 型血个体的基因型为 $I^BI^B$ 或 $I^Bi$，其基因型频率可分别表示为 $q^2$ 和 $2qr$，所以 $q^2+2qr=0.23$。

B 型血个体和 O 型血个体的频率相加结果可表示为 $q^2+2qr+r^2=(q+r)^2$。

则基因 $I^A$ 频率 $p=1-(q+r)=1-(q^2+2qr+r^2)^{1/2}=1-(0.23+0.42)^{1/2}=1-0.80=0.20$。

同理，基因 $I^B$ 频率 $q=1-(p+r)=1-(p^2+2pr+r^2)^{1/2}=1-(0.30+0.42)^{1/2}=1-0.85=0.15$。

$I^AI^A$ 基因型频率为 $p^2=0.20^2=0.04$，$I^BI^B$ 基因型频率为 $q^2=0.15^2=0.02$。

$I^Ai$ 基因型频率为 $0.30-0.04=0.26$，$I^Bi$ 基因型频率为 $0.23-0.02=0.21$。

所以：$I^A$、$I^B$ 和 $i$ 的基因频率分别为 0.20、0.15、0.65；$I^AI^A$、$I^Ai$、$I^BI^B$、$I^Bi$、$I^AI^B$、$ii$ 的基因型频率分别为 0.04、0.26、0.02、0.21、0.06、0.42。

3. 某地区白化病（AR）的发病率为 1/10 000，导致致病基因发生的突变率为 $45\times10^{-6}$/代，如果完全放松选择压力，经过多少年致病基因频率将增加 1 倍？（每个世代按 25 年计算）

参考答案：设白化病致病基因为 $a$，其频率为 $q$，正常基因为 $A$，其频率为 $p$，则白化病患者的基因型为 $aa$，根据 Hardy-Weinberg 遗传平衡公式，$aa$ 基因型频率为 $q^2$，则致病基因初始频率 $q=(1/10\,000)^{1/2}=0.01$

设 $n$ 个世代后致病基因频率增加 1 倍，可得：

$$0.01+45\times10^{-6}\times n=0.02$$

$$n=0.01/(45\times10^{-6})\approx222 \text{ 个世代}$$

$$25 \text{ 年}\times222=5555 \text{ 年}$$

答：需经过约 5555 年才能使致病基因频率增加 1 倍。

4. 调查显示在某个地区生活的 136 670 名男人中，有甲型血友病患者 12 人，本病适合度为 0.29。问：该地区导致甲型血友病基因发生的突变率是多少？女性携带者频率是多少？

参考答案：设甲型血友病致病基因为 $X^a$，其频率为 $q$，正常基因为 $X^A$，其频率为 $p$，则甲型血友病男性患者的基因型为 $X^aY$，对 $X$ 连锁遗传病可以根据男性发病率直接得到致病基因的频率。

本例男性发病率为 12/136 670＝0.000 088

即 $q$＝0.000 088

$p$＝1－0.000 088＝0.999 912

本病适合度（$f$）为 0.29，则选择系数 $s$ 为 1－0.29。

该地区导致甲型血友病基因发生的突变率为

$$u=1/3sq=1/3\times(1-0.29)\times0.000\,088=20.8\times10^{-6}/\text{代}$$

根据 Hardy-Weinberg 遗传平衡公式，女性携带者频率是 $2pq$。

女性携带者频率 $2pq=2\times0.000\,088\times0.999\,912\approx0.000\,175\,98$

5. DDT 是 20 世纪 40 年代开始广泛使用的杀虫剂，但随后一些蚊蝇对 DDT 产生了抗药性，这种抗药性是可以遗传的，而且抗药性的蚊蝇逐渐变多。研究表明 DDT 没有致突变作用。请分析抗药性的原因。是否是 DDT 促成了抗药性的产生？

参考答案：昆虫的抗药性是可以遗传的，说明是遗传物质在起作用。抗药性的产生起源于基因突变，DDT 本身没有致突变作用，说明 DDT 不是导致抗药性产生的基因突变的原因，因此导致抗药性的基因突变是自发产生的。基因突变本身没有方向性和目的性，基因突变造成了昆虫群体的遗传多样性，其中的一些个体对 DDT 具有抗药性，在 DDT 不存在时这样一些个体依然可能存在，只是它们与其他对 DDT 没有抗性的个体相比没有生存优势，因而以稀有的状态存在于群体中。使用 DDT 后出现了抗药性说明 DDT 起到的是自然选择因子的作用，DDT 作为选择因素将缺乏抗药性的昆虫杀死，而将生态位腾出让对 DDT 具有抗药性的昆虫繁殖并在种群中扩大数量。抗药性昆虫的产生是人工选择的结果，而人工选择属于自然选择的一部分。从 DDT 抗药性的产生可以说明进化的过程：

突变 → 物种内产生遗传多样性 → 选择 → 有利变异保留下来 → 进化

6. 简答：生殖隔离有哪些类型？

参考答案：生殖隔离的含义是，通过防止生物个体间的杂交，阻止群体间的基因交换。

生殖隔离分为两类:①合子前生殖隔离:能阻止不同群体的成员间交配或产生合子。②合子后生殖隔离:是降低杂种生活力或生殖力的一种机制。

| 合子前生殖隔离 | 合子后生殖隔离 |
| --- | --- |
| ① 生态隔离:群体占据同一地区,但生活在不同的栖息地<br>② 时间隔离:群体占据同一地区,但交配期或开花期不同<br>③ 行为隔离:动物群体雌雄间不存在性吸引力<br>④ 机械隔离:生殖结构的不同阻止了交配或受精 | ① 杂种无生活力:$F_1$ 不能存活或不能达到性成熟<br>② 杂种不育:$F_1$ 不能产生有功能的配子<br>③ 杂种衰败:$F_1$ 有活力并可育,但 $F_1$ 世代表现活力减弱或不育 |

7. 简述物种形成的方式。

参考答案:物种形成的方式主要有:(1) 渐变式:长期内旧物种逐渐演变成为新的物种,是物种形成的主要方式。① 继承式:一个物种通过逐渐累积变异的方式,经历悠久的地质年代,由一系列的中间类型过渡到新种。② 分化式:同一个物种的不同群体,由于地理隔离或生态隔离,逐渐分化成不同物种。(2)爆发式:一般不经过亚种阶段,通过远缘杂交、染色体加倍、染色体变异或突变方式,在自然选择的作用下逐渐形成新种。

【阅读材料】ABO 血型的遗传平衡问题解析

细心的读者也许发现,在某些教科书例举的 ABO 血型遗传平衡应用题的解答中,似乎出现"怎么样都平衡"的现象。显然,这是一种错误结论,然而并非被广泛认识。

在实际中,由于人类漫长的繁衍历史,在一个大群体中的 ABO 血型一般是接近平衡的,可用以下关系近似地求 $i$、$I^A$ 和 $I^B$ 基因的频率:

$$r=\bar{O}^{1/2}, q=1-(\bar{A}+\bar{O})^{1/2}, p=1-(\bar{B}+\bar{O})^{1/2}。$$

其中 $\bar{O}$、$\bar{A}$、$\bar{B}$ 分别是 O、A、B 型血型频率(表型频率)。

常出现的错误是根据这些关系运算出的等位基因 $i$、$I^B$ 和 $I^A$ 频率,再算回基因型和表型频率及"预期频数"时,出现取近似数带来的与原始观察数据的差异,又用 $\chi^2$ 检验去检验二者的符合程度,得出了"遗传平衡"的结论。这样的分析是一种循环论证。

人类控制 ABO 血型的基因座位上的等位基因频率的估计是相当棘手的问题,原因是基因座位上有 3 个主要的等位基因 $I^A$, $I^B$ 和 $i$,并且 $I^A$ 和 $I^B$ 对于 $i$ 呈显性。

如果要检验某个待分析的群体是否平衡,可以以上述平衡群体的频率作为预期频率去求预期数值,再进行 $\chi^2$ 检验(请分析:此时的 df 值是多少)。

* 另外,常常遇到求出的 3 个频率加和 $p+q+r\neq1$ 的情况。此时可求出校正因子 $\Theta=1-p-q-r$(理论上 $\Theta=0$),再求校正频率:$r_{校}=(r+\Theta/2)(1+\Theta/2)$, $p_{校}=p(1+\Theta/2)$, $q_{矫}=q\ (1+\Theta/2)$。这一步可以重复,直到 $\Theta=0$,即 $p+q+r=1$。

## 三、知识要点概念图

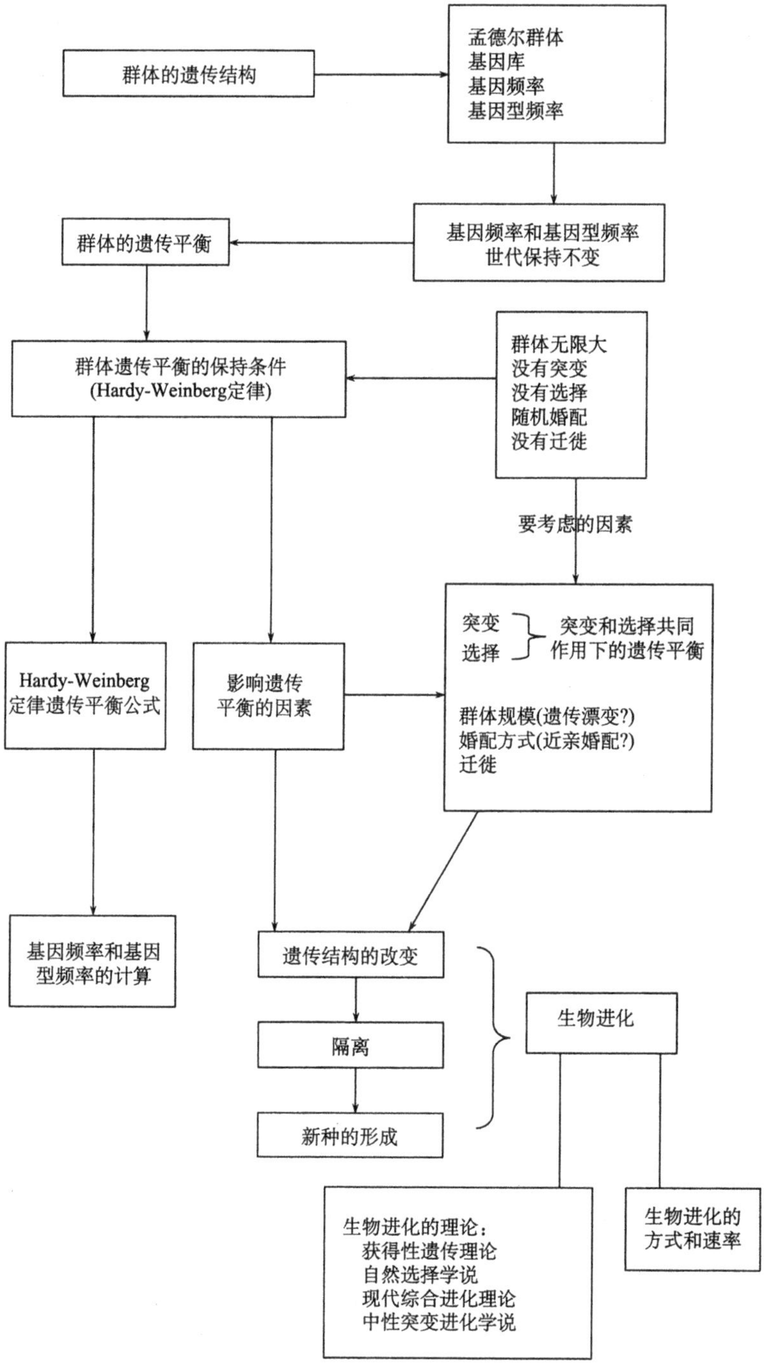
群体的遗传结构
孟德尔群体
基因库
基因频率
基因型频率
基因频率和基因型频率
世代保持不变
群体的遗传平衡
群体遗传平衡的保持条件
(Hardy-Weinberg定律)
群体无限大
没有突变
没有选择
随机婚配
没有迁徙
要考虑的因素
突变
选择
突变和选择共同
作用下的遗传平衡
群体规模(遗传漂变?)
婚配方式(近亲婚配?)
迁徙
Hardy-Weinberg
定律遗传平衡公式
影响遗传
平衡的因素
基因频率和基因
型频率的计算
遗传结构的改变
隔离
新种的形成
生物进化
生物进化的理论:
获得性遗传理论
自然选择学说
现代综合进化理论
中性突变进化学说
生物进化的
方式和速率

## 参考资料

戴灼华，王亚馥，粟翼玟 . 2008. 遗传学 . 第 2 版 . 北京：高等教育出版社

顾万春 . 2004. 统计遗传学 . 北京：科学出版社

贺竹梅 . 2002. 现代遗传学教程 . 广州：中山大学出版社

姜益泉，姚国新，高和平 . 2006. 遗传学辅导与习题集 . 合肥：中国科学技术大学出版社

李璞 . 2004. 医学遗传学 . 北京：北京大学医学出版社

李雅轩，胡英考 . 2006. 遗传学学习指导 . 北京：科学出版社

张飞雄 . 2004. 普通遗传学 . 北京：科学出版社

Ewens W J. 2004. Mathematical Population Genetics. New York：Springer

Griffiths A J F, Wessler S R, Lewontin R C et al. 2007. Introduction to Genetic Analysis. New York：Freeman and Company

## 【试题精选】

### 一、填空题

1. 一个由可以相互交配的个体组成的群体叫________，一个群体所有个体所有基因的总和构成该群体的________。

2. 基因频率是指________的比例，基因型频率是________的比例。

3. 理想群体是指________，________，________，________和________的群体。

4. X 染色体基因频率与________和________相同。

5. 在随机婚配的条件下，遗传不平衡的群体只要________即可以达到遗传平衡。

6. 在遗传平衡群体中，对于一对等位基因而言，基因频率和基因型频率之间的关系可以用公式________表示。

7. 对于一个非遗传平衡群体，假如基因型 $AA$、$Aa$、$aa$ 的频率分别用 $D$、$H$、$R$ 表示。那么基因 $A$ 的频率是________、基因 $a$ 的频率是________。

8. 对于一个遗传平衡群体，假如基因型 $AA$ 和 $aa$ 的频率分别用 $D$ 和 $R$ 表示。那么基因 $A$ 的频率是________、基因 $a$ 的频率是________。

9. 对于一个遗传平衡群体，假如一对等位基因 $A$ 和 $a$ 的频率分别是 $p$ 和 $q$，则该基因的 3 个基因型频率分别是________，________和________。

10. X 连锁隐性遗传病，如果致病基因频率为 $q$，则男性发病率较女性发病率高________倍。该类疾病的携带者均是________性，携带者的频率约是男性发病率的________倍。

11. X 连锁显性遗传病，如果致病基因频率为 $p$，则男性发病率可表示为________，女性发病率可表示为________，男性发病率约是女性发病率的________倍。

12. 可能改变群体遗传平衡的因素有________，________，________，________和________。

13. 当选择对某常染色体显性基因不利时，基因型为________和________的个体因生育子女数________而受到选择。

14. 当选择对某常染色体隐性基因不利时，基因型为________的个体受到选择作用。

15. 某遗传病患者 100 人，育有子女 25 人；患者正常同胞 420 人，育有子女 525 人。则患者的适合度为________，选择系数是________。

16. 获得性遗传的提出者是________，自然选择的提出者是________，中性进化学说的提出者是________。

17. 对于 X 连锁隐性选择不利基因，在突变和选择达到平衡，使基因频率保持恒定的情况下，基因频率为 $q$，选择系数是 $s$，每代的淘汰率是________。造成该不利基因产生的突变率是________。

18. 遗传漂变对基因频率影响的大小主要取决于________，遗传漂变将会造成基因座上等位基因数量的________，在小群体中这种变化________。

19. 迁徙对基因频率影响的大小取决于________和________。

20. 基因流可造成临近群体之间基因频率呈现________。

21. 随着医疗条件的改善，一些遗传病人的存活和生育子女的机会都有提高，则今后遗传病发病率将________。对于显性遗传病，若致病基因原来是致死的，但患者经过某种治疗能与正常人一样生活和生育，在群体规模不变的情况下，则经过一代后，发病率将是原来发病率的________。

22. 多态性是指一个群体中存在两种以上等位基因，其中最低的一种的基因频率大于________。这一频率较________所能维持的高。

23. 平衡多态是由于________造成的一种多态性。此时纯合子的适合度________。

24. 同胞之间的亲缘系数是________；表兄妹之间的亲缘系数是________；舅外甥之间的亲缘系数是________。

25. 遗传漂变的结果，最终可使某些等位基因在群体中________，或取代其他等位基因而________下来。

26. 奠基者效应是指群体从原来的群体中________发展起来，这个遗传隔离群的建立者所携带的________可能在________的作用下逐渐扩散，甚至在随后发展起来的群体中固定下来，而将其他等位基因________。

27. 中性突变进化解释________和________两种序列在进化过程中的改变规律，这种改变很少受到________的作用，它们的产生和变化主要受________和________的影响，被称之为分子水平的进化。

28. 分子进化树是根据对现存的物种之间的________或________的替换数的

比较来估计两者________的年代数。

29. 中性突变包括________；________；________；________。

30. 生物进化的方式主要有________；________；________等。

31. 一个物种进化出两个或多个物种时先有________，后产生________。

32. 生物进化是生物的性状和行为随时间推移产生的________的________，其方向总是趋向于________。

33. 过氧化物缺乏症（AR）的杂合子可由血液中过氧化物酶的活性而鉴定出来。经查广岛地区的杂合子频率为 0.09%，该群体处于遗传平衡，则正常基因和致病基因的频率分别为________和________。

34. 遗传平衡群体是指________和________世代保持不变的群体。

## 二、选择题

1. 假定在一群体中，每 12 个男人中就有一个是红绿色盲，那么，红绿色盲女性患者的频率是（　　）。

A. 1/12　　B. 1/24　　C. 1/6　　D. 1/144

2. 不改变群体的基因频率，但改变基因型频率的是（　　）。

A. 由随机交配改为近交　　B. 遗传漂变　　C. 突变　　D. 迁移

3. 一种常染色体隐性致病基因的频率是 1/50。则一个遗传平衡群体的发病率为（　　）。

A. 1/50　　B. 1/100　　C. 1/400　　D. 1/2500

4. 抽样调查某个人群 10 000 人，其中 *AA* 5500 人，*aa* 3000 人，*Aa* 1500 人，则基因 *A* 频率是（　　）。

A. 0.55　　B. 0.625　　C. 0.7　　D. 0.825

5. 就如下基因型频率，属于遗传平衡群体的是（　　）。

A. *AA* 0.36，*Aa* 0.48，*aa* 0.16　　B. *AA* 0.2，*Aa* 0.6，*aa* 0.2

C. *AA* 0.4，*Aa* 0.2，*aa* 0.4　　D. *AA* 0.36，*Aa* 0.28，*aa* 0.36

6. 某种花的颜色决定基因为共显性，其中红花占 0.64，粉花占 0.32，白花占 0.04。则红花基因和白花基因的频率分别是（　　）。

A. 0.64 与 0.04　　B. 0.32 与 0.02　　C. 0.64 与 0.36　　D. 0.8 与 0.2

7. 在一个遗传平衡群体中，*aa* 的频率为 0.36，则杂合子 *Aa* 的频率是（　　）。

A. 0.18　　B. 0.48　　C. 0.09　　D. 0.72

8. 一个群体中，*AA* 个体数占 64%，*aa* 个体数占 25%，*Aa* 个体数占 11%，则该群体属于（　　）。

A. 理想群体　　B. 遗传平衡群体　　C. 非遗传平衡群体　　D. 以上都不对

9. 影响遗传平衡的因素不包括（　　）。

A. 突变　　B. 选择　　C. 遗传漂变　　D. 遗传度

10. 在一个遗传平衡群体中，随机抽取100人，其中64人具有“hitchhiker拇指”。如果该性状对其他拇指显性，则该群体中杂合子所占的比例应为（　　）。

A. 6%　　B. 8%　　C. 16%　　D. 48%

11. 在一个遗传平衡群体中，自毁容貌综合征是X连锁显性遗传病，若男性发病率是1/300 000，适合度接近0，则致病基因的突变率为（　　）。

A. $1.2\times10^{-5}$/代　　B. $10\times10^{-6}$/代

C. $6.67\times10^{-6}$/代　　D. $3.33\times10^{-6}$/代

12. 某地区软骨发育不全性侏儒（AD）发病率为1/10 000，则致病基因频率约为（　　）。

A. 0.01　　B. 0.0001　　C. 0.000 05　　D. 0.999 95

13. 点断平衡理论用于解释（　　）。

A. 物种进化缺乏化石的过渡形式

B. 有些DNA编码序列的变异不造成表型变化

C. 瓶颈效应造成的新群体和原有群体的遗传差异

D. 一些性状的变异呈现不连续分布

14. 遗传平衡是指（　　）。

A. 仅指基因频率世代不变　　B. 仅指基因型频率世代不变

C. 基因频率和基因型频率世代不变　　D. 突变率和基因频率世代不变

15. 选择放松时（　　）。

A. 适合度上升，选择系数下降　　B. 适合度下降，选择系数下降

C. 适合度和选择系数保持不变　　D. 适合度上升，选择系数上升

16. 在一个遗传平衡群体中，对于X连锁的基因（　　）。

A. 雌雄群体的各基因频率相同，但各表型频率不同

B. 雌雄群体的各基因频率相同，各表型频率也相同

C. 雌雄群体的各基因频率不同，各表型频率也不同

D. 雌雄群体的各基因频率不同，但表型频率相同

17. 某个遗传平衡群体中，甲型血友病在男性中的发病率是0.000 08，则在女性中携带者的频率约为（　　）。

A. 0.000 08　　B. 0.000 16　　C. 0.000 04　　D. 0.000 32

18. 莱华-奈恩综合征由X连锁的隐性致病基因引起，500名高加索男子中有20名患有此病，据此推算在这个群体中致病基因频率和女性携带者频率分别为（　　）。

A. 4%和7.68%　　B. 4%和4%　　C. 20%和40%　　D. 20%和20%

19. 假定一群体等位基因$A$和$a$的频率为0.2和0.8，经两代随机交配后杂合子的期望频率为（　　）。

A. 0.4　　B. 0.8　　C. 0.32　　D. 0.16

20. 基因库是（　　）。

A. 一个群体中所具有的全部基因

B. 一个群体中某一基因的数量

C. 一个群体中某一等位基因的数量

D. 一个群体中某一等位基因在所有等位基因中所占的比例

21. 生物进化（　　）。

A. 是使生物的结构或生理趋于复杂化的过程

B. 是使生物的结构或生理适应所在环境的过程

C. 是将那些多余的基因逐渐淘汰的过程

D. 是造成地球上物种越来越多的过程

22. 通过瓶颈效应产生的群体（　　）。

A. 其生物多样性变少

B. 发展出更多的生物多样性

C. 生物多样性与瓶颈效应没有关系

D. 生物多样性与建立者的数量成反比

## 三、遗传分析与计算题

1. 某群体中 $AA$ 基因型个体有 865 个，$aa$ 基因型个体为 528 个，$Aa$ 基因型个体为 607 名。问：基因 $A$ 和 $a$ 频率各是多少？

2. 苯硫脲（PTC）对某些人来说具有苦味，但另一些人却尝不到味道。能尝到味道对尝不到味道者呈显性。对某地区检测的 12 560 名汉族学生中，$TT$ 尝味者 4521 人，$Tt$ 尝味者 6028 人，$tt$ 不能尝味者 2011 人。问：此人群是否为遗传平衡群体？

3. 在自然选择的长期作用过程中不利基因为什么仍能维持一定频率，其原因是什么？

4. 解释生物进化的主要学说有哪些？主要论点是什么？如果其中一个是对的，是否另一个就一定是错？

5. 在某人群中，短指（一种常染色体显性遗传病）的发病率是 0.0002，求各基因频率和该病致病基因纯合子的概率。

6. 在某项调查中得出，在 156 505 名新生儿中有苯丙酮尿症患者 10 人，本病适合度为 0.30，问：苯丙酮尿症的基因突变率是多少？如果因为医学进步，选择完全放松，所有患者都和正常人有同样的子女数，问经过多少代以后致病基因的频率可以增加 1 倍？

7. 镰状细胞贫血是常染色体隐性遗传病，在非洲东部发病率高。纯合子病人的频率为 0.012，患者的适合度是 0.25。已知该致病基因的高频率是由平衡多态引起，问正常纯合子的适合度是多少？

8. 半乳糖血症（常染色体隐性遗传病）在加拿大某地区的发病率是 1/40 000，假如选择增强，半乳糖血症患者均不生育，问多少年后半乳糖血症基因频率将下降一半（每个世代按 25 年计算）?

9. 两相互隔离的平衡群体，甲群体中基因型 $AA$ 的频率为 0.25，乙群体中基因 $a$ 的频率为 0.6。若这两个群体规模相等，重新相遇并相互随机交配，产生新的平衡群体中 $A$ 基因频率应是多少?

10. 假设物种 A、B、C 都是由原始物种 D 发展而来，比较这三个物种的某基因的 DNA 序列，发现物种 A 和物种 B 序列完全一样，而与物种 C 的均不同。请分析在进化中可能发生了什么情况导致这一结果。

11. 假设一个异体受精群体中某基因座的两等位基因 $A$ 和 $a$ 的频率分别为 $p$ 和 $q$，且 $A$ 对 $a$ 呈显性，处于 Hardy-Weinberg 平衡状态。然后改为自体受精。假设没有突变和选择作用，该群体最终的基因型和表型有哪些，频率各是多少?两等位基因频率各是多少?

12. 假设 ABO 血型等位基因 $I^A$、$I^B$ 和 $i$ 的频率分别为 0.2、0.1、0.7，若该群体为遗传平衡群体，问 A 型、B 型、AB 型和 O 型血型的频率各是多少?

13. 英国 Ayrshire 品系的牛新生小牛患的浮肿病是一种常染色体隐性疾病，该病约在 300 次生育中发生一次，减少这种疾病发生的方法是检查出杂合子公牛，避免其作为种牛，请预计杂合子公牛的出现率?

14. 某犹太群体黑朦性痴呆（常染色体隐性疾病）的发生率约为 1/25 600。病人不能留有后代。避免这种病发生的一个方法是避免携带者结婚。假设该群体所有携带者都被检测出来，并且他们之间避免结婚，问 5 代之后该病的发病率是多少? 群体中基因频率和基因型频率各位多少? 那时该群体是否是遗传平衡群体?

## 【参考答案】

### 一、填空题

1. 孟德尔群体，基因库

2. 群体中某一个等位基因数目占该座位所有基因座数目，群体中某一个基因型数目占该座位所有基因型数目

3. 群体无限大，随机婚配，没有突变，没有选择，没有迁徙

4. 雄性表型频率，雄性基因型频率

5. 经过一代随机婚配

6. $(p+q)^2=p^2+2pq+q^2=1$

7. $D+(1/2)\ H$，$R+(1/2)\ H$

8. $D^{1/2}R^{1/2}$

9. $p^2$，$2pq$，$q^2$

10. $1/q$，女，2

11. $p$，$p^2+2pq$，1/2

12. 群体的大小，婚配方式，突变，选择，迁徙

13. $AA$ $Aa$，减少

14. $aa$

15. 0.2，0.8

16. 拉马克，达尔文，木村资生

17. (1/3) $sq$，(1/3) $sq$

18. 群体规模的大小，减少，比较明显

19. 迁徙的数量和速率，迁入和迁出群体基因频率的差别

20. 地理梯度

21. 增加，2倍

22. 0.01，突变

23. 杂种优势，小于1

24. 1/2，1/8，1/4

25. 消失，固定

26. 的少数个体，特殊基因，遗传漂变，淘汰

27. DNA碱基，蛋白质氨基酸，自然选择，突变，遗传漂变

28. DNA碱基，蛋白质氨基酸，分歧

29. 发生在结构基因外的DNA序列改变，发生在内含子上的碱基改变，发生在外显子上的同义突变，引起多肽链不重要位置氨基酸改变的碱基改变

30. 分歧进化，辐射进化，趋同进化

31. 地理隔离，生殖隔离

32. 可遗传，变化过程，对当时环境的适应

33. 0.999 55，0.000 45

34. 基因频率，基因型频率

**二、选择题**

1～5：DADBA　6～10：DBCDD　11～15：DAACA　16～20：ABACA　21～22：BA

**三、遗传分析与计算题**

1. 该群体全部个体数为 865＋528＋607＝2000

基因 $A$ 的频率＝(865×2＋528)/4000＝0.5645

基因 $a$ 频率＝1－0.5645＝0.4355

2. $TT$ 尝味者频率＝4521/12 560≈0.36

$Tt$ 尝味者频率＝6028/12 560≈0.48

$tt$ 不能尝味者频率＝2011/12 560≈0.16

即 $TT$、$Tt$、$tt$ 基因型频率分别为 0.36、0.48、0.16。

$T$ 基因频率＝(4521×2＋6028)/(12 560×2)≈0.6

$t$ 基因频率＝(2011×2＋6028)/(12 560×2)≈0.4

如果该群体是遗传平衡群体，则：

$Tt$ 基因型频率应为 $2\times0.6\times0.4=0.48$

$TT$ 基因型频率$=0.6^2=0.36$

$tt$ 基因型频率$=0.4^2=0.16$

以上推算数字与实际数字相符，因此该群体是遗传平衡群体。

3. 在自然选择的长期作用过程中不利基因频率逐渐下降，而突变则使不利基因频率上升。正常情况下突变率很低，但当有害基因频率下降到很低的程度时，突变将能维持有害基因频率，最终突变和选择作用达到平衡，此时有害基因频率维持平衡不变。根据有害基因是显性还是隐性，是位于常染色体还是X染色体，有害基因频率维持的平衡点不同。显性有害基因频率维持在较低的频率，在同样发病率情况下隐性有害基因频率则比显性有害基因频率高得多，这是因为隐性有害基因主要存在于杂合子当中。X连锁隐性有害基因频率介于常染色体隐性有害基因频率和常染色体显性有害基因频率之间。

4. 生物进化的主要学说有：

(1) 获得性遗传理论，认为由环境的影响产生的性状变异是可以遗传的，个体后天获得的适应可以通过生殖传给后代。该学说由于得不到实验的支持，并且和现代遗传理论不相容而被废弃。

(2) 自然选择理论：认为生物体的后代存在广泛的可遗传的变异，生物体常具有过量的生殖能力，但自然资源有限，因此群体的个体间存在生存竞争，适应环境变化的变异个体在生存竞争中获胜，将留有更多的后代。变异的多代积累形成了进化。

(3) 现代综合进化理论：该理论从遗传学的角度说明生物进化的机理。将变异理解为遗传物质的改变，生物进化的过程以群体为单位进行，群体的进化以基因频率的改变为基础，而基因频率的变化与基因突变、选择、遗传漂变、非随机婚配和迁徙等因素有关。

(4) 中性突变进化学说：该理论认为多数在DNA和蛋白质水平上的变异既无害也无利，是由“中性突变”引起。中性突变的命运不受自然选择的影响，主要受遗传漂变影响，最终在群体中随机消失或固定。

上述学说中，获得性遗传理论已经被废弃；现代综合进化理论是对经典达尔文进化论用遗传观点加以阐明，是后者的发展、补充和数量化。中性突变进化学说和自然选择都是解释生物进化发生机制的学说。前者解释了DNA碱基和蛋白质氨基酸两种序列在进化过程中的改变规律，由于大多数这种改变对个体的表型不产生明显的影响，因此不受到自然选择的作用，它们的产生和变化前景主要受突变率和遗传漂变的影响。后者则解释了生物体的结构、生理和行为特点受到自然选择的作用。这两个学说分别说明生物大分子构件序列和宏观生物层次的进化主要原因，即对前者遗传漂变起主要作用，自然选择起次要作用；而后者自然选择起主要作用，遗传漂变起次要作用。两者并无任何矛盾之处，只是说明在生物不同层次上造成进化的不同因素作用大小的不同。

5. 短指作为常染色体显性遗传病，患者多为杂合子，发病率即杂合子频率，为0.0002。根据Hardy-Weinberg遗传平衡公式，$2pq=0.0002$，因为 $q\approx1$，所以 $2p\approx0.0002$，

即 $p\approx0.0001$

该病致病基因纯合子的概率$=p^2\approx0.0001^2\approx0.000\,000\,01$

6. 苯丙酮尿症发病率$=10/156\,505$，设致病基因频率为 $q$，正常基因频率为 $p$，根据

Hardy-Weinberg 遗传平衡公式，有 $q^2=10/156\ 505$

苯丙酮尿症的基因每代突变率 $=sq^2=0.3\times10/156\ 505\approx19.2\times10^{-6}$

苯丙酮尿症目前的基因频率 $q=(10/156\ 505)^{1/2}\approx0.008$

设选择完全放松 $n$ 代后致病基因的频率增加 1 倍，则：

$$0.008\times2=0.008+n\times19.2\times10^{-6}$$

得 $n\approx417$（代），即经过约 417 代以后致病基因的频率可以增加 1 倍。

7. 设正常基因 $A$ 为频率为 $p$，致病基因 $a$ 频率为 $q$。$Aa$ 的选择系数为 0，$AA$ 选择系数为 $s$，$aa$ 选择系数为 $t$。达到遗传平衡时有 $ps=qt$

本例镰状细胞贫血的发病率，即 $q^2=0.012$，则 $q\approx0.206$，则 $p=0.794$

患者适合度 0.25，则选择系数 $t=0.75$

则：正常纯合子的选择系数 $s=qt/p=0.206\times0.75/0.794\approx0.195$，适合度 $=1-0.195=0.805$

8. 目前发病率是 1/40 000，根据 Hardy-Weinberg 遗传平衡公式，有 $q^2=1/40\ 000$

所以 $q=1/200$

设 $n$ 代后致病基因频率下降一半，即 $q_n=1/400$

$n=1/q_n-1/q=400-200=200$（代）

$25\times200=5000$（年），即 5000 年后半乳糖血症基因频率将下降一半。

9. 甲群体中基因型 $AA$ 的频率为 0.25，则 $A$ 基因频率 $p_{甲}=0.25^{1/2}=0.5$

乙基因 $a$ 的基因频率为 0.6，则 $A$ 基因频率 $p_{乙}=0.4$

两规模相等群体重新相遇并相互随机交配后 $A$ 基因频率 $p=(0.5+0.4)/2=0.45$

10. 有几种可能，(1) 物种 C 中某个体的该基因发生了突变，物种 A 和 B 中该基因没有变化，物种 C 中该个体的基因突变后，可能有两种情况：①该突变基因在物种 C 所在的环境条件中在随后的自然选择中取得优势，取代原有的等位基因而固定下来；②该突变为中性突变，其突变基因通过遗传漂变。逐渐取代原有的等位基因而固定下来。(2) 两种 DNA 序列都存在于原始物种 D 中，在物种 D 分化成物种 A、B、C 后，又可能有：①因为发生适应所在的不同环境的选择作用，使一个等位基因在物种 A 和 B 取得选择优势，取代另一个等位基因而固定下来，而物种 C 中另一个等位基因取得选择优势并最终固定下来。②也可能两种 DNA 序列在物种分化后在新的环境中处于选择中性，通过遗传漂变，在物种 A 和 B 中一个等位基因最终固定；而在物种 C 中另一个等位基因因机会原因而得到了固定。

11. 改为自体受精后，纯合子 $AA$ 和 $aa$ 的后代，因为没有突变，仍将保持亲代的基因型；而杂合子 $Aa$ 在每一代的自体受精中都可能分离出纯合子 $AA$ 和 $aa$，使下一代杂合子频率降低，$Aa$ 基因型逐渐下降直至消失。因此该群体最终的基因型为 $AA$ 和 $aa$，表型为基因 $A$ 和基因 $a$ 所决定的性状。因为没有选择作用，等位基因 $A$ 和 $a$ 的频率仍然保持为 $p$ 和 $q$。基因型 $AA$ 和 $aa$ 的频率也分别为 $p$ 和 $q$，因为基因型和表型对应，所以表型频率也是 $p$ 和 $q$。

12. 设等位基因 $I^A$、$I^B$ 和 $i$ 的频率分别 $p$、$q$、$r$，则 $p=0.2$、$q=0.1$、$r=0.7$。

根据 Hardy-Weinberg 遗传平衡公式：

A 型血频率 $=p^2+2pr=0.2^2+2\times0.2\times0.7=0.32$

B 型血频率 $=q^2+2qr=0.1^2+2\times0.1\times0.7=0.15$

AB 型血频率 $=2pq=2\times0.2\times0.1=0.04$

O 型血频率$=r^2=0.7^2=0.49$

13. 该病发病率是 1/300，则致病基因频率是 $(1/300)^{1/2}\approx0.0577$

正常基因频率为 $1-0.0577=0.9423$

根据 Hardy-Weinberg 遗传平衡公式，杂合子公牛频率$=2\times0.0577\times0.9423\approx0.1087$

14. 设致病基因频率为 $q$，正常基因频率为 $p$，该病发病率约为 1/25 600，根据 Hardy-Weinberg 遗传平衡公式，得 $q^2=1/25\ 600$，所以 $q=1/160$，$p=159/160$。

因为在没有突变的情况下只有杂合子（携带者）结婚才有可能患病，避免携带者结婚可避免新的患者产生。如不考虑新的突变，则 5 代之后该病的发病率降为 0。

如考虑新的突变，设群体突变率为 $\mu$，携带者频率$=2pq=2\times1/160\times159/160\approx0.0124$，则发病率为 $1/4\times\mu\times0.0124\approx0.003\ 105\mu$，该频率很小，可以忽略不计。

因为群体中不再分离出发病的纯合子，故自然选择不发生作用，在忽略新的突变的情况下，群体中的基因频率保持不变，即 $q=1/160$，$p=159/160$。基因型频率也保持不变，携带者频率仍为 0.0124，正常纯合子频率$=1-0.0124=0.9876$。

因为该群体为非随机婚配，不分离出隐性纯合子，所以那时该群体不是遗传平衡群体。

# 第十二章　发育遗传学分析

**重点提示**：细胞全能性：包括植物细胞的全能性，动物细胞的核移植试验和体细胞克隆（掌握）。细胞分化的概念、过程和原因：基因的差异性表达；干细胞的概念和作用；细胞决定和个体发育中的遗传控制（熟悉）。模式生物的发育分析，包括线虫的程序化发育；细胞凋亡和在发育中的作用；果蝇的系列调控发育基因，包括母性影响基因、分节基因和同源异型基因的作用等（了解）。

这一章中讨论的主要是真核生物发育（development）的基本过程和控制发育过程的遗传机制问题。发育遗传学（developmental genetics）就是研究调节发育过程基因的遗传学分支学科。

细胞分化（cell differentiation）是多细胞生物发育的基础与核心，细胞分化的关键在于在时间和空间上特异性基因的差异表达和特异蛋白质的合成；差异性表达的机制是由于基因表达的组合调控。在研究果蝇（*Drosophila melanogaster*）所取得的成果中，早期胚胎发育的调控基因最引人注目，包括3类不同的基因——母性影响基因（maternal effect gene）、分节基因（segmentation gene）和同源异型基因（homeotic gene）。

发育遗传学研究的重要目标之一是对调控某一发育过程的基因及其功能的鉴定和遗传操作；目标之二是利用发育调节基因实行遗传育种或疾病治疗。

**本章导读**：在很多情况下，遗传对性状的决定作用是通过发育来实现的。发育是每个物种的个体在物种特异的遗传因素作用下重复产生特定图式的过程。多细胞生物的重要特征是同一套核遗传物质可以产生不同的细胞类型，这些不同的细胞类型依时间和空间系列而渐次产生并结合成不同的组合图式和关系，构成了发育阶段。发育过程的异常常产生于特定基因的异常，表现为导致了时空次序的颠倒和混乱。另外生物的进化在很大程度上表现为发育过程的变动，或者说进化是一种不断修改的发育模式。发育遗传学研究基因组如何通过与环境的相互作用共同决定发育过程和表型的实现。本章将重点放在如下内容上：细胞的全能性（totipotency）；细胞分化、细胞决定（cell determination）和发育的基本过程；发育的基因调控研究，重点介绍在模式生物线虫和果蝇中有关的研究进展。

对果蝇的研究导致一系列调控发育基因的发现，这包括母性影响基因、分节基因和同源异型基因等。这些基因的依次表达对果蝇胚的前后轴和背腹轴的确定和体节各段的分化起决定作用。在卵子发生期间，向卵细胞中转移的物质对胚胎发育具有重要作用，这些物质是由母性影响基因（如 *dorsal* 基因、*bicoid* 基因和 *nanos* 基因等）控制的产物。母性影响基因是在受精前表达的基因，其作用是建立前后轴梯度和背腹轴梯度；母性影响基因的隐性突变只在纯合雌性胚中表达。分节基因包括裂缺基因（gap gene）、配对规则基因（pair-rule gene）和体节极性基因（segment polarity gene），主要发挥的作用是在囊胚（blastula）期形成分隔和极性。同源异型基因发挥的作用是决定每一体节的形态分化。研究发现，果蝇的第 3 染色体上具有两个区段（复合体），包含了大部分的同源异型基因，其中 *ANT-C*（antennapedia complex，触角足复合体）是果蝇前部体节特征的决定者，*BX-C*（bithorax complex，双胸复合体）是后部体节特征的决定者。这些发育调控基因的异常表达导致发育畸形的出现。

研究表明，哺乳动物发育中胚胎的前后轴与果蝇一样，也由同源异型基因特化引起。不仅如此，哺乳动物和昆虫（果蝇等）的同源异型基因在染色体上的排列次序也非常相似（图 12-1）。比较昆虫的 *HOM-C* 和哺乳动物的 *Hox* 基因簇，位次相似的（图中同样颜色的）基因在结构和功能上十分相似。

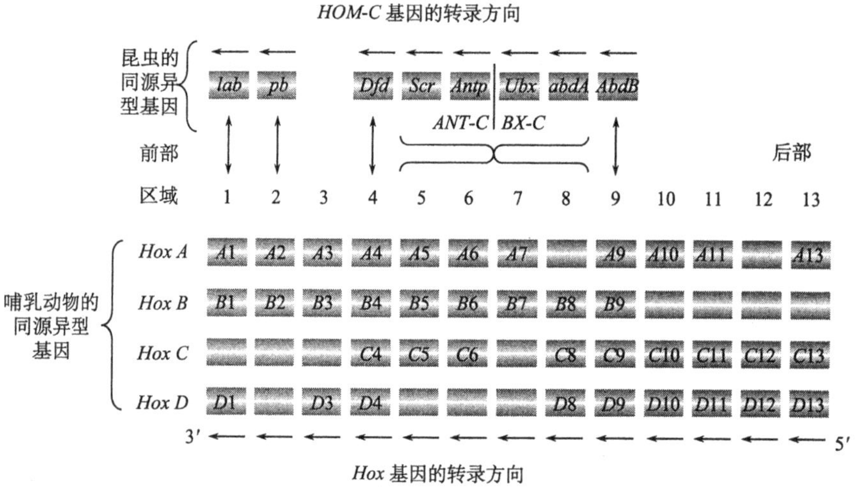


图 12-1　*HOM-C* 和哺乳动物的 *Hox* 基因簇比较图

在果蝇和小鼠中，不同的 *HOM-C* 基因和 *Hox* 基因在胚胎大的不同区域表达，与图 12-1 相应的基因表达位次（在图 12-2 中以平行的颜色次序表示）表明，两种动物胚胎中的结构域格局相同。

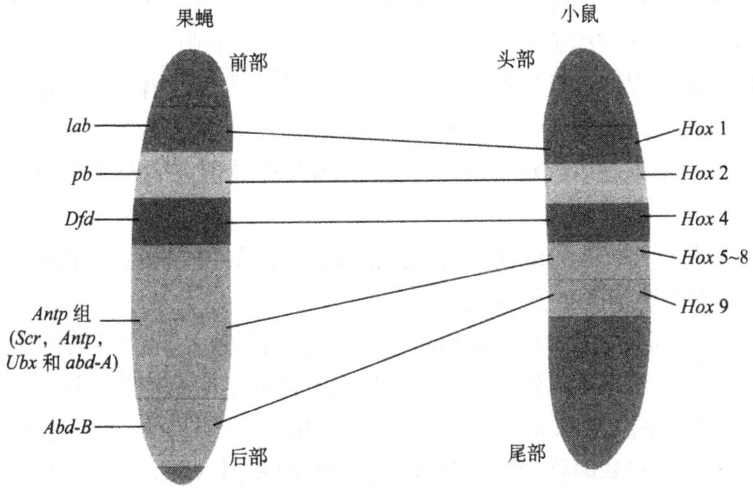


图 12-2　果蝇 *HOM-C* 基因和 *Hox* 基因的平行表达位次

## 【核心概念】

(1) 发育遗传学（developmental genetics）　研究在胚胎发育中基因和性状发育之间的关系，基因表达与发育过程如何相互作用从而调控发育过程的遗传学分支学科。

(2) 细胞全能性（cell totipotency）　在多细胞生物中每个个体细胞的细胞核具有个体发育的全部基因，细胞经分裂和分化后仍具有产生完整有机体的潜能或特性，在一定条件下有可能发育成完整的个体。不同的细胞这种发育潜能不同，即细胞全能性大小不同，可分为全能性细胞、多能性细胞、专能性细胞等。

(3) 细胞分化（cell differentiation）　在个体发育中，由一种相同的细胞类型经细胞分裂后逐渐在形态、结构和功能上形成稳定性差异，产生各不相同的细胞类群的过程。

(4) 细胞决定（cell determination）　细胞在发生可识别的形态变化之前，就已受到约束而向特定方向分化，这时细胞内部已发生变化，确定了未来的发育命运。沿特定类型分化的能力一般不会中途改变。

(5) 持家基因（house-keeping gene）　是指所有细胞中均要表达的一类基因，其产物对维持细胞基本生命活动是必需的。

(6) 组织特异性基因（tissue-specific gene）　或称奢侈基因（luxury gene)。是指不同的细胞类型进行特异性表达的基因，其产物赋予各种类型细胞特异的形态结构特征与特异的功能。

(7) 细胞凋亡（apoptosis） 是细胞在一定生理或病理条件下，受内在遗传机制的控制自动结束生命的过程。细胞凋亡对于多细胞生物个体发育的正常进行、自稳平衡的保持以及抵御外界各种因素的干扰方面起着重要作用。

(8) 母型基因调控（ maternal regulation） 有关发育的信息是以母型mRNA形式被早期胚胎继承下来，并由 mRNA 指导蛋白的合成来调控发育和早期分化过程。

(9) 特化（specification） 细胞或组织按照已经被决定的命运自主地进行分化，形成特异性组织或细胞的过程。

(10) 图式形成（pattern formation） 胚胎形成不同类型的细胞，而这些细胞又分别构成不同的组织、器官，并形成有序的空间结构的过程。

(11) 分节基因（segmentation gene） 果蝇体节的形成是一系列基因顺序表达的结果，这些基因称为分节基因，包括裂缺基因（gap gene），配对规则基因（pair-rule gene）和体节极性基因（segment polarity gene）等。

(12) 同源异型基因（homeotic selector gene，Hox gene） 同源异型基因是在果蝇体节发育分化中起作用的基因群。这类基因含有高度保守的 180bp 的 DNA 序列，称同源框。编码 60 个氨基酸的蛋白质，启动其他基因表达。

(13) 干细胞（stem cell） 是一种未分化，尚不成熟的细胞，具有分化成各种组织器官和个体的潜能。干细胞可以分为胚胎干细胞和成体干细胞；或根据干细胞的发育潜能分为全能干细胞、多能干细胞和单能干细胞。机体的许多组织中都保留有一部分干细胞，一旦需要便可按发育途径进行细胞分裂，然后分化产生分化细胞。

(14) 组合调控（combinatorial control） 有限的少量调控蛋白启动为数众多的特异细胞类型分化的调控机制。每种类型的细胞分化是由多种调控蛋白共同调节完成的。

(15) 核移植技术（nuclear transplantation） 将一个细胞核取出移入另一个除去核的细胞中的过程。用来研究细胞核和细胞质的相互作用，也是研究细胞分化和个体发育的有力工具。

(16) 再生医学（regeneration medicine） 再生医学是指利用发育生物学及工程学的研究成果，寻找有效的生物治疗方法，促进机体自我修复与再生，或构建新的组织与器官，以改善或恢复损伤组织和器官的功能的科学。

(17) 原癌基因（proto-oncogene） 又叫细胞癌基因，是存在于几乎所有多细胞生物细胞中的调控细胞生长分裂的一类基因，其产物是与细胞生长分裂相关的各种蛋白分子，在个体发育中起重要作用。其本身的活性受到细胞正常生长需要的调节。当发生基因突变或对原癌基因的调节出现紊乱时，原癌基因出现不受控制的异常表达，便可造成细胞发生恶性转变，形成癌细胞。

## 【知识要点】

# 一、基本知识串讲

1. 细胞的全能性和细胞分化

发育和发育遗传学：发育是多细胞生物个体形成和维持的过程。发育的基本事件是细胞的增殖、分化和不同细胞按照一定图式进行的自组织。发育贯穿每个多细胞生物体的整个生活史。对有性生殖生物来说，是从受精卵一直持续到个体死亡，其间包括新的组织器官及相应功能的产生，破损细胞、组织、器官的替代等过程。其中最重要的是早期胚胎发育过程，发育前面的事件决定后面的事件，后期事件总是在前期事件的基础上渐次发生。因此受精、卵裂和胚层分化等早期过程是发育和个体形成的关键时期。

发育的不同阶段的背后必然伴随着不同的基因活动类型，对这些基因活动的探索成为理解发育过程的关键。发育遗传学即是从基因调控的角度来研究发育现象。在决定发育的基因、环境和预成的个体性状等因素中，遗传因素是造成发育稳定性和发育的物种特征的基本因素。

(1) 细胞分化　多细胞生物具有不同种类的细胞，但细胞中的遗传物质是相同的，提示造成细胞种类多样性的原因不是遗传物质的类型不同，而是不同细胞基因差异性表达的结果。基因表达谱随发育阶段和细胞的不同而变化。这种构成和变化既是决定细胞现有结构、功能和细胞发展方向的原因，同时特定基因表达谱的出现也是现发育阶段对基因组调控的结果。这种相互作用决定了细胞发育的进程，即细胞分化。可以根据细胞分化程度的不同将整个细胞系谱分成各个系列，在细胞分化层次上则将细胞分为全能干细胞、多能干细胞、单能干细胞和终末功能细胞等。当比较不同发育阶段和不同分化类型的细胞的基因表达谱时，可以将所有基因分为两类：在所有细胞中均表达的基因为当家基因；只在不同类型的细胞中表达的基因为组织特异性基因或奢侈基因；组织特异性基因的表达决定了细胞分化的方向和细胞特定的形态、结构与功能特征。

(2) 去分化（dedifferentiation）和转分化（trans-differentiation）　将已经分化的细胞转变成为未分化的原始细胞的过程叫作去分化。在这一过程中细胞改变原有的分化状态，失去原有结构和功能，成为具有未分化特性的细胞。转分化是指一类有限分化潜能的成体干细胞或分化的细胞转变成另一种类型的分化细胞的现象。

(3) 细胞的全能性　任何类型的细胞均具有完整的基因组，所有的基因是否仍具有潜在的功能是细胞的全能性的问题。通常植物细胞具有较高的全能性。单个植物细胞在适当条件下能够去分化，重新发育并形成完整植株。而动物的分化细胞去分化和重新发育的潜能较植物细胞差。但对其具有的全能性已经做了很多研究。其中最主要的是核移植试验。这类试验最初以蛙卵为材料开展，证明了较低分化细胞的细胞质可以在一定程度上逆转分化程度较高细胞的细胞核，使其全能性得到不同程度的恢复。该项研究导致了动物克隆技术的出现。“多莉”羊的诞生标志着哺乳动物克隆的成功。

（4）细胞分化特性与细胞分裂能力　分化程度低的细胞分裂能力强；而处于终末分化的细胞在得到具有特定生理功能的能力的同时，大大降低了细胞分裂的能力。肿瘤细胞是分化程度很低的异常细胞，具有不受控制迅速增殖的特点。它们本身可能具有某些其来源细胞的分化特点，因此有可能是去分化的产物。肿瘤细胞具有快速增殖细胞所具有的基本结构，如较大的核质比例，较多的核仁和核糖体等，而缺乏其来源组织特异性基因的表达。近年提出了肿瘤干细胞的理论，认为在肿瘤组织中存在一种导致其他肿瘤细胞产生的肿瘤干细胞，它们的不断分裂和分化是造成瘤体不断增大的原因。

*2. 细胞决定和发育的基本过程*

细胞在出现真正的形态和功能之前，将分化成什么样的类型，将具有什么功能就已经被“定向”（commitment）了。“定向”可以分成两个阶段——特化（specification）和决定（determination）。“特化”指细胞或组织在一个中性环境（如周围没有其他细胞或组织影响的体外培养环境）中，仍按原先被指定的命运自主地分化；“决定”是指细胞或组织即使处在胚胎的另一区域，仍会不受其他细胞或组织的影响，按原先指定的命运自主地分化。

细胞决定：细胞分化基本上是一个单向过程，其基本方向是细胞结构和功能的特化。细胞决定即是指细胞的分化命运的确定。在细胞分化的不同阶段有不同的细胞定向范围。

细胞决定的三种机制：

（1）自主特化（autonomous specification）　合子在卵裂时通过不等的细胞质分裂，使不同的子细胞获得不同的分化特性，这是大部分无脊椎动物的发育特性。在此情况下，细胞命运的决定与相邻的细胞无关，细胞发育的命运完全由内部细胞质组分（如作为转录因子的含 mRNA 的核糖核蛋白颗粒等）决定。这种细胞定型方式称为自主特化。

（2）条件特化（conditional specification）　细胞通过与周围组织和细胞的相互作用决定细胞的分化方向，这是所有脊椎动物和少数无脊椎动物采取的策略。这种依赖于周围细胞状况的发育形式为调节发育。

（3）合胞特化（syncytial specification）　这是大部分昆虫纲动物的发育特征，表现在合胞体胚层（syncytial blastoderm）在产生细胞膜分割细胞核之前由细胞质的作用决定随后形成的细胞的分化方向。在形成单细胞后再通过条件特化进一步决定分化方向。

研究细胞定向控制的遗传机制，有着非常重要的意义。例如，在个体的细胞中存在直接形成人类组织或器官的遗传程序。如果这些遗传程序能被重新激活，就能重新产生新的组织或器官，器官的克隆就成为可能。

发育的基本过程：①受精（fertilization）；②卵裂（cleavage）；③胚层（endoderm）分化和器官（organ）形成；④在组织器官形成时的胚胎诱导（embryonic induction，或称为分化诱导，differentiation induction）。

3. 胚胎发育的遗传控制

胚胎发育受到选择性表达的基因的调控，这些选择性表达的基因具有级联启动和组合调控的特点。基因表达的主要调节方式是在转录水平上进行的；但还有其他细胞分化的遗传调控方式，如免疫球蛋白基因在胚胎发育过程中的重排对淋巴细胞的分化起重要作用。

（1）遗传印记（genetic imprinting）　在胚胎早期发育过程中，父源和母源的基因组所起的作用不完全相同。这是因为印记基因的作用。遗传印记是胎生动物所特有的现象，是一些等位基因甲基化失活引起的。

（2）母源效应基因　该组基因控制胚胎的前后轴和背腹轴，它们之间的协作决定未来胚胎的三个胚层的构成和分节的命运。母源效应基因的产物在胚胎中形成从头至尾和由腹到背的浓度梯度，这两个梯度相互独立存在，是胚胎极性分化的基础。母型基因调控直至合子型基因被活化，过渡成为合子型调控。

（3）分节基因　该组基因将胚盘分成许多相似的分节单元。可再分为3类：①裂缺基因；②配对规则基因；③体节极性基因。以上三组基因顺序表达，这种表达受到母源效应基因产物的浓度梯度的调控。图12-3是果蝇幼虫和成体的分节模式。

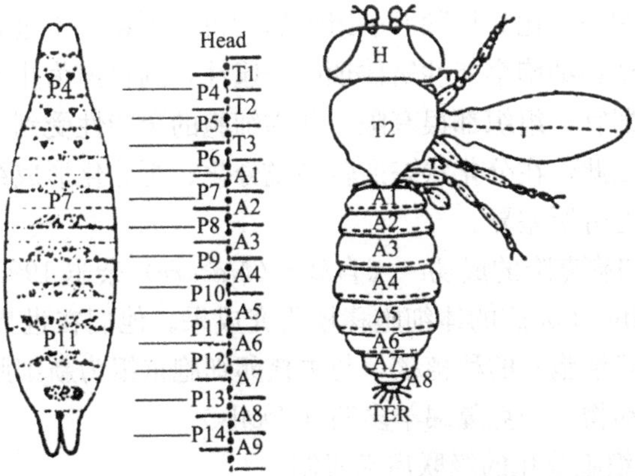


图12-3　果蝇幼虫和成体的体节分布

H. 头节；T. 胸节；A. 腹节

（4）同源异型基因　同源异型基因在果蝇体节发育分化中起到决定各个体节特征的作用。同源异型基因具有高度相似性碱基序列，都含有高度保守的 180bp 组成的 DNA 序列，称同源框。同源异型基因的突变可导致果蝇发育异常，表现为在一个体节长出另一个体节才有的结构。

## 二、代表性例题解析

1. 什么是细胞的全能性，哪些细胞具有全能性？请列举研究成果证明已分化体细胞的细胞核仍具有全能性。

参考答案：细胞的全能性：一个分化了的细胞中仍具有与未分化细胞一样的遗传信息，具有脱分化和再分化形成完整生物体的潜能，这一现象叫作细胞的全能性。研究表明，特化的细胞与未分化的细胞一样，都含有同样的遗传信息，因而具有发育上的全能性。细胞全能性在不同的生物类型中的表现条件以及表现的限制程度有所不同。

（1）植物细胞的全能性　植物体的每个生活细胞在遗传上都具有全能性，都有发育为完整植物体的潜能。现说明如下：

①细胞全能性体现在单个植物体细胞中。在适当的条件下，分离自植物体一部分组织（如胡萝卜根部、烟草茎髓部创伤组织等）的单个细胞（如韧皮部细胞、创伤组织的单个细胞等）都能脱分化和再分化，形成一个完整植株。

②细胞全能性在单倍体育种中的应用。在单倍体育种的实践中，可以利用花药培养方法获得完整的植株。这是因为，单倍体细胞中的一套染色体所包含的基因组，就是具有赋予细胞全能性的一套遗传信息。

（2）动物细胞的全能性　某些动物高度分化的体细胞可以再生出新组织、新器官。例如，海星失去的臂、壁虎掉下的尾巴等，都能再生出来。即使是人类，也有能再生的组织——比如切除肝脏组织后的再生现象。不过，动物细胞表现出的全能性远不如植物细胞全能性所体现的普遍性，到目前为止人们所发现和证实的可再生性动物器官、组织都很有限。动物细胞的全能性受到不同水平、不同程度的发育限制，因此，在分化状态逆转和脱分化、再分化形成组织、器官和发育为动物体的能力上有所差异。

（3）动物体细胞克隆的成功　《自然》（*Nature*）杂志 1997 年 2 月发表了苏格兰科学家 I. Wilmut 完成的体细胞移植研究成果。他们在世界上首次利用高度分化体细胞（乳腺细胞）的移植核，与去核卵细胞重组为新细胞，使之发育为真正意义上的克隆动物——克隆绵羊多莉（ Dolly）。

2. 举例说明细胞分化的级联启动机制。

参考答案：一种关键性调节蛋白对其他调节蛋白的表达有激活作用，后者再激活其他调节蛋白的转录，这样一种在时间上相继的启动分化相关的蛋白的过程即级联启动。

比如在受精后进入卵裂时，细胞快速分裂，卵裂球中的细胞核并不进行转录活动，卵裂时合成的各种蛋白因子都是由受精前转录的 mRNA 翻译形成。这些表达的基因叫作母源效应基因。这些基因产物的分布和活性决定了最初的胚胎发育的极性和图式。随后受母源效应基因调控的第一类基因是裂缺基因，这类基因在胚胎的相对大的区域（约两个体节范围）表达，决定其图式结构。例如，*hunchback* 基因就是受母源效应基因 *bcd* 的激活，它也是合子转录表达的第一个基因。*hunchback* 基因的产物再调控其他裂缺基因的活性。裂缺基因的表达产物再激活配对规则基因的转录。初级配对规则基因的表达又可调节次级配对规则基因的表达。配对规则基因使胚胎分化出明显的体节。随着胚胎的发育，在不同的体节中，配对规则基因又选择性地调控体节极性基因的转录。这类基因的作用是保持体节中的一些重复结构。上述基因的相互作用，决定了体节中不同细胞的命运。它们再进一步调节同源异型基因的表达，促进细胞的进一步分化和器官原基的形成。

3. 请以线虫为例，说明模式生物的研究对发育遗传学的贡献。

参考答案：线虫（图 12-4）只有 1mm 长，身体构造简单，容易在实验室饲养，生长周期短，发育过程主要受内在发育信息的控制，具有高度程序化的特点。线虫的遗传构造简单，染色体只有 6 对，包括 5 对常染色体和一对性染色体，其基因组大小只有人的 3%，编码的蛋白质有 19 141 个。每条线虫共有 1090 个细胞，每个细胞的命运和分化迁徙过程均已了解得十分透彻。这些对发育遗传学的研究非常有利，因此许多有关发育的遗传学原理的知识是通过对线虫的研究得到的。

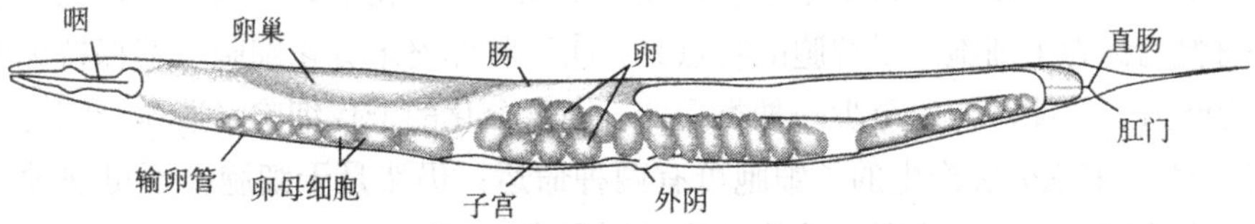


图 12-4 成体线虫（*C. elegans*）的雌雄同体个体各种器官可以在其相应的位置辨别出来

线虫在发育过程中的胞质分裂是不对称的。在 *Par* 基因的调控下，每次细胞分裂形成的两个子细胞中都有一个含有 P 颗粒的细胞，该细胞是具有进一步分化潜能的干细胞，另一个称为奠基者的细胞将沿着一定路线继续分化，将构成不同的组织器官。最初含有 P 颗粒的合子经过细胞分裂形成含 P 颗粒的子细胞是 P1 细胞，P1 细胞分裂产生 P2 细胞，依此类推。每种类型的 P 细胞的产生都是一次细胞命运定向的结果。

对线虫在发育过程中细胞凋亡的研究导致了一系列被称为 *ced* 的凋亡相关基

因的发现，这组基因中有3个在所有131个程序性死亡的过程中起作用，其中*ced-3*、*ced-4*使细胞进入凋亡；*ced-9*则起拮抗的作用，该基因阻止*ced3/ced4*的激活，抑制凋亡。人体中控制细胞凋亡的基因主要是通过寻找与线虫*ced*基因的同源基因时发现的。由此可见，通过对一种适当模式生物的深入研究，可以发现一种生理过程的基本规律，再通过不同物种的基因对比研究，扩大认知领域，深化对该生理过程的全面理解。

4. 说明组织特异性基因与持家基因在发育中的不同作用。

参考答案：多细胞生物中具有共同基因组的不同细胞之所以具有不同的形态、结构和功能，与不同细胞中基因的选择性表达有关。基因组中一些基因的表达没有选择性，在所有细胞中都必须表达，这类基因叫做持家基因。这类基因如果有异常或缺失，将导致从受精卵开始的所有细胞异常，导致胚胎无法正常存活。另一类基因只在特定的细胞中表达，称为组织特异性基因，其产物赋予各种类型细胞特异的形态结构特征与特异的功能。组织特异性基因的表达组合调控决定了一个细胞的分化命运，这种表达组合既表现为该细胞在特定时间段的基因表达模式，也表现为这种表达组合随着发育的时间进程的动态变化。组织特异性基因的表达受到细胞决定的调节，也受到胞外信号分子的影响，使细胞沿着细胞决定的方向分化，形成组织、器官和系统。单个组织特异性基因的异常造成特定细胞的分化障碍，或分化细胞的功能异常，导致先天性生物化学异常。

5. 说明什么是干细胞，干细胞工程及应用前景。

参考答案：机体的许多组织中保留有一部分未分化的细胞，一旦需要，这些细胞便可按发育途径进行细胞分裂，然后分化产生分化细胞。机体中这些未分化的细胞就称为干细胞。干细胞的特点是：①一种非终末分化细胞。②保持无限分裂的能力。③能够产生至少一种类型的、高度分化的子代细胞（造血干细胞的分化）。④干细胞分裂产生的子细胞可有两种命运：仍然是干细胞，不可逆地向终末分化的细胞。干细胞群的功能即为控制和维持细胞再生。

干细胞的发育潜能为再生医学提供了光明的前景。通过提取胚胎干细胞和不同组织中的成体干细胞进行体外培养，诱导其分化成所需的组织器官，再植入到组织或器官受损的患者体内，使其发挥功能，治愈疾病，这便是干细胞生物工程。通过提取患者自身的干细胞，运用干细胞技术产生的组织器官可以克服传统的异体器官移植和修复产生的免疫排斥反应，将成为非常有用的再生医学技术，在相当大程度上引发了医学领域的重大变革。1999年科学家发现成体干细胞具有横向分化的能力，即本来将定向分化成一种组织的成体干细胞在一定条件下可以转分化成其他的组织器官，例如，人的骨髓干细胞可以分化为肝脏细胞、肌肉细胞、神经细胞等。2007年来自日本和美国的两个团队将处于分化终端的人体皮肤细胞，逆分化为诱导多能干细胞。这些研究进展为解决干细胞来源问题带来了希望。

6. 果蝇的 *dorsal*（*dl*）基因产生称为腹部成形素（ventral morphogen）的物质，它改变某些合子基因的转录活性，作用于果蝇胚盘的腹面，使胚的腹部结构得以形成。如果一种位于胚腹表面的受体被活化，Dorsal 蛋白就能特异地进入这些腹部的细胞核中产生作用。已知这个受体是由 *Toll*（*Tl*）基因产生的，而 Toll 受体的胞外配基则很可能是由 *Spatzle*（*spz*）基因编码的。这种配基能以天然的（native，N）和修饰的（modified，M）两种状态存在，其中修饰的状态为 Toll 受体的活化所必需。又知从 N 状态转换成 M 状态需要 3 个基因［*snake*（*snk*），*easter*（*ea*），*gastrulation defective*（*gd*，原肠胚形成缺陷基因)］的产物发挥功能。研究指出，这 3 个基因的产物都是丝氨酸蛋白酶（serine proteinase），都能使其他蛋白的多肽链在一些丝氨酸的位点发生断裂。请利用这些资料，绘制一个最终使得 Dorsal 蛋白诱导果蝇胚中腹部结构形成的发育途径（次序）图。

参考答案：发育途径可用下图表示：

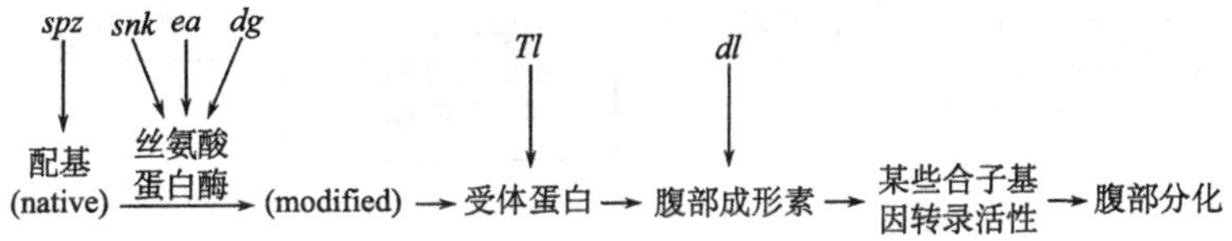


7. 请指出实验设计思路：怎样发现在果蝇中的某个基因是否是与轴的形成有关的？

参考答案：在果蝇中，轴形成基因（axis-forming gene）具有两个重要特征可以通过实验操作来验证：①它们的突变产生一种母体效应表型（maternal-effect phenotype），使胚的某个区域发生改变或消失。因此可以设计一个实验，分离出相应基因的突变体，并产生该突变的雌性纯合体，然后检查由这些轴形成不正常的雌蝇所产生的胚，对其轴形成相关性进行检验。②它们在母体中具有活性，但是在胚中却无转录活性。因此可以设计另一个实验，利用探针对这个基因所产生的 mRNA 进行杂交分析从而确定这个基因在母体卵子发生过程中是否转录。

## 三、知识要点概念图

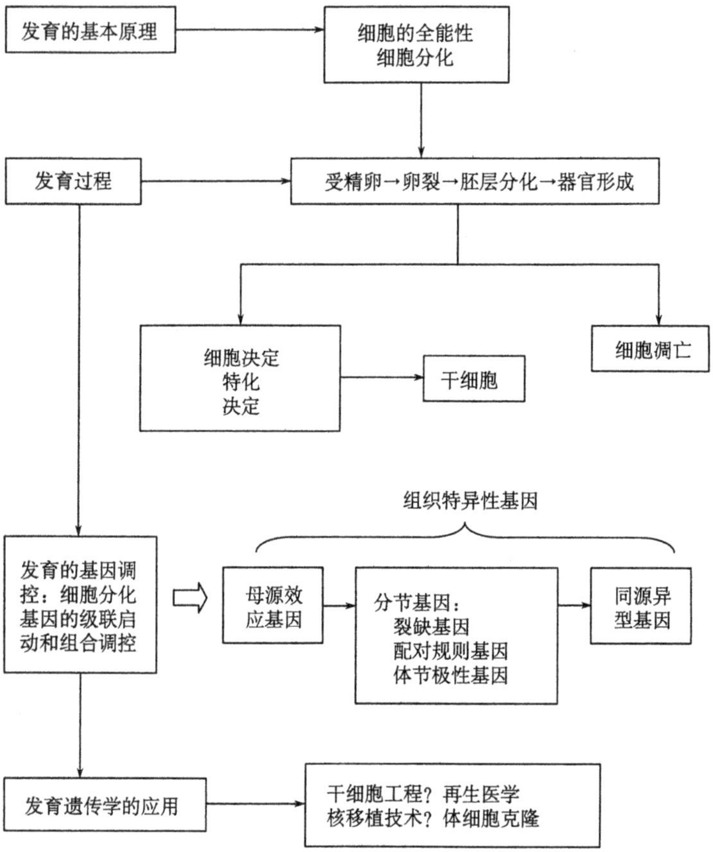


### 参 考 资 料


樊启昶，白书农 . 2002. 发育生物学原理 . 北京：高等教育出版社

姜益泉，姚国新，高和平 . 2006. 遗传学辅导与习题集 . 合肥：中国科学技术大学出版社

李雅轩，胡英考 . 2006. 遗传学学习指导 . 北京：科学出版社

刘庆昌 . 2007. 遗传学 . 北京：科学出版社

叶鑫生，许田，汤锡芳等 . 2000. 干细胞和发育生物学 . 北京：军事医学科学出版社

赵寿元，乔守怡 . 2001. 现代遗传学 . 北京：高等教育出版社

Gilbert S F. 1994. Developmental Biology. 4th ed. Sunderland：Sinauer Associates Inc Publisher

贺竹梅 . 2002. 现代遗传学教程 . 广州：中山大学出版社 . 408

Moody S A. 2007. 发育遗传学原理（导读版）. 北京：科学出版社


## 【试题精选】

### 一、填空题

1. 细胞分化的关键在于________基因在时间和空间上的________表达，导致

________的合成；其机制是基因表达的组合调控。

2. 卵裂早期细胞核转录活性低，有关发育的信息是以________mRNA 形式由卵子传递过来，并指导蛋白合成，这称为________。直至合子的基因被活化，过渡为________。

3. 细胞核的全能潜力受________所调节，这是细胞核移植的理论基础。

4. 在各类细胞中都表达的基因是________，只有在特定的分化细胞中表达的基因是________。

5. 细胞分化的主要的调控方式是在________水平上进行的。

6. 同源异型基因是在果蝇________过程中起作用的一组基因。这类基因含有高度保守的________个碱基组成的 DNA 序列，称作________。编码________氨基酸，形成________结构，与 DNA 序列相互作用，启动基因表达。同源异型基因在染色体上的排列与胚胎发育时的________顺序是一致的。

7. 细胞分化的方向是由________能细胞，________能细胞，到________能细胞的过程。

8. 母亲和父亲的基因组对胚胎发育的不同影响称为________，其原因是________，如果只有母方等位基因的表达称为________，只有父方基因的表达称为________。

9. 癌细胞是一种分化程度较________的细胞，细胞癌变是正常细胞分化机制________的表现。

10. 鸟类的性染色体构成是________，哺乳动物的性染色体构成是________，蜜蜂和蚂蚁________性染色体，其雌性为________，雄性为________。

11. 免疫球蛋白多样性的原因是人免疫球蛋白基因在胚胎时期发生________，不同淋巴细胞的________不同，使得它们产生的免疫球蛋白________。

12. ________是研究细胞凋亡的理想材料。每个动物具有 1090 个细胞，其中 131 个细胞在发育过程中________。从该动物中找到了若干控制细胞凋亡的基因，其中________和________诱发细胞凋亡；________则抑制细胞凋亡。

13. 一种类型分化的细胞转变成另一种类型的分化细胞现象称为________，其间经历了________和________的过程。

14. 组合调控是有限的________启动为数众多的特异细胞类型的________的调控机制。

15. 人类的不同珠蛋白基因在胚胎发育过程中出现________，使得在胚胎发育的________出现不同的血红蛋白类型。

16. 细胞决定是细胞在发生________之前就已受到________而向着特定方向分化，这时细胞的________已发生变化，确定了未来发育命运，此后，分化的方向一般不会________。

## 二、选择题

1. 干细胞是（　　）。

A. 可产生具有分化功能的细胞　　B. 广泛表达奢侈基因的细胞

C. 将发生凋亡的细胞　　D. 是一类终末细胞

2. 胚胎发育中远距离调控细胞分化的物质是（　　）。

A. 抑素　　B. 转录因子　　C. 顺式作用元件　　D. 激素

3. 关于细胞分化的概念叙述错误的是（　　）。

A. 细胞分化进程是细胞原有的高度可塑性潜能逐渐增加的过程

B. 细胞分化是特异基因的严格有序的表达过程

C. 细胞分化的重要标志是细胞内开始合成新的特异性的蛋白质

D. 细胞分化时细胞由非专一性状态向形态和功能专一性状态转变

4. 胚胎发育顺序正确的是（　　）。

A. 桑椹胚，胚泡，三胚层　　B. 受精卵，胚泡，桑椹胚

C. 受精卵，三胚层，胚泡　　D. 胚泡，三胚层，桑椹胚

5. 癌基因产物可能是（　　）。

A. 生长因子　　B. 生长因子受体　　C. 转录因子　　D. 以上都是

6. 全能性最高的细胞是（　　）。

A. 原始生殖细胞　　B. 内细胞群细胞

C. 精子　　D. 受精卵

7. DNA 的甲基化作用于基因表达的（　　）。

A. 复制水平的调节　　B. 转录水平的调节

C. 转录后水平的调节　　D. 翻译水平的调节

8. 细胞分化最主要的标志是（　　）。

A. 染色体的选择性丢失　　B. 奢侈基因的选择性表达

C. 持家基因停止表达　　D. 基因扩增

9. 奢侈基因（　　）。

A. 是不能表达的基因片段　　B. 是体内可有可无的基因

C. 只在分裂细胞中表达　　D. 只在特定细胞中表达

10. 奢侈基因包括（　　）。

A. 组蛋白基因　　B. 核糖体蛋白基因

C. 载脂蛋白基因　　D. 糖酵解酶蛋白基因

11. 持家基因（　　）。

A. 只在细胞分裂时表达　　B. 只在特定细胞中表达

C. 与细胞分化无关　　D. 在胚胎发育中按时间顺序差次表达

12. 持家基因包括（　　）。

A. 血红蛋白基因　　B. SRY

C. 角蛋白基因　　D. 组蛋白基因

13. 细胞分化过程中，基因表达最重要的调节方式是（　　）。

A. RNA 编辑　　B. DNA 重排

C. 转录水平的调节　　D. 翻译水平的调节

14. 根据人类基因组测序结果，人类基因的总数估计为（　　）。

A. 1 万～3 万个　　B. 3 万～3.5 万个

C. 3.5 万～6 万个　　D. 6 万～10 万个

15. 处于未分化状态的细胞（　　）。

A. 干细胞　　B. 上皮细胞　　C. 红细胞　　D. 神经细胞

16. 出生后主要合成的血红蛋白类型是（　　）。

A. $\alpha_2\beta_2$　　B. $\alpha_2\gamma_2$　　C. $\alpha_2\varepsilon_2$　　D. $\zeta_2\varepsilon_2$

17. 在个体发育中细胞分化的顺序是（　　）。

A. 全能细胞→单能细胞→多能细胞

B. 多能细胞→全能细胞→单能细胞

C. 全能细胞→多能细胞→单能细胞

D. 单能细胞→多能细胞→全能细胞

18. 只在特定细胞表达的基因是（　　）。

A. 持家基因　　B. 奢侈基因　　C. 裂缺基因　　D. 调控基因

19. 原癌基因是一种（　　）。

A. 参与细胞正常分裂的基因，不当表达可造成细胞癌变

B. 致癌病毒基因组中的一种基因，转染人类细胞时引发癌症

C. 是一种沉默基因，一旦表达即导致肿瘤细胞形成

D. 是由正常基因突变形成的导致肿瘤细胞发生的基因

20. 激素对分化的调节说法错误的是（　　）。

A. 从卵裂时期开始起作用　　B. 需要受体的存在

C. 有靶细胞的特异性　　D. 通过血液和淋巴液的运输而实现

21. 在分化中激素的主要作用是（　　）。

A. 远距离细胞分化的调节　　B. 细胞识别

C. 细胞诱导　　D. 细胞黏附

22. 核移植实验说明了（　　）。

A. 卵母细胞质可使体细胞核再分化

B. 卵母细胞质可使体细胞核去分化

C. 体细胞核可使卵母细胞质再分化

D. 体细胞核可使卵母细胞质去分化

23. 对细胞癌基因正确的说法是（　　）。

A. 正常细胞接触致癌因素后形成　　B. 细胞经过转化以后才出现

C. 存在于正常体细胞中　　D. 只存在于肿瘤细胞中

24. 转分化是指（　　）。

A. 已分化的细胞回复到未分化状态

B. 未分化的细胞转变成分化细胞

C. 已分化的细胞转变成另一种分化细胞

D. 已初步分化的细胞进一步分化

25. 以下发生了去分化的是（　　）。

A. 细胞癌变时　B. 红细胞脱核时　C. 淋巴细胞被激活时　D. 卵裂时

26. 奢侈基因的表达（　　）。

A. 受持家基因的调控　　B. 具有细胞特异性

C. 造成细胞的去分化　　D. 在细胞分化之前发生

27. 关于基因选择性表达调节机制说法错误的是（　　）。

A. 非组蛋白起了重要作用

B. 存在特异性的转录因子

C. 主要在转录水平进行调节

D. 组蛋白是调节细胞中转录过程的重要因素

28. 造成遗传印记的原因是（　　）。

A. 父母等位基因的不同甲基化水平

B. 父母等位基因的不同转录后剪切方式

C. 父母等位基因的选择性丢失

D. 父母等位基因的选择性扩增

29. 先天畸形的产生因素有（　　）。

A. 遗传因素　B. 环境因素　C. 发育因素　D. 以上都对

30. 卵裂早期合成不旺盛的分子是（　　）。

A. DNA　B. 组蛋白　C. RNA　D. 以上都是

## 三、分析简答题

1. 如何理解细胞分化的遗传稳定性和相对不可逆性?

2. 成体中的细胞分化的方式是什么?

3. 干细胞的分化特点是什么?

4. 举例说明细胞凋亡在发育中的作用。

5. 请说明用体细胞进行哺乳动物克隆的基本步骤。

6. 什么是胚胎诱导? 举例说明不同级别的胚胎诱导过程。

7. 肿瘤细胞分化的特点是什么? 如何根据这些特点判断细胞的恶性病变和来源?

8. 举例说明去分化和转分化的含义。

9. The below is a figure about the hierarchical cascade that activates the elements forming the A-P segmentation pattern in *Drosophila*. Please restate the developmental controlling system represented by the figure.

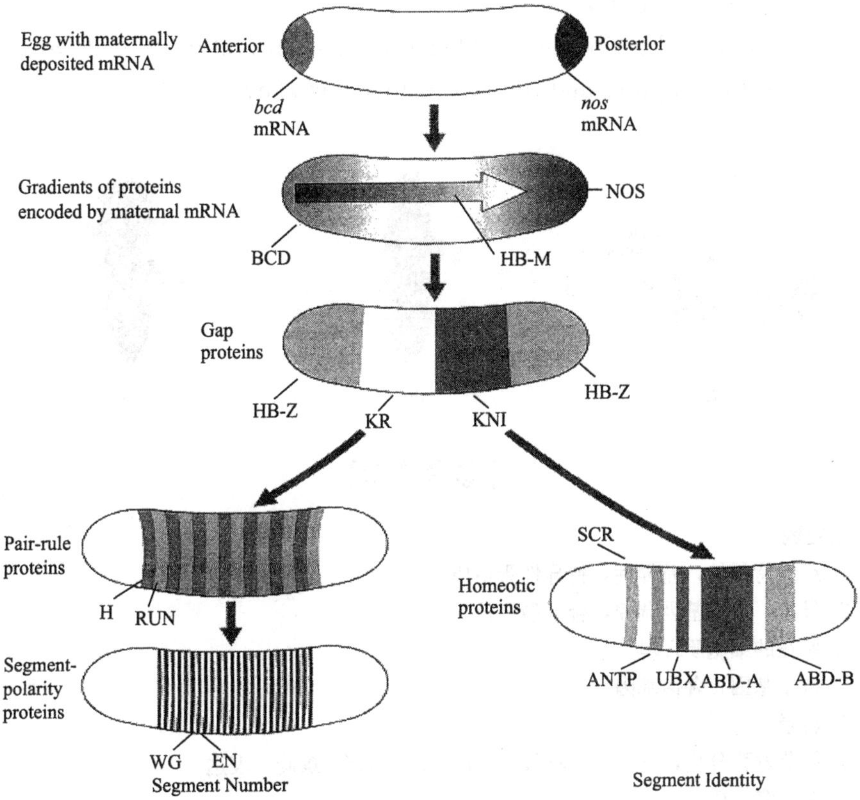


( Quoted from a secondary source, A. J. F. Griffiths et al. Modern Genetic Analysis: Integrating Genes and Genomes. © 2000 by Freeman and Company, p. 539. The figure was originally modified from J. D. Watson, M. Gilman, J. Witkowski, and M. Zoller, Recombinant DNA, 2d ed. © 1992 by James D. Watson, Michael Gilman, Jan Witkowski, and Mark Zoller. )

10. The below are figures showing the homeotic transformation of the third thoracic segment (T3) of *Drosophila* into an extra second thoracic segment (T2) . (a) Diagram showing the normal thoracic and abdominal segments; note the rudimentary wing structure (haltere) normally derived from T3. Most of the thorax of the fly, including the wings and the dorsal part of the thorax, comes from T2. (b) A wild-type fly with one copy of T2 and one of T3. (c) A *bithorax* triple mutant homozygote completely transforms T3 into a second copy of T2. Note the second dorsal thorax and second pair of wings (T2 structures) and the absence of the halteres (T3 structures) . (Quoted from a secondary source, A. J. F. Griffiths

et al. Modern Genetic Analysis: Integrating Genes and Genomes. © 2000 by Freeman and Company, p. 537. The figure was originally from E. B. Lewis, Nature 276, 1978, 565. Photographs courtesy o. f E. B. Lewis. Reprinted by permission of Nature. © 1978 bv Maonillan loumals Ltd.)

Please briefly describe the establishment of segmental identity of *Drosophila* referring to these figures and the explanatory text above.

(a) (b) (c)

## 【参考答案】

### 一、填空题

1. 组织特异性，差异性，特异性蛋白质
2. 母型，母型基因调控，合子型调控
3. 所在的细胞质环境
4. 持家基因，奢侈基因
5. 转录
6. 体节发育分化，180，同源框，60个，螺旋-转角-螺旋，表达
7. 全，多，单
8. 遗传印记，基因的甲基化失活，父方遗传印记，母方遗传印记
9. 低，失控
10. ZZ/ZW，XX/XY，不存在，二倍体，单倍体
11. 基因重排，免疫球蛋白基因重排，不同
12. 线虫，凋亡，*ced-3*，*ced-4*，*ced-9*
13. 转分化，去分化，再分化
14. 少量调控蛋白，分化
15. 基因的差次表达（基因的顺序表达），不同时期
16. 可识别的形态变化，约束，内部，中途改变

### 二、选择题

1. A 2. D 3. A 4. A 5. D 6. D 7. B 8. B 9. D 10. C 11. C 12. D 13. C 14. B 15. A 16. A 17. C 18. B 19. A 20. A 21. A 22. B 23. C 24. C 25. A 26. B 27. D 28. A 29. D 30. C

## 三、分析简答题

1. 细胞分化是基因组和发育过程相互影响，相互作用的动态过程。细胞分化伴随细胞分裂，每次细胞分裂前DNA复制，使分裂形成的所有细胞含有全套的基因组，但细胞分裂时细胞质发生不等分裂，造成子代细胞质内容的差异，导致细胞的分化。因此细胞分化实际是不同细胞细胞质之间产生差异的过程，而含有的遗传物质一般不变。随着早期胚的不断分裂和分化，细胞的全能性逐渐降低，分化潜能上的局限性逐渐显现。实际上在细胞之间出现可识别的形态和功能的差异以前，细胞已经按特定的方向分化，这种细胞发育选择叫细胞决定，其过程具有高度的遗传稳定性。它是保证胚胎正确发育成完整个体的前提。分化的相对不可逆性是指分化一般是单方向进行的，一旦形成细胞决定，细胞将很难再回到从前的状态。但在一些特殊的条件下，分化有一定的可逆性。在培养的植物细胞中可以看到细胞的去分化状态，动物细胞完全去分化的情况较少，但可以见到转分化。如果将体细胞的核移植入去核卵母细胞中，则在卵母细胞质的作用下，体细胞的核可以重新获得全能性，并发育出完整的胚胎来。这说明已分化的细胞核仍保留指导发育的全套基因组，其能否去分化与细胞质的内容有关。

2. 成体分化细胞的形成可以通过：(1) 已存在的分化细胞经分裂产成类型相同的子细胞。(2) 由未分化的成体干细胞继续分化产生。

3. (1) 不同时期，不同组织的干细胞有不同的分化潜能。可以分为全能干细胞、多能干细胞、专能干细胞等。全能干细胞向多能干细胞分化，多能干细胞向专能干细胞分化。但相反的分化方向不能实现。在卵子受精后，受精卵分裂成多个完全一样的全能性细胞，将这些细胞中的任何一个，放到雌性的子宫内，都可发育为胚胎，这种细胞和受精卵统称为全能性干细胞。当卵裂形成胚泡时，胚泡中的内细胞团细胞也称胚胎干细胞，可以分化为任何一种组织类型的细胞，但不能分化为生物个体，称为多能性干细胞。多能性干细胞进一步分化产生成体干细胞，如肠干细胞等。成体干细胞分化潜能受到限制，只能形成特定功能的分化细胞，如肠干细胞可继续分化产生肠的吸收细胞、杯细胞、潘氏细胞、肠内分泌细胞等。这种干细胞被称为专能性干细胞。

(2) 干细胞的转分化和去分化。越来越多的证据表明自成体分离的干细胞仍然具有相当的可塑性。一种组织类型的干细胞在适当条件下可以分化为另一种组织类型的细胞，称为干细胞的转分化。而一种干细胞向其前体细胞的逆向转化被称为干细胞的去分化。关于干细胞去分化的证据较少。实验表明当把来自成体鼠的造血干细胞注入鼠卵泡的内细胞团后，成体鼠造血干细胞的分化状态发生逆转，开始表达胎鼠的珠蛋白基因，并参与胚胎造血系统的发育。干细胞可塑性的实验证据揭示了干细胞的生存环境对干细胞的分化动向有明显影响。

(3) 干细胞可分为胚胎干细胞和成体干细胞，前者较后者更具有全能性，具有向三个胚层分化的能力。一般成体干细胞只能分化为特定的细胞类型。干细胞的特点一是具有分化潜能，二是能够自我更新。如果干细胞继续分化，则在细胞分裂形成的子细胞与亲代细胞、子细胞之间产生差异，细胞发生分化，如果干细胞只是自我更新，则在细胞分裂时干细胞保持自己的未分化特性，不会随着分裂而丧失。

4. 细胞凋亡是细胞在一定生理或病理条件下，根据个体发育和其他生理需要，在内在遗传机制的控制下自动结束生命的过程。细胞凋亡对于多细胞生物个体发育的正常进行非常重要。随着胚胎发育的进程，需要对细胞和组织的数目、形态和功能进行调整，一些不需要的细胞就通过细胞凋亡除掉。例如，在蝌蚪变成青蛙的变态过程中构成蝌蚪尾部的细胞发生细胞凋亡；又如，95%以上的淋巴细胞在胚胎期成熟之前死去，由此避免自身免疫疾病的发生。

5. 目前使用哺乳动物体细胞操作形成克隆个体需使用核移植技术。首先取得待克隆个体的体细胞，进行体外培养，以在核移植中提供细胞核；作为细胞核移植受体的细胞需要事先通过显微操作去除遗传物质。受体的无核细胞主要有：去核受精卵、2-细胞胚胎及去核MⅡ期成熟卵母细胞等；其中成熟的MⅡ期卵母细胞更适合作为核移植受体胞质。研究表明，未受精的成熟卵母细胞质较原核期的受精卵细胞质有较强的促使移入的核供体发生去分化能力。由以下方法实施核移植：①带下注核：吸取已分离好的单个供体细胞，注射到卵母细胞和透明带之间缝隙内，然后进行细胞融合，其主要方法有：化学法、仙台病毒和电融合法。目前应用最广泛的是电融合法。②胞质内核注射：将供体细胞直接注射到去核卵母细胞中。此法难度大，用于体积较小的供体细胞核移植时。移入供体核的卵母细胞需要被激活，即需要用一定方法恢复分裂能力。人工激活方法有物理激活、化学激活和物理化学等各种激活方法的联合处理，联合激活方法效果较好。激活后的卵母细胞进入卵裂期，然后被移植到一个假孕个体的子宫中使其着床。经过正常胚胎发育，生出遗传性状与提供体细胞供体相同的个体，即克隆个体。

目前也有科学家尝试进行异种克隆，即供体细胞核和受体细胞不属于同一个物种，已经有成功的报道。

6. 在胚胎发育过程中，胚层之间相互促进分化的正向作用称为分化诱导或者胚胎诱导，这种诱导对细胞的维持、生长和分化是必不可少的。

细胞间的相互诱导作用是有层次的。在诱导下先生成的结构又可以作为诱导物去诱导下一个结构产生。例如，中胚层脊索诱导外胚层细胞向神经方向分化，神经板产生，这是初级诱导；神经板卷折形成神经管后，其头端膨大的原脑的视杯可以诱导其外表面覆盖的外胚层形成眼晶状体，这是次级诱导；晶状体进一步诱导其外面的外胚层形成角膜，这是三级诱导，等等。

7. 肿瘤细胞来源于正常细胞，具有某些其来源细胞的分化特点，但更多见的是缺少这种特点，甚至完全缺失，表现为去分化。高度恶性的细胞，其形态结构显示迅速增殖细胞的特征，细胞核大，核仁数目多，细胞质以大量游离核糖体为主，这都与活跃地合成细胞增殖所必需的结构物质有关。肿瘤细胞常缺乏正常分化细胞的某些功能，如胰岛细胞瘤可无胰岛素合成，结肠肿瘤可不合成黏蛋白，肝癌细胞不合成血浆白蛋白等，也可能保留原分化细胞的一些特性，据此可分辨出肿瘤细胞和其来源的组织。

8. 去分化是把已经分化的细胞逆向还原成为未分化的原始细胞的过程。细胞改变原有的分化状态，失去原有结构和功能，成为具有未分化特性的细胞。转分化是指一种类型分化的细胞转变成另一种类型的分化细胞现象。转分化经历去分化和再分化的过程。

去分化和再分化过程在植物细胞中较常见。离体的高度分化的植物器官、组织或细胞，在培养了一段时间后，会通过细胞分裂，形成愈伤组织。这就是去分化。去分化产生的愈伤组织继续进行培养，又可以重新分化成根或芽等器官，这个过程叫作再分化。再分化形成的试管苗移栽到地里，可以发育成完整的植物体。去分化和再分化的原理是植物细胞的全能性。

在动物细胞中，一些肿瘤的发生是已分化细胞又重新去分化产生的。去分化的肿瘤细胞恢复了分裂增殖的能力，同时丧失了作为分化细胞的某些功能，也可能保留原分化细胞的一些形态和功能特性。

9.（摘自 A. J. F. Griffiths et al. Modern Genetic Analysis：Integrating Genes and Genomes. © 2000 by Freeman and Company，539. 做了少量改动）：

From this figure we can acquaint ourselves with the hierarchical cascade that activates the elements forming the A-P segmentation pattern in *Drosophila*. The maternally derived *bcd* and *nos* mRNAs are located at the anterior and posterior poles，respectively. Early in embryogenesis，these mRNAs are translated to produce a steep anterior-posterior gradient of BCD transcription factor. The posterior-anterior gradient of NOS inhibits translation of *hb-m* mRNA，thereby creating a shallow anterior-posterior gradient of HB-M transcription factor（shown as an arrow）. The gap genes，which are the A-P cardinal genes，are activated in different parts of the embryo in response to the anterior-posterior gradients of the two factors BCD and HB-M.（The posterior band of HB-Z expression gives rise to certain internal organs，not to segments.）The correct number of segments is determined by activation of the pair-rule genes in a zebra-stripe pattern in response to the gap-gene- encoded transcription factors. The segment-polarity genes are then activated in response to the activities of the several pair-rule proteins，leading to further refinement of the organization within each segment. The correct identities of the segments are determined by expression of the homeotic genes due to direct regulation by the transcription factors encoded by the gap genes.

10.（摘自 A. J. F. Griffiths et al. Modern Genetic Analysis：Integrating Genes and Genomes. © 2000by Freeman and Company，537～538. 做了少量改动）：

Let's briefly consider the establishment of segmental identity. The gap genes target a clustered group of genes known as the homeotic gene complexes. They are called gene complexes because several of the genes are clustered together on the DNA. *Drosophila* has two hemeotic gene clusters. The ANT-C（Antennapedia complex）is largely responsible for segmental identity in the head and anterior thorax，whereas the BX-C（*Bithorax* complex）is responsible for segmental identityin the posterior thorax and abdomen.

Homeosis，or homeotic transformation，is the development of one body part with the phenotype of another. Three examples of body-part-conversion phenotypes due to hemeotic gene mutations are（1）the loss-of-function *bithorax* class of mutations that cause the entire third thoracic segment（T3）to be transformed into a second thoracic segment（T2），giving rise to flies with four wings instead of the normal two（see the figures given in this exercise）；（2）the gain-of-function dominant *Tab* mutation that transforms part of the adult T2 segment into the sixth abdominal segment（A6）；and（3）the gain-of-function dominant *Antennapedia*（*Antp*）mutation that transforms antenna into leg. Note that，in each of these cases，the number of segments in the animal remains the same；the *only* change is to the identity of the segments. The study of these homeotic mutations has revealed much about how segment identity is established.

The domains of expression of the various gap proteins activate the target homeotic genes initially in a series of overlapping domains. These homeotic genes encode transcription factors of a class called homeodomain proteins. Homeodomain proteins interact with the regulatory elements of the homeotic genes in a specific pattern such that expression patterns of the homeotic genes become mutually exclusive. These homeodomain proteins also regulate downstream target genes that are responsible for conferring specific functions and identities on different regions of each segment.

It is therefore clear that segment identity is established through asymmetric gap-gene expression patterns that deploy an asymmetric pattern of homeotic gene expression.

# 第十三章　遗传学的实际应用

**重点提示：** 遗传学的应用渗透到人类生存、生活、生产各个方面，本章重点熟悉和掌握遗传学在医学上的应用、遗传病的概念和复发风险估计、遗传病的诊断和预防方法；了解和熟悉遗传育种的基本理论和方法、遗传学在育种上的应用；了解遗传学在工农业生产、环境保护和环境监测上的应用，遗传学在其他方面的应用等。

**本章导读：** 现代遗传学起源于杂交育种实验，遗传学从诞生之日起就是与实践密切相关的生物学科。遗传学一方面不断从育种到医疗保健等多方面实践中提取需求，进行深入的理论研究，另一方面又不断产生新的技术和手段，服务于社会生产、生活、医疗保健等许多领域。正是由于这种理论与实践的互动促进了遗传学自20世纪以来的蓬勃发展。

遗传学与医学关系密切。医学与遗传学相结合，产生了以人类为研究对象的边缘学科——医学遗传学。本章较多篇幅用于医学遗传学的概念和应用领域的介绍和练习，主要说明遗传病的概念、各种遗传病的传递方式、遗传病的诊断与预防原则等。

以遗传学基础理论和人类基因组、后基因组研究成果为指导，生物工程技术发展迅猛，制药工业也因此发生了巨大变革。

遗传学与农林牧渔业等关系密切。要提高农、畜、渔、林产品的产量，改善其品质，最直接和最主要的手段是选育优良的品种，这些目标的实现都需要遗传学理论的指导。

环境保护也是遗传学研究越来越重要的课题。例如，利用基因工程可获得能够同时分解多种有毒物质的菌种；目前世界各国已经根据环境因素的危害性制定了许多相应的限制使用有害物质的法律、法规，并制定了各项环境保护措施。

在法律和法医学上，亲子鉴定、犯罪嫌疑人罪证的确定等，可采用DNA指纹分析技术；离体扩增PCR技术更是人们利用极微量的样品得到身份认证、样本差异比较等结果的基本技术。

## 【核心概念】

（1）人类遗传学（human genetics）　人类遗传学是以人作为研究对象的遗传学分支，研究人类的形态、结构、生理、生化、免疫、发育、行为等方面的遗传规律，人类的基因组、人类的不同基因对性状和行为特征的作用，还有人类群体的遗传规律和人类的起源和进化的遗传学研究。这些研究对理解人类自身，提高人类生活质量，防治人类的遗传性疾病都具有重要意义。在人类遗传学的各个研究领域中，以人类遗传性疾病为主要研究对象的医学遗传学是其最主要的研究领域。

(2) 医学遗传学（medical genetics） 医学遗传学是医学与遗传学相结合形成的一门交叉学科，是遗传学知识在医学领域中的应用。医学遗传学针对人类各类疾病与遗传的关系，对遗传规律及其物质基础进行研究。医学遗传学重点在遗传病的研究，为各种遗传病提供诊断、预防和治疗方法，从而改善人类健康。

(3) 遗传毒理学（genetic toxicology） 遗传毒理学也称毒理遗传学（toxicogenetics），是应用遗传学方法研究化学物质及其他环境因素对生物体遗传物质的损害作用及机制的遗传学分支，也是毒理学的分支学科之一。其目的是寻找出人类生活环境中的各种对遗传物质有损伤作用的物理化学因素，研究待查物质的致突变、致畸与致癌作用及它们之间的关联，研究这些物质导致遗传损伤的机理，以确定防护对策。

(4) 遗传育种（genetic breeding） 育种是选育人工养殖动植物，以及微生物新品种的过程。育种是通过人工选择产生新品种的过程，其间涉及原有品种的遗传改变，因此育种是在遗传学原理的指导下进行的，其过程包括引种、系统选育、杂交、诱变等方法创建新的类型，在选择、繁殖、比较实验的基础上，得到符合育种目的的新品种或杂交种。

(5) 遗传工程学（genetic engineering） 遗传工程又称基因工程，是利用生物化学的方法对遗传物质进行人工操作，对生物体的基因组进行人工改造，达到获得新的基因，改变细胞、组织或个体遗传构成的目的。遗传工程以DNA重组技术为核心技术。

(6) 生态遗传学（ecogenetics） 群体遗传学与生态学相结合所形成的研究生物群体的遗传结构对生存环境及其变化所作反应的遗传学分支学科。其研究范围包括在生态环境下生物发生遗传变化的长期效应，即进化，也包括育种过程中在人工条件下发生的遗传变化。

(7) 遗传病（genetic disorder） 因遗传因素而患的疾病被称为遗传病。遗传物质的异常可以是生殖细胞或受精卵中的遗传物质在结构或功能上的改变；也可以是体细胞内遗传物质在结构或功能上的改变。

(8) 染色体病（chromosomal disease） 染色体病是遗传病的一种，产生于配子细胞或早期卵裂细胞中染色体的数目或结构异常。染色体病患者身体的全部细胞或相当比例的细胞具有异常的核型。

(9) 单基因病（monogenic inherited disease） 这类遗传病主要受一个座位的等位基因的控制。单个基因及其所控性状的遗传受孟德尔定律制约，所以又称孟德尔式遗传病。

(10) 多基因病（polygenic inheritance） 一些遗传病是许多基因座的基因

共同作用的结果，每个座位的等位基因之间没有显性和隐性的差别，这些座位的不同基因的效应累加在一起，形成明显的疾病表型效应，称为多基因遗传病。这一类疾病的形成明显受到环境因素的影响，因此也叫多因子遗传病或复杂疾病。

（11）育种值（breeding value） 在数量性状表型值中由基因决定并能真实遗传，在育种中可利用的数值，又称基因加性效应。生物个体的表型值可剖分为基因型值及环境效应，基因型值又由基因的加性效应值A、显性效应值D和非等位基因间的上位性效应值I组成。只有加性效应值A，即育种值对育种有指导作用。

（12）诱变育种（mutation breeding） 诱变育种是指用物理或化学因素诱导植物的遗传特性发生变异，再从变异群体中选择符合育种目的的单株，进而培育成新的品种的育种方法。

（13）倍性育种（ploidy breeding） 通过特定化学药物的处理，使物种染色体加倍或减倍而选育新品种的育种方法。使染色体加倍的称多倍体育种；使染色体减倍的则称单倍体育种。倍性育种可在短时间内得到全新的生物品种。

（14）转基因动物（transgenic animal） 借助基因工程技术把外源目的基因导入生殖细胞、胚胎干细胞和早期胚胎，并在受体细胞染色体上稳定整合和表达，经过各种发育途径得到能把外源目的基因传给子代的个体，即转基因动物。

（15）基因工程（gene engineering） 基因工程是生物工程的重要组成部分，基因工程使用各种生物分离方法分离基因，通过各种作用于核酸的酶对基因进行操作，对基因或DNA片段进行体外重组，导入受体细胞内，使该基因能在受体细胞内得到复制、转录或翻译表达。

## 【知识要点】

### 一、基本知识串讲

1. 遗传病、遗传缺陷分析

1）遗传病

遗传病是一类家族内发病，可能向后代传递，发病后终生患病的疾病；遗传病种类繁多，但发病率相对较低，归类统计的结果是：人群中单基因病发病率3%～5%；多基因病发病率15%～20%；染色体病发病率0.5%～1%，因此遗传病总的发病率是很高的。

遗传因素与疾病：人类疾病发病的病因可分为遗传因素和环境因素两种。在不同疾病中两者所占比例不同。各种遗传病的发病在不同程度上都需要遗传因素的参与，而表面上看起来不是遗传病的疾病实际也有遗传因素起作用。单基因病和染色体病主要是由遗传因素引起；多基因病的发病原因中，环境因素起一定作用，遗传因素在不同多基因病中占 30%～80%。先天性疾病和家族性疾病与遗传病关系密切，但一些先天性疾病和家族性疾病不是遗传物质异常引起，因此不算遗传病。

- 遗传病
  - 染色体病
    - 常染色体病
    - 性染色体病
      - 染色体结构畸变引起的染色体病
      - 染色体数目异常引起的染色体病
  - 基因病
    - 单基因病
      - 常染色体显性遗传病
      - 常染色体隐性遗传病
      - X 连锁显性遗传病
      - X 连锁隐性遗传病
      - 线粒体遗传病
    - 多基因病
  - 体细胞遗传病——非遗传性肿瘤

2）染色体病

染色体病是生殖细胞或早期卵裂细胞中染色体的数目或结构异常所导致的遗传病，表现为患者全部细胞或部分细胞核型异常，后者被称为嵌合型。常染色体病主要表现为出生缺陷，基本特点为生长发育迟缓，智力低下和特征性异常体征。性染色体病主要表现为青春期后性征和生育能力的异常，有时伴有轻度智力低下或多发畸形。单体型的症状重于同一染色体三体型的症状。主要类型的染色体病情况见表 13-1。

**表 13-1　主要的染色体病的类型**

| 常见类型 | | | | 疾病名称 | 主要体征 |
|---|---|---|---|---|---|
| 数目异常 | 常染色体数目异常 | 21 三体型 | | 先天愚型 | 特殊面容，伸舌，肌张力低，高发心脏病，白血病，白内障，早老，皮纹异常，智力发育不全 |
| | 性染色体数目异常 | 各种三体型 | 47，XXY | Klinefelter 综合征 | 第二性征发育差，不育，体态趋于女性 |
| | | | 47，XXX | XXX 综合征 | 多数表型正常，少数有生殖系统异常，有精神疾患倾向等 |
| | | | 47，XYY | XYY 综合征 | 身材高大，肌肉发育不良，少数不育，社会适应不良，多数不构成临床症状 |
| | | X 单体型 | | Turner 综合征 | 身材矮小，多发畸形，第二性征发育差，原发闭经，不孕 |
| 结构畸变 | 常染色体结构畸变 | 部分三体型和部分单体型 | | 各种综合征 | 生长发育迟缓，智力低下和特征性异常体征 |
| | 性染色体结构畸变 | X 染色体的缺失，等臂染色体 | | Turner 综合征 | 身材矮小，多发畸形，第二性征发育差，原发闭经，不孕 |

3）单基因遗传病

基因组中由基因突变产生的单个基因的异常在遗传给下一代时有时会产生明显的病症，这种由单个致病基因引起的疾病称为单基因病。核基因的单基因病的遗传符合孟德尔经典遗传学规律。单基因遗传病复发风险估计的一般情况如表13-2所示。

**表 13-2　单基因遗传病复发风险估计**

| 疾病类型 | 患者亲属的复发风险 |
|---|---|
| 常染色体显性遗传病 | 患者子女 1/2 发病风险，男女机会均等 |
| 常染色体隐性遗传病 | 患者同胞 1/4 发病风险，男女机会均等。近亲结婚后代发病风险提高 |
| X 连锁显性遗传病 | 男性患者的女儿全部发病，儿子全部正常；女性患者的子女 1/2 发病风险，儿女机会均等。人群中女性发病高于男性约 1 倍 |
| X 连锁隐性遗传病 | 男性患者的兄弟 1/2 发病风险，患者几乎全是男性，但男性和男性之间不传递疾病，致病基因呈女性传递、男性发病的现象 |
| 线粒体遗传病 | 呈母性遗传，即女性患者的后代全部得到致病基因，但情况不典型，从基本正常到严重疾病都可能存在；而男性患者后代不得病 |

在分析单基因遗传病时，还要注意表现度（expressivity）、外显率（penetrance）、遗传的异质性（hereditary heterogeneity）、从性遗传（sex-influenced inheritance）、限性遗传（sex-limited inheritance）和遗传印记（genetic imprinting）等情况。

4）多基因遗传病

多基因遗传病是许多致病基因共同作用引起的，环境因素也明显影响这类疾病的发病。由于病因复杂，寻找致病基因困难，也不易进行遗传分析，因此又称为复杂疾病。多基因遗传病多是常见病、多发病，患者子女的复发风险在1%～10%。

多基因遗传病复发风险估计：患者一级亲属复发风险（$f$）大致为群体发病率（$p$）的平方根，即 $f=\sqrt{p}$。例如，唇裂的群体发病率为 1/1000，则患者子女的发病率约为$\sqrt{1/1000}$，大约是 4%。多基因遗传病家庭患者人数越多、病情越重，复发风险越大。发病率有性别差异时，发病率低的性别患者的亲属复发风险高。例如，先天性幽门狭窄，男性发病率较女性发病率高，而女性患者的子女复发风险高于男性患者的子女。

多基因遗传病致病基因的寻找：(1) 关联分析：关联是指两种遗传上独立的性状非随机地共同出现。关联分析时，在可能的候选致病基因附近选择遗传性标记，在患者和正常人之间进行比较，以得到某遗传性标记与致病基因之间的关联程度。(2) 连锁分析：在患者家系中检测与致病基因紧密连锁的遗传标志，当知道了遗传标志在染色体上的位置时，则可确定致病基因的位置。

寻找复杂疾病致病基因所使用的遗传标志有：早期使用限制性片段长度多态性（RPLP），现在多用小卫星 DNA、微小卫星 DNA 和单核苷酸多态性（SNP）。检测方法：进行 PCR 反应，使用基因芯片进行分子杂交，分析多态性分布，寻找关联或连锁关系。

5）遗传病的诊断和预防

临床诊断遗传病除了常规的临床方法外，还用到遗传学的特殊方法。这包括系谱分析、细胞遗传学检查（染色体检查）、生物化学检查、基因诊断等。

遗传病的预防包括遗传筛查（新生儿筛查、携带者筛查）、遗传咨询和产前诊断（羊膜穿刺法、绒毛取样法和 B 型超声检查等）。

2. 遗传学在育种上的应用

1）植物遗传育种

植物遗传育种是对植物中存在的各种变异寻找出真正的遗传变异，并进行选择或运用人工方法（诱变育种、倍性育种和运用基因工程的方法等）产生新的生物类型。育种目标性状包括适期成熟、高产优质、多抗性、适合机械化生产等。种质资源的来源包括本地种质资源、外地种质资源、野生种质资源和人工创造的种质资源；种质资源的保存方法包括种植保存、种子储藏、离体保存和基因文库的保存等。选择育种、有性杂交（单交、回交、多亲杂交）育种都是植物育种的常用方法，杂种优势育种（尤其是利用雄性不育的杂种优势育种）是改良品系的捷径。诱变育种、离体育种、倍性育种和分子育种等多样化的育种方式，都产生了具有抗病虫害、抗环境压力、抗除草剂、提高植物品质和营养成分等优良特性的植物新品系。

2）动物遗传育种

动物遗传育种的传统选种方法包括个体选择、系谱选择、家系选择、家系内选择、同胞选择、后裔选择、正反交反复选择。其选择依据是表型值的高低。细胞遗传学、生化遗传学和免疫遗传学等理论和技术广泛应用于动物育种；分子育种使用分子遗传学技术对候选基因进行标记，实现了在育种过程中对目的基因的跟踪；反向遗传学应用于育种，用于直接寻找感兴趣的基因；通过人工授精以提高种公畜的利用率；通过超数排卵、胚胎分割和胚胎移植技术提高优良母畜的利用率和动物改良速度，使得动物繁殖技术不断发展。转基因动物也已经成为医用或食用蛋白的生物反应器、改良动物品种和挽救濒危物种的途径以及基础生物学研究的工具。

3. 遗传学在工业和环境保护方面的应用

1）遗传学与现代工业

遗传学在现代工业上的应用大致有两个方面，一是运用遗传学技术，尤其是遗传工程技术于工业生产；二是对工业的各个环节实施监测，防止工业活动对人类及其他生物造成遗传损伤。

（1）遗传工程（genetic engineering） 广义上包括任何与遗传物质有关的工程操作（细胞工程、基因工程等）；狭义上即指基因工程（gene engineering）。通过基因工程技术进行蛋白质产品的生产结束了人们只能从生物体内提取蛋白质产品的历史，通过基因工程技术产生的各种基因工程菌株生产出各种工业上使用的酶产品；一些植物也具有生产重组蛋白的生物反应器的潜力；利用转基因羊可以在乳汁中生产分泌重组蛋白等。

（2）遗传毒理学（heredotoxicology，genetic toxicology） 作为毒理学的一个分支，专门研究外来化合物及其他环境因素对机体遗传物质的毒作用及其机理。其研究结果对各种化合物的安全性、生产工艺、防护措施和使用范围提出意见，为各种法规的制定提供参考。

2）遗传学与环境保护

为了有效降解现代工业和生活方式产生的各种破坏环境的物质，可以使用基因工程的方法筛选和构建降解不同污染材料的工程菌株；生物修复技术（bioremediation technology）利用生物所具有的分解有机物质的能力，去除污染环境的污染物；生态遗传学（ecogenetics，ecological genetics）研究生物对周围自然环境变化和其他生物种群的改变所显示的适应遗传机制，为生物多样性的保护提供基础。

4. 遗传学与社会安全

1）转基因技术（transgenic technology）的安全性问题

人们顾虑的转基因生物安全性问题包括基因的不合理应用、转基因操作的遗传传递、外源基因对其他调节基因（甚至原癌基因）的影响、新病原物的可能出现、转基因植物的生态性泛滥和转基因食品对健康的影响等。为此，国际国内采取两方面措施，一是对转基因产品严格把关，二是制定安全管理实施办法。由于生殖隔离的存在，转基因植物很难与其他植物杂交产生可育后代；转基因生物潜在的危害需要人们谨慎对待，但目前的研究认为转基因生物是安全的。对待转基因生物的理性态度，一方面尽量做到趋利避害，另一方面也不能因噎废食。

2）遗传学在法律鉴定中的应用

遗传学在个体鉴定中的有效性使鉴定结果成为法庭中的重要证据之一。个体遗传变异的检测是 DNA 测试最重要的应用领域之一。在法律上 DNA 分型测试应用于以下方面：①犯罪中的个体鉴定问题；②亲子鉴定；③灾难或战争时受害人或牺牲者的鉴定。一些国家的国家 DNA 数据库保存了成百万罪犯的遗传学文件用于破案工作。遗传学在个体鉴定使用的 DNA 标记有：①小卫星 DNA 和高变的串联重复（VNTR）。②短串联重复序列（STR）分析，近十年来已逐渐取代 VNTR。另外，线粒体 DNA 序列信息是当 STR 分型方法无效时的一种补充。个体鉴定所检测的 DNA 片段都属于非转录的多态性区域，不能够检测基因，因此常不能提供有关种族、眼睛颜色、身高、头发颜色等表型的信息。

## 二、代表性例题解析

1. 幼儿黑蒙性白痴属常染色体隐性遗传病。问：(1) 如果表型正常的双亲生了一个患病的女儿和一个正常的儿子，那么这个儿子携带此隐性基因的概率是多少？(2) 如果这个儿子与一个表妹结婚，他们生的第一个孩子患有此病的可能性有多大？假如第一个孩子确实患病，第二个孩子患病的概率是多少？

参考答案：设该病的致病基因为 $a$，正常等位基因为 $A$，则患病基因型为 $aa$，携带者基因型为 $Aa$。

(1) 表型正常的双亲生了一个患病的女儿，说明双亲都是携带着，基因型都为 $Aa$。儿子表型正常，说明他的基因型只可能为 $AA$ 或 $Aa$。根据分离定律，后者的可能性是前者的 2 倍，因此这个儿子是携带者（$Aa$）的概率为 2/3。

(2) 因为父母肯定都是携带者，所以父母二人无论谁与这个儿子的表妹是二级亲属，他们之间的亲缘系数都是 1/4，即都有 1/4 的基因相同，所以表妹是携带者的概率为 1/4。这个儿子与表妹两人都是携带者的概率为 $2/3\times1/4=1/6$。因两个携带者结婚后代有 1/4 可能患病，则他们的后代患病的可能性为 $1/6\times1/4=1/24$。但假如第一个孩子确实患病，则说明这对表兄妹肯定都是携带者，则他们第二个孩子的发病可能性将升至 1/4。

2. 人类染色体不分离的方式有哪些？它们各自会产生什么临床效果？

参考答案：染色体不分离的方式有两种：同源染色体不分离，见于第一次减数分裂；姐妹染色单体不分离，见于第二次减数分裂和有丝分裂。

第一次减数分裂不分离：第一次减数分裂的后期两同源染色体彼此没有分开，而是同时进入一个子细胞，最终形成含有 24 条或 22 条染色体的两种配子。有 24 条染色体的配子中保存有分别来自父母的一对同源染色体。在受精后形成的受精卵中出现三条同源染色体，这三条染色体在遗传上的来源不同，分别来自三个不同祖先，其上带有的等位基因可能完全不同。

第二次减数分裂不分离：第二次减数分裂后期姐妹染色单体不分离。形成分别带有 24（$n+1$）条或 22 条染色体的配子。但在 $n+1$ 配子中多出的染色体只是父亲的或是母亲的染色体的两个拷贝，在遗传上完全等同。在受精后形成的三体型胚胎中多出的染色体只来源于两个祖先。

减数分裂的不分离又可分为新发生的初级不分离和三体型的初级精（卵）母细胞在减数分裂时发生的次级不分离，所谓次级不分离是三体型个体的有关的三条同源染色体的一条被分向一极，另外两条不能分离，同时被分向另一极。

减数分裂不分离形成的染色体数异常的配子受精后，将形成缺少一条染色体的单体型和多了一条染色体的三体型。单体型胚胎生命力差，多在胚胎期被淘汰，以流产而告终，只有 X 染色体单体型可以存活并出生，形成 Turner 综合征患者。常染色体三体型胚胎多数也以流产告终，只有 21 三体，及少量的 18 三体、13 三体能够存活并出生。其中 18 三体和 13 三体幼年死亡，21 三体可以生长至成年，为先天愚型患者。性染色体三体型可以出生，症状明显轻于常染色体三体型。其中核型为 47，XXY 的个体为男性，患有 Klinefelter 综合征；核型为 47，XXX 的个体有 XXX 综合征；核型为 47，XYY 的个体有 XYY 综合征。

有丝分裂不分离：是姐妹染色单体的不分离，发生在体细胞中。可形成三体型和单体型两类细胞。如果这种情况发生在卵裂的早期，则胚胎可发育成为嵌合体。如果第一次卵裂发生染色体不分离，则会形成含有 $2n+1$ 和 $2n-1$ 两种非整倍体核型细胞系的嵌合体；若染色体不分离发生在第二次卵裂或以后的卵裂时，则形成 45/46/47 三种不同核型的嵌合体。但由于具有 45 条染色体的细胞因生命力差，在胚胎发育过程中难以形成大的细胞群体而被稀释掉、淘汰掉，因而一般情况下只能观察到 46/47 两种核型。表现为相应的三体综合征症状。

3. 有性杂交育种和杂种优势育种的异同点是什么？

参考答案：有性杂交育种和杂种优势育种的相似点是：都需要收集大量种质资源；都需要进行杂交亲本选择和选配；都需要经过有性杂交，包括亲本杂交、回交、自交等，把分散存在于各个亲本上的优良性状组合于同一个体上；都需要通过后代选择、区域试验、生产试验等，选择出所需要的品种。

两者区别在于：

(1) 有性杂交育种以最终建立集中了优势性状的纯系为目的，一旦育成品种，优势性状可以长期稳定地遗传，在随后的自交过程中不会出现分离的现象。而杂交优势育种是基于杂种优势的理论和实践，尽管也要培育集中优势性状的纯系，但用于农田生产的则是纯系之间的杂交品种，杂交品种因具有超显性效应而在性状上优于任何纯系品种。但这种杂交品种只能用于生产，不能在代代遗传中自我保持，在自交中等位基因逐渐分离，杂种优势消退。

(2) 由于育种目的不同，在操作程序上，有性杂交育种先进行亲本间的杂交，然后进行自交产生分离的性状，再根据育种需要对分离的性状进行选择，通过一次次自交和选择得到纯系品种，其过程是“先杂后纯”。而杂交优势育种的前半部分与有性杂交育种过程相似，都是通过对选择的品种进行自交并选择以得到性状优良的纯合自交系。然后以此为杂种优势育种的起点，进行不同纯合自交系的杂交试验，通过配合力的分析，选出优良的杂合基因型的杂交种，并确定配组方式，为今后生产之用。其过程是“先纯后杂”。

(3) 在种子的生产上，经有性杂交育种得到的品种可以直接从生产田和种子田中收获下一代使用的种子，而杂种优势育种的品种不能直接留种，必须设有亲本繁育田培育纯合的亲本和亲本杂交生产种子的田地，即种子田。因此种子成本高。

4. 简述使用 STR、Y 染色体 STR、线粒体 DNA 序列和 SNP 方法在个体的法律鉴定中的作用。

参考答案：STR是基因组内的短串联重复序列，也叫微卫星DNA，每个串联重复单元包含2～7个核苷酸，重复单元串联排列，其重复次数人与人之间存在差异，因此利用PCR的方法扩增被检查者的STR，不同的个体将得到不同长度的片段，由此可以鉴定不同个体。但STR都位于非转录的基因组区域，其构成不能反映功能基因的情况，因此常不能提供包括种族、眼睛颜色、身高、头发颜色等个体表型的信息。

Y染色体上也存在STR，对Y染色体STR测试在法律鉴定中有特殊作用：由于Y染色体只存在于男性个体，因此Y-STR测试可以从混合了两性DNA的样品中发现男性特异性信息，比如在性犯罪现场得到的样品有时需要进行这种区分。Y染色体STR不能区分父系血亲个体，因为他们之间的Y染色体相同。但可以利用这一点鉴定与犯罪嫌疑人有关的父方男性亲属，在不能得到犯罪嫌疑人本人样品的情况下得到有用信息。

由于线粒体DNA比核DNA的拷贝数高很多，对某些DNA高度降解的样品，或只含有很少DNA的样品，可通过对线粒体DNA的鉴定为确认个体提供信息。个体的线粒体来自母亲的遗传，具有母系特征，因此与Y-STR类似，不能区分同一母系的不同个体。母系亲属包括个体的同胞、姨妈、外祖母、舅舅等人。线粒体DNA序列信息同样可以在不能得到犯罪嫌疑人本人样品的情况下得到有用信息。也是当STR分型方法无效时的一种补充。

SNP即单核苷酸多态性，因为SNP较STR的突变率低，在整个家系甚至群体中可能具有同样的SNP，因此很难直接鉴定个体，但可以作为种族特征进行鉴定，并根据其种族特征估计个体可能具有的表型特征，如具有种族特点的毛发颜色、眼睛颜色、面部特征等。有些SNP可直接与特定表型特征关联。

## 三、知识要点概念图（不完全列举）

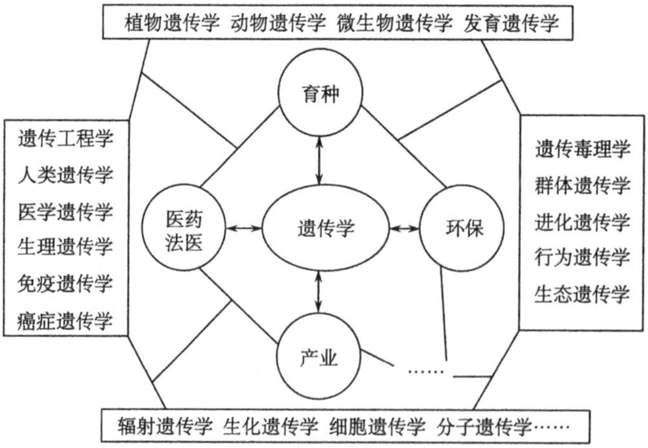

## 参考资料

戴灼华，王亚馥，粟翼玟．2008．遗传学（第2版）．北京：高等教育出版社
郭才，霍志军．2006．植物遗传育种及种苗繁育．北京：中国农业大学出版社
何俊琳，刘学庆．2006．遗传与优生学．重庆：重庆大学出版社
姜益泉，姚国新，高和平．2006．遗传学辅导与习题集．合肥：中国科学技术大学出版社
李璞．2004．医学遗传学．北京：北京大学医学出版社
李惟基．2007．遗传学．北京：中国农业大学出版社
谭信．2004．遗传学标准试题集．北京：人民军医出版社
温特 P C，希基 G I，弗莱彻 H L．2001．遗传学——现代生物学精要速览中文版．谢雍译．北京：科学出版社
张建民．2005．现代遗传学．北京：化学工业出版社
Tamin R H. 2002. Principle of Genetic. 7th ed. New York：McGraw Hill

## 【试题精选】

### 一、填空题

1. 常染色体显性遗传病致病基因通过________的亲代向后代传递，患者所生育的子女有________的患病风险。一个家庭中如果________，子女一般不会患病。

2. 配子或受精卵中如存在染色体结构异常，可以造成________、________和________三种后果。

3. 某多基因遗传病的发病率为0.0016，遗传度为78%，那么患者子女的患病可能性是________。

4. 常染色体隐性遗传病只有________合子才发病，________称为携带者。

5. 带有染色体结构异常而本身不发病的个体称为________，可以分______和________两大类。染色体病可分________和________两大类。

6. 男性患者的所有女儿都患病的遗传病类型为________，患该类遗传病的男性患者的母亲的患病机会为________，父亲患病可能是________。

7. 常染色体病患者的常见症状有________、________和________等。而性染色体病患者则主要表现为________。

8. 21三体综合征的核型可有________、________和________三种类型，其中________型和________型的发生是________不分离的结果，________型的发生率与产妇的年龄有关，产妇年龄越高，发病率________。21三体综合征具有复发风险的核型是________，这种核型患者的产生与妇女生育年龄________关，生下这种患儿的母亲在怀孕时常有较高的________率。

9. 一染色体病患者核型为47，XX，＋21/46，XX，该异常核型产生于________，这种核型被称为________。

10. 一个白化病（常染色体隐性遗传病）患者与一个基因型正常的人婚配，

其后代是患者的概率是________，后代是携带者的概率是________。

11. 一个致病基因，若由父方传递给子女则子女发病，若母方传递给子女则子女不发病，这种现象称为________或________。

12. ________病女性患者的人数较男性患者多，但病情相对较________。男性患者只将致病基因传给 ________，________之间疾病的传递是不存在的。

13. 一个正常男性与红绿色盲（X 连锁隐性遗传病）女性患者结婚，所生儿子是患者的可能性________，女儿患病的可能性是________，女儿是携带者的可能性是________。

14. 一红绿色盲基因携带者女性，与一男性红绿色盲个体婚配，生下女儿为携带者的可能性为________，为患者的可能性为________，生下男孩为患者的可能性为________。

15. 短指症和急性间歇性卟啉症都属于常染色体显性遗传病。一个短指症男性患者和一急性间歇性卟啉症女性患者结婚，他们的子女只患短指症的可能性是________，只患急性间歇性卟啉症的概率是________，患短指症又患急性间歇性卟啉症的概率是________，表型完全正常的概率是________。

16. 近亲结婚可使遗传方式为________的遗传病发病率明显升高。这是由于婚姻的双方具有________祖先，如果该祖先携带有________，则这种婚姻所生子女该基因________的可能性明显高于一般人群，则该子女将会发病。

17. 单基因遗传病的致病基因可能位于________和________上；如果位于________上，则该类遗传病又分为________、________、________、________等。

18. 遗传异质性表型是指________基因型可以决定________表型。遗传的异质性的存在使遗传病中表面上________遗传病实际由________致病基因引起。

19. 线粒体遗传病通过双亲中的________传递给后代，它的传递方式被称为________。

20. 一些疾病和畸形有复杂的病因，既涉及许多易患性基因的共同作用，又需要环境因素的作用才发病，所以称为________。这类疾病的复发风险一般为________。

21. 某种遗传病的遗传基础不是一对基因，而是许多对基因，所以称为________，这类疾病的遗传方式与孟德尔遗传________。

22. 母亲为红绿色盲（X 连锁隐性遗传病），父亲正常，按概率推算，她所生的四个儿子可能有________个是红绿色盲。

23. 一些个体体内携带有致病基因而表型正常，他们可将这些致病基因向后代传递，称为致病基因的________。

24. ________在 DNA 水平上确定遗传病的分子改变，可以在疾病未发生时做出________，也可以对胎儿进行检查，这种措施被称为________。

25. 遗传病的实验室辅助诊断检查主要包括________、________和________。

26. 用于产前诊断的染色体检查标本可取自________或________；而用于成年个体的染色体检查标本可取自________或________。

27. Turner 综合征患者 X 染色体数目为________，Y 染色体为________。而 Klinefelter 综合征患者 X 染色体数目为________，Y 染色体为________。

28. 目前在我国主要是对________和________进行新生儿筛查。

29. 如果致病基因位于 X 染色体，且为________基因，则所引起的疾病为________隐性遗传病。这类疾病主要是________性发病，患者的母亲是________。

30. ________研究环境因素对遗传物质的损伤机制，这些环境因素包括________和________。

31. 种质资源可以分为________、________、________和________。

32. 杂种优势育种的配组方式包括________、________和________。

33. 杂种优势产生的原因主要有两个假说，为________和________。

34. 诱变育种分为________和________两种。前者是利用各种________，而后者使用________药物。

35. 诱变育种和选择育种的共同点是________，不同点是________。

36. 种质资源的保存方法包括________、________、________和________的保存等。

37. 有性杂交育种所进行的人工杂交的方式主要有________、________和________。

38. 倍性育种是通过人工方法诱发植物________数目________地增加或减少，操作时最常使用的药物是________。

39. 转基因植物是用植物________方法把带有________的供体植物的 DNA 分子或其中的目的基因分离出来，导入待改良________植物细胞中，根据人们的需要选育出带有目的性状的优良个体。

40. 转基因动物研究可以服务于如下目的________；________；________；________。

41. 对生活环境中可能导致遗传损伤的各种物质的常见遗产毒理筛查方法有：首先进行________，如有必要，再进行________、________或________。

42. 在基因工程中，只能在原核细胞中表达的载体叫作________，可以在真核细胞中表达的载体为________。

43. 在基因工程中获得目的基因的方法主要有________、________和________。

44. 为了有效降解现代工业产生的各种破坏环境的物质，可以使用________的方法筛选和构建降解不同污染材料的________，有目的地投放到特定环境中。

45. 生态遗传学研究生物对周围自然环境________和其他生物改变所显示的________遗传机制。

46. 为了可持续地利用野生动植物资源，必须用遗传学方法研究特定的种群________模型，根据模型决定________方案。过度利用野生动植物资源常导致种群个体数量的________，甚至________。

47. 对转基因农作物的多环节监控包括如下环节：①________；②________；③________等。

48. 对转基因植物所做的环境安全评价内容包括：________；________；________；________等。

49. 法律个体 DNA 分型测试可应用于以下几个方面：________；________；________。

50. 使用短串联重复序列（STR）进行父子鉴定时，父子之间的 STR 长度大约有________是相同的，使用 Y 染色体 STR 进行测试时，父子之间的 Y-STR 长度大约有________是相同的。

51. 在个体 DNA 鉴定时如果希望知道该个体来源于哪一个种族，应该进行________的检查。

52. 选择育种时应选择遗传度________的性状进行选择，植物的遗传性状分为________和________，选择育种时应主要对________进行选择。

## 二、选择题

1. 关于线粒体遗传，下列哪些说法不正确？（　　）

A. 线粒体遗传病属母系遗传

B. 线粒体遗传病有时在后代不一定显现

C. 线粒体突变的基因随同线粒体传递，呈细胞质遗传

D. 线粒体遗传病患者的后代有固定的发病比例

2. 在新生儿中筛查苯丙酮尿症患儿通常采用的方法是（　　）。

A. 染色体检查　B. 生化检查　C. 系谱分析　D. 基因诊断

3. 当对 XXY 综合征个体的染色体检查显示他的两条 X 染色体分别来自外祖母和外祖父，说明多余的性染色体起源于（　　）。

A. 卵子发生时的第一次减数分裂不分离

B. 卵子发生时的第二次减数分裂不分离

C. 精子发生时的第一次减数分裂不分离

D. 精子发生时的第二次减数分裂不分离

4. 一对夫妇生育了一个白化病的儿子，现要诊断他们正在孕育的胎儿是否为患者，该措施属于（　　）。

A. 症状前诊断　　B. 发病患者的诊断

C. 携带者检查　　D. 产前诊断

5. DMD 是一种 X 连锁隐性遗传病，一个患者的父母表型正常，其他亲属中有可能出现患者的是（　　）。

A. 表弟　　B. 堂兄　　C. 表妹　　D. 叔叔　　E. 爷爷

6. 诊断 Turner 综合征应首先选用下列哪项诊断方法？（　　）

A. 染色体检查　　B. 连锁分析法

C. 系谱调查　　D. 生化检查

7. 下列哪种疾病应进行染色体检查？（　　）

A. 苯丙酮尿症　　B. 先天愚型

C. 地中海贫血　　D. 白化病

8. 常染色体隐性遗传病（　　）。

A. 常染色体有结构畸变　　B. 发病率常有性别差异

C. 有交叉遗传的现象　　D. 父母都带有致病基因

9. 不必进行细胞遗传学检查的疾病是（　　）。

A. 红绿色盲　　B. 先天愚型

C. Klinefelter 综合征　　D. Turner 综合征

10. 最适合于用 PCR 方法诊断的遗传病类型是（　　）。

A. 染色体病　　B. 点突变型单基因遗传病

C. 多基因病　　D. 缺失型单基因遗传病

11. 培养的羊水细胞可用于（　　）。

A. 染色体检查　　B. DNA 检查

C. A 和 B 都对　　D. A 和 B 都不对

12. 检测导致 DNA 损伤的环境因素时首先采用的方法是（　　）。

A. 姐妹染色单体交换法　　B. 微核实验

C. 埃姆斯试验　　D. 染色体检查

13. 下列哪项不是基因工程中用来运载目的基因的载体？（　　）

A. 细菌质粒　　B. 噬菌体　　C. 动植物病毒　　D. 转座子

14. 基因工程中，常用细菌、酵母菌等微生物作为受体细胞，理由是（　　）。

A. 与供体 DNA 的遗传背景一致　　B. 繁殖速度快

C. 性状稳定，变异少　　D. DNA 含量少

15. 作为基因工程中最常用的运载体的质粒，它具有（　　）的特征。

①在细胞外复制 ②RNA ③抗药性标记 ④蛋白质 ⑤环状 DNA ⑥许多酶切位点 ⑦在宿主中增值

A. ①③⑤⑦　　B. ②④⑥　　C. ①③⑥⑦　　D. ③⑤⑥⑦

16. 在基因工程中主要的工具酶有（　　）。

A. 限制性内切核酸酶和连接酶　　B. 限制性内切核酸酶和激酶

C. 连接酶和水解酶　　D. 连接酶和激酶

17. 通过基因工程所能产生的生物分子包括（　　）。

A. 维生素　　B. 多肽　　C. 多糖　　D. 磷脂

18. 以下关于植物的离体育种不对的是（　　）。

A. 为采用基因工程技术进行分子育种创造条件

B. 有助于解决远缘杂种胚早期败育的问题

C. 可快速繁殖优良品种

D. 可快速确定配合力

19. 一对夫妇生育了一个白化病的儿子，他们想知道正在孕育的胎儿是否也为患者，最好采用的诊断措施是（　　）。

A. 核型分析　　B. 基因诊断　　C. 生化检查　　D. 系谱分析

20. 两个男性的母亲是同卵双胞胎姐妹，父亲没有血缘关系，他们进行常染色体 STR 和 Y 染色体 STR 测试，正常的结果应是（　　）。

A. 他们的常染色体 STR 有 1/4 相同，Y 染色体 STR 有 1/2 相同

B. 他们的常染色体 STR 有 1/8 相同，Y 染色体 STR 完全相同

C. 他们的常染色体 STR 有 1/4 相同，Y 染色体 STR 完全不相同

D. 他们的常染色体 STR 有 1/8 相同，Y 染色体 STR 有 1/2 相同

21. 动物遗传育种不可以采用的技术是（　　）。

A. 家系选择　　B. 染色体的监测　　C. 超排卵技术　　D. 倍性育种

22. 在降解环境污染物方面起主要作用的遗传学科是（　　）。

A. 医学遗传学　　B. 微生物遗传学

C. 生化遗传学　　D. 药物遗传学

23. 得到三倍体品种的育种方法是（　　）。

A. 胚乳培养　　B. 紫外线诱变　　C. 回交　　D. 芽变选种

24. 某人生下一个正常的孩子和一个先天愚型的患儿，经查她本人是 14/21 罗伯逊平衡易位的携带者，则她的表型正常孩子也是携带者的可能性约是（　　）。

A. 0　　B. 1/4　　C. 100%　　D. 1/2

25. 一个常染色体显性遗传病的外显率是 68%，患者的子女患同样疾病的可能性是（　　）。

A. 25%　　B. 34 %　　C. 50%　　D. 68%

26. 下列不一定是遗传病的疾病类型是（　　）。

A. 染色体病　　B. 多基因病

C. 体细胞遗传病　　D. 家族性疾病

27. 先天性幽门狭窄是一种多基因病，男性发病率是女性的 5 倍，下列哪个个体发病风险最高？（　　）

A. 男患者的女儿　　B. 女患者的女儿

C. 男患者的儿子　　D. 女患者的儿子

28. 可以快速形成新种的育种方法是（　　）。

A. 有性杂交育种　　B. 杂种优势育种

C. 倍性育种　　D. 选择育种

29. 与母亲生育年龄有关的遗传病是（　　）。

A. 苯丙酮尿症　　B. 先天愚型

C. Huntington 舞蹈病　　D. 猫叫综合征

30. 短指症和白化病分别是常染色体显性和常染色体隐性遗传病，并且致病基因不在同一条染色体上。现有一个家庭，父亲为短指，母亲正常，而儿子为白化病。该家庭如再生育，以下哪种出现患儿情况是正确的？（　　）

A. 有 1/4 可能只得白化病　　B. 有 1/8 可能只得白化病

C. 有 3/8 可能得短指症和白化病　　D. 有 1/2 可能不得任何疾病

## 三、分析简答题

1. 简述遗传咨询的过程。
2. 致畸剂的检测方法有哪些？
3. 预防再次生出遗传病患儿的对策有哪些？
4. 对人的 DNA 鉴定可以有哪些应用领域，分别适用于什么鉴定方法？
5. 遗传学如何服务于环境生物技术？
6. 植物育种主要有哪些手段，各自效果如何？
7. 寻找多基因遗传病致病基因的方法有哪些，如何运用？
8. 试阐述遗传病与家族性疾病、先天性疾病的区别与联系。
9. 试介绍：DNA 指纹鉴定技术与应用。
10. 试对表观遗传学在医学或药物学上的应用进行简单的例证。

## 四、综合应用题（请阅读下列段落并译成汉语）

Paragraph one: Progression and metastasis in a transgenic mouse breast cancer model: effects of exposure to *in vivo* hypoxia (Kalliomäki TM, McCallum G, Wells PG, Hill RP. *Cancer Lett*. 2009; 282 (1): 98.) Hypoxia is a predictor of poor patient survival in several cancers, including breast carcinomas. One possible mechanism is genomic instability induced by oxic stress. In this study we examined this possible mechanism by exposing an *in vivo* breast cancer model to hypoxia/reoxygenation. MMTV-Neu transgenic mice were exposed to cycling acute (AH) or chronic hypoxia (CH) before (early) or after (late) tumour detection to study effects of hypoxia on tumour initiation and progression, respectively. We observed no effect of the hypoxic exposures on times to first tumour detection, but we saw a trend of early AH-exposed mice to develop more tumours and macrometastases than CH-exposed mice. Unexpectedly, but consistent with these findings, we observed significantly reduced 8-oxo-dG lesions levels in the mammary tissue with the greatest difference observed between the air control (AC) and AH-exposed groups. In the late gassing group, there was a similar trend for reduced 8-oxo-dG lesion levels, but interestingly mice that developed macroscopic lung metastases demonstrated significantly increased levels of 8-oxo-dG lesions in their tumours relative to those that did not, irrespective of the gassing exposure. A trend for increased macrophage content was observed in tumours from mice exposed to acute hypoxia. Our results indicate that oxic stress induced by hypoxia/reoxygenation is unlikely to be a major factor driving tumour progression of established MMTV-Neu tumours but suggest that acute and chronic hypoxia may affect tumour incidence and metastasis when applied prior to tumour development.

Paragraph two: Genotoxic and hepatic biotransformation responses induced by the overflow of pulp mill and secondary-treated effluents on *Anguilla anguilla* L (Maria VL, Correia AC, Santos MA. *Ecotoxicol Environ Saf*. 2003 ; 55 (1): 126) Pulp and paper mill effluent compounds pollute the aquatic environment and are responsible for increased biochemical alterations and genotoxicity in aquatic organisms such as fish. Adult eels (*Anguilla anguilla* L) were exposed during 8, 16, 24 and 72h to the following conditions: (1) aerated, filtered, and dechlorinated tap water (C); (2) 2.5% (V/V) sewage water previously treated with activated sludge (T); (3) bleached kraft pulp and paper mill effluent collected at the river Vouga, close to an ancient sewage outlet (Portucel), diluted in tap water [25% (E25) and 50% (E50)]; and (4) bleached kraft pulp and paper mill effluent sediment [water-soluble fraction (S)] . Liver biotransformation induced by the above conditions was measured as ethoxyresorufin-O-deethylase (EROD), cytochrome P450 (P450) (Phase Ⅰ), and glutathione-S-transferase (GST) (Phase Ⅱ) . Genotoxicity was also determined as blood/liver DNA strand breaks and erythrocytic nuclear abnormalities (ENA) induced on European eel (*A. anguilla* L) . Liver EROD activity was significantly increased in eels at 8 and 16h exposure to E25, as well as at 16, 24 and 72h exposure to E50. S exposure induced liver EROD activity only at 24h. A significant decrease in liver P450 was observed at 72h exposure to T, whereas a significant P450 increase at 16h was followed by a significant decrease at 24h exposure to E25. Another P450 significant increase was noticed at 72h exposure to S. Liver GST activity (Phase Ⅱ) demonstrated a significant increase at 72h exposure to E50 and to S. A significant decrease in blood DNA integrity was observed at 72h exposure to T and at 24 and 72h to S. Blood DNA integrity significantly decreased at 16 and 24h exposure to E25, as well as at 8, 16 and 24h exposure to E50. Liver DNA integrity significantly decreased at 72h exposure to T and at 16h exposure to S. Moreover, liver DNA integrity was significantly decreased at 24h exposure to E25 and E50, and 72h to E50. *A. anguilla* L. increased ENA frequency was detected in T at 16, 24 and 72h, whereas in E25 and S it was observed at 8, 16 and 24h. Furthermore, E50 ENA frequency increased at 24h exposure.

## 【参考答案】

**一、填空题**

1. 患病，1/2，双亲无病

2. 流产，染色体病，染色体畸变携带者

3. 0.04

4. 纯，杂合子

5. 染色体畸变携带者，倒位携带者，平衡易位携带者，常染色体病，性染色体病

6. X连锁显性遗传病，100%，接近于0（与群体发病率相同）

7. 先天性发育迟缓，智力低下，多发畸形，性发育异常

8. 21三体型，易位型，嵌合型，21三体型，嵌合型，染色体，21三体型越高，嵌合型，无，流产

9. 卵裂早期，嵌合型

10. 接近于0（群体携带者频率×1/2），1/2

11. 遗传印记，基因组印记

12. X连锁显性遗传，轻，女儿，男性

13. 是100%，0，100%

14. 1/2，1/2，1/2

15. 1/4，1/4，1/4，1/4

16. 常染色体隐性遗传，共同，致病基因，纯合

17. 核DNA，线粒体DNA，核DNA，常染色体显性遗传病，常染色体隐性遗传病，X连锁显性遗传病，X连锁隐性遗传病

18. 不同，同一，同一种，不同

19. 母亲，母性遗传

20. 复杂疾病，1%～10%

21. 多基因遗传病，不相符

22. 4

23. 携带者

24. 基因诊断，诊断，产前诊断

25. 细胞遗传学检查，生物化学检查，基因诊断

26. 羊水细胞，绒毛膜细胞，外周血淋巴细胞，其他类型的培养细胞

27. 1个，0个，2个，1个

28. 苯丙酮尿症，先天性甲状腺功能低下

29. 隐性，X连锁，男，携带者

30. 遗传毒理学，物理因素，化学因素

31. 本地种质资源，外地种质资源，野生植物资源，人工创造的种质资源

32. 单交种，双交种，三交种

33. 显性假说，超显性假说

34. 物理诱变，化学诱变，物理射线，化学

35. 都进行选择，诱变育种用人工方法产生更多的变异以供选择，而选择育种无此步骤

36. 种植保存，种子储藏，离体保存，基因文库

37. 单交，回交，多亲杂交

38. 染色体，成倍，秋水仙素

39. 基因工程，目的基因，受体

40. 构建疾病型转基因动物用于研究工作，利用转基因动物制药，改良动物品种挽救濒危物种，基础生物学研究

41. 埃姆斯试验，微核检查，SCE计数，染色体检查

42. 原核表达载体，真核表达载体

43. 从生物体直接获得，PCR法扩增，人工合成

44. 基因工程，工程菌

45. 变化，适应

46. 增长，采捕，减少，灭绝

47. 中间试验阶段，环境释放阶段，生产试验阶段

48. 转基因植物是否变得易得病，对周围植物有什么影响，是否可能变成杂草，会不会把外源基因转移给其他生物

49. 亲子鉴定，犯罪中的个体鉴定，灾难或战争时受害人或牺牲者的鉴定

50. 1/2，100%

51. SNP

52. 较高，显性性状，加性性状，加性性状

## 二、选择题

1～5：DBADA　6～10：ABDAD　11～15：CCDBD　16～20：ABDBC　21～25：DBADB　26～30：DDCBB

## 三、分析简答题

1.（1）摸清病情、确定诊断和遗传方式：遗传咨询时，遗传咨询医师首先要对患者做必要的检查，弄清所患疾病的性质，是单基因病，还是多基因病，是否为染色体病，遗传性代谢病或某种分子病。怀疑是基因病时需要收集先证者家族中的发病情况，绘出系谱，有助于明确诊断。根据系谱特征可判断先证者所患的遗传病是否符合孟德尔遗传，是否符合常染色

体显性遗传、常染色体隐性遗传、X连锁显性遗传、X连锁隐性遗传等遗传方式。怀疑是染色体病时要对患者及家属做染色体检查。

(2) 估计并向咨询者告知复发风险：根据确定的遗传方式就可以估计病人家庭成员的患病风险。一般地讲，染色体数目异常造成的染色体病多是偶发的。患者家庭如继续生育不会有比一般群体明显升高的复发风险，但染色体结构畸变或易位型的先天愚型需检查父母的染色体，如父母是结构异常的携带者，则再生子女有一定的复发风险，一般为10%～20%。符合孟德尔遗传的单基因病可进行遗传分析估计复发风险。多基因病依据群体发病率、患者家庭发病情况和病情等估计复发风险。然后咨询医师需要对咨询者进行讲解，以使他们明白他们的孩子所患的是一种遗传病，使他们对这种病的传递规律有所认识。在此基础上咨询医师再说明该病的发病风险。

(3) 在咨询者对他们的孩子所患遗传病的性质有了一定了解以后，即可就治疗与预防的方法与效果问题进行讨论，对咨询者将来的结婚和生育提出建议。如劝阻生育、进行产前诊断或新生儿特殊检查等。当咨询者不能做出明确决断时，可将会谈内容的扼要记录的副本交咨询者带回家中慎重考虑后再做决定。记录中有咨询者的姓名、住址等，咨询医师可依此进行随访。若咨询者仍不能做出正确的决策，咨询医师就必须利用随访的机会，向他们耐心解说，纠正他们的错误决定。如有可能，还要进行扩大的家庭遗传咨询，以更有效地预防该遗传病在这个家庭中发生。

2. 致畸剂可使发育中的胚胎细胞中的遗传物质DNA受到损伤，造成胚胎发育障碍，引起某些器官的异常并导致畸形出现，严重的甚至导致死亡。引起这些DNA损伤的环境因素包括电离辐射、病毒和某些化学药品等，其检测方法归纳如下：

一级检测——阿姆斯试验（Ames检测）：其原理是鼠伤寒沙门菌的营养缺陷突变型在基本培养基中不能生长，一旦细菌发生了回复突变，恢复了合成某种营养成分的能力后，又可在基本培养基中长成菌落。实验时在培养基中加入待检化合物，观察是否有菌落长出，依此可检测待检物中是否有能够导致基因突变的物质存在。

二级检测包括姐妹染色单体交换法（SCE）、微核法和染色体畸变法等。

姐妹染色单体交换是染色单体等位断裂后重接的结果。当环境中存在着致畸因子时，染色单体断裂的频率增加，因此姐妹染色单体交换的频率也会相应增加。

当某种染色体断裂剂作用于染色体使之发生断裂时，无着丝粒的染色体断片在细胞分裂时因不能连接纺锤体而不能向两极移动，将滞留在赤道板附近。当子细胞核形成时，这些滞后的染色体断片就可能形成微核，附在细胞核旁边。致畸因子作用于染色体，使染色体发生断裂的机会增加，从而使微核率上升。

染色体畸变检测法是检测诱变剂的经典方法。一些诱变剂可诱发染色体断裂，称为染色体断裂剂。检查制备的染色体标本时可以发现这些断裂。

二级检测所确认为诱变剂的物质还需经三级检测，即致畸检测，才能最后确认为致畸剂。一般用小鼠为实验材料。给妊娠小鼠服用或注射待测物质，待幼仔出生时，检测每窝仔数和幼仔中神经管畸形数并与对照组作对比。若两组有显著差异，则可确认该物质为致畸剂。

3. 在一个家庭确诊有遗传病患者后，可能采取的策略主要包括：产前诊断、冒险再次生育、不再生育、过继或认领、人工授精、终止恋爱或婚约等。

产前诊断是在先证者所患遗传病的病损严重又难于治疗，给家庭和社会带来的负担较重，而且再发风险高，但是该病有产前诊断的方法，患儿父母又迫切希望有一个健康孩子的情况下，可采取的对策。在产前诊断确诊的情况下，一般劝孕妇采取人工流产措施。

在先证者所患的遗传病的病损不太严重而且又只有中度再发风险（4%～6%）时，可以选择冒险再次生育。

对一些危害严重、致残或致死的遗传病，目前尚无有效治疗方法，无良好的产前诊断手段，再次生育复发风险又高时，应该采取不再生育的对策。如果咨询者迫切希望有一个健康的孩子，可以过继或认领一个孩子。

当因丈夫精子异常而不能正常生育，但没有其他致病基因或染色体异常情况时，可选择人工授精的方法解决受孕问题。

近亲之间如果在恋爱或有婚约，应促使他们认识到婚后将面临生出常染色体隐性遗传病患儿的高风险并终止恋爱或婚约。

4. 人与人之间在DNA碱基序列的差异为运用DNA鉴定技术确定个体身份和人群的演化过程创造了条件。该鉴定技术可应用于如下方面：

(1) 作为法庭证据的DNA鉴定。DNA鉴定在个体鉴定中的高度准确性使之成为法庭中的重要证据之一，成为DNA测试最重要的应用领域之一。主要在以下情况下做鉴定：① 犯罪侦破中的个体鉴定问题。② 亲子鉴定。适用的主要鉴定方法是短串联重复序列（STR），STR具有高度多态性和稳定的遗传性，在亲子之间有1/2的一致性。Y染色体STR测试和线粒体DNA测试是辅助测试方法；前者具有父系遗传的特点，后者具有母系遗传的特点；这两种测试得到的分型没有个体特异性，但有父系或母系的特异性，即同一父系的男性亲属具有相同的Y染色体STR；同一母系的亲属之间具有相同的线粒体DNA序列。特别地，Y染色体STR可以鉴定性别。以上特点可以在特定场合具有应用价值。单核苷酸多态（SNP）一般不具有个体特异性，不能鉴定个体，但常具有种族特异性，有助于鉴定个体所属的种族。

(2) 灾难或战争时受害人或牺牲者的鉴定。同样可以利用STR检测、Y染色体STR检测、线粒体DNA检测等确定受害者身份。

(3) DNA鉴定已经成为研究人类进化过程的有力工具。其中Y染色体上非重组区（NRY）和线粒体DNA都遗传自一个亲本，遗传过程中没有任何重组发生，其上发生的突变积累非常适合于进化过程研究。可用的NRY变异包括NRY单核苷酸多态（Y-SNP）和NRY短串联重复多态（Y-STR），前者因为突变率低，所以常记录较长时间的系谱事件，后者则记录了相对近期发生的事件。通过对NRY和线粒体DNA的研究肯定了人类的非洲起源学说，并对人类走出非洲的历史和现在分布在世界各地的种族之间的关系勾画出详尽的系谱图。此外，对比群体中NRY和线粒体DNA的变异情况还可对两性迁徙的情况和人类婚姻关系的演变作出推测。

5. 环境生物技术包括以下几方面的内容：可以降解污染物的工程菌的构建和使用，培育具有抗污染特性转基因植物，环境友好材料生物合成技术，污染场地的生物修复技术及废物强化处理技术等。

在环境生物技术中，微生物遗传学起到了重要的作用，可以通过对现有微生物品种的筛选和遗传改造，构建各种工程菌，有选择性地降解由于现代工业和生活方式所产生的各种环境污染物。例如，去除土壤中石油污染的工程菌、促使有机磷农药降解的工程菌、降解有机肥料中甾体化合物污染的工程菌、专门分解硫化物的菌株、清除环境中重金属污染的微生物等。

转基因植物的培育也有利于环境保护。例如，抗病虫害的转基因作物通过减少农作物农药的使用量来减少农药的环境污染。另一些转基因植物有环境自净作用，通过自身的生理生化过程吸收和消除污染土壤中特定的有毒物质。例如，可以利用自身代谢机制摄取金属元素，将其有毒形态积累到植物的可收获部分或者把它们转变成低毒形态；将细胞色素 P450 引入植物中，可增强其对有毒物质的代谢能力等。

6. 植物育种的方法主要有：(1) 选择育种：利用植物现有的遗传变异通过人工选择的方法得到带有期望性状的品种。对于数量性状变异的选择，该性状的遗传度越大，性状变异幅度越大、选择效果越好。(2) 有性杂交育种：对不同的品种进行人工杂交，杂交方式包括单交、回交、多亲杂交等。产生杂种一代后再进行反复的自交，对分离出来的不同变异进行择优选择，以得到基因型稳定的纯合品种。(3) 杂种优势育种：根据遗传学杂种优势现象和理论育种。首先选育优良自交系，然后不同自交系之间杂交，对不同的 $F_1$ 代进行选择，选择具有性状优良 $F_1$ 代的杂交组合为今后杂交育种之用。$F_1$ 的性状不稳定，继续繁殖会造成性状分离而失去原有优良性状的组合。因此 $F_1$ 代将直接投入生产，而保留此杂交组合的各个自交系品种。(4) 诱变育种：通过各种物理射线或导致遗传物质改变的各种化学药物使植物遗传物质改变而使植物产生更多的变异，以增加育种的可选择性。然后通过选择育种方法将出现的有利变异选择出来。(5) 倍性育种：通过人工方法诱发植物染色体数目成倍地增加或减少达到快速产生新种的目的。又分为：①多倍体育种：常用的是秋水仙素诱变法使染色体加倍。②单倍体育种：通过孤雌生殖、染色体选择性丢失、花药或花粉培养等方法得到单倍体。再用秋水仙素等诱导恢复为二倍性，其意义在于快速获得纯合的二倍体。(6) 离体育种：将植物体的一部分进行离体培养。其优点在于快速繁殖优良品种，克服种子生活力低下和自然的不育性，解决远缘杂种胚早期败育的问题等，同时也为基因工程分子育种创造条件。(7) 分子育种：包括：①分子标记辅助育种，使用与待选基因连锁的分子标记对其进行跟踪。了解目的基因的走向，增加选择的有效性。②用基因工程方法把带有目的性状的供体植物的 DNA 分子或其中的目的基因分离出来，导入待改良受体植物细胞中，根据人们的需要选育出带有目的性状的优良个体。

7. 寻找多基因遗传病致病基因的方法主要有：①关联分析：关联是指两种性状非随机地共同出现的情况。关联提示可能存在连锁，或该标记所代表的基因直接导致疾病易感性的增高，或存在连锁不平衡。关联分析时，首先确定候选致病基因，然后在附近选择遗传性标记，在患者和正常人之间进行比较，以得到该遗传标记与致病基因之间的关联程度。关联的确定有助于缩小寻找致病基因的范围。②连锁分析：在患者家系中寻找与致病基因紧密连锁的遗传标志，可以对致病基因进行定位。关联分析和连锁分析的区别是：前者以群体为对象进行研究，将群体分为患者和正常人两种人类，然后检查分析。后者以患者家庭为对象进行研究。连锁分析更有利于基因定位，但前提是必须能得到大的致病家系。如果不行就只能进行关联分析。

8. 遗传病是指因遗传因素而患的疾病；家族性疾病指表现出家族聚集现象的疾病；先天性疾病指出生时已存在的畸形或疾病。三者的概念是不一样的。许多遗传病具有先天性疾病或家族性疾病的情况，但也有些先天性疾病和家族性疾病不是遗传病。例如，母亲在怀孕期感染风疹病毒可造成胎儿先天性心脏病，但这种疾病不是胎儿遗传物质异常引起，而是环境因素引起，所以不是遗传病；又如，一些家族成员共同的生活环境或共同的生活习惯可能导致一些成员患同一种病，即家族性疾病，如维生素 C 缺乏所致的坏血病，这类病就不属于遗传病。

反之，有许多遗传病没有家族聚集或先天性的特点。比如常染色体隐性遗传病就通常没有家族聚集倾向，常是散发的；有些遗传病出生时不患病，但到一定年龄发病，如进行性舞蹈病是常染色体显性遗传病，一般到 30～40 岁才发病。因此遗传病、家族性疾病、先天性疾病之间既有区别，又有一定联系。家族性疾病和先天性疾病只能提示可能是遗传病，具体还要通过家系分析等遗传学特殊检查加以确定。

9. DNA 指纹（DNA fingerprint）的含义是：待测样品的 DNA 经过限制性内切核酸酶酶切、电泳和转膜，然后以重复序列中的核心序列为探针，进行 DNA 印迹杂交所形成的具有样本特征性的杂交图谱。DNA 指纹从形态上看是由一系列距离不等、相互间隔的多条电泳谱带组成，不同个体间的差异主要表现在谱带位置、数目和密度差异上。动植物的基因组中，可变数目串联重复（variable number of tandem repeats，VNTR）序列分布广泛。由于它们不编码任何蛋白质，迄今未发现其功能。在进化中，由于 DNA 复制等原因导致重复序列增减所造成的变异，因为“中性”而通常不会被选择，积累起来就导致物种内非亲缘关系个体间基因组的巨大差异。不同个体重复数目的显著差异，造成了人类群体中丰富的多态性。DNA 指纹技术就是利用这些串联重复序列的易变性以及高度的潜在个体特征，通过特定探针，使来自基因组不同区域的许多序列片段同时被检测出来。

因为重复序列的高度多样性，DNA 指纹技术能够同时产生多位点的基因带谱，如同每一个体的指纹一样，高度特异而且终生不变。根据重复次数和重复单位的长短及组成，重复序列可分为小卫星（ minisatellite）DNA 和微卫星（ microsatellite）DNA。前者的每一个重复单位长度为 9～70bp；后者则以每个重复单位 1～10bp 形成短串联重复（short tandem repeat，STR）。以小卫星或微卫星核心序列为探针进行 DNA Southern 杂交，因可以产生多位点 DNA 指纹图谱，这样的探针称为“多位点”探针；不同的探针产生不同的 DNA 指纹图谱。在人类和动植物基因组的鉴定中，常用小卫星 DNA 探针。在没有突变的情况下，同一个体的不同组织细胞具有相同的 DNA 指纹图谱。

DNA 指纹技术是个体识别或案件侦破的有效方法之一。在许多国家，在对于凶杀、强奸等案件的审理和判决中，DNA 指纹是必需提取的证据（下图）。由于 DNA 指纹图谱符合孟德尔遗传规律，因此也常应用于亲子鉴定和民间牲畜偷盗等纠纷案件的侦破。

近年来，DNA 指纹技术也在肿瘤诊断、家畜疾病诊断和生物遗传资源调查、遗传多样性分析和经济物种特征性状的连锁分析等方面得到应用。

10. 想要揭开某些复杂疾病在遗传和环境上的原因，只有经典遗传学是不够的。在疾病相关的基因组学探索中，表观遗传学的作用越来越大。

例如，癌症的研究。尽管在癌症基因组研究中，人们已经发现了一些癌症相关基因的点突变，但癌症的起因也可能是表观遗传修饰造成的癌基因激活或者抑癌基因沉默。陆陆续续的表观基因组学研究表明，癌症过程中相关基因的表达量降低同多达数百个已知基因的沉默等现象密切相关。目前，一些癌症药物的发明已经从基因组学的研究中获得收益，但进一步的开发有望在表观遗传学机理上取得进展，因为癌症表观基因组学已经揭示了 DNA 甲基化酶和组蛋白去乙酰化酶的抑制剂在癌症治疗过程中的作用，这样的抑制剂为新的药物设计开辟

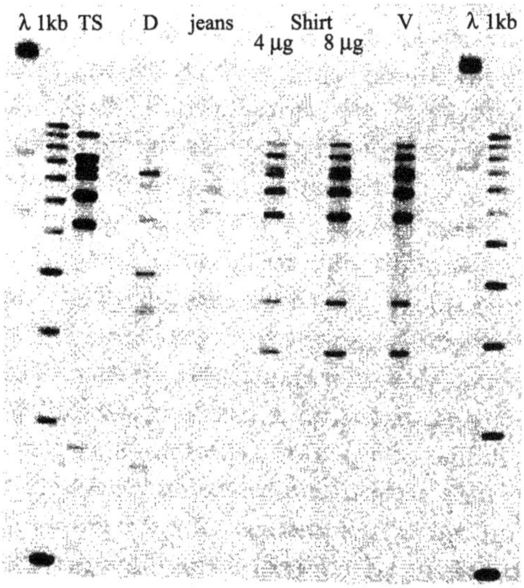


DNA 指纹鉴定

［自 Tamin R H. 2002. Principle of Genetics (7th ed). New York: McGraw Hill.］D 是犯罪嫌疑人的血样 DNA 指纹，V 是受害者的血样 DNA 指纹，Jeans 和 Shirt 指留在裤子和 T 恤上的血样的 DNA 指纹，其他泳道是标准相对分子质量和对照品。可见 T 恤上血样的 DNA 指纹与受害人的高度一致，不是犯罪嫌疑人的

了前景，也许会成为热门。

再来看孤独症（autistic）或 Asperger 综合征治疗方面的新曙光。孤独症患者社交能力薄弱，终身伴随交谈障碍。目前全球的患者数量不断上升。据美国孤独症协会报道，每年诊断出的患者数量以 10%～17%速度递增。但是，孤独症的病因一直未明，越来越多的研究表明孤独症与遗传缺陷有关。Asperger 综合征是一种泛自闭症障碍（autistic spectrum disorder, ASD），与孤独症类似的特征是严重的交流障碍。根据 *Nature Genetics* 杂志 2006 年的一篇文章报道，法国研究人员在对来自 3 个家庭的 5 名孤独症或 Asperger 综合征儿童患者进行检测，发现了一种与孤独症有关的新基因——*SHANK3*。*SHANK3* 全长 57kb，位于第 22 条染色体，可以调节树突棘的形成，还是负责神经细胞间信号传导的因子 Neuroligins 的配体。在自闭症和 Asperger 综合征患者中发现有 *Neuroligins* 基因突变的同时，一个拷贝的 *SHANK3* 突变即可引起语言和社交障碍；*SHANK3* 的关键作用是建立神经元之间的连接，是突触（synapses）形成所必需的。一项研究用 BAC microarray 方法进行表观基因组学研究发现，*SHANK3* 基因在特定组织中具有甲基化过程保守的现象，提示在孤独症研究中表观遗传方法可能具有前景。

## 四、综合应用题

参考答案略。

# 模拟试题及答案

考试真题。适用于本科教学期末考试自测和硕士研究生入学模拟等。

## 遗传学试卷-Ⅰ

说明：总分 100 分。纯英文题可以中英文两种语言解答，使用英文者，按正确部分的比例加分。加分值不超过该题总分的 20%，整个试卷加分后总分不超过 100 分。

### 一、名词解释（每词 2.5 分，总分 20 分）

1. 睾丸决定因子（testis determination factor，TDF）
2. 表观遗传变异（epigenetic variation）
3. 基因转变（gene conversion）
4. 母性影响（maternal effect）
5. 表型模写（phenocopy）
6. 性导（sexduction）
7. cistron
8. balanced lethal system

### 二、选择题。每个小题请选择一项（在题号前括号中写项目序号 A、B、C 或 D）作为答案（每小题 2 分，总分 16 分）

（　　）1. 孟德尔做豌豆杂交试验所选的 7 对相对性状所对应的基因座位两两间

A. 均不可能连锁，因为他获得了自由组合定律

B. 即使连锁，只要距离足够远，也能获得类似自由组合的结论

C. 有连锁的情况，因此他提出了连锁与交换定律

D. 产生了非等位基因互作效应，因此他推出了各种被修饰的分离比

（　　）2. 一个基因座位上有 $n$ 个复等位基因，可能产生几种基因型？

A. $n+[n(n-1)/2]$　　B. $n+[n(n+1)/2]$

C. $2n+[n(n+1)/2]$　　D. $n+[2n(n-1)/2]$

（　　）3. 人类成骨不全（osteogenesis imperfecta）是显性遗传病，杂合体患者可以同时有多发性骨折、蓝色巩膜和耳聋等症状，也可能只有其中一种或两

种临床表现。像这样的个体间基因表达的变化程度称为

A. 外显率（penetrance）　　B. 表现度（expressivity）

C. 遗传力（heritability）　　D. 育种值（breeding value）

（　　）4. 由于母体中核基因的某些产物积累在卵细胞的细胞质中，使得个体的表型受母亲核基因组中基因控制的现象即

A. 母性遗传（maternal inheritance）　　B. 母性影响（maternal effect）

C. 持续饰变（dauermodification）　　D. 感染遗传（influentious inheritance）

（　　）5. *E. coli* 不同 Hfr 菌株表现为不同的转移起始点和转移方向。下面给出几个 Hfr 菌株的基因转移次序，利用这些数据确定细菌基因组的物理图。

| Hfr 菌株 | 基因转移次序 |
|---|---|
| Ⅰ | *ACE* |
| Ⅱ | *DBE* |
| Ⅲ | *EBD* |
| Ⅳ | *CAD* |

A. 题目缺条件，确定不了

B. 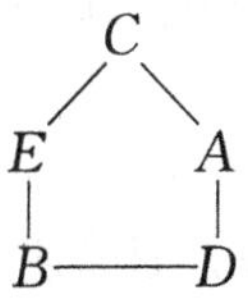


C. 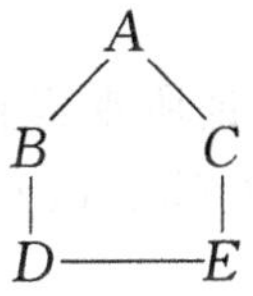


D. 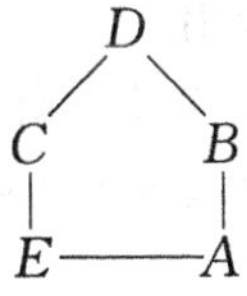


（　　）6. T4 噬菌体两突变型 $r^x$ 和 $r^y$ 杂交，将溶菌液稀释为 $10^{-m}$，取其 0.1mL 涂在 *E. coli* B 株平板上，生成噬菌斑数为 $b$；又将溶菌液稀释为 $10^{-n}$，取其 0.1mL 涂在 *E. coli* K（λ）株平板上，生成噬菌斑数为 $k$。可求得 $r^x$ 和 $r^y$ 突变位点间的重组率是

A. $(2\cdot k\cdot 10^{-n})/(b\cdot 10^{-m})$　　B. $(2\cdot b\cdot 10^{-n})/(k\cdot 10^{-m})$

C. $(2\cdot b\cdot 10^{n})/(k\cdot 10^{m})$　　D. $(2\cdot k\cdot 10^{n})/(b\cdot 10^{m})$

（　　）7. 脉孢霉 *nic* ＋ × ＋ *ade* 杂交结果为 *nic* 和 *ade* 基因座位间的重组值是

| 子囊型类型 | PD | NPD | T | T | PD | NPD | T |
|---|---|---|---|---|---|---|---|
| 实得子囊数 | 808 | 1 | 90 | 5 | 90 | 1 | 5 |

A. （0.5T＋NPD）÷总子囊数＝［0.5×（90＋5＋5）＋1＋1］÷1000

B. （0.5 NPD+T）÷总子囊数=［0.5×（1+1）+90+5+5］÷1000

C. （0.5 PD+T）÷总子囊数=［0.5×（808+90）+90+5+5］÷1000

D. （0.5T+PD）÷总子囊数=［0.5×（90+5+5）+808+90］÷1000

（　　）8. 一对等位显性基因的表型受到另一对非等位基因的作用，这种非等位基因间的抑制或遮盖作用叫

A. 抑制效应（suppression effect）　　B. 超显性（overdominance）

C. 上位基因（epistasis）　　D. 莱特效应（Wright effect）

**三、简答/简述（每小题 12 分，总分 36 分）**

1. 简答：（1）What kind of problems do you use $\chi^2$-test (Chisquare test) to solve? Please write down the formula by which to calculate $\chi^2$ value. Please explain each symbol if you use it in the formula to express any meaning. （2）What is the meaning of the probability "*P*"? What are the limited conditions for using $\chi^2$-test? （3）In a cross，we got 2 types of $F_1$ individuals，resistance (R) and sensitiveness (S)．If the numbers of R and S in the 20 individuals of $F_1$ were 14 and 6 respectively，was the segregation radio consistent to 1∶1? [$\chi^2$ [1]（$P=0.05$）is 3.84]

2. 试从性别决定（sex determination）的根本机制、起主导作用的染色体、基因表达剂量的调节等方面简述人和果蝇性别决定的相似和差异。整个叙述中至少要论及一种基因的作用。

3. 简述：怎样通过杂交（你需要提供两种杂交方法）验证所观察到的遗传现象是否符合分离定律（law of segregation）和自由组合定律（law of independent assortment）?

**四、分析/计算（总分 28 分）**

1. （本小题 8 分）有 a～f 六个突变型皆引起非正常功能的基因产物的形成。用它们进行互补实验，获得下列结果（+表示互补，−表示不互补）：

| a | b | c | d | e | f | |
|---|---|---|---|---|---|---|
| − | + | + | − | + | + | a |
| | − | + | − | − | + | b |
| | | − | + | + | − | c |
| | | | − | − | + | d |
| | | | | − | + | e |
| | | | | | − | f |

问：6 个突变型属于几个顺反子？请画图表示，并说明推理过程。

2. （本小题 10 分）*Antp*（触角腿）、*Ly*（缺刻翅）和 *Sb*（短刚毛）是果

蝇第 3 染色体上的显性突变。*Antp*/*Ly Sb* 雌蝇与野生型雄蝇杂交，观察数据如下：

| 子代表型 | 数目 |
|---|---|
| 触角腿 | 851 |
| 缺刻翅、短刚毛 | 823 |
| 触角腿、短刚毛 | 73 |
| 短刚毛 | 42 |
| 缺刻翅 | 77 |
| 触角腿、缺刻翅 | 18 |
| 触角腿、缺刻翅、短刚毛 | 6 |
| 野生型 | 6 |

(1) 试确定这 3 个基因位点的顺序、重组频率和图距。

(2) 计算干涉值（interference value，*I*）。

3.（本小题 10 分）测量某种家养鸟的 AJ 品系和 LH 品系的成熟雄鸟和它们的杂种的体重，获得数据：

| | AJ 品系 | LH 品系 | $F_1$ | $F_2$ | $B_1$ | $B_2$ |
|---|---|---|---|---|---|---|
| 平均体重/kg | 0.68 | 3.29 | 1.67 | 1.78 | 1.26 | 2.43 |
| 表型方差 | 0.09 | 0.49 | 0.32 | 1.20 | 0.81 | 0.98 |

(1) 试计算广义遗传率（broad-sense heritability，$H^2$）和狭义遗传率（narrow-sense heritability，$h^2$）。

(2) 这两个百分比分别是什么含义？

# 遗传学试卷-Ⅰ　参考答案

## 一、名词解释

1. 睾丸决定因子：睾丸决定因子是位于 Y 染色体短臂的一个基因的产物，它可以引导性腺原始细胞发育成睾丸而不是卵巢。[*TDF* 基因实际就是 SRY，sex-determining region on Y chromosome]

2. 表观遗传变异：在基因的 DNA 序列不发生改变的情况下，基因表达可发生可遗传的变化，这种变化同样导致表型的改变，这种改变称为表观遗传变异。

3. 基因转变：实质上是异源双链 DNA 错配的核苷酸对在修复校正过程中所发生的一个基因转变为它的等位基因的现象，往往伴随有转变区外的交互重组。

4. 母性影响：由于母体中核基因的某些产物积累在卵细胞的细胞质中使得个体的表型受母亲核基因组中基因控制的现象即母性影响。

5. 表型模写：环境改变所引起的表型改变，有时与由某基因（型）引起的表型变化很相似，就叫做表型模写。

6. 性导：利用 F' 因子将供体细胞的基因导入受体形成部分二倍体的过程。

7. cistron：顺反子（cistron）是一个功能水平上的基因，它负责传递遗传信息，是决定一条多肽链的完整的功能单位；但它又是可分的，一个顺反子可以包含一系列突变单位（突变子），突变子是构成基因的 DNA 中的一个或若干个核苷酸；顺反子中的核苷酸也可以独自发生重组（参与重组的单位叫重组子）。

8. balanced lethal system：如果利用特定的品系，用分别位于一对同源染色体上的两个不同的致死系统来平衡，就能成功地将致死基因以杂合体的状态长期保存，这种品系叫平衡致死系统（balanced lethal system）或永久杂种（permanent hybrid）。

## 二、选择题

1. B；　2. A；　3. B；　4. B；　5. B；　6. D；　7. A；　8. C

## 三、简答/简述

1. 解答要点：(1) 检验实得比数与理论比数是否有显著差异；$\chi^2=\sum (O-E)^2/E$；$O$—观察值，$E$—理论值，另外需要知道自由度 df，一般 df$=n-1$（$n$ 为表型类型数）。(2) $P$ 是随机误差等于或大于实际误差的总概率；$\chi^2$ 检验的限制条件是：只适用于表型等数据本身，不适合于由数据推出的比例——如百分比；在任一表型内的期望值不能$<5$，否则误差太大。(3) 根据 $\chi^2=\sum (O-E)^2/E$，预期 10∶10，观察到 14∶6，$\therefore \chi^2=(14-10)^2/10+(6-10)^2/10=3.2<\chi^2$ [1] $(P=0.05)=3.84$，所以 $P>0.05$。说明所得分离比符合 1∶1（实得比与理论比差异不显著）。

2. 解答要点：(1) 决定性别的根本机制——人，性染色体类型决定；果蝇，性染色体-常染色体性平衡决定系统。(2) 起主导作用的染色体——人，Y 染色体（含睾丸决定因子基因，*TDF*）；果蝇，X 染色体（含雌性决定因子基因）。(3) 基因表达的剂量补偿效应——人，X 染色体 Lyon 化，其上相关基因失活；果蝇，雄性的 X 染色体上基因超表达。[可论及 *TDF*（*SRY*）或 *XIST* 等基因的作用]

3. 解答要点：(1) 分离定律：$F_1$ 自交，$F_2$ 表型比 3∶1。$F_1$ 与隐性纯合子测交，配子比例 1∶1。(2) 自由组合定律：$F_1$ 自交，全部 $F_2$ 组合分 3 类——①两对基因纯合类，自交后不再分离，此部分占 1/4，其中有 4 种表型、4 种基因型，各 1/16；②一对等位基因纯合（不分离）而另一对杂合（3∶1 分离），此部分占 1/2，其中有 4 种基因型，各 1/8，共 3 种表型；③两对基因杂合类，此部分占 1/4，只有一种表型和基因型，按 9∶3∶3∶1 分离。$F_1$ 与隐性纯合子测交，配子比例 1∶1∶1∶1。

## 四、分析/计算

1. 解答要点：

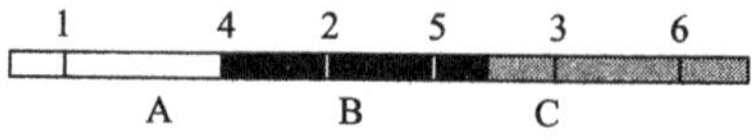

2. 解答要点：

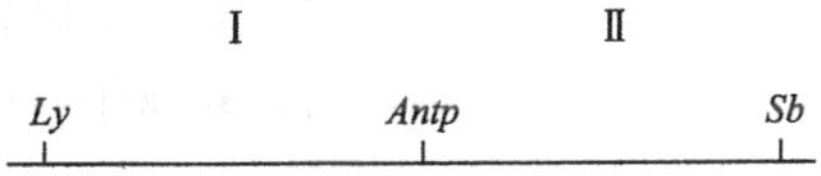


(1)

$RF$（$Ly$-$Antp$）＝（42＋18＋6＋6）/1896＝3.8%，$Ly$-$Antp$ 图距＝3.8

$RF$（$Antp$-$Sb$）＝（73＋77＋6＋6）/1896＝8.5%，$Antp$-$Sb$ 图距＝8.5

$RF$（$Ly$-$Sb$）＝（73＋42＋77＋18）/1896＝11.1%，$Ly$-$Sb$ 图距＝3.8＋8.5＝12.3

(2) 理论双交换率＝0.038×0.085＝0.003 23，观察到的交换率＝（6＋6）/1896＝0.006 33，

$I$＝1－$C$＝1－观察到的交换率/理论双交换率＝1－0.006 33/0.003 23＝－0.96

3. 解答要点：

(1) $H^2=V_G/V_{F_2}=[V_{F_2}-(1/3)(V_{P_1}+V_{F_1}+V_{P_2})]/V_{F_2}=[1.20-(1/3)(0.09+0.49+0.32)]/1.20\approx66.7\%$

$h^2=V_A/V_{F_2}=[2V_{F_2}-(V_{B_1}+V_{B_1})]/V_{F_2}=[2\times1.20-(0.81+0.98)]/1.20\approx50.8\%$

(2) $H^2$ 指遗传变异占总的表型变异的百分数；$h^2$ 指遗传变异中可固定遗传的基因加性作用所引起的变异占总的表型变异的百分数。

# 遗传学试卷-Ⅱ

说明：总分 100 分。纯英文题可以中英文两种语言解答，使用英文者，按正确部分的比例加分。加分值不超过该题总分的 20%，整个试卷加分后总分不超过 100 分。所学外语不是英语的考生请在发放试卷后通知老师，以获得英文部分相应的中文文字。

## 一、名词解释（每小题 4 分，总分 28 分）

1. Holliday 中间体和基因转变（Holliday intermediate & gene conversion）
2. H 抗原和孟买型（H antigen & Bombay phenotype）
3. 嵌镶显性和共显性（mosaic dominance & codominance）
4. sex-limited inheritance & sex-influenced inheritance
5. 基因组印记（genomic imprinting）和单亲二体性（uniparental disomy）
6. reverse genetics & site-specific mutation
7. 奠基者效应和瓶颈效应（founder effect & bottleneck effect）

## 二、选择题。每个小题请选择一项（在题号前括号中写项目序号 A、B、C 或 D）作为答案（每小题 2 分，总分 14 分）

（　　）1. 1955 年，S. Benzer 建立染色体的精细作图方法和互补测验实验体

系，提出

A. 操纵子概念　　　　B. 顺反子概念

C. 内蛋白子概念　　　　D. 转座子概念

（　　）2. 关于基因和性状：需要注意的是，宏观上呈显隐性关系的相对性状（在杂合体时显性性状表达而隐性性状不表达），在分子水平上

A. 却常常呈共显性（codominance）关系（二者的基因都表达从而产生两种不同的蛋白质）

B. 也一定呈显隐性关系（即显性性状表达意味着相应的基因表达的产物掩盖了其等位基因表达的产物）

C. 不可能呈共显性（codominance）关系（二者的基因都表达从而产生两种不同的蛋白质）

D. 关系很复杂，以上 A～C 的说法无一合理

（　　）3. 某植株基因型为 $Ab/aB$ 的个体所产生的重组配子 $AB$ 和 $ab$ 各占 4.5%，则 $A$-$a$ 和 $B$-$b$ 两个基因座的距离为________个图距单位。这样，在 1000 个孢母细胞中有________个细胞在上述两基因座之间在减数分裂时发生了单交换。

A. 9，180　　B. 18，90　　C. 18，360　　D. 4.5，90

（　　）4. 假定用基因型分别是 $a^- b^-$ 和 $a^+ b^+$ 的噬菌体对大肠杆菌（*E. coli*）进行感染，随即提取其裂解液并涂布到培养基上，结果从生长出的噬菌体类型分析获得 4 种基因型，噬菌斑数量分别是 $a^+ b^+ = 4750$，$a^+ b^- = 370$，$a^- b^+ = 330$，$a^- b^- = 4550$。由此可得 $a$、$b$ 间重组率是：

A. 12.8%　　B. 15%　　C. 70%　　D. 7%

（　　）5. 假定 $A$-$a$、$B$-$b$、$C$-$c$ 三个基因座互不连锁，则三基因杂合体 $AaBbCc$ 自交一代出现 $AaBbCc$ 的概率为

A. 1/4　　B. 1/2　　C. 1/8　　D. 1/16

（　　）6. 染色体缺失（deletion）除产生假显性（pseudo-dominance）现象外，还可能由于断裂点效应（breakpoint effect）而产生一种新的突变型。以下情况哪个可能发生：

A. 断裂发生在两个不同的基因中，两个末端连接时，一个基因的 5′端区域与另一基因的 3′端区域相连接形成新的基因，产生一种突变表型

B. 断裂发生在某一基因内部，这时可能消除基因产物的一部分或产生另外一种基因产物

C. 可能由于位置效应（position effect）而产生一种新的突变型——由于基因被移到了一个新的位置而造成不同的基因表达结果，虽然并没有改变基因本身的序列，但仍可产生一种突变的表型

D. 以上的几种情况都可能发生

(　　) 7. 体细胞遗传学中进行基因定位时，常利用染色体结构的改变。如人的某一蛋白质或酶在含有易位染色体的杂种细胞中表达，就可将编码此蛋白或酶的基因定位于染色体易位的区域。这种技术称为

A. 异序性分析（heteroplasmy analysis）

B. 区域定位（regional assignment）

C. 同线分析（synteny analysis）

D. 染色体定位（chromosomal assignment）

**三、简答/简述（总分 30 分）**

1. 解释互补实验，并以曲霉菌的腺嘌呤突变体 1、2 和 3 为例，设计实验说明三种突变体是否属于同一个基因的突变。(15 分)

2. In an inversion heterozygote, one of its chromosomes shows the following linkage relationship:

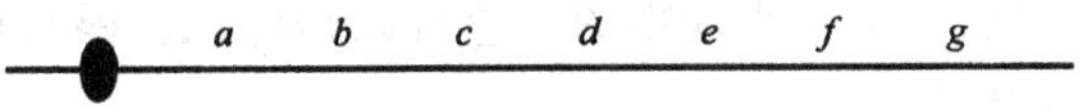


In the homologous chromosome, there exists an inversion in the region

.

(1) What type of inversion is it?

(2) Please draw a synaptic scheme (联会图) of these two chromosomes.

If in the inverted chromosome region there is a lethal gene *D* at *d* locus, and in the normal (i. e., without inversion) chromosome there is another lethal gene *F* at *f* locus. How much of $F_1$ individuals will be double (both at *d* and *f* loci) heterozygote when the inversion heterozygote self-crosses? Why? (15 分)

3. 什么叫 RFLP? 用 Southern 杂交方法进行 RFLP 检测的基本过程是什么? 某种代谢缺陷性单基因遗传病的基因是常染色体隐性基因（*a*，对应的正常基因是 *A*）。应用 *Bam*HⅠ，以分离到的 *a* cDNA 为探针，对人群进行 RFLP 研究。相应染色体上具有 2 个 *Bam*HⅠ位点的，产生 27kb 杂交带；相应染色体上具有 3 个 *Bam*HⅠ位点的，产生 16kb 杂交带。在一家系中，母亲是 27kb 纯合体，父亲是 27kb/16kb 杂合体，他们的一个患儿是 27kb 纯合体。现在母亲怀了第二胎，产前诊断发现是 27kb/16kb 杂合体。试图解、分析：(1) 此种代谢缺陷性遗传病基因与什么 RF 相连锁? (2) 父母中谁是携带者? (3) 本题论及的哪种长度的 RF 一定不与此种代谢缺陷性遗传病基因相连? (4) 第二胎胎儿的基因型和表型是什么? (15 分)

**四、分析/计算（总分 28 分）**

1. (本小题 16 分) 两个已知作物品种 $P_1$ 和 $P_2$ 作为亲本进行杂交，测得后

代的抽穗期年平均值及方差如下表：

| 世代 | 抽穗期平均值 | 方差值 |
| --- | --- | --- |
| $P_1$ | 45.47 | 38.57 |
| $P_2$ | 96.64 | 36.12 |
| $F_1$ | 64.58 | 18.41 |
| $F_2$（$F_1 \times F_1$ 后代） | 74.20 | 141.23 |
| $B_1$（$F_1 \times P_1$ 后代） | 54.60 | 60.73 |
| $B_1$（$F_1 \times P_2$ 后代） | 81.90 | 120.02 |

（1）不考虑互作遗传方差。请你写出关系式、计算抽穗期的广义遗传力和狭义遗传力。

（2）在可遗传的部分，有多大比例是可以稳定遗传的？抽穗期遗传的平均显性程度是多大？

2.（本小题 12 分）某种小动物的毛色可以是棕色、银灰色、黑色；几种类型的杂交得到下列结果：

| 杂交 | 亲本 | 子代（$F_1$） |
| --- | --- | --- |
| 杂交 1 | 棕×棕 | 2/3 棕：1/3 银灰 |
| 杂交 2 | 棕×银灰 | 1/2 棕：1/2 银灰 |
| 杂交 3 | 棕×黑 | 1/2 棕：1/2 黑 |
| 杂交 4 | 银灰×黑 | 都是银灰 |

请回答下列杂交预期会产生什么样的比例？①$F_1$ 棕（杂交 1）×$F_1$ 棕（杂交 2）；②$F_1$ 银灰（杂交 4）×$F_1$ 棕（杂交 2）；③$F_1$ 银灰（杂交 4）×$F_1$ 棕（杂交 3）。

## 遗传学试卷-Ⅱ　参考答案

### 一、名词解释

1. Holliday 中间体和基因转变：同源重组过程中，（在内切核酸酶作用下，）一对同源染色体的两个非姐妹染色单体 DNA 分子各有一条链断裂；（在连接酶作用下，）断裂以交替方式与另一断裂点相互联结，形成一个交联桥（cross-bridge），这结构又称 Holliday 中间体。同源重组的 Holliday 模型很好地解释了基因转变现象。基因转变指正常杂合体经减数分裂后产生不等分离的异常现象，其实质上是异源双链 DNA 错配的核苷酸对在修复校正过程中，所发生的由一个基因转变为它的等位基因的现象。

2. H 抗原和孟买型：ABO 血型系统中，每个人包括 O 型血在内都含有的 A 和 B 抗原的前体，称为 H 抗原。ABO 血型系统中，hh 个体不能产生 H 物质，他们的红细胞不能被植物凝集素或其他抗 H 的抗体所凝集，这种血型为孟买型。

3. 嵌镶显性和共显性：显性现象不一定是一个亲体显性另一个亲体隐性，而可以各自在不同的部位分别表示出显性，这种现象称为嵌镶显性。一对等位基因的两个成员在杂合体中都表达的遗传现象。嵌镶显性是共显性的一类。

4. sex-limited inheritance & sex-influenced inheritance：限性遗传和从性遗传。除伴性遗传以外的两种性相关遗传。限性遗传（sex-limited inheritance）指某些基因所决定的性状只在某一性别中出现（如雄鸡的羽毛特征）。(由于 Y 染色体仅存在于男性个体，因而 Y 差别区段上的基因所决定的性状仅由父亲传给儿子，不传给女儿，这种遗传方式就是限性遗传，也是伴性遗传。) 从性遗传（sex-influenced inheritance）是指，有些基因虽然位于常染色体上，但由于受到性激素的作用，其在不同性别中发生的频率及杂合子基因型在不同性别中所表现的性状不同（如人的秃发性状）。

5. 基因组印记和单亲二体性：来自父母双亲的同源染色体或等位基因存在着功能上的差异，子代中来自不同性别亲体的同一染色体或基因，当发生改变时可以引起不同的表型，这种现象称为基因组印记或遗传印记（genetic imprinting）。单亲二体性的表型效应分析，可以将染色体区域分为印记区和非印记区。所谓单亲二体性，是指来自父母一方的染色体片段被另一方的同源部分取代，或者是一个个体的两条同源染色体都来自同一亲体。

6. reverse genetics & site-specific mutation ：反求遗传学和定点突变。反求遗传学（reverse genetics）是与经典遗传学从表型的改变来研究基因突变的过程相反的遗传学方法，是通过对某个基因进行突变来研究其功能即表型改变的过程。利用人工合成的寡聚核苷酸在离体条件下制造任何部位的位点特异性突变的技术通常称为定点突变（site-specific mutation）或定点诱变，是重要的反求遗传学技术。

7. 奠基者效应和瓶颈效应：当一个新的群体只由少数建立起来时，就发生了随机漂变的极端情况，即称为奠基者效应（建立者效应）。这些少数建立者（奠基者）的基因频率就决定了其后代中的基因频率（虽然群体随后可以增大）。另一种称为瓶颈效应的现象与奠基者效应相类似，指当一个群体的大小发生骤减时，某些基因可能从基因库中消失，然后由存活的少数个体重新建立一个新的群体。这些少数存活者的基因频率就决定了重新建立的新群体中的基因频率（虽然群体随后可以增大）。奠基者效应和瓶颈效应都是极端的遗传漂变现象。

评分标准：每一对词的每一个各占 2 分，适当考虑二者的关系。

## 二、选择题

1. B；2. A；3. A；4. D；5. C；6. D；7. B

## 三、简答/简述

1. 参考答案及评分标准：检测两个突变体的突变基因作用方式的试验。同一表型的不同突变体的杂交后代，突变基因杂合的顺式结构都能互补。而反式结构不能互补说明两个突变型是属于同一个基因的突变，反式能互补说明是不同基因的突变。(5 分)

实验设计：设计三个杂交，突变 1 与 2（$ad1\times ad2$）杂交，突变 1 与 3（$ad1\times ad2$）杂

交；然后突变 2 与 3（$ad1 \times ad2$）再杂交（2 分）

分析：突变 1 与 2 杂交如果没有互补，但是与突变 3 有互补；说明：突变分属于两个基因，基因 1（2）和基因 3。（2 分）

突变 1 与 3 杂交如果没有互补，但是与突变 2 有互补；说明：突变分属于两个基因，基因 1（3）和基因 2。（2 分）

突变 1 与 3 杂交如果没有互补，与突变 2 也没有互补；说明：突变分属于同一个基因。（2 分）

突变 1 与 3 杂交如果有互补，与突变 2 也有互补，而突变 2 与突变 3 也有互补；说明：三个突变分属于三个各自独立的不同基因。（2 分）

2. 参考答案及评分标准：（1）臂内倒位（paracentric inversion）。（2 分）

（2）这两条染色体的联会图（synaptic scheme）是：

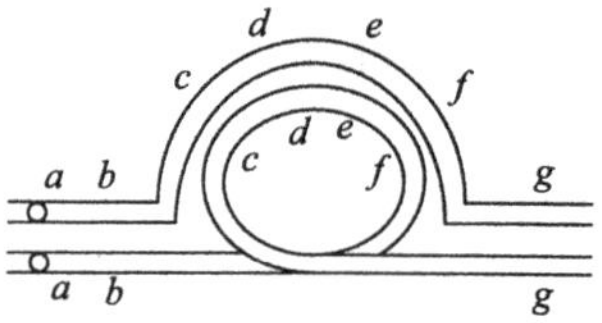


（8 分）

（3）几乎 100%为双重杂合子（double heterozygote）。因为倒位导致显著的遗传学效应——交换抑制（crossover repressing）。对于臂内倒位，倒位环内非姐妹染色单体间的单交换产物要么有两个着丝粒，要么无着丝粒。含这样的重复或缺失的配子不育。当分别位于两个同源染色体上的两个致死基因（lethal gene）处于倒位杂合子的倒位环内时，由于交换抑制、纯合致死，双重杂合子得以长期保存（平衡致死系统，balanced lethal system）。（5 分）

3. 参考答案及评分标准：RLFP，即限制性片段长度多态性（restriction fragment length polymorphism），是第一代 DNA 标记。RLFP 是指用限制性内切核酸酶切割不同个体的 DNA 时，会产生长度不同的 DNA 片段，因为酶切位点的变化使得酶切后的 DNA 片段长度发生了改变，从而某位点上的 DNA 片段在电泳后用克隆探针检测时就会出现泳动行为上的改变。

用 Southern 杂交方法进行 RFLP 检测的基本过程是：①取得 DNA 分子样品后，用特定的限制性内切核酸酶剪切。②通过电泳将这些片段按长度分开。③将胶上的片段转移到硝酸纤维素膜上。④用放射性标记的专一 DNA 探针杂交。探针将会杂交到相应的片段上，通过放射自显影就可以看到该片段，据此可以判断该限制性片段（RF）的位置和长度。

下面图解并分析题中代谢缺陷性遗传病基因连锁遗传情况：（1）由于第一个患儿是 27kb 纯合体，所以致病基因与 27kb 的 RF 连锁。（2）患儿的两条染色体必然分别来源于父母，各携带一个致病基因，使患儿呈现纯合基因型，所以父母都是携带者。（3）因为父亲是 27kb/16kb 杂合体，未患病，其传递给患儿的致病基因连锁 RF 是 27kb，所以 16kb 的 RF 一定不与此种代谢缺陷性遗传病基因相连。（4）第二胎胎儿已经有一正常基因相连的 16kb RF，所以其为隐性纯合体的可能性可以排除，因此该胎儿的 $a$ 位点的基因型应是 $A/A$ 或者 $A/a$，表现型将是正常的。酶切片段及酶切位点见下左图，RF 和致病基因的遗传见下中图，RFLP 分析结果见下右图。

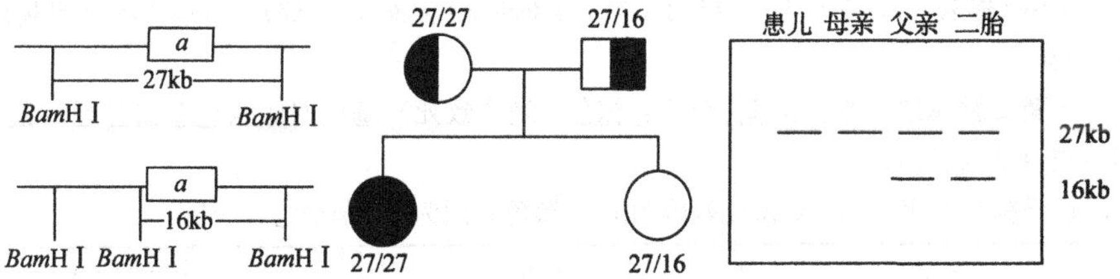


**评分标准：定义 2 分；基本过程 2.5 分；图解 2.5 分；(1) ～ (4) 各 2 分。**

## 四、分析/计算

1. 参考答案及评分标准：（1）广义遗传力即 $H^2=V_G/V_P=[V_{F_2}-1/3\ (V_{P_1}+V_{P_2}+V_{F_1})]\ /V_{F_2}$

$=[141.23-1/3\ (38.57+36.12+18.41)]\ /141.23$

$=110.18/141.23=0.78$ （6 分）

狭义遗传力即 $h^2=V_A/V_P=[2V_{F_2}-\ (V_{B_1}+V_{B_2})]\ /V_{F_2}=[2\times141.23-\ (60.73+120.02)]\ /141.23$

$=101.71/141.23=0.72$ （6 分）

(2) 加性效应部分可以稳定遗传，体现为 $V_A$，在可遗传的部分（遗传方差）$V_G$ 中占的比例为

$V_A/V_G=101.71/110.18=0.92=92\%$

（或 $V_A/V_G=h^2/H^2=0.72/0.78=0.92=92\%$） （3 分）

抽穗期遗传的平均显性程度是 $(V_D/V_A)^{1/2}=[\ (V_G-V_A)\ /V_A]^{1/2}$

$=[\ (110.18-101.71)\ /101.71]^{1/2}=0.29$ （3 分）

2. 参考答案及评分标准：

* **第一种解法：**性状和基因分析：棕色（纯合致死）基因对银灰色-黑色位点显性上位，银灰色基因对黑色基因显性。假设棕色基因为 *B*，其等位基因 *b* 为无色基因；银灰色基因 *S* 对黑色基因 *s* 显性。杂交组合分析：

| 杂交 | 亲本 | 子代（$F_1$） |
|---|---|---|
| 杂交 1** | *BbSS*（棕）×*BbSS*（棕） | 2/3 *BbSS*（棕）∶1/3 *BBSS*（银灰） |
| 杂交 2 | *BbSS*（棕）×*bbSS*（银灰） | 1/2 *BbSS*（棕）∶1/2*bbSS*（银灰） |
| 杂交 3 | *Bbss*（棕）×*bbss*（黑） | 1/2 *Bbss*（棕）∶1/2 *bbss*（黑） |
| 杂交 4 | *bbSS*（银灰）×*bbss*（黑） | 100% *bbSs*（银灰） |

** 杂交 1 的 $F_1$ 中有 1/4 的 *B-b* 位点基因型为 *BB*，是致死的。

预期比例分析：

i. $F_1$ 棕（杂交 1）×$F_1$ 棕（杂交 2）

*BbSS*（棕）×*BbSS*（棕）= 2/3 *BbSS*（棕）∶1/3 *BBSS*（银灰）（*BB* 死亡）

ii. $F_1$ 银灰（杂交 4）×$F_1$ 棕（杂交 2）

*bbSs*（银灰）×*BbSS*（棕）=1/2（含 1/4*BbSS*+1/4*BbSs*）（棕）∶1/2（含 1/4*bbSS*+1/4*bbSs*）（银灰）

iii. $F_1$ 银灰（杂交 4）×$F_1$ 棕（杂交 3）

*bbSs*（银灰）×*Bbss*（棕）=1/2（含 1/4*BbSs*+1/4*Bbss*）（棕）：1/4 *bbSs*（银灰）：1/4 *bbss*（黑）

* **第二种解法**：性状和基因分析：棕色（纯合致死）基因对银灰色基因显性，银灰色基因对黑色基因显性；

假设棕色基因为 $B$，银灰色基因为 $B^s$；黑色基因为 $b$。杂交组合分析

| 杂交 | 亲本 | 子代（$F_1$） |
|---|---|---|
| 杂交 1 ** | $BB^s$（棕）×$BB^s$（棕） | 2/3 $BB^s$（棕）：1/3 $B^sB^s$（银灰） |
| 杂交 2 | $BB^s$（棕）×$B^sB^s$（银灰） | 1/2 $BB^s$（棕）：1/2 $B^sB^s$（银灰） |
| 杂交 3 | $Bb$（棕）×$bb$（黑） | 1/2 $Bb$（棕）：1/2 $bb$（黑） |
| 杂交 4 | $B^sB^s$（银灰）×$bb$（黑） | 100% $B^sb$（银灰） |

** 杂交 1 的 $F_1$ 中有 1/4 的基因型 $BB$，是致死的。

预期比例分析：

a) $F_1$ 棕（杂交 1）×$F_1$ 棕（杂交 2）

$BB^s$（棕）×$BB^s$（棕）=2/3 $BB^s$（棕）：1/3 $B^sB^s$（银灰）（$BB$ 死亡）

b) $F_1$ 银灰（杂交 4）×$F_1$ 棕（杂交 2）

$B^sb$（银灰）×$BB^s$（棕）=1/2（含 1/4$BB^s$+1/4$Bb$）（棕）：1/2（含 1/4$B^sB^s$+1/4$B^sb$）（银灰）

c) $F_1$ 银灰（杂交 4）×$F_1$ 棕（杂交 3）

$B^sb$（银灰）×$Bb$（棕）=1/2（含 1/4$BB^s$+1/4$Bb$）（棕）：1/4 $B^sb$（银灰）：1/4 $bb$（黑）

**评分标准：性状和基因分析 2.5 分；杂交组合分析 3 分；预期比率分析 4.5 分。**

# 编 后 语

成就一部著作，是知识的结晶，是秋后的收获。编撰一册知识导读书，形似从各路大师手中索取酿就的好酒，实为淹没于知识海洋，极易迷茫。为了取知识精华展现于读者、特别是忙于应试的学生面前，又要尽可能赋予时代特色，笔者不惜时日与前辈和同行交流，以求获得本书的最佳编撰格局。当下的遗传学教学思路中，有倾向于模块的——将知识化为独立单元以求块块出精品，有精于逻辑体系的——如以“DNA→染色体→细胞→个体→群体→生态”为线索，也有疏于经典、精于前沿的。作为知识辅导书，我们最终确认了以知识体系发展的历史为线索、遵循人们掌握知识从简单到复杂的规律的编写方式，便于学生和其他读者按思维习惯、循序渐进地掌握知识；同时，注重适时融入学科前沿知识重点，如“表观遗传”部分，尽管限于该领域的相对不成熟和科研细节上日新月异的进展，系统的、适合于课堂的教材不多，本书仍采撷了需要了解、便于掌握的内容汇集成一个单元，成为学生学习、其他读者了解该领域内容的基础，也成为我们进一步完善教学和凝练知识点的起点。

搁笔洗砚之际，笔者犹心怀疑虑，惟恐书中有贻笑大方之处，在此恳请读者赐教。对于读者的金玉良言，我们一定视为瑰宝，用于改进。我们相信，“精诚所至，金石为开”，作者与读者联袂打造知识体系，将使现代遗传学之花孕育出累累硕果。

梁前进

2009 年 5 月 19 日

# 附录 相关图表/资料

## 1. $\chi^2$ 分布临界值表（卡方分布）

| $n'$ | $p$ | | | | | | | | | | | | |
|---|---|---|---|---|---|---|---|---|---|---|---|---|---|
| | 0.995 | 0.99 | 0.975 | 0.95 | 0.90 | 0.75 | 0.5 | 0.25 | 0.10 | 0.05 | 0.025 | 0.01 | 0.005 |
| 1 | … | … | … | … | 0.02 | 0.10 | 0.45 | 1.32 | 2.71 | 3.84 | 5.02 | 6.63 | 7.88 |
| 2 | 0.01 | 0.02 | 0.02 | 0.10 | 0.21 | 0.58 | 1.39 | 2.77 | 4.61 | 5.99 | 7.38 | 9.21 | 10.6 |
| 3 | 0.07 | 0.11 | 0.22 | 0.35 | 0.58 | 1.21 | 2.37 | 4.11 | 6.25 | 7.81 | 9.35 | 11.34 | 12.84 |
| 4 | 0.21 | 0.30 | 0.48 | 0.71 | 1.06 | 1.92 | 3.36 | 5.39 | 7.78 | 9.49 | 11.14 | 13.28 | 14.86 |
| 5 | 0.41 | 0.55 | 0.83 | 1.15 | 1.61 | 2.67 | 4.35 | 6.63 | 9.24 | 11.07 | 12.83 | 15.09 | 16.75 |
| 6 | 0.68 | 0.87 | 1.24 | 1.64 | 2.2 | 3.45 | 5.35 | 7.84 | 10.64 | 12.59 | 14.45 | 16.81 | 18.55 |
| 7 | 0.99 | 1.24 | 1.69 | 2.17 | 2.83 | 4.25 | 6.35 | 9.04 | 12.02 | 14.07 | 16.01 | 18.48 | 20.28 |
| 8 | 1.34 | 1.65 | 2.18 | 2.73 | 3.40 | 5.07 | 7.34 | 10.22 | 13.36 | 15.51 | 17.53 | 20.09 | 21.96 |
| 9 | 1.73 | 2.09 | 2.70 | 3.33 | 4.17 | 5.90 | 8.34 | 11.39 | 14.68 | 16.92 | 19.02 | 21.67 | 23.59 |
| 10 | 2.16 | 2.56 | 3.25 | 3.94 | 4.87 | 6.74 | 9.34 | 12.55 | 15.99 | 18.31 | 20.48 | 23.21 | 25.19 |
| 11 | 2.60 | 3.05 | 3.82 | 4.57 | 5.58 | 7.58 | 10.34 | 13.70 | 17.28 | 19.68 | 21.92 | 24.72 | 26.76 |
| 12 | 3.07 | 3.57 | 4.40 | 5.23 | 6.30 | 8.44 | 11.34 | 14.85 | 18.55 | 21.03 | 23.34 | 26.22 | 28.3 |
| 13 | 3.57 | 4.11 | 5.01 | 5.89 | 7.04 | 9.30 | 12.34 | 15.98 | 19.81 | 22.36 | 24.74 | 27.69 | 29.82 |
| 14 | 4.07 | 4.66 | 5.63 | 6.57 | 7.79 | 10.17 | 13.34 | 17.12 | 21.06 | 23.68 | 26.12 | 29.14 | 31.32 |
| 15 | 4.60 | 5.23 | 6.27 | 7.26 | 8.55 | 11.04 | 14.34 | 18.25 | 22.31 | 25.00 | 27.49 | 30.58 | 32.80 |
| 16 | 5.14 | 5.81 | 6.91 | 7.96 | 9.31 | 11.91 | 15.34 | 19.37 | 23.54 | 26.30 | 28.85 | 32.00 | 34.27 |
| 17 | 5.70 | 6.41 | 7.56 | 8.67 | 10.09 | 12.79 | 16.34 | 20.49 | 24.77 | 27.59 | 30.19 | 33.41 | 35.72 |
| 18 | 6.26 | 7.01 | 8.23 | 9.39 | 10.86 | 13.68 | 17.34 | 21.6 | 25.99 | 28.87 | 31.53 | 34.81 | 37.16 |
| 19 | 6.84 | 7.63 | 8.91 | 10.12 | 11.65 | 14.56 | 18.34 | 22.72 | 27.20 | 30.14 | 32.85 | 36.19 | 38.58 |
| 20 | 7.43 | 8.26 | 9.59 | 10.85 | 12.44 | 15.45 | 19.34 | 23.83 | 28.41 | 31.41 | 34.17 | 37.57 | 40.00 |
| 21 | 8.03 | 8.9 | 10.28 | 11.59 | 13.24 | 16.34 | 20.34 | 24.93 | 29.62 | 32.67 | 35.48 | 38.93 | 41.40 |
| 22 | 8.64 | 9.54 | 10.98 | 12.34 | 14.04 | 17.24 | 21.34 | 26.04 | 30.81 | 33.92 | 36.78 | 40.29 | 42.80 |
| 23 | 9.26 | 10.20 | 11.69 | 13.09 | 14.85 | 18.14 | 22.34 | 27.14 | 32.01 | 35.17 | 38.08 | 41.64 | 44.18 |
| 24 | 9.89 | 10.86 | 12.4 | 13.85 | 15.66 | 19.04 | 23.34 | 28.24 | 33.20 | 36.42 | 39.36 | 42.98 | 45.56 |
| 25 | 10.52 | 11.52 | 13.12 | 14.61 | 16.47 | 19.94 | 24.34 | 29.34 | 34.38 | 37.65 | 40.65 | 44.31 | 46.93 |
| 26 | 11.16 | 12.20 | 13.84 | 15.38 | 17.29 | 20.84 | 25.34 | 30.43 | 35.56 | 38.89 | 41.92 | 45.64 | 48.29 |
| 27 | 11.81 | 12.88 | 14.57 | 16.15 | 18.11 | 21.75 | 26.34 | 31.53 | 36.74 | 40.11 | 43.19 | 46.96 | 49.64 |
| 28 | 12.46 | 13.56 | 15.31 | 16.93 | 18.94 | 22.66 | 27.34 | 32.62 | 37.92 | 41.34 | 44.46 | 48.28 | 50.99 |
| 29 | 13.12 | 14.26 | 16.05 | 17.71 | 19.77 | 23.57 | 28.34 | 33.71 | 39.09 | 42.56 | 45.72 | 49.59 | 52.34 |
| 30 | 13.79 | 14.95 | 16.79 | 18.49 | 20.6 | 24.48 | 29.34 | 34.8 | 40.26 | 43.77 | 46.98 | 50.89 | 53.67 |
| 40 | 20.71 | 22.16 | 24.43 | 26.51 | 29.05 | 33.66 | 39.34 | 45.62 | 51.80 | 55.76 | 59.34 | 63.69 | 66.77 |
| 50 | 27.99 | 29.71 | 32.36 | 34.76 | 37.69 | 42.94 | 49.33 | 56.33 | 63.17 | 67.50 | 71.42 | 76.15 | 79.49 |
| 60 | 35.53 | 37.48 | 40.48 | 43.19 | 46.46 | 52.29 | 59.33 | 66.98 | 74.40 | 79.08 | 83.30 | 88.38 | 91.95 |
| 70 | 43.28 | 45.44 | 48.76 | 51.74 | 55.33 | 61.70 | 69.33 | 77.58 | 85.53 | 90.53 | 95.02 | 100.42 | 104.22 |
| 80 | 51.17 | 53.54 | 57.15 | 60.39 | 64.28 | 71.14 | 79.33 | 88.13 | 96.58 | 101.88 | 106.63 | 112.33 | 116.32 |
| 90 | 59.20 | 61.75 | 65.65 | 69.13 | 73.29 | 80.62 | 89.33 | 98.64 | 107.56 | 113.14 | 118.14 | 124.12 | 128.30 |
| 100 | 67.33 | 70.06 | 74.22 | 77.93 | 82.36 | 90.13 | 99.33 | 109.14 | 118.50 | 124.34 | 129.56 | 135.81 | 140.17 |

## 2. *t* 分布的分位数表

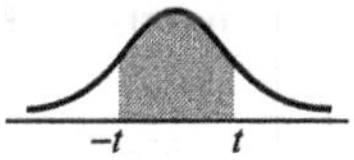


符合区间
(Conlidence inbecrall)

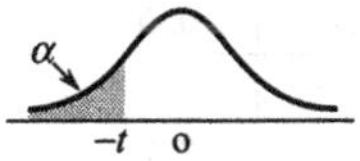


左尾检验
(Ledt-tailcd iest)

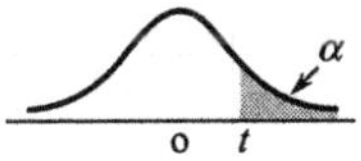


右尾检验
(Filghr-railed lesr)

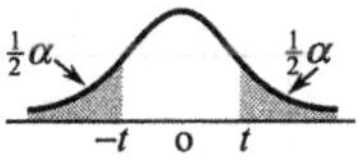


双尾检验
(Two-tailcd lest)

| | 0.1 | 0.05 | 0.025 | 0.01 | 0.005 | 0.001 | 0.0005 | 单尾 |
|---|---|---|---|---|---|---|---|---|
| df | 0.2 | 0.1 | 0.05 | 0.02 | 0.01 | 0.002 | 0.001 | 双尾 |
| 1 | 3.078 | 6.314 | 12.706 | 31.821 | 63.657 | 318.309 | 636.619 | |
| 2 | 1.886 | 2.920 | 4.303 | 6.965 | 9.925 | 22.327 | 31.599 | |
| 3 | 1.638 | 2.353 | 3.182 | 4.541 | 5.841 | 10.215 | 12.924 | |
| 4 | 1.533 | 2.132 | 2.776 | 3.747 | 4.604 | 7.173 | 8.610 | |
| 5 | 1.476 | 2.015 | 2.571 | 3.365 | 4.032 | 5.893 | 6.869 | |
| 6 | 1.440 | 1.943 | 2.447 | 3.143 | 3.707 | 5.208 | 5.959 | |
| 7 | 1.415 | 1.895 | 2.365 | 2.998 | 3.499 | 4.785 | 5.408 | |
| 8 | 1.397 | 1.860 | 2.306 | 2.896 | 3.355 | 4.501 | 5.041 | |
| 9 | 1.383 | 1.833 | 2.262 | 2.821 | 3.250 | 4.297 | 4.781 | |
| 10 | 1.372 | 1.812 | 2.228 | 2.764 | 3.169 | 4.144 | 4.587 | |
| 11 | 1.363 | 1.796 | 2.201 | 2.718 | 3.106 | 4.025 | 4.437 | |
| 12 | 1.356 | 1.782 | 2.179 | 2.681 | 3.055 | 3.930 | 4.318 | |
| 13 | 1.350 | 1.771 | 2.160 | 2.650 | 3.012 | 3.852 | 4.221 | |
| 14 | 1.345 | 1.761 | 2.145 | 2.624 | 2.977 | 3.787 | 4.140 | |
| 15 | 1.341 | 1.753 | 2.131 | 2.602 | 2.947 | 3.733 | 4.073 | |
| 16 | 1.337 | 1.746 | 2.120 | 2.583 | 2.921 | 3.686 | 4.015 | |
| 17 | 1.333 | 1.740 | 2.110 | 2.567 | 2.898 | 3.646 | 3.965 | |
| 18 | 1.330 | 1.734 | 2.101 | 2.552 | 2.878 | 3.610 | 3.922 | |
| 19 | 1.328 | 1.729 | 2.093 | 2.539 | 2.861 | 3.579 | 3.883 | |
| 20 | 1.325 | 1.725 | 2.086 | 2.528 | 2.845 | 3.552 | 3.850 | |
| 21 | 1.323 | 1.721 | 2.080 | 2.518 | 2.831 | 3.527 | 3.819 | |
| 22 | 1.321 | 1.717 | 2.074 | 2.508 | 2.819 | 3.505 | 3.792 | |
| 23 | 1.319 | 1.714 | 2.069 | 2.500 | 2.807 | 3.485 | 3.768 | |
| 24 | 1.318 | 1.711 | 2.064 | 2.492 | 2.797 | 3.467 | 3.745 | |
| 25 | 1.316 | 1.708 | 2.060 | 2.485 | 2.787 | 3.450 | 3.725 | |
| 26 | 1.315 | 1.706 | 2.056 | 2.479 | 2.779 | 3.435 | 3.707 | |
| 27 | 1.314 | 1.703 | 2.052 | 2.473 | 2.771 | 3.421 | 3.690 | |
| 28 | 1.313 | 1.701 | 2.048 | 2.467 | 2.763 | 3.408 | 3.674 | |
| 29 | 1.311 | 1.699 | 2.045 | 2.462 | 2.756 | 3.396 | 3.659 | |
| 30 | 1.310 | 1.697 | 2.042 | 2.457 | 2.750 | 3.385 | 3.646 | |
| 31 | 1.309 | 1.696 | 2.040 | 2.453 | 2.744 | 3.375 | 3.633 | |
| 32 | 1.309 | 1.694 | 2.037 | 2.449 | 2.738 | 3.365 | 3.622 | |
| 33 | 1.308 | 1.692 | 2.035 | 2.445 | 2.733 | 3.356 | 3.611 | |
| 34 | 1.307 | 1.691 | 2.032 | 2.441 | 2.728 | 3.348 | 3.601 | |
| 35 | 1.306 | 1.690 | 2.030 | 2.438 | 2.724 | 3.340 | 3.591 | |
| 36 | 1.306 | 1.688 | 2.028 | 2.434 | 2.719 | 3.333 | 3.582 | |
| 37 | 1.305 | 1.687 | 2.026 | 2.431 | 2.715 | 3.326 | 3.574 | |

续表

| | 0.1 | 0.05 | 0.025 | 0.01 | 0.005 | 0.001 | 0.0005 | 单尾 |
|---|---|---|---|---|---|---|---|---|
| df | 0.2 | 0.1 | 0.05 | 0.02 | 0.01 | 0.002 | 0.001 | 双尾 |
| 38 | 1.304 | 1.686 | 2.024 | 2.429 | 2.712 | 3.319 | 3.566 | |
| 39 | 1.304 | 1.685 | 2.023 | 2.426 | 2.708 | 3.313 | 3.558 | |
| 40 | 1.303 | 1.684 | 2.021 | 2.423 | 2.704 | 3.307 | 3.551 | |
| 41 | 1.303 | 1.683 | 2.020 | 2.421 | 2.701 | 3.301 | 3.544 | |
| 42 | 1.302 | 1.682 | 2.018 | 2.418 | 2.698 | 3.296 | 3.538 | |
| 43 | 1.302 | 1.681 | 2.017 | 2.416 | 2.695 | 3.291 | 3.532 | |
| 44 | 1.301 | 1.680 | 2.015 | 2.414 | 2.692 | 3.286 | 3.526 | |
| 45 | 1.301 | 1.679 | 2.014 | 2.412 | 2.690 | 3.281 | 3.520 | |
| 46 | 1.300 | 1.679 | 2.013 | 2.410 | 2.687 | 3.277 | 3.515 | |
| 47 | 1.300 | 1.678 | 2.012 | 2.408 | 2.685 | 3.273 | 3.510 | |
| 48 | 1.299 | 1.677 | 2.011 | 2.407 | 2.682 | 3.269 | 3.505 | |
| 49 | 1.299 | 1.677 | 2.010 | 2.405 | 2.680 | 3.265 | 3.500 | |
| 50 | 1.299 | 1.676 | 2.009 | 2.403 | 2.678 | 3.261 | 3.496 | |
| 51 | 1.298 | 1.675 | 2.008 | 2.402 | 2.676 | 3.258 | 3.492 | |
| 52 | 1.298 | 1.675 | 2.007 | 2.400 | 2.674 | 3.255 | 3.488 | |
| 53 | 1.298 | 1.674 | 2.006 | 2.399 | 2.672 | 3.251 | 3.484 | |
| 54 | 1.297 | 1.674 | 2.005 | 2.397 | 2.670 | 3.248 | 3.480 | |
| 55 | 1.297 | 1.673 | 2.004 | 2.396 | 2.668 | 3.245 | 3.476 | |
| 56 | 1.297 | 1.673 | 2.003 | 2.395 | 2.667 | 3.242 | 3.473 | |
| 57 | 1.297 | 1.672 | 2.002 | 2.394 | 2.665 | 3.239 | 3.470 | |
| 58 | 1.296 | 1.672 | 2.002 | 2.392 | 2.663 | 3.237 | 3.466 | |
| 59 | 1.296 | 1.671 | 2.001 | 2.391 | 2.662 | 3.234 | 3.463 | |
| 60 | 1.296 | 1.671 | 2.000 | 2.390 | 2.660 | 3.232 | 3.460 | |
| 61 | 1.296 | 1.670 | 2.000 | 2.389 | 2.659 | 3.229 | 3.457 | |
| 62 | 1.295 | 1.670 | 1.999 | 2.388 | 2.657 | 3.227 | 3.454 | |
| 63 | 1.295 | 1.669 | 1.998 | 2.387 | 2.656 | 3.225 | 3.452 | |
| 64 | 1.295 | 1.669 | 1.998 | 2.386 | 2.655 | 3.223 | 3.449 | |
| 65 | 1.295 | 1.669 | 1.997 | 2.385 | 2.654 | 3.220 | 3.447 | |
| 66 | 1.295 | 1.668 | 1.997 | 2.384 | 2.652 | 3.218 | 3.444 | |
| 67 | 1.294 | 1.668 | 1.996 | 2.383 | 2.651 | 3.216 | 3.442 | |
| 68 | 1.294 | 1.668 | 1.995 | 2.382 | 2.650 | 3.214 | 3.439 | |
| 69 | 1.294 | 1.667 | 1.995 | 2.382 | 2.649 | 3.213 | 3.437 | |
| 70 | 1.294 | 1.667 | 1.994 | 2.381 | 2.648 | 3.211 | 3.435 | |
| 71 | 1.294 | 1.667 | 1.994 | 2.380 | 2.647 | 3.209 | 3.433 | |
| 72 | 1.293 | 1.666 | 1.993 | 2.379 | 2.646 | 3.207 | 3.431 | |
| 73 | 1.293 | 1.666 | 1.993 | 2.379 | 2.645 | 3.206 | 3.429 | |
| 74 | 1.293 | 1.666 | 1.993 | 2.378 | 2.644 | 3.204 | 3.427 | |
| 75 | 1.293 | 1.665 | 1.992 | 2.377 | 2.643 | 3.202 | 3.425 | |
| 76 | 1.293 | 1.665 | 1.992 | 2.376 | 2.642 | 3.201 | 3.423 | |
| 77 | 1.293 | 1.665 | 1.991 | 2.376 | 2.641 | 3.199 | 3.421 | |
| 78 | 1.292 | 1.665 | 1.991 | 2.375 | 2.640 | 3.198 | 3.420 | |
| 79 | 1.292 | 1.664 | 1.990 | 2.374 | 2.640 | 3.197 | 3.418 | |
| 80 | 1.292 | 1.664 | 1.990 | 2.374 | 2.639 | 3.195 | 3.416 | |

续表

| | 0.1 | 0.05 | 0.025 | 0.01 | 0.005 | 0.001 | 0.0005 | 单尾 |
|---|---|---|---|---|---|---|---|---|
| df | 0.2 | 0.1 | 0.05 | 0.02 | 0.01 | 0.002 | 0.001 | 双尾 |
| 81 | 1.292 | 1.664 | 1.990 | 2.373 | 2.638 | 3.194 | 3.415 | |
| 82 | 1.292 | 1.664 | 1.989 | 2.373 | 2.637 | 3.193 | 3.413 | |
| 83 | 1.292 | 1.663 | 1.989 | 2.372 | 2.636 | 3.191 | 3.412 | |
| 84 | 1.292 | 1.663 | 1.989 | 2.372 | 2.636 | 3.190 | 3.410 | |
| 85 | 1.292 | 1.663 | 1.988 | 2.371 | 2.635 | 3.189 | 3.409 | |
| 86 | 1.291 | 1.663 | 1.988 | 2.370 | 2.634 | 3.188 | 3.407 | |
| 87 | 1.291 | 1.663 | 1.988 | 2.370 | 2.634 | 3.187 | 3.406 | |
| 88 | 1.291 | 1.662 | 1.987 | 2.369 | 2.633 | 3.185 | 3.405 | |
| 89 | 1.291 | 1.662 | 1.987 | 2.369 | 2.632 | 3.184 | 3.403 | |
| 90 | 1.291 | 1.662 | 1.987 | 2.368 | 2.632 | 3.183 | 3.402 | |
| 91 | 1.291 | 1.662 | 1.986 | 2.368 | 2.631 | 3.182 | 3.401 | |
| 92 | 1.291 | 1.662 | 1.986 | 2.368 | 2.630 | 3.181 | 3.399 | |
| 93 | 1.291 | 1.661 | 1.986 | 2.367 | 2.630 | 3.180 | 3.398 | |
| 94 | 1.291 | 1.661 | 1.986 | 2.367 | 2.629 | 3.179 | 3.397 | |
| 95 | 1.291 | 1.661 | 1.985 | 2.366 | 2.629 | 3.178 | 3.396 | |
| 96 | 1.290 | 1.661 | 1.985 | 2.366 | 2.628 | 3.177 | 3.395 | |
| 97 | 1.290 | 1.661 | 1.985 | 2.365 | 2.627 | 3.176 | 3.394 | |
| 98 | 1.290 | 1.661 | 1.984 | 2.365 | 2.627 | 3.175 | 3.393 | |
| 99 | 1.290 | 1.660 | 1.984 | 2.365 | 2.626 | 3.175 | 3.392 | |
| 100 | 1.290 | 1.660 | 1.984 | 2.364 | 2.626 | 3.174 | 3.390 | |
| 120 | 1.289 | 1.658 | 1.980 | 2.358 | 2.617 | 3.160 | 3.373 | |
| ∞ | 1.282 | 1.645 | 1.960 | 2.326 | 2.576 | 3.090 | 3.291 | |

## 3. *F* 分布临界值表

$P\{F(k_1, k_2) > F_\alpha\} = \alpha$

$\alpha = 0.005$

| $F_\alpha k_1 k_2$ | 1 | 2 | 3 | 4 | 5 | 6 | 8 | 12 | 24 | ∞ |
|---|---|---|---|---|---|---|---|---|---|---|
| 1 | 16 211 | 20 000 | 21 615 | 22 500 | 23 056 | 23 437 | 23 925 | 24 426 | 24 940 | 25 465 |
| 2 | 198.5 | 199.0 | 199.2 | 199.2 | 199.3 | 199.3 | 199.4 | 199.4 | 199.5 | 199.5 |
| 3 | 55.55 | 49.80 | 47.47 | 46.19 | 45.39 | 44.84 | 44.13 | 43.39 | 42.62 | 41.83 |
| 4 | 31.33 | 26.28 | 24.26 | 23.15 | 22.46 | 21.97 | 21.35 | 20.70 | 20.03 | 19.32 |
| 5 | 22.78 | 18.31 | 16.53 | 15.56 | 14.94 | 14.51 | 13.96 | 13.38 | 12.78 | 12.14 |
| 6 | 18.63 | 14.45 | 12.92 | 12.03 | 11.46 | 11.07 | 10.57 | 10.03 | 9.47 | 8.88 |
| 7 | 16.24 | 12.40 | 10.88 | 10.05 | 9.52 | 9.16 | 8.68 | 8.18 | 7.65 | 7.08 |
| 8 | 14.69 | 11.04 | 9.60 | 8.81 | 8.30 | 7.95 | 7.50 | 7.01 | 6.50 | 5.95 |
| 9 | 13.61 | 10.11 | 8.72 | 7.96 | 7.47 | 7.13 | 6.69 | 6.23 | 5.73 | 5.19 |
| 10 | 12.83 | 9.43 | 8.08 | 7.34 | 6.87 | 6.54 | 6.12 | 5.66 | 5.17 | 4.64 |
| 11 | 12.23 | 8.91 | 7.60 | 6.88 | 6.42 | 6.10 | 5.68 | 5.24 | 4.76 | 4.23 |
| 12 | 11.75 | 8.51 | 7.23 | 6.52 | 6.07 | 5.76 | 5.35 | 4.91 | 4.43 | 3.90 |
| 13 | 11.37 | 8.19 | 6.93 | 6.23 | 5.79 | 5.48 | 5.08 | 4.64 | 4.17 | 3.65 |

续表

| $F_{\alpha}k_1k_2$ | 1 | 2 | 3 | 4 | 5 | 6 | 8 | 12 | 24 | ∞ |
|---|---|---|---|---|---|---|---|---|---|---|
| 14 | 11.06 | 7.92 | 6.68 | 6.00 | 5.56 | 5.26 | 4.86 | 4.43 | 3.96 | 3.44 |
| 15 | 10.80 | 7.70 | 6.48 | 5.80 | 5.37 | 5.07 | 4.67 | 4.25 | 3.79 | 3.26 |
| 16 | 10.58 | 7.51 | 6.30 | 5.64 | 5.21 | 4.91 | 4.52 | 4.10 | 3.64 | 3.11 |
| 17 | 10.38 | 7.35 | 6.16 | 5.50 | 5.07 | 4.78 | 4.39 | 3.97 | 3.51 | 2.98 |
| 18 | 10.22 | 7.21 | 6.03 | 5.37 | 4.96 | 4.66 | 4.28 | 3.86 | 3.40 | 2.87 |
| 19 | 10.07 | 7.09 | 5.92 | 5.27 | 4.85 | 4.56 | 4.18 | 3.76 | 3.31 | 2.78 |
| 20 | 9.94 | 6.99 | 5.82 | 5.17 | 4.76 | 4.47 | 4.09 | 3.68 | 3.22 | 2.69 |
| 21 | 9.83 | 6.89 | 5.73 | 5.09 | 4.68 | 4.39 | 4.01 | 3.60 | 3.15 | 2.61 |
| 22 | 9.73 | 6.81 | 5.65 | 5.02 | 4.61 | 4.32 | 3.94 | 3.54 | 3.08 | 2.55 |
| 23 | 9.63 | 6.73 | 5.58 | 4.95 | 4.54 | 4.26 | 3.88 | 3.47 | 3.02 | 2.48 |
| 24 | 9.55 | 6.66 | 5.52 | 4.89 | 4.49 | 4.20 | 3.83 | 3.42 | 2.97 | 2.43 |
| 25 | 9.48 | 6.60 | 5.46 | 4.84 | 4.43 | 4.15 | 3.78 | 3.37 | 2.92 | 2.38 |
| 26 | 9.41 | 6.54 | 5.41 | 4.79 | 4.38 | 4.10 | 3.73 | 3.33 | 2.87 | 2.33 |
| 27 | 9.34 | 6.49 | 5.36 | 4.74 | 4.34 | 4.06 | 3.69 | 3.28 | 2.83 | 2.29 |
| 28 | 9.28 | 6.44 | 5.32 | 4.70 | 4.30 | 4.02 | 3.65 | 3.25 | 2.79 | 2.25 |
| 29 | 9.23 | 6.40 | 5.28 | 4.66 | 4.26 | 3.98 | 3.61 | 3.21 | 2.76 | 2.21 |
| 30 | 9.18 | 6.35 | 5.24 | 4.62 | 4.23 | 3.95 | 3.58 | 3.18 | 2.73 | 2.18 |
| 40 | 8.83 | 6.07 | 4.98 | 4.37 | 3.99 | 3.71 | 3.35 | 2.95 | 2.50 | 1.93 |
| 60 | 8.49 | 5.79 | 4.73 | 4.14 | 3.76 | 3.49 | 3.13 | 2.74 | 2.29 | 1.69 |
| 120 | 8.18 | 5.54 | 4.50 | 3.92 | 3.55 | 3.28 | 2.93 | 2.54 | 2.09 | 1.43 |

$\alpha$=0.01（续）

| $F_{\alpha}k_1k_2$ | 1 | 2 | 3 | 4 | 5 | 6 | 8 | 12 | 24 | ∞ |
|---|---|---|---|---|---|---|---|---|---|---|
| 1 | 4052 | 4999 | 5403 | 5625 | 5764 | 5859 | 5981 | 6106 | 6234 | 6366 |
| 2 | 98.49 | 99.01 | 99.17 | 99.25 | 99.30 | 99.33 | 99.36 | 99.42 | 99.46 | 99.50 |
| 3 | 34.12 | 30.81 | 29.46 | 28.71 | 28.24 | 27.91 | 27.49 | 27.05 | 26.60 | 26.12 |
| 4 | 21.20 | 18.00 | 16.69 | 15.98 | 15.52 | 15.21 | 14.80 | 14.37 | 13.93 | 13.46 |
| 5 | 16.26 | 13.27 | 12.06 | 11.39 | 10.97 | 10.67 | 10.29 | 9.89 | 9.47 | 9.02 |
| 6 | 13.74 | 10.92 | 9.78 | 9.15 | 8.75 | 8.47 | 8.10 | 7.72 | 7.31 | 6.88 |
| 7 | 12.25 | 9.55 | 8.45 | 7.85 | 7.46 | 7.19 | 6.84 | 6.47 | 6.07 | 5.65 |
| 8 | 11.26 | 8.65 | 7.59 | 7.01 | 6.63 | 6.37 | 6.03 | 5.67 | 5.28 | 4.86 |
| 9 | 10.56 | 8.02 | 6.99 | 6.42 | 6.06 | 5.80 | 5.47 | 5.11 | 4.73 | 4.31 |
| 10 | 10.04 | 7.56 | 6.55 | 5.99 | 5.64 | 5.39 | 5.06 | 4.71 | 4.33 | 3.91 |
| 11 | 9.65 | 7.20 | 6.22 | 5.67 | 5.32 | 5.07 | 4.74 | 4.40 | 4.02 | 3.60 |
| 12 | 9.33 | 6.93 | 5.95 | 5.41 | 5.06 | 4.82 | 4.50 | 4.16 | 3.78 | 3.36 |
| 13 | 9.07 | 6.70 | 5.74 | 5.20 | 4.86 | 4.62 | 4.30 | 3.96 | 3.59 | 3.16 |
| 14 | 8.86 | 6.51 | 5.56 | 5.03 | 4.69 | 4.46 | 4.14 | 3.80 | 3.43 | 3.00 |
| 15 | 8.68 | 6.36 | 5.42 | 4.89 | 4.56 | 4.32 | 4.00 | 3.67 | 3.29 | 2.87 |
| 16 | 8.53 | 6.23 | 5.29 | 4.77 | 4.44 | 4.20 | 3.89 | 3.55 | 3.18 | 2.75 |

续表

| $F_a k_1 k_2$ | 1 | 2 | 3 | 4 | 5 | 6 | 8 | 12 | 24 | ∞ |
|---|---|---|---|---|---|---|---|---|---|---|
| 17 | 8.40 | 6.11 | 5.18 | 4.67 | 4.34 | 4.10 | 3.79 | 3.45 | 3.08 | 2.65 |
| 18 | 8.28 | 6.01 | 5.09 | 4.58 | 4.25 | 4.01 | 3.71 | 3.37 | 3.00 | 2.57 |
| 19 | 8.18 | 5.93 | 5.01 | 4.50 | 4.17 | 3.94 | 3.63 | 3.30 | 2.92 | 2.49 |
| 20 | 8.10 | 5.85 | 4.94 | 4.43 | 4.10 | 3.87 | 3.56 | 3.23 | 2.86 | 2.42 |
| 21 | 8.02 | 5.78 | 4.87 | 4.37 | 4.04 | 3.81 | 3.51 | 3.17 | 2.80 | 2.36 |
| 22 | 7.94 | 5.72 | 4.82 | 4.31 | 3.99 | 3.76 | 3.45 | 3.12 | 2.75 | 2.31 |
| 23 | 7.88 | 5.66 | 4.76 | 4.26 | 3.94 | 3.71 | 3.41 | 3.07 | 2.70 | 2.26 |
| 24 | 7.82 | 5.61 | 4.72 | 4.22 | 3.90 | 3.67 | 3.36 | 3.03 | 2.66 | 2.21 |
| 25 | 7.77 | 5.57 | 4.68 | 4.18 | 3.86 | 3.63 | 3.32 | 2.99 | 2.62 | 2.17 |
| 26 | 7.72 | 5.53 | 4.64 | 4.14 | 3.82 | 3.59 | 3.29 | 2.96 | 2.58 | 2.13 |
| 27 | 7.68 | 5.49 | 4.60 | 4.11 | 3.78 | 3.56 | 3.26 | 2.93 | 2.55 | 2.10 |
| 28 | 7.64 | 5.45 | 4.57 | 4.07 | 3.75 | 3.53 | 3.23 | 2.90 | 2.52 | 2.06 |
| 29 | 7.60 | 5.42 | 4.54 | 4.04 | 3.73 | 3.50 | 3.20 | 2.87 | 2.49 | 2.03 |
| 30 | 7.56 | 5.39 | 4.51 | 4.02 | 3.70 | 3.47 | 3.17 | 2.84 | 2.47 | 2.01 |
| 40 | 7.31 | 5.18 | 4.31 | 3.83 | 3.51 | 3.29 | 2.99 | 2.66 | 2.29 | 1.80 |
| 60 | 7.08 | 4.98 | 4.13 | 3.65 | 3.34 | 3.12 | 2.82 | 2.50 | 2.12 | 1.60 |
| 120 | 6.85 | 4.79 | 3.95 | 3.48 | 3.17 | 2.96 | 2.66 | 2.34 | 1.95 | 1.38 |
| ∞ | 6.64 | 4.60 | 3.78 | 3.32 | 3.02 | 2.80 | 2.51 | 2.18 | 1.79 | 1.00 |

$\alpha=0.025$（续）

| $F_a k_1 k_2$ | 1 | 2 | 3 | 4 | 5 | 6 | 8 | 12 | 24 | ∞ |
|---|---|---|---|---|---|---|---|---|---|---|
| 1 | 647.8 | 799.5 | 864.2 | 899.6 | 921.8 | 937.1 | 956.7 | 976.7 | 997.2 | 1018 |
| 2 | 38.51 | 39.00 | 39.17 | 39.25 | 39.30 | 39.33 | 39.37 | 39.41 | 39.46 | 39.50 |
| 3 | 17.44 | 16.04 | 15.44 | 15.10 | 14.88 | 14.73 | 14.54 | 14.34 | 14.12 | 13.90 |
| 4 | 12.22 | 10.65 | 9.98 | 9.60 | 9.36 | 9.20 | 8.98 | 8.75 | 8.51 | 8.26 |
| 5 | 10.01 | 8.43 | 7.76 | 7.39 | 7.15 | 6.98 | 6.76 | 6.52 | 6.28 | 6.02 |
| 6 | 8.81 | 7.26 | 6.60 | 6.23 | 5.99 | 5.82 | 5.60 | 5.37 | 5.12 | 4.85 |
| 7 | 8.07 | 6.54 | 5.89 | 5.52 | 5.29 | 5.12 | 4.90 | 4.67 | 4.42 | 4.14 |
| 8 | 7.57 | 6.06 | 5.42 | 5.05 | 4.82 | 4.65 | 4.43 | 4.20 | 3.95 | 3.67 |
| 9 | 7.21 | 5.71 | 5.08 | 4.72 | 4.48 | 4.32 | 4.10 | 3.87 | 3.61 | 3.33 |
| 10 | 6.94 | 5.46 | 4.83 | 4.47 | 4.24 | 4.07 | 3.85 | 3.62 | 3.37 | 3.08 |
| 11 | 6.72 | 5.26 | 4.63 | 4.28 | 4.04 | 3.88 | 3.66 | 3.43 | 3.17 | 2.88 |
| 12 | 6.55 | 5.10 | 4.47 | 4.12 | 3.89 | 3.73 | 3.51 | 3.28 | 3.02 | 2.72 |
| 13 | 6.41 | 4.97 | 4.35 | 4.00 | 3.77 | 3.60 | 3.39 | 3.15 | 2.89 | 2.60 |
| 14 | 6.30 | 4.86 | 4.24 | 3.89 | 3.66 | 3.50 | 3.29 | 3.05 | 2.79 | 2.49 |
| 15 | 6.20 | 4.77 | 4.15 | 3.80 | 3.58 | 3.41 | 3.20 | 2.96 | 2.70 | 2.40 |
| 16 | 6.12 | 4.69 | 4.08 | 3.73 | 3.50 | 3.34 | 3.12 | 2.89 | 2.63 | 2.32 |
| 17 | 6.04 | 4.62 | 4.01 | 3.66 | 3.44 | 3.28 | 3.06 | 2.82 | 2.56 | 2.25 |
| 18 | 5.98 | 4.56 | 3.95 | 3.61 | 3.38 | 3.22 | 3.01 | 2.77 | 2.50 | 2.19 |

续表

| $F_{\alpha}k_1k_2$ | 1 | 2 | 3 | 4 | 5 | 6 | 8 | 12 | 24 | ∞ |
|---|---|---|---|---|---|---|---|---|---|---|
| 19 | 5.92 | 4.51 | 3.90 | 3.56 | 3.33 | 3.17 | 2.96 | 2.72 | 2.45 | 2.13 |
| 20 | 5.87 | 4.46 | 3.86 | 3.51 | 3.29 | 3.13 | 2.91 | 2.68 | 2.41 | 2.09 |
| 21 | 5.83 | 4.42 | 3.82 | 3.48 | 3.25 | 3.09 | 2.87 | 2.64 | 2.37 | 2.04 |
| 22 | 5.79 | 4.38 | 3.78 | 3.44 | 3.22 | 3.05 | 2.84 | 2.60 | 2.33 | 2.00 |
| 23 | 5.75 | 4.35 | 3.75 | 3.41 | 3.18 | 3.02 | 2.81 | 2.57 | 2.30 | 1.97 |
| 24 | 5.72 | 4.32 | 3.72 | 3.38 | 3.15 | 2.99 | 2.78 | 2.54 | 2.27 | 1.94 |
| 25 | 5.69 | 4.29 | 3.69 | 3.35 | 3.13 | 2.97 | 2.75 | 2.51 | 2.24 | 1.91 |
| 26 | 5.66 | 4.27 | 3.67 | 3.33 | 3.10 | 2.94 | 2.73 | 2.49 | 2.22 | 1.88 |
| 27 | 5.63 | 4.24 | 3.65 | 3.31 | 3.08 | 2.92 | 2.71 | 2.47 | 2.19 | 1.85 |
| 28 | 5.61 | 4.22 | 3.63 | 3.29 | 3.06 | 2.90 | 2.69 | 2.45 | 2.17 | 1.83 |
| 27 | 5.63 | 4.24 | 3.65 | 3.31 | 3.08 | 2.92 | 2.71 | 2.47 | 2.19 | 1.85 |
| 28 | 5.61 | 4.22 | 3.63 | 3.29 | 3.06 | 2.90 | 2.69 | 2.45 | 2.17 | 1.83 |
| 29 | 5.59 | 4.20 | 3.61 | 3.27 | 3.04 | 2.88 | 2.67 | 2.43 | 2.15 | 1.81 |
| 30 | 5.57 | 4.18 | 3.59 | 3.25 | 3.03 | 2.87 | 2.65 | 2.41 | 2.14 | 1.79 |
| 40 | 5.42 | 4.05 | 3.46 | 3.13 | 2.90 | 2.74 | 2.53 | 2.29 | 2.01 | 1.64 |
| 60 | 5.29 | 3.93 | 3.34 | 3.01 | 2.79 | 2.63 | 2.41 | 2.17 | 1.88 | 1.48 |
| 120 | 5.15 | 3.80 | 3.23 | 2.89 | 2.67 | 2.52 | 2.30 | 2.05 | 1.76 | 1.31 |
| ∞ | 5.02 | 3.69 | 3.12 | 2.79 | 2.57 | 2.41 | 2.19 | 1.94 | 1.64 | 1.00 |

$\alpha$=0.050（续）

| $F_{\alpha}k_1k_2$ | 1 | 2 | 3 | 4 | 5 | 6 | 8 | 12 | 24 | ∞ |
|---|---|---|---|---|---|---|---|---|---|---|
| 1 | 161.4 | 199.5 | 215.7 | 224.6 | 230.2 | 234.0 | 238.9 | 243.9 | 249.0 | 254.3 |
| 2 | 18.51 | 19.00 | 19.16 | 19.25 | 19.30 | 19.33 | 19.37 | 19.41 | 19.45 | 19.50 |
| 3 | 10.13 | 9.55 | 9.28 | 9.12 | 9.01 | 8.94 | 8.84 | 8.74 | 8.64 | 8.53 |
| 4 | 7.71 | 6.94 | 6.59 | 6.39 | 6.26 | 6.16 | 6.04 | 5.91 | 5.77 | 5.63 |
| 5 | 6.61 | 5.79 | 5.41 | 5.19 | 5.05 | 4.95 | 4.82 | 4.68 | 4.53 | 4.36 |
| 6 | 5.99 | 5.14 | 4.76 | 4.53 | 4.39 | 4.28 | 4.15 | 4.00 | 3.84 | 3.67 |
| 7 | 5.59 | 4.74 | 4.35 | 4.12 | 3.97 | 3.87 | 3.73 | 3.57 | 3.41 | 3.23 |
| 8 | 5.32 | 4.46 | 4.07 | 3.84 | 3.69 | 3.58 | 3.44 | 3.28 | 3.12 | 2.93 |
| 9 | 5.12 | 4.26 | 3.86 | 3.63 | 3.48 | 3.37 | 3.23 | 3.07 | 2.90 | 2.71 |
| 10 | 4.96 | 4.10 | 3.71 | 3.48 | 3.33 | 3.22 | 3.07 | 2.91 | 2.74 | 2.54 |
| 11 | 4.84 | 3.98 | 3.59 | 3.36 | 3.20 | 3.09 | 2.95 | 2.79 | 2.61 | 2.40 |
| 12 | 4.75 | 3.88 | 3.49 | 3.26 | 3.11 | 3.00 | 2.85 | 2.69 | 2.50 | 2.30 |
| 13 | 4.67 | 3.80 | 3.41 | 3.18 | 3.02 | 2.92 | 2.77 | 2.60 | 2.42 | 2.21 |
| 14 | 4.60 | 3.74 | 3.34 | 3.11 | 2.96 | 2.85 | 2.70 | 2.53 | 2.35 | 2.13 |
| 15 | 4.54 | 3.68 | 3.29 | 3.06 | 2.90 | 2.79 | 2.64 | 2.48 | 2.29 | 2.07 |
| 16 | 4.49 | 3.63 | 3.24 | 3.01 | 2.85 | 2.74 | 2.59 | 2.42 | 2.24 | 2.01 |
| 17 | 4.45 | 3.59 | 3.20 | 2.96 | 2.81 | 2.70 | 2.55 | 2.38 | 2.19 | 1.96 |
| 18 | 4.41 | 3.55 | 3.16 | 2.93 | 2.77 | 2.66 | 2.51 | 2.34 | 2.15 | 1.92 |

续表

| $F_a k_1 k_2$ | 1 | 2 | 3 | 4 | 5 | 6 | 8 | 12 | 24 | ∞ |
|---|---|---|---|---|---|---|---|---|---|---|
| 19 | 4.38 | 3.52 | 3.13 | 2.90 | 2.74 | 2.63 | 2.48 | 2.31 | 2.11 | 1.88 |
| 20 | 4.35 | 3.49 | 3.10 | 2.87 | 2.71 | 2.60 | 2.45 | 2.28 | 2.08 | 1.84 |
| 21 | 4.32 | 3.47 | 3.07 | 2.84 | 2.68 | 2.57 | 2.42 | 2.25 | 2.05 | 1.81 |
| 22 | 4.30 | 3.44 | 3.05 | 2.82 | 2.66 | 2.55 | 2.40 | 2.23 | 2.03 | 1.78 |
| 23 | 4.28 | 3.42 | 3.03 | 2.80 | 2.64 | 2.53 | 2.38 | 2.20 | 2.00 | 1.76 |
| 24 | 4.26 | 3.40 | 3.01 | 2.78 | 2.62 | 2.51 | 2.36 | 2.18 | 1.98 | 1.73 |
| 25 | 4.24 | 3.38 | 2.99 | 2.76 | 2.60 | 2.49 | 2.34 | 2.16 | 1.96 | 1.71 |
| 26 | 4.22 | 3.37 | 2.98 | 2.74 | 2.59 | 2.47 | 2.32 | 2.15 | 1.95 | 1.69 |
| 27 | 4.21 | 3.35 | 2.96 | 2.73 | 2.57 | 2.46 | 2.30 | 2.13 | 1.93 | 1.67 |
| 28 | 4.20 | 3.34 | 2.95 | 2.71 | 2.56 | 2.44 | 2.29 | 2.12 | 1.91 | 1.65 |
| 29 | 4.18 | 3.33 | 2.93 | 2.70 | 2.54 | 2.43 | 2.28 | 2.10 | 1.90 | 1.64 |
| 30 | 4.17 | 3.32 | 2.92 | 2.69 | 2.53 | 2.42 | 2.27 | 2.09 | 1.89 | 1.62 |
| 40 | 4.08 | 3.23 | 2.84 | 2.61 | 2.45 | 2.34 | 2.18 | 2.00 | 1.79 | 1.51 |
| 60 | 4.00 | 3.15 | 2.76 | 2.52 | 2.37 | 2.25 | 2.10 | 1.92 | 1.70 | 1.39 |
| 120 | 3.92 | 3.07 | 2.68 | 2.45 | 2.29 | 2.17 | 2.02 | 1.83 | 1.61 | 1.25 |
| ∞ | 3.84 | 2.99 | 2.60 | 2.37 | 2.21 | 2.09 | 1.94 | 1.75 | 1.52 | 1.00 |

$\alpha=0.10$（续）

| $F_a k_1 k_2$ | 1 | 2 | 3 | 4 | 5 | 6 | 8 | 12 | 24 | ∞ |
|---|---|---|---|---|---|---|---|---|---|---|
| 1 | 39.86 | 49.50 | 53.59 | 55.83 | 57.24 | 58.20 | 59.44 | 60.71 | 62.00 | 63.33 |
| 2 | 8.53 | 9.00 | 9.16 | 9.24 | 9.29 | 9.33 | 9.37 | 9.41 | 9.45 | 9.49 |
| 3 | 5.54 | 5.46 | 5.36 | 5.32 | 5.31 | 5.28 | 5.25 | 5.22 | 5.18 | 5.13 |
| 4 | 4.54 | 4.32 | 4.19 | 4.11 | 4.05 | 4.01 | 3.95 | 3.90 | 3.83 | 3.76 |
| 5 | 4.06 | 3.78 | 3.62 | 3.52 | 3.45 | 3.40 | 3.34 | 3.27 | 3.19 | 3.10 |
| 6 | 3.78 | 3.46 | 3.29 | 3.18 | 3.11 | 3.05 | 2.98 | 2.90 | 2.82 | 2.72 |
| 7 | 3.59 | 3.26 | 3.07 | 2.96 | 2.88 | 2.83 | 2.75 | 2.67 | 2.58 | 2.47 |
| 8 | 3.46 | 3.11 | 2.92 | 2.81 | 2.73 | 2.67 | 2.59 | 2.50 | 2.40 | 2.29 |
| 9 | 3.36 | 3.01 | 2.81 | 2.69 | 2.61 | 2.55 | 2.47 | 2.38 | 2.28 | 2.16 |
| 10 | 3.29 | 2.92 | 2.73 | 2.61 | 2.52 | 2.46 | 2.38 | 2.28 | 2.18 | 2.06 |
| 11 | 3.23 | 2.86 | 2.66 | 2.54 | 2.45 | 2.39 | 2.30 | 2.21 | 2.10 | 1.97 |
| 12 | 3.18 | 2.81 | 2.61 | 2.48 | 2.39 | 2.33 | 2.24 | 2.15 | 2.04 | 1.90 |
| 13 | 3.14 | 2.76 | 2.56 | 2.43 | 2.35 | 2.28 | 2.20 | 2.10 | 1.98 | 1.85 |
| 14 | 3.10 | 2.73 | 2.52 | 2.39 | 2.31 | 2.24 | 2.15 | 2.05 | 1.94 | 1.80 |
| 15 | 3.07 | 2.70 | 2.49 | 2.36 | 2.27 | 2.21 | 2.12 | 2.02 | 1.90 | 1.76 |
| 16 | 3.05 | 2.67 | 2.46 | 2.33 | 2.24 | 2.18 | 2.09 | 1.99 | 1.87 | 1.72 |
| 17 | 3.03 | 2.64 | 2.44 | 2.31 | 2.22 | 2.15 | 2.06 | 1.96 | 1.84 | 1.69 |
| 18 | 3.01 | 2.62 | 2.42 | 2.29 | 2.20 | 2.13 | 2.04 | 1.93 | 1.81 | 1.66 |
| 19 | 2.99 | 2.61 | 2.40 | 2.27 | 2.18 | 2.11 | 2.02 | 1.91 | 1.79 | 1.63 |
| 20 | 2.97 | 2.59 | 2.38 | 2.25 | 2.16 | 2.09 | 2.00 | 1.89 | 1.77 | 1.61 |

续表

| $F_a k_1 k_2$ | 1 | 2 | 3 | 4 | 5 | 6 | 8 | 12 | 24 | ∞ |
|---|---|---|---|---|---|---|---|---|---|---|
| 21 | 2.96 | 2.57 | 2.36 | 2.23 | 2.14 | 2.08 | 1.98 | 1.87 | 1.75 | 1.59 |
| 22 | 2.95 | 2.56 | 2.35 | 2.22 | 2.13 | 2.06 | 1.97 | 1.86 | 1.73 | 1.57 |
| 23 | 2.94 | 2.55 | 2.34 | 2.21 | 2.11 | 2.05 | 1.95 | 1.84 | 1.72 | 1.55 |
| 24 | 2.93 | 2.54 | 2.33 | 2.19 | 2.10 | 2.04 | 1.94 | 1.83 | 1.70 | 1.53 |
| 25 | 2.92 | 2.53 | 2.32 | 2.18 | 2.09 | 2.02 | 1.93 | 1.82 | 1.69 | 1.52 |
| 26 | 2.91 | 2.52 | 2.31 | 2.17 | 2.08 | 2.01 | 1.92 | 1.81 | 1.68 | 1.50 |
| 27 | 2.90 | 2.51 | 2.30 | 2.17 | 2.07 | 2.00 | 1.91 | 1.80 | 1.67 | 1.49 |
| 28 | 2.89 | 2.50 | 2.29 | 2.16 | 2.06 | 2.00 | 1.90 | 1.79 | 1.66 | 1.48 |
| 29 | 2.89 | 2.50 | 2.28 | 2.15 | 2.06 | 1.99 | 1.89 | 1.78 | 1.65 | 1.47 |
| 30 | 2.88 | 2.49 | 2.28 | 2.14 | 2.05 | 1.98 | 1.88 | 1.77 | 1.64 | 1.46 |
| 40 | 2.84 | 2.44 | 2.23 | 2.09 | 2.00 | 1.93 | 1.83 | 1.71 | 1.57 | 1.38 |
| 60 | 2.79 | 2.39 | 2.18 | 2.04 | 1.95 | 1.87 | 1.77 | 1.66 | 1.51 | 1.29 |
| 120 | 2.75 | 2.35 | 2.13 | 1.99 | 1.90 | 1.82 | 1.72 | 1.60 | 1.45 | 1.19 |
| ∞ | 2.71 | 2.30 | 2.08 | 1.94 | 1.85 | 1.17 | 1.67 | 1.55 | 1.38 | 1.00 |

## 4. 标准正态分布表

| $\Phi(x)=\int_{-\infty}^{x}\frac{1}{\sqrt{2\pi}}e^{-\frac{t^2}{2}}dt$ $=P(X\leqslant x)$ $x$ | 0.00 | 0.01 | 0.02 | 0.03 | 0.04 | 0.05 | 0.06 | 0.07 | 0.08 | 0.09 |
|---|---|---|---|---|---|---|---|---|---|---|
| 0.0 | 0.5000 | 0.5040 | 0.5080 | 0.5120 | 0.5160 | 0.5199 | 0.5239 | 0.5279 | 0.5319 | 0.5359 |
| 0.1 | 0.5398 | 0.5438 | 0.5478 | 0.5517 | 0.5557 | 0.5596 | 0.5636 | 0.5675 | 0.5714 | 0.5753 |
| 0.2 | 0.5793 | 0.5832 | 0.5871 | 0.591 | 0.5948 | 0.5987 | 0.6026 | 0.6064 | 0.6103 | 0.6141 |
| 0.3 | 0.6179 | 0.6217 | 0.6255 | 0.6293 | 0.6331 | 0.6368 | 0.6404 | 0.6443 | 0.648 | 0.6517 |
| 0.4 | 0.6554 | 0.6591 | 0.6628 | 0.6664 | 0.6700 | 0.6736 | 0.6772 | 0.6808 | 0.6844 | 0.6879 |
| 0.5 | 0.6915 | 0.6950 | 0.6985 | 0.7019 | 0.7054 | 0.7088 | 0.7123 | 0.7157 | 0.7190 | 0.7224 |
| 0.6 | 0.7257 | 0.7291 | 0.7324 | 0.7357 | 0.7389 | 0.7422 | 0.7454 | 0.7486 | 0.7517 | 0.7549 |
| 0.7 | 0.7580 | 0.7611 | 0.7642 | 0.7673 | 0.7703 | 0.7734 | 0.7764 | 0.7794 | 0.7823 | 0.7852 |
| 0.8 | 0.7881 | 0.7910 | 0.7939 | 0.7967 | 0.7995 | 0.8023 | 0.8051 | 0.8078 | 0.8106 | 0.8133 |
| 0.9 | 0.8159 | 0.8186 | 0.8212 | 0.8238 | 0.8264 | 0.8289 | 0.8355 | 0.8340 | 0.8365 | 0.8389 |
| 1.0 | 0.8413 | 0.8438 | 0.8461 | 0.8485 | 0.8508 | 0.8531 | 0.8554 | 0.8577 | 0.8599 | 0.8621 |
| 1.1 | 0.8643 | 0.8665 | 0.8686 | 0.8708 | 0.8729 | 0.8749 | 0.877 | 0.879 | 0.8810 | 0.8830 |
| 1.2 | 0.8849 | 0.8869 | 0.8888 | 0.8907 | 0.8925 | 0.8944 | 0.8962 | 0.8980 | 0.8997 | 0.9015 |
| 1.3 | 0.9032 | 0.9049 | 0.9066 | 0.9082 | 0.9099 | 0.9115 | 0.9131 | 0.9147 | 0.9162 | 0.9177 |
| 1.4 | 0.9192 | 0.9207 | 0.9222 | 0.9236 | 0.9251 | 0.9265 | 0.9279 | 0.9292 | 0.9306 | 0.9319 |
| 1.5 | 0.9332 | 0.9345 | 0.9357 | 0.9370 | 0.9382 | 0.9394 | 0.9406 | 0.9418 | 0.9430 | 0.9441 |
| 1.6 | 0.9452 | 0.9463 | 0.9474 | 0.9484 | 0.9495 | 0.9505 | 0.9515 | 0.9525 | 0.9535 | 0.9535 |

续表

| $\Phi(x)=\int_{-\infty}^{x}\frac{1}{\sqrt{2\pi}}e^{-\frac{t^2}{2}}dt$ $=P(X\leqslant x)$ $x$ | 0.00 | 0.01 | 0.02 | 0.03 | 0.04 | 0.05 | 0.06 | 0.07 | 0.08 | 0.09 |
|---|---|---|---|---|---|---|---|---|---|---|
| 1.7 | 0.9554 | 0.9564 | 0.9573 | 0.9582 | 0.9591 | 0.9599 | 0.9608 | 0.9616 | 0.9625 | 0.9633 |
| 1.8 | 0.9641 | 0.9648 | 0.9656 | 0.9664 | 0.9672 | 0.9678 | 0.9686 | 0.9693 | 0.9700 | 0.9706 |
| 1.9 | 0.9713 | 0.9719 | 0.9726 | 0.9732 | 0.9738 | 0.9744 | 0.9750 | 0.9756 | 0.9762 | 0.9767 |
| 2.0 | 0.9772 | 0.9778 | 0.9783 | 0.9788 | 0.9793 | 0.9798 | 0.9803 | 0.9808 | 0.9812 | 0.9817 |
| 2.1 | 0.9821 | 0.9826 | 0.9830 | 0.9834 | 0.9838 | 0.9842 | 0.9846 | 0.9850 | 0.9854 | 0.9857 |
| 2.2 | 0.9861 | 0.9864 | 0.9868 | 0.9871 | 0.9874 | 0.9878 | 0.9881 | 0.9884 | 0.9887 | 0.9890 |
| 2.3 | 0.9893 | 0.9896 | 0.9898 | 0.9901 | 0.9904 | 0.9906 | 0.9909 | 0.9911 | 0.9913 | 0.9916 |
| 2.4 | 0.9918 | 0.9920 | 0.9922 | 0.9925 | 0.9927 | 0.9929 | 0.9931 | 0.9932 | 0.9934 | 0.9936 |
| 2.5 | 0.9938 | 0.9940 | 0.9941 | 0.9943 | 0.9945 | 0.9946 | 0.9948 | 0.9949 | 0.9951 | 0.9952 |
| 2.6 | 0.9953 | 0.9955 | 0.9956 | 0.9957 | 0.9959 | 0.9960 | 0.9961 | 0.9962 | 0.9963 | 0.9964 |
| 2.7 | 0.9965 | 0.9966 | 0.9967 | 0.9968 | 0.9969 | 0.9970 | 0.9971 | 0.9972 | 0.9973 | 0.9974 |
| 2.8 | 0.9974 | 0.9975 | 0.9976 | 0.9977 | 0.9977 | 0.9978 | 0.9979 | 0.9979 | 0.9980 | 0.9981 |
| 2.9 | 0.9981 | 0.9982 | 0.9982 | 0.9983 | 0.9984 | 0.9984 | 0.9985 | 0.9985 | 0.9986 | 0.9986 |
| $x$ | 0.0 | 0.1 | 0.2 | 0.3 | 0.4 | 0.5 | 0.6 | 0.7 | 0.8 | 0.9 |
| 3 | 0.9987 | 0.9990 | 0.9993 | 0.9995 | 0.9997 | 0.9998 | 0.9998 | 0.9999 | 0.9999 | 1.0000 |

## 5. 人类染色体核型简介

### 1）人类染色体核型（karyotype）

按国际标准，正常核型的描述包括两部分：第一部分是染色体总数，第二部分是性染色体组成，两者间用“,”隔开。如正常男性：46，XY。异常核型的描述还包括畸变情况，也是用“,”与前面部分隔开。

### 2）人类染色体分组

A组：包括1～3号染色体，1号和3号为中央着丝粒染色体，2号为亚中着丝粒染色体；

B组：包括4～5号染色体，为亚中着丝粒染色体；

C组：包括6～12号和X染色体，为亚中着丝粒染色体，其中X染色体大小介于7号和8号染色体之间；

D组：包括13～15号染色体，为近端着丝粒染色体，可有随体；

E组：包括16～18号染色体，16号为中央着丝粒染色体，17和18号为亚中着丝粒染色体；

F组：包括19～20号染色体，为中央着丝粒染色体；

G组：包括21～22号和Y染色体，为近端着丝粒染色体，其中21、22号染色体可有随体。Y染色体大小变异较大，大于21和22号染色体，而且其长臂常常是平行靠拢的。

人的体细胞中有46条（23对）染色体，按照其大小和形态特征进行配对、分组，可排列成如下图像：

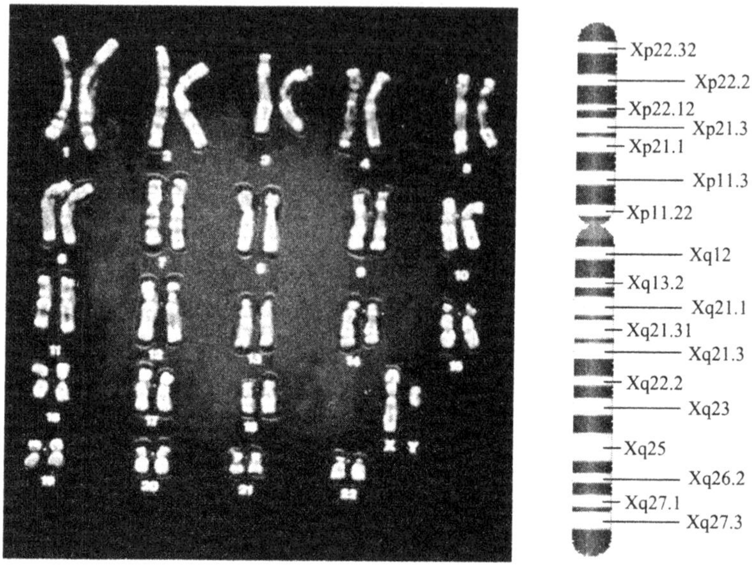


人类常染色体和性染色体（右侧为 X 染色体分带图）

## 6. 果蝇（*Drosophila melanogaster*）的部分遗传图

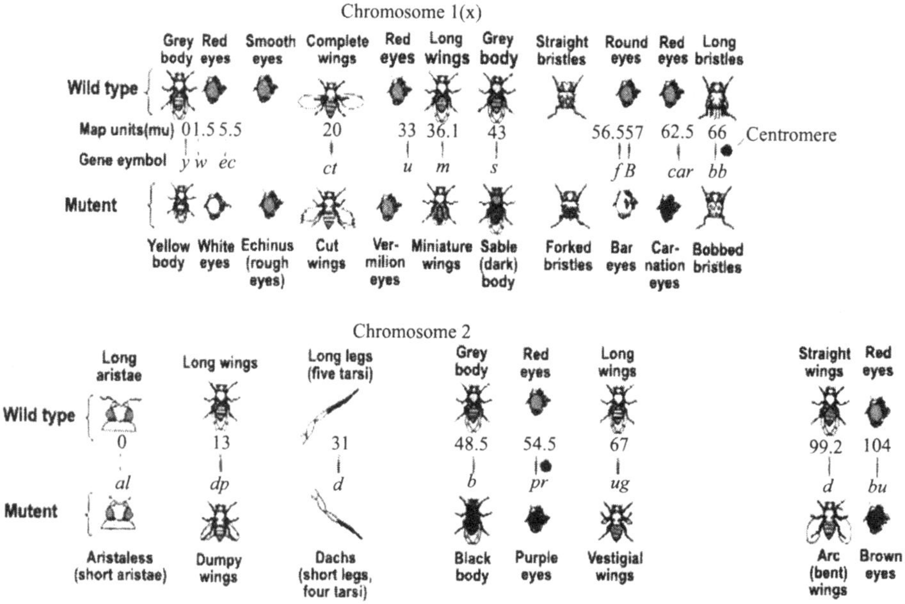

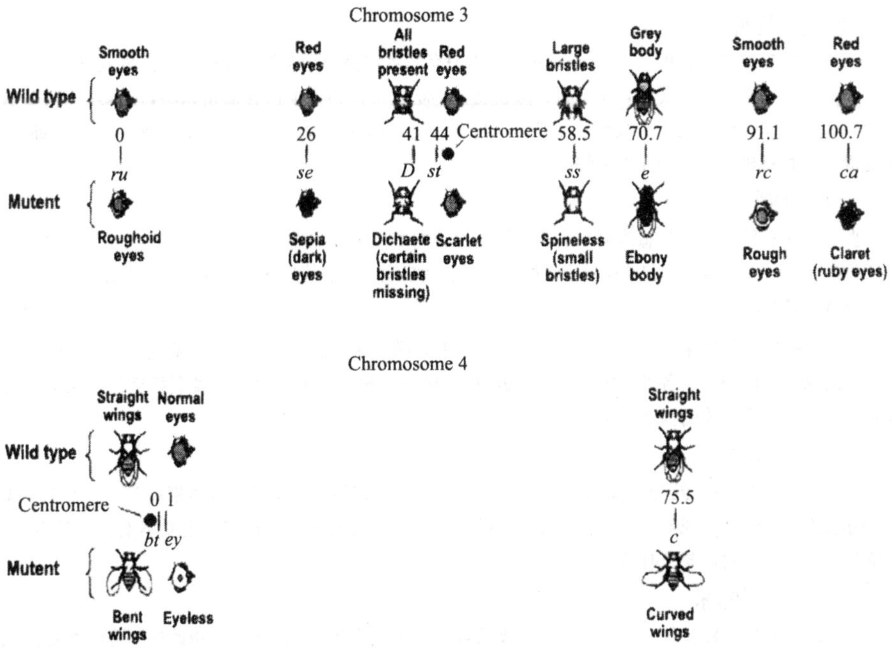


注：此图保留了英文原文，这样有利于利用文献资料，中文译文请读者翻译或查阅。

## 7. 常见的人类遗传病

目前已发现超过 3000 种的人类遗传病，估计每 100 个新生儿中有 3～10 个患有各种遗传病。

### 1）高血压

多数学者认为高血压属于多基因遗传性疾病。

防治原则：坚持监测血压，限盐补钾，防止超重和肥胖，戒烟限酒。

### 2）糖尿病

糖尿病具有明显遗传易感性（尤其是 2 型糖尿病）。父母都有糖尿病者，其子女患糖尿病机会是普通人的 15～20 倍。

防治原则：避免热量摄取太多、活动量下降、肥胖、吸烟以及心理压力过大等。

### 3）血脂异常

目前已发现有相当部分血脂异常患者存在一个或多个遗传基因的缺陷，造成家族性血脂异常。

防治原则："迈开腿，管住嘴"（一方面适当限制饮食，控制体重，注意食物种类应丰富、低脂，增加维生素、纤维素等，另一方面要加强锻炼，使热量适时消耗掉）。

### 4）乳腺癌

乳腺癌有明显的家族遗传倾向。发病的年龄越轻，亲属中患病的危险越大。

防治原则：注意自查，早期治疗。（乳房包块是乳腺癌的最常见体征。此外，如发现乳头湿疹、溢液、皱缩等，也应及时到医院进一步检查。）

### 5）胃癌

胃癌有明显的家族聚集性。患者一级亲属患病的危险性比一般人群平均高 3 倍。

防治原则：体育锻炼，缓解精神压力，不吸烟，不吃烟熏食品、重盐饮食，不过量摄入肉类，避免幽门螺杆菌感染（家族聚集者要检查此菌感染情况）、胃溃疡等；多食菌类、新鲜水果。

6）大肠癌

家族遗传导致的大肠癌占10%～15%。家族中有两名或更多近亲患大肠癌者为高危人群。

防治原则：多吃新鲜食物，少吃腌、熏食物，不吃发霉食物，少饮含酒精饮料，戒烟。（需要及时检查者：大便习惯改变，大便次数增多，或腹泻与便秘交替出现；大便带脓血或黏液便；大便变细、变形，排便费力；时有排便感，却无大便解出等。）

7）肺癌

直系亲属有肺癌患者的患病概率是没有肺癌患者的2倍。肺癌的遗传性在女性身上尤为明显。

防治原则：要远离烟草和被动吸烟。如出现刺激性咳嗽、痰血等症状（尤其是高危人群），应尽早诊治。

8）哮喘

哮喘发病的遗传因素大于环境因素。如父母都有哮喘，子女患哮喘的概率可高达60%。

防治原则：避免吸入各种过敏物质（过敏原）、呼吸道病毒和细菌感染、吸烟和空气污染等。要做好居室、生活和工作环境的清洁卫生；戒烟。

9）抑郁症

抑郁症的发生与遗传因素有较密切的关系，抑郁症患者亲属中患抑郁症的概率高于一般人10～30倍。

防治原则：经常出现闷闷不乐、体重显著增加或减少、失眠或睡眠过多、坐立不安、注意力不集中、有轻生念头等现象的，要及时检查治疗。

10）老年痴呆

老年性痴呆是一种多基因遗传病。父母或兄弟中有老年性痴呆症患者的，患此症的可能性要比无家族史者的高出4倍。

防治原则：有老年性痴呆家族遗传史的，50岁以后就应该进行检查、防治；防止情绪抑郁、离群独居等。经常参加社交活动、体育锻炼和脑力活动等。

以上各类遗传病总发病率约为30%，据统计还有逐年增加的趋势。绝大多数遗传病无法治愈，但可以通过持续用药进行缓解。

## 8. 国内外部分遗传学研究机构

(1) 中国科学院遗传与发育生物学研究所
(2) 中国西部农业信息网
(3) 中国基因研究中心
(4) 中华基因网
(5) 中国科学院国家基因研究中心
(6) Max Planck Institute for Molecular Genetics（德国）
(7) Institute of Cytology and Genetics（俄罗斯）
(8) Institute of Molecular Genetics of Montpellier（法国）
(9) National Genetics Institute（美国）
(10) Genetic Information Research Institute（美国）
(11) International Plant Genetic Resources Institute（意大利）
(12) Institute of Molecular Genetics（俄罗斯）
(13) Institute of Molecular Agrobiology (IMA)（新加坡）
(14) Kazusa DNA Research Institute（日本）
(15) International Centre for Genetic Engineering and Biotechnology（意大利）
(16) DNA Learning Center（美国）
(17) Mouse Genomics - Laboratory of Genetics（美国）
(18) University of California，Davis - Veterinary Genetics Laboratory（美国）